全國高等院校古籍整理研究工作委員會直接資助項目（1435）
國家社會科學基金重大項目"簡帛學大辭典"階段性成果

吉林大學中國古文字研究中心
出土文獻與中國古代文明研究
協同創新中心學術叢刊

郭店《尊德義》《成之聞之》《六德》三篇整理與研究

單育辰 / 著

科学出版社
北京

内 容 簡 介

1993年郭店楚簡的出土，使人們終於看到了先秦未遭焚毀書籍的真正面目，震驚了學術界。《尊德義》、《成之聞之》、《六德》爲戰國中晚期楚國寫本，三篇論述治國、修身、爲學、向德之要，內容豐富，保存完好，是出土典籍中的精品。但由於這三篇用戰國楚文字書寫，用語特殊，釋讀、編聯難度很大。

《郭店〈尊德義〉〈成之聞之〉〈六德〉三篇整理與研究》一書是對這三部儒家典籍進行的整理與研究。本書在學術界對郭店儒簡研究成果全面收集的基礎上，爲之重新做編聯與釋文，加以考證，在一些疑難字的考釋及竹簡編聯問題上取得突破，爲古文獻、思想史、儒學、古文字領域的愛好者及從業者提供了一個準確、完善的文本。

圖書在版編目（CIP）數據

郭店《尊德義》《成之聞之》《六德》三篇整理與研究 / 單育辰著. —北京：科學出版社，2015.11
　ISBN 978-7-03-046253-4

Ⅰ.①郭… Ⅱ.①單… Ⅲ.①竹簡文-研究-中國-楚國（？~前223） Ⅳ.①K877.54

中國版本圖書館CIP數據核字(2015)第265640號

責任編輯：付　艷　宋開全 / 責任校對：胡小潔
責任印製：張　倩 / 封面設計：黃華斌

編輯部電話：010-64033934
E-mail:fuyan@mail.sciencep.com

科　学　出　版　社 出版
北京東黃城根北街16號
郵政編碼：100717
http://www.sciencep.com

三河市駿傑印刷有限公司 印刷
科學出版社 各地新華書店經銷
＊

2015年11月第　一　版　開本：B5（720×1000）
2015年11月第一次印刷　印張：27 1/4　插頁：2
字數：470 000

定價：128.00圓

（如有印裝質量問題，我社負責調換）

《前言》

　　1993年冬季於湖北荊門郭店村發掘了一座楚墓，其墓葬年代爲戰國中期偏晚，共出土805枚竹簡。1998年，荊門市博物館公佈了這批竹簡，其內容有《老子》甲、乙、丙、《太一生水》、《緇衣》、《魯穆公問子思》、《窮達以時》、《五行》、《唐虞之道》、《忠信之道》、《成之聞之》、《尊德義》、《性自命出》、《六德》、《語叢一》、《語叢二》、《語叢三》、《語叢四》諸篇，竹簡的成書時代肯定要早於戰國中期偏晚。本批竹簡大部分用楚文字抄寫，但其中《唐虞之道》、《忠信之道》及《語叢》一至三則爲具有齊系文字特徵的抄本。郭店簡中，除《老子》甲、乙、丙及《語叢四》外，其他都是儒家類典籍。

　　郭店簡是我們見到的第一批數量較大的古籍類竹簡，終於使我們看到了先秦未遭焚毀書籍的真正面目。在郭店簡公佈後的十五年裏，學術界對其進行了全方位的研究。在郭店簡中，《老子》、《緇衣》能與傳世本《老子》、《禮記·緇衣》相對照；《五行》能與馬王堆帛書本《五行》相對照，這些篇的研究難度不算太大，已有不少論著對它們進行專門研究。不過，郭店簡中的另一批竹簡，《性自命出》、《尊德義》、《成之聞之》、《六德》四篇，內容也非常豐富，它們的竹簡形制及字跡完全一樣，其分篇編聯的難度極大，釋字也存在不少問題。由於《性自命出》能與上博簡《性情論》相對照，已爲學者對這四篇的研究甩掉了一個很大的包袱。但《尊德義》、《成之聞之》、《六德》三篇仍有很多問題沒有解決，不僅沒有對其進行研究的專著，面對諸家的眾多研究成果，也缺乏資料長編式的匯集。針對於此，本書將《尊德義》、《成之聞之》、《六德》三篇進行整理與研究，而問題較少的《性自命出》則不在本書研究範圍之內。由於時間限制，本書所收的資料截止於2013年1月20日，在此之後發表的個別資料，若非常重要，亦酌情收入。

我們認為，如果簡文排序和文字考釋不正確，那麼一切深入地研究就無從談起，所以我們對《尊德義》、《成之聞之》、《六德》的研究著重做了以上兩方面的工作。实际上，《尊德義》、《成之聞之》、《六德》的內容非常豐富，遠不是小書能夠窮盡的。同時，我們匯集的諸家考釋也可能有或多或少的遺漏；我們在集釋後所附的按語有些是一種猜測，難免有不當之處；此外，對一些文字的疑難，我們也無法做出合理的解答。正是這些方面欠缺的存在，使我們的研究還有待進一步的深入，懇請大家不吝批評指正。

這部小書原是我的吉林大學博士後研究報告，2013年3月通過答辯，參加論文答辯的老師為：徐正考、張世超、曹書傑、馮勝君、吳良寶、武振玉，衷心感謝這幾位先生。尤其要感謝我的博士後導師徐正考老師，感謝我的碩士、博士導師吳振武老師，感謝古籍研究所所長馮勝君老師，正是他們的支持與鼓勵，這部小書才得以完成並出版。本書還受到全國高等院校古籍整理研究工作委員會直接資助項目、出土文獻與中國古代文明研究協同創新中心的資助，特此致謝！

《凡例》

一、本書是對《郭店楚墓竹簡》中的《尊德義》、《成之聞之》、《六德》所做的整理與研究。

二、本書所利用的圖版爲荊門市博物館編的《郭店楚墓竹簡》、荊門市博物館《簡帛書法選》編輯組編的《郭店楚墓竹簡·尊德義》、《郭店楚墓竹簡·成之聞之》、《郭店楚墓竹簡·六德》及武漢大學簡帛研究中心、荊門市博物館編的《楚地出土戰國簡冊合集(一)——郭店楚墓竹書》這幾部書中的竹簡圖版。

三、原簡所有的句讀符號在釋文中均略去，在說明中加以說明。

四、釋文中通假字、異體字隨文註明，加以()號；無法辨認的字或缺字，釋文中用□號表示；凡補字用某表示；凡衍字用{某}表示；凡訛字用〈某〉表示。

五、凡殘去半支簡或近半支簡用▭▭(表示佚失上部)或▭▭(表示佚失下部)號表示；殘去整支簡用▭▭▭▭號表示。

六、本書竹簡的編號基本採用了荊門市博物館編《郭店楚墓竹簡》中的《尊德義》、《成之聞之》、《六德》的編號。竹簡排序已按多位學者的意見做了一定的調整。

七、對每一簡基本按照："說明"、"拼合編聯"、"釋文"、"集釋"、"按"加以處理。

說明：是對每一簡的基本描述(採用荊門市博物館編《郭店楚墓竹簡》一書對《尊德義》、《成之聞之》、《六德》竹簡所作的描述)。

拼合編聯：說明對竹簡拼合編聯的依據。

釋文：結合最新研究成果對《尊德義》、《成之聞之》、《六德》所作的隸定和釋讀。

集釋：依論著發表時間先後滙集學者們對該簡的研究成果。集釋所引論文皆為原貌，不加修改，若有刪節則用……號標出。爲了清晰起見，對不同文字或詞句的考釋成果用◊號標出。

按：筆者對該簡集釋所做的取捨和探討。

八、"集釋"中引用論著的具體出處參看《參考論著(含相關論著)目錄》。

【目錄】

前言
凡例
第一章　《尊德義》、《成之聞之》、《六德》研究概況……………………1
　第一節　《尊德義》、《成之聞之》、《六德》竹簡排序情況概述…………1
　第二節　《尊德義》、《成之聞之》、《六德》釋字情況概述………………4
第二章　《尊德義》、《成之聞之》、《六德》釋文……………………………14
第三章　《尊德義》集釋……………………………………………………19
第四章　《成之聞之》集釋…………………………………………………104
第五章　《六德》集釋………………………………………………………210
第六章　《尊德義》、《成之聞之》、《六德》諸家竹簡排序一覽……………326
　第一節　《尊德義》諸家竹簡排序一覽……………………………………326
　第二節　《成之聞之》諸家竹簡排序一覽…………………………………342
　第三節　《六德》諸家竹簡排序一覽………………………………………357
第七章　《尊德義》、《成之聞之》、《六德》相關問題研究…………………368
　第一節　《性自命出》、《尊德義》、《成之聞之》、《六德》四篇的性質
　　　　………………………………………………………………………368
　第二節　《性自命出》、《尊德義》、《成之聞之》、《六德》四篇的書體
　　　　………………………………………………………………………376
　第三節　《尊德義》、《成之聞之》、《六德》三篇精裝本與書法本圖版
　　　　對比………………………………………………………………382
　第四節　《尊德義》、《成之聞之》、《六德》三篇與傳世文獻對讀類舉
　　　　………………………………………………………………………384

參考論著（含相關論著）目錄……………………………………………395

第一章

《尊德義》、《成之聞之》、《六德》研究概況

第一節
《尊德義》、《成之聞之》、《六德》竹簡排序情況概述

　　1998年《郭店楚墓竹簡》出版，書中對《性自命出》、《尊德義》、《成之聞之》、《六德》四篇進行了首次分篇排序，現在看，整理者的分篇編聯很多是可信的，爲我們進一步研究《性自命出》、《尊德義》、《成之聞之》、《六德》奠定了非常好的基礎。不過由於《性自命出》、《尊德義》、《成之聞之》、《六德》四篇竹簡形制與字跡特徵基本相同(嚴格來說，由於抄寫時間的不同，每篇竹簡字跡有細微的差別)，它們的分篇編聯難度極大。幸好《性自命出》能與上博一《性情論》相對照，其簡序已可固定，爲學者的研究減輕了很多負擔。但《尊德義》、《成之聞之》、《六德》三篇的排序仍然難以確定。尤其整理者對其所劃分的每篇竹書的竹簡形制只有一個總述，而缺乏對每支竹簡的長度、編痕、簡首簡尾形制的描述；並且這三篇中有些貌似是整簡的，細察圖版其實是由兩支殘簡拼合而成，而整理者都沒有說明這些拼合的地方，這就爲研究者進行重新編聯帶來了巨大的困難。

　　不過，對《尊德義》、《成之聞之》、《六德》這三篇竹簡進行排序還留有一個重要的線索，就是《成之聞之》簡13背、《尊德義》簡28背、簡15背、簡12背、簡11背存在記數文字[1]，分別是：七十二(《成之聞之》簡13背)、百(《尊德義》簡28背)、

---

[1] 《尊德義》及《成之聞之》簡背的記數文字最先公佈於劉祖信、鮑雲豐：《郭店楚簡背面記數文字考》，武漢：《新出楚簡國際學術研討會會議論文集(郭店·其他簡卷)》，2006年，第158—161頁。後來武漢大學簡帛研究中心、荊門市博物館編著的《楚地出土戰國簡冊合集(一)——郭店楚墓竹書》公佈了記數文字的圖版。

百一(《尊德義》簡15背)、百四(《尊德義》簡12背)、百八(《尊德義》簡11背)，從目前公佈的清華一《尹至》、《尹誥》、《耆夜》、《皇門》、《金縢》、《祭公》，清華二《繫年》，清華三《說命》、《周公之琴舞》、《芮良夫毖》、《赤鵠之集湯之屋》等簡的簡背記數文字看，它們應該就是記錄竹書順序的數字，這五支簡的記數文字對這三篇竹書排序有着至關重要的作用。陳劍2007、廣瀨薰雄2008、鄧少平2010這幾篇文章就利用這些數字對簡序進行過探索。現在，我們對這三篇的重新排序也要儘量符合這些記數文字的順序。不過，根據我們新的排序，與簡背記數文字的順序還是有一點不合：若以《成之聞之》簡13(七十二)爲基數，數到《尊德義》簡28(百)應該是100號，但數出的結果是101號；若以《尊德義》簡28(百)爲基數，數到《尊德義》簡15(百一)應該是101號，但數出的結果是102號。我們可以肯定地說，"百一"這個記數文字是錯的。根據文義，《尊德義》相關簡序可以肯定是28+16+15，所以，如果以《尊德義》簡28以"百"爲基數，到《尊德義》簡15一定是102號；《尊德義》簡15(百一)到《尊德義》簡12(百四)的順序沒有問題；若以《尊德義》簡12(百四)爲基數，數到《尊德義》簡12(百八)應爲108號，但數出的結果是109號。不過，比較令人欣慰的是，這些簡背記數文字與我們的排序有差別的三處全是多出1號，我們猜測，之所以出現這樣的情況，很可能是記數者跳了一號再數所致(即假如是100、101、102、103、104、105這些數字，100標記了百，105就應標記爲百五，但記數者卻跳過了100，把101當作100，再去數數兒，105就被標記成百四了)。

　　不過，也存在另一種情況，就是簡背記數文字與簡序無關，若真是如此，我們所作的努力不僅白費，而且誤入歧途。不過，從目前來看，要對《尊德義》、《成之聞之》、《六德》進行排序，除了儘量利用簡背記數文字外沒有更好的辦法。並且，按照我們利用簡背記數文字來排列的簡序來讀《尊德義》、《成之聞之》，它們的文義也算通暢，所以，簡背記數文字的重要性還難以忽視。

　　再次由簡背記數文字看《性自命出》、《尊德義》、《成之聞之》、《六德》四篇的先後順序，由《成之聞之》簡13簡背有"七十二"字樣，而《尊德義》簡背則有"百"、"百一"、"百四"、"百八"可知，《成之聞之》應該位於《尊德義》的前面(因竹簡每卷是從右向左舒展，也即《成之聞之》在《尊德義》右)，但《成之聞之》只有40支簡(如果現今《成之聞之》篇竹簡的支數真就是那麼多的話)，所以其前(也可說其右)還應有一篇文章，那篇文章有41支簡，但是據目前的編聯，《六德》有48支簡，《性自命出》則可以確定有67支簡(其文字及排序可據上博一

第一章 《尊德義》、《成之聞之》、《六德》研究概況

《性情論》確定），《性自命出》簡過多，顯然不合適，那麼，《成之聞之》前一篇文章就有可能是《六德》了（但爲什麼會多出8支簡原因不明）。所以，《性自命出》、《尊德義》、《成之聞之》、《六德》這四篇的篇序是：《六德》在最前（也可說在最右），《成之聞之》第二，《尊德義》第三，《性自命出》最後（也可說在最左）。不過爲了把簡背記數文字方便地展示出來，我們在本書中採取了《性自命出》、《尊德義》、《成之聞之》、《六德》這樣的篇序，和實際篇序正好相反，希望大家注意一下。

必須提出的是，近年來更多的研究者意識到，竹簡簡背劃痕也是竹簡編聯的一個非常重要因素[①]，從《楚地出土戰國簡冊合集（一）——郭店楚墓竹書》一書中，我們也看到了至少《尊德義》、《成之聞之》兩篇確實有簡背劃痕的存在，但極爲可惜的是，目前爲止我們僅見《成之聞之》簡13背、《尊德義》簡28背、簡15背、簡12背、簡11背五張照片，且有四張沒有照全，這不能不說是一個巨大遺憾。[②]我們急切盼望郭店簡所有簡背照片能夠完整公佈，對郭店簡的編聯有所幫助。

雖然存有種種遺憾，但通過學者17年的努力，《尊德義》、《成之聞之》、《六德》三篇竹簡的分篇與編聯比起整理者的工作還是有長足的進步。我們這次對《尊德義》、《成之聞之》、《六德》三篇竹簡重新排序，主要採用了整理者的排序，其他方面吸收了陳偉、李零、郭沂的成果，也加入了高正、王博、周鳳五與林素清、詹群慧、顧史考的零星意見。需要提到的是，我們對《成之聞之》的編聯與高正2000的編聯意見全同。爲了明晰起見，我們把各家對《尊德義》、《成之聞之》、《六德》三篇竹簡的排序附於第六章"《尊德義》、《成之聞之》、《六德》諸家排序一覽"，以便於查看，在集釋中，又對竹簡排序的理由做了一些闡述。由於《尊德義》、《成之聞之》、《六德》三篇竹簡字跡及形制差別不大，所以我們對這三篇竹簡排序，更多的是憑借對語感的諳悉和對文脈的瞭解，與實際編聯情況會有多大差異，還沒有太多的把握。並且我們對竹簡排序的理由很多也難用文字表達出來，所以若單憑這部小書來瞭解各家排序意見的得失，恐怕只能得到一些膚淺的印象。最好的辦法是，讀者

[①] 參看孫沛陽：《簡冊背劃綫初探》，《出土文獻與古文字研究》第四輯，上海：上海古籍出版社，2011年，第449—462頁。

[②] 值得補充的是，2013年5月10日，筆者及李松儒等一行在荊門博物館查看《尊德義》簡30、38、39原件，發現在簡背確有極爲明顯的劃痕存在。

直接把這三篇竹簡影印裁開，自己多方揣摩，排列簡序，評判諸家得失，或能得到更深切的感受。

第二節
《尊德義》、《成之聞之》、《六德》釋字情況概述

《尊德義》、《成之聞之》、《六德》三篇於1998年公之於世，雖然當時楚文字釋讀水平並不算高，但借助於可以與傳世文獻對讀的郭店簡《老子》、《緇衣》，大家還是解決了不少難點。其後，又趕上上博簡（2001年至今已公佈9冊）、清華簡（2010年至今已公佈5冊）陸續公佈，這些大宗古籍類竹簡也爲郭店簡解決了不少疑難，可以說，在文字考釋這方面，《尊德義》、《成之聞之》、《六德》這三篇百分之九十九的部分都已經通讀無礙。不過還是讓我們感到遺憾的是，由於學術界或非學術界對郭店竹簡的關注度過高，研究者衆多，研究成果也過多過濫，有不少研究者不具備古文字知識；也有一些研究者缺乏古文獻閱讀能力；即便是專業學者，也有存在爲把文字考釋引至對自己有利的方向，將證據生捏硬造的情況，看起來巧言利口，細察卻漏洞百出。這些文字考釋的成果沒有多大價值，反而會成爲古文字學發展的絆腳石。如果不對諸多說法加以別擇删汰，就會助長劣幣驅除良幣情況的發生，對古文字、古文獻研究的未來帶來損害。

《瑪雅文字之謎》一書說道："一百多年來的瑪雅文字研究史，就像當代瑪雅學者浩斯頓總結的那樣，是一段'充滿了曲折、方向性的誤導和謬誤的歷史'。"[①]書中又提到，在英國學者湯姆森的權威觀點的震懾下，瑪雅文字的解讀被帶入一條死胡同，雖然蘇聯學者科諾羅佐夫於1952年就已經提出正確的解讀思路，但沒有幾位學者敢公然接受。在湯姆森去世後的第六年，美國學者召開奧本尼會議，才宣告了科諾羅佐夫的最後勝利。我們如果瞭解科學史的話，就會發現，尋求真理的道路並不會一帆風順，在某一研究的衆多方案中，真相只有一個，而謬誤的觀點則化身無數。謬誤的觀點往往會占據上風，正確的意見勢單力孤，常被壓制而默默無聞，直至許久之後，由於越來越多的證據指向與衆多學者的不懈努力，真相才能最終脫穎而出。反觀中國

---

① 引自王霄冰：《瑪雅文字之謎》，上海：上海古籍出版社，2006年，第27頁。

第一章 《尊德義》、《成之聞之》、《六德》研究概況

古文字研究的百年進展，又何嘗不然。相對而言，由於楚簡的發現的越來越多，楚文字考釋的謬誤還有得到糾正的機會（雖然這種糾正有可能是緩慢的），但對於甲骨文、金文來說，長久沒有突破性材料的發現，那麼對這些文字的舊解新釋，雖然已經被不少學者奉若科律，但很多觀點恐怕還有再好好斟酌的餘地吧？

本書目標就是在對《尊德義》、《成之聞之》、《六德》三篇竹簡文字考釋諸家說法竭澤而漁式地收集的基礎上，取擇其中最精善的說法並儘量加以論證。當然，由於水平所限，對於我們來說，做到這一步是比較困難的，但至少希望向大家表明，我們正在朝這個方向努力。

本節先綜述一下《尊德義》、《成之聞之》、《六德》這三篇竹簡文字中沒有得到解決的疑難文字。我們把這些難點擇要列出，以便大家做進一步研究。

（1）《尊德義》簡24："蒫勞之，匋也。"第一字陳劍2007隸定爲"蒫（蒫）"，從字形看應該是正確的，我們試把它讀爲"寵"。""字，張光裕等1999認爲從皀從勹，爲"飽"之古體，讀"報"；黃德寬、徐在國1999隸"匋"讀"即"釋"節"；李零1999認爲從勹從皀，是"簋"字別體，讀"軌"；劉釗2000A隸"匋"，釋"飤"讀作"究"；顧史考2010釋"即"讀"次"。我們認爲張光裕等的說法可從。"蒫勞之"後多未斷讀，我們從顧史考2010點斷，並釋讀爲"蒫（寵）勞之，匋（飽=報）也"。但此字又見簡26"不以嗜欲害其義匋"，"義匋"則不知何意，或此句的"匋"是衍文？

（2）《成之聞之》簡23："陸之宎（弇）也，鈆之工也"，此句衆說紛紜，如張光裕疑第一字爲"陳"，第五字爲"詞"；李零1999把第一字隸定作"陸"釋"申"，釋第三字爲"弇（淹）"；周鳳五1999B釋第一字爲"隨"讀"楕"訓楕圓，第三字爲"弇"訓正圓，第五字爲"治"；丁原植2000釋第一字爲"申"訓約束，讀第三字爲"揜"訓藏；郭沂2001釋第一字爲"申"訓"身"，第五字隸爲"台"讀"怠"；劉釗2003釋第一字爲"陳"訓陳述，第三字爲"淹"訓淹博；陳靖欣2005讀第一字爲"申"訓重或讀"陳"訓說，第三字爲"淹"訓浸漬；李銳2006A釋第一字爲"敝"訓理，第三字爲"弇"訓深邃；鄧少平2009B釋第一字爲"陸"讀"惰"，第三字爲"淹"訓敗；第五字爲"殆"。鄧少平已指出，"陸（陳）"字可參看郭店《老子》甲簡16之""（隨）"，不過""字"土"、"田"共用一筆，且多一"田"形而已，但此句到底應如何釋讀，還沒有確定的意見。

（3）《成之聞之》簡26+27："聖人之性與中人之性，其生而未有非之，節於而

也，【26】則猶是也。""其生而未有非之，節於而也，"整理者句逗爲："其生而未又(有)非之節於而也，"；周鳳五1999A句逗爲："其生而未有非也，即於而也，則猶是也"；李零1999句逗爲："其生而未有非志。次於而也，"；李學勤2000C句逗爲："其生而未又非之。節於而也，"；涂宗流、劉祖信2001句逗爲："其生而未有非之節於而也，"；陳偉2002D句逗爲："其生而未有非之。即於能也，"；劉祖信、龍永芳2005句逗爲："其生而未有，非之節於而也，"；顧史考2006句逗爲："其生而未有非之。節於而〈天〉也，"。我們句逗破讀爲"其生而未有非之，節（即）於而（爾）也，"也是暫時的辦法，不一定對。

（4）《成之聞之》簡27+28："及其博長而厚【27】大也，則聖人不可由與▨之。"其中的"由與"，陳寧1998釋第一字爲"吉"；顏世鉉1999B訓第一字爲遵從，訓第二字爲而；劉釗2000A讀爲"猶豫"；李學勤2000 C亦解第一字爲從，解第二字爲連詞"與"；涂宗流、劉祖信2001 訓第二字"與"爲參與；顧史考2006讀爲"須臾"。其中的"▨"，整理者隸爲"單"；裘按釋"墠"；陳寧1998讀爲"擅"；顏世鉉1999B讀"單"訓盡；李零1999讀"墠"訓除；陳偉1999讀"單"訓大；劉釗2000A讀爲"憚"；李學勤2000 C讀"敦(效)"訓仿效；丁四新2000讀"禪"；涂宗流、劉祖信2001訓"墠"爲寬；陳偉2002D讀爲"守"；顧史考2006讀爲"捨"或"休"。我們試釋爲"墒"，不見得對，此句文義現在也不能瞭解。

（5）《成之聞之》簡39："言不霹大常者，文王之刑莫重焉。""霹"字形較奇特，黃德寬、徐在國1998認爲"雨"從"肶"，釋"臕(脆)"；李零1999認爲從雨從朔，讀"逆"；廖名春1999釋"霸"，讀"伯"訓率；李學勤2000C認爲下部從"脽"，讀爲"敦"訓勉；涂宗流、劉祖信2001釋"肨"訓極至；郭沂2001、白於藍2001A認爲從雨從月從丰，讀"奉"；崔永東2000釋爲"霡"；陳偉2002D讀爲"溯"訓朝向；劉釗2003釋"霹"讀"逆"。本書姑從白於藍之言，把此字右下所從與郭店▨（《老子》甲簡29）、▨（《老子》甲簡30）等所從之"丰"相比較，暫釋之爲"奉"，但尚沒有確切的證據。

（6）《六德》簡26："人道▨止"，"▨"，裘按認爲或可釋爲"柞"或"葉"；李零1999釋"御"；涂宗流、劉祖信2001釋"葉"讀"世"；廖名春2001C、顏世鉉2001讀"亡"；陳偉2002B釋"困"。按，《緇衣》簡6有"▨"字，今本作"御"；而《說文》卷六"困"古文作"▨"，《古文四聲韻》卷四"困"作"▨"；

《古文四聲韻》卷四"會"作"▨"、"澮"作"▨"，則與"▨"形都有差別，"▨"可能有"御"一類的音，但不知如何釋讀。

(7)《六德》簡31+32+33："仁類▨而速，義類▨【31】而絕。仁▨而▨，義弜(剛)而簡。▨之爲言也，猶▨▨也，小而【32】臾多(者)也。"此段話雖可與郭店《五行》簡39+40+41："簡之爲言也，猶練【39】也，大而晏者。匿之爲言也，猶匿匿也，小而訪者也。簡，義之方也。匿，【40】仁之方也。強，義之方。柔，仁之方也"及馬王堆帛書《五行》："簡之爲言也，猶賀，大而罕者。匿之爲言也，猶匿匿，小而軫者。簡，義之方也。匿，仁之方也。剛，義之方殴。柔，仁之方也"相對讀，但《六德》這段話怪字非常多，其底本應該不是楚系文字。如"▨"字，整理者隸爲"蕄"；李零1999隸爲"蕋"；劉信芳2000B釋"蒙"；廖名春2000B隸"蕋"釋"萌"；廖名春2000D讀"菅"；涂宗流、劉祖信2001釋"蕚"讀"急"；顔世鉉2001認爲從"茂"從"制"，釋"茂"讀"憨"；徐在國2001亦隸作"蕄"；陳偉2002A釋"夢"讀"懞"；陳偉2002B釋"菅"或"夢"；鄭剛2004C釋"寐"；范麗梅2006讀"茂"訓小木散材；張崇禮2008讀"箋"，訓薄竹片；陳劍2008釋下部爲"堯"讀"柔"，又以爲和"夒"字有關；李家浩2011釋爲"堇"的訛體，釋"蓳"讀"柔"。按，殘簡5亦有此字，作▨，辭例爲"弜(剛)▨皆夢"，從文義上看，把陳劍2008把"▨"釋爲"柔"是非常好的，但字形上還難以說清楚。

又如"▨"字，整理者隸爲"卉"；劉信芳2000B隸"歧"讀"機"；廖名春2000D隸"卉"讀"止"；丁原植2000解爲以之爲準則而約制；涂宗流、劉祖信2001隸"卉"，釋"弄"讀"攏"；顔世鉉2001隸"卉"讀"持"；陳偉2002A釋"等"；陳偉2002B認爲從之從廾，釋"志"；林素清2003釋"齒"；詹群慧2003A釋"持"；沈培2004認爲字形上部不從"止"；鄭剛2004C釋"開"；范麗梅2006釋"矯"；張崇禮2008認爲從"止"讀"等"；十四種2009釋"卉"讀"直"；李家浩2011認爲"卉"上所從"亡"之誤，或像"凵"樣寫法的"亡"，在此讀爲"剛"。按，此簡"卉"與"▨(柔)"對文，在簡32中"仁▨(柔)而畋，義弜(剛)而柬(簡)"裏，跟"▨(柔)"對言的是"弜(剛)"。從文義看，此字讀爲"剛"是很合適的，但字形如何解釋，尚待研究。

又如本簡的"▨"、"▨"、"▨"諸字(又見簡33▨)，整理者隸作"敢"釋"更"；李零1999釋"放"；龐樸2000B釋"匿"；劉信芳2000B釋"敢"讀"匿"；廖名春2000B釋"光"；涂宗流、劉祖信2001釋"哽"；顔世鉉2001認爲從"卥"從

"攴"，讀爲"納"或"內"；陳偉2002B釋"容"；劉信芳2000B引劉國勝說隸"敜"讀"訥"，詹群慧2003A亦釋"訥"；林素清2003釋"勉"；范麗梅2006認爲從"㐭"，讀"暝"；張崇禮2008釋"更"；李家浩2011隸"㪔"讀"暝"。從對讀看，釋"[字]"、"[字]"爲"暝"是很可能的。此字多認爲從"丙"，但"[字]"、"[字]"二字所從則與"丙"形相去較遠，劉國勝、劉信芳2000B、顏世鉉2001、詹群慧2003A、范麗梅2006都認爲從"內"得聲，李家浩2011認爲從"㐭"聲，李家浩說有可能是正確的，但證據尚不堅強。

又如本簡的"[字]"，整理者釋"尞"；李零1999隸"炅"釋"熱"讀"折"；劉信芳2000B隸"㚖"釋"涅"；廖名春2000D認爲從"中"從"炅"，讀"偃"，且句讀有更動。顏世鉉2001隸"炅"讀"軫"；陳偉2002B亦釋"炅"讀"軫"；林素清2003釋"蓺"；劉釗2003隸"炅"釋"寞"；范麗梅2006釋"熾"；蘇建洲2008B釋"炅"或"慎"讀"軫"；張崇禮2008釋"尞"讀"轔"或"繗"；李家浩2011隸"晉"讀"軫"。按《說文》卷十上"熾"古文作"[字]"；《說文》卷十下"慎"古文作"[字]"，《楚帛書》甲篇之"熱"作"[字]"，皆與"[字]"形近。然此字與馬王堆帛書《五行》對讀，則只能釋爲"軫"；又三體石經"震"古文作"[字]"，可見"[字]"應取"[字](慎)"音。慎，禪紐真部；軫，章紐真部；震，章紐文部，三字古音相近，且典籍多有通假之例。

(8)《六德》簡44+45："凡君子所以立身大法三，其繹之也【44】六，其鏡十又二。""鏡"，李零1999讀"衍"；陳偉1999釋"覷"訓合並觀之；涂宗流、劉祖信2001讀"見"；顏世鉉2001釋"覷"訓從正反兩個相對角度看，又讀爲"散"；劉釗2003釋"筧"讀"貫"；沈培2004引裘錫圭說認爲"覷"有"釋"音。我們於集釋裏猜測"鏡"若從"見"得聲，還可以讀爲"演"，"演"，余紐元部；見，見紐元部，二字音近可通。不過也沒有什麼依據。

當然，隨着古文字考釋水平的迅速發展，《尊德義》、《成之聞之》、《六德》三篇中已經解決的疑難字詞要遠遠比未解決的多得多。因爲已被學者們解決的問題實在不少，我們只能擇要談談一些比較有意義的考釋。我們所列舉的意見，一般是被學者較爲忽略的，其他還有很多重要的考釋意見，或因發表時間較早，久已成爲定論；或因爲構形及破讀比較簡單，用不上深密的思索與複雜的考證；或者雖然這些字詞的考釋非常重要，但在這幾年中反復爲學者徵引，如《尊德義》簡1的"酋(尊)"、《尊德義》簡17的"廛(文)"、《尊德義》簡8、簡17的"𣪏(察)"、《六德》簡28、29

的"昆"等,已成爲老生常談(可參看筆者專著《楚地戰國簡帛與傳世文獻對讀之研究》,中華書局2014年及本書集釋部分),對於這些意見,我們就不再提及了。

需要指出的是,本書把古文字考釋劃分爲發現、發明兩類工作。所謂發現,就是古文字的釋讀比較簡單,但由於古文字材料第一次公佈時,公佈者沒有列出釋文,或公佈者雖列出釋文或加以注解,但水平有限,存在不少問題。有些學者因爲看到的資料比較早,最先發現了問題,指出了錯誤。但這些問題、錯誤即使他們沒有指出,也會被其他學者及時發現。這樣的工作只起了一個訂補訛誤的作用,並沒有通過複雜的腦力活動或嚴密的邏輯論證,我們把這種文字考證工作稱爲"發現"。與此同時,也有不少古文字以前沒怎麼出現過,或存在構形複雜、破讀有疑、辭例不明等等問題,把它們考釋出來有一定難度,只有少數學者通過嚴謹的考證,破譯了它們(當然也有一些考證並不嚴密或並不十分嚴密,但機緣巧合,找到了正確的答案),並被證明正確,這種工作並不是人人都可以做到的,這種古文字考釋,我們就可以稱之爲"發明"。我們以下所揭的考釋成果,只列古文字考釋中的發明。

當然,以下所列舉的考釋成果,只是擇要性的,由於我們的疏忽,必然會有一些好的意見沒有添加進去,還望讀者見諒。

(1)《尊德義》簡2:"正(征)欽(禁)",整理者不能破讀,陳偉2001讀"欽"爲"禁",楊澤生2007、沈培2007發現上博二《容成氏》簡37"戢兵欽暴"、上博六《競公瘧》簡8"舉邦爲欽"之"欽"讀爲"禁",則此處之"欽"亦可讀爲"禁"。

(2)《尊德義》簡14:"則民褻㥄長貴以妄","㥄"整理者未能釋出;黃德寬、徐在國1998正確隸作"㥄",釋"陵",從後來公佈的竹簡看,這無疑是正確的,如清華一《金縢》簡6"于金㥄之匱","㥄"讀"縢";上博八《成王既邦》簡5"日彰而冰消"之"冰"作"㥄",皆是"㥄"讀爲"陵"的證據。

(3)《尊德義》簡16:"則民淫悁遠禮亡親仁","淫"整理者誤釋爲"湯";李家浩1999以《古文四聲韻》2.26引《古老子》"淫"作"㴸"與之相比,發現字形十分接近,故他認爲"淫"也應釋爲"淫",連下字讀爲"淫悁"。還可指出的是,《尊德義》簡16"淫"和傳抄古文的"㴸"都應從"尋"得聲,又《成之聞之》簡34"君子紝席之上,讓而授幼","紝"讀爲"衽",亦從"尋"得聲。

(4)《尊德義》簡24:"猶御之亡也。"其中有兩字整理者不能釋出,陳劍2007已正確的把它們讀爲"猶御之亡策也"。

(5)《尊德義》簡33："不愯(寬)則弗懷"，"愯"作"▆"，字形不是很清楚，整理者未釋，劉信芳2000A正確地釋爲"愯"。按，書法本此字更爲清楚，作"▆"，可見劉信芳所釋無誤。《尊德義》簡34+35亦云"愯(寬)【34】不足以安民"，但遺憾的是，劉信芳的這個正確意見學術界基本無人採用。

(6)《尊德義》簡35："勇不足以沫眾"，整理者未破讀，范常喜2011根據上博四《曹沫之陳》"曹沫"作"曹蔑"而讀爲"勵"。

(7)《成之聞之》簡24："其▆也固矣"，整理者隸定爲"錫"；周鳳五1999B讀爲"淫"；此字應如趙彤2002隸定爲"𨖴"，從"尋"聲而讀爲"淫"。

(8)《成之聞之》簡27："亦非有譯婁以多也"，整理者未加破讀，周鳳五1999A已正確地把"譯婁"讀爲"澤藪"，可惜學術界採用的不多。

(9)《成之聞之》簡29："《君奭》曰：'𠭥(襄)我二人，毋又(有)合才(在)言'"，此句今《尚書‧君奭》相關諸句作："予惟曰：'襄我二人。'汝有合哉！言曰：'在時二人。天休滋至，惟時二人弗戡。'"（依孔穎達《尚書正義》句讀。）李學勤2002已正確地根據簡文而把孔疏改逗，並重新疏解了文義。

(10)《六德》簡3+4："寑四鄰【3】之▆㾕，非仁義者莫之能也。""▆㾕"整理者未釋，呂浩2001已正確地讀爲"央(殃)虐"。"央"字可參包山簡201、上博二《子羔》簡11"央"作▆、▆。第二字"虐"可參上博二《容成氏》之"虐"作▆；郭店《緇衣》簡27、上博六《競公瘧》簡1之"瘧"作▆、▆；《說文》"虐"古文作▆等。

(11)《六德》簡16："勞其▆▆之力弗敢憚也"，"▆▆"整理者未釋，廖名春2001C引趙平安說釋爲"股肱"，但未有論證；侯乃峰2006釋"𦙫忲"讀"股肱"；趙平安2007有補充論證。第一字當如侯乃峰2006所說從"乃"得聲；第二字從"尤"從"心"，與楚簡常見之"厷"形有別(如包山簡44▆(拡)所從、上博二《民之父母》簡9▆)。但上博三《周易》簡51之"拡(肱)"作▆，亦從"尤"，古文字中"尤"、"厷"二字訛混。

(12)《六德》簡22："上共下之義，以▆(奉)▆，謂之孝"，"▆"下有合文符，陳偉1999釋"社稷"，從後來發表的上博五《姑成家父》簡3"社"、"稷"作"▆"、"▆"看，"社稷"之說無疑是正確的(又參陳偉2006)。

(13)《六德》簡23+24："六者各【23】行其職，而▆▆亡由作也。""

第一章 《尊德義》、《成之聞之》、《六德》研究概況

"▇"，整理者釋"岙旮"；陳偉1998釋上字為"獄"讀"獄"；顏世鉉2001認為與"獄訟"有關；梁立勇2003認為上字從"山"從"獄"省，下字為"訟"之訛，釋"獄訟"；又《六德》簡42、簡43、簡44有"剚岙"一詞。參考典籍文例，前兩字釋為"獄訟"是正確的，字形分析似以梁立勇2003較為近是，而《六德》簡42、簡43、簡44的"剚岙"則應讀為"斷獄"。

又，濮茅左2011與上博八《子道餓》"䛸(言)遊(游)"之"䛸"對照而認為《六德》的"▇"是"䛸"字。按，《子道餓》"䛸(言)遊(游)"之"䛸"作"▇"(簡3)、"▇"(簡4)、"▇"(簡5)，與本簡的"▇"形近，但與簡36的"▇"形(二字為同一詞不同寫法)相去又較遠，《六德》的"▇"、"▇"上所從其實就是"公"形的訛變，所以寫得既像"文"又像"大"，並不是"䛸(言)遊(游)"之"䛸"。在楚簡中"訟"字的變體還是不少的，如上博二《容成氏》簡22："禹乃建鼓於廷，以為民之有訟告者鼓焉"，其中的"訟"作"▇"；上博四《曹沫之陳》簡34"匹夫寡婦之獄訟，君必身聽之"之"訟"作"▇"；上博九《史蒥問於夫子》簡7"与獄訟易"之"訟"作"▇"，都是一種訛變的寫法。

(14)《六德》簡25："親此多(者)也，▇此多(者)也"，"▇"，整理者隸作"會"，劉釗2003隸"舍"，認為從"米"聲，讀"密"；徐在國2003A引上博二《容成氏》簡46之"▇"，認為它們從"宀"從"甘"，"米"聲，釋為"蜜"讀"密"，徐在國2003A所分析的字形近是。沈培2006已引《新書·道德說》："有道、有仁、有義、有忠、有信、有密。此六者，德之美也。……密者，德之高也。"其中用"密"形容"德"，與簡文相類。

(15)《六德》簡39："君子於此一▇(斅)者亡所廢"，"▇"，整理者隸作"斅"；陳偉1999釋"編"讀"偏"。按，陳偉1999之說是由劉國勝1999對簡43之"▇"隸為"冊"釋"偏"之說而發展來的。此字左旁應即"編"之原形，簡41之"▇"同。又《性自命出》簡54有字作"▇"，此字多釋為"豊"讀"禮"，按郭店簡中"豊"作"▇"(《性自命出》簡16)、"▇"(《性自命出》簡66)、"▇"(《六德》簡2)，與此不同，此字與"▇"左旁沒有什麼區別，應釋"扁"讀"偏"，辭例作"獨處而樂，有內偏者也"，"內偏"內心有所偏好。

如上所說，《尊德義》、《成之聞之》、《六德》三篇簡文釋字難度不算太高，又經過眾多學者的反覆耙疏，在目前條件下，文字研究方面的賸義已不多，但在小書中，我們對《尊德義》、《成之聞之》、《六德》這三篇字詞的考釋也有一些新

的意見。如：

(1)《成之聞之》簡30："蓋言▨之也"，"▨"，整理者隸定爲"寡"；張光裕等1999隸定作"睿"；李零1999釋爲"寅"，訓敬；周鳳五1999B釋"夾"，訓朽敗；劉信芳2000A釋爲"睯"，讀爲朽、糟；涂宗流、劉祖信2001釋爲"會"，讀"殨"；郭沂2001訓"寅"爲引，訓爲引申；廖名春2001D釋爲"夾(挾)"，訓爲藏；李零2002A讀"寅"爲"偃"；李學勤2002認爲是"富"字誤寫，讀爲"逼"；劉釗2003釋"睿"疑"陳"，訓"陳舊"；李銳2009釋爲"夾"，訓爲近。我們根據清華一《保訓》簡1"▨"讀爲"演(類)"的情況，把"▨"隸定爲"睿"，讀爲"貴"。

(2)《成之聞之》簡31："天▨(夆)大常"，"夆"即"降"字，爲郭沂1998首釋，不過如張光裕等1999、李學勤2000C、劉信芳2000D、李零2002A等都認爲"▨"從"升"。我們對楚文字的"升"和"降"這兩個字形做了詳細的區分。

(3)《成之聞之》簡36："從允釋過，則先者余，來者信。""余"，顔世鉉1999B讀爲"豫"；李零1999讀爲"除"或"舍"；廖名春2000C引周鳳五、陳偉2002D讀爲"舒"；崔永東2000以爲余、身、親含義相通；涂宗流、劉祖信2001讀爲"餘"；郭沂2001讀爲"虛"。我們認爲顔世鉉1999B的說法是正確的，但他並未詳細論證，我們又補充了兩個典籍中的文例。

(4)《六德》簡14+15："謂【14】之君，以義使人多"，相同句式的"多"數見，整理者如字讀；廖名春2000B訓賢、美、好；李天虹2000C認爲是語氣詞；丁原植2000訓重視；顔世鉉2001讀"祇"（初稿讀"宜"）；沈培2002釋"何"；沈培2006又讀爲"是"，解爲代詞，又引劉樂賢說讀"是"，解爲語氣詞；顧史考2006認爲是"者也"合音；陳劍2008認爲"多"字的用法應該跟"者"字相對應，又認爲可能是"者也"合音。我們認爲"多"字即應讀爲"者"，李家浩2011於此有補充論證。

(5)《六德》簡21+22："會埻長材以事上，謂之義"，"會埻"，李零1999釋"會埻"並讀"埻"爲"準"；涂宗流、劉祖信2001讀"會享"；劉信芳2000A釋"合埻"，讀"和惇"；丁原植2000讀"會埻"訓匯聚依據；廖名春2001C讀"會埻"訓學習、看齊；劉釗2003、林素清2005讀"會最"；張光裕等1999隸作"會埻"，陳偉2002B讀"會墉"。我們重新破讀爲"合匯"。"會"可讀"合"，"合"、"會"相通至常見；從"臺"之"敦"，端紐文部，匯，匣紐微部，二字音近。故"會埻"可讀"合匯"。

(6)《六德》簡36:"信言尔言,☒言尔☒","☒"字,整理者隸定爲"詁";李零1999釋"設";涂宗流、劉祖信2001釋"敔";沈培2004引裘錫圭說認爲是"故"之誤字。我們依較清晰書法本圖版作"☒"而隸定爲"敔"讀"語"。

此外,我們在集釋中還有一些小的意見,或因爲過於瑣碎,或因爲祇是我們暫時的想法,沒有思考成熟,這裏就不再舉出。

第二章

《尊德義》、《成之聞之》、《六德》釋文

本章是我們對郭店《尊德義》、《成之聞之》、《六德》三篇調整簡序後所作的釋文，釋文採用了比較寬鬆的隸定，爲了更明晰地瞭解文意，我們把它們分了段，具體簡序調整和釋字理由，請參看《集釋》的相關部分。

尊德義

尊德義，明乎民倫，可以爲君。淮忿戾，改忌勝，爲人上者之務也。【1】賞與刑，禍福之基也，又前之者矣。爵位，所以信其然也。征禁，所以【2】攻□也。刑☐，所以☐墼也。殺戮，所以除怨也。不由其道，不行。仁爲可親【3】也，義爲可尊也，忠爲可信也，學爲可益也，教爲可類也。教非改道也，教之也。【4】學非改倫也，學已也。禹以人道治其民，桀以人道亂其民。桀不易【5】禹民而後亂之，湯不易桀民而後治之。聖人之治民，民之道也。禹【6】之行水，水之道也。造父之御馬也，馬之道也。后稷之藝地，地之道也。莫【7】不有道焉，人道爲近。是以君子人道之取先。察諸出所以知【8】己，知己所以知人，知人所以知命，知命而後知道，知道而後知行。由禮知【9】樂，由樂知哀。有知己而不知命者，無知命而不知己者。有【10】知禮而不知樂者，無知樂而不知禮者。

善取，人能從之，上也；(背百八)【11】莐(寵)勞之，旬(報)也。爲邦而不以禮，猶御之無策也。非禮而民悦【24】戴，此小人矣。非倫而民服，世此亂矣。治民非懷生而已也，【25】不以嗜欲害其義旬。民愛，則子也；弗愛，則仇也。民五之方各(格)，【26】十之方静(爭)，百之而後服。善者民必富，富未必和，不和不安，不安不樂。【27】善者民必眾，眾未必治，不治不順，不順不平。是以爲政者，教導(背百四)【12】之取先。教以禮，則民果以勁。教以樂，則民淑德清㶴。教【13】以辯

第二章 《尊德義》、《成之聞之》、《六德》釋文

說，則民藝陵長貴以妄。教以藝，則民野以爭。教以技，【14】則民少以吝。教以言，則民誇以寡信。教以事，則民力穡以面利。(背百一)【15】教以權謀，則民淫惽遠禮無親仁。先之以德，則民進善焉。【16】爲故率民向方者，唯德可。德之流，速乎置郵而傳(背百)【28】命。其載也無重焉，交矣而弗知也。

明德者，且莫大乎禮樂。【29】故爲政者，或論之，或養之，或由中出，或設之外，侖(倫)隶(列)其類【30】焉。治樂和哀，民不可惑也。反之此，妄矣。刑不逮於君子，禮不【31】逮於小人。攻往者復，依惠則民材足，不時則無勸也。不【32】愛則不親，不悁(寬)則弗懷，不理則無威，不忠則不信，弗勇則【33】無復(報)。(安?)則民不悋(輕)，正則民不吝，恭則民不怨。均不足以平政，寬【34】不足以安民，勇不足以沫(勵)眾，博不足以知善，快(慧)不足以知倫，殺【35】不足以勝民。

下之事上也，不從其所命，而從其所行。上好是物也，【36】下必有甚焉者。夫唯是，故德可易而施可轉也。有是施小【37】有利，轉而大有害者，有之。有是施小有害，轉而大有利者，有之。【38】

凡動民必順民心，民心有恆〈亟〉，求其養。重義萆(襲)理，言此章也，【39】行此文也，然後可就也。因死〈亟〉則固，察應則無僻，不黨則無【17】怨，逐(?恒)畏則囗囗。夫生而有職事者也，非教所及也。教其政，【18】不教其人，政弗行矣。故終是物也而又(有)深焉者，可學也而不可疑也。【19】可教也而不可迪其民，而民不可止也。尊仁、親忠、敬莊、歸禮，【20】行矣而無違，養心於慈良忠信，日益而不自知也。民可使道【21】之，而不可使知之。民可道也，而不可強也。桀不謂其民必亂，而民有【22】爲亂矣。爰不若也，可從也而不可及也。君民者，治民復禮，民捨害知【23】生。故曰：民之父母親民易，使民相親也難。【六49】

成 之 聞 之

君子之於教也，其道民也不浸，則其淳(敦)也弗深矣。是故亡乎其身而【4】存乎其詞，雖厚其命，民弗從之矣。是故威服刑罰之屢行也，【5】由上之弗身也。昔者君子有言曰："戰與刑人，君子之墜德也。"是故【6】上苟身服之，則民必有甚焉者。君純冕而立於阼，一宫之人不勝【7】其敬。君衰絰而處位，一宫之人不勝其哀。君甲胄而立於陳，【8】一軍之人不勝其勇。上苟倡之，則民鮮不從矣。雖然，其存也不厚，【9】其重也弗多矣。是故君子之求諸己也深。不求諸其本而攻諸其【10】末，弗得矣。是君子之於言也，非從末流者之貴，窮源反本者之貴。【11】苟

不從其由，不反其本，未有可得也者。君上享成不唯本，功□□□□。【12】農夫務食不強耕，糧弗足矣。士成言不行，名弗得矣。是故君子(背七二)【13】之於言也，非從末流者之貴，窮源反本者之貴。苟不從其由，【14】不反其本，雖強之弗入矣。

上不以其道，民之從之也難。是以民可【15】敬導也，而不可掩也；可御也，而不可挈(牽)也。故君子不貴庶物而貴與【16】民有同也。智而比(必)即(信)，則民欲其智之遂也。富而分賤，則民欲其【17】富之大也。貴而一讓，則民欲其貴之上也。反此道也，民必因此重也【18】以復(報)之，可不慎乎？故君子所復之不多，所求之不遠，竊反諸己而可以【19】知人。是故欲人之愛己也，則必先愛人；欲人之敬己也，則必先敬人。【20】君子衽席之上，讓而受幼；朝廷之位，讓而處賤，所宅(度)不遠矣。小人【34】不經(逞)人於刃，君子不經(逞)人於禮。津梁爭舟，其先也不若其後也。言【35】語窣(窮)之，其勝也不若其已也。

君子曰：從允釋過，則先者余(豫)，來者信。【36】是以知而求之不疾，其去人弗遠矣。勇而行之不果，其疑也弗往矣。【21】是故凡物在疾之。《君奭》曰："唯冒丕單稱德"，蓋言疾也。君子曰：疾之，【22】行之不疾，未有能深之者也。娩之遂也，強之工(功)也，陸(墮)之弇也，治之工(功)也。【23】《君奭》曰："襄我二人，毋有合在言"，蓋道不悅之詞也。君子曰：雖有其巫〈亟〉而【29】可，能終之爲難。"槁木三年，不必爲邦旗"，蓋言貴之也。是以君子窖(貴)【30】成之。

聞之曰：古之用民者，求之於己爲巫〈亟〉。行不信則命不從，【1】信不著則言不樂。民不從上之命，不信其言，而能含德者，未之【2】有也。故君子之涖民也，身服善以先之，敬慎以守之，其所存者入矣，【3】民孰弗從？形於中，發於色，其淫也固矣，民孰弗信？是以上之巫〈亟〉【24】務在信於眾。《詔命》曰："允師濟德。"此言也，言信於眾之可以【25】濟德也。

聖人之性與中人之性，其生而未有非之，節(即)於而(爾)也，【26】則猶是也。雖其於善道也，亦非有澤藪以多也。及其博長而厚【27】大也，則聖人不可由與墒之。此以民皆有性而聖人不可莫(侔)也。【28】

天降大常，以理人倫。制爲君臣之義，著爲父子之親，分【31】爲夫婦之辨。是故小人亂天常以逆大道，君子治人倫以順【32】天德。《大禹》曰："余茲宅(度)天心"，蓋此言也，言余之此而宅(度)於天心也。是故【33】唯君子道可近求而可遠向也。昔者君子有言曰："聖人天德"，蓋【37】言慎求之於己，而可以至順天常矣。《康誥》曰："不還(率)大夏，文王作罰，【38】刑茲無赦"，蓋此言也，言不靡

第二章 《尊德義》、《成之聞之》、《六德》釋文

(奉)大常者，文王之刑莫重焉。是【39】故君子慎六位以巳(祀)天常。∟【40】

六　　德

　　君子如欲求人道，▨▭【6】▭不由其道，雖堯求之弗得也。生民【7】□□夫婦、父子、君臣，此六位也。有率人者，有從人者；【8】有使人者，有事人者；有教者，有學者，此六職也。既有【9】夫六位也，以任此六職也。六職既分，以裕六德。六德者【10】▭而上有【殘24】賞慶焉，知其以有所歸也。材【11】▭人民；小者，以修其身。爲道者必由【47】此。親戚遠近，唯其人所在。得其人則舉焉，不得其人則止也。【48】雖在草茅之中，苟賢▭【12】此。何謂六德？聖、智也，仁、義也，忠、信也。聖與智就矣，【1】仁與義就矣，忠與信就矣。作禮樂，制刑灋，教此民尔使【2】之有向也，非聖智者莫之能也。親父子，和大臣，寢四鄰【3】之怏虐，非仁義者莫之能也。聚人民，任土地，足此民尔【4】生死之用，非忠信者莫之能也。

　　君子不偏如道。道，人之【5】▭任諸父兄，任諸子弟，大材設諸【13】大官，小材設諸小官，因而施祿焉，使之足以生，足以死，謂【14】之君，以義使人多(者)。義者，君德也。非我血氣之親，畜我如其【15】子弟，故曰：苟濟夫人之善它(也)，勞其股肱之力弗敢憚也，【16】危其死弗敢愛也，謂之臣，以忠史(事)人多(者)。忠者，臣德也。知可【17】爲者，知不可爲者；知行者，知不行者，謂之夫，以智率人多(者)。【18】智也者，夫德也。能(壹)與之齊，終身弗改之矣，是故夫死有主，終【19】身不嫁，謂之婦，以信從人多(者)也。信也者，婦德也。既生畜之，【20】又從而教誨之，謂之聖。聖也者，父德也。子也者，會(合)塼(摶)長材【21】以事上，謂之義，上共下之義，以奉社稷，謂之孝，故人則爲【22】人也，謂之仁。仁者，子德也。故夫夫、婦婦、父父、子子、君君、臣臣，六者各【23】行其職，而獄訟無由作也。觀諸《詩》、《書》則亦在矣，觀諸【24】禮、樂則亦在矣，觀諸《易》、《春秋》則亦在矣。親此多(者)也，密此多(者)也，【25】美此多(者)也。人道夌止。

　　仁，內也。義，外也。禮樂，共也。內立(位)，父、子、【26】夫也；外立(位)，君、臣、婦也。疏斬布，絰，杖，爲父也，爲君亦然。疏衰【27】齊，牡麻絰，爲昆弟也，爲妻亦然。袒免，爲宗族也，爲朋友【28】亦然。爲父絕君，不爲君絕父。爲昆弟絕妻，不爲妻絕昆弟。爲【29】宗族疕(離)朋友，不爲朋友疕(離)宗

族。人有六德，三親不斷。門內【30】之治恩掩義，門外之治義斬恩。仁類⿱(柔)而速，義類⿱(剛？)【31】而絕。仁(柔)而⿱(敓-睪)，義卹(剛)而簡，⿱(敓-睪)之為言也，猶⿱(敓-睪)⿱(敓-睪)也，小而【32】㠯(慘)多(者)也。豫(予)其志，求養親之志，蓋無不以也，是以⿱(敓-睪)也。

男女【33】辨生言(焉)，父子親生言(焉)，君臣義生言(焉)。父聖，子仁，夫智，婦信，君義，【34】臣宜〈忠〉。聖生仁，智率信，義使忠。故夫夫、婦婦、父父、子子、君君、臣臣，此六者各【35】行其職，而獄訟蔑由亡〈作〉也。君子言，信言尔言，㷼(訧？)言尔歖(語)，外【36】內皆得也。其反，夫不夫，婦不婦，父不父，子不子，君不君，【37】臣不臣，昏所由作也。君子不啻明乎民微而已，又以知【38】其一矣。

男女不辨，父子不親。父子不親，君臣無義。是故先王之【39】教民也，始於孝弟。君子於此一偏者無所廢。是故先【40】王之教民也，不使此民也憂其身，失其偏。孝，本也。下修其【41】本，可以斷獄。生民斯必有夫婦、父子、君臣。君子明乎此【42】六者，然後可以斷獄。道不可徧也，能守一曲焉，可以違【43】其惡，是以其斷獄速。凡君子所以立身大灋三，其繹之也【44】六，其籔(演)十又二。三者通，言行皆通。三者不通，非言行也。【45】三者皆通，然後是也。三者，君子所生與之立，死與之敝也。【46】

【第三章】

《尊德義》集釋

篇名 作者
集釋：

【廖名春1998A】簡文《尊德義》當出於孔子，是孔子之作。

【李零1999】上篇由"六位"、"六職"以論"六德"，此篇論"德義"，似亦相承。

【何琳儀2001】《尊德義》似應稱《勝德義》。

簡1

說明："本篇存簡三九枚。竹簡兩端修削成梯形，簡長三二・五釐米。編綫兩道，編綫間距為一七・五釐米。原無篇題，今據簡文擬加。"① 從《郭店楚墓竹簡》所載圖版中的竹簡照片（以下簡稱圖片）看，本簡在第7字"侖"字之下有斷痕。

拼合編聯： 簡1與簡2編排在一起，是整理者的意見，今依李零1999把它們直接編聯。

釋文：

酓(尊)惪(德)義，明虖(乎)民侖(倫)，可以爲君。淮忿繎(戾)，改忌(忌)勀(勝)，為人上者之孜(務)也。

集釋：

【郭店－尊德義】酓惪(德)義，明虖(乎)民侖(倫)，可以為君。濰忿繎(戀)，改惶勀(勝)，為人上者之孜(務)也。

◊ 酓：裘按：第一字此篇屢見，從文義看，似是"尊"之異體。

---

① 荊門市博物館：《尊德義釋文注釋》，《郭店楚墓竹簡》，北京：文物出版社，1998年，第173頁。

【顔世鉉1999A】◊濉，讀作摧或推，《說文》："推，排也。"……繎，讀作"懑"。《性自命出》簡三〇："繎繎如也，戚然以終。"簡六七："居喪必有夫繎繎之哀。"周師鳳五將此二簡之"繎"讀作"懑"，《說文》："懑，煩也。"……簡文"推忿懑"就是說：排除內心忿懑的情緒。 ◊愭通"忌"，《說文》："忌，憎惡也。"……嫉之義通忌。勅讀作勝，……簡文"改忌勝"謂改正忌惡他人道德才能勝於己的個性，亦即為人上者不要忌惡屬下道德才能勝於己。《語叢二》簡二五～二七："惡生於性，怒生於惡，乘生於怒，甚生於輆（乘），惻（賊）生於甚"。甚通忌，"忌生於乘"謂人之忌惡之心起於人有好勝之心。《荀子·成相》："主忌苟勝，群臣莫諫必逢災。"

【李零1999】尊德義，明乎民倫，可以為君。去忿戾，改甚勝，為人上者之務也。

◊"去忿戾"，第一字，原釋"濉"，從照片看似是"濩"字的省體，這裏讀為"去"（"去"是溪母魚部字，"濩"是匣母鐸部字，讀音相近）；第三字，寫法同《忠信之道》簡8、《性自命出》簡30、67讀為"戀"的字，這裏讀為"戾"（"戾"是來母月部字，"戀"是來母元部字，讀音相近）。"忿戾"是古書常用的字。◊"改甚勝"，第二字，原釋"愭"，應即"甚"的異體。"甚"是刻毒之義，"勝"是好勝之義。參看《語叢二》簡26、27"勝生於怒，甚生於勝，賊生於甚"。這兩句似指去除或改變民性中的暴戾恣睢。

【劉釗2000A】"愭勝"應讀作"期勝"。睡虎地秦簡《為吏之道》說："毋復期勝，毋以忿怒決。"《睡虎地秦墓竹簡》一書注釋"毋復期勝"謂："不要一味想壓過別人。"《荀子》一書有如下論述："不恤是非，不論曲直，以期勝人為意，是役夫之知也。"（《荀子·性惡》）"不恤是非，然不然之情，以期勝人為意，是下勇也。"（《荀子·性惡》）"主忌苟勝，群臣莫諫，必逢災。"（《荀子·成相》）……由上可知"期勝"是小人性惡的體現，為君子所不為。

【顔世鉉2000C】◊▉：疑此字當釋為"津"；《說文》"津"字古文作▉，"從舟淮"，段注云："當是從舟、從水、進省聲。"……金文作▉，所從與《說文》古文同。簡文所從與之形近，疑是從"水"、"舟"、"隹"。簡文"津"讀為"盡"，……"盡"有絕、除、止之意，《小爾雅·廣言》："盡，止也。"簡文"盡忿懑"指去除內在忿懑的情緒。下一句仍以讀作"改忌勝"為是，《逸周書·周祝》："……維彼忌心是生勝。"孔晁云："勝謂勝所忌。"潘振云："心有所嫉，是謂忌心，故好勝。"

【涂宗流、劉祖信2001】◊▨：此字簡文從水從睢，睢亦聲，疑借爲"捶"。"睢"古音禪紐微部，"捶"古音章紐歌部。章、禪同爲舌上音，微、歌可旁轉。……"捶"，本義謂以杖擊也，引申爲"鞭"，"捶策"。 ◊繎：此字簡文從車從絲，疑爲"轡"之異構。……本義指駕馭馬的韁繩，借指馬。……"捶忿轡"，字面意義是指捶策忿怒的馬，其所指乃是制止因貪欲忿而相爭的社會現象。

【何琳儀2001】◊檢"酋"原篆作▨，從"弁"得聲，疑讀"勝"。《呂氏春秋·誣徒》"理義之術勝矣"，……與本簡"勝德義"相較，語有反正，適可互證。◊《說文》"津"古文作"𣲙"。本簡"津"疑讀"盡"（均從聿聲）。《小爾雅·廣言》"盡，止也。""忿繎"應讀"忿懣"。"忿"與"憤"音義均同（《集韻》），"繎"與"萬"聲系亦通（《說文》"萬讀若蠻"）。

【陳偉2001】尊德義，明乎民倫，可以爲君。睢（沮）忿戀（戾），改忌乘（勝），爲人上者之務也。

◊尊：此字從酋從廾（"朕"字所從。《說文》從"弁"）。尊、朕二字爲文、侵通轉，讀音相近，或可通假。……《孟子·盡心上》說"尊德樂義"，……"尊"均爲尊崇、敬重之意。……古人往往"德"、"義"連言。 ◊睢：似可釋爲"睢（從水）"，……讀爲"沮"，爲終止、阻遏之意。 ◊忌，憎惡，妒忌的意思。……勝，爲超過，壓倒之意。《荀子·榮辱》所舉"小人之所務而君子之所不爲"諸事中，即有"直立而不見知者，勝也。"楊倞注："……勝，謂好勝人也。"《語叢二》簡25—27說："惡生於性，怒生於惡，乘（勝）生於怒，悬（忌）生於乘（勝），賊生於悬（忌）。"可與本篇參讀。

【陳偉2002D】已，從攴，……疑當釋爲"已"，爲止、去之義。

【劉釗2003】酋惪（德）義，明唐（乎）民侖（倫），可以爲君。濉（推）忿繎（懣），改（戒）忌（悬）勅（勝），爲人上者之炙（務）也。

"酋"字從"酋""廾"聲，"廾"即《說文》之"弁"。"弁"在楚簡中可讀爲"寸"，"酋"在楚簡中可讀爲"尊"。……"濉"讀爲"推"，推意爲排除。……"改"讀爲"戒"，古音"改"在見紐之部，"戒"在見紐職部，聲紐相同，韻爲對轉，可以相通。

【顧史考2003】該字從舟、佳、水並不誤，……可能應釋爲"濟"字才是。……"濟"字爲精母脂部，在此若換了個聲符"佳"，即章母微部，乃是鄰紐旁轉，聲音可通假。……"忿纞"二字似該讀為"紛亂"較妥。……"紛"與"忿"均為滂母文部，"亂"與"纞"亦皆為來母元部，聲音完全一致。……《戰國策·趙策三》……"為人排患、釋難、解紛亂而無所取也。"

【劉桓2005】憪勨(勝)之義，可與書中《語叢二》……相參證。……憪甚均當讀忌，……"憪(忌)勨(勝)"義發近於"忌克"，……《大戴禮記·衛將軍文子》："孔子曰：不忌不克，……"盧注："克，好勝人。忌，有惡於人也。"

【范麗梅2007】"灘"，從水隼聲，古音在端母脂部。"懲"，古音在定母蒸部。端、定二聲皆為舌頭音，脂、蒸二韻相近可通，因此"灘"可讀作"懲"。"纞"，從絲，從車，《說文》："纞，馬纞也。從絲車。與連同意。"則"纞"與"連"同。《楚辭·九章·懷沙》："懲連改忿兮抑心而自強"，王逸《注》："懲，止也。"懲與改為前後文動詞，與簡文"懲"、"改"前後句兩個動詞相同。……歷來學者多以"連"為形近而誤的錯字，……然而簡文作"纞"，與"連"同，可知"連"並非誤字。李零曾指出簡文"忿連"應讀作"忿戾"，……"戾"古音為來母月部，與"連"古音為來母元部，聲韻皆通，可知"忿連"與"忿戾"意相同。另外，古書又有"忿纇"，見於《左傳·昭公二十八年》："貪惏無饜，忿纇無期。""纇"古音為來母物部，與"連"、"戾"音韻亦近，……至於"連"、"違"二字，在古書中還有其他異文，如《文選·潘岳河陽縣作》："連陪廁王寮"之"連"，五臣《注》本作"違"。而"違"古音匣母微部，與"纇"之物部為對轉，……凡此可知，簡文與文獻中的"忿連"、"忿戾"、"忿纇"與"忿違"皆為音義相當的詞組，其意為無理的忿恨多怒，亦即暴虐之意。……至於"改"，《周易·益卦·象傳》："有過則改"，《孔疏》："改，謂改更懲止。"所言改更懲止，正簡文懲與改之意。……"忌勝"指由"性"、"惡"、"怒"、"勝"、"忌"、"賊"一連串惡忌之事中產生的猜忌與好勝之心，為人上之主所應改更導正。……秦簡以"期勝"與"忿怒"連說，也與此"忌勝"與"忿連"連言相當。

【陳劍2007】淮(綏?)忿纞(䜌—戾)，改惎勝，爲人上者之務也。

【白於藍2008】纞似當讀作䜌。

【廣瀨熏雄2008】淮，簡文作▆。"隹"的左邊有"丹"形的筆畫，這當是飾筆。作這種字形的"隹"不少。如《語叢四》1號簡"舊"作▆，《昭王與龔之脽》7號簡"獲"作▆。疑此處淮讀爲推，意爲排除。《詩·大雅·雲漢》："旱既太甚，則不可推"，鄭注云："推，去也"。

第三章 《尊德義》集釋

【陳秀玉2008】在古文字中，"月"與"舟"常見形近訛混之現象，因此"▨"字所從的"月"形，有可能即"舟"字之訛變；"▨"字從舟、從水、從隹，疑可釋為"雠"，即"津"字之古文；李守奎《楚文字編》即收"▨"字於"津"字條下。許慎云："津，水渡也，從水聿聲。雠，古文津，從舟淮。"（《說文·卷十一·水部》）……"聿"即"盡"之分化字，故疑"▨"讀為"盡"，有毀壞之義，如《神異經·南方經》："荒外有大山，其中生不盡之木，晝夜火燃，得暴風不猛，猛雨不滅。"

【十四種2009】酋（尊）悳（德）義，明庐（乎）民侖（倫），可以爲君。▨忿緜（戾），改（戒）忌勑（勝），爲人上者之夌（務）也。

【白於藍2010】睡虎地秦墓竹簡中的《爲吏之道》第8—11簡第一欄有一段話……"嚴剛勿暴，廉而勿削，毋復期勝，毋以忿怒央（決）。"……《尊德義》之"忿緜（䜌）"是與本簡之"忿怒"相當，"惕勑（勝）"則與本簡之"期勝"相當。……《楚辭·九章·懷沙》有"懲連改忿兮，抑心而自強"語。……《尊德義》之"濉忿緜（䜌）"與《懷沙》之"懲連改忿"文義近似。考慮到《尊德義》之"忿緜（䜌）"是與本簡之"忿怒"相當，則"緜（䜌）"與"連"之字義亦應當是與"怒"義相關。據此，"緜（䜌）"和"連"似均應讀作"憚"。上古音"憚"為定母元部字，與"緜（䜌）"、"連"二字聲母同為舌頭音，韻則疊韻，例可相通。《方言》卷六："戲、憚，怒也。齊曰戲，楚曰憚。"……惕，亦可讀為䜌。《說文》："䜌，忌也。"至於"勝"，是指好勝之義。

【劉信芳2011】濉（摧）忿緜（悁），……緜，讀為"悁"。《戰國策·趙策二》："秦雖辟遠，然而心忿悁，含怒之日久矣。"

【竹書2011】此句亦可參《說苑·復恩》："君不能報臣之功而憚刑賞者，亦亂之基也。"

【按】◇酋：裘按疑是"尊"之異體，陳偉2001、劉釗2003從之，且有補充；何琳儀2001讀為"勝"。按，釋"尊"是，"夲"，定紐侵部；"尊"，精紐文部，古音相近，參看沈培《上博簡〈緇衣〉篇"夲"字解》。① ◇▨：整理者隸定爲"濉"；

---

① 沈培：《上博簡〈緇衣〉篇"夲"字解》，《華學》第六輯，北京：紫禁城出版社，2003年，第68—74頁；又，沈培：《上博簡〈緇衣〉篇"夲"字解》，《新出土文獻與古代文明研究》，上海：上海大學出版社，2004年，第132—136頁。又可參看單育辰：《楚地戰國簡帛與傳世文獻對讀之研究》，北京：中華書局，2014年，第111—113頁。

在此基礎上，顏世鉉1999讀作"摧"或"推"；涂宗流、劉祖信2001讀爲"捶"；劉釗2003讀作"推"；顧史考2003隸作從舟從佳從水，讀"濟"；范麗梅2007認爲從水脽聲，讀"懲"；又，李零1999認爲是"濩"字省體，讀爲"去"；陳劍2007釋作"淮"讀"綏"；廣瀨熏雄2008亦認爲是"淮"讀"推"；顏世鉉2000C、何琳儀2001、陳秀玉2008釋爲"津"讀"盡"；陳偉2001釋爲"雎（從水）"，讀"沮"。按，李零、陳劍、廣瀨熏雄所言是，楚文字中常在"隹"左旁加飾筆"卜"，略似"丹"形，但不是"丹"，古文字學家常常把加"卜"的"隹"隸作"脽"，不確，仍應隸爲"隹"。郭店此字與常見的"隹"形比較，僅是"卜"更長一些而已，其下從水，故應釋作"淮"，似如廣瀨熏雄言讀"推"。淮，匣紐微部，推，透紐微部，二字音近。 ◇忿：整理者如字讀；顧史考2003讀作"紛"。按，應如字讀。 ◇纏：整理者釋爲"巒"；顏世鉉1999、何琳儀2001讀作"懣"；李零1999讀爲"戾"；涂宗流、劉祖信2001 讀爲"巒"；顧史考2003讀作"亂"；范麗梅2007讀爲"戾"、"連"、"類"、"違"；白於藍2008讀爲"蠻"；白於藍2010讀爲"憚"；劉信芳2011讀爲"悁"。按，如范麗梅指出，與"忿"相關之"纏"典籍或作"戾"或作"連"或作"類"。這裏我們從後世用字習慣考慮，讀爲"戾"。 ◇改：整理者如字讀；陳偉2002D釋爲"已"；劉釗2003 讀"戒"。按，如字讀即可。 ◇忌：整理者隸爲"愰"；顏世鉉1999讀"忌"；李零1999讀爲"惎"；劉釗2000A讀爲"期"。按，"忌"、"惎"、"期"典籍皆用，從後世用字習慣考慮，這裏讀爲"忌"。"忌（惎、期）勝"如諸家所說，見於《語叢二》簡26+27："勝生於怒，惎生於勝，【26】賊生於惎。"睡虎地秦簡《爲吏之道》："毋復期勝，毋以忿怒決。"《荀子·性惡》："不恤是非，不論曲直，以期勝人爲意，是役夫之知也。"

簡2

說明：從圖片看，本簡應爲完簡。

拼合編聯：簡2與簡3編聯，從整理者說。

釋文：

賞與坓（刑），裧（禍）福之羿（基）也，或（又）前之者矣。雀（爵）立（位），所以信其狀（然）也。正（征）欽（禁），所以

第三章 《尊德義》集釋

集釋：

【郭店–尊德義】賞與埜(刑)，旤(禍)福之羿(基)也，或前之者矣。雀(爵)立(位)，所以信其肰(然)也。正欽，所以

◊羿：裘按："羿"字疑讀爲"基"。 ◊前：裘按：釋文作"前"之字原寫作"■"。從《窮達以時》九號簡"前"字上部作■來看，此字確有可能是"歬(前)"的訛變之體。此字之形與壽縣楚器銘中之王名，舊或釋作"肯"者相同，究竟能否釋作"前"，值得進一步研究。

【張光裕等1999】或前(？)之者矣。

【周鳳五1999A】正欽，……疑當讀爲"征擒"，征從正聲；欽，古音溪母侵部；擒，群母侵部，可通。簡文此處論賞與刑，依序爲爵位、正欽、刑□、殺戮，缺字可意補"罰"。若正欽讀作"征擒"，則爵位爲賞，征擒、刑罰、殺戮爲刑，文意分明。征而擒之，刑而罰之，殺而戮之，先後次第井然。

【李零1999】賞與刑，禍福之基也，或前之者矣。爵位，所以信其然也。征侵，所以

◊"征侵"，原作"正欽"，疑讀"征侵"（"征"從正得聲，"侵"是清母侵部字，"欽"是溪母侵部字，讀音相近）。

【劉信芳2000A】《成之聞之》30："檮木三年，不必爲邦羿。""邦羿"即邦旗。準此，"旤福之羿"即禍福之旗。"前之者"，以"賞與刑"居於前列也，猶出行之以旗居於前列。

【丁原植2000】"或"字，疑讀爲"有"。

【涂宗流、劉祖信2001】◊■：此字簡文從止從月，與包山楚簡122簡釋爲"前"的簡文字形完全不同，而與舍肯鼎"肯"字形體完全相同，應釋爲"肯"。……"肯"，贊同，許可。 ◊"正"，君長。……"欽"，謹慎，戒慎。

【陳偉2001】賞與(譽)刑禍，福之基也，或(有)前之者矣。爵位，所以信其然也。正禁(政禁)，所以

◊這裏是講君上之事，刑賞都是爲了保障統治秩序(即"福")，不當反倒有"禍"。故改在"禍"字下斷讀。與，讀爲"譽"，稱揚、贊美。禍(從化從示)，……也可能讀過。……《國語·晉語六》說："夫德，福之基也。"……前，引導。 ◊欽從"金"聲。在古音中，"金"、"禁"都是見母侵部字，所從得聲之字每可通用。如《荀子·正論》"金舌弊口"，楊倞注："金或讀爲'禁'。"……

古書中政、禁往往同時提到。如《周禮·地官·鄉大夫》說："各掌其鄉之政教禁令",……此處"政"特指禁令的可能性較大,"政禁"猶言"法禁"。

【陳偉2002C】賞與刑,禍福之基也。有踐之者矣。

踐,本作"前",前、踐二字同爲元部從紐,從"前"得聲的字與從"戔"得聲的字常可通假,應可讀爲"踐",爲實行之義。簡文大概是說爵位、正欽等是賞與刑的具體履踐。

【劉釗2003】賞與坓(刑),柒(禍)福之羿(基)也,或(有)前之者矣。雀(爵)立(位),所以訐(信)丌(其)肰(然)也。正(征)欽(陷),所以

"欽"疑爲"陷",古音"欽"在溪紐侵部,"陷"在匣紐談部,聲爲喉牙通轉,韻爲旁轉。"征欽"猶言"攻陷"。

【楊澤生2007】《上博六》……《競公瘧》……"舉邦爲欽",……我們懷疑應該讀"禁","舉邦爲欽"就是舉邦爲禁,這跟上下文義切合。《管子·地數》……所說"謹封而爲禁"與簡文"舉邦爲禁"相當。上面是從文義來說的。從字音來說,"欽"讀爲"禁"完全沒有問題。李家浩先生在討論包山簡的"鈢"字時說:"'鈢'字應當分析爲从'木'从'金'聲,古代'金'、'禁'都是見母侵部字,音近可通。《說文》手部'捡'字重文作'撡',《玉篇》衣部'袷'字重文作'襟'。此是諧聲字的例子。《戰國策·趙策一》第九章:'韓乃西師以禁秦國',馬王堆漢墓帛書《戰國縱橫家書》第二一章與此句相當的文字'禁'作'唫'。此是異文的例子。疑簡文'鈢'應當讀爲'禁'。"同理,從"金"得聲的"欽"自可讀作"禁"。楚帛書乙篇11行"山川漭浴(谷),不欽[之]行",我們懷疑此"欽"亦讀爲"禁"。……至於《郭店楚墓竹簡·尊德義》"正欽,所以戏"之"欽"是否也可以讀作"禁"有待進一步研究。

【沈培2007】《競公瘧》8號簡……欽,……楊澤生(2007)讀爲"禁"。今按:楊說論之甚詳,可從。……茲爲楊說補充一個用例。《上博(二)·容成氏》簡37說:"伊尹既已受命,乃執兵欽(禁)暴。"

【陳劍2007】賞與刑,禍福之基也,或脡(脡-延)之者矣。爵位,所以信其然也。正欽(政禁?),所以

【連劭名2008】欽從欠,金聲,讀爲戡。戡之或體,從戈從今,今、金同聲。《爾雅·釋詁》云:"戡,克也。"

【"中國古代の基礎史料"研究班2009】或可讀爲疑。

第三章 《尊德義》集釋

【十四種2009】賞與坓(刑)，礻(禍)福之羿(基)也，或前之者矣。雀(爵)立(位)，所以信其朕(然)也。正(征)欽(侵)，所以

【莊利果2010】信：通"伸"。彰顯義。……然：正確；認為正確。《周書·王思政傳》："帝深然之。"

【顧史考2011】（"正欽"）今讀為"徵斂"。按，"正"為章紐耕部，"徵"為端紐蒸部，音近可通，且從"正"得聲的"征"字與"徵"字用法亦近，如《管子·五輔》言"寬政"曰："薄徵斂，輕征賦"，……"欽"為溪紐侵部，"斂"為來紐談部，音近可通，且"僉"聲系中亦有從見、群等喉音紐者，與溪紐尤近。

【按】◇前四字，陳偉2001句讀為"賞與(罰)刑禍"，誤，應從整理者讀。◇羿：整理者讀為"基"；劉信芳2000A讀為"旗"。按，"基"是。又，"礻"作□，乃是書寫訛體。 ◇或：整理者如字讀；丁原植2000、陳偉2001讀為"有"。按，應讀為"又"，相關句意是：賞與刑，是禍、福的基礎，並且處於禍、福之前。 ◇□：整理者釋為"前"；陳偉2002C 讀"踐"；涂宗流、劉祖信2001釋"肯"；陳劍2007隸為"脡"讀"脡(延)"。按，朱家集青銅器中楚王名作"舍□"（《集成》2479）、"舍□"（《集成》2623），第二字與郭店此字相較，除了有細微的書寫上的不同外(因寫手或刻手的書寫或刻寫習慣不同而致)，其他完全相同，故"□"即"前"，"舍前"即楚王熊元。又清華一《楚居》簡6楚王熊延之"延"作□，右旁所從與"前"字同。 ◇正欽：周鳳五1999A讀為"征擒"；李零1999讀"征侵"；涂宗流、劉祖信2001訓"正"為君長，訓"欽"為謹慎；陳偉2001、陳劍2007讀"政禁"；劉釗2003讀"征陷"；連劭名2008讀第二字為"戡"；顧史考2011讀"徵斂"。按，從上引楊澤生、沈培說可以看出，在楚簡中"欽"大多讀為"禁"，這裏也不例外。"正(征)欽(禁)"猶征伐禁止也。◇信：整理者如字讀；莊利果2010認為通"伸"。按，應如字讀。

簡3

說明：從圖片看，本簡應為完簡。

拼合編聯：簡3與簡4編聯，從整理者說。

釋文：

伐(攻)□也。坓(刑)□，所以□壑也。殺戮(戮)，所以敓(除)咠(怨)也。不豫(由)

其道，不行。㥯(仁)爲可新(親)

集釋：

【郭店–尊德義】戉(攻)□□。𡉚(刑)□，所以□𨍏(舉)也。殺殍(戮)，所以敍(除)㝬也。不𦿔(由)其道，不行。㥯(仁)為可新(親)

【李零1999】攻□〔也〕。刑〔罰〕，所以□與也。殺戮，所以除害也。不由其道，不行。仁為可親

◊簡3開頭六字照片不清，釋文讀作“攻□□。刑□，所以□舉”，今補為“攻□〔也〕。刑〔罰〕，所以□與”，“與”上殘文似從“貝”。 ◊“除害”，下字寫法較怪，疑是“害”字的誤寫。

【丁原植2000】（《尚書・仲虺之誥》）“兼弱攻昧”……“攻昧”或爲戰國時代的成詞，“戉”下所缺二字，暫補作“昧也”。

【涂宗流、劉祖信2001】◊攻邪也。刑坐，所以不舉也：“邪也”二字簡文字跡脫落，依據上下文補出。……“坐”字簡文字跡脫落，依據上下文補出。……“刑坐”，猶連坐。……“不”字簡文字跡脫落，依據上下文補出。……“不舉”，不檢舉，不揭發。 ◊簡文此字從口從舥，舥亦聲。疑讀爲“犯”。……“犯”，違反，違背。

【陳偉2001】攻□[也]。刑□，所以賞舉也。殺戮，所以敘□也。不由其道，不行。仁為可親

“所以”後一字，下從“貝”，上部筆畫殘泐，似與同篇簡17的“黨”字所從相近，疑即“賞”字。隨後的“與”，相應地也當讀爲“譽”。

【李零2002A】“攻”下可能是“伐”字或“奪”字。

【劉釗2003】戉(攻)□〔也〕。𡉚(刑)〔罰〕，所以□遻(舉)也。殺𣧍(戮)，所以敘(除)㚖(怨)也。不𦿔(由)丌(其)道，不行。㥯(仁)為可𣂋(親)

“㚖”讀為怨。

【顧史考2003】：左邊並不十分似“舟”，而似乎較可能為“刀”字的異體。疑此字為“劈”字省體，在此讀為“辟”。……“辟”字本有刑法之義，……左旁……亦或可釋為“丮”……之省。按包山楚簡“執”字或作，其右旁上部與字左旁相同。……“執”字之“丮”或可以代替“辛”而為“辟”字所從歟？……“辟除”則數見，如《荀子・成相》：“禹有功，抑下鴻，辟除民害逐共工。”……說疑此“除辟”實即“辟除”之誤倒，因為“除”字正可與“舉/譽”字為韻，而本篇

多韻文。

【陳劍2007】殺戮，所以除忩〈害？〉也。

【"中國古代の基礎史料"研究班2009】"卲"字異體。

【十四種2009】戎(攻)□□。荆(刑)□，所以□塁也。殺殄(戮)，所以斂(除)▨(怨)也。不繇(由)其道，不行。怠(仁)爲可新(親)。

【顧史考2011】"戎"後的一字，……依韻求之，似不如補爲"戰"，正可以與"然"、"遷"、"怨"等字相押。……("塁")字實與《五行》簡32"塁"字形近，而彼字帛書本作"遷"，今依韻求之，本字似亦當釋爲"遷"。"遷"蓋泛謂遷徙官爵，……今因上文不明而無法論定。

【按】◇荆：此爲整理者釋，但簡上僅殘存▨形，不知正確與否。◇▨：僅存殘筆；李零1999補爲"罰"。按，此字不明。◇▨：李零1999釋爲"害"；涂宗流、劉祖信2001認爲從口從舟，讀"犯"；劉釗2003釋"忩"讀"怨"；顧史考2003釋爲"劈"讀"辟"。按，釋"忩"讀"怨"是，金文從"夗"之字有▨(《集成》2754)、"▨"(《集成》9454)，其所從均與此相像，又金文有一字作"▨"(《集成》4197)，郭店此字即由此而來。◇▨：李零1999認爲似從"貝"；陳偉2001疑爲"賞"；按，簡文還可見大部字形，但一時無法辨認。◇塁：陳偉2001讀爲"譽"；劉釗2003讀爲"舉"；顧史考2011釋爲"遷"。按，顧說誤。"塁(舉)"字一般作"▨"包山210、"▨"上博三《中弓》簡9、"▨"上博三《亙先》簡11諸形，但也有作"▨"上博三《中弓》簡7、"▨"上博二《昔者君老》簡3等形者，雖多加了一"8"符與"興"較類，但上面雙手所持之物(興所持爲"同"形，塁所持爲"牙"形)仍是不一樣的。"興"字一般作：▨郭店《語叢四》簡16、▨左塚棋梮、▨郭店《窮達以時》簡5、▨清華一《皇門》簡11、▨楚帛書乙篇、▨上博六《天子建州》乙本簡6、▨望山簡1-13①。此形是由甲骨文的形體如"▨"(《合》28000)、"▨"(《合》35234)等演變而來的。戰國文字的"遷"做下形："▨郭店《五行》簡32、▨郭店《唐虞之道》簡21、▨上博三《中弓》簡8、▨上博三《彭祖》簡1，它們看似是"塁"和"興"的一種雜揉形體(上部從"牙"，下部從"○")，但其實是由早期的"▨"(《何尊》，《集成》6014)、"▨"(新蔡簡甲三11+24)、"▨"(清華二《繫年》簡17)等演化而來的，只不過早期形體雙手所持的

---

① 此字《望山楚簡》摹本有誤，且被誤釋爲"塁"，見湖北省文物考古研究所、北京大學中文系：《望山楚簡》，北京：中華書局，1995年，第22、69頁。

"角"形後來演變爲"牙"或"丨"而已。①此字從"與"得聲是沒有問題的，但因上字殘，其讀法尚難以確定。

簡4

說明：從圖片看，本簡在第10字"信"字中部有斷痕。

拼合編聯：簡4與簡5編聯，從整理者說。

釋文：也，義爲可酋(尊)也，忠(忠)爲可信也，學(學)爲可益也，斈(教)爲可頪(類)也。斈(教)非改道也，敎(教)之也。

集釋：

【郭店-尊德義】也，義為可酋也，忠為可信也，學為可益也，斈(教)為可頪(類)也。斈(教)非改道也，敎(教)之也。

【李零1999】也，義爲可尊也，忠爲可信也，學爲可益也，教爲可類也。教非改道也，教之也。

【丁原植2000】◊"類"，《方言》卷十三："類，法也。"此處似指可依循教導而爲法則。◊"教之也"之"教"字，當作"效法"解。

【涂宗流、劉祖信2001】"類"，法式，法則。……"教爲可類"，民以上之所施爲類(法)。

【陳偉2001】也，義為可尊也，忠為可信也，學為可益也，教為可類也。教非改道也，教之也；

《孟子·盡心下》說："親親，仁也。敬長，義也。"……仁由父子之情出發，所以讓人彼此親近。義從長幼之別出發，可以令人感到尊嚴。……類，類比，類推。

【陳偉2002C】類，遵循、師法。

【劉釗2003】也，義為可酋(尊)也，忠(忠)為可訐(信)也，學(學)為可嗌(益)也，斈(教)為可頪(類)也。斈(教)非改道也，敎(教)之也。

"頪"即《論語·衛靈公》"有教無類"之"類"。

【顧史考2003】疑"頪"該讀為"述"。《禮記·緇衣》："為下可述而志也"，《郭店楚簡》《緇衣》篇"述"作"頪"，……"可述"與"非改道"兩意正符。……"為"字當讀去聲，意思蓋為"為的是"、"目的在於"之類。

---

① 又可參看張峰：《楚系簡帛文字訛書研究》，吉林大學博士學位論文，指導教師：李守奎，2012年6月，第90—106頁。

第三章 《尊德義》集釋

【連劭名2008】"教之也",教讀爲效。

【十四種2009】也,義爲可舊(尊)也,忠爲可信也,學爲可嗌(益)也,教爲可頪(類)也。教非改道也,教之也。

【莊利果2010】益:上進;進取。《論語·憲問》:"非求益者也,欲速成者也。"邢昺疏:"此言童子非求進益者也。"……類:善,美好。《爾雅·釋詁上》:"類,善也。"

【顧史考2011】"敎","攵"旁或有強調其爲及物動詞之用。

【按】◇頪:整理者釋爲"類",在此基礎上,丁原植2000、涂宗流、劉祖信2001訓爲法則;陳偉2001訓爲類比、類推;陳偉2002C訓爲遵循、師法;劉釗2003認爲即《論語·衛靈公》"有教無類"之"類";顧史考2003讀爲"述";莊利果2010訓爲善,美好。按,似應訓爲類比、類推。 ◇第三個"敎(教)":整理者如字讀;丁原植2000、連劭名2008讀爲"效"。按,應如字讀,教授之"教"。

簡5

說明:從圖片看,本簡在第9字"壐"字中部有斷痕。

拼合編聯:簡5與簡6編聯,從整理者說。

釋文:㝅(學)非改侖(倫)也,㝅(學)异(己)也。壐(禹)以人道訂(治)丌(其)民,桀以人道嬰(亂)丌(其)民。桀不易

集釋:

【郭店–尊德義】學非改侖(倫)也,學异(己)也。堣(禹)以人道訂(治)其民,桀以人道亂其民。桀不易

【李零1999】學非改倫也,學己也。禹以人道治其民,桀以人道亂其民。桀不易

【陳來2000A】《性自命出》中有:"道四術,唯人道爲可道也;其三術者,道之而已。"(簡一四〜一五)"所爲道者四,唯人道爲可道也。"(簡四一〜四二)但在《性自命出》篇,"道四術"何所指,並無交待;而本篇所說,正是四種道,這解釋了何謂"道四術"。其中水之道、馬之道、地之道,應即是所謂"其三術者,道之而已"。而《性自命出》所謂"唯人道爲可道",也就是本篇所說"人道爲近,是以君子人道取先"。

【陳斯鵬2000】《語叢》(一)簡61有文云:"教,學其也。"……"其"乃

"己"之假。古音其在群紐之部，己在見紐之部，極相接近，故得通假。郭簡《尊德義》簡5云："學非改侖(倫)也，學異(己)也。"……"學己"實為使動句式，即"使己學(覺悟)"之意。

【劉信芳2000A】傑：建議隸定作"傑"，可粗略地認為，該字右部為"桀"之省形。

【陳偉2001】學非改倫也，學己也。禹以人道治其民，桀以人道亂其民。桀不易

《淮南子·泰族訓》說："聖人之治天下，非易民性也，拊循其所有，而滌蕩之。"簡書表述的教化思想與此相通。

【李零2002A】◊"教非改道也，教之也。學非改倫也，學己也。"意思是說"教"不是為了改變既有的"道"，而是用既有的"道"來教人向善；"學"也不是為了改變"倫"，而是從自己的人性中來發掘它。 ◊簡文所說"人道"是指"心術"。《性自命出》簡14—16："凡道，心術為主。道四術，唯人道為可道也。其三術者，道之而已。詩書禮樂，其始出皆生於人。詩有為為之也。書，有為言之也。禮樂，有為舉之也。"這裏的"人道"應與之相同，也是指"詩"、"書"、"禮樂"三術所從出的"心術"。

【陳偉2002C】其，字本從己從其，……疑當讀為"其"。前云"教之"，是說教"道"；此云"學其"，是說學"倫"。

【劉釗2003】孚(學)非改侖(倫)也，孚(學)异(己)也。塱(禹)以人道訌(治)丌(其)民，倲(桀)以人道嬰(亂)丌(其)民。倲(桀)不易

"學己也"指學習是為了自己。《論語·憲問》："子曰：古之學者為己，今之學者為人。"

【十四種2009】學非改侖(倫)也，學異(其)也。塱(禹)以人道訌(治)其民，傑(桀)以人道亂其民。傑(桀)不易

【顧史考2011】陳斯鵬謂"學己"實即使動句式，意即"使己學(覺悟)"。如此說，似亦可將……"學"直接讀為"覺"。

【按】◊异：整理者讀為"己"；陳偉2002C讀為"其"。按，釋"己"是，"异"從己從丌(其)，兩聲字。 ◊第二個"孚(學)"：顧史考2011讀"學"為"覺"，誤，學者多已言，"學己"實即使自己學習之意。

簡6

說明：從圖片看，本簡應爲完簡。

拼合編聯：簡6與簡7編聯，從整理者說。

釋文：㙑(禹)民而句(後)巤(亂)之，湯不易桀民而句(後)訋(治)之。聖人之訋(治)民，民之道也。㙑(禹)

集釋：

【郭店–尊德義】垀(禹)民而句(後)亂之，湯不易桀民而句(後)訋(治)之。聖人之訋(治)民，民之道也。垀(禹)

【李零1999】禹民而後亂之，湯不易桀民而後治之。聖人之治民，民之道也。禹

【陳偉2001】禹民而後亂之，湯不易桀民而後治之。聖人之治民，民之道也。禹

《墨子·非命中》："昔者，桀之所亂，湯治之；紂之所亂，武王治之。此世不渝而民不改，上變政而民易教，其在湯武則治，其在桀紂則亂……"

【白於藍2001B】郭店簡中"桀"字作"![]"（《尊德義》簡6）、"![]"（《尊德義》簡22），從人枼聲，……小篆"桀"字作"![]"，蓋即"![]"之訛形。

【劉釗2003】㙑(禹)民而句(後)巤(亂)之，湯不易倸(桀)民而句(後)訋(治)之。聖人之訋(治)民，民之道也。㙑(禹)

【十四種2009】㙑(禹)民而句(後)亂之，湯不易傑(桀)民而句(後)訋(治)之。聖人之訋(治)民，民之道也。㙑(禹)

【竹書2011】《說苑·尊賢》："禹以夏王，桀以夏亡；湯以殷王，紂以殷亡……其所以君王者同，而功迹不等者，所任異也"一段話，與簡文略有相似之處。

【按】◊桀：白於藍2001B認爲古文字的"桀"從"枼"得聲，誤。"桀"應是由"![]"（《璽彙》1388）這樣的形體進一步演變而來，早期形體的"桀"似像木上有二止形。◊"聖人"兩字合文。 ◊按，第三個"民"字重文。

簡7

說明：從圖片看，本簡在第7字"戚"字中部有斷痕。

拼合編聯：簡7與簡8編聯，從整理者說。

釋文：之行水，水之道也。戚(造)父之馭(御)馬也，馬之道也。句(后)禝(稷)之執(藝)埅(地)，埅(地)之道也。莫

集釋：

　　【郭店–尊德義】之行水，水之道也。戚(造)父之駻(御)馬也，馬之道也。句(后)禝(稷)之執(藝)墜(地)，墜(地)之道也。莫

　　◇駻(御)馬也：此句"馬"下"也"字衍。

　　【李零1999】之行水，水之道也。造父之御馬，馬之道也。后稷之藝地，地之道也。莫

　　【陳偉2001】之行水，水之道也。造父之御馬，馬之道[也]。后稷之藝地，地之道也。莫

　　《孟子·告子下》記孟子批評白圭說："禹之治水，水之道也。"……《淮南子·泰族訓》先說"聖人之治天下，非易民性也"云云，隨後列舉禹"因水流"、后稷"因地之勢"、湯武"因民之欲"等事例，作出"故能無敵於天下矣"的結論，似有本篇內容的痕迹。

　　【劉釗2003】之行水，水之道也。戚(造)父之馭(御)馬，馬之道也。句(后)禝(稷)之執(藝)墜(地)，墜(地)之道也。莫

　　"戚"讀為"造"，古音"戚"在清紐覺部，"造"在從紐幽部，聲為一系，韻為對轉，於音可通。

　　【劉桓2005】(見)《孟子·告子下》……

　　【十四種2009】之行水，水之道也。戚(造)父之馭(御)馬，馬也之道也。句(后)禝(稷)之執(藝)地，地之道也。莫

　　【按】◇按，"水"字重文。　◇按，"馬"字重文，"也"在"馬"重文符下，但不應讀爲"馭(御)馬，馬也之道也"，而應讀爲"馭(御)馬也，馬之道也"。◇按，"墜(地)"字重文。

簡8

說明： 從圖片看，本簡在第11字"君"字之下有明顯斷痕。

拼合編聯： 簡8與簡9編聯，從整理者說。

釋文： 不又(有)道安(焉)，人道爲近。是以君子人道之取先。戠(察)者(諸)出所以智(知)

第三章 《尊德義》集釋

集釋：

【郭店–尊德義】不又(有)道安(焉)，人道為近。是以君子人道之取先。毀者出所以智(知)

【張光裕等1999】毀(戮)者出所以智(知)

【李零1999】不有道焉，人道為近。是以君子，人道之取先。察者出，所以知
◇"察"，原作"毀"，疑讀"察"，此字也見於《成之聞之》簡19。

【陳偉2001】不有道焉，人道為近。是以君子人道之取先。察諸出所以知
《成之聞之》簡19—20："察反諸己而可以知人。"本篇"察者"似是"察反諸己"者的省稱。……或許"察"本來就有反觀、復審之意，"察者"亦即"反於己者"、"復於己者"，也就是能夠反躬自省的人。《語叢一》簡26—27說："知己所以知人，知人所以知命，知命而後知道，知道而後知行。"與本篇所論相關。

【李零2002A】釋文連下讀，此於"出"下點逗點。

【陳偉2002C】毀：疑當釋為"戚"。……"戚"字中，右下部有兩種情形：一種從"心"，如《性自命出》34號簡、上海博物館藏簡《詩論》4號簡；一種類似"米"字下部，如《尊德義》7號簡和《語叢一》34號簡。……出自《尊德義》8號簡……之字，除右下部分作"言"之外，與上述兩種寫法類似。"心"、"言"作為古文字的形旁，每可互換。因而這大概就是"戚"的另外一種寫法。……簡書中似當讀為"就"，"就"有因憑、依隨之義。……《尊德義》8號簡"就諸出所以知己，知己所以知人"，大概是說依據自己的表現達致知己，知己遂可知人。

【李運富2003】（《成之聞之》簡19的🔲和《尊德義》簡8的🔲）把它們分析為從"口""戮"省聲、……，其中的"羑"當然也是"僕"的省變體，因而這兩組字的讀音也跟"僕"相同或相近。在《成之聞之》和《尊德義》的辭例中，"🔲"的用法也同"覆"，檢查、省察的意思。

【劉釗2003】不又(有)道安(焉)。人道為近。是以君子人道之取先。毀者(諸)出所以智(知)
"毀"從"言"從"戈"（楚簡中用為"淺"、"竊"、"察"三字的聲旁），疑讀為"察"。

【鄭剛2004A】🔲：此字從🔲從"口"，為🔲和🔲的融合體，也是"戚"。……🔲(殖，《古文四聲韻》)按字形與"殖"毫無關係，當是"熾"字所

假。"殖"、"熾"並章母職部字,古多通假,……楚簡中的⿰字是"哉"字的一個或體,所從的"戈"因聲音而類化爲從"日"、從"戚","戚"聲。"戚"字古音清母覺部,與"哉"……二字的通用是無可置疑的,例如《詩經·載芟》和《詩經·大田》的"俶"字,鄭注並讀爲"熾"。……(《成之聞之》、《尊德義》)作⿰的字也都讀爲"識"。

【李銳2005】"出",此疑讀爲"拙"。"拙"從"出"聲。"察諸拙",《禮記·學記》:"知不足,然後能自反也。知困,然後能自強也。"

【十四種2009】不又(有)道安(焉),人道爲近。是以君子人道之取先。⿰(察)者(諸)出所以智(知)。

【莊利果2010】察:明智;聰慧。

【按】◇⿰:張光裕等1999釋"戠";李零1999釋"察";陳偉2002C釋"戚"讀"就";李運富2003釋從"口""戜"省,讀爲"覆";鄭剛2004A釋"哉"讀"識"。按,此字又見《成之聞之》簡19"⿰",即楚簡常見的"⿰"(察,郭店《五行》簡13)、⿰(察,《窮達以時》簡1)的一種特殊寫法,這裏讀爲"察"。◇者:整理者如字讀;陳偉2001讀爲"諸"。按,"諸"是。 ◇出:整理者如字讀;李銳2005讀爲"拙"。按,"出"是。 ◇按,"智(知)"字重文。 ◇按,"察諸出所以知己"(末一字見簡9)是說審察所出之言行而知道自己是怎麼樣的人。

簡9

說明: 從圖片看,本簡應爲完簡。

拼合編聯: 簡9與簡10編聯,從整理者說。

釋文: 㠯(己),智(知)㠯(己)所以智(知)人,智(知)人所以智(知)命,智(知)命而句(後)智(知)道,智(知)道而句(後)智(知)行。䌛(由)豊(禮)智(知)

集釋:

【郭店–尊德義】㠯(己)。智(知)㠯(己)所以智(知)人,智(知)人所以智(知)命,智(知)命而句(後)智(知)道,智(知)道而句(後)智(知)行。䌛(由)豊(禮)智(知)

【李零1999】己。知己所以知人,知人所以知命,知命而後知道,知道而後知行。由禮知

【陳偉2001】己,知己所以知人,知人所以知命,知命而後知道,知道而後知

行。由禮知

【劉釗2003】㠯(己)。智(知)㠯(己)所以智(知)人，智(知)人所以智(知)命，智(知)命而句(後)智(知)道，智(知)道而句(後)智(知)行。䌛(由)豊(禮)智(知)

"察諸出所以知己，知己所以知人"即《呂氏春秋·察今》所謂："而己亦人也，故察己則可以知人，察今可以知古，古今一也，人與我同耳。"

【十四種2009】㠯(己)，智(知)㠯(己)所以智(知)人，智(知)人所以智(知)命，智(知)命而句(後)智(知)道，智(知)道而句(後)智(知)行。䌛(由)豊(禮)智(知)

【按】◊按，"㠯(己)"、"智(知)"、"人"、"命"、"道"諸字重文。

簡10

說明：從圖片看，本簡在第10字"不"字之下有明顯斷痕。

拼合編聯：簡10與簡11編聯，從整理者說。

釋文：樂，䌛(由)樂智(知)忎(哀)。又(有)智(知)㠯(己)而不智(知)命者，亡(無)智(知)命而不智(知)㠯(己)者。又(有)

集釋：

【郭店–尊德義】樂，䌛(由)樂智(知)忎(哀)。又(有)智(知)㠯(己)而不智(知)命者，亡智(知)命而不智(知)㠯(己)者。又(有)

【李零1999】樂，由樂知哀。有知己而不知命者，無知命而不知己者。有

【陳偉2001】樂，由樂知悴(哀)。有知己而不知命者，亡知命而不知己者。有

悴：此字從"卒"，似當釋爲"悴"。哀、卒爲物微對轉，故可用爲"哀"。

【劉釗2002】《逸周書·度訓》有一句說："明王是以敬微而順分，分次以知和，知和以知樂，知樂以知哀，知哀以知慧，內外以知人。"這段話與上引《尊德義》的一段話某些地方非常接近。《尊德義》的"由禮知樂，由樂知哀"與《逸周書》的"知和以知樂，知樂以知哀"說法相同；《尊德義》的"察者出所以知己，知己所以知人"與《逸周書》的"內外以知人"說的也是一回事。比較可知《逸周書》的"和"就相當於《尊德義》的"禮"。古代"禮"常常通過"樂"來體現，而"樂"正強調"和"。

【李零2002A】"察者出，所以知己。知己所以知人，知人所以知命，知命而後知道，知道而後知行。由禮知樂，由樂知哀。有知己而不知命者，無知命而不知己

者。有知禮而不知樂者，亡知樂而不知禮者。善取，人能從之，上也。"參看《語叢一》第三章"知己而後知人，知人而後知禮，知禮而後智行。知天所爲，知人所爲，然後知道。知道然後智命。其知博，然後知命。"

【劉釗2003】樂，訟(由)樂智(知)态(哀)。又(有)智(知)吕(己)而不智(知)命者，亡(無)智(知)命而不智(知)吕(己)者。又(有)

【十四種2009】樂，繇(由)樂智(知)怃(哀)。又(有)智(知)吕(己)而不智(知)命者，亡智(知)命而不智(知)吕(己)者。又(有)

【竹書2011】兩"繇"字簡文右旁訛似從"木"。

【按】◊态：整理者釋"哀"；陳偉2001釋"悴"讀"哀"。按，此字即是"哀"字。

簡11

說明：從圖片看，本簡應爲完簡。簡背有"百八"二字。

拼合編聯：簡11與簡24編聯，從顧史考2010說，但斷句及釋文與顧說不同。我們把簡11與簡24編聯，是對全篇的編聯做整體考慮之後，認爲把簡11與簡24編在一起，對其他簡的編聯及簡背數字的排列有利。經過如此編聯並重新釋讀之後，文意也頗爲順適。

釋文：智(知)豊(禮)而不智(知)樂者，亡智(知)樂而不智(知)豊(禮)者。善取，人能從之，上也；

集釋：

【郭店-尊德義】智(知)豊(禮)而不智(知)樂者，亡無智(知)樂而不智(知)豊(禮)者。善取人能從之，上也。

【李零1999】知禮而不知樂者，無知樂而不知禮者。善取，人能從之，上也。

【陳來2000A】《語叢》的一、二，與《尊德義》《成之聞之》《性自命出》《六德》等篇，在内容上存在着"相互對應"的關係。我之所以用"相互對應"，是因爲我們還不能肯定地用"經"——"說"這種古文獻中的對應形式來說明《語叢》與四篇的關聯。但在我看來，這種關聯是很明顯的。《語叢》一……"知己而後知人，知人而後知禮，知禮而後智行。"(簡二七)"其知博，然後知命。"(簡二八)"知天所爲，知人所爲，然後知道。知道然後智命。"(簡三十)……以上這些論述，是完全和《尊德義》中下面這段話對應的："知己所以知人，知人所以知命；知命而後知道，知道而後知行。由禮知樂，由樂知哀。有知己而不知命者，無知命而不知己者。有知禮而不知樂者，亡知樂而不知禮者。"

【丁原植2000】"善取"，指正當地取擇。所取擇者，即人在"天地"之"命"中的人義踐行，也就是"人道"。

【涂宗流、劉祖信2001】"善取"，善於信之意。

【張桂光2001】聯繫"是以君子人道之取先"、"是以為政者教道之取先"諸句意，"善取"之"取"，迺指取"道"，而非"取人"，原辭當斷為："有知禮而不知樂者，亡知樂而不知禮者。善取，人能從之，上也。"方感順暢。

【陳偉2001】知禮而不知樂者，亡知樂而不知禮者。善取，人能(乃)從之。上也
善取，似應是指上文的"人道之取先"和下文的"教道之取先"。能，讀爲"乃"。二字上古音均在泥母之部，故可通假。

【劉釗2003】智(知)豐(禮)而不智(知)樂者，亡(無)智(知)樂而不智(知)豐(禮)者。善取，人能從之，上也。

【連劭名2008】《性自命出》云："喜怒哀悲之氣，性也，及其見於外，則物取之也。""善取"指"喜怒哀悲"皆得其宜。

【十四種2009】智(知)豊(禮)而不智(知)樂者，亡智(知)樂而不智(知)豊(禮)者。善取，人能從之，上也。　百八11背

【按】◇善取：涂宗流、劉祖信2001解爲善於信；丁原植2000解爲正當地取擇；張桂光2001解"取"指取"道"；陳偉2001認爲"取"指簡8的"人道之取先"和簡13的"教道之取先"。按，陳偉說是。

簡24

說明：從圖片看，本簡應爲完簡。
拼合編聯：簡24與簡25編聯，從整理者說。
釋文：惎(寵)袋(勞)之，旬(飽—報)也。爲邦而不以豊(禮)，猷(猶)灰(御)之亡速(策)也。非豊(禮)而民兌(悅)
集釋：

【郭店-尊德義】惎袋(勞)之旬也。為邦而不以豊(禮)，猷(猶)灰之亡也。非豊

(禮)而民兑(悦)

【張光裕等1999】◇▨：此字從皀勹聲，當爲"飽"之古體，簡中叚爲"報"。《尊德義》10.24："民余悥智，悤袋(勞)之匍(報)也。"（辰按，此爲簡23+24的意見）◇猷(猶)戶之亡遃也。

【黃德寬、徐在國1999】▨當釋爲"罹"，字從心离省聲。"离"字《說文》作𢄛，……"离"與"離"本是一字之分化，"離"與"罹"典籍每通用無別。……《詩·兔爰》："我生之初，逢此百罹。"毛傳："罹，憂也。"此簡之"▨(罹)勞"，也即"憂勞"。簡文"匍"字作▨，又見於26簡，頗疑爲"即"之異體，讀爲："君民者，訂(治)民復禮，民余悥(害)智(知)悤(罹)袋(勞)之即(節)也。"（辰按，此爲簡23與簡24連讀。）

【李零1999】菁勞之軌也。為邦而不以禮，猶戶之無▨也。非禮而民悦
◇"悤勞之軌也"字，第一字，待考；第四字原從勹從皀，可能是"簋"字的別體，此字又見於下文簡26，疑皆讀"軌"（"軌"、"簋"都是見母幽部字）。 ◇"猶戶之無▨也"，疑讀"猶戶之無樞也"，但第二、第五字不識。

【劉釗2000A】◇按此句有誤書，本應作"為邦而不以禮，猶人之亡所▨也。"因該寫"人"字之處誤書作"所"，故只好將"人"字補在"所"字下。"▨"字從"辵""帝"字之省，應釋為"適"。溫縣盟書"適"字作"▨"，可資比較。"適"意為"歸從""歸向"。"為邦而不以禮，猶人之亡所適也。"是說"立國如果不用禮，就如同人之無所適從也。" ◇按"▨"字從"勹"從"皀"，應隸定作"匍"，釋為"餾"。"餾"在簡文中應讀作"究"。古音"餾"、"究"皆在見紐幽部，故可相通。馬王堆帛書《稱》篇"毋失天極，廄(究)數而止。"楚文字中馬廄之"廄"或借"敂"……為之，都是"餾"可通"究"的證據。簡文"民余曷知離勞之餾(究)"的"究"即"究竟"之"究"。

【陳偉武2000】▨字當釋為"蒽"，從屮(艸)，思聲。……"憂勞"當是古之習語，……典籍雖尚未見"蒽勞"連文之例，但有對文之例：《論語·泰伯》："恭而無禮則勞，慎而無禮則蒽。"何晏注："蒽，畏懼之貌。"……"蒽勞"猶言"憂勞"也。

【丁原植2000】"悤"字，疑"恖"之誤寫，"恖"，古文思，《說文》："恖，睿也。""思勞"，似指"用心於勞作"。

【何琳儀2001】◇"離勞"即"離騷"。關於《離騷》篇名義蘊，舊說頗多分歧，

第三章 《尊德義》集釋

似應以《史記·屈原賈生列傳》"離騷者,猶離憂也。"為確詁。◊"所人"原篆為合文,應讀"黨人"。"所"與"黨"均屬舌音,魚、陽陰陽對轉。《釋名·釋州國》"黨,所也。"……均屬聲訓。……"黨,朋也。""亡遜"讀"無狀"。《漢書·賈誼傳》"宜自傷為傅無狀",注"無善狀"。

【陳偉2001】□卒(從炊)勞之軌也。為邦而不以禮,猶所之亡適也。非禮而民悅
所,本從"人",疑是"所"之異構。"之",往,適。"亡"後一字,疑為"適"字變體。《禮記·禮運》:"故治國不以禮,猶無耜而耕也。"與此類似。

【黃德寬2002】羊之下部頗似衣之下部,我們以為當是羕下部訛省。同篇21號簡羕(養)作……等可資比勘。……羊、羕作聲符無別,故此字可隸定作遱,即遱之異文。……炈……從所從人,當是借為處所之所的專用字,……遱,當讀作"牆"。"牆"為"爿"聲,遱通常讀作從爿聲之"將",自然亦可讀為牆。全句的意思是:"治理邦國而不用禮,好像人之住所而無牆。"

【陳斯鵬2002】此字原篆作,上從所,下部所從似"人",其實是"勹",即"伏"之初文。……當隸為厊,疑乃"所"字累增聲符"勹"而成,在此讀作"戶"。"所"從"戶"聲,故二字通假當無問題。從古文字材料來看,勹與侯部字關係十分密切,……勹用作魚部字"所"疊加聲符應是可能的。……字,劉(釗)先生釋為"適",可從。這裏可以略作補證。《緇衣》簡16……黃德寬、徐在國先生謂其上部為"帝"字之省訛,故隸為"啇",釋作"適",基本正確。……本簡……應隸定作遱,可徑釋為"適"。……讀為"楠"。《說文》云:"楠,戶楠也,從木,咅聲。《爾雅》曰:'簷謂之楠。'"又:"簷,槾也。"又:"槾,梠也。"又:"梠,楣也。"可知"楠"乃門簷、門梠、門楣之屬。門戶無楠,則無所框範,且不蔽風雨,其危可知。

【劉釗2003】悫(罹)裦(勞)之匋(究)也。為邦而不以豊(禮),猷(猶)人之亡(無)所適也。非豊(禮)而民兌(悅),

【彭裕商2003】猶炈之亡也:當讀為"猶瞽之無相也"。《禮記·仲尼燕居》:"治國而無禮,譬猶瞽之無相歟?"……簡文炈字構形與《古文四聲韻》卷三瞽字構形非常接近,當即瞽字。此字當以所為聲,所、瞽均魚部字。《古文四聲韻》卷二相字古文有從襄從支之形,□(辰按,原缺)字所從與古文襄字相近,推測可能是襄字誤書,從辵襄聲,即相字。

· 41 ·

【李銳2004A】◊︎：從陳斯鵬說可隸定爲"所",可視爲雙聲字,而"所"與"御"古通(原注:高亨、董治安:《古字通假會典》,852頁)。 ◊︎：上博藏《周易》簡14中,與"▨"、"▨"形近之字,對應今本的"簪"字,帛書《周易》則作"讒"。"簪"古音屬精紐侵部,"讒"古音崇紐談部,本簡"▨"字疑讀爲"銜",古音屬匣紐侵部,侵談旁轉常見,而見紐侵部的"今"與疌("簪"從疌聲)、毚("讒"從毚聲)皆有相通之例(原注:張儒、劉毓慶:《漢字通用聲素研究》,1015、1016頁),故"▨"可讀爲"銜"。"爲邦而不以禮,猶御之亡(無)銜也",《韓詩外傳》卷三第二十二章記孔子之語有:"昔者先王使民以禮,譬之如御也。刑者,鞭策也。今猶無轡銜而鞭策以御也。"

【劉樂賢2004】郭店楚簡《尊德義》第二四號簡說:"為邦而不以豊(禮),猶所之亡(無)▨也。"▨的字形與上博楚簡《周易》讀"簪"或"讒"的▨接近,但比▨多一"辶"旁,也可能是▨的異構或增累字。在確定▨的用法之前,首先應討論一下該簡"所"字的寫法。這一"所"字的寫法較為特別,它在常見的"所"的下部還寫有一"人"形偏旁。……今按,曾侯乙墓竹簡"所"字的下部也有一類似"勹"的部件,與《尊德義》的這個"所"字的構形較為接近。據此可以證明,《尊德義》的這個字確為"所"字異體,……據《說文解字》,"所"字系從"戶"得聲,故讀"所"為"戶"應當不成問題。……▨字,上文已指出▨在葛陵楚簡中應讀為"疌"或"疌",也可以直接讀為"速",說明其讀音應與"速"接近。需要注意的是,葛陵楚簡"▨瘥速瘥"的後一個"速"字原寫作從"辶"從"朱",在別的地方則多寫作從"辶"從雙"朱"。大家知道,這種寫法的"速"字其實是以"朱"為聲符。按,"朱"的古音在章紐侯部。(郭店《緇衣》)▨與從"朱"得聲的字都可讀為心紐屋部的"速"字,▨又可讀為東部的"從"字,這些現象說明,古代侯、東、屋這陰、陽、入三部字可以互相通假。而"樞"的古音在昌紐侯部,與章紐侯部的"朱"字讀音十分接近。由此可見,將《尊德義》的▨讀為"樞"從聲音上講是沒有問題的。從意思上講,將治國與禮的關係比喻成戶和樞的關係也十分恰當。……從▨……可以讀為"疌"或"疌"看,我們懷疑這些字的聲旁可能就是"疌"。……▨可能是"疌(從辶)"。

【鄭剛2006】君民者治民復禮,民除害,知怒勞之軌也。

◊(▨)此字就是見於《古文四聲韻》的"怒"字(辰按,指▨,見卷四第十一頁)。……"怒"與"勞"是同義詞並列,都是民眾勞作的意思。"怒"如字,訓為奮作、奮力。……《廣雅·釋詁三》："勉也"，……這些字本身不是"怒"字，……是"鄏"的象形字，……從"奴"得聲的字多泥母魚部字，而"鄏"字爲透母陽部。二者聲母發音部位相同，主要元音相同，韻尾旁轉。……我們懷疑它可能是……"知鄏勞之軌也。"鄏因爲主要用於禮儀中，所以成爲禮儀，特別是祭祀的代名詞。……鄏勞指祭禮、禮儀，"知鄏勞之軌也"就是懂得禮的本質。◊"▨"上從"者"，下從"辶"。其所從的"者"字與"▨"、"▨"所從的相同，不同的只有兩點。一是下面省去了"衣"下所包的"土"。……第二個特別之處是上面多了一橫，……我們認爲是"途"字的異體字，從"余"、從"者"得聲的字多爲定母魚部字，古同音通用，……"所人"二字連寫，……爲典型的合文，……當讀爲"遽人"。"戶"字匣紐魚部，"遽"字群母魚部，從二字得聲的古音近通用，……(相關文句的意思)是以禮爲治國的法則，就象傳遽要在道路上行走一樣，而不以禮就是沒了道路。

【陳劍2007】崏勞之旬也。爲邦而不以禮，猶疢(御)之無遹(策)也。

◊崏：此字上半所從當分析爲从"中"从"凶"，楚簡文字將"艹"頭省爲"中"者常見，故此字上半實即"茵"字。"茵"字見於《古璽彙編》2126，作▨。"崏勞"可讀爲"勎勞"。從"凶"得聲的"崏"字通"勎"，猶"酗"字有或體作"酌"。進一步說，"崏"字以"心"爲意符，就可以直接看作"勎"字的異體。其間關係，猶六國文字中"勞"字亦或從"心"作(見中山王鼎、郭店《六德》簡16和《說文》"古文勞"等)。◊旬：劉釗將字釋爲"匎"是正確的。西周金文"匎"字或作▨(毛公旅鼎，《殷周金文集成》5.2724)、▨(晨簋，《殷周金文集成》6.3367)，所從的"▨"形突出腹部，與普通的"勹"不同，簡文此兩形所從尚保留了這個特徵；"匎"從"殷"得聲，"殷"又本從"皀"得聲，故"匎"字可省作簡文之"旬"形。劉釗將字讀爲"究"亦可信。……《詩經·小雅·鴻鴈》："鴻雁于飛，集于中澤。之子于垣，百堵皆作。雖則劬勞，其究安宅。"鄭箋："此勸萬民之辭。女(汝)今雖病勞，終有安居。"……"究"常訓爲"竟"、"終"，"民知勎勞之究也"可以解釋爲"人民知道勞苦的結果"，暗含之意實爲"人民知道勞苦最終會獲得好的結果"，還是頗爲通順的。

【連劭名2008】猶所之無樞也

【裘錫圭2008】此簡首一字(辰按，指▨)似分析爲從"艹""悩"聲，其與▨的關係，與左塚楚墓"棋局""崏"字與《孔子詩論》"送"字所從的"崏"的關係相同，所以也可釋爲"茙(崏)"。然而"崏勞之匎"應該如何通讀，仍是問題。竊疑

"蔥"或可讀爲放縱之"縱","訇"當從李零先生讀爲"軌","縱勞之軌"意同"勞佚之節"。又疑"蔥"或可讀爲"送","送勞之軌"指人們彼此送往勞來的軌度(《楚辭‧卜居》:"將送往勞來,斯無窮乎?"《漢書‧薛宣傳》:"送往勞來之禮不行。")。

【曹峰2009】(辰按,此爲簡23+24的讀法)以下三種讀法,較具可能。1."君民者,治民復豊(體)民余,害(曷)?知蔥(離)勞之訇(究)也。"……"民余",不知何意。"君民者,治民復豊(體)民余"可能是某一句經典的引用,"害(曷)?知蔥(離)勞之訇(究)也"是對上一句的解釋。……"究"爲"極端"之意。整句意思可能爲"爲何君民者既治理民衆又體恤民衆,因爲他們知道百姓憂勞之極"。這樣看來,"民余"的意思可能和"民憂"相關,……2."君民者,治民復豊(體)民,余曷知?劼勞之訇(究)也。"……意思爲"君民者,既要治民又要體民,我怎麼知道呢?是因爲百姓辛勞到了極點",這是將整句當作經典的引用。3."君民者,治民復禮民,余曷知?蔥(送)勞之訇(軌)也。"……"送往勞來"可能是對民加以勸勉之禮。

【十四種2009】▨(勞)之訇也。爲邦而不以豊(禮),猷(猶)灰之亡(無)▨也。非豊(禮)而民兌(悅)

【顧史考2010】假若"▨"字確爲"即"字異體,則可以……讀爲"次",而如此便可以將《尊德義》第24簡直接接於本無所接的第11簡之後,即:……"善取,人能從之,上也(11);蔥(劼)袲(勞)之,訇(即〔次〕)也。爲邦而不以豊(禮)……(24)"(辰按,參看《〈尊德義〉編聯》中他的意見。)

【按】◇▨:整理者隸爲"蔥";黃德寬、徐在國1999認爲從心离省,讀"罹";丁原植2000疑"恩"之誤寫,釋"思";何琳儀2001亦釋"離",且與下"勞"字讀爲"離騷";陳偉武2000釋爲"蔥";鄭剛2006釋"怒"或"邕";陳劍2007隸定爲"崶",釋爲"蔥"讀"劼";裘錫圭2008認爲從"艸"、"惱"聲,釋爲"茐(蔥)"讀"縱"或"送"。按,此字從"中(艸)"從"凶"("凶"參《五行》簡23之▨所從)從"心",應如陳劍隸定爲"崶(蔥)",今試讀爲"寵","寵",透紐東部,"凶",曉紐東部,二字古音相通。 ◇▨:整理者隸爲"訇";張光裕等1999認爲從皀從勹,爲"飽"之古體,讀"報";黃德寬、徐在國1999隸"訇"讀"即"釋"節";李零1999認為從勹從皀,是"簋"字別體,讀"軌",裘錫圭2008從之;劉釗2000A隸"訇",釋"訇"讀作"究",陳劍2007從之;顧史考2010釋"即"讀"次"。按,此字又見簡26,可隸定爲"訇",應從張光裕等說釋爲"飽"(陳劍

2007已言🔲與金文中的🔲形一樣，突出腹部，並非一般的"勹"字），"匃"與"匓"相較，但省"殳"形而已，《說文》卷九："匓，飽也。从勹、㱃聲(辰按，應從小徐本無'聲'字)。民祭祝曰厭匓。"段玉裁注："(勹)象腹。""飽"，今從張光裕等說讀爲"報"，二字皆幫紐幽部(即使從"㱃"得聲，亦可讀爲"飽"、"報"，"㱃"見紐幽部，與上二字亦可通)。◇荵(寵)袭(勞)之，匃(飽-報)也：從顧史考2010斷句，但釋字與之不同。此句意思是說寵愛犒勞人民，是報答人民(的辛勞)。🔲：整理者隸定爲"厌"；李零1999釋爲"戶"；劉釗2000A釋爲"人"、"所"二字，且簡文字序有改動；何琳儀2001認爲是合文，讀"黨人"；陳偉2001釋"所"訓虛詞，並認爲下一字"之"爲"往"的意思；黃德寬2002釋"所"訓處所；陳斯鵬2002認爲從勹，隸爲"所"，讀"戶"；彭裕商2003釋"聲"；李銳2004A隸"所"，讀"御"；陳劍2007亦讀"御"；劉樂賢2004釋"所"讀"戶"；鄭剛2006釋認爲"所人"二字合文，讀爲"遽人"。按，上博七《君人者何必安哉》甲7亦見此字🔲，上從"所"，下從"勹"還是從"人"有疑問，但應如李銳讀爲"御"較好，"所"、"御"古可通假。① ◇🔲：張光裕等1999隸爲"遾"；李零1999釋"樞"；劉釗2000A認爲從"辶""帝"省，釋爲"適"；何琳儀2001釋"遾"讀"狀"；陳偉2001釋爲"適"；黃德寬2002釋"遰(遞)"讀"牆"；陳斯鵬2002隸作"逰"，釋"適"讀"楠"；彭裕商2003認爲從辵衷聲，讀"相"；李銳2004A讀"御"；劉樂賢2004認爲從辶從聿，讀"樞"；鄭剛2006釋認爲從辶從者，讀"途"；陳劍2007隸爲"逰"讀"策"。應如陳劍讀爲"策"，但不應隸定爲"逰"而是"速"，"策"即從"束"聲，古文字中"帝"、"束"、"央"的形體有訛混現象。

簡25

說明：從圖片看，本簡應爲完簡。

拼合編聯：把簡25與簡26編排在一起，是整理者的意見，今依李零1999把它們直接編聯。

釋文：忢(戴)，此少(小)人矣。非侖(倫)而民備(服)，殜(世)此嬰(亂)矣。訇(治)民非還(懷)生而已也，

---

① 參看高亨、董治安：《古字通假會典》，濟南：齊魯書社，1997年，第852頁。

集釋：

【郭店-尊德義】忎此少(小)人矣。非侖(倫)而民備(服)，殜(世？)此亂矣。訂(治)民非還生而已也，

【李零1999】哉，此小人矣。非倫而民服，世此亂矣。治民非還生而已也，

【劉信芳2000A】非豊(禮)而民悅忎(慈？)，此小人矣。非侖而民備(服)殜，此亂矣："殜"應讀如"列"。……"列，等比也。""列"字從"歹"聲，而桀、歹古讀音近。

【丁原植2000】"哉"，或可讀作"載"，並屬下句。《小爾雅·廣言》："載，行也。"……"載此，小人也"，指施行這種措施，是小人的行徑。……"殜"，指病態，《玉篇》："殜，病也。""殜"，引申似有喘延之義。"殜此"，對應前文"載此"的語式，疑指喘延於"非倫而使民服"的嚴刑重罰措施。◇"還"字，疑讀爲"儇"，《莊子·列御寇》云："有順儇而達。"成疏云："儇，急也。"

【涂宗流、劉祖信2001】◇非禮而民悅，妄此小人矣。非倫而民服，殜此亂矣：簡文此字似從心從亡，與邨螯壺"忘"字形體近似，似應隸爲"忘"，讀"妄"。……"妄"，混亂。……"殜"，《玉篇·歹部》："殜，病也。"◇"非"，必須，定要。"還"，歸還。……"生"，生存。

【何琳儀2001】"還"讀"率"，參上文《成之聞之》38。"還生"讀"率性"。《禮記·中庸》"天命之謂性，率性之謂道，修道之謂教。"注"率，循也。"如果以簡文對勘《中庸》這段名言，可見"率性"本應作"還性"，猶言"回歸天性"。

【陳偉2001】戴，此少人矣。非倫而民服，世此亂矣。治民非還生而已也，

◇"戴"，本從"才"從"心"，……似當讀爲"戴"，擁戴義。◇還，有經營之意。"還生"或猶營生，維持生活。

【陳偉2002C】還，疑當讀爲"懷"。《左傳》僖公二十七年："於是乎出定襄王，入務利民，民懷生矣。"懷生即安於生計。

【廖名春2003】由郭店《緇衣》簡六的"☒(洙)"通"御"，可推知《尊德義》簡二十五的"殜"也可通"御"，因為"洙"、"殜"都從"朱"。這樣，《尊德義》簡二十五的"非倫而民服殜，此亂矣"，就可讀為"非倫而民服御，此亂矣"。"服御"連言，文獻有載。《戰國策·趙策四》："葉陽君、涇陽君之車馬衣服，無非大王之服御者。"……《大戴禮記·子張問入官》："欲民之速服也者，莫若以道御之也……不以道御之，雖服必強矣。"……"不以道御之，雖服必強矣"，與簡文

意思更是驚人相似。"不以道御之"即"非倫";"雖服"即"而民服殊";"必強矣"即"此亂矣",王聘珍解詁:"強,勉強也。"勉強就會生亂。由此可知簡文是說不合人倫百姓卻服從而受其役使,就會造成混亂。與簡文上句"非禮而民悅戴,此小人矣"完全相應,"悅戴"是複詞義近,"服御"也是複詞義近。……"洣"、"殊"從止得聲,止古音為之部章母,御為魚部疑母,相距太遠。不過,《詩經·廓風·蠏蜾》、《小雅·巷伯》有之、魚合韻例,可能當時某些地區之、魚音近,故可相通。

【劉釗2003】忎(在)此少(小)人矣。非龠(倫)而民備(服),殜(際)此㻯(亂)矣。訌(治)民非還(懷)生而已(已)也,

"忎"讀為"在"。"殜"為"世"字繁體,疑讀為"際"。

【李銳2005】何琳儀先生指出:"還"讀"率"。"還"、"鍰"、"銞"、"率"輾轉相通,皆一音之轉,參高亨《古字通假會典》170、562。"還生"讀"率性"。《禮記·中庸》:"天命謂之性,率性謂之道,修道謂之教。"注:"率,循也。"……"率性"本應作"還性",猶言"回歸天性"。

【鄭剛2006】◇"▨"和(簡24的)"▨"實際上是同一個字。"▨"上從"十"、中從"凶"、下從"心","▨"中間的"凶"與上面的"十"結合,使學者多認為上面是"才"字;"▨"中間的"凶"又與下面的"心"聯為一體。此字就是見於《古文四聲韻》的"怒"字(辰按,指▨,見卷四第十一頁)。……字當讀為"帑"、"孥",意思為子孫後代。……實際上,"帑"和"奴"、"孥"等一系列同源字表示的都是低一等的人或動物的統稱,在這裏可能不局限於子孫後代,而指一切下等人:"非禮而民悅,帑此小人矣。" ◇"還性"當讀為"循性",從"𧾷"與從"旬"的字古音近通用,……《詩經·閔予小子》:"嬛嬛",《文選·寡婦賦》注引《韓詩》作:"惸惸"。"狥"即"循"。……"還性"、"循性"即遵循人的本性,……參見:"聖主循性而化,……"(《鹽鐵論·卷八》)"君子循其性以輔其命。"(《申鑒·卷五》)"治民非循性而已也,不以嗜欲害其儀軌",意思很明顯:"嗜欲"就是"循性"所循的內容,就用"嗜欲"定義了"性"。而"治民"的君主是"非循性而已"(按此句可以理解為"治理天下只不過力求不循性而已",也可以理解為"治理天下不只是循性,還要禮")。

【許文獻2006】◇殜:《說文》卷六下:"▨古文困。"……此簡辭例與簡24上下對文,簡文此字當與上文之"才"字處於相同之句式位置,故簡文此字疑當讀為

"根",以表"根源"之義,"困"與"根"二字音近可通。

【陳劍2007】非倫而民服殜(憚?),此亂矣。

【連劭名2008】◇哉讀爲載,⋯⋯《國語·晉語》云:"民實戴之。"韋昭注:"戴,欣戴也。" ◇還、反同義。

【"中國古代の基礎史料"研究班2009】忎:讀爲災而屬下讀,意爲"民衆遇到災厄則最後變成小人"。

【十四種2009】忎,此小人矣。非侖(倫)而民備(服),殜(世)此亂矣。罰(治)民非還生而已也,

【顧史考2011】(忎)今姑視爲"思"字異體而讀爲"使";"才"爲從紐之部,"思"爲心紐之部,"使"乃生紐之部,音近可通。⋯⋯"還生"⋯⋯或亦可以讀爲"援生","還"、"援"均爲匣紐元部,可通。

【按】◇忎:李零1999讀作"哉";劉信芳2000A讀爲"慈";丁原植2000讀"載",並對句讀有更動;涂宗流、劉祖信2001釋"忘"讀"妄";陳偉2001讀爲"戴";劉釗2003讀"在",並與下連讀;鄭剛2006釋"怒"讀"孥";連劭名2008讀爲"載";顧史考2011讀爲"使"。按,暫依陳偉讀"戴"。 ◇按,"少(小)人"二字合文。 ◇殜:整理者讀爲"世";劉信芳2000A讀爲"列";丁原植2000訓"殜"爲喘延;涂宗流、劉祖信2001訓"殜"爲病;廖名春2003釋"御";劉釗2003讀"際";許文獻2006釋"困"讀"根";陳劍2007讀"憚",並與上連讀。按,應如整理者讀"世"。 ◇還:丁原植2000讀"懁";涂宗流、劉祖信2001訓歸還;何琳儀2001讀"率",李銳2005從之;陳偉2001訓爲經營;陳偉2002C讀"懷";鄭剛2006讀"循";連劭名2008訓反;顧史考2011讀"援"。按,應如陳偉讀爲"懷",其引《左傳·僖公二十七年》:"入務利民,民懷生矣。"可與此參看。

簡26

說明:從圖片看,本簡應爲完簡。

拼合編聯:簡26與簡27編聯,從整理者說。

釋文:不以旨(嗜)谷(欲)鲁(害)其義旬。民恶(愛),則子也;弗恶(愛),則戠(仇)也。民五之方各(格),

集釋:

【郭店–尊德義】不以旨谷(欲)鲁其義。旬民恶(愛),則子也;弗恶(愛),則戠

第三章 《尊德義》集釋

也。民五之方各,

◊旨：裘按："旨"當讀為"嗜"。"肏"讀為"害"，參看《五行》注四五。
◊戠：裘按："戠"从"戈""㝉"聲。讀為"讎"，仇敵也。

【張光裕等1999】▨：此字從皀勹聲，當爲"飽"之古體，簡中叚爲"報"。……《尊德義》10.26云："勹(報)民惡(愛)，則子也，弗惡(愛)，則戠(讎)也。"

【黃德寬、徐在國1999】簡26"即"字應屬上讀，爲："不以旨(嗜)谷(欲)肏(害)其義即(節)。民惡(愛)，則子(慈)也；弗惡(愛)，則戠(讎)也。"

【顏世鉉1999B】▨：當釋爲"即"字，古幣文有節字作▨，鄂君舟節作▨，……《方言》："即，就也。"……簡文"即民愛"即親民以愛之。

【李零1999】不以嗜欲害其義。軌民愛，則慈也；弗愛，則讎也。民五之方格，

◊"軌民愛"，第一字寫法同上文簡24，疑亦讀"軌"。

【劉釗2000A】"閔民愛"之"究"意爲"窮盡"或"遍及"。

【李天虹2000C】《說苑·政理》，其載成王問政于尹逸，尹逸對曰："天地之間，四海之內，善之則畜也，不善則讎也。……"類似的文句亦見於同篇孔子答子貢問："夫通達之國皆人也，以道導之，則吾畜也；不以道導之，則吾讎也。"向宗魯先生指出此本《周書》。《呂氏春秋·適威》載《周書》曰："民善之則畜也，不善則讎也。"對比可知，簡文"民愛"的後面省略了"之"字，"之"當指代爲政者。"子"，謂能善事上。

【涂宗流、劉祖信2001】"摯"，繁盛。

【陳偉2001】不以嗜欲害其義皀(儀軌)。民愛則子(慈)也；弗愛則讎也。民五之方各(格)，

◊"上也"（辰按，在簡11末）原屬上讀，今改接在"不以"之前，看作一句的主語。……(勹)如讀"軌"不誤，則"義"當讀爲"儀"。古書中有"儀軌"或"軌儀"之說。……前者如《三國志·蜀書·諸葛亮傳》評曰"……示儀軌"……簡書"儀軌"似與相同，指規範、法度。《淮南子·修務訓》說："嗜欲不得枉正術。"與簡書文意略同。……今將簡26—27接在簡11之後，復將簡12接在簡27之後，是出於以下兩方面的考慮：第一，簡11最後二字"上也"原屬上讀，似不成辭；第二，簡12"善者民必衆"云云與簡27"善者民必福"云云是很規範的排比句，簡12—13所記"是以爲政者教道之取先"則是對此二句的總括。 ◊《淮南子·道應》引尹佚之語

說："天地之間，四海之內，善之則吾畜也，不善則吾仇也。"……《呂氏春釋·適威》高誘注："畜，好。"即喜愛之意。依此，簡文"子"當讀爲"慈"，指慈愛。對《呂氏春釋·適威》中的"畜"，陳奇猷先生認爲："畜當訓畜養。……"與此對應，則簡文"子"應是說像子女一樣地被蓄養。

【劉釗2003】不以旨(嗜)谷(欲)萬(害)丌(其)義。訇(究)民恧(愛)，則子也；弗恧(愛)，則戠(讎)也。民五之方各，

【劉桓2005】《逸周書·芮良夫》："德則民戴，否則民仇。"

【連劭名2008】◊軌民，愛，則慈也，弗愛，則讎也：軌、道同義。 ◊格、來同義。爭讀爲靜。

【十四種2009】不以旨(嗜)谷(欲)萬(害)其義訇(軌)。民恧(愛)，則子也；弗恧(愛)，則戠(讎)也。民五之方各，

【顧史考2010】是否可以讀"訇"為"節"或如字"即"，抑是有讀"即民"如"齊民"等可能，似乎都是值得加以進一步的討論。

【按】◊義：整理者如字讀；陳偉2001讀"儀"。按，此字讀法不詳。 ◊□：張光裕等1999認爲是"飽"之古體，讀"報"；黃德寬、徐在國1999釋"即"讀"節"屬上讀；李零1999讀"軌"，陳偉2001從之；劉釗2000A讀"究"；顧史考2010釋"節"讀"即"或"齊"。按，此字又見簡24，即"訇"之省"殳"之形，有"飽"一類音，但在此句讀法不詳，不知或是衍文否？ ◊子：整理者如字讀；涂宗流、劉祖信2001讀"孳"；陳偉2001讀"慈"。按，如字讀是。 ◊各：整理者如字讀；裘按讀爲"挌"(在簡27中)；李零1999讀"格"。按，裘按、李零讀皆是，"格鬥"義用"挌"或"格"皆可，參簡27。

簡27

說明：從圖片看，本簡應爲完簡。

拼合編聯：簡27與簡12編聯，從李零1999說。

釋文：十之方靜(爭)，百之而句(後)菔(服)。善者民必福(富)，福(富)未必和，不和不安，不安不樂。

集釋：

【郭店–尊德義】十之方静，百之而句(後)菔。善者民必福，福未必和，不和不

第三章 《尊德義》集釋

安，不安不樂。

◊民五之方各，十之方静，百之而句(後)荀：裘按：此句疑當讀為"民五之方挌(格鬥之"格"本字)，十之方爭，百之而後服。" ◊福：裘按：疑讀為"富"。下句同。

【李零1999】十之方爭，百之而後服。善者民必富，富未必和，不和不安，不安不樂。

【李天虹2000C】《說苑·政理》又載管仲答桓公問曰："夫聖人之所為，非眾人之所及也。民知十己，則尚與之爭，曰不如吾也。百己則疵其過。千己則誰而不信？"所云與上引簡文後三句話的意思大體一致，只是簡文的用語比較簡略，遂致不易理解。綜上，可將簡文文義詮釋如下：（如果）民眾愛戴其君主，就會象子女侍奉父母一樣對待他；反之，則會象仇人一樣對抗他。民知君的善行五倍於己，則尚與之挌；十倍于己，尚與之爭；百倍於己，才能徹底順服。

【顧史考2000】"不安不樂"一句頗有似於《五行》篇的"不安不樂，不樂無德。"

【涂宗流、劉祖信2001】"百"，音莫。勉力。

【陳偉2001】十之方静(爭)，百之而後服。善者民必福，福未必和，不和不安，不安不樂

《史記·貨殖列傳》說："凡編戶之民，富相什則卑下之，伯則畏憚之，千則役，萬則仆，物之理也。"《說苑·政理》說：……簡書所說似應是前文所說的"愛"。

【李零2002A】"民五之方格，十之方爭，百之而後服。"意思可能是說，施愛於民必須屢行不輟，如果祇有五次、十次，民仍相鑰，陷於爭鬥。祇有上百次的努力，他們才會懂得服從。

【劉釗2003】十之方静(爭)，百之而句(後)荀(服)。善者民必福(富)，福(富)未必和，不和不安，不安不樂。

【"中國古代の基礎史料"研究班2009】者讀為諸，以"善諸民"為好好對待人民之義。

【十四種2009】十之方静(爭)，百之而句(後)荀(服)。善者民必福(富)，福(富)未必和，不和不安，不安不樂。

【按】◊静：整理者如字讀；李零1999讀爲"爭"。 ◊按，簡文"民五之方格，

十之方爭，百之而後服"，李天虹引《說苑·政理》："夫聖人之所為，非眾人之所及也。民知十己，則尚與之爭，曰不如吾也。百己則疵其過。千己則誰而不信？"以證之，甚確。其意如李天虹所言，道德五倍於民，民尚與之格鬥；道德十倍於民，民尚與之爭論；道德百倍於民，則民最終信服。 ◇按，"福(富)"字重文。 ◇按，"不安"二字重文。

簡12

說明：從圖片看，本簡應為完簡。簡背有"百四"二字。

拼合編聯：簡12與簡13編聯，從整理者說。

釋文：善者民必眾，眾未必訇(治)，不訇(治)不川(順)，不川(順)不坪(平)。是以為正(政)者㫃(教)道(導)

集釋：

【郭店–尊德義】善者民必眾，眾未必訇(治)，不訇(治)不川(順)，不川(順)不坪(平)。是以為正(政)者㫃(教)道

【李零1999】善者民必眾，眾未必治，不治不順，不順不平。是以為政者教導

【陳偉2001】善者民必眾，眾未必治，不治不順，不順不平。是以為政者教道
◇善者，似指前文所謂"善取"之人。 ◇道，似有兩種可能性：其一，讀為"導"，"教導"為一詞；其二，作"道途"、"路徑"講，"教道"亦即"教之道"。看上文"人道之取先"，恐以後讀為妥。

【劉釗2003】善者民必眾，眾未必訇(治)，不訇(治)不川(順)，不川(順)不坪(平)。是以為正(政)者㫃(教)道(導)

【十四種2009】善者民必眾，眾未必訇(治)，不訇(治)不川(順)，不川(順)不坪(平)。是以為正(政)者教道 百四12背

【按】◇按，"眾"、"不川(順)"諸字重文。 ◇道：整理者如字讀；李零1999讀為"導"；陳偉2001讀為"導"或"道途"之"道"。按讀"導"是，"教導"一詞古書常見。

簡13

說明：從圖片看，本簡應為完簡。

第三章 《尊德義》集釋

拼合編聯： 簡13與簡14編聯，從整理者說。

釋文： 之取先。衾(教)以豊(禮)，則民果以巠(勁)。衾(教)以樂，則民甪(淑)悳(德)清㫃。衾(教)

集釋：

【郭店–尊德義】之取先。衾(教)以豊(禮)，則民果以巠。衾(教)以樂，則民□悳(德)清㫃。衾(教)

◊㫃：㫃，《說文》古文"醬"字。在此讀為何字待考。

【張光裕等1999】□：甲、金文中弔、叔同字。"甪"字從"弔"，故可讀爲"叔"，叚爲"淑"字。

【周鳳五1999A】□：當是"弗"之異構，《老子》甲種"民弗厚也"（簡四）、"果而弗驕"、"果而弗矜"（簡七）字作□，與此形近似，可以參看。……以音求之，當讀作"弼"，《說文》："弼，輔也。"……此字經典又作"拂"，……簡文"弗德"讀作"弼德"，謂以德自輔，以德自正也。清，讀作"靖"，安也；……清、靖二字古通。㫃，讀作"莊"，敬也。簡文此句謂教民以樂，則民以德自輔，安且敬也。

【李零1999】之取先。教以禮，則民果以勁。教以樂，則民弗德爭將。教

◊"勁"，原無力旁。 ◊"弗"，原不釋。疑是"弗"字的草寫。 ◊"爭將"，原作"清將"，疑同"將爭"。

【陳斯鵬2000】□當由□（《老子》甲.4）訛變而成，也應釋為"弗"字。……"㫃"在楚文字中常用為"將"，在此則宜讀為"商"。㫃古音屬精紐陽部，商在書紐陽部，韻部相同，聲紐一為齒音，一為舌音，齒音舌音關係最密切，每可相諧，……頗疑郭簡此處"清商"乃用為樂章之泛稱。"德"宜讀為"得"。……正當訓"曉其義"。"教以樂，則民弗得清商"，意謂若不先教以道德，而教民以樂，則民不能真正領會樂之真義。

【丁原植2000】◊"巠"字，……疑讀作"經"，……引申爲義理、法則。◊"清"字，疑讀作"靜"。 ◊"將"，似指淳靜之美善。《廣雅·釋詁一》："將，美也。"

【王輝2000】甪字張光裕……讀爲淑，是也。㫃則疑讀爲莊。古文字將、莊通用。……清莊即清正莊重，是一種美德。秦成語印有"中精外誠"，"中精"即"中清"，指本身廉潔無私。

【涂宗流、劉祖信2001】◊■：此字簡文象川中流水，疑為"順"字之異構。……"順德"，順從其德。 ◊洒：此處疑讀為"漿"。"清漿"，猶清水。……此處喻指人心純淨無雜。 ◊"果"，有決斷。……"經"，義理。

【陳偉2001】之取先。教以禮，則民果以輕。教以樂，則民□德清醬。教
◊《管子·水地》說："楚之水淖弱而清，故其民輕果。"……均以輕、果連言。……簡文之"輕"是說輕捷抑或輕財、輕死，似難確指。 ◊醬，……在此似應讀為"壯"。古人有"清壯"之說。如陸機《文賦》說"箴頓挫而清壯"，……是清新豪健的意思。

【陳偉2002C】《說文》："弗，矯也。"

【劉釗2003】之取先。酱(教)以豊(禮)，則民果以巠(勁)。酱(教)以樂，則民弔(淑)悳(德)清洒(壯)。酱

"果"謂果敢。"巠"讀為"勁"。"果勁"意為果敢強勁。《吳越春秋·闔閭內傳》："慶忌之勇，世所聞也，筋骨果勁，萬人莫當。"……"弔"字從"弓"，讀為"淑"，古"弓""淑"音近，相通之例極多。"淑德"即"美德"，《漢書·王莽傳》："昔齊太公以淑德累世。"

【顧史考2003】若"弔"字之釋"弗"並不誤，則疑"德"字該讀為"得"才是。"德"與"得"相通之例不勝枚舉，……假若釋為"弗得"，則"清"字或可讀為"輕"。……然而又疑"清"讀如字，而"弗得"猶言"不得不"或"不得而已"，或許"清"字前漏了一個"不"字，讀為"弗得不清"。

【孫飛燕2007】（■）字中間部分見於《汗簡》：■淑，見古孝經；■敊，出林罕集字；■宋，出義雲切韻。可見此形早有淵源。……此字當如張光裕先生所言，隸定為"弔"，讀為"叔"，假為"淑"字。……"淑德"一詞見於《六韜·文韜·盈虛》："……旌別淑德，表其門閭，平心正節，以法度禁邪偽。"……（洒）字可以與《容成氏》的"酉"字聯繫起來考慮。《容成氏》簡1—2的簡文如下："……其德酉清，而上愛1下，而一其志，而寑其兵，而官其才。"不難看出，《容成氏》的"其德酉清"與《尊德義》的"淑德清洒"含義應該類似，這一點黃人二先生已經指出。……二者有共同的部首酉，從漢字構成的一般規律來說似應從酉得聲。"酉清"形容"不授其子而授賢"、"一志寑兵官才"的上古帝王，理當與靜虛無為義近。這樣來看，顏世鉉先生、史傑鵬先生的意見無疑是最合理的。他們認為簡文"酉清"，可通"瀏清"、"漻清"，亦猶"淑清"。也就是說酉瀏漻淑在簡文中是同義的。這

第三章 《尊德義》集釋

種釋讀在《容成氏》中自是通暢，在《尊德義》中，讀為"則民淑德清瀏"或者"則民淑德清潡"，也是文通字順。

【連劭名2008】弗德如言不德，《老子・德經》第三十八章云："上德不德，是以有德。"清讀爲精，《管子・心術》云："中不精者心不治。"尹知章注："精，誠至之謂也。"……《詩經・北山》云："鮮我方將。"毛傳："將，壯也。"

【曹峰2009】田煒認爲"酋"即"猷"，"猷"即治國禮法。他通過傳世文獻發現，"德"與"猷"往往連文，可以說是并例的概念。①……筆者懷疑"🗌德清酒"可以讀爲"弗德猷清"，就是說"弗"表示否定，而"德猷清"是一個固定的詞，"德清猷"可能"德猷清"的錯文。"弗德猷清"可能意爲"德猷"不清。

【十四種2009】之取先。教以豊(禮)，則民果以巠(輕)。教以樂，則民🗌惪(德)清酒(將)。教

【劉洪濤2011】黃人二先生最早把"🗌德清酒"與《容成氏》"其德酋清"聯繫起來，……我們認爲，這種聯繫是不可信的。第一，"酒"、"酋"二字的字形當中雖然都包含"酉"字，但卻並不都從"酉"得聲，二者古音不近。前者應分析爲從"酉"、"爿"聲，是"醬"字的古文，……第二，"🗌德清酒"中用🗌表示的字不能確識，……無法跟"其德靜幽"的"其"對應。尤其是把🗌釋爲"弗"，則"德"字很可能應讀爲"得"，"弗得清酒"跟"其德靜幽"就更扯不上關係了。第三，《尊德義》此段文字是講教民以"禮"、"樂"、"辯說"、"勢"、"技"、"言"、"事"、"權謀"等而不先教以"道"都會有副作用，只有先教以"道"，才不會有問題。這段話中的"果以輕"、"褻陵長貴以妄"、"野以爭"、"小以矜"、"吁以寡信"、"力嗇以面利"、"淫悶遠禮亡親仁"，無一不是帶有貶義的，"🗌德清酒"也不應例外。那麼，它跟褒義的"其德靜幽"就更不會有關係了。……"🗌德清酒"倒底應該如何釋讀，有待進一步研究。

【顧史考2011】(🗌)今疑本字從"川"而爲"順"字異構。……"清酒"二字或可讀爲"鏗鏘"，即音樂的狀聲詞，……"清"屬清紐耕部，"鏗"屬溪紐真部，聲母有點距離，然"清"之聲母其實與第二字"鏘"字的聲母一樣，二者合而

---

① 辰按，參看田煒：《釋〈容成氏〉"其德酋清"》，簡帛網，2006年10月25日，http://www.bsm.org.cn/show_article.php?id=444；又，田煒：《讀〈上海博物館藏戰國楚竹書〉零劄》，《江漢考古》2008年第2期，第115—117頁。

爲狀聲詞反而更加合理。……"順(？)德鏗鏘"，似即民衆如演奏音樂般地和諧而順從德教之謂。

【按】◇巠：李零1999讀"勁"，劉釗2003從之；丁原植2000、涂宗流、劉祖信2001讀"經"；陳偉2001讀"輕"；按，讀"勁"是，簡文"禮"與"樂"後面應同是褒義詞，故讀"輕"不佳。 ◇<img>：張光裕等1999認爲從"弔"，讀爲"淑"，劉釗2003、孫飛燕2007從之；周鳳五1999A釋"弗"讀"弼"；李零1999、陳斯鵬2000亦釋"弗"；陳偉2002C訓"弗"讀"矯"；涂宗流、劉祖信2001釋"順"，顧史考2011亦釋"順"。按，釋"刕"讀"淑"是，孫飛燕已引《汗簡》<img><img>諸字以證之。若釋爲"弗"文義上即講不通。 ◇惪：整理者讀"德"；陳斯鵬2000、顧史考2003讀"得"；按，應讀爲"德"，"淑德"一詞見於典籍。 ◇清：整理者如字讀；周鳳五1999A讀"靖"；李零1999讀"爭"；丁原植2000讀"靜"；連劭名2008讀"精"；顧史考2011讀"鏗"。按，讀"清"是。 ◇牂：周鳳五1999A、王輝2000讀"莊"；李零1999讀"將"，丁原植2000從之，訓美；陳斯鵬2000讀"商"；涂宗流、劉祖信2001讀"漿"；陳偉2001讀"壯"；孫飛燕2007引《容成氏》簡1"其德酋清"，認爲"酋清"可通"瀏清"、"漻清"，並讀《尊德義》"清牂"爲"清瀏"或者"清漻"；連劭名2008釋"將"訓壯；曹峰2009讀"猷"，且字序有更動；顧史考2011讀"鏘"。按，"牂"在古文字中大都從"爿"得聲，但此簡與《容成氏》簡1相對照，則似從"酉"得聲，可認爲讀"清瀏"或"清漻"，又《史牆盤》"青(靜)幽高祖"之"靜幽"，lht(網名)認爲此可與《容成氏》簡1對讀。①對《容成氏》"酋清"的討論參看筆者《〈容成氏〉文本集釋及相關問題研究》。②

簡14

說明：從圖片看，本簡應爲完簡。
拼合編聯：簡14與簡15編聯，從整理者說。
釋文：以攴(辯)兌(說)，則民埶(褻)陵(陵)倀(長)貴以忘(妄)。 (教)以埶(藝)，則民埜(野)以静(爭)。 (教)以只(技)，

---

① 參看"簡帛"網站所屬"簡帛論壇""簡帛研讀"子論壇lht的貼子"'其德酋清'也許可以讀爲'其德幽靜'"，http://www.bsm.org.cn/forum/viewtopic.php?t=1294。

② 參看單育辰：《〈容成氏〉文本集釋及相關問題研究》，吉林大學2008年"985工程"研究生創新基金資助項目，完成日期：2009年2月20日，第30—38頁。

第三章　《尊德義》集釋

集釋：

【郭店–尊德義】以支(辯)兑(說)，則民執陞䛄貴以忘。酓(教)以埶(藝)，則民埜(野)以静(争)。酓(教)以𢍈，

【黃德寬、徐在國1998】𢍈：此字所從的 ⿰ 與包山楚簡陵字所從的 ⿰（《簡帛編》68頁）相同，應隸作"陸"，釋爲"陵"。……陵字義爲"犯"。

【袁國華1998】將此字與簡本《唐虞之道》第26簡"𣂁"字所從𢎨作比較，即可知二字全同。……"𣂁"字既已知爲"枳"字，則將"𢎨"釋作"只"字，應無庸置疑。"只"簡文似可通作"技"。"技"字，"群"母"支"部；"只"字，"章"母"支"部。……有通假的條件。……簡文……參之以《商君書·算地》："技藝之士用則剽而易徙；……技藝之士，資在於手；……"可見，"民野以爭"即"民剽"之謂也；"民少以吝"則猶言"(民)易徙"而"資在於手"是也。

【張光裕等1999】𢎨：字與《尊德義》（辰按，應爲《唐虞之道》）簡10.26，"四枳〈肢〉朕〈倦〉陛〈惰〉"之"枳"字偏旁"只"字形構相同，今據以隸定爲"只"，揆諸諧聲字用例，簡文"只"(支)可讀爲"技"。

【周鳳五1999A】𢎨：當是"僉"之省體，讀作"儉"，楚簡文字有省形太甚，乍看不得其解者，此者一也。少，讀作"小"，《論語·八佾》："管仲之器小哉！"皇《疏》："小者，不大也。"簡文此句謂教民以儉，則民器識小而吝嗇也。

【黃德寬、徐在國1999】𢎨：此字當釋爲"只"，字在簡文中讀作"技"。《唐虞之道》……"枳"通"肢"作𣂁，所從"只"作𢎨，《語叢四》16……後一字作𣂂，裘錫圭先生謂即"枳"字，讀爲"枝"。信陽簡中的𣂁，……李家浩先生釋作"枳"……等（《信陽楚簡中的"柿枳"》，《簡帛研究》第二輯）。本簡𢎨字，乃由𢎨稍變。

【李零1999】以辯説，則民藝陞長貴以忘。教以藝，則民野以爭。教以技，
◇"陞長"，上字不識，疑讀"修長"。 ◇"技"，原不釋。案此字應釋"只"，這裏似可讀爲"技"（"技"是群母支部字，"只"是章母支部字，讀音相近）。

【丁原植2000】"長"字，疑讀作"悵"。"悵"，悵惘無所適從。"貴"字，疑讀作"憒"，《說文·心部》："憒，亂也。""忘"字，疑讀作"妄"。

【涂宗流、劉祖信2001】◇𨸏：此字簡文從𨸏從正，《集韻·徑韻》："定，古作正。"簡文此字應隸爲"陡"。《山海經·北山經》："又北百七十里，曰隄山。"郭璞注："或作阺，古字耳。"……"隄"，音低。限制，阻礙。《玉篇·阜部》：

"隉，限也。" ◇倀：疑讀爲"倀"，……無所適從貌。(相應簡文句意爲)以辯說教人，人之情勢受到阻遏，使其茫然崇尚而胡作非爲。 ◇[囗]：應隸定爲"兄"，《字彙補・口部》："古文荒字。"……"荒"，沈迷，迷亂。◇"少"，時間短，不長久。

【劉信芳2000A】[囗]：即"只"字，讀如"技"。從木之"[囗]"（包260）讀如"枝"，李家浩已有說解。

【陳偉2001】以辯説，則民埶(褻)陵倀貴以忘。教以勢，則民野以爭。教以只(技)，

◇埶，似應讀爲"褻"，指輕慢。……倀，……《說文》："狂也。"……貴，似應讀爲"遺(從言)"。《方言》卷三……郭璞注："汝南人呼欺爲遺(從言)，……"忘，似應讀爲"忘(從言)"即"諴"字。《說文》："諴，誕也。……"誇大其詞的意思。抑或讀爲"妄"，指狂亂。 ◇勢(本作"埶")，權勢。……原讀爲"藝"，指才藝。雖可備一說，然"勢"與"辨說"、"權謀"同類，而"藝"嫌與後文"技"重複，似以讀"勢"爲宜。

【陳偉2002C】長貴，指年長和勢尊的人。……《孟子・萬章下》云："不挾長，不挾貴，不挾兄弟而友。"皆以長、貴並言。

【劉釗2003】以支(辯)兌(說)，則民埶(勢)陯(陵)倀(長)貴以忘(妄)。晉(教)以埶(藝)，則民埜(野)以静(爭)。晉(教)以只(技)，

"陯"即"陵"字異體，字從"仌(冰)"為聲，"陵"意為"陵駕"、"欺陵"。……"忘"讀為"妄"。

【十四種2009】以支(辯)兌(說)，則民埶(褻)陵倀(長)貴以忘(妄)。教以埶(藝)，則民埜(野)以靜(爭)。教以只(技)，

【按】◇第一個"埶"：李零1999讀"藝"；陳偉2001讀"褻"；劉釗2003讀"勢"。按，讀"褻"較好，"褻"與後面的"陵"意義上有關聯。 ◇[囗]：整理者隸爲"陯"，不釋；黃德寬、徐在國1998隸作"陞"，釋"陵"；李零1999釋"修"；涂宗流、劉祖信2001隸作"陡"讀"隉"；劉釗2003隸"陯"釋"陵"。按，釋"陵"是，如清華一《金縢》簡6"于金[囗]之匱"，"紞"讀"縢"；上博八《成王既邦》簡5"日彰而冰消"之"冰"作"[囗]"，皆是"[囗]"可讀爲"陵"的證據。 ◇倀：李零1999讀"長"；丁原植2000讀"悵"；陳偉2001讀"倀"訓狂；陳偉2002C亦讀"長"訓年長；涂宗流、劉祖信2001讀爲"倀"。按，陳偉讀"長"訓年長正確，如其所言，古書長貴多連言。 ◇貴：整理者如字讀；丁原植2000讀"慣"；陳偉2001

讀爲"讟"。按，讀"貴"是。 ◇忘：整理者如字讀；陳偉2001讀"諴"；丁原植2000、劉釗2003讀"妄"。按，讀"妄"是。 ◇第二個"執"：整理者讀爲"藝"；陳偉2001讀爲"勢"。按，讀"藝"是。 ：袁國華1998、張光裕等1999、黃德寬、徐在國1999、李零1999、劉信芳2000A釋"只"讀"技"；周鳳五1999A釋"弇"讀"僉"；涂宗流、劉祖信2001隸爲"兄"讀"荒"。按，釋"只"讀"技"是。

簡15

說明：從圖片看，本簡應爲完簡。簡背有"百一"二字。

拼合編聯：簡15與簡16編聯，從整理者說。

釋文：則民少以殳(咨)。㪻(教)以言，則民話(訏)以募(寡)信。㪻(教)以事，則民力逼(嗇)以面利。

集釋：

【郭店–尊德義】則民少以殳(咨)。㪻(教)以言，則民話(訏)以募(寡)信。㪻(教)以事，則民力逼(嗇)以面利。

【顏世鉉1999B】《說文》："訏，詭譌也。"……上舉之"訏"、"迂"字，均有誇誕之意。……楊雄《法言·五百》："鄒衍迂而不信。"

【李零1999】則民少以咨。教以言，則民訏以寡信。教以事，則民力嗇以涵利。

◇"涵"原作"面"。

【劉信芳2000A】◇訏：讀為許，馬王堆漢墓帛書《五行》"許瑳"即"吁嗟"。……"許以寡信"猶輕諾而寡信。 ◇"菖"字包簡屢見，李家浩釋作"銜"，其說是。"菖利"此讀如"賺利"。

【陳偉2001】則民小以咨。教以言，則民訏(誇)以寡信。教以事，則民力嗇以銜利。

◇訏，讀爲"誇"。……《逸周書·諡法解》："華言無實曰誇。" ◇嗇，通"穡"，……力穡，致力於農事。《書·盤庚上》："若農服田力穡，乃亦有秋。"……銜利，是含利、懷利的意思。

【劉釗2002】簡文中的"菖"字應該讀為"啗"。"菖"本從"坎"或"臽"為聲，而"坎"和"臽"古音義皆通，所以"菖"可以讀為"啗"。……"啗利"就是獲取利益。……"啖"與"啗"音義皆通，"啖名"與"啗利"正可比照。《史記·高祖本記》說："使酈生、陸賈往說秦將，啗以利，因襲攻武關，破之。"顏師古注謂："啗者，本謂食啗耳……今言以利誘之，取食為譬。"

【李零2002A】◊"訏"與"信"相反，是詭詐之義。《語叢二》簡46"未有訏而忠者"（"訏"，原作"吁"），也是與"忠"相對。

【劉釗2003】則民少(小)以叒(吝)。耆(教)以言，則民訏(訏)以寡(寡)訐(信)。耆(教)以事，則民力㲋(嗇)以罾(啗)利。

"訏"意為"詭訛"。"㲋"字不識，但字從"色"聲，讀為"嗇"，古音"色"、"嗇"皆在生紐職部，於音可通。"嗇"通"穡"，指農事。《尚書·盤庚》："若農服田力穡。"

【陳劍2007】教以事，則民力嗇以面（昧？）利。

【連劭名2008】◊迂，僻。……迂，邪也。◊面、向同義。

【十四種2009】則民少(小)以叒(吝)。教以言，則民訏以寡信。教以事，則民力㲋(嗇)以面(湎)利。 百一15背

【莊利果2010】少，輕視，鄙視。

【按】◊少：整理者如字讀；劉釗2003讀"小"訓小氣；莊利果2010訓"少"爲輕視。按，"少"似應訓爲多少之少。"則民少以吝"是說人民數量少，並且鄙吝。 ◊話：整理者讀"訏"；劉信芳2000A讀"許"；陳偉2001讀"誇"；連劭名2008讀"迂"。按，讀"話"即爲誇口、大言無實義，讀"訏"、"華"^①、"誇"皆可，今按後世用字習慣讀"誇"。 ◊㲋：整理者讀"嗇"；陳偉2001讀"穡"。按，"穡"，"力穡"一詞典籍常見。 ◊面：整理者如字讀；李零1999讀爲"湎"；劉信芳2000A釋"䒑"讀"衒"；劉釗2002釋"䒑"讀"啗"；陳劍2007讀爲"昧"。按，讀"面"是，"面利"面向一己之利而動。

簡16

說明：從圖片看，本簡在第10字"豊"字中部有斷痕。

拼合編聯：簡16與簡28編聯，從陳偉2000說。他說："尊13至16談到教以禮、樂、

---

① 《語叢二》簡46："未有訏而忠者"、上博五《弟子問》簡21："吾未見芊而信者"，何有祖讀"訏"、"芊"爲"華"，參看何有祖：《上博五〈弟子問〉校讀札記》，簡帛網，2008年4月5日，http://www.bsm.org.cn/show_article.php?id=814。

第三章 《尊德義》集釋

辯說、藝、技、言、事、權謀的片面性，從而提出'先之以德'，尊28說'故率民向方者，唯德可'，正應是對尊13至16諸簡所云的總結。由此亦可見這種安排的合理性。"

釋文： 眚(教)以懽(權)悔(謀)，則民㳺(淫)悃遠豊(禮)亡新(親)息(仁)。先之以(德)，則民進善安(焉)。

集釋：

【郭店–尊德義】眚(教)以懽(權)悔(謀)，則民湯(?)㊎遠豊(禮)亡新(親)息(仁)。先_以悳(德)，則民進善安(焉)。

◊先_：裘按，"先_"似應讀為"先之"。

【張光裕等1999】則民湯(?)悃(混?)遠豊(禮)亡新(親)息(仁)。

【李家浩1999】㊎《郭店》一六……這個字就是"悃"字。……"悃"上一字原文作似"湯"非"湯"之形：㊎……此字跟《古文四聲韻》卷二侵部所引《古老子》"淫"的寫法十分相似：㊎，所以我們把它釋爲"淫"。"淫"與"悃"義近。《孟子·滕文公下》"富貴不能淫"，趙岐注："淫，亂其心也。"……《玉篇》心部："悃，惛也，亂也。"

【黃德寬、徐在國1999】此字又見於包山楚簡作：㊎、㊎，(《簡帛編》803頁)……此字應分析爲從"心""昆"聲，釋爲"悃"。《廣雅·釋詁三》："悃，亂也。"《方言》卷十"悃，惛也。"……《尊德義》16："……則民湯(易)悃遠禮亡(無)新(親)息(仁)。""悃"字訓爲"亂"、"惛(不明)"均適合簡文之義。

【李零1999】教以權謀，則民淫昏，遠禮無親仁。先人以德，則民進善焉。

◊"淫昏"，上字原作"㳺"，疑讀"淫"（"淫"是喻母侵部字，"㳺"是邪母侵部字，讀音相近）；下字寫法同《六德》簡28、29"昆弟"之"昆"，疑讀"昏"（"昏"是曉母文部字，"昆"是見母文部字，讀音相近）。

【陳偉2000】懷疑尊16的"安"當按本字讀，尊28的"為"讀為"化"。二簡連讀，"安化"指安於教化，與"進善"義近，故可連言。《荀子·不苟》："誠心守仁則形，形則神，神則能化矣。"楊注："化，謂遷善也。"已指出"化"與"善"的聯繫。

【陳偉2001】教以權謀，則民湯悃(惕混)遠禮亡親仁。先之以德，則民進善安。湯，讀爲"惕"，放蕩。

【吕浩2001】▢，與《尊德義》簡六之"▢"（湯）字形極近似。簡帛文字往往從日與從目可換用，……故《唐虞之道》中之"湯"字從日，而此處從目，實一字。《六德》簡三六……"瘍"字義爲遮蔽、壅蔽。《韓非子·内儲説上》："今或者一人，有瘍君者乎？"……《尊德義》簡一六之"湯"字疑讀爲"瘍"，瘍之義上文已言明。"瘍"與其下一字"惛"義近。

【李零2002A】舊作釋"浔"讀"淫"，祇是從文義揣測，不一定可靠。

【陳秉新2003】▢：當隸定作㥧，即忨之古字。……湯沄當讀作蕩紜。《玉篇·糸部》："紜，數亂也。"蕩紜義即蕩亂。

【劉釗2003】斈（教）以懽（權）叜（謀），則民湯（淫）惛（昏），遠豊（禮）亡（無）新（親）㤅（仁）。先之以悳（德），則民進善安（焉）。

【宋華强2004】李家浩先生釋……"淫惛"二字連言的用法未引書證，似略顯不足。其實"淫惛"就是"淫昏"，《尚書·多方》："有夏誕厥逸，不肯感言于民，乃大淫昏，不克終日勸于帝之迪。"《孔傳》："言桀乃大為過昏之行，不能終日勸於天之道。"《孔傳》解"淫"為"過"，不確。當如李家浩先生所說，"淫"、"昏"義近，皆昏憒迷亂之義。……"淫昏"又見於《說苑·權謀》："中山之俗，以晝爲夜，以夜繼日，男女切踦，固無休息，淫昏康樂，歌謳好悲，其主弗知惡，此亡國之風也。"

【古敬恒2004】吕浩先生讀"湯"爲"瘍"，指"遮蔽，壅蔽"，似可從。……所謂的似革非革的▢或▢，其實就是"革"字演變的結果，而《尊德義》中的"▢"則可釋爲"愅"。愅，改變。……《荀子·禮論》："……愅詭唈僾，而不能無時至焉。"楊倞注："愅，變也。"

【連劭名2008】湯讀爲蕩，……《淮南子·俶真》云："其德蕩者，其行偽。"高誘注："蕩，逸也。"混同渾，……"渾渾，亂也。"

【十四種2009】教以懽（權）叜（謀），則民淫惛遠豊（禮）亡新（親）㤅（仁）。先之以悳（德），則民進善安（焉）。

【顧史考2011】則民湯（蕩）惛（涽／惛）遠豊（禮）、亡（無）新（親）㤅（仁）。

（湯）與第6簡"湯"字寫法頗近，原釋似可從，或可讀爲"蕩"。……"惛（涽）"爲文部字，似該入韻；句原無標點，今加之如此。

【按】◇▢：整理者釋爲"湯"；李家浩1999釋爲"淫"；黄德寬、徐在國1999釋"湯"讀"易"；李零1999釋"浔"讀"淫"；陳偉2001釋"湯"讀"瘍"；吕浩

第三章 《尊德義》集釋

2001釋"湯"讀"煬";連劭名2008釋"湯"讀"蕩"。按,應釋爲"浔",讀爲"淫",參《成之聞之》簡34按語。 ◇ ：張光裕等1999釋"惛"讀"混";李家浩1999、黃德寬、徐在國1999亦釋"惛";李零1999、劉釗2003、宋華強2004讀"昏";陳秉新2003隸"慢"讀"紜";古敬恒2004釋爲"惲";連劭名2008讀"渾"。按,釋"惛"是,讀"惛"、"昏"皆可。 ◇按,"先之"二字合文。 ◇安(焉):陳偉2000把"安"與簡28的"爲"連讀爲"安爲(化)",誤。

簡28

說明：從圖片看,本簡應爲完簡。簡背有"百"一字。
拼合編聯：簡28與簡29編聯,從整理者說。
釋文：爲古(故)銜(率)民向方者,唯惪(德)可。惪(德)之涏(流),速唐(乎)楷(置)蚤(郵)而逋(傳)

集釋：

【郭店–尊德義】為古(故)銜(率)民向方者,唯惪(德)可。惪(德)之流,速唐(乎)楷蚤而逋(傳)

◇向:向,讀為"嚮"。參看《老子》乙注二八。 ◇裘按:此句讀為"惪(德)之流,速唐(乎)楷(置)蚤(郵)而逋(傳)命"。《孟子·公孫丑上》:"孔子曰:德之流行,速於置郵而傳命。"簡文"速"字舊多隸定為"逋",但朱德熙等在《望山楚簡》中已指出此字之義當為"速",並說:"也可能'粖'就是'束'的繁體"(九二頁注三五)。此說可從。"楷"從"之"聲,"蚤"從"又"聲,故兩字可讀為"置郵"。

【李零1999】為古率民向方者,唯德可。德之流,速乎置郵而傳

【何琳儀2001】速:應隸定"遬",讀"速"。參拙著《戰國文字聲系》1467。

【陳偉2001】為(化)。故率民向方者,唯德可。德之流,速乎植蚼(置郵)而傳
◇原釋文(把簡16的"安")讀爲"焉",其後結句。……不過,簡28開頭的"爲"字沒有著落。該簡所書的"故率民向方者,唯德可",又很像是對"教以禮"等8句的總結。故而改作今讀。……"爲"讀爲"化"。……"安化"指安於教化,與"進善"義近,故可連言。《荀子·不苟》:"誠心守仁則形,形則神,神則能化矣。"楊注:"化,謂遷善也。" ◇植,……其後一字,從又從虫,應是"蚼"字,當依裘

錫圭先生讀爲"郵"。

【張靜2002】望山一號墓9號簡有"尚毋爲大🕱"一語，原釋為"蚤"，讀"慅"，憂也。此字可隸為"蚤"，從"又"得聲，可直接讀為"憂"。又，匣紐之部；憂，影紐幽部。聲紐同為喉音，韻為之、幽對轉。二字聲韻皆合。此句中，"憂"作"疾病"解。

【冀小軍2002】我們認為🕱是"皿"字。……從字形看，《說文》籀文"盤"字所從的🕱無疑是古文的寫法。如果與🕱相比，🕱只是下面多出了一橫。然而，"皿"字自古就有將下面一橫收縮的寫法，如：🕱《殷墟文字甲編》2473 🕱皿方彝 🕱皿字布……"皿"是陽部明紐字，在楚簡中讀為"鄉"、"嚮"或"卿"。"鄉"、"嚮"是陽部曉紐字，"卿"是陽部溪紐字。"溪"、"曉"同系，關係密切（"卿"本是"饗"字的初文，也是"鄉"、"嚮"所從出的母字）。"明"、"曉"二紐在上古有特殊關係，互通的例子比較常見。

【李銳2003A】"爲"與"惟"古通，此疑讀爲"惟"，發語詞，《尚書·秦誓》："惟古之謀人。"疑此爲《尊德義》簡文全篇之首。

【劉釗2003】為古(故)衒(率)民向方者，唯悳(德)可。悳(德)之洰(流)，遬(速)虖(乎)櫝(置)蚤(郵)而連(傳)。

"洰"即"流"字之變形音化，即將"流"所從之"㐬"變形為"蟲"，古"蟲"、"蟲"不分，古音"蟲"在定紐冬部，"流"在來紐幽部，聲為一系，韻為對轉，於音可通。

【陳劍2007】則民進善安【16】爲(化？)(辰按，此爲簡16+28的意見)：按《淮南子·泰族》云"民化而遷善"，又"日化上遷善"；《中經·政理》："夫化之以德，理之上也，則人日遷善而不知。"亦可與簡文"進善安化"參讀。不過，現所見楚簡中尚未見不從其他偏旁(如上引陳偉所舉從心、從虫者)的單獨的"爲"字用爲"化"之例。

【十四種2009】爲古(故)率民向方者，唯悳(德)可。悳(德)之流，速虖(乎)櫝(置)蚤(郵)而連(傳)百28背

【虞萬里2007】其中"爲古"二字頗可注意，簡文"古"旁如"🕱"一樣有一點作"🕱"，而與上舉在字下較遠處的句讀符號不同。……"爲古"連用絕不見於出土和傳世文獻。體味《尊德義》一段文字，"爲古"一語承接上文"福未必和，不和不安，不安不樂"而言，以引出下文"唯德可"三字。立足於此，"爲"可以解爲

"則";而"古(故)"在此句中固可釋爲"是以",也可以解爲"則",語意不變。單言"爲"或單言"古"於文義皆通,"爲古"連用雖無礙文義,可看作同義復詞,但絕無用例。在此前提下不得不考慮審視"古"旁之一點是否係塗抹符號。若"古"爲衍文當刪,則此句原文成"爲率民向方者",亦即"則率民向方者,唯德可",文義通順。

【按】◊為古(故):李銳2003A讀"為"作"惟";虞萬里2007認爲"古"是衍文。按,頗疑此"爲故"即"是故"之意,但典籍尚未見"爲故"連稱用例。 ◊：整理者直接釋爲"向";冀小軍2002釋"皿"讀"向"。按,冀小軍說不確,此字來源待考。 ◊：何琳儀2001隸作"遬",讀"速"。按,"速"所從之 疑即束二木之形,這裏仍隸爲"速",參裘按引朱德熙等說。 ◊孟:裘按認爲"又"聲,讀"郵";陳偉2001認爲即"蛕"而讀"郵"。

簡29

說明:從圖片看,本簡應爲完簡。

拼合編聯:把簡29與簡30編排在一起,是整理者的意見,今依陳偉2000把它們直接編聯,他說:"《禮記·樂記》云:'樂由中出,禮自外作。'依此,簡文'或由中出,或藝之外'當分別是指樂、禮而言。進而可知尊30當徑直接於尊29之後。"

釋文:命。丌(其)聿(載)也亡(無)至(重)安(焉),交矣而弗智(知)也。亡(明)惪(德)者,啟(且)莫大虍(乎)豊(禮)樂。

集釋:

【郭店-尊德義】命。其載也亡厚安(焉)。交矣而弗智(知)也,亡。惪(德)者,啟(且)莫大虍(乎)豊(禮)樂。

【李零1999】命。其載也無厚焉,交矣而弗知也,亡。德者,且莫大乎禮樂。

【丁原植2000】"交矣而弗知也,亡",似謂:德化的流行,與萬民融合而交流,不爲人知,似無。

【涂宗流、劉祖信2001】其載也亡厚焉,交矣而弗知也,亡。德者,且莫大乎禮樂。

"亡",通"忘",忘記。……句意爲:傳送的人對裝運的是什麼並不看重,彼此交接也不知是什麼,送走以後什麼都忘記了。

【陳偉2001】命。其載也亡厚焉，交（絞）矣而弗知也。亡（明）德者，且莫大乎禮樂。

◇厚，重。……傳世古書中的"重"簡書往往寫作"厚"。……厚、重二字爲侯、東對轉，或許在取意爲"重"的時候，可以直接讀爲"重"。"交"，似當讀爲"絞"。《論語·泰伯》"直而無禮則絞"，《經典釋文》引鄭玄注："絞，急也。"……這裏表示速度的快捷。 ◇亡、明爲明母雙聲，陽部疊韻。所從之字如"氓"、"䀄"與"萌"在古書中常可通用。典籍習見"明德"一說。……且，殆，大概的意思。

【劉釗2003】命。丌（其）𡎐（載）也亡（無）㡇（厚）安（焉），交矣而弗智（知）也，亡。悳（德）者，虐（且）莫大虐（乎）豊（禮）樂。

【陳劍2007】其載也無重焉，

【曹峰2009】"亡"恐當作衍字處理。

【"中國古代の基礎史料"研究班2009】"亡"讀爲"無"，"尗"爲"慮"字之訛。

【張崇禮2009】"亡"當是"乍"字之誤。"乍"、"亡"形近，郭店簡《六德》簡36"莪由乍（作）也"的"乍"，即誤書為"亡"。《尊德義》和《六德》為同一書手所寫，出現同樣的錯誤是可以理解的。作，興也，起也。"作德"猶"興德"。

【十四種2009】命。其載也亡㗊（重）安（焉）。交矣而弗智（知）也，亡。悳（德）者，且莫大虐（乎）豊（禮）樂。

【鄧少平2011A】古書中即有"亡"與"明"直接通假的例子，《管子·七法》云："……亡君則不然，致所貴非寶也，致所親非戚也，致所愛非民也，致所重非爵祿也。"安井衡《管子纂詁》云："昭公四年《左傳》'以盟其大夫'，《呂覽》載此事作'亡其大夫'。'盟'、'亡'古皆讀爲'芒'，故《呂覽》誤'亡'。'盟'以'盟'爲聲，則'明'古音亦同芒。'亡'當爲'明'，聲之誤也。"

【顧史考2011】"亡"字……疑或亦可讀如"夫"或"輔"（俱並紐魚部），後者如《鹽鐵論·殊路》"非禮無以輔德"，是其例。然二字聲系與"亡"系均無通假前例。

【按】◇㗊：整理者釋爲"厚"；陳偉2001釋"厚"讀"重"；陳劍2007釋"至（重）"。按，"至（重）"確，"石"下是"主"的一種省變寫法，參《成之聞之》簡

18、簡40之"㤅(重)"作![字]、![字]。"載"與"重"文義有關，而與"厚"無關。 ◊第二個"亡"：整理者如字讀；涂宗流、劉祖信2001讀"忘"；陳偉2001讀"明"，鄧少平2011A有補充；曹峰2009認爲"亡"是衍字；張崇禮2009"乍"字之誤，讀"作"；顧史考2011疑讀爲"夫"或"輔"。按，此依陳偉讀"明"。

簡30

說明：從圖片看，本簡應爲完簡。

拼合編聯：把簡30與簡31編聯，是整理者的意見，今依周鳳五、林素清1999把它們直接編聯，陳劍2007補充說："按照第29號、30號、31號三簡連讀之說，'反之'的'之'應是指代第30號簡的'故爲政者，或論之，或羕之……論列其類焉'，文義更爲清楚連貫。"

釋文：古(故)爲正(政)者，或侖(論)之，或羕(養)之，或繇(由)忠(中)出，或埶(設)之外，侖(倫)隶(列)丌(其)頪(類)。

集釋：

【郭店–尊德義】古(故)爲正(政)者，或侖(論)之，或羕之，或繇(由)忠(中)出，或埶(設)之外，侖隶其頪(類)

◊裘按："埶(勢)""設"古音相近可通，漢簡、帛書中其例屢見。"隶"有可能是"求"之誤寫。

【李零1999】故爲政者，或論之，或議之，或由中出，或設之外，論列其類。

◊"議"，原作"羕"，疑爲"義"字的誤寫，這裏讀"議"。"論議"是古人常用的詞。 ◊"論列"，"論"原作"侖"；"列"原作"隶"，二字古音相同(都是來母月部字)。

【陳來2000A】《語叢》說："夫天生百物，人爲貴。人之道也，或由中出，或由外入。"(《語叢》一，簡二十)"由中出者，仁、忠、信；由(外入者？)……"(《語叢》一，簡二十一)……在《尊德義》中亦有對應："故爲政者，或論之，或養之，或由中出，或設之外。"

【丁原植2000】"侖"字，疑訓作"理"。……"義"，疑訓作"儀"。……即法度之義。

【涂宗流、劉祖信2001】"論"，定罪。……"養"，供養。

【陳偉2001】故爲政者，或論之，或養之，或由中出，或藝之外，侖隶其類

養（本作"羕"），培育，修養之意。《禮記·樂記》說："樂由中出，禮自外作。"與簡文近似。……"埶"同"藝"，種植義。又從"埶"之字有"勢（從女）"，《說文》"至也。"以"藝"或"埶（從女）"作解，應該都是適宜的。……隶，及。類，種類。

【沈培2001】"侖隶其類"……《性自命出》篇有"聖人比其類而侖會之"（簡16—17）一句，顯然跟這句話相似。"比其類"跟"隶其類"應當同義，"比"一般解釋爲"排比"，則"隶"的意義當與此相關。李天虹先生已經指出《性自命出》的"比其類而侖會之"跟《國語·齊語》的"論比協材"有關，韋《注》："論，擇也。比，比其善惡也。"……《尊德義》的"侖隶其類"的"侖"當也作"擇"講。這裏的"隶"可以按照李零先生的看法，認爲通"列"；也可以認爲這裏的"隶"當讀爲"肆"，"肆"本來就有"列"的意思。例如：《詩經·大雅·行葦》："或肆之筵，或授之几。"《毛傳》："肆，陳也。"……從"隶"的字跟從"列"的字也有異文關係：《方言》卷一："烈、枿，餘也。陳鄭之間曰枿，晉、衛之間曰烈，秦、晉之間曰肆，或曰烈。"

【劉釗2003】古（故）爲正（政）者，或龠（論）之，或羕（養）之，或繇（由）忠（中）出，或𩙿（設）之外。龠（論）隶（列）丌（其）頪（類）。

"龠"讀爲"論"，"論"古代有編排的意思。……"隶"讀爲"列"，"隶"、"列"古音皆在來紐月部，於音可通。

【李銳2006A】◊埶：簡文之字實即"勢"字異構，……"勢"、"至"古音皆屬章紐質部，今讀爲"至"，相近文例可參《禮記·祭統》："夫祭者，非物自外至者也，自中出生於心也。" ◊"侖隶"，當讀爲"倫列"，《墨子·大取》："義可厚，厚之；義可薄，薄之，之謂倫列。"曹耀湘認爲："倫列，猶《尚書》所謂秩序也。"

【張崇禮2009】◊"侖"當如字讀，訓爲"理"，動詞。《說文·亼部》："侖，思也。"段注："龠下曰：侖，理也……思與理，義同也。"……"故爲政者，或侖之，或養之"："侖之"，是就"禮"而言。……統治者用"禮"爲不同的人制定各自的行爲法則，所以是"侖之"，也就是理之、分之。"養之"，是就"樂"而言，亦即用樂來修養人們的身心。 ◊"隶"讀爲"列"，可從。但"論列"是逐一論述的意思，如《荀子·王霸》："相者，論列百官之長，要百事之聽。"用

在這裡並不通順。《說文·刀部》："列，分解也。""侖"、"隶"，都是"分"義，屬同義連用。

【十四種2009】古(故)爲正(政)者，或侖(論)之，或羕之，或繇(由)忠(中)出，或埶(設)之外，侖(倫)隶(列)其頪(類)。

【劉信芳2011】侖(論)隶(逮)亓(其)頪(類)。

【顧史考2011】或亦可讀爲"論隸"，"隸"即隸屬義，謂各種治道與政道皆按情況而隸屬於"中出"與"外設"的分類。

【按】◇羕：整理者如字讀；李零1999認爲是"義"字誤寫，讀"議"，丁原植2000從"義"釋，訓儀；陳來2000A、涂宗流、劉祖信2001、陳偉2001讀"養"。按，讀"養"是。 ◇埶：裘按讀"設"；陳偉2001讀"藝"或"勢"；李銳2006A亦讀"勢"。按，應從裘按。 ◇侖隶：裘按認爲第二字是"求"之誤寫；李零1999讀爲"論列"；沈培2001引《性自命出》簡16+17"聖人比其【16】類而侖會之"，讀爲"論列"或"論肆"；李銳2006A讀"倫列"；張崇禮2009讀"侖列"訓理、分；劉信芳2011讀"論逮"；顧史考2011讀"論隸"。按，"侖隶"讀"倫列"或"論列"皆可，這裏是分倫排列的意思。

簡31

說明：從圖片看，本簡應爲完簡。

拼合編聯：簡31與簡32編聯，從整理者說。

釋文：安(焉)。訋(治)樂和炁(哀)，民不可![字]也。反之此，迬(妄)矣。坓(刑)不隶(逮)於君子，豊(禮)不

集釋：

【郭店–尊德義】安(焉)。訋(治)樂和忨(哀)，民不可或(惑)也。反之，此往矣。坓(刑)不隶於君子，豊(禮)不

◇隶：裘按："隶"讀為"逮"。下句同。

【李零1999】焉。治樂和哀，民不可惑也。反之此，往矣。刑不逮於君子，禮不

◇"反之此，往矣"，原讀"反之，此往矣"。"往"或讀為"枉"。

【陳偉2000】也可能讀作"安治樂和，哀民不可惑也"。"安治"大概是指安于治理。《管子·七法》即云："是必立，非必廢，有功必賞，有罪必誅，若是安治

矣?""樂和"大概是指樂於和睦。《左傳》莊公二十七年："夫民,讓事、樂和、愛親、哀喪,而後可用也。"所說"樂和"似與此類似。

【涂宗流、劉祖信2001】"此往"猶"往此",即離開(或遠離)"民不可惑也"。

【陳偉2001】焉。詞(怡)樂和悴(萃),民不可或也。反之,此往矣。刑不隸於君子,禮不

◊從"或由中出,或執之外"是針對簡29中的"禮樂"來看,簡30應直接與簡29相連。簡31開頭的"安(焉)"很像是"侖隸其類"的句末語氣助詞。從文意看,簡31也可以接在簡30之後。以前我們曾設想將簡31—38接在簡25之後,應放棄。 ◊詞,……似當讀爲"貽"(辰按,"怡"字之誤),和悅義。萃,聚集義。和萃,猶"和集"、"和輯"。"不可"後一字,……寫法與楚簡常見的"或"字有別,釋爲"或"不大有把握。但若能釋爲"或",則讀爲"惑"是很合適的。 ◊此,乃,則。往,或可讀爲"狂",與上文"惑"相對。

【李零2002A】似應讀爲"反之此,枉矣"或"反之此,妄矣"。

【陳偉2002C】焉怡樂和萃,民不可惑也。反之,此往矣。

往,或可讀爲"亡",指逃亡。

【劉釗2003】安(焉)。訂(治)樂和忢(哀),民不可(惑)也。反之此,迬(枉)矣。坓(刑)不隸(逮)於君子,豊(禮)不

【何有祖2006】審查該字的時候,發現可以將它看作兩部分,首先從"戈"當無問題;第二、其餘筆劃似"幺"夾在上下兩橫之間,乍看不成字,但熟讀《尊德義》簡文後,我們發覺有一個字與之筆劃相近,即《尊德義》26號簡"☒(五)"字,……這個"五"字,筆劃亦較為特別:兩橫之間的形體與"幺"非常相似。所謂的"幺",實際是"五"字中間交叉兩筆變形所致。其字形演變作:☒(《彭祖》5號簡)→☒(《周易》45號簡)→☒(《尊德義》31)☒左部正是如此作。准此,我們可以將該字分析為從戈從五,隸定為"五(從戈)"。包山34號簡有☒字,與"五(從戈)"當是一字之異體。古文字從"戈"與從"攴"每互作,"五(從戈)"也可能是"敔"的異體。從上下文看,疑"五(從戈)"讀為"敔",訓為"禁"。《左傳》昭公六年:"昔先王議事以制,不為刑辟,懼民之有爭心也。猶不可禁禦,是故閑之以義,糾之以政,行之以禮,守之以信,奉之以仁;制為祿位,以勸其從。"簡文"治樂和哀,民不可敔也"指君民者要"治樂和哀",不要採用禁止的方法。

【連劭名2008】"之此"如言"至此",義同於"致中和"。

【張崇禮2009】反之,此妄矣:"反之",就是不以禮樂教化民眾。所以"往"是跟"民除害智"和"民不可惑"相對的。從這個角度出發,我們認為"往"當讀為"妄","妄"有"虛妄"、"不安分"等義,用在這裡比較合適。

【十四種2009】安(焉)。訶(治)樂和忻(哀),民不可𢘓也。反之,此往矣。埜(刑)不隶(逮)於君子,豊(禮)不

【顧史考2011】"隶"或亦可以視為"求"字之訛,相近文例如《管子·君臣上》:"身立而民化,德正而官治。治官化民,其要在上。是故君子不求於民。"

【竹書2011】何氏(辰按,何有祖)對字形的分析有一定道理,但字義解釋尚難坐實,不排除此為"或"字變體的可能。

【按】𢘓:整理者釋"或"讀"惑";何有祖2006認為從戈從五,讀"敢"訓"禁";竹書2011認為或是"或"字的變體。按,此字似如何有祖說從戈從五,但讀為何字存疑。 ◊反之此,往矣:整理者句讀為"反之,此往矣";李零1999句讀為"反之,此往(枉)矣";李零2002A又句讀為"反之此,妄矣";涂宗流、劉祖信2001認為"此往"猶"往此";陳偉2001句讀為"反之,此狂矣";陳偉2002C又句讀為"反之,此亡矣";連劭名2008認為"之此"如言"至此";張崇禮2009句讀為"反之,此妄矣"。按,姑從李零說句讀為"反之此,妄矣","反之此"猶"反此";"往"匣紐陽部,"妄"明紐陽部,二字音近。 ◊訶樂和忻:整理者讀為"訶(治)樂和忻(哀)";陳偉2000與上下連讀作"安治樂和,哀民不可惑也";陳偉2001讀為"詞(怡)樂和悴(萃)"。按,應如整理者讀。 ◊隶:裘按讀"逮",是;顧史考2011認為是"求"之訛,誤。

簡32

說明:從圖片看,本簡應為完簡。

拼合編聯:簡32與簡33編聯,從整理者說。

釋文:隶(逮)於小人。攻𢘓往者返(復),依惠則民材足,不旹(時)則亡(無)懽(勸)也。不

集釋:

【郭店–尊德義】隶於小人。攻□往者復。依惠則民材足,不時則亡懽也。不

◇裘按："懂"疑當讀為"勸"。

【廖名春1998A】"刑不逮於君子，禮不逮於小人"，就是《禮記·曲禮上》的"禮不下庶人，刑不上大夫"。……賈誼《新書·階級》作："故古者禮不及庶人，刑不至君子。""逮"就是"及"、"至"。更接近於簡文。

【張光裕等1999】不告(時)則亡懂也。

【白奚1999】"刑不隸於君子，禮不隸於小人。"此句見於《禮記·曲禮上》，作"禮不下庶人，刑不上大夫。"……"逮"訓"及"。

【李零1999】逮於小人。攻□往者復，依惠則民材足，不時則亡勸也。不
◇"攻"下一字模糊不清。

【丁原植2000】暫亦補"眛"字。杜預注："眛，亂也。"

【涂宗流、劉祖信2001】"眛"，簡文此字字跡不清，根據上下文義補出。……"攻眛"，攻擊昏亂無道者。"往"，離去。"復"，返回。

【陳偉2001】逮於小人。攻(功)[則]往(亡)者復依，惠則民財足。不時則亡勸也，不

攻，似應讀爲"功"。功有功行、恩德的意思。《孟子·梁惠王上》："今恩足以及禽獸，而功不至於百姓者。"……"攻"後一字殘，依下文之例，似是"則"字。往，似應讀爲"亡"。……"亡者復依"，是說亡命者重新歸附君上。……依，也可能讀爲"萃"，是說亡命者重新集聚起來。

【劉釗2003】隸(逮)於小人。攻□逑(往)者復，依惠則民材(財)足，不告(時)則亡(無)懂(勸)也。不

【廣瀨熏雄2008】公〔則〕往者復依：公，本作攻。讀攻爲公，是承蒙曹峰先生指教。傳世文獻中有功、公通假的例子，參看高亨纂著：《古字通假會典》第1—2頁。復依之依，原釋文屬下讀，……按，"復依"一詞見《論衡·論死》，云："已死，形體壞爛，精神散亡，無所復依"。

【連劭名2008】攻同功，《釋名·釋言語》云："功，攻也，攻治之乃成也。"

【十四種2009】隸(逮)於小人。攻□往者復。依惠則民材(財)足，不時則亡懂(勸)也。不

【曹峰2009】"攻"字，……作爲與下文"惠"相對應的詞，讀作"公"可能更合理。……"攻"也有可能通"恭"。……但下文已有"恭則……"，所以，這一可能性不大。

【莊利果2010】不時：不善。《詩經·大雅·蕩》："匪上帝不時，殷不用舊。"高亨注："時，善也。"……勸，勸導，勸說。

【按】◇"小人"二字合文。 ◇懂：整理者如字讀；裘按讀"勸"。按，"不時則亡勸也"是說如果統治者不按時徵召則不能鼓勸民衆勞作。 ◇攻：陳偉2001讀"功"；連劭名2008亦讀"功"；曹峰2009讀"公"。按，因下字湮滅，此字如何釋讀不詳。 ◇▨：此字模糊不清；涂宗流、劉祖信2001釋"昧"；陳偉2001依下文之例，疑是"則"。按，從殘存筆畫看，此字似非"則"，但此字下似漏抄一"則"。◇迬：整理者讀"往"；陳偉2001讀"亡"，並連下讀爲"亡者復依（或"萃"）"；廣瀬薰雄2008連下讀爲"往者復依"。按，相關字應句讀爲"往者復"。

簡33

說明： 從圖片看，本簡應爲完簡。
拼合編聯： 簡33與簡34編聯，從整理者說。
釋文： 炁(愛)則不斳(親)，不愄(寬)則弗㥈(懷)，不釐(理)則亡（無）悔(威)，不忠(忠)則不信，弗惠(勇)則

集釋：

【郭店–尊德義】炁(愛)則不斳(親)，不□則弗㥈，不釐則亡悔(畏)，不忠則不信，弗惠則

◇㥈：裘按：疑當釋爲"懷"。 ◇惠：裘按：疑讀爲"用"。

【李零1999】愛則不親，不□則弗懷，不賴則無威，不忠則不信，弗勇則

◇"不愛則不親"，與《禮記·哀公問》"弗愛不親"相似。 ◇第二句"不"下一字模糊不清，似是"慮"字。 ◇"不賴則無威"，"賴"原作"釐"；"威"，原從心從畏，釋文讀"畏"，但從文義看，讀"威"似更好。

【龐樸1999】《尊德義》篇33簡有"不忠則不信，弗惠則亡復"、35簡有"戜不足以沫衆，博不足以知善"句。其惠字從甬從心，戜字從甬從戈；二者也許都可視爲勇字。但在簡文中，其一從心另一從戈，所要表示的意思是頗不相同的。從心的惠字，表示的是一種心態、一種德行，是孔子所謂的"力行近乎仁，知恥近乎勇"的惠。而從戈的戜字，所要表示的則顯然是行爲上的戜猛。《說文》中，這兩個字都被附在"勇"字下，……卻未能指出所以從心從戈的道理。

【劉信芳2000A】"愄"字《郭店》闕釋，細審其原簡殘畫，應是"愄"

字。……"愳"字應讀為"敉",字或作"侎",……"敉,安也。""不愋則弗愳"即"不緩則弗安",與"愋不足以安民"文意適可對照。

【魏宜輝、周言2000】"釐"可假作"僖"。《說文》段注云："……謚法曰小心畏忌曰僖。"可知"僖"有"畏"義,故簡文曰："不釐則亡畏"。

【丁原植2000】"釐",治理,處置。

【涂宗流、劉祖信2001】"德",簡文此字字跡模糊,根據上下文義補出。

【陳偉2001】愛則不親,不口則弗懷,不理則亡威,不忠則不信,弗通則理,義理。《管子·君臣上》說："是故別交正分之謂理。"……簡文是說等級不嚴君上就沒有威望。……通,本從甬從心,疑當讀爲"通",通達義,於此指通曉、達觀。……簡文大概是說不能通觀達視,爲事就不會有圓滿的結果或者重複進行。

【陳偉2002C】敉,從米從目從心,……似可釋爲"眯",讀爲"敉",安定的意思。理,名分。……中,字本作"忠"。此處是說君上之事,疑當讀爲"中",義爲正、恰當。勇,字本從甬從心,爲《說文》"勇"字古文。"勇"有果敢、決斷義。抑或讀爲"通",指通曉、達觀。……還有可能讀爲"庸",訓爲常。

【劉釗2003】怣(愛)則不新(親),不口則弗罬(懷),不萤(勑)則亡(無)畏,不忢(忠)則不訐(信),弗勇則

"萤"讀為"勑",意為"訓戒"。

【連劭名2008】◊釐讀爲理,……《尚書·堯典》云："允釐百工。"孔傳云"釐,治也。"……釐指禮,《管子·心術》云："故禮者,謂有理也。" ◊勇讀爲庸,《尚書·皋陶謨》云："自我五禮有庸哉。"孔傳云："庸,常也。"

【十四種2009】怣(愛)則不新(親),不口則弗懷,不萤(釐)則亡悁(畏),不忠則不信,弗恿(用)則

【顧史考2011】"恿"……疑或可讀如《左傳·昭公六年》"聳之以行"的"聳",即鼓勵義;"恿"爲喻紐東部,"聳"爲心紐東部,音近可通。

【按】◊ ：李零1999疑是"慮";劉信芳2000A釋"愋";涂宗流、劉祖信2001補爲"德"。按,此字漶漫,但與《尊德義》簡34"愋"字字形對比看,劉信芳釋"愋"甚確,其"宀"和"心"旁都能確定,且兩圖中間形體亦相類。書法本此字更爲清晰,細察可見其中間部分有"又"旁,其中間部分與《尊德義》簡23之"爰"形更近(參下圖)。此字應爲"愋"無疑,"愋"讀爲"寬",二字古音甚近。又,上博二《從政甲》簡5+6"君子不愋(寬)則無【5】以容百姓"。 ◊罬:裘

按釋"懷"；劉信芳2000A 隸"懋"讀"敉"，陳偉2002C從之。按釋"懷"是。
◇董：整理者讀爲"釐"，丁原植2000從之，訓治理；李零1999讀"賴"；魏宜輝、周言2000讀"僖"；劉釗2003讀"勑"。按，似讀爲"理"，當"治理"講。 ◇
悈：整理者讀"畏"；李零1999讀"威"。按，相關諸句是說統治者的，讀"威"好。 ◇忠：整理者讀"忠"；陳偉2002C讀"中"。按，讀"忠"是。 ◇恿：裘按讀"用"；李零1999、龐樸1999讀"勇"；陳偉2001讀"通"；陳偉2002C讀"勇"或"通"或"庸"；連劭名2008讀"庸"；顧史考2011讀"聳"。按，讀"勇"是，簡35亦有"勇"字，作"戙"，龐樸認爲字義有一定的區別，此"恿"指心態上之勇；而"戙"指行爲之"勇"。

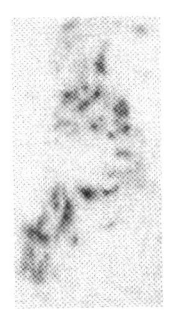
《尊德義》簡33

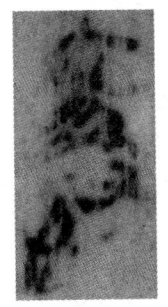
書法本《尊德義》簡33

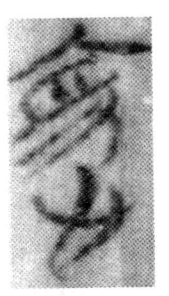
《尊德義》簡34

《尊德義》簡23

簡34

說明：從圖片看，本簡應爲完簡。

拼合編聯：簡34與簡35編聯，從整理者說。

釋文：亡（無）返（復-報）。▨（安）則民不悝（輕），正則民不受（吝），䢋（恭）則民不悁

(怨)。坷(均)不足以坪(平)正(政)，㥶(寬)

集釋：

【郭店-尊德義】亡復。🅐則民㤴，正則民不䛇(吝)，䢢則民不悁。坷(均)不足以坪(平)正(政)，㥶(？)

◇䢢、悁：裘按："䢢"疑爲"䪂"之誤字，讀爲"恭"。末一字《緇衣》讀爲"怨"，參看《緇衣》注三二。

【張光裕等1999】塦(均)不足以坪(平)正(政)，

【白於藍1999B】🅑：此字實應分析爲從心從宀爰聲，應隸定爲"㥶"。……包山簡五"瑗"字作"🅒"，(爰旁)形體十分接近，當是一字無疑。……簡文中此"㥶"字當讀爲"緩"，緩、寬義近。……簡文卻說："緩(寬)不足以安民"……"寬"也有一定的限度，一味行"寬政"而不適當施之以刑罰，反而會害民。

【李零1999】無復。咎則民㤴，正則民不吝，恭則民不怨。均不足以平政，埒

◇"咎則民㤴"，"咎"，是怪罪之義，原省口，整理者不釋；"㤴"，是惱恨之義。◇"埒"，原從心從宀從夛，整理者以爲從心從家，這裏讀爲"埒"，是同等的意思。

【劉信芳2000A】◇"㥶"以及從"爰"之字楚簡屢見，……疑"㥶"讀如"緩"，《管子·法禁》："莫敢布惠緩行。"◇"則"前一字疑是"咎"之省形，"惡"字讀爲"淫"。《廣雅·釋詁》："咎，惡也。"

【魏宜輝、周言2000】楚簡文字中的"🅓"當從肙省，……郭店楚簡《緇衣》篇簡46引詩"我龜既猒(厭)"，"猒"字即寫作"🅔"。🅕即"猒"之左半"肙"，而絕非"冐"字。……"肙"上從甘(楚系文字中其上從"占")，"冐"上從"口"，……楚簡文字中本身就有從"肙"之字，如：🅖信陽2.013 🅗信陽2.015"猒(厭)"古音爲影紐談部字，"怨"古音爲影紐元部字，音近可以通假。

【丁原植2000】◇"咎"也有憎惡義。◇《說文·土部》云："埒，卑垣也。"似可引申爲制定阻礙以防民。

【涂宗流、劉祖信2001】◇🅘：簡文此字疑從人從攴，讀爲"侮"。……"㤴"，讀爲"悖"。……"悖"惱恨。 ◇🅙：簡文此字從心從俞，似應隸定爲愈，讀爲"偷"。"偷"，偷惰，意爲對偷惰的容忍，引申爲"寬容"。

【陳偉2001】亡復，縱則民輕。正則民不吝，恭則民不怨。均不足以平正，爰(緩)

第三章 《尊德義》集釋

◇縱：似是"从"字(有壞筆)。……在此讀爲"縱"，指放縱。……本句原屬下讀，依前述，應改從上讀，與其他消極性的陳述並列。 ◇正，平正，端正。咎，咎惜。在此疑當讀爲"閔"，指憂慮、憂患。……《說苑·敬慎》引孔子說："恭敬忠信，可以爲身。恭則免於衆，敬則人愛之，忠則人與之，信則人恃之。"可參讀。 ◇平正，公平正直。……"平政"也可能讀爲"平政"。

【李零2002A】此字與《性自命出》簡49的"咎"字的上半比較相似。（辰按，指🅧）

【張靜2002】同篇《尊德義》25號簡中，"巳"作乙(10.25)，在《成之聞之》40號簡中，"巳"作己(9.40)，均與此字左上所從"巳"形似。楚簡文字中，"龏"又作龏(包山2.19)、龏(包山2.90)，與此字形似，只是此字將"龍"之左半部誤寫爲"言"。《說文·龍部》："龏，愨也。"段玉裁注："《心部》曰：愨，謹也。"簡文……"龏"解爲"恭謹"則文從字順。

【陳偉2002C】咎，……指罪過。悻，……訓爲恨。也可能讀爲"輕"，指輕視。

【劉釗2003】亡(無)復(覆)。🅧(咎)則民悻，正則民不叟(咎)，龏(恭)則民不悁(怨)。均(均)不足以坪(平)正(政)，愋(愯)

"復"讀為"覆"，訓為庇護。"咎"意為責怪。"悻"意為"恨"。……"愋"意為"心不安"。……"平政"即"平征"，指均平賦稅。又指修明政治。

【張新俊2005】"慧"和前面的"龏(恭)"、"堃(均)"、"愋(寬？)"、"戰(勇)"、"專(博)"以及後面的"殺"相對為文。

【連劭名2008】◇咎、舊古通，義同於久，……涇，讀爲經。……經，常也。 ◇坪，等也。

【"中國古代の基礎史料"研究班2009】(叟)讀爲隱。

【十四種2009】亡復。🅧則民悻，正則民不叟(咎)，龏(恭)則民不悁(怨)。均(均)不足以坪(平)正(政)，愋(緩)

【莊利果2010】復政，即歸還政權。……"恭"通"公"。

【顧史考2011】(復)讀爲"報"。……上博簡《緇衣》第10簡"各(+戈)"字左旁上部與此字極似，學者多以爲彼旁從"咎"省而讀該字爲"仇"，因而本字或亦該讀爲"仇"（或亦可與上字"復"連讀爲"報仇"也未可知）。

【按】◇返(復)：整理者讀"復"；劉釗2003讀"覆"；顧史考2011讀"報"。按，讀"復"是，也可以依後世用字習慣讀爲"報"（如顧史考2011所言），"弗勇

· 77 ·

則亡復（報）"是說：不勇則無所報復。◊𢼸：李零1999、劉信芳2000A釋"咎"；涂宗流、劉祖信2001釋從人從攴，讀"侮"；陳偉2001釋"从"讀"縱"；連劭名2008釋"咎"讀"久"；顧史考2011釋"仇"。按，此字和"咎"字上部有一定相似，但釋"咎"不辭，疑爲"安"字之訛誤寫法，參《成之聞之》篇7、簡39，《尊德義》篇16、35之 、 、 、 。此字與之相比，把"女"旁訛寫，且把"安"之右旁訛寫爲"人"。 ◊悎：李零1999、劉釗2003訓"悎"爲恨；劉信芳2000A釋"淫"；涂宗流、劉祖信2001讀"悖"；陳偉2002C訓"悎"爲恨或讀"輕"；連劭名2008讀"經"。按，讀"輕"是，"輕"指輕死。"輕"上似漏抄一"不"字。◊夂：整理者如字讀；陳偉2001讀爲"閔"。按，如字讀即可。 ◊䂗：裘按讀"恭"，張靜2002有補充說明；莊利果2010讀"公"。按，典籍未見"恭"、"公"相通之例，讀"恭"即可，"恭"指上恭下。 ◊ ：整理者釋"愫"；白於藍1999B"㥽"讀"緩-寬"，劉信芳2000A亦讀"緩"；張新俊2005釋"愋"讀"寬"；李零1999釋"㥽"；涂宗流、劉祖信2001釋"愈"，讀"偷"。按，釋"愋"讀"寬"是，參簡33。

簡35

說明： 從圖片看，本簡應爲完簡。

拼合編聯： 簡35與簡36編聯，從整理者說。

釋文： 不足以安民，𢼸（勇）不足以沫（勵）眾，専（博）不足以知善，快（慧）不足以智（知）侖（倫），殺

集釋：

【郭店–尊德義】不足以安民，𢼸（勇）不足以沫眾，専（博）不足以智（知）善，快不足以智（知）侖（倫），殺

◊快：裘按："快"疑當讀爲"決"。

【李零1999】不足以安民，勇不足以蔑眾，博不足以知善，決不足以知倫，殺
◊"蔑"，原作"沫"，疑讀"蔑"（兩字都是明母月部字，讀音相近）。

【劉信芳2000A】◊快：應讀爲"慧"，馬王堆帛書《老子》甲"知快出"，乙本"快"作"慧"。

【丁原植2000】"侖"字，疑讀爲"綸"。"綸"，有治理之義。

第三章 《尊德義》集釋

【涂宗流、劉祖信2001】沫，已。"沫衆"，使衆人停止反抗。

【陳偉2001】不足以安民，勇不足以沫衆，博不足以知善，快(決)不足以知倫，殺

◇沫，讀為"眛"。……《吳都賦》……劉曰："眛，冒也。"簡文爲冒犯之意。……決，……指決斷。

【劉釗2003】不足以安民，勅(勇)不足以沫(沒)衆，專(博)不足以智(知)善，快(決)不足以智(知)侖(倫)，殺

"沫"疑讀為"沒"，意為"掩蓋"、"超過"。

【陳劍2007】勇不足以沫衆，博不足以知善，快(慧)不足以知倫，

【白於藍2008】"沫"似當讀作"潰"。《尉繚子·戰威》："……潰衆奪地。"

【連劭名2008】決與分同義，……"決不足以知倫"者，如同《老子·道經》第十九章所云："絕聖棄知，民利百倍。"

【十四種2009】不足以安民，勅(勇)不足以沫衆，專(博)不足以智(知)善，快(決)不足以智(知)侖(倫)，殺

【范常喜2011】根據前文所引《曹沫之陣》中"曹沫"的"沫"作"䁵"、"蔑"或"堇"可以推知，此處的"沫"可直接讀為"勵"，訓為"激勵"。整句是說"英勇不足以激勵衆將士"。《逸周書·酆保》篇載周公論治國之道時曾提出過七屬(勵)，分別為："一翼勤屬務，二動正屬民，三靜兆屬武，四翼藝屬物，五翼言屬復，六翼敬屬衆，七翼屬道。"其中第六條"屬(勵)衆"似與簡文"沫(勵)衆"意同。

【單育辰2011】其中的"沫"，……疑讀爲"衛"，"沫"明紐月部，"衛"匣紐月部，古音相近。"衛衆"，保衛民衆，《晉書》卷一二六："所以安人衛衆，預備不虞"。

【鄧少平2011B】"沫"字，我們認爲當讀為"勵"，二字古音同為明母月部。(《古韻通曉》第232頁)《六韜·龍韜·奇兵》："戰必以義者，所以勵衆勝敵也。"《尉繚子·戰威》："故戰者，必本乎率身以勵衆士。"又《逸周書·酆保解》："翼敬屬衆"。陳逢衡《補注》云："屬與勵通。"簡文意為：(君主)光靠勇敢不足以激勵民衆。 附【徐伯鴻2011】此句中的"勇不足以沫衆"可與《淮南子·主術訓》"故智不足以治天下也。……勇力不足以持天下矣。智不足以為治，勇不足以為強，……"中的"勇力不足以持天下"對讀。意思是"牧民養衆"。我以為，"沫"

可讀作"秣"，《詩·周南》言秣其馬。《傳》秣，養也。

【顧史考2011】"沫"本亦有用為終止義之例，見《楚辭·離騷》"芬至今猶未沫"；今以為"平息"之義。

【暮四郎2012】"沫"可讀為"勵"。上博四《曹沫之陣》簡5"曹沫"之"沫"寫作從萬從土，其中"萬"明顯是聲符。萬，古音屬明母、元部，沫屬明母、月部，月、元對轉。而楚簡中從"萬"聲的字用為"厲"聲字的現象多見（可參看白於藍先生《簡牘帛書通假字字典》第305—306頁），如《曹沫之陣》簡39有從石、從萬、從土之字，用為砥礪之礪。所以"沫"可讀為"勵"，"勵"意為激勵。

【按】◇沫：李零1999讀"茂"；涂宗流、劉祖信2001訓"沫"為已；陳偉2001讀"眛"；劉釗2003讀"沒"；白於藍2008讀"潰"；范常喜2011讀"勵"，鄧少平2011B有補充；單育辰2011讀為"衛"；徐伯鴻2011讀為"秣"；顧史考2011解為"平息"。按，今依先秦典籍用字習慣從范常喜、鄧少平說讀"勵"。 ◇快：裘按讀"決"；劉信芳2000A讀"慧"。按，讀"慧"是。 ◇侖：整理者讀"倫"；丁原植2000讀"綸"。按，整理者讀是。

簡36

說明：從圖片看，本簡應為完簡。

拼合編聯：簡36與簡37編聯，從整理者說。

釋文：不足以夯(勝–勝)民。下之事上也，不從丌(其)所命，而從丌(其)所行。上好是勿(物)也，

集釋：

【郭店–尊德義】不足以夯(勝)民。下之事上也，不從其所命，而從其所行。上好是勿(物)也，

◇勝：裘按："勝"，簡文為省形，讀為"勝"。

【李零1999】不足以勝民。下之事上也，不從其所命，而從其所行。上好是物也，

【王博2000A】該篇與《緇衣》有相同的文字。……"下之事上也，不從其所命，而從其所行。上好是物也，下必有甚焉者。夫唯是，故德可易而施可轉也。"《緇衣》云："子曰：下之事上也，不從其所命，而從其所行。上好此物也。下必有

甚焉者矣。"……而《成之聞之》中也有類似意義的文字，如"上苟身服之，則民必有甚焉者。……上苟倡之，則民鮮不從矣"等。

【陳來2000B】"下之事上也，不從其所命，而從其所行。上好是物也，下必有甚焉者。"這段話見於《緇衣》"子曰：下之事上也，不從其所以命，而從其所行。上好是物也，下必有甚焉者矣。"可以說完全一樣。

【陳偉2001】不足以乘(勝)民。下之事上也，不從其所令，而從其所行。上好是物也，

【劉釗2003】不足以勑(勝)民。下之事上也，不從丌(其)所命，而從丌(其)所行。上好是勿(物)也，

【十四種2009】不足以夯(勝)民。下之事上也，不從其所命，而從其所行。上好是勿(物)也，

簡37

說明： 從圖片看，本簡應爲完簡。
拼合編聯： 簡37與簡38編聯，從整理者說。
釋文： 下必又(有)甚安(焉)者。夫唯是，古(故)悳(德)可易而攺(施)可迡(轉)也。又(有)是攺(施)少(小)

集釋：

【郭店–尊德義】下必又(有)甚安(焉)者。夫唯是，古(故)悳(德)可易而攺(施)可迡也。又(有)是攺(施)少(小)

◇迡：裘按："迡"疑可讀爲"轉"，參看《窮達以時》注九。

【廖名春1998A】簡文的"下之事上也，不從其所命，而從其所行。上好是物也，下必有甚焉者"亦見於《禮記·緇衣》篇，郭店楚簡《緇衣》篇也有此段。《禮記·緇衣》篇和郭店楚簡《緇衣》篇都說這是"子曰"。《孟子·滕文公上》有"上有好者，下必有甚焉矣"語，孟子也說是"孔子曰"。

【張光裕等1999】古(故)悳(德)可易(揚)而攺(施)可迡(轉)也。

【李零1999】下必有甚焉者。夫唯是，故德可易而施可轉也。有是施，小

【陳偉1999】又(或)是施小有利，遒而大有害者，有之。又(或)是施小有害，遒而大有利者，有之。

又，原讀爲"有"，恐當讀爲"或"。……此處應是"有的"之意。……"𨒋(從之)"實爲"遭"之原形或省寫。《楚辭·離騷》："遭吾道夫昆侖兮，路修遠而周流。"王注："遭，轉也。楚人名轉曰遭。"

【丁原植2000】"少"，疑讀作"小"，指時間短。……"小有利"，指施政的推行，時短時間內有利。

【陳偉2001】下必有甚焉者。夫唯是，故德可易而施可遭也。有是施小
　施，施爲。

【周鳳五2002】（上博一《孔子詩論》）簡十六所見《詩經》篇名《葛覃》之"覃"左旁作尋，以聲音通假爲覃。……郭店《尊德義》簡三十七"夫唯是，故德可覃而施可轉也"之"覃"則從左右手，正像"舒兩肱"之形，……《爾雅·釋言》："覃，延也。"

【陳偉2002C】《易·乾》云："見龍在田，德施普也。"……簡書"德"、"施"，似與古書中的"德施"同義，指德澤恩施。

【劉釗2003】下必又(有)甚安(焉)者。夫唯是，古(故)惪(德)可易而攺(施)可迡(轉)也。又(有)是攺(施)，少(小)

"施"，指"恩施"。

【連劭名2008】施指刑，與德相對。……《左傳·昭公十四年》云："施生戮死。"杜預注云："施，行罪也。"

【十四種2009】下必又(有)甚安(焉)者。夫唯是，古(故)惪(德)可易而攺(施)可迡(遭)也。又(有)是攺(施)少(小)

【按】◇易：整理者如字讀；周鳳五2002釋"覃"。按整理者是。 ◇迡：裘按"迡"讀"轉"；陳偉1999認爲是"遭"之原形或省寫。按，讀"轉"即可。 ◇是施前的兩個"又"(另一見簡38)：整理者讀"有"；陳偉1999讀爲"或"。按，讀"有"即可。 ◇攺(施)：陳偉2001訓施爲陳偉2001；陳偉2002C訓德澤恩施；劉釗2003亦訓恩施；連劭名2008訓爲行罪。按，應指所施於民眾之行爲。

簡38

說明：從圖片看，本簡應爲完簡。

拼合編聯：把簡38與簡39編聯，是整理者的意見，今依陳偉2000把它們直接編聯。

釋文：又(有)利，迡(轉)而大又(有)惠(害)者，又(有)之。又(有)是攺(施)少(小)又

第三章 《尊德義》集釋

(有)薫(害)，迡(轉)而大又(有)利者，又(有)之。

集釋：

【郭店–尊德義】又(有)利，迡而大又(有)憲(害)者，又(有)之。又(有)是敆(施)少(小)又(有)憲(害)，迡而大又(有)利者，又(有)之。

【李零1999】有利，轉而大有害者，有之。有是施，小有害，轉而大有利者，有之。

【陳偉2001】有利，遭而大有害者，有之；有是施小有害，遭而大有利者，有之。

《淮南子·人間訓》："事或以欲以利之，適足以害之；或欲害之，乃反以利之。利害之反，禍福之門戶，不可不察也。"同書《泰族訓》說："故事有利於小而害於大，得於此而亡於彼者。"與簡書類似，都是談論利害的轉換，可參看。

【詹群慧2002】有是施，小有利，遭而大有，曷者？有之。有是施，小有，曷？遭而大有利者，有之。

【劉釗2003】又(有)利，迡(轉)而大又(有)憙(害)者，又(有)之。又(有)是敆(施)，少(小)又(有)憙(害)，迡(轉)而大又(有)利者，又(有)之。

【十四種2009】又(有)利，迡(遭)而大又(有)憲(害)者，又(有)之。又(有)是敆(施)少(小)又(有)憲(害)，迡(遭)而大又(有)利者，又(有)之。

【按】◊詹群慧說斷句有誤。

簡39

說明： 從圖片看，本簡應爲完簡。

拼合編聯： 簡39與簡17編聯，從陳偉2000說，他說"尊39'言此章也'與尊17'行此度也'句式相同，言與行、章(章程)與度(法度)的意義也兩兩相關，當連讀。古書中屢見有類似說法。如《詩·小雅·都人士》：'出言有章，行歸於周，萬民所望。'《大戴禮記·曾子制言中》：'言為文章，行為表綴於天下。'《荀子·儒效》：'夫是之謂君子言有壇宇，行有防表也。'《淮南子·主術》：'言為文章，行為信表。'亦可佐證。"他說的是正確的，但"度"應改釋爲"文"，見集釋。

釋文： 凡達(動)民必訓(順)民心，民心又(有)悋〈巫〉，求丌(其)羕(養)。童(重)義蕈(襲)蓳(理)，言此章也，

集釋：

【郭店–尊德義】凡達(動)民必訓(順)民心，民心又(有)恆，求其羕，童(重)義枼(集)鳌(理)，言此章也。

【李零1999】凡動民必順民心，民心有恒，求其永。重義集理，言此章也。

◇"集"，上半所從與襍同。

【陳偉1999】童，原讀爲"重"，恐當讀爲"踵"，追隨的意思。集，依就的意思。……簡文是說遵循、依從義理。

【丁原植2000】◇"集"，成也，就也。……"集理"，指成就禮制的人文規劃。 ◇"言此章也"，疑讀作"言此，彰也"。

【涂宗流、劉祖信2001】此，用爲副詞，猶"就"。

【陳偉2001】凡動民必訓民心。民心有亟(極)，求其養。踵義集理，言此章也，

◇動，動用。……訓，教導。 ◇楚簡中寫作"亙"的字常常用作"亟"。據文意，此處亦應釋爲"亟"，讀爲"極"。……簡文"極"亦指標準，準則。 ◇踵，追隨義。集，依就的意思。

【劉釗2003】凡達(動)民必訓(順)民心，民心又(有)恒，求丌(其)羕(永)。童(重)義枼(集)鳌(理)，言此章也。

◇童(重)義枼(集)鳌(理)，言此章也：重復"義"，會集"理"，說的就是本章的內容。

【李銳2005】"恒"字簡文上從"死"，下從"心"，古文字中"死"、"亟"常相訛，此疑讀爲"亟"。《方言》卷一："……凡相敬愛謂之亟。""羕"，……《廣雅·漾韻》："羕，長大也。"

【曹峰2009】"義理"或"理義"，在傳世文獻中極爲多見，就一般意義而言，"義理"有時指稱符合禮的精神、原理，有時指稱符合禮的儀式、規範。……《禮記·理器》的"義理，禮之文也。無本不正，無文不行"，或許給我們在理解"言，此章也，行，此文也"時有一些啓發。即《尊德義》的"義理"可能指的就是有"文"有"章"的儀式規範。

【十四種2009】凡達(動)民必訓(順)民心，民心又(有)恆，求其羕(養)，童(重)義枼(集)鳌(理)，言此章也。

【鄧少平2011A】"枼"當讀爲"襲"。"枼"從"集"得聲，上古音"集"屬從母緝部，"襲"屬邪母緝部，二字韻部相同，聲母同爲齒頭音，可以通假。《史

記‧陳丞相世家》："襲其兩長。"《漢書‧陳平傳》"襲"作"集"，是其證也。"重X襲Y"古書多見，其例如下：《楚辭‧九章‧懷沙》："重仁襲義兮，謹厚以為豐；……"《淮南子‧氾論》："……此聖人所以重仁襲恩。"所謂"重義襲理"，直譯就是重復義、因襲理，也就是遵循義理之意。

【單育辰2011】其中的"童義蒉䶖"，……我們這裏讀爲"勳義集理"，"集"訓止，此四字猶言動而合於義，止而合於理。

【按】◇訓：整理者讀"順"；陳偉2001如字讀。按，讀"順"是。 ◇恆：陳偉2001釋爲"亟"讀"極"；李銳2005釋"亟"訓相敬愛。按，應釋爲"亟"，指急切之需要。"亟"的釋讀參《成之聞之》簡1、簡29之"歪〈亟〉"。 ◇羕：李零1999讀"永"；陳偉2001讀"養"；李銳2005訓"羕"爲長大。按，讀"養"是，指"養德"之養。 ◇童：整理者讀"重"，劉釗2003訓重復；陳偉1999讀"踵"；單育辰2011讀"動"。 ◇蒉(集)：陳偉1999訓依就；丁原植2000訓成就；劉釗2003訓會集；單育辰2011訓"止"；鄧少平2011A讀"襲"。按，"童義蒉䶖"以鄧少平讀爲"重義襲理"較好。 ◇章：整理者如字讀；丁原植2000讀"彰"，且句讀有更動。按，整理者說是。

簡17

說明：從圖片看，本簡在第20字"黨"到第22字"亡"三字中間縱向劈裂後拼合。

拼合編聯：簡17與簡18編聯，從整理者說。

釋文：行此廆(文)也，然句(後)可就也。因歪〈亟〉則古(固)，戠(察)辷(廛)則亡(無)避(僻)，不黨則亡(無)

集釋：

【郭店–尊德義】行此廆也，然句(後)可逾(？)也，因亙(恆)則古(固)，戠辷則亡避，不萱(黨)則亡

【張光裕等1999】戠(戠)辷則亡避，

【顔世鉉1999B】辷，原作，……《說文》："乁，衺溪有所夾藏也。……讀若溪同。"……辷，讀作溪，溪或體作蹊，……即小路，……避讀作僻，偏遠之意。簡文："察溪則亡僻"謂明識路徑，就不會因偏離正途而行至偏遠之處；亦即不會因迷路而越走越遠。引申之，君子當明察成德之門徑，才不會走入邪僻之地。

【李零1999】行此度也，然後可逾也。因恒則固，察曲則無僻，不黨則無

◇"逾"，原括問號，表示疑問，今從照片看，確爲"逾"字。◇"察"，寫法同上文簡8"察"字。◇"曲"，原作"●"。◇"僻"，原作"避"。

【劉國勝1999】《成之聞之》一九號簡、《尊德義》八號、一七號簡有字作●，未釋。應釋爲"對"。《說文》："對，從丵口從寸。"此字從丵口從戈。楚文字"丵"常省作●形，……此字所從"戈"是"寸"的互換通用偏旁。……簡文云："因恒則固。對起則無避，不當則無怨。"《廣雅·釋詁三》："對，當也。"簡文"對起"與"不當"爲對文。此處簡文是在闡述人道固有的思想觀念。

【劉釗2000A】"●尐則亡避"應讀作"察亾則亡僻"。……"亾"字有掩藏義，又可讀同褱，而典籍"褱"訓爲"惡"或"不正"。僻字典籍訓爲"邪僻"。所以"察亾則亡僻"意爲"究察隱匿就沒有邪僻"。

【李天虹2000B】(7)"禮因人之情而為之。"《語叢一》三一"即庱者也。"《語叢一》九七 (7)中的兩支簡，整理者分置兩處，陳偉先生認爲二簡當連讀，作"禮因人之情而爲之即庱者也"，語相當於《禮記·坊記》："禮，因人之情而為之節文"，其說甚然。……檢以傳世典籍，與簡文(7)、《坊記》相似的文句亦見於《禮記·檀弓下》、《孟子·離婁上》、《管子·心術上》、《史記·孫叔通傳》、《淮南子·齊俗訓》等等，其相當於簡文"即庱"之處，一律同《坊記》，作"節文"。……由此出發，考察楚簡中各條相關的辭例，我們發現，如果把庱讀作文，……文義均能得到通解。……我們懷疑庱所從●可能是"麟"的象形字。古"文"爲明母文部字，"麟"爲來母真部字，兩者聲、韻均近可以通轉。

【劉信芳2000E】庱：按字讀爲姓名禮制之"且"，凡禮之"且字"之"且"，或本應作"庱"。……古人同姓則以伯仲別之，又同，則以且字別之。是"且字"乃籍以別同宗同排行之字也，如季札之"札"字，楚伯庸之"庸"字。簡文即云"有庱有名"，是春秋禮之"庱"，漢儒釋爲"且字"。……卒，班次而屬之祖廟，於祭禮須稱"且字"也。……該句之前，有教以禮、樂、辨說、藝、只(技)、言、事、權謀等，是"庱"(且)謂教之順序與尺度與？擬或謂古禮制之易名且字與？

【丁原植2000】"行此度也"疑讀作"行此，度也"。……"度"，指依循而節度。

【涂宗流、劉祖信2001】◇此字簡文上部形體與包山179號簡"鹿"字上部形體完全不同，而與271號簡"虎"字上部形本相近，疑爲從又虗聲。應隸爲"叡"。……

第三章 《尊德義》集釋

"叡",音渣。……徐楷繫傳:"叡,叉取也。"◊"逾",……此處當讀爲"偷"。……苟且,怠惰。……《老子》第四十一章:"健德曰偷。"俞樾平議:"……言剛健之德,反若偷惰也。"……"可偷",即可行剛健之德。……句意爲:行取信於民之事,後可行剛健之德。

【李學勤2001】《汗簡》卷中之二彡部有圖字,云:"閔,見石經。"《古文四聲韻》上聲軫韻同。……"文"、"門"、"閔"古音都是明母文部,以"閔"、"文"通假,自無障礙。……在《汗簡》和《古文四聲韻》裏,還有另外寫法的"閔"字。需要舉出的,一個在《汗簡》卷中之二心部,作圖,另一個在卷下之一民部,作圖,均云出"史書"。這兩個寫法可隸定爲"慉"……,從"昏(昏)"聲。大家知道"昏"字《說文》云或從"民"聲,"民"爲明母真部,從"昏"之字在或在明母真部,或在明母文部,是"慉"讀爲"閔",殊屬自然。……簡文上的那個字,便能發現以前大家想其上部爲"鹿頭",實際錯了。字的上部,和石經古文一樣,是從"民",或者嚴格一點,是從"民"省聲。楚文字的"民",一般作图或图,但也有時作图或图。……這個寫法的上半,就與"鹿"字之"頭"完全相同。不過,楚文字從"鹿"之字,"鹿"旁都有足形,沒有省作"鹿頭"的。……再看該字下部。……我認爲,是《說文》"旻"字的古文寫法。……"閩"字,據《說文》是從"閩","門"聲,"門"是明母文部,"閩"同樣在明母文部。……簡文該字也有不少是從"彡"的。……凡從"彡"之字多有文飾之義。

【陳偉2001】行此文也,然後可逾也。因亙(恆)則古(固),察亡則亡僻,不黨則亡

此,乃,則。……《左傳》襄公三十一年和《新書·容經》都有"動作有文,言語有章"的語句,與此略同。逾,似可讀爲"愉"。……《爾雅·釋詁上》:"悅、懌、愉、釋、賓、協,服也。"郭璞注:"謂喜而服從。"

【李零2002B】第一,這個字的上半(即除去它下面的心或又字),在《古文四聲韻》中其實是"敏"字的古文(卷三:14頁背引《義雲章》);第二,《說文》、《石經》"民"字的古文,比較這種寫法可知,其是借"每"爲"民"或混"每"爲"民",而不是"民"的本字;……《尊德義》中的"敏"字……今改讀爲"敏"。

【何琳儀2003】(上博二《子羔》簡5)原篆作图,當隸定"瞀",與《古文四聲韻》"閔"作图形體吻合。"瞀"、"閔"一聲之轉。《字彙》"瞀,閔也,"簡文"瞀"當讀"文"。

【劉釗2003】行此虞也，肰(然)句(後)可逾也。因亙(恆)則古(固)，戠(察)辿則亡(無)避(僻)，不黨則亡(無)。

【黃錫全2004】(上博三)《周易》簡二的"爭於匸"……匸形與我們目前見到的獨體的"尼"不同，其形似從《說文》"裹溪有所俠藏也，讀與侯同"的"匸"，內中似有"物點"，但侯與尼讀音有別。根據字形，我們曾懷疑匸當是藏匿之"匿"的專字或者古體，然楚簡《周易》簡40的"柅"字所從"尼"之下部與此相同，故知"匸"為"尼"省形，整理者直接釋為"坭"不誤。准此，楚簡從匸的字，均應釋從"尼"。如《郭店楚簡·尊德義》簡17的辿，應釋為"迡"，假為匿，意為藏匿、隱匿。匿，泥母職部(若，日母鐸部。古娘日二紐歸泥紐)。泥，泥母脂部。二字音近假借。如《說文》"睨或作眤"。

【宋華強2004】《上海博物館藏戰國楚竹書》(三)有這樣幾個字：匸(《周易》2)柅(《周易》40)匸(《仲弓》8)前兩字分別對應於今本的"泥"、"柅"，第三字是仲尼之"尼"。……"匸"更可能是戰國時人為藏匿之"匿"造的表義專字。"尼"則可能是一個從"尸""匸"(匿)聲的字，也可能是個兩聲字("尸""匿"古音亦近)。《說文》"尼"字所從的"匕"應是"匸"的訛變。……我認為這裡的"察辿"讀為"察慝"似乎更好些。《周禮·夏官·環人》："環人掌致師，察君慝。"……"察慝則無僻"是說明察姦慝就不會有邪僻。

【梁立勇2004】字上部……的此種寫法是混合了"民"和"鳶"兩字的字形特徵。在古文字中"鳶"和"民"字形相的，有時混用。實際上是(石經的"閔"字所從)的訛變。……當釋為"瞑"，《汗簡》和《古文四聲韻》中所引石經的"閔"同。"瞑"從民得聲，"民"是明母真部字，"閔"是明母文部字，聲母相同，韻部一音之轉，……"閔"和"文"古音同聲同部(都是明母文部字)，因此楚簡中的"瞑"可讀為文。

【陳劍2004B】："文"(辰按，指等字形)字字形在手形的大拇指上加一小斜筆或小橫筆，我認為，這一筆係起指事作用的符號，表示大拇指之所在；"文"跟"拇"在讀音上又有密切關係，因此它就應該是"拇"字的表意初文。……上半所從……也是"民"。……剩下的從"又"從"目"可以隸定為"叟"的部分，不正是我們上文所討論的黽方尊的""字麼？根據上文的結論，"叟"等字的讀音皆應與"敃"字相近，那麼它出現在所謂古文"閔"字的"瞑"形裏，就很好解釋了。……"瞑"字所從的"民"和"叟"也都是聲旁。

第三章 《尊德義》集釋

【白於藍2008】"逾"似應讀作"諭"。《淮南子·主術》："而諭文王之志。"高誘《注》："諭,教。"

【連劭名2008】逾讀爲俞,……《呂氏春秋·知分》云："俞然而以待耳。"高誘注："俞,安。"

【十四種2009】行此𢘅也,肰(然)句(後)可逾也。因亙(恆)則古(固),䣎迡則亡避(僻),不黨則亡

◇迡:或可讀爲"泥",拘泥,固執義。 ◇避:似可讀爲"辟",鄙陋義。與"泥"對應。

【鄧少平2011A】(逾)陳劍懷疑可讀爲"喻"或"諭"。我們同意陳劍將其讀爲"諭"的想法,諭猶教也。全句可譯爲:統治者遵從義理,言行合於規範,然後才可以教諭民衆。

【劉信芳2011】行此𢘅(敏)也,肰(然)句(後)可逾(諭)也。

【單育辰2011】其中的"𢼄",……應是"遼"的一種略有變化的字體,可參《六德》簡48之"遼"作𢼄,與此字極近,尤其是上部所從的小"口"形,是"遼"字寫法的一個特徵;而楚簡"逾"作𢼄(《老子》甲簡19),與此字字形相去較遠。"遼"讀"就","就"有成就之義。如讀爲"逾"或與"逾"語音相近之字,則文義不可通。

【顧史考2011】"戠"字或可……讀爲"就"("戚"爲清紐覺部,"就"爲從紐覺部,音近可通),而"不黨"則可以讀爲"不當",三句成爲"因恆則固,就匿則亡,避不當則亡怨"。

【白於藍2012】"迡"似當讀作"迡"。

【按】◇廈:李天虹2000B把相關辭例之字讀爲"文",認爲是"麟"的象形字;在釋"文"的基礎上,李學勤2001認爲從"民"從"旻",李零2002B認爲字上半是"敏"字的古文,且讀爲"敏",何琳儀2003、梁立勇2004釋"瞖",陳劍2004B認爲從"民"從"旻"(他說"旻"有"閔"聲);劉信芳2000E釋"且";涂宗流、劉祖信2001釋"𢼄"。按,釋"文"是,在構形上,"廈"字上部我們認爲仍從鹿頭,以鹿之花紋之"文"表意。參筆者《楚地戰國簡帛與傳世文獻對讀之研究》(中華書局,2014年)第50—52頁。 ◇𢼄:整理者釋"逾";涂宗流、劉祖信2001從之,讀"偷";陳偉2001從之,讀"愉";連劭名2008從之,讀"俞";白於藍2008、鄧少平2011A引

陳劍說、劉信芳2011讀"諭";單育辰2011釋"遼(就)"。按,今從"就"之說。◊(戠):張光裕等1999等釋"戠";李零1999讀"察";劉國勝1999釋"對";顧史考2011釋"就"。按,讀"察"是,參看《成之聞之》簡19之"戠"。 ◊迊:張光裕等1999隸爲"迊";顏世鉉1999B釋"逯";李零1999釋"曲";劉釗2000A釋"匸";黃錫全2004釋"迊"讀"匿";宋華強2004釋"迊"讀"懨";十四種2009釋"迊"讀"泥";白於藍2012讀"迊"。按,此字隸定爲"迊",依宋華強讀"懨"。◊避:整理者如字讀;李零1999讀"僻";十四種2009讀爲"辟"。按,讀"僻"是。 ◊黨:整理者隸作"堂"釋"黨";劉國勝1999讀"當";顧史考2011亦讀"當"且句讀有更動。按,釋"黨"是,本文隸作"黨"。

簡18

說明:從圖片看,本簡應爲完簡。(從《郭店楚墓竹簡》中的圖片看,本簡在第4字"則"之下、照片拼接所造成的墨線之上似有斷痕,但從《楚地出土戰國簡冊合集(一)—郭店楚墓竹書》看,則只是編繩痕跡)。

拼合編聯:簡18與簡19編聯,從整理者說。

釋文:惃(怨),逐(?恒)悢(畏)則□□。夫生而又(有)戠(職)事者也,非耆(教)所及也。耆(教)丌(其)正(政),

集釋:

【郭店-尊德義】惃(怨),辻思則□□。夫生而又(有)戠(職)事者也,非耆(教)所及也。耆(教)其正(政),

【張光裕等1999】惃(怨)辻(上)思則□□。

【李零1999】怨,尚思則□□。夫生而有職事者也,非教所及也。教其政,

◊"尚思則"下二字模糊不清。

【丁原植2000】◊"思"指憐哀。……"尚思",似指重視對人民的哀憐。◊"生而有職事者",似指有世襲職事者。◊"也"字,似訓爲"邪",表示疑問之詞。

【涂宗流、劉祖信2001】◊撫思則亡罔:簡文此字不清晰,疑爲從辵從亡,應隸定爲"辻",讀爲"撫"。"亡罔",簡文脫落,依據上下文補出。……"撫思",猶追思往事。 ◊"生",繼承。……"職事",職務。……句意爲:通過繼承而得到職務的。

第三章 《尊德義》集釋

【陳偉2001】怨，上畏則□□。夫生而有職事者也，非教所及也。教其政，

畏，原釋爲"思"，但楚簡中比較確切的"思"字上部框中的交叉兩筆，均作"十"而不是像此字作"×"。疑應釋爲"畏"，在此可能讀爲"威"。……"生而有職事者"，當指人類與生俱來的本能。

【湯餘惠、吳良寶2001】該字从心从厭省，可釋爲"懕"。……"懕"與"怨"上古音同在影紐、元部，故《緇衣》10號簡文所引《尚書·君牙》"懕"字，今本《尚書》作"怨"，這是音同通假關係。

【陳秉新2003】🖼：從心，弁聲，即忬字古文。弁與卞並紐雙聲，元部疊韻，作聲符用，可以互代。……《尊德義》18……《尊德義》34……各忬字，均當從裘錫圭先生說讀爲怨。古音忬與怨同在元部。

【劉釗2003】悁(怨)，辻(上)思則□□。夫生而又(有)戠(識)事者也，非斆(教)所及也。斆(教)亓(其)正，

"識事"，指認識事物。

【陳耀森2005】知"無爲"則"思能輕"，而"尚思"自也可返德於"無爲"。這相信就是孔子說"仁者靜"的思要所在。故此荀子說："仁者之行道也，無爲也。"（《解蔽》）……故筆者認爲《尊德義》第18簡"尚思則□□"末兩個模糊不清的字，應補文爲"無爲"。於是第17—18簡……乃成："因恆則固，察曲則無僻，不黨則無怨，尚思則無爲。"

【十四種2009】悁(怨)，辻(上)恨則□□。夫生而又(有)戠(識)事者也，非教所及也。教其正(政)，

【按】◇🖼：整理者隸"悁"讀"怨"；陳秉新2003認爲從心，從弁，讀"怨"。按，整理者釋讀是。 ◇🖼：此字從"辵"無疑，但右上所從從圖版看不清，整理者釋"辻"；張光裕等1999讀爲"上"；丁原植2000、陳耀森2005讀爲"尚"；涂宗流、劉祖信2001釋"迕"讀"撫"。按，似從辵從死，這裏暫讀爲"恆"。又按，此字之下從圖版看只有一個字的筆劃，但從文意看，則應有二字，文中暫用兩個缺字符代替。 ◇🖼：整理者釋"思"，丁原植2000從之，訓憐哀；陳偉2001釋"畏"讀"威"；十四種2009釋"恨"。按，釋"恨"是，參簡33之"🖼(恨)"，與此極近，而"思"作🖼(如《性自命出》簡26)，其上部與此不同。 ◇按，第一個空完全看不出有任何字跡，暫如整理者作空；第二個空作🖼，右旁已完全漶滅，可能從"人"旁或"辵"旁。 ◇生而有戠(職)事者：丁原植2000、涂宗流、劉祖信2001解爲通過繼承而

91

得到職務的；陳偉2001解爲人類與生俱來的本能；劉釗2003讀"哉事"爲"識事"。按丁原植、涂宗流、劉祖信說近是，其意爲生下來就有職務的，此指世襲貴族諸官而言。◊也：整理者如字讀；丁原植2000訓邪。按，整理者說是。

簡19

說明：從圖片看，本簡應爲完簡(本簡在《郭店楚墓竹簡》第7字"行"字之下圖片不是很清楚，《楚地出土戰國簡冊合集(一)——郭店楚墓竹書》則清晰可見)。第4字"人"似爲刮後再寫者。

拼合編聯：簡19與簡20編聯，從整理者說。

釋文：不裔(教)丌(其)人，正(政)弗行矣。故弃(終)是勿(物)也而又(有)深安(焉)者，可學也而不可矣(疑)也。

集釋：

【郭店-尊德義】不裔(教)其人，正(政)弗行矣。古(故)⿰(终?)是勿(物)也而又深安(焉)者，可學也而不可矣(疑)也。

【張光裕等1999】古(故)终(?)是勿(物)也而又深安(焉)者，

【李零1999】不教其人，政弗行矣。故終是物也而有深焉者，可教也而不可疑也。

【丁原植2000】"終"，指完成。……"物"，指事務，……"終是物"，似指各種職事技藝的完成。

【涂宗流、劉祖信2001】此字簡文形體與包山228號簡"共"字相近，與楚帛書"共"字形體完全一致，應釋爲"共"。……《說文》："共，同也。"

【何琳儀2001】"共"原篆作⿰，……楚帛書"共"作⿰，與本簡形體最近。

【陳偉2001】不教其人，政弗行矣。故終是物也而有深焉者，可學也而不可俟也，

終，極，窮盡。……終是物也而有深焉者，……指必須通過長期學習、訓練才能逐漸瞭解、習得的品質、境界。

【李零2002A】此字爲"共"字的別體。戰國文字，"共"字上半所從的"廿"，或變形作××。本篇"益"字(簡4、21)，其上部所從的"廿"，也是變體作這種形狀(對比《老子》乙組簡3、《太一生水》簡9的"益"字，可見其變化)。

【李銳2003C】"⿰"字"廾"形上部爲"終"之初文。當從終聲(也可能是終、

廾雙聲），"終"與"崇"古通。今讀"崇"。"矣"疑釋爲"已","已"、"矣"古通，《荀子·勸學》："君子曰：學不可以已。"

【劉釗2003】不叚(教)丌(其)人，正弗行矣。古(故)共是勿(物)也而又(有)深安(焉)者，可學(教)也而不可矣(疑)也。

【顧史考2003】◊◌字似該隸定爲"共"字方是，而在此或讀爲"躬"。……"躬"字爲見母冬部，"共"字乃群母東部，聲母皆喉音，"冬"與"東"二部亦旁轉，可通假。《禮記·緇衣》引小雅詩句："匪其止共"，而《釋文》云："'共'，皇本作'躬'"，是其明證。此"躬是物"之"躬"……即體現於己身、親自爲之，以爲民榜樣之意。 ◊"矣"……今讀爲"已"："矣"、"已"均屬之部，語音相近，古書中"已"借爲"矣"之例甚多，故"矣"之借爲"已"亦容有之。

【陳劍2007】可學也，而不可矣(擬)也。

【十四種2009】不教其人，正(政)弗行矣。古(故)◌是勿(物)也而又(有)深安(焉)者，可學也而不可矣(疑)也，

【顧史考2011】"共"……似亦可讀如"拱"，意如持有。如《爾雅·釋詁》所云"秉、拱，執也"；其引申義或與"垂拱而治"有關。

【按】◊◌：整理者釋"終"；涂宗流、劉祖信2001、何琳儀2001、李零2002A釋"共"；李銳2003C釋"終"讀"崇"；顧史考2003釋"共"讀"躬"；顧史考2011又讀爲"拱"。按，雖"共"形方有"廾"，但此字上部與"冬"形完全相同，與"共"則筆勢不一，似應釋爲"夵(終)"。 ◊又：整理者如字讀；李零1999讀爲"有"。按，姑讀爲"有"。 ◊學：整理者如字讀；劉釗2003讀"教"。按，整理者讀是。 ◊第二個"矣"：整理者讀"疑"；陳偉2001讀"俟"；李銳2003C、顧史考2003讀"已"；陳劍2007讀"擬"。按，讀"疑"即可，讀"已"似亦可通。 ◊按，"可學也而不可矣(疑)也"之第一個"可"字應訓爲能，第二個"可"應訓作應該。

簡20

說明： 從圖片看，本簡在第二個"可"下有斷痕，抑或照片拼接痕跡。

拼合編聯： 把簡20與簡21編排在一起，是整理者的意見，今依李零1999把它們直接編聯。

釋文： 可孝(教)也而不可迪其民，而民不可屰(止)也。酓(尊)悬(仁)、新(親)忠(忠)、敬壯(莊)、遥(歸)豊(禮)，

集釋：

【郭店–尊德義】可孚(教)也而不可迪其民，而民不可𡳿(止)也。眚(仁)、新(親)忠、敬壯、逗(歸)豊(禮)，

【李零1999】可教也而不可迪其民，而民不可止也。尊仁、親忠、敬莊、歸禮，

【陳偉2001】可教也而不可迪(由)[也。迪(由)]其民，而民不可止也。尊仁、親忠、敬莊(長)、歸禮。

◇本句有脫文。考慮到前後有相同之字時漏抄其間文字的可能性較大，姑補以"也迪"二字。 ◇止，停止，底定，引申爲符合制度和規範。 ◇壯，似當讀爲"長"。二字爲陽部疊韻，莊、端準雙聲，存在通假的可能。《孟子·盡心下》："敬長，義也。"壯，也可能讀爲"莊"，敬莊，猶古書所見之"莊敬"。

【李零2002A】"莊"，原作"壯"，破讀爲"莊"。

【李銳2003C】"迪"與"稽"古通，從後文"民不可止也"來看，此處釋爲"稽"，《說文》："稽，留止也。" "而"……《漢書·韋賢傳》注："而者，句絕之辭。"當屬上讀。

【劉釗2003】可孚(教)也而不可迪丌(其)民，而民不可𡳿(止)也。眚(尊)息(仁)、新(親)忠(忠)、敬壯(莊)、逗(貴)豊(禮)，

◇(相關句的意思是)所以一樣的對象就有能對其教育得很深入的。甚麼樣的對象都可教育而不需要懷疑。可以教育卻不能啓迪引導民眾，就不能阻止民眾的舉動。 ◇"逗"讀爲"貴"。"逗"爲"歸"字異體，古音"歸"在見紐微部，"貴"在見紐物部，聲紐相同，韻爲對轉，於音可通。《淮南子·本經》："男女羣居雜處而無別，是以貴禮。"

【顧史考2003】◇𢓊：可隸定爲"迲"。"迲"字在茲借爲何字尚且不明，茲姑讀爲"抑"或"遏"，乃因爲於義爲長，於音亦有通假之理。"吉"字見母質部，"抑"字則影母質部，此鄰紐疊韻，完全可通假。……或不如徑讀爲"遏"字爲宜。"遏"字爲影母月部，與"迲"字韻部亦旁轉，亦可通假。

【鄭少剛2004】◇𢓊：爲"達"字之異體。……與《古文四聲韻》中收《古老子》的"達"字相比，省去了"午"形。……"達"在這裏義猶知曉。

【十四種2009】可教也而不可迪其民，而民不可𡳿(止)也。眚(尊)息(仁)、新(親)忠、敬壯(莊)、逗(貴)豊(禮)，

【莊利果2010】此句似謂：對一事物，有深淺不同的認識，教民眾，不要去做深

的思考，即"可學而不可疑也"；教民衆而不去啓發他思考，即"可教也而不可迪其民"。如果民果思考了就掌控不了他。帶有愚民的色彩。

【按】◇迪：整理者如字讀；李銳2003C讀"稽"；顧史考2003釋"造"讀"抑"或"遏"；鄭少剛2004釋"達"。按，"迪"是。 ◇而民不可止也："可"似訓能，"止"應訓止於善，《禮記·大學》："大學之道在明明德，在親民，在止於至善。"又，"為人君止於仁；為人臣止於敬；為人子止於孝；為人父止於慈；與國人交止於信。"陳偉說基本可信。前面的"可教也而不可迪其民"之兩"可"字亦應訓能。 ◇壯：整理者如字讀；陳偉2001讀"長"或"莊"；李零2002A讀"莊"。按，"莊"是。 ◇逞：整理者讀"歸"；劉釗2003讀"貴"。按，暫讀爲"歸"。

簡21

說明：從圖片看，本簡應爲完簡。
拼合編聯：簡21與簡22編聯，從整理者說。
釋文：行矣而亡噊(違)，羕(養)心於子(慈)俍(良)宔(忠)信，日益而不自智(知)也。民可叓(使)道

集釋：

【郭店–尊德義】行矣而亡噊，羕心於子俍，忠信日益而不自智(知)也。民可叓(使)道

◇子俍：裘按：此句疑讀爲"養心於子諒"。《禮記·樂記》："致樂以治心，則易直子諒之心油然生矣。易直子諒之心生則樂，樂則安，安則久，久則天，天則神。"其文亦見《禮記·祭義》。子諒，《韓詩外傳》作"慈良"，《禮記·喪服四制》亦有"慈良"。

【李零1999】行矣而亡違，養心於子諒，忠信日益而不自知也。民可使道

【丁四新2000】噊，其義當爲口是心非之允諾。《老子》簡乙第4簡云："唯與可(訶)，相去幾何？美與惡，相去何若？"噊即唯；唯與訶，其義相對。

【陳偉2001】行矣，而亡惟羕(養)心於子(慈)良，忠信日益而不自知也。民可使道

惟，思慮、度量。……簡書"惟"與"行"對應，"亡惟"與"不自知"呼應。

【李銳2003A】噊：疑即"惟"之繁構。"惟"（喻紐微部字）與"違"（匣紐微

部字)、"難"(泥紐元部字)音較遠。"惟"與"爲"古通,(原注:《古書通假會典》,第496頁。)此處疑讀爲"無僞"。

【李銳2003C】"惟"與"爲"古通,"亡噅"應讀爲"無僞"。……"道"當讀爲"導",下一"道"字同。疑《論語·泰伯》之"由"爲"迪"之借,二字古通,《玉篇·辵部》:"迪,導也。"

【劉釗2003】行矣而亡(無)噅(遺),羕(養)心於子俍(諒),忠(忠)訐(信)日嗌(益)而不自智(知)也。民可叓(使)道

"噅"疑讀作"遺",古音"唯"、"遺"皆在喻紐微部,於音可通,《詩·齊風·敝笱》:"其魚唯唯。"《釋文》:"唯唯,《韓詩》作'遺遺'。"可證。

【十四種2009】行矣而亡噅(惟),羕(養)心於子俍(諒),忠信日嗌(益)而不自智(知)也。民可史(使)道

【劉信芳2011】噅,……疑讀為"墜"。

【按】◊子俍:裘按讀"子諒"、"慈良",皆可。今"子(慈)俍(良)忎(忠)信"四字連讀。 ◊噅:陳偉2001讀"惟";李零1999讀"違";丁四新2000讀"唯";李銳2003A讀"僞";劉釗2003讀"遺";劉信芳2011讀"墜"。按,暫讀爲"違"。 ◊道:裘按訓"由";龐樸1998讀"導"。按,讀"道"、"導"皆可,"由"與"道"、"導"意義相關。

簡22

說明:從圖片看,本簡應爲完簡。

拼合編聯:簡22與簡23編聯,從整理者說。

釋文:之,而不可叓(使)智(知)之。民可道也,而不可勥(強)也。桀不胃(謂)亓(其)民必嬰(亂),而民又(有)

集釋:

【郭店–尊德義】之,而不可叓(使)智(知)之。民可道也,而不可勥(強)也。桀不胃(謂)其民必亂,而民又(有)

◊民可使道之,而不可使知之:裘按:道,由也。《論語·泰伯》:"子曰:民可使由之,不可使知之。"

【廖名春1998A】這就是說要讓老百姓沿着"尊仁、親忠、敬壯、歸禮"之道走下去,但是不能讓他們以爲他們是被人引導的;老百姓可以引導,但這種引導不能強

迫。……這是在重視老百姓人格,強調內因的重要性的前提下來談教民、導民,難以說是"愚民"。

【龐樸1998】"道之"就是"導之",也就是教之,這是沒有問題的。"不可使智之"同位於"不可強也",也就是"不可勉強也",這在文句中也清清楚楚,應毋庸議。……不可使智之,說白了,就是不可強加於人;再好的主張,也只能在人民的理解中慢慢推行,強加過去,好事也會變成壞事的。

【張立文1999B】這裏所說的"不可使知之",可理解為引導,教化人民,不要使人民覺得自己是被引導、教化。這樣人民往往會不自覺,甚至產生一種逆反心理。這樣詮釋比較符合簡本《尊德義》的原意。《論語·泰伯》:"民可使由之,不可使知之",也應作如上詮釋。

【李零1999】之,不可使知之。民可道也,而不可強也。桀不謂其民必亂,而民有

【陳來2000B】竹簡《尊德義》云"行矣而無違,養心於慈良,忠心日益而不自知也。民可使道之,不可使知之。"可見,在這裏,可由不可使知,是接就"忠心日益而不自知也"而言,即是指道德教化的過程而言,意謂增益道德心不是讓人民"知"曉何者為善來實現,而是引導他們在"行"中不知不覺地潛移默化來實現。

【錢遜2000】簡文可以作這樣的解釋:兩句話包含"可使道之不可使知之"和"可道不可強"兩層意思。前句"可使道之不可使知之"是就"民"來說,意思與《論語》"民可使由之,不可使知之"同;對百姓可以使他們順道而行(照着去做),卻不可能使他們懂得(為什麼這樣做的道理)。後句"可道不可強"是就治國治民來說,意思是只能依靠德治教化,不能依靠刑政強制。這是孔子和儒家治國思想的基本精神。兩層意思相互聯繫,但並不相同。

【蓋莉2000】"民可使道之而不可使智之"的句讀應作:"民可,使道之;而不可,使智之",或"民可使,道之;而不可使,智之"。只有如此句讀,才與後一句"民可道也,而不可強也"的意思相吻合,也才符合整個文本的內在理路。

【丁原植2000】◇"民可使道之"之"導",是使人民復歸於"人道"。……"不可使知之"之"知",似指知辨,如示之以"刑書"、"刑鼎"之類。《論語注疏》引張憑云:"若為政以刑,則防民之為奸,民知有防而為奸彌巧。故曰:不可使知之。"◇"謂",指相信,《玉篇·言部》:"謂,信也。"

【涂宗流、劉祖信2001】"謂",助。……"謂於民",乃助於民也。

【吳丕2001】"民可使道之，而不可使智之"應該斷句為"民可使，道之；而不可使，智之。""智之"就是"知之"，也就是教育。這句話加上前邊與之相連的"尊仁，親忠……忠信日益而不自智也"，整句話的意思是：統治者通過遵照執行道德規範的途徑，在不知不覺中提高了自身的道德水平，這時候，如何對待人民呢？在人民可以使喚也就是服從統治時，只要引導他們就行了；而當人民群眾不聽使喚時，就要進行教育。教育也是引導。所以後面說，人民可以引導，不可以強迫。這句話所表達的是如何"使民"的道理。

【陳偉2001】之，而不可使知之。民可道也，而不可強也。桀不謂其民必亂，而民有

"民可"一句，……是說民眾可以跟從君上的身教，而不能通過言傳掌握德行禮教的學問。《孟子·盡心下》記孟子說："行之而不著焉，習矣而不察焉，終身由之而不知其道者，眾也。"屬於類似的說法。

【李銳2003C】"謂"，裴學海《古書虛字集釋》曾指出："謂猶以爲也……《國語·楚語》：'女無亦謂我老耄而舍我，而又謗我！'"……此處"智"讀爲"知"，彭忠德先生所提出"知之一義爲主持、掌管，此處即當引申爲控制、強迫之意，"比較貼合此處文意，宜釋"知"爲"管理"、"控制"。……（民可使道之，而不可使知之。）可以解釋爲"（對於）民眾可以讓人引導他們，但不能讓人（過分）管制他們。"

【劉釗2003】之，而不可叀(使)智(知)之。民可道也，而不可勥(強)也。傑(桀)不胃(謂)丌(其)民必奲(亂)，而民又(有)

【廖名春2008A】簡文的"民可使導之，而不可使知之"與《論語·泰伯》"民可導也，而不可強也"語意非常接近。……但《論語》此章的"知"字郭店簡為什麼要用"強"來解說呢？……頗疑"知"非本字，當爲"折"字之借。王引之云："'楔而舍之，朽木不知'，……《晏子·雜》篇'夫不出於尊俎之間，而知沖千里之外，其晏子之謂也'，'知沖'即'折沖'。是'知'與'折'古字通，故《荀子》作'折'，《大戴》作'知'。"……折，……本義是以斧斷木，引申則有以強力阻止、挫敗、折服、制伏之意。……因此，簡文……當讀作："民可使導之，而不可使折之。民可導也，而不可強也。"是說老百姓可以讓人引導他們，而不能讓人用暴力去阻止、折服他們；老百姓可以引導，但不能強迫。

【十四種2009】之，而不可史(使)智(知)之。民可道也，而不可勥(強)也。傑

第三章 《尊德義》集釋

(桀)不胃(謂)其民必亂，而民又(有)

【劉信芳2010】（《論語·泰伯》）"民可使由之"中的"民"是前置賓語，"之"是代詞，指向句子的隱藏主語"王者設教"，或者乾脆就是指"王"，我傾向於理解為"王"。"可"是可以、能的意思。句意是說，王可以使民跟從他，不能使民認知他。……《尊德義》作"民可使道之"，……郭店簡《成之聞之》15："上不㠯(以)丌(其)道，民之從之也難。""從之"與"由之"、"道之"相應，亦可見出上引鄭注解"由之"為"從之"的準確性，明顯優於何晏《集解》。同時不難看出，民之所以"不可使知之"，是因為上不行天地之道，不以人道治民，所以民不跟從他。此例"從之"之"之"指代"上"或上施政之"道"，是確鑿無疑的，……"由之"、"知之"之"之"是指代"王"，而不是指代"民"。

【按】◇智(知)：整理者如字讀"知"；丁原植2000訓知辨；李銳2003C引彭忠德訓控制、強迫；廖名春2008B讀"折"。按，即"知"，知曉義。簡文"民可㠯(使)道之，而不可㠯(使)智(知)之"可與《論語·泰伯》："子曰：民可使由之，不可使知之"相對照，其義為："能夠引導民眾，卻難以讓民眾知道所以然。"相關研究參看筆者《楚地戰國簡帛與傳世文獻對讀之研究》（中華書局，2014年）第226—229頁。 ◇胃(謂)：涂宗流、劉祖信2001訓助，誤。應是以為義，典籍至常見。

簡23

說明：從圖片看，本簡在第5字"不"字下有明顯斷痕。

拼合編聯：把《六德》簡49歸入本篇，並與《尊德義》簡23編聯，為陳偉2000的意見，他說："疑尊23 實與六49相接，相連文句應改從今讀。……'除害'於古書多見。《國語·楚語上》'明除害以導之武'，韋注：'除害，去暴亂也。''知生'亦有所見。如《莊子·盜跖》云：'古者民不知衣服，夏多積薪，冬則煬之，故命之曰"知生之民"。'又《呂氏春秋·節喪》云：'審知生，聖人之要也。……知生也者，不以害生，養生之謂也。'簡文似是說體察民眾的生計。依此，諸句內容通貫，而隨後'故曰民之父母'則是其呼應和總結。"李松儒2010從字跡的角度也對其歸屬做了補充論證，她說："《六德》簡49……此簡末尾還有一處勾識，該勾識符號應該是表示篇章的結束。因《性自命出》可與上博簡的《性情論》內容相互參照，《成之聞之》中也有表示文章完結的勾識符號，所以《六德》簡49不能歸入以上兩篇。這樣，該簡的歸屬就只能是《尊德義》、《六德》其中一篇。……通過對《六德》簡49

中'也'字的字跡特徵觀察，我們認爲《六德》簡49與《尊德義》字跡特徵相符。"

釋文：爲嬰(亂)矣。爰不若也，可從也而不可及也。君民者，訂(治)民返(復)豊(禮)，民余(捨)薫(害)智(知)

集釋：

【郭店–尊德義】爲亂矣。爰(？)不若也，可從也而不可及也。君民者，訂(治)民復豊(禮)，民余憲智

◇憲：裘按：憲，疑當讀爲"害"，在文末(第三八簡)與"利"爲對文。

【白於藍1999B】釋文中認爲是"爰"字，應該是可信的。

【李零1999】爲亂矣。受不若也，可從也而不可及也。君民者治民復禮，民除害智，

◇"受"，原釋"爰"，括注問號。此字疑是"受"字之誤，"桀紂"之"紂"古亦稱"受"(上文講"桀")。◇"除"，原作"余"。

【陳偉2000】君民者，治民復體民，除害知

◇疑尊23 實與六49相接，相連文句應改從今讀。"體"有體恤、親近之意。如《禮記·學記》："就賢體遠，足以動眾，未足以化民。"鄭注："體猶親也。""體民"即體恤民眾。"害"從裘錫圭先生讀。"除害"於古書多見。《國語·楚語上》"明除害以導之武"，韋注："除害，去暴亂也。"

【丁原植2000】◇"若，順也。"……"不若"，指不順，引申有殘暴之義。◇"從"，聽從。"及"干預。

【涂宗流、劉祖信2001】◇"爲"，助。……"爰"，舒緩貌。……"不若"，不善，強暴。……"從"，依順。"及"，干預。……句意爲：夏桀背棄德行不助其民，天下必然大亂，而民又助其亂，致使夏桀爲成湯所滅。對於強暴只能使其舒緩，可使其順從而不可干預。 ◇"餘"，語氣詞。"曷"，表示反問語氣，相當於"何不"。……"知"，欲。……此處引申爲"希望"。……"究"，盡頭。……"民餘曷知離勞之究"(辰按，此處爲簡23+24的編聯)……老百姓是希望他們的憂愁、勞苦是有盡頭的。

【陳偉2001】爲亂矣。爰不若也，可從也而不可及也。君民者，治民復豊(體)民，除害知

◇若釋"爰"不誤，則似應用作連詞，意爲"於是"。不若，不如。 ◇體，體察，體恤。《禮記·學記》："就賢體遠，足以動眾，未足以化民。"鄭玄注：

第三章 《尊德義》集釋

"體猶親也。"

【李鋭2003A】爰，《經傳釋詞》："……或訓爲'於是'。"……《爾雅·釋言》：若，順也；……《尚書·伊訓》：……"先民時若"與此處"爰不若"意相反。

【李鋭2003C】末句當讀爲"可從也，而不可及也"，其前宜爲句號。……"從"有"率"意。

【劉釗2003】爲縶(亂)矣。受不若也，可從也而不可及也。君民者訇(治)民逐(復)豊(禮)，民余(除)慮(害)，智(知)

"不若"意爲"不順"、"不善"，擬指在上者之"強民"。……（"受不若也，可從也而不可及也。"）簡文說……民衆如果受到強迫，爲上者就祇能跟在民衆後邊而無法控制。

【古敬恒2004】余，……似可讀爲"悇"。悇，貪欲，《說文·心部》："悇，嘾也。"段玉裁注："嘾者，含深也。含深者，欲之甚也。《淮南子·脩務訓》高注云：'貪欲也。'"……本簡此句似言：統治者治理老百姓，應使之回復於禮義；人民有了貪欲之心，就會損害理智。

【李鋭2006B】《管子·君臣上》："上及下之事謂之矯"，尹注："及，猶預也"，簡文此處"及"義當爲"干預"。

【連劭名2008】《廣雅·釋詁》云："受，得也。"得與德同。……及讀爲急，《釋名·釋言語》云："急，及也。"

【張崇禮2009】釋"爰"正確可從，但訓爲"及"、"到"，似乎更好一點。《史記·司馬相如列傳》："后稷創業於唐，公劉發跡於西戎，文王改制，爰周郅隆。"司馬貞索隱："爰，於，及也……以言文王改制，及周而大盛也。""若"，當訓爲"順"、"順從"。

【十四種2009】爲亂矣。爰不若也，可從也而不可及也。君民者，訇(治)民復豊(禮)，民余(除)憲(害)智(知)。

【劉信芳2010】"若"，《爾雅·釋詁》："若，善也。"《釋言》："若，順也。""不若"，不善，不順，謂紂逆天而行。"可從也"，民衆可以跟着他（無可奈何）。"而不可及也"，及，至也。老百姓不會跟着他去送死（桀紂暴政的終點是毀滅）。

【顧史考2011】因爲文獻中"除害"前多見"爲民"二字，今疑本句實漏抄

"民"字，今補。

【按】◊㤅：整理者釋"爰"；在此基礎上，涂宗流、劉祖信2001訓舒緩貌，陳偉2001、李銳2003A訓於是，張崇禮2009訓及、到；李零1999疑"受"之誤，讀"紂"，連劭名2008訓"受"爲得(德)。按，從字形上看，爲"爰"字無疑。 ◊不若：丁原植2000、涂宗流、劉祖信2001、劉釗2003、劉信芳2010訓不善；陳偉2001訓不如；張崇禮2009訓不順從。按"爰不若也"暫不能解。 ◊從：涂宗流、劉祖信2001訓依順；李銳2003C訓"率"。 ◊及：丁原植2000、涂宗流、劉祖信2001、李銳2006B訓干預；連劭名2008訓急。按"可從也而不可及也"似是說可以隨從卻難以跟上。 ◊豊：整理者讀"禮"；陳偉2000讀"體"，並與下"民"連讀。按，整理者讀是。 ◊余：李零1999讀"除"；涂宗流、劉祖信2001釋"餘"訓語氣詞；古敬恒2004讀"悇"。按讀"除"、"舍(捨)"皆可。 ◊悘(害)：整理者讀如本字"害"；涂宗流、劉祖信2001讀"曷"。按，讀爲"害"無疑。

《六德》簡49

說明：從圖片看，本簡應爲完簡。

拼合編聯：此簡末有結束符" "，爲最末一簡。

釋文：生。古(故)曰：民之父母新(親)民易，叟(使)民相新(親)也懃(難)。

集釋：

【郭店–六德】……生。古(故)曰，民之父母新(親)民易，叟(使)民相親也懃(難)。

◊裘按：此簡不知當屬何篇，姑附於此。

【李零1999】生。故曰：民之父母親民易，使民相親也難。∟

【王博2000A】《尊德義》有一段話說："不以旨(嗜)欲害其義。匋民愛，則子也；弗愛，則仇也。民五之方各，十之方静，百之而後苟。善者民必福，福未必和，不和不安，不安不樂。"……正是討論民人之間的關係，而該段的前後文也在論述君民關係。這些與上引四十九號簡的內容是一樣的。而且從書體上來看，《六德》與《尊德義》兩篇基本相同。

【陳偉2000】生，故曰民之父母。親民易，使民相親也難。

◊"知生"亦有所見。如《莊子·盜跖》云："古者民不知衣服，夏多積薪，冬則煬之，故命之曰'知生之民'。"又《呂氏春秋·節喪》云："審知生，聖人之要也。……知生也者，不以害生，養生之謂也。"簡文似是說體察民眾的生計。……而隨後"故曰民之父母"則是其呼應和總結。

【顏世鉉2001】其與《尊德義》所言治民之道相關。

【陳偉2001】生，故曰民之父母。親民易，使民相親也難。

◊"害"從裘錫圭先生讀。"除害"古書多見。《國語·楚語上》"明除害以導之武"，韋昭注："除害，去暴亂也。""知生"亦有所見。如《莊子·盜跖》云："古者民不知衣服，夏多積薪，冬則煬之，故命之曰'知生之民'。"又《呂氏春秋·節喪》云："審知生，聖人之要也。……知生也者，不以害生，養生之謂也。"……原《六德》簡49……下端約有三分之一的空白，爲一篇的結束部分。……我們主張置於本篇。……這支簡的首字"生"字，可以與本篇簡23連讀；"民之父母"復與"君民者"對應，恐以如此處理爲宜。 ◊相，猶"見"。使民相親，猶言"使民感到親愛"。

【林素清2003】生。故曰，民之父母親民易，使民相親也難。

【劉釗2003】……生。古（故）曰：民之父母斩（親）民易，叟（使）民相斩（親）也戁（難）。

"民之父母"可指"聖人君子"或"法"。也可指君王。

【十四種2009】生。古（故）曰：民之父母新（親）民易，史（使）民相新（親）也戁（難）。

【按】◊此簡末有結束符"▊"。

第四章

《成之聞之》集釋

篇名
集釋：

　　【姜廣輝1998】此篇實爲兩篇：前二十簡爲一篇，後二十簡爲一篇。前者可名爲"求己"篇，後者可名爲"天常"篇。在《求己》篇中第四、五、六簡應置於第一簡之前。……《求己》篇（原題《成之聞之》篇之前半部）爲子思所作。

　　【郭沂1998】《釋文》把以"成之聞之"開頭的一枚簡作爲第一簡並把全篇命名爲《成之聞之》有誤，……今當依古書通例取篇首四字將該篇重新命名爲《天降大常》。

　　【廖名春1998A】如據簡文内容，篇名則可定爲《求己》。◊簡文的首句使我們想起了文獻中習見的"丘聞之"這種句式。"成之"當爲"聞之"的主語，無疑是人名。據《史記·仲尼弟子列傳》，孔子高弟中以"成"爲名的只有縣成。《史記集解》引鄭玄說縣成是魯人，其字或說爲子祺，或說爲子謀，或說爲子橫。"成之聞之"屬自稱，當稱名。因此，簡文很可能就是縣成以"聞之"的形式記錄下來的討論"求己"之學的專文。……此篇記載出於孔門高弟縣成之手，是很有可能的。

　　【張立文1999A】根據先秦之書《論語》、《孟子》等篇題確定之例，……《成之聞之》可改爲《成聞》。

　　【李零1999】原來的篇題是拈簡1開頭四字爲之，現在是以"君子之於教也"開頭，似乎可以改題爲"教"。上篇論"性"，此篇論"教"，正好相承。

　　【周鳳五、林素清1999】依據改編的簡序，本篇以"天降大常"發端，"以祀天常"作結，首尾呼應，結構完整，主旨明確，篇題可以改爲《天常》。

第四章 《成之聞之》集釋

【高正2000】據第一章首簡"君子之于教也"句,重擬篇題為《君子之於教》。

【王博2000B】最值得考慮的作者應該是子張氏之儒。……在考察郭店竹簡的作者問題時,南方的儒家派別應該受到特別的重視。……子張正是返回陳國居住,他這派的儒家當然在這一地區有較大的影響。……《成之聞之》這篇和六經裏的《尚書》關係密切,而從目前的材料看,子張在孔門弟子中是對《尚書》最用心的。

【涂宗流、劉祖信2001】根據本篇論述中心,以作為第一章首簡的第4簡"君子於教"四字作為篇題。

【郭沂2001】今依古書通例改題《大常》。

【廖名春2001B】筆者認為,根據古書慣例,既然篇首是"君子之於教也",就應該命名為《君子之於教》。這較之截取一兩字或據簡文內容命名,要客觀得多。

簡4

說明:"本組簡存四〇枚。竹簡兩端修削成梯形,簡長三二·五釐米。編綫兩道,編綫間距為一七·五釐米。原無篇題,今據簡文擬加。"[①]從圖片看,本簡應為完簡。

拼合編聯:簡4與簡5編聯,從整理者說。

釋文:

君子之於斈(教)也,亓(其)道(導)民也不悥(浸),則亓(其)淳(敦)也弗深悇(矣)。是古(故)亡虘(乎)亓(其)身而

集釋:

【郭店–成之聞之】君子之於斈(教)也,其道民也不悥,則其淳也弗深悇(矣)。是古(故)亡虘(乎)其身而

◇悥:裘按:"悥"疑當讀為"浸"。《易·遯》象傳"浸而長也"《正義》"浸者,漸進之名"。其下一字或可釋"淳"。

【郭沂1998】君子之於教也,其導民也不浸,則其淳也弗深矣。是故亡乎其身而

◇"導",《釋文》原作"道"。依上下文,當讀為"導"。 ◇"淳",《說文》云:"淥也。"君子之於教化,就是引導民眾從事於善道。這個過程好像以水澆

---

① 荊門市博物館:《成之聞之釋文注釋》、《郭店楚墓竹簡》,北京:文物出版社,1998年,第167頁。

地。如果不循序漸進，就難以澆深。

【張光裕等1999】▨：字之右旁，原書均隸作"章"，今改隸為"章"，"漳"即"淳"。

【李零1999】君子之於教也，其導民也不浸，則其淳也弗深矣。是故亡乎其身而
◊"導"，原作"道"。

【丁原植2000】"湣"有澆灌之意，《考工記·鐘氏》："染習……湣而漬之。"鄭注："湣，沃也。"《說文·水部》："淳，渌也。"因此，"慱"，引申有漸浸感染之義。

【涂宗流、劉祖信2001】"淳"，澆灌。《說文》："淳，渌也。"

【廖名春2001D】惪，當讀為"浸"，訓為浸淫、浸染、濡染。《廣韻·浸韻》："浸，浸淫也。"這裏指做長期努力。淳，浸泡於水中，引申為積水。《說文·水部》："淳，渌也。"徐灝注箋："……渌謂漬諸水中……"這是說在教化上，君子引導百姓不做長期努力，其影響就會不深。

【陳偉2002D】君子之於教也，其導民也不寖，則其淳也弗深矣。是故亡乎其身而

【劉釗2003】君子之於𦣻(教)也，亓(其)道(導)民也不惪(浸)，則亓(其)淳也弗深佞(矣)。是古(故)亡虗(乎)其身而

【李銳2005】則其庸也弗深矣。

【陳靖欣2005】在所見金文、戰國文字中，除秦系文字外，"章"、"𠦝"兩字的字形仍有差異，最顯而易見的是"𠦝"形上方的羊角形皆甚為明顯，並未見省略者。因此，此字右旁似應釋為"𠦝"，……"漳"，從水章聲，而"𠦝"為"墉"字古文。……各家將此字釋讀作"淳"很好，但在字音上"漳"、"淳"兩字音讀相去甚遠，待考。

【十四種2009】君子之於教也，其道(導)民也不惪(浸)，則其淳也弗深佞(矣)。是古(故)亡虗(乎)其身而

【按】◊道：郭沂1998、李零1999讀為"導"。按，做"引導"講的"道"、"導"典籍中通用無別，但若依後世用字習慣，則後面括注為"導"好一些。 ◊惪：裘按讀為"浸"，訓為漸進；廖名春2001D從之，訓為浸淫、浸染、濡染；陳偉2002D釋為"寖"。按，諸說皆可從。 ◊▨：整理者隸為"漳"；裘按釋為"淳"；郭沂1998亦釋"淳"，訓為"渌"；丁原植2000、涂宗流、劉祖信2001、廖名春2001D同；張光

裕等1999隸爲"漳",釋爲"淳";李銳2005讀爲"庸";陳靖欣2005亦隸爲"漳",認爲從"墉"。按,在古文字中"臺"、"辜"兩形經常訛混,此字仍以釋"淳"爲佳,"淳"訓爲"淥"用法甚罕,且"漬諸水中"義用於此句亦頗不辭,應讀爲"敦",敦,厚也,典籍常見,參《故訓滙纂》968頁,此"厚"是指教化之厚。此簡的"其漳(敦)也弗深矣"與簡10"其重也弗多矣"句式全同。

簡5

說明: 從圖片看,本簡應爲完簡。

拼合編聯: 簡5與簡6編聯,從整理者說。

釋文: 廌(存)虐(乎)丌(其)訇(詞),唯(雖)乇(厚)丌(其)命,民弗從之悇(矣)。是古(故)畏(威)備(服)型(刑)罰之婁(屢)行也,

集釋:

【郭店–成之聞之】虐(乎)其訇(詞),唯(雖)乇(厚)其命,民弗從之悇(矣)。是古(故)畏備(服)型(刑)罰之婁(屢)行也,

◇：裘按：字,上端與"鹿"字頭相似。此字亦見於下第九簡,疑是"廌"字異體。古代"廌"有"薦"音,其字在此與"亡"對文,當讀爲"存",參看本書《語叢四》注七。◇畏：裘按："備"上一字,其上部與簡文一般"畏"字有異。如此字確爲"畏"字訛體,疑當讀爲"威"。

【郭沂1998】存乎其詞,雖厚其命,民弗從之矣。是故威服刑罰之屢行也,

【張光裕等1999】：疑字乃"民"字誤書,……民似可讀爲"泯"。

【李零1999】存乎其詞,雖厚其命,民弗從之矣。是故威服刑罰之屢行也,

【周鳳五1999B】治,……字從言從司,似可逕釋爲"詞"。但此字又見於第二三簡……字雖從言從司,然必讀作"治"而文意始可通。至於確鑿無疑的"詞"字,則見於第二九簡……字從口從司,與此字顯然有別。簡文"亡乎其身而存乎其治"承上文而言,強調治民者必須反求諸己,身體力行;若自己做不到卻用來要求人民,則"雖重其命,民弗從之矣",意謂即使三令五申,人民也不服從。重,……此字的形構確爲厚,但當依"一字歧讀"例讀"重",即重複之意。

【丁原植2000】馮時釋讀云:"，即束。……用爲含。"

【劉桓2001】即甲骨文（《拾掇》2.158）,字當釋作束,《說文》七篇上

訓束為"木垂華實,從木丂,丂亦聲。"而同篇丂字"讀若含",則束亦可讀含,"含詞"即"含辭",意爲言語。《藝文類聚》卷17引晉張敏《頭責子羽文》:"轉禍爲福,含辭從容。"此處"含乎其詞",是講空話之意。

【李守奎2002】我們認爲楚簡的"厚"是個從"石",從"章"省的會意字兼形聲字。……楚簡"厚"字下面所從的 及各種變形,當即是"章"字的省形。……"墉"在喻紐東部,"厚"在匣紐侯部。喻,匣二紐關係密切;侯,東二部陰陽對轉。"墉"爲城牆,其特點是厚,……視作表意偏旁亦可通。

【陳偉2002D】存乎其辭,雖厚其令,民弗從之矣。是故□備刑罰之屢行也,

【梁立勇2003】 :本篇簡內的"民"字作 不同于郭店簡其他篇的"民"字。筆者認爲,本篇簡的"民"字字形不是"民"的正字,而是"民"字的異體,它帶有"母"字的特徵。……楚簡《成之聞之》中的"民"字和《說文》中的"民"字古文都可看作是"民"字之變字體。因此,筆者認爲 字在此當釋爲"每"。《說文·屮部》:"每,艸盛上出也。屮,母聲。"此字在文中當讀爲"繁"。"繁"從"每"得聲,簡文此字當然可以讀爲"繁"。……"是故亡乎其身而繁乎其詞,雖厚其命,民弗從之矣。"簡文"雖厚其命"表示讓步,意思是"儘管厚其命"。"雖"字顯然是承前一句而言,因此,"繁"和"厚"相對爲文,"繁乎詞"即"厚於命"。

【劉釗2003】鹰(存)虍(乎)丌(其)訇(辭),唯(雖)乇(厚)丌(其)命(令),民弗從之㤅(矣)。是古(故)畏(威)備(服)型(刑)罰之婁(屢)行也,

【單周堯2004】《成之聞之》第5簡和第9簡的 字,仍當從裘錫圭先生釋爲"鹰",讀為"存"。……似即以上海博物館藏《緇衣》簡5之 字為基礎,而加一短橫。

【陳靖欣2005】此字上部似"目"形,的確異於其他簡中"畏"字所從的鬼頭,……胃……字形從"目"從"肉",……楚系簡帛文字上部多為"甶"形作" "、" ",或訛為"目"形作" ",……可見當時"甶"形和"目"形作為偏旁是可以相通的。

【高佑仁2009】 :字形的"甶"旁與一般"畏"、"鬼"等字的寫法不同,……西周晚期駒父盨(《集成》4464)"畏"字字形作 ,……其" "旁"甶"形明顯從二橫筆,……"畏"字據本字讀文意即頗通順,似不必再讀作"威","畏服"者即因武力或權勢而使人畏懼(或敬畏)而服從。

第四章 《成之聞之》集釋

【十四種2009】鳸(存)唐(乎)其訶(辭)，唯(雖)厚其命，民弗從之俟(矣)。是古(故)畏(威)備(服)型(刑)罰之婁(屢)行也，

【竹書2011】《易·繫辭上》有"辯吉凶者存乎辭"之句。"存乎辭"，可與簡文互參。

【按】◊◻：裘按疑爲"鳸"字，讀爲"存"；單周堯2004於裘按略有補充；張光裕等1999認爲是"民"之誤書，讀爲"泯"；丁原植2000引馮時、劉桓2001釋作"束"，讀爲"含"，認爲"含辭"指言語；梁立勇2003認爲是"民"字的異體，釋爲"緐"。按，◻字形清楚，只能是"鳸"，裘按讀爲"存"確，"民"、"束"諸說不可信。 ◊厚：整理者隸定爲"𠪚"；周鳳五1999B讀爲"重"，並認爲是"重複"義；李守奎2002認爲"厚"是從"石"從"章"省的會意字兼形聲字。按，此字是"厚"，用在文句中亦順，周鳳五讀爲"重"多此一舉。 ◊訶：整理者隸定爲"訶"讀爲"詞"；周鳳五1999B讀爲"治"。按，整理者說確，不過在隸定上，我們依現在習慣隸定作"訶"，參施謝捷《說"刍(刍刍刍)"及相關諸字(上)》，① 下同。 ◊◻：裘按認爲其上部與簡文一般"畏"字有異，如確爲"畏"字訛體，則讀爲"威"；陳靖欣2005由"胃"的兩種形體◻、◻上部"由"、"目"互作出發，認爲◻確是"畏"；高佑仁2009認爲"畏"早期形體上部已從"由"，並依本字"畏"讀。按，◻爲"畏"字無疑，從典籍用字習慣看，讀爲"威"好。

簡6

說明：從圖片看，本簡在第15字"興"字中部有斷痕。

拼合編聯：把簡6與簡7編排在一起，是整理者的意見，今依郭沂1998把兩簡直接編聯。

釋文：繇(由)止(上)之弗身也。昔者君子有言曰："戰與型(刑)人，君子之述(墜)德也。"是古(故)

集釋：

【郭店–成之聞之】繇(由)止(上)之弗身也。昔者君子有言曰："戰與型(刑)人，君子之述惪(德)也。"是古(故)

---

① 施謝捷：《說"刍(刍刍刍)"及相關諸字(上)》，《出土文獻與傳世典籍的詮釋——紀念譚樸森先生逝世兩週年國際學術研討會論文集》，上海：上海古籍出版社，2010年，第47—66頁。

◇裘按:"刑人"之語見《尚書‧康誥》,意為對人用刑。又疑此句"君子"之"子"為衍文,句文當讀為:戰與型(刑),人君之述(墜)惪(德)也。

【郭沂1998】由上之弗身也。昔者君子有言曰:"戰與刑,人君(子)之墜德也。"故

◇文中屢引"君子"之語,此"君子"蓋爲子思。

【李零1999】由上之弗身也。昔者君子有言曰:戰與刑,人君之墜德也。是故

【崔永東2000】此"君子"與上文"古(故)君子之立民也"之"君子"意同,均指君主而言。述:當讀為"墮"(聲近)。"述德"是道德墮落的意思。

【陳偉2002D】由上之弗身也。昔者君子有言曰:"戰與刑人,君子之述德也。"是故

【劉釗2003】繇(由)走(上)之弗身也。昔者君子有言曰:"戰與型(刑)人,君子之述(墜)惪(德)也。"是古(故)

【十四種2009】繇(由)走(上)之弗身也。昔者君子有言曰:戰與型(刑)人,君子之述(墜)惪(德)也。是古(故)

【按】◇郭沂1998認為文中屢引"君子"之語,"君子"蓋爲子思。按,郭說無證據。 ◇君子:整理者依"君子"讀;裘按疑此句"君子"之"子"為衍文,並把"君"與上句"人"連讀爲"人君";崔永東2000則認爲"君子"指君主而言。按,依"君子"讀即可。 ◇述:裘按讀爲"墜";崔永東2000讀爲"墮"。按,裘按是。

簡7

說明:從圖片看,本簡應爲完簡。

拼合編聯:簡7與簡8編聯,從整理者說。

釋文:走(上)句(苟)身備(服)之,則民必有甚安(焉)者。君黗(純)襪(冕)而立於乍(阼),一宮之人不勅(勝)

集釋:

【郭店–成之聞之】走(上)句(苟)身備(服)之,則民必有甚安(焉)者。君均▨而立於乍(阼),一宮之人不勅(勝)

◇均:裘按:"君"下一字也許不是"均",但確是一個從"勻"聲的字,在

第四章 《成之聞之》集釋

此似當讀為"袀"。其下一字疑當釋為"禣",讀為"冕"。袀冕,意即袀服而冕,在此當指祭服(袀服為上衣下裳同色之服)。《禮記·祭統》謂將祭之時,君與夫人皆齋,"然後會於太廟,君純冕立於阼"。"袀""純"義通。《漢書·王莽傳下》"時莽紺袀服"注:"袀、純也,純為紺服也。"《淮南子·齊俗》"尸祝袀袨"注:"袀,純服。袨,墨齋衣也"。疑《禮記》"純冕"與"袀冕"同義。
◇复:裘按:簡文"复"當讀為"阼"。

【郭沂1998】上苟身服之,則民必有甚焉者。君袀冕而立於阼,一宮人不勝

【李零1999】上苟身服之,則民必有甚焉者。君袀冕而立於阼,一宮之人不勝
◇"袀",原釋"均",裘按疑非,但肯定此字確實从勻。案從照片看,此字似從今從巽。

【周鳳五1999B】純,……審視簡文,其上半從"勻"不誤,下半形構奇詭,當是"巽"字省形,二字俱為聲符;勻,古音餘紐真部;巽,心母元部,可以讀作文部的"袀"或"純"。冕,……此字左上從示、右下從又,屬義符;右上從"面",乃聲符,字當迻讀作冕。面、冕古音同屬明母元部,可通。

【陳來2000A】"苟上身服之,則民必有甚焉",與孟子所述孔子的話"上有好者,下必有甚焉"(辰按,見於《孟子·滕文公上》)是相同的,也與《緇衣》中的"子曰"(辰按,指"子曰:下之事上也,不從其所以命,而從其所行。上好是物也,下必有甚焉者矣。")以及《尊德義》中的"下之事上也,不從其所命,而從其所行;上好是物也,下必有甚焉"是相同的。

【陳偉2002D】上苟身服之,則民必有甚焉者。君袀冕而立於阼,一宮之人不勝

【劉釗2003】䢁(上)句(苟)身備(服)之,則民必有甚安(焉)者。君均(袀)禣(冕)而立於复(阼),一宮人不勶(勝)

【白於藍2006】(裘按的)"袀冕"固然可以理解為"袀服而冕",但"袀冕"一詞典籍未見。……《禮記·祭統》:"君純冕立於阼,夫人副褘立於東房。"《禮記·祭統》:"君卷冕立於阼,夫人副褘立於東房。"……《後漢書·和熹鄧皇后紀》……李賢《注》:"周禮,宗廟祭之日,旦,王服袞冕而入,立於阼;后服副褘,從王而入。"……《周禮·春官·司服》:"王之吉服……享先王則袞冕。"孫詒讓《正義》:"……《釋名·釋首飾》云'袞冕,袞,卷也,畫卷龍於衣也。'按,卷龍者,謂畫龍於衣,其形捲曲,其字《禮記》多作'卷',鄭《王制》注云:'卷俗讀也,其通則曰袞。'是袞雖取卷龍之義,字則以袞為正;作卷

者，借字也。"……筆者認為，簡文"■裣（冕）"亦當讀作"袞冕"。■從勻聲，袞從公聲。典籍中從勻聲之字可與從公聲之字相通，如《書·禹貢》："沿于江海。"陸德明《釋文》："沿，……馬本作均。"……《呂氏春秋·大樂》："渾渾沌沌。"高誘《注》："渾讀如袞冕之袞。"渾從軍聲，而戰國文字軍字多從勻聲。可證■可讀作袞。《管子·君臣上》："衣服繟綩，盡有法度。"尹知章《注》："繟綩，古袞冕字。"益是簡文"■裣（冕）"應讀作"袞冕"之佳證。……簡文"■"字下部所從與"哭"字上部所從形近。典籍中從哭聲之字與從旬聲之字常可互通，而從勻聲之字與從旬聲之字亦常可互通。故"■"字似是一個雙聲字。

【俞紹宏2007】"■"即"巽"字。戰國楚文字中有一些由"巽"構成的字，如包山簡（103）有一個從"卄"、"巽"聲的字作"■"，"纂"字在包山簡（271）作"■"，……通過這些字形比較，我們可以看出，戰國楚文字中的"巽"字的共同點是字的上部作兩個倒三角形，這一點與"■"的上部完全相同。……可以隸定"■"爲"黙"。……"■（黙）"可訓爲"恭敬"。……當與漢字中的"恂"字相當。

【十四種2009】上句（苟）身備（服）之，則民必有甚安（焉）者。君■裣（冕）而立於夌（阼），一宮之人不勑（勝）

【按】◊■■：裘按認為第一個字是從"勻"聲的字，當讀爲"袀"。下一字當釋爲"裣"，讀爲"冕"。袀冕，意即袀服而冕，《禮記·祭統》"然後會於太廟，君純冕立於阼"，"袀""純"義通；李零1999認爲■從今從巽；周鳳五1999B認爲■從勻從巽，■右上從"面"，讀作冕；白於藍2006認爲"■裣"依典籍當讀作"袞冕"；俞紹宏2007隸定■爲"黙"，讀爲"恂"。按，■隸定爲"黙"正確，從巽從勻，是個雙聲字。■應隸定爲"裣"，讀爲"冕"。裘按讀爲"純冕"或白於藍讀爲"袞冕"（卷冕）皆可。◊夌：整理者讀爲祚；裘按讀為"阼"。按，裘按正確。

簡8

說明： 本簡上端完好，下部殘損約11—12字。

拼合編聯： 簡8與簡9編聯，從整理者說。

釋文： 丌（其）敬。君衰絰（絰）而凥（處）立（位），一宮之人不勑（勝）丌（其）哀。君甲冑而立於陳，

第四章 《成之聞之》集釋

集釋：

【郭店-成之聞之】其敬。君衰蟲而处立，一宫之人不勅(勝)……

◇蟲：裘按："衰"下一字，其下部即"麻"所從之"朮"，其上部疑是"至"之省寫。此字似當釋"絰"。麻絰爲喪服。"立"當讀爲"位"。"立"上一字本作"尻"，《說文》以爲居處之"居"的本字。鄂君啓節銘文"尻""居"二字並見，有人因此釋此字爲"処(處)"，其理由並不充分。但包山楚簡"居尻"連文（三二號簡有"居尻名族"之語），似乎此字確當釋"處"。

【郭沂1998】其敬；君衰絰而處位，一宫之人不勝其〔哀；君甲冑〕……

【張光裕等1999】䔢：字上半從"至"，甚爲明顯，字或當爲"麻絰"合文，惟字下右方未見合文符號，是差可商耳。"麻絰"一詞亦見《六德》簡12.28，字作"朮(麻)實(絰)"，可作參考。

【李零1999】其敬。君衰絰而處位，一宫之人不勝其〔哀。君冠冑帶甲而立於軍，〕

◇"一宫之人不勝"，"其"字祇有殘劃，下缺文可容十字，疑作"哀。君冠冑帶甲而立於軍"或"哀。君冠冑帶劍而立於軍"。

【劉樂賢2000B】《說苑·修文》："《傳》曰：'君子者，無所不宜也。是故韠冕厲戒，立于廟堂之上，有司執事無不敬者；斬衰裳苴絰杖，立于喪次，賓客弔唁無不哀者；被甲纓冑，立于枹鼓之間，士卒莫不勇者。'"《修文》此段，文意與《表記》相近，句式則更近於《成之聞之》。據此，似可將8號簡的缺文補齊，……"君袀冕而立於阼，一宫之人不勝其敬；君衰絰而處立(位)，一宫之人不勝其【哀；君甲冑而立枹鼓之間】，一軍之人不勝其勇。"《修文》的文字引自《傳》，疑此《傳》乃是《成之聞之》或《表記》一類的古書。

【廖名春2000C】"䔢"當爲"絰"之異體。"絰"爲喪服所繫之帶，以麻爲之。故簡文改"糸"爲"麻"，就寫成了"䔢"。

【涂宗流、劉祖信2001】君衰絰而居位，一宫之人不勝其哀；君甲冑而立於車左，"立於車左"據上下文補出。

【劉桓2001】䔢，字所以從"朮"（麻），因為作爲喪服的絰必須用麻，《儀禮·喪服》："首絰"，鄭注："麻在首在要皆曰絰，首絰像緇布冠之缺項，要絰象大帶"。而衰（縗）絰為粗麻布製成的喪服。"縗絰"合之構成一個詞，意爲喪服。

【陳偉2002D】其敬。君衰絰而處位，一宮之人不勝其……

【劉釗2003】丌(其)敬。君衰纑(絰)而凥(處)立(位)，一宮之人不勅(勝)丌(其)〔哀。君冠胄帶甲而立於軍〕，

【十四種2009】其敬；君衰纑(絰)而凥(處)立(位)，一宮之人不勅(勝)【其】☐

【按】◊䊁：整理者隸定爲"蠱"；裘按認爲上部是"至"之省寫，並釋爲"絰"；張光裕等1999或當爲"麻絰"合文。按，裘按正確。 ◊立：整理者依本字讀；裘按讀爲"位"，認為是。 ◊缺文暫補"哀。君甲胄而立於陳，"字數要少於實際所缺。

簡9

說明：從圖片看，本簡在第15字"鮮"字中部有斷痕。

拼合編聯：簡9與簡10編聯，從整理者說。

釋文：一軍之人不勅(勝)丌(其)馘(勇)。疌(上)句(苟)昌(倡)之，則民鮮不從侒(矣)。唯(雖)肰(然)，丌(其)蔫(存)也不乇(厚)，

集釋：

【郭店–成之聞之】一軍之人不勅(勝)其馘(勇)。疌(上)句(苟)昌(倡)之，則民鮮不從侒(矣)。唯(雖)肰(然)，其也不乇(厚)，

◊裘按：《禮記·表記》："是故君子衰絰則有哀色；端冕則有敬色；甲胄則有不可辱之色。"據此，簡文"衰絰而処位"下之分句可補足為"一宮之人不勝〔其哀〕"；"一軍之人不勝其勇"上之分句可補為"君甲胄而……(據缺字地位'而'下當有四至五字)"。 ◊昌：裘按："之"上一字當釋爲"昌"，讀為倡導之"倡"。

【郭沂1998】一軍人不勝其勇。上苟倡之，則民鮮不從矣。雖然，其存也不厚，
◊所"存"的對象當爲君子或人君自身所具有的"德"。

【張光裕等1999】䔳：疑字乃"民"字誤書。

【李零1999】一軍之人不勝其勇。上苟倡之，則民鮮不從矣。雖然，其存也不厚，

【丁原植2000】馮時認爲是"束"字，讀若"含"。

【劉桓2001】䔳仍是束字，字讀為含。

【陳偉2002D】一軍之人不勝其勇。上苟倡之，則民鮮不從矣。唯然，其存也不厚，

第四章 《成之聞之》集釋

《左傳》成公八年記申公巫臣說："夫狄焉思啓封疆以利社稷者，何國蔑有？唯然，故多大國矣。""唯然"是正因爲如此的意思。

【梁立勇2003】⿰：本篇簡内的"民"字作⿰不同于郭店簡其他篇的"民"字。筆者認爲，本篇簡的"民"字字形不是"民"的正字，而是"民"字的異體，它帶有"母"字的特徵。……楚簡《成之聞之》中的"民"字和《說文》中的"民"字古文都可看作是"民"字之變字體。因此，筆者認爲⿰字在此當釋爲"每"。《說文·中部》："每，艸盛上出也。中，母聲。"此字在文中當讀爲"繁"。"繁"從"每"得聲，簡文此字當然可以讀爲"繁"。……"雖然，其繁也不厚，其重也弗多矣。"本簡中，"繁""厚""重""多"四字意思相協。文獻中有"繁辭"的說法：《韓非子·有度》："上用慮則下繁辭。"

【劉釗2003】一軍之人不勶(勝)丌(其)戠(勇)。走(上)句(苟)昌(倡)之，則民鮮不從悇(矣)。唯(雖)肰(然)，丌(其)䧹(存)也不㡀(厚)，

【陳靖欣2005】袁師國華則以爲：……《老子甲》"⿰"確實讀爲"甘"，所以本篇及《緇衣》釋"昌"（辰按，指《緇衣》簡30之⿰）二字，似可考慮釋"甘"，讀作"禁"。

【高佑仁2009】"昌"字除《緇衣》簡30的"⿰"外，也見於《上博五·三德》"⿰"（簡18）、"⿰"（簡10）、……筆者認爲李零將(《老子甲》的)"⿰"視爲"昌"之訛字的觀點當爲目前較爲公允的看法。……"甘"、"曰"、"昌"諸字在戰國文字中已呈現訛混的情況。

【梁立勇2008】"䧹"、"民"字形相近，且有混用之例。……⿰是以"民"代"每"，於此應讀爲"繁"（繁從每聲）。……"其⿰也不厚，其重也弗多矣"和第4簡的"其淳也弗深矣"語例類似。前文已經說過"淳"有厚、大之義。因此，讀⿰爲"繁"和簡文"厚"、"重"、"淳"、"深"、"多"等字意思相協。文獻中也多有"繁詞"的說法，如《韓非子·有度》："上用慮則下繁辭"。……簡文此段文字是……在上者即使屢次命令和號召（"繁乎其詞"）也不會深入人心。

【十四種2009】一軍之人不勶(勝)其戠(勇)。上句(苟)昌(倡)之，則民鮮不從悇(矣)。唯肰(然)，其䧹(存)也不厚，

【劉信芳2011】厚，猶深也。《莊子·逍遙遊》："且夫水之積也不厚，則負大舟也無力。"

【按】◊昌：裘按釋爲"昌"，讀為"倡"；陳靖欣2005引袁國華意見，認爲

《老子甲》簡19"■"爲"甘"，則本簡之字應釋"甘"讀作"禁"；高佑仁2009認爲從古文字看，釋"昌"不誤，"甘"、"昌"古文字有訛混現象。按，裘按、高佑仁說是，楚文字"甘"作"■"（上博一《孔子詩論》簡10）、"■"（清華三《赤鵠之集湯之屋》簡13）形，與"昌"（如本簡作"■"）形有別，但《老子甲》簡19的"■"則應是"甘"之訛混。① ◇唯肰：整理者讀"雖然"；陳偉2002D讀"唯然"。按，整理者讀"雖然"是，"唯然"用在此處不合句意。 ◇■：簡6裘按已疑爲"鳶"，讀爲"存"；張光裕等1999疑乃"民"字誤書；丁原植2000引馮時、劉桓2001釋爲"束"；梁立勇2003釋爲"繁"。按，裘按是，參簡6"按"。

簡10

說明： 從圖片看，本簡應爲完簡。

拼合編聯： 簡10與簡11編聯，從整理者說。

釋文： 丌(其)重也弗多悇(矣)。是古(故)君子之求者(諸)㠯(己)也深。不求者(諸)其杏(本)而戍(攻)者(諸)丌(其)

集釋：

【郭店-成之聞之】其重也弗多悇(矣)。是古(故)君子之求者(諸)㠯(己)也深。不求者(諸)其杏(本)而戍(攻)者(諸)其

【郭沂1998】其重也弗多矣。是故君子之求諸己也深。不求諸其本而攻諸其

【李零1999】其重也弗多矣。是故君子之求諸己也深。不求諸其本而攻諸其

【丁原植2000】"本"似指前文"求之於己"與"身服善"等。……"末"，似指前文所言的威服、刑罰等。

【郭沂2001】重，尊也。

【陳偉2002D】其動也弗多矣。是故君子之求諸己也深。不求諸其本而攻諸其動，字本作"重"。

【劉釗2003】丌(其)重也弗多悇(矣)。是古(故)君子之求者(諸)㠯(己)也深。不求者(諸)其杏(本)而戍(攻)者(諸)丌(其)

【李銳2005】其踵也弗多矣。

---

① 可略參看陳斯鵬：《楚系簡帛中字形與音義關係研究》，北京：中國社會科學出版社，2011年，第100—103頁。

【十四種2009】其重也弗多悇(矣)。是古(故)君子之求者(諸)吕(己)也深。不求者(諸)其本而攻(攻)者(諸)其

【按】重：郭沂2001解釋爲"尊"；陳偉2002D讀爲"動"；李鋭2005讀爲"踵"。按，此處"重"指重量之"重"，無需另立新義，指上親力親爲所存之"重"。

簡11

說明：從圖片看，本簡爲完簡，但第一、第二字"末"、"弗"左邊略殘。

拼合編聯：簡11與簡12編聯，從整理者説。

釋文：末，弗㝵(得)悇(矣)。是君子之於言也，非從末漮(流)者之貴，竆(窮)㴑(源)反杏(本)者之貴。

集釋：

【郭店–成之聞之】末，弗得悇(矣)。是君子之於言也，非從末流者之貴，竆(窮)㴑(源)反杏(本)者之貴。

◇是君子：裘按：此句"是"字下似脱"古(故)"字。 ◇㴑：裘按："源"字又見下一四號簡，字作"㴑"。關於此字所從的"泉"的字形，參看吳振武《燕國銘刻中的"泉"字》，載《華學》第二輯。

【郭沂1998】末，弗得矣。是[故]君子之於言也，非從末流者之貴，窮源反本者之貴。

【李零1999】末，弗得矣。是【故】君子之於言也，非從末流者之貴，窮源反本者之貴。

【丁原植2000】"㴑"，同泉。……泉爲水之所出，與下文所稱"淵"義近。

【陳偉2002D】末，弗得矣。是君子之於言也，非從末流者之貴，窮源反本者之貴。

【劉釗2003】末，弗㝵(得)悇(矣)。是〔古(故)〕君子之於言也，非從末漮(流)者之貴，竆(窮)㴑(源)反杏(本)之貴。

【崔海鷹2008】古漢語中"是"亦可作因果連詞。《史記·呂太后本紀》："刑罰罕用，罪人是希。"即是其例。

【十四種2009】末，弗得悇(矣)。是君子之於言也，非從末流者之貴，窮㴑

(源)反本者之貴。

【按】◊是君子：裘按說"是"字下似脫"古（故）"字；崔海鷹2008認為古漢語中"是"亦可作因果連詞。按，崔海鷹說是。 ◊㴳：整理者釋"源"；丁原植2000釋"泉"。按，整理者說是。

簡12

說明：本簡上端完好，下部殘損約4字。

拼合編聯：簡12與簡13編聯，從整理者說。

釋文：句（苟）不從丌（其）繇（由），不反丌（其）杳（本），未有可㝵（得）也者。君上卿（享）成不唯杳（本），工（功）□□□□。

集釋：

【郭店–成之聞之】句（苟）不從其繇（由），不反其杳（本），未有可得也者。君上卿成不唯杳（本），工□□□□。

◊卿成：裘按：此句結構當與下"戎夫"句、"士"句相類，疑"卿成"當讀為"鄉（享）成"，"工"當讀為"功"。

【郭沂1998】苟不從其由，不反其本，未有可得也者。君上享成不唯本，功[德弗顯矣]；

◊"德弗顯矣"四字原殘，今依文義試補之。

【周鳳五1999A】上句殘存"君上鄉城不唯本工"八字，……疑讀作"君上營城不維本，工"。鄉，古音曉母陽部；營，餘母耕部，楚國方言陽、耕二部頗有接觸，可通。營，治也，見《詩經·小雅·黍苗》鄭《箋》。唯，讀作維，度也，念也，見《史記·三王世家》。本，基也，見《論語集解·學而》。簡文此句似謂君上營造城邑，若不注意基礎，則城邑不固。

【李零1999】苟不從其由，不反其本，未有可得也者。君上享成不唯本，功〔弗就矣〕。

◊"功"下缺文可容三字，疑作"弗就矣"。

【周鳳五1999B】此簡下端殘斷，若以編線為準，對照對九簡、第十簡，估計約缺三字，對照下文的句式與文意，似可補作"弗成矣"。……功，指築城的工程。

【丁原植2000】"唯"字，疑讀為"惟"。楊樹達《詞詮》釋"惟"云："外動詞，思也。"

【廖名春2001D】唯，疑讀爲"維"。維有維持、維護義。……維本，即修本。……亦即治本、求本。從簡12所殘長度看，缺文當爲3字。……當補爲"弗顯矣"3字。

【陳偉2002D】苟不從其由，不反其本，未有可得也者。君上向成不唯本，功□□□。

◇由，原由，來源。 ◇上海博物館藏簡《緇衣》12號簡"毋以辟士疾大夫向使"，劉樂賢先生指出："向使，郭店簡作卿事，今本作卿士。按，古代卿、鄉二字常可混用。蓋卿先誤作鄉，再通假作向。"這爲裘先生的推測增加了證據。簡書中或當讀爲"向"，是向往、期待之義。唯，以、因爲。不唯本，即不從根本上下功夫。

【劉釗2003】句(苟)不從丌(其)繇(由)，不反丌(其)夲(本)，未有可㝵(得)也者。君上鄉(享)成不唯夲(本)，工(功)〔弗就悷(矣)〕。

【十四種2009】句(苟)不從其繇(由)，不反其本，未有可得也者。君上卿(享)城(成)不唯(維)本，工(功)□□□。

【按】◇卿成：裘按疑"卿成"當讀爲"鄉(享)成"；陳偉2002D有補充論證，同時又疑可讀"向"，是向往、期待之義；周鳳五1999A讀爲"營城"。按，讀如"享成"即可。 ◇工：裘按讀爲"功"；周鳳五1999A讀如本字。按，裘按是。 ◇唯：整理者讀如本字；周鳳五1999A讀爲"維"，認爲是度、念之義；丁原植2000讀"惟"，訓思；廖名春2001D亦讀爲"維"，認爲有維持、維護義；陳偉2002D釋"唯"作以、因爲之義。按，"唯本"之義應是以"本"爲根本之要求。

簡13

說明：從圖片看，本簡應爲完簡。簡背有"七二"二字。

拼合編聯：簡13與簡14編聯，從整理者說。

釋文：戎(農)夫叜(務)飤(食)不羟(強)咻(耕)，糧弗足悷(矣)。士成言不行，名弗㝵(得)悷(矣)。是古(故)君子

集釋：

【郭店–成之聞之】戎夫叜飤不強，加糧弗足悷(矣)。士成言不行，名弗得悷(矣)。是古(故)君子

◇戎夫叜飤不強，加糧弗足悷：裘按：此句疑當釋爲：戎(農)夫叜(務)飤(食)不

強，加糧弗足悇(矣)。"糧"上一字左側似有"田"字，也許不當釋為"加"，待考。"悇"亦見於《老子》丙一號簡，用為"悔"。

【郭沂1998】農夫務食不強，加糧弗足矣；士成言不行，名弗得矣。是故君子

【周鳳五1999A】農夫務食不強耕，糧弗足矣：加，古音見母歌部；耕，見母耕部，春秋戰國時期，徐、楚一帶方言，歌、支二部可通，……如馬王堆帛書《老子》以"呵"為"兮"。何，古音曉紐歌部，兮，匣母支部。耕為支部的陽聲韻，用歌部的"加"為聲符，正歌、支二部相通的又一例證。

【白於藍1999A】◊：此字當釋為"耕"。……傳世典籍中"耕"字或可寫作"畊"……可見"耕"字古有從"田"者。簡文此字中間從"力"，古代"耒"、"力"都是發土工具。……""與""(《窮達以時》簡2)無疑當是一字，所不同者僅是前一形將後一形中象手操力耕作之手形刪除後又綴加了"(口)"形而已。……本段文字之上句實當是："戎(農)夫炙(務)臥(食)，不強耕，糧弗足悇(矣)。"《爾雅·釋詁下》："強，勤也。"《集韻·養韻》："強，勉也。" ◊士成(誠)言，不行，名弗得悇(矣)：《離騷》："初既與余成言兮，後悔遁而有他"。洪興祖《楚辭補注》："成言謂誠信之言，一成而不易也。"

【李零1999】農夫務食，不強耕，糧弗足矣。士盛言不行，名弗得矣。是故君子

◊"農夫務食，不強耕，糧弗足矣"，"耕"字原從田從加，整理者讀"加"，將"務食"與"不強"連讀，而以"加"字屬下，讀為"加糧弗足矣"，裘案以釋"加"為可疑，但仍讀為"戎夫務食不強，加糧弗足悇(矣)"。案此字與《窮達以時》簡2"舜耕於鬲山"句的"耕"構形相似(似可分析為從田從爭省)，應即"耕"字的訛體。"強耕"猶"力田"，是勉力耕作之義。 ◊"盛"，原作"成"，疑讀"盛"。

【周鳳五1999B】據馬王堆帛書《易傳·昭力》："不耕而穫，戎夫之義也。良月幾望，處女之義也。"則戎夫即"農夫"，裘說可從。

【劉樂賢2000B】在簡文作者看來，"務食"、"成言"都是末，"強耕"、"行"是本。從這個角度考慮，"務食"的"食"應是"吃"的意思，"成言"則應讀為"盛言"。據上所釋，三個排比句的大意似是：君上只知享成而不知治本，則無法成就功德；農人務求多吃而不勤於耕作，則口糧將會不夠；士人多說而不做，則得不到好的名聲。

【廖名春2000D】◊《墨子·非命下》也論及農夫"強耕"與"食"之關係：

第四章 《成之聞之》集釋

"今也農夫之所以蚤出暮入,強乎耕稼樹藝,多聚叔粟,而不敢怠倦者,何也?曰:彼以為強必富,不強必貧;強必飽,不強必飢,故不敢怠倦。"◊"成言"爲先秦成詞,典籍屢見,意爲訂約、成議。《楚辭·離騷》:"初既與余成言兮,後悔遁而有他"。朱熹《集注》:"成言,謂其要約之言也。"……簡文"成言不行",即訂約而不履約,成議而不實行。

【郭沂2001】"嘉",原作"加",……古代有"嘉穀"、"嘉禾"、"嘉蔬"、"嘉石"等說法,故此處言"嘉糧",也是符合古人習慣的。

【楊澤生2001】"成言"爲先秦成語,原指既定之言,與"成法"指既定之法、"成命"指既定之命相類似,……《楚辭·離騷》:"初既與余成言兮,後悔遁而有他"。朱熹注:"成言,謂成其要約之言也。"簡文"成言"應指達成的協定或鄭重的承諾。

【李零2002A】按"成言"是既出之言,不必讀爲"盛",今仍作"成"。

【沈培2002】"盛言"一詞在《史記》、《漢書》中常見,其義並非"多說"或"說得多"的意思,《漢語大詞典》把它解釋爲"極力申說",是很正確的。觀其用例,大多數是在勸說別人的場合,"言"後往往有所說的內容,……《成之聞之》篇的"成言"所用的場合跟"盛言"是不同的。……古書裏"成言"也是常見的。《楚辭·離騷》……"初既與余成言兮,後悔遁而有他"。王逸《注》:"成,平也。"……"成"與"平"互訓,古書常見,都是"完成"之義。……朱熹《集注》說:"成言,謂成其要約之言也。"應當是可信的。……《成之聞之》……整句話就是"士與人完成了約定之言卻沒有去做,就得不到名聲"的意思。

【陳偉2002D】戎夫務食不強耕,糧弗足矣。士成言不行,名弗得矣。是故君子

【劉釗2003】戎(農)夫炙(務)飤(食),不強咖(耕),量(糧)弗悉(矣)。士成言不行,名弗旱(得)悉(矣)。是古(故)君子

【劉桓2005】"成言"指已經答應的話,亦即諾言。《楚辭·離騷》……王逸注。

【十四種2009】戎(農)夫炙(務)飤(食)不強咖(耕),糧弗悉(矣)。士城(成)言不行,名弗得悉(矣)。是古(故)君子 七十二 13背

【莊利果2010】今認為"加"與"嘉"相通,可行,但"嘉糧"不應理解高"好糧",而應為"五穀的總稱"。如:漢·焦贛《易林·姤之離》:"我有黍稷,委積外場,有角服箱,運致我藏,富於嘉糧。"

【按】◊戎:整理者如字讀;裘按讀爲"農"。按,裘按是。 ◊耕:整理者釋作

· 121 ·

"加"；周鳳五1999A讀"加"爲"耕"；白於藍1999A、李零1999徑釋爲"耕"，並讀"炙"爲"務"；郭沂2001讀爲"嘉"，莊利果2010亦讀爲"嘉"，但認爲是"五穀的總稱"。按，釋"耕"是；"炙"與下連讀爲"炙(務)飤(食)"。 ◇成言：白於藍1999A讀作"誠言"；李零1999、劉樂賢2000B讀爲"盛言"；廖名春2000D、楊澤生2001、李零2002A、沈培2002、劉桓2005皆讀爲"成言"，即已成之言。按，今從"成言"之說。 ◇按，"君子"爲合文。

簡14

說明：從圖片看，本簡應爲完簡。

拼合編聯：簡14與簡15編聯，從整理者說。

釋文：之於言也，非從末溋(流)者之貴，竆(窮)㴲(源)反杏(本)者之貴。句(苟)不從丌(其)繇(由)，

集釋：

【郭店–成之聞之】之於言也，非從末流者之貴，窮源反杏(本)者之貴。句(苟)不從其繇(由)，

【郭沂1998】之於言也，非從末流者之貴，窮源反本者之貴。苟不從其由，

【李零1999】之於言也，非從末流者之貴，窮源反本者之貴。苟不從其由，

【陳偉2002D】之於言也，非從末流者之貴，窮源反本者之貴。苟不從其由，

【劉釗2003】之於言也，非從末溋(流)者之貴，竆(窮)㴲(源)反杏(本)者之貴。句(苟)不從丌(其)繇(由)，

【十四種2009】之於言也，非從末流者之貴，窮㴲(源)反本者之貴。句(苟)不從其繇(由)，

簡15

說明：從《郭店楚墓竹簡》中的圖片看，本簡在第6字"弜"與"之"字間似有斷痕（也可能是照片拼接痕），但在《楚地出土戰國簡冊合集（一）——郭店楚墓竹書》中則完全沒有痕跡。

拼合編聯：簡15與簡16編聯，從整理者說。

釋文：不反其杏(本)，唯(雖)弜(強)之弗內(入)悷(矣)。上不以丌(其)道，民之從之

第四章 《成之聞之》集釋

也難。是以民可

集釋：

【郭店–成之聞之】不反其杳(本)，唯(雖)强之弗内㥋(矣)。上不以其道，民之從之也難。是以民可

◇内：裘按："内"疑當讀為"入"。

【郭沂1998】不反其本，雖强之弗入矣。上不以其道，民之從之也難。是以民可

【李零1999】不反其本，雖强之弗入矣。上不以其道，民之從之也難。是以民可

【廖名春2001D】内，納，接納。弗内矣，即上文"名弗得矣"之意，指不被人們接納。《孟子·萬章上》："若己推而内之溝中。"

【陳偉2002D】不反其本，雖强之弗入矣。上不以其道，民之從之也難。是以民可

【劉釗2003】不反丌(其)杳(本)，唯(雖)弜(强)之弗内(入)㥋(矣)。上不以丌(其)道，民之從之也難。是以民可

【十四種2009】不反其本，唯(雖)强之弗内(入)㥋(矣)。上不以其道，民之從之也難。是以民可

【按】◇内：裘按疑讀爲"入"；廖名春2001D認爲"内"即納，接納。按，古文字"内"、"入"不分，依此句看，讀爲"入"較好，指窮源反本的功效不能進入内心。

簡16

說明： 從圖片看，本簡應爲完簡。

拼合編聯： 簡16與簡17編聯，從整理者說。

釋文： 敬道(導)也，而不可穿(掩)也；可馭(御)也，而不可𢻫(牽)也。故君子不貴㡯(庶)勿(物)而貴與

集釋：

【郭店–成之聞之】敬道(導)也，而不可穿(弇)也；可馭(御)也，而不可𢻫(賢)也。古(故)君子不貴㡯(庶)勿(物)而貴與

◇𢻫：裘按："𢻫"與"馭(御)"爲對文，疑當讀爲"牽"。"牽"亦可作"掔"，與"𢻫"皆从"臤"聲。

【郭沂1998】敬導也，而不可弇也；可御也，而不可牽也。故君子不貴庶物而

貴與

◊"弇"，掩也，遮蔽。◊"牽"，拉，制約，牽制，強制，勉強。

【陳偉1998】◊僻，原釋"庶"，似不確。其字與《汗簡》"人"部引《尚書》、"辟"部引《義雲章》中的"辟"字大致相同，應釋爲"辟"，讀爲"僻"，意爲偏遠。……"異物"、"遠物"、"難得之物"，約與"僻物"相當。

【李零1999】敬導也，而不可掩也；可御也，而不可牽也。故君子不貴庶物而貴與

◊"掩"，原作"弇"。

【丁原植2000】◊"御"字，有隨乘之義。《莊子·逍遙遊》云："夫列子御風而行。"……《禮記·學記》云"君子之教喻也，道而弗牽。"孔穎達疏："牽謂牽逼。"牽，強力牽制。◊"物"有典章制度之義。《禮記·檀弓下》云："禮有微情者，有以故興物者。"……簡文"庶物"，似指衆多的制度措施。

【涂宗流、劉祖信2001】"牽"，指動物的"拉"、"挽"，猶言役使。

【楊朝明2001】上不以其道，民之從之也難。是以民可敬道(導)也，而不可弇(掩)也；可馭(馭)也，而不可毆(驅)也。

檢《郭店楚墓竹簡》中《成之聞之》篇圖版，前述與"馭"相對之字作▨，當從區、從攴、從子會意。▨可為區字之省；而▨應當從攴，而學者則忽略了"又"上的一筆，而多以為從"又"，不確；字的下部從"子"比較明確。▨字可以隸定為毄，省作毆。……"馭(馭)"與"毆"字相對，皆就駕車而言，……馭(馭)即駕馭，其重點在於以轡使馬，有引導、誘導之意；而"毆"的重點則在於對馬進行鞭打、驅使，具有明顯的強制性。

【崔永東2000】弇：《說文》："弇，蓋也。"其引伸義為蒙蔽。……"掔"蓋為"緊"之訛寫，《說文》"緊"之篆體為▨，與掔(▨)相近，故易訛。……"緊"的本義是指纏絲緊急的狀態，而其引義或比喻義當指壓迫而言。

【廖名春2001D】◊馭即馭。指驅人入善。……《周禮·天官·大宰》："以八柄詔王馭群臣。"鄭玄注："凡言馭者，所以驅之，內之於善。"……掔即掔。《說文·手部》："掔，固也。"……《墨子·迎敵祠》："令命昏緯狗、纂馬，掔緯。"這裏指束縛得不動，管死。這是說民可驅使為善，但不可將其束縛得不動。◊庶當訓為侈、美。庶物，奢侈之物、美物。《爾雅·釋言》："庶，侈也。"

【李零2002A】"庶物"指衆物，是古書固有的詞彙，如《易·乾》"首出庶

第四章 《成之聞之》集釋

物,萬國咸寧",……簡文的意思是說,君子不貴物多,而貴與民同,意思與孔子所說"不患寡而患不均"(《論語·季氏》)略同。

【陳偉2002D】敬導也,而不可掩也;可馭也,而不可擎也。故君子不貴僻物而貴與

"擎",疑當讀爲"擎"。《廣雅·釋詁》:"擎,擊也。"《大戴禮記·盛德》有一段類似記載說:"德法者御民之銜也,吏者轡也,刑者策也,天子御者,內史太史左右手也。……善御馬者,正銜勒,齊轡策,均馬力,和馬心,故口無聲,手不搖,策不用,而馬爲行也。善御民者,正其德法,飭其官,而均民力,和民心,故聽言不出於口,刑不用而民治,是以民德美之。……不能御民者,棄其德法,譬猶御馬,棄轡勒而專以策御馬,馬必傷,車必敗,無德法而專以刑法御民,民心走,國必亡。"簡書中的"馭",大致就是《大戴禮記》所說的"善御馬"或者"善御民";"擎"則相當於《大戴禮記》所說的"棄轡勒而專以策御馬"或者"無德法而專以刑法御民"。

【李銳2003C】"弇"與"掩"古通,《方言》卷十二"掩,止也。"牽即牽制,裘按或讀爲"擎",《說文》:"擎,固也。""弇(掩)"、"牽"之意與(《尊德義》簡19—22)"止"、"知"、"及"接近。

【劉釗2003】敬道(導)也,而不可穽(弇)也;可馴(御)也,而不可擎(牽)也。古(故)君子不貴庶勿(物),而貴與

"可馴(御)也,而不可擎(牽)也"一句即於《禮記·學記》之"故君子之教喻也,道而弗牽,強而弗抑,開而弗達。"中的"道而弗牽"。

【白於藍2008】"弇"似當讀作"按"。《禮記·學記》:"道而弗牽,強而弗抑。"與簡文近似,但"牽"、"抑"二字位置錯置。《玉篇·手部》:"抑,按也。"

【十四種2009】敬道(導)也,而不可穽(弇)也;可馭(御)也,而不可擎(牽)也。古(故)君子不貴徲(庶)勿(物),而貴與

【楊澤生2009】根據下列傳抄古文:弇: ▩《說文》59頁上 ▩《古》49頁上引《說文》……可見其釋寫是有所根據的。▩……從"公"從"廾",……"擁"古音屬影母東部,以"公"爲聲旁的"瓮"字異體作"甕"和"罋",所以我們懷疑簡文▩讀作"擁"。……廣州方言裏讀作oŋ35的"擁"是個常用詞,當"推"講,……簡文"擁"當用此義,……"御"在簡文裏擋"迎接"、"迎合"

講。《詩·召南·雀巢》："之子於歸，百兩御之。"鄭玄箋："御，迎也。"……簡文"𢿛"和上文"馭(御)"相對爲文，我們懷疑"𢿛"可讀作"遣"。"遣"和"臤"古音分屬溪母元部和溪母真部，它們聲母相同，韻部關係密切。……"遣"爲強制性的驅趕、打發、發送。

【按】◇弇：整理者讀爲"弇"；郭沂1998認爲"弇"同掩，遮蔽義；李銳2003C訓"掩"爲止；白於藍2008讀"弇"爲"按"；楊澤生2009讀"弇"爲"擁"，爲推義。按，釋"弇"是，應有遮掩義。 ◇馭：整理者讀爲"御"；丁原植2000訓隨乘；楊澤生2009訓爲迎。按，"御"義即如御馬之"御"。 ◇𢿛：裘按讀爲"牽"或"掔"；郭沂1998認爲"牽"有拉、牽制之義；楊朝明2001釋爲"毆"；崔永東2000認爲是"緊"之訛；廖名春2001D讀作"掔"，固義；陳偉2002D讀爲"掔"，擊義；丁原植2000、劉釗2003釋"牽"，並引《禮記·學記》"故君子之教喻也，道而弗牽，強而弗抑，開而弗達"爲證；楊澤生2009讀作"遣"。按，釋"牽"有《禮記·學記》可參證，甚確，即如郭沂1998所說有拉、牽制義。在《璽彙》860有一印作 ，即"張牽犢"①，其中"牽"亦從"臤"。 ◇"君子"爲合文。 ◇庶：整理者讀爲"庶"；陳偉1998釋爲"僻"；丁原植2000認爲"庶物"指衆多的制度措施；廖名春2001D訓"庶"爲侈、美；李零2002A認爲"庶物"指衆物。按，讀爲"庶物"，指衆多物品。

簡17

說明： 從圖片看，本簡應爲完簡。

拼合編聯： 簡17與簡18編聯，從整理者說。

釋文： 民又(有)同也。智而比(必)即(信)，則民谷(欲)丌(其)智之述(遂)也。福(富)而貧(分)賤，則民谷(欲)丌(其)

集釋：

【郭店－成之聞之】民又(有)同也。智(知)而比即，則民谷(欲)其智(知)之述也。福而貧賤，則民谷(欲)其

◇比即：裘按：疑"比即"當讀爲"比次"。"述"當讀爲"遂"。"智"當如

---

① 參看朱德熙：《古文字考釋四篇》，《古文字研究》第八輯，北京：中華書局，1983年，第17頁。

第四章 《成之聞之》集釋

字讀。

【郭沂1998】民有同也。智而比次，則民欲其智之遂也；富而分賤，則民欲其

◊"遂"，達也。 ◊"智"字，釋文讀爲"知"，今因其與下文"勇而行之不果"之"勇"字對舉，故如字讀。

【龐樸1998】"比次"就是按部就班的意思。

【李零1999】民有同也。秩而比次，則民欲其秩之遂也。富而分賤，則民欲其

◊"秩"，原作"智"，原文以此與"富"、"貴"並敘，而以"比次"言之，疑讀"秩"（"秩"是定母質部字，"智"是端母支部字，讀音相近）。

【劉樂賢2000B】《說苑·雜言》中有一段文字與此相關："孔子曰：'夫富而能富人者，欲貧而不可得也；貴而能貴人者，欲賤而不可得也；達而能達人者，欲窮而不可得也。'"又，《韓詩外傳》卷八載有："魏文侯問李克曰：'人有惡乎？'李克曰：'有。夫貴者則賤者惡之，富者則貧者惡之，智者則愚者惡之。'文侯曰：'善。行此三者，使人勿惡，亦可乎？'李克曰：'可。臣聞貴而下賤，則衆弗惡也。富而分貧，則窮士弗惡也。智而教愚，則童蒙者弗惡也。'"……兩相對照可知，"智而比即"大致相當於"智而教愚"，"福而貧賤"大致相當於"富能(能即而)分貧"，"貴而能讓"大致相當於"貴而下賤"。……是否可以將"福(富)而貧(分)賤"讀爲"福(富)而貧(分)賤(錢)"呢？古書中常提到富而分財之事，簡文的"富而分錢"可能是同樣的意思吧。

【張富海2000】裘(錫圭)先生認爲很可能《成之聞之》中的"福而貧賤"原文作"富而貧"，"貧"字下有重文號，讀爲"富而分貧"（因爲"貧"字從分）。但傳抄過程中重文號被漏掉，致使"富而貧"不能理解，郭店簡抄寫者遂在"貧"字後加同義詞"賤"字而足句。這樣，反而使此句不可理解。

【丁原植2000】◊簡文"秩"字，似有施政安排之義。……"比"，有並列之義。……"比次"，似指協同一致。 ◊"貧"字當讀作"分"，指分財。"賤"字，……指地位低下的人。

【涂宗流、劉祖信2001】比次，比較，考較。

【郭沂2001】"比次"，並列，緊靠。"智而比次"，蓋謂智慧而能和普通人平等相處。

【廖名春2001D】◊次，當訓爲副貳。……"比次"與"分賤"對文，即比於副貳，不出頭。《韓詩外傳》卷八："智而教愚，則童蒙者弗惡也。""智而教

127

愚"義同"大智若愚"。"教"當讀爲"效"，同"若"；……"智而比次"義同於"智而教愚"，"比"就是"效"，就是"若"；"即"讀爲"次"，也就是"亞"、"差"，與"愚"義近。◇《說苑·善說》二十五："衛將軍文子問子貢曰：'季文子三窮而三通，何也？'子貢曰：'其窮事賢，其通舉窮，其富分貧，其貴禮賤。窮而事賢則不悔；通而舉窮則忠於朋友，富而分貧則宗族親之；貴而禮賤則百姓戴之。其得之，固道也；失之，命也。'曰：'失而不得者，何也？'曰：'其窮不事賢，其通不舉窮，其富不分貧，其貴不理賤，其得之，命也；其失之，固道也。'""富而分賤"即"富而分貧"，"貧"、"賤"義近通用。"分賤"、"分貧"都是指分財與貧賤者。……"分賤"讀為"分錢"，所分於的對象是泛指而不單指貧賤者；況且先秦秦漢文獻多用"分財"罕見"分錢"。

【陳偉2002D】民有同也。智而比伙，則民欲其智之述也。富而分賤，則民欲其
◇比節，疑當讀爲"比伙"。《詩·唐風·杕杜》："嗟行之人，胡不比焉？人無兄弟，胡不伙焉？"鄭箋："比，輔也。"毛傳："伙，助也。"智而比伙，是說富有智慧者輔助他人。《韓詩外傳》卷八記李克說："智而教愚，則童蒙者弗惡也。"立意略同。遂，義爲通達。楊澤生先生認爲"述"讀爲"遂"，是深的意思，亦通。◇"分"有名分，位分義。……簡文中似在這個意義上用作動詞，指安守名分或地位。春秋戰國時，富與貴，貧與賤並不一定對應。富有者如商人往往地位低賤。……富而分賤，可能是說富有而保持低賤的身份。

【劉釗2003】民又(有)同也。智而比即(次)，則民谷(欲)亓(其)智之述(遂)也。福(富)而貧(分)賤，則民谷(欲)亓(其)

"比即"讀為"比次"，"比次"意為"次第"。

【李銳2005】智而比咨，

【陳靖欣2005】季師旭昇以爲："比"，副詞，排比也；"次"，名詞，次序也。而"比次"在此的意思是指君子能領導統御。

【禤健聰2006】(上博五《君子爲禮》)簡4有"智而怸信，斯人欲其☐"句。"信"上一字原缺釋，諦審簡影，上實從"比"，下似從"心"，可讀為"比"，或即"比"字異體。"比信"與《成之聞之》篇"比即"可對讀。"即"當讀為"節"。《集韻》："節，信也。"……符節用以守信約，可引申為誠信。"節"與"信"皆有誠信義。……比，合也。《禮記·射禮》："其容體比於禮，其節比於義。"然則"比信"或"比節"意即合于信義。智者多謀，其反則是擅用權謀；

第四章 《成之聞之》集釋

智者不欺，方能"與民有同"。

【崔海鷹2008】比，親也，近也。比次，即親近下愚之人也。

【十四種2009】民又(有)同也。智而比即(次)，則民谷(欲)其智之述(遂)也。福(富)而貧(分)賤，則民谷(欲)其

【楊澤生2009】此"次"即爲次等、較差的意思。……"比"應當讀作"畀"。"比"字和"畀"字的古音分別在幫母脂部和幫母質部，聲母相同而韻母對轉，故可相通。"畀"是付與、給予的意思。……簡文"述"字……似乎還可以讀作"遂"。《漢書·任敖傳》……顏師古注："遂，深也。"

【李松儒2011】(上博五)《君子爲禮》簡3+4+9C+9B+9D："……智而△信，斯人欲其【4】□智【9C】也。貴而罷(一)讓【9B】，斯人欲其長貴也；富而【9D】☑""△"字作❏，……當隸作忯……《君子爲禮》簡4上"忯"字從"匕"得聲，由上可知，從"匕"的"北"可通"必"，那麼，從"匕"的"比"亦能與"必"相通。另外，"必"爲幫紐質部字，"比"和"必"兩字上古音也很近，在典籍中，"比"、"必"相通例子也很常見，如"庇"與"秘"、"柴"與"秘"、"毖"與"眤"等。……簡文中的"忯"也可以讀爲"必"，《君子爲禮》簡4中的相關辭例即爲"智而忯(必)信"。……郭店《成之聞之》簡17中的"比"也應讀爲"必"。其後的"即"……應讀爲"信"。"即"爲精紐質部，"信"爲心紐真部，精、心同爲齒頭音，質、真對轉，二字古音極近，所以"即"可讀爲"信"。【附"水土"於2011年12月12日的評論】《君子為禮》簡4的"信"其實難以確定。……《成之聞之》簡17與之相當之字作"即"，而"即""次"相通已是常識，結合《君子為禮》從言之字來考慮，似可將"即"讀爲"咨"。……"咨"有"問"的意思，也有"謀"的意思，……簡文要說明的是君子要"與民有同"，古書更有反對"獨知"的言論，如《商君書·更法》："且夫有高人之行者，固見負於世；有獨知之慮者，必見訾於民。"因此，把簡文"智(知)而比即"的"即"讀爲"咨"，是說君子雖然于事自知，但也與民咨謀，正是"與民有同"的做法。……簡文的"忯"理解為"次"義的"比"是可以的，也可以理解為"頻比"之"比"，"比咨"表示經常諮詢。按照後一種理解，也可讀爲"頻"。

【竹書2011】與簡文類的說法，還見於《新政·大政上》，其云："故君子之貴也，與民以福，故士民貴之。故君子之富也，與民與財，故士民樂之。"

【鄧少平2013】崔海鷹將"比"訓為"親"，認爲"比次""即親近下愚之

人"，當可信從。《大戴禮記・曾子制言上》"欲行則比賢"孔廣森註："比，親也。"……楊澤生指出："簡文'述'……似乎還可以讀作'遂'。……"按《逸周書・周祝解》"人智之遂也，奚爲可測"，可證其說可從。……"智而比次，則民欲其智之遂也"是說，智者能夠親近愚者，那麼民衆就會希望他的智慧更加深遂。

【按】◊比即：裘按疑讀爲"比次"；在此基礎上，龐樸1998認爲是按部就班的意思；丁原植2000訓協同一致；涂宗流、劉祖信2001解爲比較，考較；郭沂2001解爲並列，緊靠；廖名春2001D解爲比於副貳，不出頭；劉釗2003解爲次第；陳靖欣2005引季旭昇說解爲能領導統御；崔海鷹2008解爲親近下愚之人，鄧少平2013從之；陳偉2002D讀爲"比伙"，爲輔助義；李鋭2005讀爲"比咨"，水土亦有此說；禤健聰2006讀爲"比節"，訓合於信義；楊澤生2009讀爲"昇次"；李松儒讀爲"必信"。按，李松儒與上博五《君子爲禮》對讀，把"即"讀爲"信"，且把"比"讀爲"必"，可從。正如禤健聰所言，智者多權詐，若智者必能守信，則民欲其智越來越多。 ◊述：裘按讀"遂"；楊澤生2009讀爲"邃"，鄧少平2013從之。按，讀爲"遂"即可，意爲"達"。 ◊智：整理者讀"知"；裘按如字讀；李零1999讀爲"秩"。按，如"智"字讀即可，與"富"對文。 ◊貧賤：整理者如字讀；裘按讀爲"分賤"（見簡18）；劉樂賢2000B讀爲"分錢"；張富海2000引裘錫圭說認爲簡文有訛誤，應作"富而分貧"；陳偉2002D訓"分"爲安守名分或地位。按，依劉樂賢2000B引《韓詩外傳》卷八"臣聞貴而下賤，則衆弗惡也。富而分貧，則窮士弗惡也。智而教愚，則童蒙者弗惡也"，及廖名春2001D引《說苑・善說》卷二十五"其窮不事賢，其通不舉窮，其富不分貧，其貴不理賤"看，"貧賤"明顯應讀爲"分賤"，"貧"、"賤"義近，下賤之人多貧。丁原植2000讀是。

簡18

說明：從圖片看，本簡應爲完簡。

拼合編聯：簡18與簡19編聯，從整理者說。

釋文：福(富)之大也。貴而㠯(一)壤(讓)，則民谷(欲)亓(其)貴之上也。反此道也，民必因此㤀(重)也。

集釋：

【郭店–成之聞之】福之大也。貴而㠯(一)纏，則民谷(欲)其貴之上也。反此道

第四章 《成之聞之》集釋

也，民必因此厚也

◊福而貧賤，則民谷其福之大也：裘按：此句疑當讀為：富而分賤，則民欲其富之大也。 ◊罷：裘按：以《詩·曹風·鳲鳩》"淑人君子，其儀一兮"與《五行》簡文"叟人君子，其義(儀)罷也"對照，"罷"似確可讀為"一"（參看《五行》篇注一七），但此處之"罷纕"似應讀爲"能讓"。

【郭沂1998】富之大也；貴而能讓，則民欲其貴之上也。反此道也，民必因此厚也

【李零1999】富之大也。貴而能讓，則民欲其貴之上也。反此道也，民必因此厚也

【周鳳五1999B】（罷）根據郭店竹簡大量出現的用例，可以確定此字經常讀作"一"，……至於讀作"代"的例證，則見於包山楚簡。……所謂"代禱"，……能（從羽）字雖然可以讀作"一"或"代"，但在本簡均不可通。……此處當讀作"貴而能讓，則民欲其貴之上也。"……此字隨文異解，正爲楚國文字"一字歧讀"的現象提供了絕佳的證據。

【李天虹2000A】釋文作"罷"的字，原文作 《郭店》三二：一六。從字形結構來分析，筆者認為該字很可能是從能彗聲。……古音彗、一均質部字，彗屬匣母，一屬影母，音極相近，可以通轉。……據文義，"罷"在這裏似乎不能讀作"一"。以音求之，"罷"在這裏或可讀作"揖"。古音揖為影母緝部字，與彗、一聲亦相近。"揖讓"典籍常見……但是，裘錫圭先生在《郭店》一書的注解中指出，"福而貧賤"、"貴而罷纕"似應讀為"富而分賤"、"貴而能讓"。從文義來看，似乎比筆者的釋讀更為順暢。尤其是《六德》篇中有"能與之齊"一句話，《禮記·郊特牲》作"壹與之齊"。"能"與"壹"正相對應。由此來看，筆者對" "字的解釋也不盡可靠。也許筆者認為這個字從彗聲是錯誤的，古音能、一本可通轉。或者這個字有兩個讀音：其一以彗為聲，可讀作一，《六德》篇中的"能"是書手抄脫了彗旁；其二以能為聲。這個問題的解決還有待於進一步的研究。

【顏世鉉2000B】由以上資料看來，"罷"可讀作"一"、"能"、"代"三種情形。……由卜辭"羽"讀作"翊"、"昱"，帛書"羽"讀作"翼"，可見"羽"字和之(職)部字的音近關係。楚系的"罷"所從的"羽"和"能"當都是聲符，能是泥紐之部。"罷"字可讀為"能"。"罷"字也可讀為"代"，代為定紐職部，"羽"和"代"是旁對轉關係，音近關係如前段所述；"能"和"代"則

為旁紐陰入對轉。"羿"也可讀作"一",一為影紐質部,質部為脂部入聲韻。脂(質)部和之(職)部字的關係為何?清代段玉裁將上古音支、脂、之分為三部,……然亦有學者並不完全贊同如此截然的劃分,黃綺先生更主張支、脂、之不可分,他並舉出許多典籍及出土文獻材料中的押韻及通假、聲訓的情形,來證明其看法。從這些語音歷史資料中,的確可以看到許多脂(質)、之(職)字相通的情形。

【李零2002A】至此字乃從石從主,應讀爲"重",參看《老子》甲組補注(五)。(辰按,"《老子》甲組補注(五)"原文爲:(《老子》甲簡5)實從石從主,與厚寫法不同。簡文"厚"與這種寫法的"重"字極易混淆,除去此例,下《緇衣》簡44、《成之聞之》簡18、39、《尊德義》簡29過去釋爲"厚"的字,其實也都是"重"字。)

【陳偉2002D】富之大也。貴而能讓,則民欲其貴之上也。反此道也,民必因此重也。

◊反此道,指上述智而比伏、富而分賤、貴而能讓而言,即行止與身份相反。重,尊重。

【劉釗2003】福(富)之大也。貴而羿(能)壤(讓),則民谷(欲)丌(其)貴之上也。反此道也,民必因此至(重)也

"至"從"石"、"主"聲,讀為"重",古音"主"在章紐侯部,"重"在定紐東部,聲為一系,韻為對轉,可以相通。

【季旭昇2004】◊羿:"羿"原來可以讀爲"一"。……似可考慮讀爲"抑"或"摶","抑"、"一"上古同音;"摶"字上古音在文部合口一等,與"一"韻爲旁對轉,聲紐影、精關係密切,如從"旱"的字多屬精紐,但"緝"字依反切"伊入切"則在影紐。"抑讓"、"摶讓"都是謙讓的意思。

【李鋭2005】反,此道也,

【邱德修2005】簡文"羿讓"一語,與其釋作"一讓",不如釋作"能讓"爲恰當,……"羽"字,王矩切,古匣紐,五部;"能"字,羽弓切,古匣紐,八部。二字聲同韻近,古人於是利用"羽"和"能"組合成爲從"羽"、從"能"皆聲的二聲字——"羿"字。

【陳靖欣2005】至:季師旭昇以爲:此字當讀作"動"。重,直隴切,古音在定紐東部。動,徒摠切,古音在定紐東部。二字古音同音,可以相通。動,謂作為也,見《荀子·正名》:"欲過之而不及"注。

第四章 《成之聞之》集釋

【張光裕2005】(《君子爲禮》簡3+4+9C+9B+9D：夫子曰：【3】"回，獨智，人所惡也；獨貴，人所惡也；獨富，人所惡也。"顏淵起，去席曰："敢問何謂也？"夫子："智而□信，斯人欲其【4】□智【9C】也。貴而巰(一)讓【9B】，斯人欲其長貴也；富而【9D】☑")(辰按，原釋文錯誤較多，此處釋文采自筆者《楚地戰國簡帛與傳世文獻對讀之研究》，中華書局，2014年，第321頁)郭店楚簡《成之聞之》第十七、十八簡："福而貧賤，則民欲其福之大也；貴而能讓，則民欲其貴之上也。"

【鄭偉2006】之所以古文字學家難以在漢語文獻找出它的來源，原因就是它是個地地道道的古楚語詞，而且"巰"就是個古侗台語"一"的標音字，是台語在古楚語的底層詞。"一"在今天部分侗台語的讀音：

龍州壯語　　　泰語　　　版納傣語　　　德宏傣語

nə:ŋ⁶；nəŋ¹　　nɯŋ⁵　　　nɯŋ⁶　　　　ləŋ⁶

再看"巰"字，從羽能聲，"能"字泥母蒸部，上古音*nɯŋ²，正和侗台語"一"字讀音一致。……本文討論的"巰"字，不見於今漢語、苗瑤及藏緬語、南亞語，定其為古楚語中的台語底層詞，大概問題不大。

【王志平2008】"一"、"壹"為影母質部字，"能"為泥母之部字，按照傳統觀點，諸字聲韻相去俱遠，因此其音韻關係一度頗增疑惑。……"巰"當從"能"得聲，可讀為"一"。……1. 押韻 但據學者研究，之脂部的關係其實是很密切的。即使段氏本人，也承認《詩經·豳風·鴟鴞》"既取我子，無毀我室"中"子"(之部)、"室"(質部)葉韻，……2. 諧聲……對之(職)、脂(質)部的諧聲關係，陸志韋曾經作過研究。他舉了-t通-k的若干例子，來說明質部與職部的諧聲關係：……3. 通假 此外，文獻中之(職)、脂(質)通假的情況更為常見：《論語·學而》："求之與？抑與之與？"漢石經《論語》殘碑"抑"(影母質部)作"意"(影母職部)。……下面我們分析一下聲母之間的相互關係。……西安杜陵漢牘《日書》有"利一(以)播種、出糞。""一"假借為"以"。又《鹽鐵論·褒賢》："方此之時，何暇得以笑乎？"王利器《校注》引盧文弨曰："以當作一。""以"從"㠯"聲，以母之部；"一"，影母質部。……音理解釋 "能"字，何九盈認為上古聲母當為gl->n-。而"一(壹)"字上古聲母當為ql-。"一"是重紐四等字，鄭張尚芳擬為qlig；"壹"擬為qlid。試比較"能"gləg(>nəg)與"一"qlig(>jit)，上古音非常接近。從漢語本身已經完全可以解釋諸字之間的音韻關係，無須輾轉附會侗台語等。

【十四種2009】福(富)之大也。貴而罷(能)纕(讓)，則民谷(欲)其貴之上也。反此道也，民必因此至(重)也

　　【單育辰2010】如果我們堅持"罷"大都讀爲"一"的話，這兩簡中"貴而罷讓"的"罷(一)"還有一種可能，就是它們是起加強語氣作用的虛詞。如上博四《柬大王泊旱》簡5"吾燥一病"、《莊子·大宗師》："回一怪之"、《晏子春秋·內篇諫上》："寡人一樂之"中的"一"，都是如此。在上博五《季庚子問孔子》簡1"肥從有司之後，罷不知民務之焉在"，這裏的"罷"，也讀爲"一"，也是起加強語氣的作用。

　　【裘錫圭2011】我在審校郭店簡釋文時，曾疑簡18的"罷"當讀爲"能"。從上博簡此語也用"罷"字而不用"能"字來看，此說應取消。李天虹先生讀"罷讓"為"揖讓"。季旭昇先生既表示同意李先生的意見，又從韻部考慮，認爲或可讀為"抑讓"。我傾向於讀為"抑讓"。這個"抑"與《尚書·無逸》"克自抑畏"的"抑"同義。"揖讓"的意思似嫌太具體。

　　【按】◇罷：整理者讀作"一"；裘按讀爲"能"；李天虹2000A讀作"揖"，又認爲讀"能"亦可；季旭昇2004讀爲"抑"或"摶"，裘錫圭2011從"抑"說；單育辰2010讀作"一"，認爲是起加強語氣作用的虛詞。按，此從單說。關於"一"的詞義，沈培有進一步說明，認爲包括"乃"、"竟"、"乃至於"、"竟至於"的意思。①關於"罷"為何能讀爲"一"，現在不少人認爲是"罷"從"能"得聲，與"一"古音相近可通，參王志平2008。◇"反此道也，"李銳2005讀爲"反，此道也，"誤。◇至：整理者釋"厚"；李零2002A隸爲"至"，讀爲"重"；劉釗2003認爲從"主"得聲，讀爲"重"；陳靖欣2005引季旭昇讀作"動"。按，讀爲"重"是，從"主"得聲。此字又見簡39。

簡19

說明：從圖片看，本簡應爲完簡。

拼合編聯：簡19與簡20編聯，從整理者說。

釋文：以返(報)之，可不斳(慎)虔(乎)？古(故)君子所返(復)之不多，所求之不

---

①　沈培：《再說兩個楚墓竹簡中讀為"一"的用例》，香港："承繼與拓新：漢語語言文字學國際研討會"會議論文，2012年。

第四章 《成之聞之》集釋

遠，戠(竊)反者(諸)昌(己)而可以

集釋：

【郭店-成之聞之】以復之，可不斳(慎)唐(乎)？古(故)君子所復之不多，所求之不✱，戠反者(諸)昌(己)而可以

◇✱：裘按："不"下一字亦見下三四號簡，從文義看似是"遠"之誤寫。

【郭沂1998】以復之，可不慎乎？故君子所復之不多，所求之不遠，竊反諸己而可以

【張光裕等1999】所求之不遜(登？)戠(戥)反者(諸)昌(己)而可以

【劉國勝1999】《成之聞之》一九號簡、《尊德義》八號、一七號簡有字作✱，未釋。應釋爲"對"。《說文》："對，從丵口從寸。"此字從丵口從戈。楚文字"丵"常省作✱形，……此字所從"戈"是"寸"的互換通用偏旁。……《廣韻·隊韻》："對，答也。應也。"……所謂"對反諸己而可以知人"，意在表述要以自己所求回應他人的爲君之道。《廣雅·釋詁三》："對，當也。"簡文"對起"與"不當"爲對文。

【李零1999】以復之，可不慎乎？故君子所復之不多，所求之不遠，戠反諸己而可以

◇"竊"，原作"✱"，疑是"察"字的異體，字亦見於《尊德義》簡8和簡17，這裏讀爲"竊"（"竊"是清母質部字，"察"是初母月部字，讀音相近）。

【周鳳五1999B】仔細核對包山楚簡，可以發現此字形構繁簡不一，最完整的字形見第一五七簡，左旁從言，右旁與第二七零簡"靈光之帶"的帶字右旁逼似，應即帶字無疑。帶，古音端母月部；察，初母月部，二字可通。簡文句是說，治民者若細心體察人民的反應，就可以了解人民。《尊德義》此字兩見，讀作"察"都文從字順。

【劉信芳2000A】"復"、"求"互文，"復"讀如"逐"，追名逐利之謂。"✱"即"徵"字，……《史記·貨殖列傳》："故物賤之徵貴，貴之徵賤。"索隱云："徵者，求也。……"是"徵"乃爲盈利而徵求之謂。"所求之不✱"者，所求不爲利之增也。

【陳偉2000】"復之"的"復"是"反"的意思，"復之"即"反求諸己"或"求諸己"，是針對君子而言的，也不能接在以"民"為主語的句子後。

【劉釗2000A】《成之聞之》說："故君子所復之不多，所求之不遠，⿱反諸己而可以知人。"《尊德義》說："⿱者出所以知己，知己所以知人。""⿱⿱則亡避。"……這三個字皆為"察"字異體，就應釋為"察"。《語叢》一有一句說："憭（察）所知，憭（察）所不知"，這與上引簡文"⿱反諸己而可以知人。""⿱者出所以知己，知己所以知人。"說的正是一回事。

【廖名春2000C】復，當讀為"覆"。《廣雅·釋言》："覆，索也。"《說文》："索，求也。"多，侈，過份。這是說君子所索要的不會太多，太過份。

【趙平安2000】"逯"與《周易·繫辭下》"其稱名也，雜而不越"……的"越"屬於一路，指"踰越界限"、"超出常度"而言。這個意義的逯古書或作陵。……"所求之不逯"，是說所求不超出常度，不過份。（辰按，參看簡34【趙平安2000】所述）

【劉信芳2000D】⿱：以"升"為聲符，應該是沒有問題的。……釋為"徵"應該是正確的，……"徵"謂"徵驗"，顯現。……所謂"所求之不徵"，即不以徵驗作為追求的目標，亦即不追求自我標榜。

【涂宗流、劉祖信2001】（所復之不多）"復"，謂實踐諾言。《論語·學而》："信近於義，言可復也。"朱熹集注："復，踐言也。"

【郭沂2001】"復"，《易·彖上傳》："復見其天地之心乎"注："復者，反本之謂也。"此處猶上章所言"反其本"。

【陳偉2002D】以復之可不慎乎。故君子所復之不多，所求之不陵，就反諸己而可以

就：疑當釋為"戚"。……"戚"字中，右下部有兩種情形：一種從"心"，如《性自命出》34號簡、上海博物館藏簡《詩論》4號簡；一種類似"米"字下部，如《尊德義》7號簡和《語叢一》34號簡。我們所討論的這個字，以及出自《尊德義》8號簡的同形之字，除右下部分作"言"之外，與上述兩種寫法類似。"心"、"言"作為古文字的形旁，每可互換。因而這大概就是"戚"的另外一種寫法。……簡書中似當讀為"就"，"就"有因憑、依隨之義。"就反諸己而可以知人"，大概是說依靠對自己的反省而達致知人。《尊德義》8號簡"就諸出所以知己，知己所以知人"，大概是說依據自己的表現達致知己，知己遂可知人。

【李運富2003】（《成之聞之》簡19的⿱和《尊德義》簡8的⿱）把它們分析為從"口""羕"省聲……其中的"羕"當然也是"僕"的省變體，因而這兩組字的讀

第四章 《成之聞之》集釋

音也跟"僕"相同或相近。在《成之聞之》和《尊德義》的辭例中,"�"的用法也同"覆",檢查、省察的意思。

【劉釗2003】以返(報)之,可不訐(慎)唐(乎)?古(故)君子所返(報)之不多,所求之不遠,𧮫(察)反者(諸)㠯(己)而可以

"返"讀為"報",古"復"、"報"音義皆近,常常通用。"𧮫"字從"言"從"戈"(楚簡中用為"察"、"竊"、"淺"的聲旁),讀為"察"。

【鄭剛2004A】𧯂:此字從𧯂從"口",爲十和𧯂的融合體,也是"戚"。……𧯂(殖,《古文四聲韻》)按字形與"殖"毫無關係,當是"熾"字所假。"殖"、"熾"並章母職部字,古多通假,……楚簡中的𧯂字是"𧮫"字的一個或體,所從的"戈"因聲音而類化爲從"日"、從"戚","戚"聲。"戚"字古音清母覺部,與"𧮫"……二字的通用是無可置疑的,例如《詩經·載芟》和《詩經·大田》的"俶"字,鄭注並讀爲"熾"。……(《成之聞之》、《尊德義》)作𧯂的字也都讀爲"識"。

【陳靖欣2005】季師旭昇以爲:復,反覆省察、追查、求證之意。簡文"君子所復之不多"意爲:君子反覆省察不必太多。

【十四種2009】以復之,可不訐(慎)唐(乎)?古(故)君子所復之不多,所求之不𧯂,𧯂(竊)反者(諸)㠯(己)而可以

【按】◇第一個"返(復)":陳偉2000認爲是"反"的意思;劉釗2003讀爲"報"。按,典籍中"復"、"報"音義相近,今按習慣從劉釗說讀爲"報","報"義爲"報復"。 ◇第二個"返(復)":劉信芳2000A讀如"逐";廖名春2000C讀爲"覆",求義;涂宗流、劉祖信2001訓"復"爲實踐諾言;郭沂2001訓"復"爲反其本;劉釗2003讀爲"報";陳靖欣2005引季旭昇訓"復"爲反覆省察、追查、求證。按,體會文意,郭沂、季旭昇說爲近。此簡雖有兩個"復"字,但意思不一樣。 ◇𧯂:裘按認爲是"遠"之誤寫;張光裕等1999隸定爲"遜",疑讀爲"登";劉信芳2000A釋爲"徵",訓爲"徵求";劉信芳2000D又訓爲"徵驗";趙平安2000釋爲"逯"。按,從文義看,應是"遠"字的一種特殊寫法。在一篇簡文中,同一個詞常常用兩個以上的不同寫法,參看《成之聞之》簡30集釋裏單育辰2009的意見。 ◇𧯂:整理者隸定爲"𧮫";張光裕等1999釋爲"戮";劉國勝1999釋爲"對";李零1999疑是"察"字的異體,讀爲"竊";周鳳五1999B釋爲"帶",讀爲"察";劉釗2000A釋爲"察";陳偉2002D釋爲"戚",讀

爲"就"；李運富2003釋爲"業"，讀爲"覆"；鄭剛2004A釋爲"戠"，讀爲"識"。按，從字形演變看，此應是"察"的一種特殊寫法，這裏暫依李零1999讀爲"竊"。參《尊德義》簡17之"戠"。

簡20

說明：從圖片看，本簡在第6字"人"字中部有斷痕。

拼合編聯：簡20與簡34編聯，從王博2000A、陳偉2000說，陳偉說："成34至36原爲一組。其實可接于成20之下。'君子□席之上'數語是談在不同場合的謙讓，正應是對成20所述'欲人之愛己也，則必先愛人；欲人之敬己也，則必先敬人'的具體闡釋。"

釋文：智(知)人。是古(故)谷(欲)人之恧(愛)昌(己)也，則必先恧(愛)人；谷(欲)人之敬昌(己)也，則必先敬人。

集釋：

【郭店–成之聞之】智(知)人。是古(故)谷(欲)人之恧(愛)昌(己)也，則必先恧(愛)人；谷(欲)人之敬昌(己)也，則必先敬人。

【郭沂1998】知人。是故欲人之愛己也，則必先愛人；欲人之敬己也，則必先敬人。

【廖名春1998A】"欲人之愛己也，則必先愛人；欲人之敬己也，則必先敬人。"一段話即見於《國語·晉語四》："(趙衰)對曰：'《禮志》有之曰：將有請於人，必先有入焉。欲人之愛己也，必先愛人；欲人之從己也，必先從人。……'"簡文亦當取於《禮志》。

【李零1999】知人。是故欲人之愛己也，則必先愛人；欲人之敬己也，則必先敬人。

【楊儒賓2000】"君子……竊反諸己而可以知人。是故欲仁之愛己也，則必先愛人；欲人之敬己也，則必先敬人"之語，也和《孟子·離婁下》所說"君子所以異于人者，以其存心也……愛人者人恆愛之，敬人者人恆敬之"文意相同，文字相近。

【陳偉2002D】知人。是故欲人之愛己也，則必先愛人；欲人之敬己也，則必先敬人。

【劉釗2003】智(知)人。是古(故)谷(欲)人之恧(愛)昌(己)也，則必先恧(愛)

第四章 《成之聞之》集釋

人；谷(欲)人之敬旨(己)也，則必先敬人。

【劉桓2005】《國語·晉語四》：……爲此數語之所出。

【十四種2009】智(知)人。是古(故)谷(欲)人之悉(愛)旨(己)也，則必先悉(愛)人；谷(欲)人之敬旨(己)也，則必先敬人。

簡34

說明：從圖片看，本簡應爲完簡。
拼合編聯：簡34與簡35編聯，從整理者說。
釋文：君子籔(衽)筥(席)之上，叚(讓)而受(授)學(幼)；朝廷之立(位)，叚(讓)而処(處)戔(賤)，所宅(度)不遠矣。少(小)人
集釋：

【郭店–成之聞之】君子籔筥(席)之上叚(讓)而☐☐；朝廷之立(位)，叚(讓)而処(處)戔(賤)；所厇(宅)不☐悇(矣)。少(小)人

【郭沂1998】君子籔席之上讓而☐☐；朝廷之位，讓而處賤；所宅不遠矣。小人

【廖名春1998A】簡文"衽席之上，讓而坐下，朝廷之位，讓而處賤"一段亦見於《禮記·坊記》："衽席之上，讓而坐下，民猶犯貴；朝廷之位，讓而就賤，民猶犯君。"（見李家浩1998年6月10日在炎黄藝術館"郭店楚簡學術研討會"上的發言。）

【陳偉1998】"受"字的"舟"形較之楚文字中習見者簡略，釋"受"似問題不大。"幼"從"幽"從"子"。"幼"、"幽"古音同在幽部影紐，度之音義，恐當讀爲"幼"。……《禮記·坊記》云：……與簡書意義相關。

【張光裕等1999】◇☐☐：此乃"受學(幼)"二字。《中山王鼎》有"學"字，即讀作"幼"，可以爲證。簡文云："……讓而受(授)學(幼)"，詞義通順。◇所厇(宅)不遾(登？)悇(矣)。

【李家浩1999】《禮記·坊記》有一段文字與此相似：……這段文字對於我們正確釋讀簡文和解理文義，都很有幫助；同時還證明在"之上"之後，當加逗號。

【劉樂賢1999】這一段話見於今本《禮記·坊記》，其文字與此略有差異。……"席"前的字……字左下部所從並非"易"，……從《禮記》看，它很可能是"衽"的通假字，至於爲什麽能讀爲"衽"，現在還說不清楚。另

139

外，……我們猜測，它所從的"■"也就許就是"叡"的變體。如此，則此字可釋為"籔"，在簡中讀為"寢"。"寢席"，即寢臥之席。……"讓而"後面的兩字，……我們懷疑可能是"受學(幼)"二字的簡省。"受幼"，大概是指容受幼小。

【黃德寬、徐在國1999】我們以為■■為"受幼"二字。郭店簡"受"字多作■、■，此字作■略有省簡。■從子從幽。中山王大鼎"幼"作■，……"受幼"與下句"處賤"相對為文。

【李零1999】君子，衽席之上，讓而受幼；朝廷之位，讓而處賤。所宅不遠矣。小人

◇"衽"，原釋"籔"，從照片看似從竹從尋從攴(參看秦公簋銘文的"尋"字)，疑讀"簟"或"衽"("簟"是定母侵部字，"衽"是日母侵部字，"尋"是邪母侵部字，讀音相近)，參看朱起鳳《辭通》，下冊2570—2571頁。 ◇"受幼"，原不釋，從照片看，上字是"受"字，下字從幽從子，寫法同中山王鼎銘"寡人幼童未通智"的"幼"字。"受幼"是說受幼者之位，與"處賤"互文。《禮記·坊記》"衽席之上，讓而坐下，民猶犯貴。朝廷之位，讓而就賤，民猶犯君"，與此類似。

【劉信芳2000A】既讓而處賤位，則所以託身者，非為徵求於利也。

【趙平安2000】◇郭店簡中有一個寫作a(辰按，指■、■)形的字，分別見於下列簡文：《成之聞之》一七~二〇《成之聞之》三三~三四。《成之聞之》篇有兩個遠字，二一簡作■，三七簡作■……這似乎可以說明是遠字的寫誤的可能性很小。……我們認為b(辰按，指■)就是夋字。……b是從■(夋伯簋)、■(庚壺綾所從)之類寫法的基礎上省變而來的。……a就可以隸作逡。逡是夋的纍增字。《說文·夊部》："夋，越也。"……"逡"與……《左傳·成公二年》"射其左，越於車下"的"越"相似，指"失墜"、"墜落"。"宅"當居講，"所宅不逡矣"是說所居之位不會墜失。 ◇這個字一般釋受，字形相去既遠，文例也講不通。鄂君啟節爰作■、郭店《語叢》二·一五■所從作■。此字中部在通常寫法上略有簡省。《說文·受部》："爰，引也。"後增纍為援。《禮記·儒行》："適弗逢世，上弗援，下弗推。"《禮記·中庸》："在上位，不凌下。在下位，不援上。"

【李學勤2000D】甲骨文中的"■"字，……唐蘭先生……釋為"尋"，……這個字釋"尋"是正確的。我們只要看《小爾雅》講"尋，舒兩肱也"，就可知釋

第四章 《成之聞之》集釋

其字爲"尋"得字形的精微。……荊門包山楚簡有"鄩"字，所從之"尋"作"㝡"，仍可看出"舒兩肱"的形迹。……包山簡一二〇號有"𥵦"字，當系"蕈"字的繁寫。荊門郭店簡《成之聞之》三四號簡有"𥵦"字，結構與上述包山簡的字近似。……按"尋"聲的字每每與"覃"聲的字通用，如《說文通訓定聲》所說，"蕈"或作"薄"，"橝"或作"㭙"。這是由於"覃"是定母侵韻字，故與"尋"相通。《成之聞之》這個字應讀爲"簟"，"簟"爲竹席，所以在簡文連稱"簟席"。

【劉信芳2000D】𥵦：以"升"爲聲符，應該是沒有問題的。……釋爲"徵"應該是正確的，……"徵"謂"徵驗"，顯現。所謂"讓而處賤"，讓謂揖讓，揖讓而處於相對爲賤的位置，將尊位讓給他人；"所託不徵"即所託不在徵驗。

【涂宗流、劉祖信2001】◊君子簜席之上，讓而叟孳："簜"，……《說文》："簜，大竹也。"……"叟"，對老年男子的尊稱。……"孳"，通孜。……"叟孳"，年老而勤勉之稱。 ◊所宅不遠矣："宅"，信處，居住的區域。……"不遠"，猶距離近，謂無須定其分界，亦無相侵奪也。

【郭沂2001】"袵"，原釋"簸"，今依李校。"袵席"，孫希旦《禮記集解》曰："謂享燕所設之席。"

【何琳儀2001】"簸"應讀"簜"。《書‧禹貢》"篠簜既敷"，傳"簜，大竹也。"

【陳斯鵬2001】𥵦：它應與《尊德義》及《古文四聲韻》"淫"字所從相同。對照《禮記‧坊記》相關文字，此字似應讀"袵"。"袵"為侵部字，可知其聲符也應是侵部字，侵部字"淫"從之得聲是自然的事，這或可從語音上證明李（家浩）說的正確。（辰按，參看《尊德義》簡16的集釋。）

【李零2002A】"簟"，原從竹從尋從攴。《集韻‧侵韻》有"簹"字，曰"竹名，長千丈，可爲大舟"，即此字。舊作指出簡文應讀"簟席"或"袵席"，釋文是取後者，以與《坊記》對讀，但從字形考慮，簡文從竹，還是以作"簟席"更好（"簟"是本字，"袵"是通假字），今作"簟"。

【陳偉2002D】君子簟席之上讓而受幼；朝廷之位讓而處賤；所宅不陵矣。小人宅，猶"在"。

【周鳳五2003】關於簡文"淫"字（辰按，指簡24），……此字右旁似"易"，實爲"尋"字之訛。尋，古音邪紐侵部；淫，余紐侵部，《古文四聲韻》的古《老子》"淫"字以尋爲聲，乃音近通假。……"君子袵席之上讓而受幼"讀爲袵，……

· 141 ·

以上各例也都屬音近通假。（原注：袵，古音日紐侵部；……與尋字可以通假。"袵席"，典籍習見，不煩舉例。）

【劉釗2003】君子簹(簟)笞(席)之上，壤(讓)而受學(幼)；朝廷之立(位)，壤(讓)而尻(處)戔(賤)，所氒(度)不遠悆(矣)。小人

【古敬恒2004】此字從竹，從攴，易聲。我們以為此字可讀為"簜"。易，古音為余母陽韻，唐，古音為定母陽韻，讀音十分接近。可以通假。簜義為竹席。《集韻》："簜，符簜，竹席，直文而粗者。"

【崔海鷹2008】此從劉釗先生讀。……度，有揣度、度量之意，在此指"察反諸己而可以知人"等。

【張金良2008】頗疑此字是從印從又的"叟"字，此字有借筆，故對釋讀造成困難。……叟字所從"又"字即作三筆，"又"字首筆借用了"㇏"字表示腿部的筆劃。"印"下"又"字為無義贅加，"叟"即"印"字繁構，……簡文中讀為"隱"，古音"印"是影紐真部字，"隱"是影紐文部字，古音可通。《詩·召南·殷其雷》："殷其雷。"《爾雅·釋詁》邢疏引殷作隱，阜陽漢簡《詩經》S014作"印其離"，可證。"學"讀為"幽"，"學"字從"幽"得聲，《窮達以時》第十五簡"學明不在"，即借"學"為"幽"。"隱幽"即隱身於幽暗之處，與下文"處賤"正相對。

【十四種2009】君子簸(簟)笞(席)之上，戮(讓)而爰(援)學(幼)；朝廷之立(位)，戮(讓)而尻(處)戔(賤)，所氒(宅)不悆(矣)。少(小)人

【牛新房2010】與這些字(辰按，指學、𦈢之類的"幽"或從"幽"之字)比較，其不同主要在於"幽"字所從的是山，而𦈢所從的是凵，二者明顯不同，……我們認為𦈢字應隸定為學，楚簡中茲一般作𦈢，其所從的凵可能是羨符，𦈢應釋為孳。……對比來看，《成之聞之》中的"受孳"、"處賤"分別相當於《禮記·坊記》中的"坐下"、"就賤"，循此思路，我們認為"受孳"應讀為"受次"。《呂氏春秋·知分》"荊有次非者"之"次非"，《漢書》作"茲非"……所以從茲得聲的"孳"亦可讀為"次"。……次有下等、次要的等意，……故"受次"與"處賤"、"坐下"、"就賤"等意思上是一致的。

【單育辰2010】君子簸(袵)笞(席)之上戮(讓)而受(授)學(幼)，

【按】◊按，"君子"二字為合文。◊𦈢：陳偉1998、張光裕等1999、劉樂賢1999、黃德寬、徐在國1999、李零1999皆釋為"受學(幼)"；涂宗流、劉祖信2001

第四章 《成之聞之》集釋

釋作"叟孥";第一字趙平安2000釋作"爰"讀"援";張金良2008釋作"叟(隱)幽"。按,釋"受學(幼)"正確,"受"今依後世用字習慣括注爲"授"。 ◇按,"廷"字寫法較怪,作▨,參楚簡中的▨字(上博四《昭王毀室》簡1),實爲一種訛變的寫法,又此字寫的有點象"巠"(參《尊德義》簡13之▨),但又不十分相同,如果是"巠"的話,也可讀爲"廷","巠"見紐耕部,"廷"定紐耕部,二字音近。但它更可能是"廷"的訛寫。 ◇▨:裘按認爲是"遠"之誤寫;張光裕等1999隸定爲"遜",疑讀爲"登";趙平安2000釋作"遂",訓墜落;劉信芳2000D釋爲"徵",訓爲徵驗。按,釋"遠"是,參簡19按語。 ◇▨:劉樂賢1999認爲很可能是"衽"的通假字,又釋作"篸",讀"寑";李零1999認爲此字從竹從尋從支,疑讀"簟"或"衽";李學勤2000D隸定爲"篸",讀爲"簟";涂宗流、劉祖信2001、何琳儀2001釋爲"蕩";郭沂2001釋爲"衽";陳斯鵬2001讀"衽";周鳳五2003認爲右旁爲"尋"之訛,讀爲"衽";古敬恒2004釋爲"簹"。按,此字應隸定依李零、李學勤、周鳳五隸定爲"篸",應依李零、郭沂、陳斯鵬、周鳳五讀爲"衽"。參看筆者《楚地戰國簡帛與傳世文獻對讀之研究》(中華書局,2014年)第35頁。 ◇宅:劉信芳2000D讀爲"託";涂宗流、劉祖信2001訓爲信處,居住的區域;陳偉2002D訓爲在;劉釗2003讀爲"度";崔海鷹2008從之,並解爲揣度、度量。按,劉釗讀"度"較好,其義似爲度量。

簡35

說明:從圖片看,本簡應爲完簡。
拼合編聯:簡35與簡36編聯,從整理者說。
釋文:不經(逞)人於刃,君子不經(逞)人於豊(禮)。攎(津)氵刃(梁)靖(爭)舟,丌(其)先也不若丌(其)遂(後)也。言

集釋:

【郭店-成之聞之】不經人於刃,君子不經人於豊(禮)。▨氵刃靖(情)於,其先也不若其後也。言

◇經:裘按:疑"經"當讀爲"逞"。《左傳・昭公四年》:"求逞於人,不可。"疑"逞人"與"求逞於人"意近。"刃"疑當讀爲"仁"。此文之意蓋謂小人不求在仁義方面勝過人,君子不求在禮儀方面勝過人。 ◇▨氵刃靖於:裘按:此句

似當釋讀爲：**沕**（梁）爭舟。第一字左从"才"，右旁即注四所提到的"鷹"字異體，可讀"薦"音，當是此字聲旁。此字出現在"梁"字之前，疑應讀爲"津"，參看《窮達以時》注六。

【郭沂1998】不逞人於仁，君子不逞人於禮。津梁爭舟，其先也不若其後也。言
◇小人只重外表形式而不願逞強於內在仁心，君子注重實質內容而不願逞強於外在禮儀。

【陳偉1998】在二七條（《六德》簡30—31）所揭簡文中，"刃"當讀爲"恩"。……本條"刃"讀爲"恩"的可能性似乎更大一些。如然，簡書這段話大致是說：小人不以恩情而對他人逞強，君子不以禮儀而對他人逞強。

【張光裕等1999】杫沕情（爭）舟，

【顏世鉉1999A】就"君子不逞人於禮"而言，在古代，禮儀主要是爲士階級以上的貴族而制定，也爲其所熟習，《禮記·曲禮上》："禮不下庶人。"可以說習禮儀是古代貴族的專利。簡文當時說君子（相對於平民而言）不以其嫻熟禮儀而向人逞強。因以，再就"小人不逞人於刃"來說，若說是小人不以其行仁義來向人逞強，文意上並不通；……仁本而禮末，禮的儀節易習而仁之境界難至，要求君子"不逞人於禮"，卻要求小人"不逞人於仁"，似乎不好解釋。……本文則認爲簡文所言"君子"、"小人"當指貴族和平民而言，"小人不逞人於刃"是說：小人不以其持有刀刃之兵器而向人逞強。

【李零1999】不逞人於恩，君子不逞人於禮。津梁爭舟，其先也不若其後也。言
◇"恩"，原作"刃"，疑讀爲"恩"。

【周鳳五1999B】陳偉改讀刃字爲"恩"，可從，……《大戴禮·曾子立事》："君子不絕人之歡，不盡人之禮。"對照簡文，疑此處意謂小人不要求他人盡恩情；君子不要求他人盡禮儀。《左傳·襄公二十五年》："不可億逞"注："逞，盡也。"是其證。

【劉信芳2000A】◇"沕"字原簡作"**㳄**"，不當釋"梁"。"梁"之字形可參看包157"梁"（**㮚**），……字與"沕"判然有別。……"擔沕"疊韻，應讀爲"渿沕"，劉向《九歎·惜賢》……王逸注："渿沕，垢濁也。"……"渿沕爭舟"者，蓋描寫人群上渡船，爭先恐後之混亂場面。 ◇"刃"亦讀爲"恩"，該句謂：小人不求在恩情方面炫耀自己，君子不求在禮儀方面炫耀自己。

【曹建敦2001】《成之聞之》中的"刃"和《六德》中的"紉"……均應讀

第四章 《成之聞之》集釋

爲"昵"。《說文・黍部》：……《春秋傳》曰："不義不黏"。"䵒、黏或從刃。"段注謂："刃，聲也。"……"不義不黏"見於《左傳・隱公元年》，今本作"不義不暱"。暱昵乃一字之異體。……所以我們有理由(辰按，原文如此)《六德》中的"紉"讀爲"昵"。"昵"在先秦典籍中多訓爲"親"、"近"之義。

【廖名春2001D】 緹，當讀爲"程"。《廣雅・釋詁三》："程，量也。"……《韓非子・五蠹》……"程於勇"近於"逞人於刃"，……"刃"即勇力的代表，顏說是。君子以禮名，小人以力聞。所以，此是說小人不與君子在勇力上較量，君子也不與小人在禮義上較量。

【陳偉2002D】不逞人於恩，君子不逞人於禮。存梁爭舟，其先也不若其後也。言

存：當釋爲"存"。簡書中，似當讀爲"栫"。《說文》："栫，以材木雍也。"……是"栫"有壅塞、阻擋義。"栫梁"應是指在橋梁上爭路。

【劉釗2003】不緹(逞)人於刃(忍)，君子不緹(逞)人於豊(禮)。𢒏(津)汭(梁)腈(爭)舟，丌(其)先也不若丌(其)逡(後)也。言

"緹"讀爲"逞"，"逞"意爲顯示，誇耀。"忍"意爲殘忍，狠心。

【陳靖欣2005】簡文"刃"，原是指大刃刀劍之屬，……在此引申作勇力之稱。

【高佑仁2009】"𢒏"其實是個二聲字，……"𢒏"字精紐諄部，"津"，精紐沒部，二字聲同韻近，……"才"從紐之部，"𢒏"字的精紐諄部，聲紐同爲精系，韻部則"之諄對轉"，之、諄二部的通假關係可用"才"、"存"二字爲證。

【梁立勇2007】"刃"在此當解爲"能"，《說文・心部》："忍，能也。"《說文》訓"忍"爲"能"很可能屬於聲訓，……"能"在上古音屬於泥母蒸部。"刃"是日母文部，娘日歸泥，"能"和"刃"的聲母在上古音中相同。二字韻部一屬蒸部，一屬文部，看似有間，但《楚辭・遠遊》即以"門""冰"相押，"門"屬文部，"冰"屬蒸部。……文獻中多有"逞能"的說法可資參考：《莊子・山木》："此筋骨非有加急而不柔也，處勢不便，未足以逞其能也。"……"小人不逞人于刃，君子不逞人於禮"的意思應該是：君子不應快意於在禮儀方面勝過人，小人不應該快意於在技能方面勝過人。

【十四種2009】不緹(逞)人於刃(恩)，君子不緹(逞)人於豊(禮)。𢒏(津)汭(梁)腈(爭)舟，其先也不若其後也。言

【按】◇緹：裘按讀爲"逞"，訓爲"求逞於人"之"逞"；劉釗2003進一步

解爲顯示，誇耀；周鳳五1999B訓"逞"爲盡；廖名春2001D讀爲"程"。按，裘按、劉釗說是。◊刃：裘按讀爲"仁"；陳偉1998、李零1999、劉信芳2000A讀爲"恩"；顔世鉉1999如字讀爲"刃"；曹建敦2001讀爲"昵"；劉釗2003讀爲"忍"；陳靖欣2005認爲"刃"引申作勇力之稱；梁立勇2007讀爲"能"。按應依顔世鉉如字讀爲"刃"，小人乃下民，似不宜逞人以仁、恩。 ◊㳚㳚婧舟：裘按讀爲"㩼(津)㳚(梁)婧(爭)舟"；張光裕等1999把第一字釋作"抿"；劉信芳2000A把前二字讀爲"洴㳚"；陳偉2002D把第一字讀爲"梏"；高佑仁2009認爲"㩼"其實是個兩聲字。按，高佑仁認爲"㩼"是兩聲字正確，此處應依裘按讀爲"㩼(津)㳚(梁)婧(爭)舟"。

簡36

說明： 從圖片看，本簡應爲完簡。

拼合編聯： 簡36與簡21編聯，從高正2000說。

釋文： 語羍（窮）之，亓（其）勍（勝）也不若亓（其）巳（已）也。君子曰：從允懌（釋）忞（過），則先者余（豫），坴（來）者信。

集釋：

【郭店–成之聞之】語喭之，其勍（勝）也不若其已也。君子曰：從允懌（釋）忞（過），則先者余，坴（來）者信。

◊喭：裘按：《集韻》曷韻才達切藏小韻以"咋""喭"爲"嚄"字或體，月韻語許切鑷小韻亦有"咋"字，訓爲"語相呵拒"。簡文"喭"字應讀爲月韻之"咋"字。

【郭沂1998】語咋之，其勝也不若其已也。君子曰："從允釋過，則先者余，來者信。"

【張光裕等1999】（言）語喭（嚄）之，

【顔世鉉1999B】《說文》："允，信也。""從允"即"從信"，指趨就誠信。……"釋過"猶"赦過"，即原諒人民無心的小過失。余，讀作豫，余、豫均爲余紐魚部，馬王堆帛書《繫辭傳》："重門擊柝，以待扶客，蓋取余也。"余，通行本作豫。……"豫，樂也。"……《墨子·耕柱》亦載此事，孔子云："善爲政者，遠者近之，而舊者新（親）之。"簡文"先者"猶"舊者"，指原先已歸其治

第四章 《成之聞之》集釋

理之百姓。"來者信"指治外之民信其仁德而前來歸附。

【李零1999】語嘷之,其勝也不若其已也。君子曰:從允釋過,則先者除,來者信。

◇"嘷",原作"睪",整理者釋"啐"。案此字乃楚簡"梏"字所從,疑讀為"嘷"("嘷"是匣母幽部字,"梏"是見母覺部字,讀音相近)。"嘷"是大叫,指言語爭吵。◇"除",原作"余",疑讀"除"或"舍"。

【廖名春2000C】周鳳五《疏證》:余讀為"舒",信讀為"伸"。這幾句話是說,君子待人遵循誠信的原則而不計較他人的過失,所以無論既往或未來,人人都能不受壓抑而伸展自如。

【崔永東2000】允:《說文》:"信也。"……"從允"服從信德,亦即講信用。……余、身、親含義相通。"余"當有親近的意思。所謂"從允懌(釋)怂(過),則先者余,埜(來)者信"是說統治者講信用,改過錯,先前的人(原有的臣民)則會親近他,親近歸服的人相信他。

【涂宗流、劉祖信2001】則先者餘,來者信:"餘",長久。……《廣雅·釋詁三》:"餘,久也。"……那麼前導者就能長久對後世產生影響,後來者就能取信於民。

【郭沂2001】"虛",原作"余",……"余"為喻母魚部,"虛"為溪母魚部,讀音十分接近。"虛"與下句的"信"對文。"虛",空也,無也。這裏謂淡化。……全句蓋謂一個人如以公允的態度解釋其過錯,那麼就要淡化其以往的過錯,而其未來的過錯則需實際地對待。

【陳偉2002D】語□之,其勝也不若其已也。君子曰:"從允懌過,則先者余,來者信,

允,疑可讀為"悛",悔改義。懌,通"釋",放過,赦宥義。先,疑為"往"字之誤。二字形近而致。余,讀為"舒",伸展義。信,通"伸",與"舍(舒)"義近。

【劉釗2003】語睪(較)之,丌(其)勑(勝)也不若丌(其)巳(已)也。君子曰:從允懌(釋)怂(過),則先者余(除),埜(來)者訷(信)。

"睪"為楚簡中"梏"字所從,疑應讀為"較",指"較量"。古音"梏"在見紐覺部,"較"在見紐宵部,聲紐相同,韻為旁對轉,於音可通。

【陳劍2007】言【35】語睪(鞠)之,

【白於藍2008】"唪"似當讀作"㖄"。《說文》:"㖄,語相呵歫也。從口歫辛。辛,惡聲也。讀若蘗。"

【高佑仁2009】"哞"最早見顧野王所編纂之《玉篇》,時代離戰國已遠,……"嗥"主要指的是動物的吼叫聲,……"較"之說……在古文字中找不到用例,……本簡的 字以讀作"鞫"爲佳,上博簡《周易》"僮牛之䉛(梏)",馬王堆帛書本"梏"作"鞫","鞫"字見紐覺部,"梏"字見紐覺部,聲韻都近,通假可信,……"鞫者,以其辭決罪也",……"已,止也。"……"言語梏(鞫)之,其勝也不若其已也"翻譯成"言語(審問)犯人,與其欺淩不如停止"。

【十四種2009】語睾之,其勮(勝)也不若其已也。君子曰:從允懌(釋)怸(過),則先者余,來者信。

【單育辰2011】"余"應讀爲"豫",二字通假之例甚多,參看《古字通假會典》"余與豫"條,"豫"有悅義。"先者豫,來者信"是說先靠近君子的人內心歡悅,後靠近君子的人也能信服。《禮記·儒行》:"往者不悔,來者不豫。"《大戴禮記·曾子立事》:"君子不絕人之歡,不盡人之禮,來者不豫,往者不慎也,去之不謗,就之不賂,亦可謂忠矣。"其中"往者不悔,來者不豫",去除其中的否定詞,大概相當於"先者豫,來者信",其中"來者"與"豫"連言,與此相近,此二書中的"豫"亦應爲"悅"義,舊或釋爲"豫備"之義,不確。

【張新俊2011】細繹《成之聞之》簡的這段話,顯然含有"爭端"、"爭執"這樣的意思在其中。……宵部的"較"與覺部的"睾",從古音上說似乎又不夠密合,總難以令人信服。我們認為……"睾"字,似乎可以讀作"窮"。上古音"窮"屬群母冬部字,與見母覺部的"梏"字,聲母同為見系,韻部則是嚴格的陽入對轉關係,二者音近可通。"窮"有辭屈之義。如《孟子·公孫丑上》:"邪辭知其所離,遁辭知其所窮。""窮"往往有通過辯難,使對方無言以對這層含義。《戰國策·秦策》有如下的話最能說明問題:"秦王謂甘茂曰:'楚客來使者多健,與寡人爭辯,寡人數窮焉,為之奈何?'"鮑彪注:"窮,辭屈也。"

【竹書2011】文獻中常以"屈(詘)"、"信(伸)"爲對文,若陳(偉)說"信"用爲"伸"成立,疑"先者余,來者信"之"余",用義當與"屈(詘)"相近,故李零讀"余"爲"除"或"舍"似較爲合理。又疑"余"可讀爲"去",古聲"余"、"去"相近可通(參高亨《古字通假會典》第836頁)。

【白於藍2012】"唪"似當讀作"狎"。《荀子·臣道》:"則是狎虎也。"

第四章 《成之聞之》集釋

楊倞注:"狎,輕侮也。"

【按】◇睪:裘按讀爲"哸";張光裕等1999讀爲"嚳";李零1999讀作"嘩";劉釗2003讀作"較";陳劍2007讀爲"鞠",高佑仁2009有補充論證;白於藍2008釋爲"峇";張新俊2011讀爲"窮";白於藍2012釋爲"狎"。按,"睪"即"梏"字,關於"睪"字的形體來源,可參趙平安《釋"羍"及相關諸字》①,從語感上看,張新俊讀法較佳,暫從之讀爲"窮"。 ◇允:整理者如字讀;陳偉2002D讀爲"悛"。按,如字讀是,"允",信也。 ◇先:眾人皆如字讀,唯陳偉2002D疑爲"往"字之誤;按,陳偉說不可信。 ◇余:顏世鉉1999B讀爲"豫",單育辰2011有補充;李零1999讀爲"除"或"舍";廖名春2000C引周鳳五、陳偉2002D讀爲"舒";崔永東2000以爲余、身、親含義相通;涂宗流、劉祖信2001讀爲"餘";郭沂2001讀爲"虛";竹書2011讀爲"去"。按,顏世鉉1999讀是,"先者豫,來者信"是說先向君子靠近的人內心歡悅,後向君子靠近的人也能信服。 ◇信:整理者如字讀;廖名春2000C引周鳳五、陳偉2002D讀爲"伸"。按,如字讀可信。

簡21

說明: 從圖片看,本簡應爲完簡。

拼合編聯: 簡21與簡22編聯,從整理者說。

釋文: 是以智(知)而求之不疾,丌(其)迲(去)人弗遠悇(矣)。敢(勇)而行之不果,丌(其)悇(疑)也弗枉(往)悇(矣)。

集釋:

【郭店–成之聞之】是以智(知)而求之不疾,其迲(去)人弗遠悇(矣)。敢(勇)而行之不果,其悇(疑)也弗枉(往)悇(矣)。

【郭沂1998】是以智而求之不疾,其去人弗遠矣;勇而行之不果,其疑也弗往矣。

【李零1999】是以智而求之不疾,其去人弗遠矣。勇而行之不果,其疑也弗往矣。

【周鳳五1999B】疑,……字當訓止、定。《詩·大雅·桑柔》:"靡所止疑,云徂何往。"傳:"疑,定也。"……簡文意謂君子既知成德之道,則當力行以求實踐。若知而不行,則去人不遠;行而不果,猶止而不行,終無以成其德也。

---

① 趙平安:《釋"羍"及相關諸字》,《語言文字學研究》,北京:中國社會科學出版社,2005年,第32—35頁;又,趙平安:《釋"羍"及相關諸字》,《新出簡帛與古文字古文獻研究》,北京:商務印書館,2009年,第114—120頁。

【廖名春2000C】勔當讀爲"用"。

【涂宗流、劉祖信2001】"疾",盡力。

【陳偉2002D】是以知而求之不疾,其去人弗遠矣。用而行之不果,其疑也弗枉矣。

用,與上文"知"字相對。

【劉釗2003】是以智而求之不疾,丌(其)迲(去)人弗遠悘(矣);戡(勇)而行之不果,丌(其)悘(疑)也弗桎(往)悘(矣)。

"疾"訓爲"敏捷"或"盡力"、"努力"。

【崔海鷹2008】去人弗遠:意即超出常人程度不遠。

【十四種2009】是以智而求之不疾,其迲(去)人弗遠悘(矣)。戡(勇)而行之不果,其悘(疑)也弗枉悘(矣)。

【鄧少平2009A】簡文此句當斷爲"是以知而求之,不疾其去人弗遠矣",這裏的"疾"和"凡物在疾之"、"行之不疾"中的"疾"意思並不相同,而當與《論語·衛靈公》"君子疾沒世而名不稱焉"的"疾"同訓爲"病"。此句意爲,知道便要去求索,不以其離人不遠爲病。相應地,"勇而行之不果,其疑也弗往矣"便當斷爲"勇而行之,不果其疑也弗往矣"。"果"當訓爲"決","不果其疑"即是"不決其疑"。此句是說,勇敢地行事,但在沒有決定疑問之前不要輕易行動。

【按】◊疾:涂宗流、劉祖信2001訓爲盡力;劉釗2003訓爲敏捷或盡力;鄧少平2009A訓爲病。按,指急切,儘快(動詞)。 ◊戡:整理者讀爲"勇";廖名春2000C、陳偉2002D讀爲"用"。按,應從整理者說。 ◊第二個"悘":整理者讀爲"疑";周鳳五1999B讀爲"疑"訓止。按,應從整理者說,疑,疑惑。

簡22

說明: 從圖片看,本簡應爲完簡。

拼合編聯: 簡22與簡23編聯,從整理者說。

釋文: 是古(故)凡勿(物)才(在)疾之。《君奭》曰:"唯旒(冒)不(丕)嚞(單)爯(稱)悳(德)",害(蓋)言疾也。君子曰:疾之,

第四章 《成之聞之》集釋

集釋：

【郭店–成之聞之】是古(故)凡勿(物)才(在)疾之。《君奭》曰"唯▨不啚禹(稱)悳(德)"害(曷)？言疾也。君子曰：疾之，

◇唯▨不啚禹惪：本句今本《尚書·君奭》作"惟冒丕單稱德"。裘按："啚"在古文字中即"單"字繁文，《說文》說此字不可信。此句句法與《公羊傳》屢見之"其言惠公仲子何"一類句子相類。"曷""何"義近，也可能簡文"害"即應讀為"何"。下文同類句子不再說明。

【郭沂1998】是故凡物在疾之。《君奭》曰"唯▨不單稱德"，蓋言疾也。君子曰：疾之，

◇"疾"，力也，盡力。

【周鳳五1999A】▨：楚簡文字"鳥"作▨，見於合體字之偏旁如(▨)《包山楚簡》七〇)、▨(《曾侯乙簡》一三八)，此字省去左上筆畫，即得簡文奇詭之形。鳥，古音端母幽部；冒，明母幽部，二字可通。

【李零1999】是故凡物在疾之。《君奭》曰"唯冒丕單稱德"曷？言疾也。君子曰："疾之，

◇"冒"，原作"▨"，像旗旒，應即"旒"字，借讀為"冒"（"冒"是明母幽部字，"旒"，是來母幽部字，讀音相近)。

【廖名春1999】◇▨：此字與簡24的"於"字雖略有差別，但與《天星觀楚簡》的"於"字非常相似。當為"於"字無疑。疑此"於"字乃"扒"字之訛，因為"於"字從"扒"，……"扒"通"軋"。……而"軋"通"乾"。……"乾"有健、勉義。……孫星衍曰："冒與懋聲相近，又通勖，勉也。""乾"與"冒"義同，故可通用。 ◇今文此句的斷句素有兩種：一是讀為"惟冒丕單稱德"，如《十三經注疏》本；一是將"惟冒"歸上讀，如蔡沈《書經集傳》、孫星衍《尚書今古文注疏》、曾運乾《尚書正讀》、楊筠如《尚書覈詁》、周秉鈞《尚書易解》等。楚簡引文的斷句與《十三經注疏》本同，"唯於(乾)"與"不啚禹惪"連讀。而且認為引文之意是"言疾之"。今文的"冒"，孔傳依本字釋為"布冒"；蔡沈承之，釋為"覆冒"。而孫星衍則以為"冒與懋聲近，又通勖，勉也"。看來孫星衍說是對的。只因勖勉努力，天下才全都舉行其德。簡文的"疾之"，就是釋"冒"，就是釋"於(乾)"；唯"疾之"，唯勖勉，才能"不單稱德"。由此看來，"惟冒"只能歸下讀。

【何琳儀2001】"彪"原篆作▨，省"虍"旁。与"處"省作"凥"形顯為相似。今本《書·君奭》以"冒"為"彪"屬假借。……此字或可釋"髟"，與"冒"讀音亦近。關於古文字"髟"之構形，參林澐《說飄風》。

【郭沂2001】"冒"，努力。……"丕"，大也。"單"，殫也，盡也。所引《君奭》的這句話本來是說，四位大臣輔佐武王非常盡力，於是人們都盛贊其德。

【劉桓2001】《書·君奭》的"冒"，《說文》引作"晿"，其實均應是▨字之誤。▨應釋為扴，甲骨文作▨(族)或作▨(《甲骨文編》卷七·五)，可證▨、▨皆為扴字。于省吾先生指出："扴字典籍通作偃。"……曁通獸，亦作狩。……《史記·周本紀》說："乃罷兵西歸。行狩，記政事，作《武成》。"……全句大意是說(這四人輔助武王)，武王停止干戈進行巡狩(而歸)，而被稱揚其德。

【湯餘惠、吳良寶2001】▨：該字應釋為"髟"。商周時期的甲骨及金文中有"髟"字，作▨、▨、▨等形，林澐先生釋作"髟"，至確。拿楚簡中的"髟"字與之相比較，可知省略了人手部份，又將頭髮部份下移。……古音"髟"在滂紐宵部，"冒"在明紐幽部。滂、明均為重唇音，宵、幽二部份陰聲旁轉，二字音近可通。

【李零2002A】▨：簡文原文也可能是"旄"字的古寫。

【張靜2002】同篇簡文中，"唯"作▨(9.22)、▨(9.5)，"此"作▨(9.33)……可以看出書手似有將斜直畫╲寫成曲筆飛乀的特點，故此字可隸為"彡"。楚簡文字中，"攸"有省去"攴"者，如……"攸"作▨(包山牘1)。故▨可看作"攸"之省文。今本《尚書·君奭》中，與"攸"相應之字為"冒"。攸，喻紐幽部；冒，明紐幽部。聲為唇舌通轉，韻部相同，二字聲韻相合。

【彭裕商2002】(裘錫圭)以《公羊傳》的體例解釋該篇固無不可，但筆者覺得，《公羊傳》乃漢人解經之說，故設為問答方式。郭店楚簡乃先秦遺籍，……不是專為解經而作的，……以傳世的東周文獻而論，其體例往往是在稱引典籍後，即對典籍所言作一概括的解釋，如：《易·文言》："易曰：'履霜，堅冰至。'蓋言順也。"……《禮記·中庸》："'維天之道，於穆不已。'蓋曰天之所以為天也。"……《成之聞之》全篇，除上舉《君奭》而外，在稱引其它古籍之後，也有一概括的解釋，與上舉文獻相同。……筆者認為郭店簡的"害"字應讀為蓋，害、蓋古音極近，……蓋字無實義，故郭店簡《詔命》文句後此字省去。

【陳偉2002D】是故凡物在疾之。《君奭》曰："唯□丕單稱德。"蓋言疾也。君子曰："疾之，

第四章 《成之聞之》集釋

【劉釗2003】是古(故)凡勿(物)才(在)疾之。《君奭》曰:"唯彭(冒)不(丕)曻(單)再(稱)悳(德)"害(何)?言疾也。君子曰:疾之,

【彭裕商2003】《孔子詩論》第10簡云:"《關雎》之改,《樛木》之時,……害曰童(動)而皆賢於其初者也。""害曰"一句,……從行文看,此無疑是孔子對前所論各詩的概括,害應讀爲蓋,爲語詞,無實義。此字及類同用法又見郭店楚簡《成之聞之》……筆者認爲郭店簡的"害"字應讀爲蓋。害、蓋古音極近,……今再證以《孔子詩論》,害字上有一墨釘,此字不能上屬至爲明白,則害應讀爲蓋應無可疑。

【張玉金2006】"丕"應訓爲"大",意思是大大地。"單",通"殫",是盡的意思。"稱"一般解釋爲稱讚,不可信。西周金文中的"稱"有舉行的意思,例如"唯王初遷宅于成周,復稱武王禮祼自天"(《何尊銘》)。"稱德"的"稱"即是此義。對"丕單稱德"一句,九條本的傳文是"大盡舉行德",這基本上是正確的。因此,《尚書·君奭》一段文字的含義應是(這四個人輔佐武王),是很盡力的,都大施恩德。

【十四種2009】是古(故)凡勿(物)才(在)疾之。《君奭》曰"唯彭(冒)不(丕)曻(單)再(稱)悳(德)",害(蓋)言疾也。君子曰:疾之,

【按】◊害:裘按把"害"讀爲"曷"或"何",並連上讀;彭裕商2002把"害"讀爲"蓋",並連下讀;彭裕商2003引上博一《孔子詩論》簡10:"《關雎》之改,《樛木》之時,……害(蓋)曰童(終)而皆賢於其初者也"("害"字上有一墨釘)爲證。按,簡25+26:"《詔命》曰:'允師濟德。'此言也,言信於衆之可以【25】濟德也。"(簡33、39相同的句式作"害(蓋)此言也")其中的"此言也,言……"猶本簡的"害(蓋)言",彭裕商說確切無疑。 ◊ ◎:周鳳五1999A釋爲"鳥"之省,讀"冒";李零1999釋爲"旅"讀"冒";廖名春1999釋爲"於"讀"乾";劉桓2001釋爲"㫃"讀"偃";何琳儀2001釋爲"彪"或"髟"讀"冒";湯餘惠、吳良寶2000釋爲"髟"讀"冒";李零2002A釋"旄";張靜2002釋爲"攸"讀"冒"。按,此字似"旄"之古體,與今《尚書·君奭》對照而讀爲"冒",此從李零後說。 ◊唯旄(冒)丕曻(單)再(稱)悳(德):此句見於今《尚書·君奭》,舊已有多種解釋,參廖名春1999。

簡23

說明：從圖片看，本簡應爲完簡。

拼合編聯：簡23與簡29編聯，從高正2000說。

釋文：行之不疾，未又(有)能深之者也。孚(娩)之述(遂)也，弜(強)之工(功)也；陲(墮)之穽(弇)也，䛊(治)之工(功)也。

集釋：

【郭店-成之聞之】行之不疾，未又(有)能深之者也。■之述也，強之工也，■之穽(弇)也，䛊(詞)之工也，

【郭沂1998】行之不疾，未有能深之者也。"■之述也，強之工也，■之弇也，詞之工也。

◇《釋文》原將上章以"詞之工也"爲結束的二十三簡下接以"民孰弗從"爲開頭的二十四簡。今改接以"唯君子道可近求"爲開頭的三十七簡主要是考慮到以下三點：其一，"民孰弗從"當上接以"其所在內矣"爲結束的三簡，上文已言之，故"詞之工也"不可下接"民孰弗從"。其二，"唯君子道可近求"與本章上文"故君子……所求之不遠"之語相應。其三，下文四十簡末有本篇唯一一個分段標志，或亦爲分篇標志。也就是說，以下的文字當爲本篇最後的文字。

【張光裕等1999】孚之述也，強之工也，陲(陳？)之穽(弇)也，䛊(詞)之工也。

【李零1999】行之不疾，未有能深之者也。勉之遂也，強之工也；申之淹也，辭之工也。

◇"勉之遂也"，"勉"，原作"孚"，字亦見於《緇衣》簡24，這裏疑讀爲"勉"；"遂"，用作"述"。◇"申之淹也"，"申"，原不釋，從字形看，似應隸定作"陲"，其右旁與"申"相似，這裏疑讀爲"申"；"淹"，原作"穽"。

【周鳳五1999B】攲之術也，彊之功也；橢之弇也，治之功也。

攲，……此字又見於《緇衣》，陳偉以爲從"其"得聲，可從。但此處當讀作"攲"，意爲斜曲不正。攲，古音見紐歌部；其，群紐之部；歌、之二部可通。術，簡文作"述"。《說文解字》："術，邑中道也。"……邑中大道必直，《詩經·小雅·大東》所謂"周道如砥，其直如矢。"是也，故引申有直意。彊，原作強。《說文解字》："彊，弓有力也。"……此處當指以強力矯正曲木的"檃括"。簡文意謂曲木能直，是靠檃括的矯正效果。橢，簡文作"隨"，讀作橢。

第四章 《成之聞之》集釋

《爾雅·釋魚》："鱦，小而橢。"注："橢，謂狹而長。"……弇，《周禮·春官·典同》："弇鬱鬱"注："謂中央寬也。"中央與橢圓形相較，更接近於正圓形。治，攻治，即琢磨、整治之意。此句意謂橢圓成爲正圓，是琢磨整治的功效。

【丁原植2000】"申"指一種透過引導、自明而形成的約束。……"穽"，疑當讀爲"揜"，指覆藏。……簡文此數句，似謂：勸勉自勵〔以用事〕而終有所成，這是堅毅自強的竭盡。申明〔人心以〕約束人民，並覆養〔於德化之中〕，這是治民導民的盡力。

【涂宗流、劉祖信2001】教之述也，強之工也，遭之弇也，詞之工也，"教"，教化。……"述"，遵循。……"強"，堅強。……"工"，擅長。……"遭"，遇。……"弇"，承襲。……"詞"，訴訟。……"工"，通"公"。句意爲：教民而使有所遵循，強民而使有所擅長，民有遇而能世代承襲，民有訟而能得公斷。

【郭沂2001】勉之遂也，強之功也；申之弇也，怠之功也。
"申"，蓋爲身也。"怠"，……此字當隸定爲"台"，此處讀爲"怠"。

【陳偉2002D】行之不疾，未有能深之者也。勉之遂也，強之功也。□之弇也，治之工也。"

【劉釗2003】行之不疾，未又(有)能深之者也。孚(勉)之述(遂)也，弜(強)之工也；墮(陳)之穽(淹)也，訶(辭)之工也，
勉力之成功，是因爲堅定信念的牢固；陳述之淹博，是因爲言辭之精巧。

【鄭剛2004B】 上所從之 爲"臀"的象形字。"臀"古字作屍，字上從"尸"會身意，下從"几"會所居意，中間的兀就是"臀"的指事字。"臀"字古音定母文部，與"盾"字完全相同。……"遁之遂也，彊之工也，申之弇也，詞之工也。"……以四個例子講"疾"：逃跑要快才逃得掉，弓要快才是有力。

【陳靖欣2005】此字可隸定成"墮"或"墮"。或讀"申"，訓爲重，見《國語·魯語》："申之以盟誓"注；或讀"陳"，猶"說"也，見《文選·古詩》"歡樂難具陳"注。……淹，謂浸漬之，見《禮記·儒行》"淹之以樂好"注。簡文"申之淹"或"陳之淹"，是說申明、訓示能夠深入人心，久留人心。

【李銳2006A】勉之邃也，強之功也；敞之弇也，治之功也。
"勉"，努力之意。……"述"，此疑讀為"邃"，深也。"工"，疑讀

為"功"。簡文"㡭"疑讀為"敝"，《說文》："敝，理也。"《說文通訓定聲》："神，假借為敝，《爾雅·釋詁》'神，治也。'"……"弇，深邃也。""訋"，此宜讀為"治"，……簡文此處意在說明，任何事情要達到深入的程度，都是努力用功的結果，貴在有成。

【鄧少平2009B】在郭店《老子》甲篇16號簡中，有一字作：㡭整理者釋為"墮"，讀為"隨"，……㡭字右上部 㞢形即為以上諸字右形，只不過㡭字"土"和"田"共用了一筆，……㡭字右下部比㡭字多出一個"田"形。㡭實際上也是"墮"字。"墮"字在《老子》甲篇中讀為"隨"，但在此處，則應讀為"惰"，墮、惰相通，古書習見。其意為"偷惰"，和上文中的"勉"字正好相對。……"淹"與上文"遂"相對，可訓為敗，《方言》卷十三："淹，敗也。水敝為淹。"《廣雅·釋詁三》："淹，敗也。"……"訋"可讀為"殆"，見郭店《老子》甲篇簡20及《性自命出》簡27，而古書殆、怠可通，則"訋"亦可讀為"怠"。郭沂已經認識到，此處"怠"與上文"強"相對，意為懈怠。……從簡文義理看，"惰之淹也，怠之功也"和"勉之遂也，強之功也"正好相反，然皆為說明"疾"，不過一從正面、一從反面，如此說來，它們又是相成的。

【十四種2009】行之不疾，未又(有)能深之者也。娩(勉)之述(遂)也，強之工也，㡭之弇也，訋之工也。

【黃傑2012】娩(勉)之，述也；強之，工也；㡭之，弇也；訋之，工也。

"勉、強"都是努力、勤勉的意思。述，讀爲"遂"，意爲成功。……李銳先生讀爲邃，解爲深，也可通。……意為精深。㡭，……李銳先生讀爲敝、解爲治，是比較好的解釋。"墮之"即"隳之"，治之也。弇，……李銳先生讀爲本字，解爲深，可從。《呂氏春秋·孟冬紀》："其器宏以弇。"高誘注："……弇，深。"……訋，……讀爲治沒有問題。工，是形容詞，依劉釗先生解爲精巧、工巧。結合上下文來看，"行之不疾，未有能深之者也"從反面立論，"勉之，遂也"等四句則從正面立論；"勉、強、隳、治"與"疾之"相呼應，"遂\邃、工、弇、工"與"深之"相呼應。"勉、強、疾"意近，"隳、治"意近。

【按】◊孚之述也，弝之工也：整理者釋第五字爲"強"，第七字讀如字；李零1999釋第一字爲"勉"，第三字爲"遂"；周鳳五1999B第一字爲"敁"訓斜曲不正，第三字爲"術"訓直，第五字爲"彊"訓檃括，第七字爲"功"；涂宗流、劉祖信2001釋第一字爲"敎"，第三字爲"述"訓遵循；鄭剛2004B釋第一字爲"臀"

第四章 《成之聞之》集釋

讀"遁",第三字爲"遂";李鋭2006A釋第一字爲"勉",第三字爲"邃"訓深,黃傑2012從之。按,第一字似當釋爲"娩","孛"即"娩"之古體①,第三字讀爲"遂","娩之遂也,強之功也"是説:分娩能夠完成,是使用強力的功效。

◊陞之穽也,訇之工也:整理者釋第三字爲"弇",第五字爲"詞",第七字讀如字;張光裕疑第一字爲"陳",第五字爲"詞";李零1999把第一字隸定作"陞"釋"申",第三字釋爲"穽(淹)";周鳳五1999B釋第一字爲"隨"讀"楕"訓橢圓,第三字爲"弇"訓正圓,第五字爲"治",第七字爲"功";丁原植2000釋第一字爲"申"訓約束,讀第三字爲"掩"訓藏;涂宗流、劉祖信2001釋第一字爲"遭"訓遇,第三字爲"弇"訓承襲,第五字爲"詞"訓訴訟,第七字爲"公";郭沂2001釋第一字爲"申"訓"身",第五字隸爲"台"讀"怠";劉釗2003釋第一字爲"陳"訓陳述,第三字爲"淹"訓淹博;陳靖欣2005讀第一字爲"申"訓重或讀"陳"訓説,釋第三字爲"淹"訓浸漬;李鋭2006A釋第一字爲"倣"訓理,黃傑2012從之,第三字爲"弇"訓深邃,黃傑2012從之;鄧少平2009B釋第一字爲"墮"讀"惰",第三字爲"淹"訓敗;第五字爲"殆"。按,"▨之穽(弇)也,訇(治)之工(功)也"前句意義不明,但周鳳五、鄧少平認爲第一字與"隨"、"墮"有關是正確的。鄧少平已指出,郭店《老子》甲簡16之"▨(隨)"即此字,不過"▨"字"土"、"田"共用一筆,且多一"田"形而已,今隸定爲"陞"。第五字"訇"應讀爲"治",與上句的"巠(強)"互文。

簡29

説明:從圖片看,本簡應爲完簡。

拼合編聯:簡29與簡30編聯,從整理者説。

釋文:《君奭》曰:"襄(襄)我二人,毋又(有)合才(在)言",害(蓋)道不説(悦)之訇(詞)也。君子曰:唯(雖)又(有)亓(其)死〈亟〉而

集釋:

【郭店–成之聞之】《君奭》曰"襄(襄)我二人,毋又(有)合才音"害(曷)?道不説(悦)之司(詞)也。君子曰:唯又(有)其亙(恆)而

---

① 參看趙平安:《從楚簡"娩"的釋讀談到甲骨文的"娩幼"——附釋古文字中的"冥"》,《簡帛研究二〇〇一》,桂林:廣西師範大學出版社,2001年,第55—59頁。

◇裘按：今本《君奭》作"襄我二人，汝有合哉言"，"言"字一般屬下讀。"才"似當讀為"在"。"毋有合在音（或是'言'之誤）"，其意與今本"汝有合哉"大不相同。

【郭沂1998】《君奭》曰"襄我二人，毋有合在言"曷？道不悅之詞也。君子曰："唯有其恒而

◇大意蓋為：除了我們兩個人之外，就找不到有共同語言的人了。周公為什麼這樣說呢？那是因為他對眾人不滿，……能夠持之以恒從而做到善始善終是一件困難的事情。眾人做不到這一點，所以周公對他們不滿。 ◇本疏證將上章（辰按，指簡33+34+35+36）改接"《君奭》曰"一段，理由有二。其一，從形式上看，此章（辰按，指簡29+30）亦以引《尚書》之語開頭，同上章相應；其二，從內容上看，此章言"恒"，與下章（辰按，指簡1+2+3+24+25）"求之於已為恒"相接。

【廖名春1998A】（簡文與今本《尚書》）"在"、"哉"可通，"毋"與"汝"則有否定句與疑問句之別。……"言"當為語氣助詞，歸上讀，其用法和簡文《六德》篇"男女辨生言，父子親生言，君臣義生言"之"言"同。

【李零1999】《君奭》曰"襄我二人，毋有合在音"何？道不悅之辭也。君子曰：唯有其恒而

【廖名春1999】"哉"從"才"聲，"才"、"哉"可通，但其本字當作"在"。"音"當為"言"字之訛。今本將"言"歸下讀看來成問題。"言"當為語氣助詞，歸上讀，其用法和簡文《六德》篇"男女卡（辨）生言，父子新（親）生言，君臣宜（義）生言"之"言"同。"毋"與"汝"則有否定句與疑問句之別。從簡文看，周公是指責君奭不能與更多的人合作，所以簡文解釋說"道不說（悅）之司（詞）也"。所謂"不悅之詞"即"勿有合在言"，是周公對君奭的批評。從下文看，君奭對周公的批評不服，仍堅持自己的意見，說"在時二人"，只有我們二人，大有"天下英雄唯使君與操耳"之意。周公於是繼續教育他，說"天休茲至，惟時二人弗勘"，"篤棐時二人"，認為上天賜予的休美太多，確實不是兩人所能勝任的。

【陳偉2000】簡書對《君奭》引文的標點是依照鄭玄注作出的。而按孫星衍《尚書今古文注疏》，"襄我"應斷讀，"襄"準《左傳》杜預注，意為"成"。

【涂宗流、劉祖信2001】"襄我二人，毋有合在言"何？道不悅之詞也："襄"，除去。……除了我們兩個之外，就長不到有其同語言的人了呢？這是他對

第四章 《成之聞之》集釋

衆人不滿而說出的不高興的話。

【郭沂2001】"襄",《爾雅·釋言》："除也。""茲",原作"才",……"茲",精母之部;"才",從母之部。二字聲紐相近,韻部相同。……"辭",……當隸定爲"台",讀爲"辭"。……按照此處所引,大意蓋爲:除了我們兩個人之外,就找不到認同此言的人了。"茲言"何所指?我以爲就是《君奭》"襄我二人"之上文的"監於殷喪大否,肆念我天威"。這兩句話緊扣"恒"的議題。殷商的滅亡,還不是由於其統治者無恒?

【李學勤2002】◊傳本《君奭》,有關幾句爲："予惟曰,襄我二人,汝有合哉,言曰在時二人,天休滋至,惟時二人弗戡。"這是按孔傳斷讀。簡文所引,除字的通假外,有兩點不同。一點是"汝"作"毋",按"汝"古文應作"女",和"毋"這一時期的古文形似。另一點是"言"作"音",……當系形近而誤,簡文在此字下斷句,也和孔傳及其他傳統讀法有別。依照簡文,《君奭》語"襄"可讀爲"曩","毋"通作"無"。"曩我二人,無有合在言",是說周公、召公二人意見不一致,故簡文解釋爲"道不說(悅)之詞也"("道",《禮記·大學》注："言也")。《尚書序》說："召公爲保,周公爲師,相成王爲左右,召公不說(悅),周公作《君奭》",與簡文所說符合。……在儒家的心目中,召公乃是大賢,然而他竟對周公起了疑心,有不說(悅)之詞,以致周公講他們二人"無有合在言",這證明賢人也會犯錯誤。因此,簡文引"君子曰",強調"終之爲難",意指不可爲善不終。 ◊"君子"講的話,"唯"字應讀爲"雖","亙"則當"亟(極)"的誤字。按戰國至漢初文字,"亙"與"亟"每相淆混,馬王堆帛書《周易》的"太極",就將"亟"寫作"亙",簡文的情形相同。"極",《尚書·洪范》傳："中也。"如果仍讀爲"亙(恒)",前面說"有其恒",後面又講"終之爲難",就互相矛盾了。"極",古書常訓爲"中"。"雖有其極而可能",須參看《中庸》："子曰:天下國家可均也,爵祿可辭也,白刃可蹈也,中庸不可能也。""可能"意思是能及,簡文則說召公雖有中道而能及,但持續至終仍然很難。

【陳偉2002D】《君奭》曰:"曩我二人,毋有合在音。"蓋道不悅之始也。君子曰:"雖有其亟而

◊疑"襄"讀爲"曩",指昔時。毋,義爲"無"。合,義爲和諧、融洽。"音"有言辭義。……文意大致是說:先前我們二人,在言辭上不相和諧。 ◊《書序》云:"召公爲保,周公爲師,相成王,爲左右。召公不悅,周公作《君奭》。"

《史記·燕世家》也說："……成王既幼，周公攝政，當國踐阼，召公疑之，作《君奭》。君奭不悅周公。"說明《君奭》之作，是因爲召公的不悅。簡書所引文句，指出先前二人言辭不合，所以說是"不悅之始"。

【劉釗2003】《君奭》曰："壤（襄）我二人，毋又（有）僉（合）在音"害（何）？道不說（悅）之司（辭）也。君子曰：唯又（有）丌（其）亙（恒）而

【牛新房2005】在《成之聞之》篇中凡引用古書的話後，都加疑問詞"害（蓋）"，然後是"言……也"或"此言也，言……"，如：簡22："《君奭》曰：'唯冒丕單稱德'，蓋言疾也。"……我認為，簡29中的"言"字也應該是這種用法，即用來引起對所引古語的解釋，……但此句中的"言"字位置與其他的幾個並不相同，我認為"言"字與"害"字應當乙轉，整句話讀為："《君奭》曰：'攘我二人，毋有合才'，盖音（言）道不悅之詞也。"這樣一來，言與道兩字似乎語意重複，但郭店楚簡中的"道"字並沒有訓言說之意的，"道"字在此應讀為"導"，訓為疏導、開導，即周公疏導、開導召公對自己的不悅。……簡29所引《君奭》"攘我二人，毋有合才"的"才"字仍應從今本讀為"哉"，"哉"從"才"聲，"才"、"哉"可通。而今本"攘我二人，汝有合哉"的"汝"字應從簡本讀為"毋"，整句話的意思是，除了我們二人，再也沒有這麽合德的人了。

【顧史考2006】《君奭》曰："㠯（襄）我二人，毋又（有）合才（哉）？"音（言）害（何）？道不說（輟）之司（治）也。

"音（/言）"字……或該屬下讀為"言何？"才是。此固然是破了文章中之慣例，且稍感不辭，然亦完全可通，或即是說"（周公此言）所指何謂？"那麼以"毋有合哉？"當反問句，大概的意思即是說："'我們兩個輔佐成王之治，豈不是志同道合的嗎？（周公此言）所指的是什麼？所說的就是'不輟之治'。"下面既言"恒"，那麼"不說之司"所指應該便是"恒"的意思，因而……將彼句讀為"不輟之治"。按，"說"字為書紐月部，"輟"為端紐月部，聲紐均舌音，韻部則疊韻，可通。文獻中"兌"與"叕"二聲系經常通假，如《韓非子·喻老》"倒杖而策銳貫顊"，《淮南子·道應》篇"銳"作"錣"；……"不輟"正是永恆不變之謂，那麼，既以"不輟之治"講"恒"的概念，下面接著便加以深論，言"恒"之外尚需要"疾"的功夫方可。

【李銳2006A】《君奭》曰："囊我二人，毋有合在意"，蓋道不悅之始也。君子曰：唯有其亙〈亟〉而行之不疾，未有能深之者也。（辰按，此爲簡29+23的意見。）

第四章 《成之聞之》集釋

"曩"當從李學勤先生說。簡文"音"當讀為"意",二字古通。"司",古音心紐之部字,疑讀為"始"(書紐之部字)。……"道不悅之始",即是道不悅之(根)本,這是說周公、召公在根本上,是從曩昔、很久以前就"毋有合在意",所以才會有《書序》所說"召公不說(悅)"。如李先生所言,古文字中"亙"、"亟"二字常相訛,此疑讀為亟。《廣雅·釋詁一》:"亟,敬也。"……簡文引《君奭》語,在於說明兄弟本當敬愛,而周公、召公長期心意不合。這樣的大賢不和,必定是表面有兄弟之間的敬愛之舉,然而內心的"意"不合。……正是雖有兄弟之敬愛,然而行之不疾,所以沒法讓敬愛之心深入發展。

【十四種2009】《君奭》曰:"叡(曩)我二人,毋又(有)合在音",害(蓋)道不說(悅)之訇(詞)也。君子曰:唯又(有)其亙(極)而

【馬楠2011】《君奭》曰:"保奭,其汝克敬,以予監于殷喪大否,肆念我天威。予不允惟若茲誥,予惟曰,襄我二人,汝有合哉言,曰:在時二人。天休滋至,惟時二人弗戡。"……《酒誥》"王曰:封。予不惟若茲多誥。古人有言曰:'人無於水監,當於民監。'今惟殷墜厥命,我其可不大監撫于時?予惟曰:汝劼毖殷獻臣,侯、甸、男、衛;"……"予不惟若茲多誥"收束前文,謂我已陳言如上;"予惟曰"引起下文,言此後從遠及近外臣、朝臣、內臣及汝封身,皆當剛制于酒。同例,《君奭》"予不允惟若茲誥",亦當小結上文,說我二人當共濟時艱,我已陳所以之故如此,"予惟曰"亦當引起下文。所以此處"襄"當讀爲"尚",爲句首表祈願之語助。楚簡"含"多釋爲"答",……"尚我二人毋有對答在言",謂曩昔汝有不悅之言,我已陳言告汝我志誠若是,自今而後,我二人共濟于艱,不復需對答陳言以明志。而句當讀爲:"襄(尚)我二人,毋有答在言。"《墨子·非命中》"於召公之執令於然且:'敬哉。無天命,惟予二人,而無造言,不自天降之哉。'"孫詒讓說,疑當作"於召公之非執命亦然,曰:'敬哉。無天命,惟予二人,而無造言,不自天降,自我得之。'"《墨子》所引疑即爲召公非周公、周公作《君奭》所答之言。《君奭》下云"篤棐(匪)時二人,我式克用至于今日休"正對召公"惟予二人"。

【按】◇叡(襄):陳偉2000釋"襄"爲"成";涂宗流、劉祖信2001、郭沂2001訓"襄"爲除去;李學勤2002、陳偉2002D讀爲"曩";馬楠2011讀爲"尚"。按,李學勤說是,詳後。 ◇才:整理者如字讀;裘按、廖名春1999讀爲"在";廖名春1998A、牛新房2005讀"哉";郭沂2001讀爲"茲"。按,裘按說是,詳

後：整理者、陳偉2002D、劉釗2003釋爲"音"；裘按疑是"言"之誤；廖名春1998A釋"言"爲語氣助詞；李銳2006A讀爲"意"。按，裘按說是，古文字"音"、"言"混用，從今《尚書·君奭》看，是"言"。 ◇戛我二人，毋又合才言：郭沂1998讀作"襄我二人，毋有合在言"，解釋爲：除了我們兩個人之外，就找不到有共同語言的人了；廖名春1999讀作"襄我二人，毋有合在言"，解釋爲：周公指責君奭不能與更多的人合作；李學勤2002讀作"曩我二人，無有合在言"，解爲：周公、召公二人意見不一致；陳偉2002D讀作"曩我二人，毋有合在音"，解爲：先前我們二人，在言辭上不相和諧；牛新房2005讀作"'攘我二人，毋有合才（哉）'，盖音（言）道（導）不悅之詞也"，解爲：除了我們二人，再也沒有這麼合德的人了；顧史考2006 讀作"'戛（襄）我二人，毋又（有）合才（哉）？'音（言）害（何）？道不說（輟）之司（治）也。"；李銳2006A讀作"曩我二人，毋有合在意"，解爲：周公、召公在根本上，是從曩昔、很久以前就"毋有合在意"；馬楠2011讀作"襄（尚）我二人，毋有答在言。"解爲：自今而後，我二人共濟于艱，不復需對答陳言以明志。按，此句今《尚書·君奭》相關諸句作："予惟曰：'襄我二人。'汝有合哉！言曰：'在時二人。天休滋至，惟時二人弗戡。'"（依孔穎達《尚書正義》句讀）傳世文獻有訛誤，應從改讀、斷爲"予惟曰：'襄（曩）我二人汝〈毋〉有合哉（在）言！'曰：'在時二人，天休滋至，惟時二人弗戡。'"其中的"襄"應該讀爲"曩"，而"汝"古文應作"女"，"女"、"毋"古多混用。此句義是說："我這樣說：'以前我們兩個人，在語言上沒有相合的時候。'又說：'我們兩個人，天降的福越來越多，可我們兩個人卻一直不合。'"《尚書序》、《史記·燕召公世家》已提到召公不悅周公。參筆者《楚地戰國簡帛與傳世文獻對讀之研究》（中華書局，2014年）第229—231頁。 ◇說：整理者讀爲"悅"；顧史考2006讀爲"輟"。按，應讀爲"悅"，《尚書序》："召公爲保，周公爲師，相成王，爲左右。召公不說。周公作《君奭》。" ◇訇：整理者讀爲"詞"；郭沂2001讀爲"辭"；陳偉2002D、李銳2006A讀爲"始"；顧史考2006讀爲"治"。按，讀爲"詞"或"辭"皆可。 ◇"君子"二字爲合文。 ◇死（亙）：整理者釋爲"亙（恆）"；李學勤2002認爲是"亟（極）"的誤字，訓中；李銳2006A亦認爲是"亟"，訓爲敬愛；陳偉2002D、周鳳五2003釋"亟"爲急切(辰按，陳偉、周鳳五的意見在簡30中)。按，李學勤說較是，古文字中"死（亙）"與"亟"多訛混，參筆者《楚地戰國簡帛與傳世文獻對讀之研究》第217—218頁。不過這裏的"亟"，並非如李

第四章 《成之聞之》集釋

說當標準講的"中"義,而是同簡21的"疾",如陳偉、周鳳五所說,作"急切、儘快"之義講。簡21是說"疾"的,此簡則用《君奭》一語導出"蓋道不悅之詞也"(也就是說,《成之聞之》此簡引用《君奭》"襄我二人,毋有合在言",僅僅爲了導出"不悅"這個意義,"襄我二人,毋有合在言"在簡文中除了引出"不悅"這個意思,再沒有其他的作用)。此簡是上承簡21"是以知而求之不疾,其去人弗遠矣"的,然後用《君奭》中的一句話引出"不悅",爲什麼不"不悅"呢?就是簡29+30的"雖有其巫〈亟〉而【29】可,能終之爲難。"因爲"有急切的心情是可以的,但最終完成卻很困難。"所以"不悅"。

簡30

說明:從圖片看,本簡應爲完簡。

拼合編聯:簡30與簡1編聯,從郭沂1998說,他說:"由此得出結論:'君子貴成之。''成',成就、完成、實現,'成之'同上文'終之'義近。"又說:"'聞之曰'前不加主語是否符合古人的語言習慣呢?回答是肯定的。……如《莊子·德充符》:'聞之曰:"鑒明則塵垢不止,止則不明也"';……《禮記·文王世子》:'聞之曰:"爲人臣者,殺其身,有益君,則爲之"'等等。"

釋文:可,能冬(終)之爲難。"槁木三年,不必爲邦羿(旗)",害(蓋)言宣(貴)之也。是以君子貴

集釋:

【郭店-成之聞之】可能終之爲難。槁木三年,不必爲邦羿(旗)。害?言宣之也。是以君子貴

【郭沂1998】可能終之爲難。"槁木三年,不必爲邦旗"曷?言宣之也。是以君子貴

◇全句大意爲:枯木用過三年之後,就不一定能作爲疆界標志來繼續使用了。爲什麼呢?"言宣之也。"宣,蓋爲不恒,易毀之義。……此語謂枯木無恒,不能善始善終,從而喻衆人無恒,不能善始善終。

【張光裕等1999】 ▨:字實從"寅"從"日",……今據中山王壺"恖祇承祀"之"恖"字,改隸作"寅"。

【李零1999】可,能終之爲難。"槁木三年,不必爲邦旗"何?言寅之也。是

以君子貴【寅】。

◊"槁木三年，不必為邦旗"，出典不詳，從上下辭例看，似應加引號。◊"寅"，原從口，整理者釋"䖒"。案"寅"是敬的意思。◊"貴"，疑下脫"寅"字，或下面另有脫簡。

【陳偉1999】◊唯（雖）有其亙（恒）而可能，終之為難。釋文原作一句讀。《禮記·祭義》："養可能也，敬為難；敬可能也，安為難；安可能也，卒為難。"與此句式相同，……簡文是說：雖然長久是可能的，但堅持到最終則是困難的。 ◊寅，原未釋。其上部與楚簡常見的"寅"字相同；下從日，似可看作增衍的部分。"寅"是敬的意思。……"槁木三年，不必為邦旗"的確切含義待考，大約也包含有對歷時三年之久的槁木的尊重。這些，與釋"寅"相合。隨後一句說"是以君子貴成之"，"寅"與"貴"亦相呼應。

【周鳳五1999B】◊"雖有其亙而可能終之為難"，……《禮記·祭義》："養可能也，敬為難；敬可能也，安為難；安可能也，卒為難。"則簡文當以"可能"二字連讀，意謂雖能積極努力，卻難於有始有終。簡文以下有"知而求之不疾"（第二一簡）、"凡物在疾之"（第二二簡），與此可以參看。 ◊夾：此字上半從夾，……夾字古文見於《汗簡》太部引《尚書》，又見於《古文四聲韻》入聲洽韻引古《老子》，與此字正可對照。《方言》："挾斯，敗也。南楚人凡人貧，衣被醜弊，或謂之挾斯；器物弊，亦謂之挾斯。"是挾斯為楚方言，緩言之為挾斯，疾言之則為夾，意指破敗，朽敗。簡文謂三年的槁木不能取以為邦旗，因已經朽敗，不堪使用了。

【劉信芳2000A】"曐"字又見《窮達》7，"曐卿"即"朝卿"，其字《說文》作"曡"。"言曐之也"，其"曐"應讀為朽，木腐之謂。後世謂木朽曰"曡"、"朽"、"糟"一音之轉。槁木三年，所以不必為邦旗者，因已朽之故也。

【王博2000B】其中的"旗"字，……可能只是充當句末的語氣詞，並無實際的意義，而且它的讀音應該是"基"。如《詩·小雅·頍弁》中有"實維何期"句，鄭玄箋云："期，辭也"。陸德明《經典釋文》稱："期，本作其，音基。"……"為邦"一詞，更屬古代的常語，是治理國家的意思。……"槁木"一詞完全不能照字面意思理解為"枯槁的木頭"。古書中比喻性的語言是經常使用的，象在《莊子》等書中，有時就把某一種狀態下人的形體比作"槁木"，……寅是敬的意思，……"槁木三年，不必為邦旗"應該與《尚書》中記載的高宗"三年不言"之說有關，而"三年不言"又本於"三年之喪"的禮制。在儒家的持續解讀下，它被賦予"敬"

第四章 《成之聞之》集釋

和"內反諸己"的意義。

【涂宗流、劉祖信2001】"槁木三年,不必爲邦旗"何?言會之也。

"邦旗",地邦之標記。"會",疑借爲"殨",爛。會,古音匣紐月部;殨,古音匣紐物部。……符合通假的條件。……古語爲什麼說枯木三年之後,就不能用來作地邦之標記了呢?這是說枯木容易腐爛,不能常久地做標記,不能有始有終。

【郭沂2001】"寅",……或可釋"引也",引申之意。……"言寅之也",是說把"槁木"無恒,引申爲人之無恒。

【廖名春2001D】"㚒"爲"夾"繁文。……"挾"爲"夾"異體。《爾雅·釋言》:"挾,藏也。"……"三年"非實指,乃多年之意。這是說木本可爲邦旗,但擱置多年,隱藏不用,就朽而不堪使用了。比喻君子不但要知道,更要及時成德,及時行動,將可能性變成現實性,不要知而不行。

【李零2002A】"槁木三年,不必爲邦旗"何?言偃之也。

簡文上文說"唯有其恒而可,能終之爲難"(簡29—30),這裏似乎是說木久而枯朽,不可爲邦旗,以其樹之則偃,不能終其事。簡文"偃"原從寅從口,舊作讀爲"寅",以爲敬義,不妥,今改讀爲"偃"("寅"是喻母真部字,"偃"是影母元部字,讀音相近)。……形式同於上下文引《書》的其他各條,但未注篇名,我們懷疑是承上省略,當亦出於《君奭》,但今本《君奭》也沒有此條,估計是佚文。

【李學勤2002】"槁"疑讀為"喬"。"喬木三年,不必爲邦旗",是講樹木雖生長三年,仍不能作國中建旗之用,這是因為樹木尚未充分成長。"言富之也",句中不識之字或即"富"字誤寫,讀為"逼",意思是近,指時間過於短暫。

【陳偉2002D】可能,終之為難。槁(矯)木三年,不必為邦旗。"蓋言寅之也。是以君子貴

◇亟,急切義。簡文意爲:雖然急切一時是可能的,但堅持到底則很難。《禮記·祭義》:"養可能也,敬爲難;敬可能也,安爲難;安可能也,卒爲難。"與此句式相同。 ◇槁,疑當讀爲"矯",爲矯正之義。……對木料或木器的矯正,需要專門的器械和工序,並且因而可能會花費比較長的時間。簡文"爲邦旗",當是指用作邦國旗幟的杆。……邦旗之高由此可見,對這種旗杆矯直加工的過程勢必非常複雜,爲時較長。"矯木三年,不必為邦旗",恐即指此種情形而言。 ◇寅,從李零先生釋,是敬的意思。這裏指敬惕其事,慎終如始。

【黃君良2003】"槁"……還有木杆或竿子的意思,馬融《長笛賦》有云:

165

"特箭槁而莖立兮，獨聆風于極危"，"箭槁"就是指箭幹。在這個含義上，槁和幹字意思相同，音也接近。……古時製作箭幹最佳的材料為柘，所以幹也解作柘樹。……《成之聞之》謂："槁木三年，不必爲邦旗"，就可以解釋爲："種植了三年的柘樹枝幹不一定能制作邦旗的杆子。"種植了三年的柘樹尚屬幼嫩當然是不能作旗杆子的。……寅訓爲敬，……栽種柘樹使其可用與育民化民使其可使，其實道理是一樣，要以循序漸進、持之以恆、善始善終的態度處之。故此，"是以君子貴[寅]"意指君子敬重循序漸進、持之以恆的培育精神。……"槁木三年，不必爲邦旗"亦可以從政治的角度去理解。……"邦旗"是號召人民的象徵，"槁木三年"可以理解為國力未強、教化未深。國家在經濟和教育條件不成熟的情況下，當然是不能驅使和奴役百姓。

【周鳳五2003】君子曰：唯有其亟而可能，終之為難。"槁木三年，不必為邦旗"。曷？言夾之也。

亟，疾也，速也；引申爲積極、努力，……本篇簡二一："知而求之不疾"，簡二二："是故凡物在疾之"，與此處"亟"字的意思相應。……"雖有其亟而可能，終之為難"意思是說，一般人雖然知道努力，卻難於堅持到底。次說"夾之也"的夾。……簡文上半所從爲古文"夾"，……"挾斯"爲楚方言，指破敗、朽敗。簡文"挾"，《方言》作"挾斯"，應當是古人所謂"語有輕重"，亦即記音的詳略不同或用字稍有出入。簡文"槁木三年，不必為邦旗"意思是說，經砍伐、乾燥的成材大樹，若棄置三年，即使可供制作邦旗的良材也必不堪使用。……"言夾之也"是答"木材已經腐朽了"。槁木，指經過砍伐、乾燥，可供工匠使用的木材。《墨子·耕柱》："譬若匠人然，智槁木也而不智生木。"……邦旗，即太常之旗，……邦旗的旗杆當然用最好的木材。

【劉釗2003】可，能終之為難。"槁木三年，不必為邦(封)羿(旗)"害(何)？言害(陳)之也，是以君子貴

"害"疑讀為"陳"，古音"寅"在喻紐真部，"陳"在定紐真部，聲為一系，韻部相同，可以相通。"陳"用為"陳舊"之"陳"。……"邦(封)羿(旗)"封疆的標誌。

【楊華2006】◊王博的解釋，給人以新的啓發。……王說仍然有值得補充之處。……"不必爲邦旗"意味三年喪期內不必爭君主的名位，而應當採取退守自固之術。……邦旗即國旗，……據有國旗，就是掌控政權的象徵。 ◊"害"字雖然暫

第四章 《成之聞之》集釋

時未得通釋，但其意當類似於經權之辨的"權"。

【李銳2009】"槁"，今從陳（偉）說讀爲"橋"（矯從喬聲，喬從高省聲）。"宜"，周鳳五先生釋字可從，《廣雅·釋詁三》："夾，近也。""槁木三年，不必爲邦旗"，是說矯正木材三年，未必能爲邦旗，但是離標準已經不遠，所以下文說"是以君子貴成之"。

【十四種2009】可能，終之爲難。"槁木三年，不必為邦羿（旗）"，害（蓋）言害之也。是以君子貴

【單育辰2009】清華《保訓》簡1："戊子，自演（瀕）水。己丑，昧【1】爽☒"時賢多已指出，此句可以和《尚書·顧命》的相關文句對照：《尚書·顧命》："惟四月哉生魄，王不懌。甲子，王乃洮頮水。相被冕服，憑玉几。"其中"演水"二字爲合文，……"■"字（下稱爲A），……A字右旁確實與"寅"沒有任何區別，但釋"演"文義實難講通，尤其我們認出A下有合文符，並與《尚書·顧命》相對照後，則A字只能認爲是從"貴"得聲了。爲了與"演"字相區別，我們把它隸定爲"潰"。《說文》卷六下"貴"作"臾"，從"臾"從"貝"，又說，"'臾'，古文'蕢'"；卷一下"蕢"的古文作"臾"。在傳抄古文中，更有單從"臾"的"貴"字，如《古文四聲韻》4.8"貴"作："■"（引《古孝經》）、"■"（引《古孝經》）、"■"（引《裴光遠集綴》）、"■"（引《古老子》）諸形。A字與之相比，只多了一個"水"旁和"宀"旁，所以《保訓》整理者把A釋爲"潰"是沒有問題的。……在郭店《成之聞之》中有段話作：……"君子曰：'雖有其邳〈亟〉而【29】可，能終之爲難。'槁木三年，不必爲邦旗。'蓋言B之也，是以君子貴【30】成之。"B作下形：■……其中以釋"寅"的觀點影響最大，從字形上看，B從"日"從"寅"沒有問題，不過，把B訓爲"敬"，和簡文前後文義互不搭邊，感覺有些奇怪。現在知道《保訓》的"演"可讀爲"潰"，那麼，我們也可以想象，B字"日"上所從也可以是"貴"，可隸定爲"窅"，讀爲"貴"。"'槁木三年，不必爲邦旗'，蓋言窅之也"的"窅"，是說"邦旗"之"貴重"。後面接着說："是以君子貴成之。""窅"緊緊照應這句"貴成之"的"貴"。"貴成之"的"成"是"成就"、"完成"的意思，是照應前面"能終之爲難"的"終"的。那麼《成之聞之》29+30+1這一段話的意思是：君子說："有急切的心情雖然是可以的，但最終完成卻是很困難。""枯槁的木頭放了三年，不應該作爲國旗的旗杆了。"（辰按，發表於復旦大學出土文獻與古文字研究中心網之文原釋"亟"爲

"恒"訓"恒心",今依單育辰2010之說。)這是說國旗是貴重之物。所以君子貴重的是最終完成。還有個問題,就是《成之聞之》這句已經有了一個"貴"字,這裏又用了"睿"來表示"貴"這個詞,會不會有些奇怪呢?其實,這是楚地簡帛中常常使用的一種字形避複的辦法(當然也不排除是底本原因而造成的一詞寫成兩形),楚簡中同一個詞在相鄰的文句中,甚至在同一句中用不同的字來表示,這是很常見的。如信陽長關台簡1–03"教書晶(三)歲,教言三歲";郭店《忠信之道》簡7"群物皆成而百善虞(皆)立";上博三《周易》簡42"乃亂迺啐";上博三《彭祖》簡7"一命弌俯";上博四《曹沫之陳》簡36"陳功上賢,能治百人,史(使)長百人;能治三軍,思(使)帥"等,都是這樣的例子。

【李銳2012】"▨"……上部當還是"寅"字。鄙意此處當讀為"寅",……《釋名·釋天》:"寅,演也,演生物也",《玉篇·寅部》:"寅,強也。"上下文當讀為……"槁(喬)木三年,不必爲邦(封)羿(記)",蓋言寅之也。是以君子貴誠之。古代以木爲封樹,……喬木三年尚不一定能成爲封樹,因其尚弱小,故需假以時日以待壯大,因此"君子貴誠之"。

【鄧少平2013】王博則認爲,"槁木"在此應該是一個比喻,用來形容某種狀態下人的形體。……王博之說顯然是極富洞見的,……郭店《尊德義》簡2"賞與刑,禍福之也",其中之"羿"裘按即指出疑讀爲"基"。……又先秦兩漢文獻多見"國基"、"國之基",如《左傳·昭公十三年》"於是行也,足以爲國基矣",……凡此皆可証簡文"邦"可讀爲"邦基"。

【按】◇相關句整理者句逗爲"唯有其恆【29】而可能終之為難";李零1999句逗爲"唯有其恆【29】而可,能終之爲難",劉釗2003句逗同;陳偉1999句逗爲"雖有其恆【29】而可能,終之爲難",周鳳五1999B句逗同。按,李零句逗可從,但"恆"應釋爲"亟"。◇槁木:整理者如字讀;郭沂1998取最常見意義訓槁木爲枯木;王博2000B認爲把某一種狀態下人的形體比做"槁木";李學勤2002讀爲"喬木";陳偉2002D讀爲"矯木";黃君良2003輾轉解"槁木"爲"柘樹";周鳳五2003解爲經過砍伐、乾燥,可供工匠使用的木材。按,此處"槁木"即可訓爲最常見的詞義——枯木。◇邦:整理者如字讀;劉釗2003讀爲"封"(按,郭沂1998亦解"邦旗"爲疆界標誌)。按,應讀爲"邦"。◇羿:整理者讀爲"旗";王博2000B讀爲"基",訓爲無義的句末語氣詞;李銳2012讀爲"記";鄧少平2013讀爲基礎

第四章 《成之聞之》集釋

之"基"。按，應讀爲"旗"。"邦旗"即國旗，乃貴重之物。◊🀆：整理者隸定爲"富"；郭沂1998認爲"富"有不恒，易毀之義；張光裕等1999隸定作"曹"；李零1999、陳偉1999釋爲"寅"，訓敬；周鳳五1999B釋"夾"，訓朽敗；劉信芳2000A釋爲"曾"，讀爲朽、糟；涂宗流、劉祖信2001釋爲"會"，讀"殨"；郭沂2001釋"寅"爲引，訓爲引申；廖名春2001D釋爲"夾(挾)"，訓爲藏；李零2002A讀"寅"爲"偃"；李學勤2002認爲是"富"字誤寫，讀爲"逼"；劉釗2003釋"曹"疑讀爲"陳"，訓"陳舊"；楊華2006疑有"權"義；李銳2009釋爲"夾"，訓爲近；李銳2012又釋爲"寅"，訓爲強；單育辰2009隸定爲"睿"，讀爲"貴"。按，從單說。 ◊按，"君子"二字爲合文。

簡1

說明：從圖片看，本簡應爲完簡。

拼合編聯：簡1與簡2編聯，從整理者說。

釋文：成之。䎹(聞)之曰：古之甬(用)民者，求之於㠯(己)爲死〈亟〉。行不信則命不從，

集釋：

【郭店–成之聞之】成之䎹(聞)之曰：古之甬(用)民者，求之於㠯(己)為亙(恆)。行不信則命不從，

【郭沂1998】成之。聞之曰："古之用民者，求之於己為恒。"行不信則命不從，

◊由此得出結論："君子貴成之。""成"，成就、完成、實現，"成之"同上文"終之"義近。李學勤先生曾提示筆者，"成之"也是《中庸》的重要概念。……按照《中庸》自己的解釋，"誠"本來包含"成"的意思："誠者，自成也。"……故此處"君子貴成之"之"成"讀作"誠"可能更妥。由此可見，此語幾乎完全照搬了《中庸》"君子誠之爲貴"一句。 ◊從《中庸》"君子誠之爲貴"和此章與下章皆言"恒"的情況看，"是以君子貴"下接以"成之"開頭的一簡無疑。 ◊"聞之曰"前不加主語是否符合古人的語言習慣呢？回答是肯定的。……如《莊子·德充符》："聞之曰：'鑒明則塵垢不止，止則不明也'"；……《禮記·文王世子》："聞之曰：'爲人臣者，殺其身，有益君，則爲之'"等等。

【廖名春1998A】"成之"當爲"聞之"的主語，無疑是人名。據《史記·仲

尼弟子列傳》，孔子高弟中以"成"爲名的只有縣成。……因此，簡文很可能就是縣成以"聞之"的形式記錄下來的討論"求己"之學的專文。……此篇記載出於孔門高弟縣成之手，是很有可能的。

【李零1999】成之聞之曰：古之用民者，求之於己爲恒。行不信則命不從，
◊ "成"或即作者名。

【周鳳五1999B】亟，簡文作亙，……當讀作"亟"。楚文字有因音轉而"一字歧讀"的現象，如：巽，讀坐、又讀危；厚，又讀重；……皆其例證。……"亟，急也。"……簡文意謂治民者當以反求諸己爲急務。……亙可以逕讀作亟，另外還有一個證據。包山與郭店竹簡屢見地名"亙思"當讀作"亟思"，即文獻所見的"期思"。這是楚人特殊的用字習慣，不是寫錯字，也不是"形近易混"。另外馬王堆帛書《周易・繫辭傳》："易有大亙"，據此也當逕讀作"易有太極"，與今本並無不同。

【李零2002A】不帶主語的"聞之曰"在上博簡中也有發現，而且是作爲文章格式。可見這種句式確實很重要。

【李學勤2002】◊《中庸》云："誠者自成也，而道自道也。誠者物之終始，不誠無物，是故君子誠之爲貴。"這話與簡文"是故君子貴誠之"非常相似。但是，《中庸》"君子誠之爲貴"的"誠"還可細分爲"誠"與"誠之"，有關的一段是這樣的："……誠身有道，不明乎善，不誠乎身矣。誠者天之道也，誠之者人之道也。誠者，不勉而中，不思而得，從容中道，聖人也；誠之者，擇善而固執之者也。""誠"是天賦的，"誠之"是人爲的。所謂"誠之"，就是"擇善而固執之"，用簡文的話，即有極而能終，因此簡文說"君子貴誠之"。 ◊"亙"，也是"亟（極）"字。這種冠以"聞之曰"的文句，最適於與簡文對比的，是《禮記・文王世子》下列一段："仲尼曰：昔者周公攝政，踐阼而治，抗世子法扑伯禽，所以善成王也。聞之曰：'爲人臣者，殺其身有益補君，則爲之'，況於其身以善其君乎？周公優爲之。"注云："聞之者，聞於古也。"簡文"聞之曰"以下也是引用前人的話，"聞"的主詞是簡文的作者。

【陳偉2002D】誠之。聞之曰："古之用民者，求之於己爲亟。"行不信則令不從，

◊（《中庸》）所謂"誠之"，就是要追求真實無妄的境界。至於"誠之"的方法，則是"擇善而固執之"。這與簡書前云"疾之"、"終之"、"寅之"以及隨

第四章 《成之聞之》集釋

後說到的"求之於己",實相貫通。因而,簡文的"成"極可能就等同《中庸》的"誠","成之"則是後者作爲"人之道"的"誠之"。 ◇楚文字中"令"通作"命"。"不從"前一字,讀爲"令",較符合古書中的習慣表達。

【劉釗2003】成之。斪(聞)之曰:古之甬(用)民者,求之於弖(己)為亙(恆)。行不訏(信)則命不從,

【十四種2009】城(成)之。聞之曰:古之甬(用)民者,求之於弖(己)為亙(極)。行不信則命不從,

【賴怡璇2012】後文"行不信則命不從",應是承接上文的"亙",若上位者只"反求諸己",似無法與下文的"信"做結合,《論語》:"子曰:'人而無恆,不可以作巫醫。'善夫!'不恆其德,或承之羞'",表示"恆心"的重要,人若持之以恆,其言必有信。"反求諸己"固然重要,然而其貴於"恆"。

【按】◇成:整理者連讀爲"成之聞之";廖名春1998A、李零1999亦以"成"爲人名;郭沂1998連簡30+1讀爲"貴【30】成之",訓"成"爲成就、完成;李學勤2002讀"成"爲"誠",陳偉2002D從之。按,郭沂編聯正確,從文義看,"成"明顯是完成之義。 ◇亙:整理者釋爲"亙(恆)";賴怡璇2012從之,且有論證;周鳳五1999B釋爲"亟",訓急;李學勤2002釋爲"亟(極)"。按,周鳳五釋"亟"是,急也。

簡2

說明:從圖片看,本簡應爲完簡。
拼合編聯:簡2與簡3編聯,從整理者說。
釋文:信不惪(著)則言不樂。民不從上之命,不信亓(其)言,而能念(含)惪(德)者,未之

集釋:

【郭店-成之聞之】信不惪(著)則言不樂。民不從上之命,不信其言,而能念(含)惪(德)者,未之

◇念:裘按:"能"下一字也有可能當讀為"念"。

【郭沂1998】信不著則言不樂。民不從上之命,不信其言,而能含德者,未之

【李零1999】信不著則言不樂。民不從上之命,不信其言,而能念德者,未之

【張桂光2001】從字形上分析，其字所從之⟦圖⟧似非"今"或"含"。本人於《古文字考釋六則》一文中曾將⟦圖⟧釋為"訽"字，以為⟦圖⟧之為字，當釋為"勻"而不釋"今"。楚簡中"今""勻"形近似有別，……"⟦圖⟧"字既當釋"訽"，則字便當釋"恂"了。《說文》："恂，信心也。"……所謂"恂德"即指誠信於德。

【陳偉2002D】信不著則言不樂。民不從上之命，不信其言，而能念德者，未之
◇念：相同寫法的字又見於《語叢二》13號簡，原釋文讀作"念生於欲，怀生於念"，應是。念德，懷念其德。

【劉釗2003】訐（信）不煮（著）則言不樂。民不從上之命，不訐（信）丌（其）言，而能念（含）惪（德）者，未之

"念"為"念"字繁體，讀為"含"。"含德"意為懷藏道德。

【陳靖欣2005】"勻"起筆多作"勹"形，與"今"灼然有別。可見從"勻"或從"今"，未能以張（張桂光）說為判斷標準。而"今"形與"勻"形在戰國楚系文字中大多可以區別，極少數訛混者則須上下文例來釋讀。所以此字應隸作"念"應無疑義。……郭店中另一和此字形相近的"⟦圖⟧生於欲"語二.13之"⟦圖⟧"即讀"念"。含，懷也，見《淮南子·原道》："含德之所致也"注。含，思也，見《爾雅·釋詁》。今從"念德"，指的是懷念統治者的德行。

【陳斯鵬2006】信不圖則言不樂：⟦圖⟧（《汗簡·心部》引裴光遠《集綴》"圖"字）⟦圖⟧（《古文四聲韻·模韻》引王存乂《切韻》"圖"字）對照一下"者"字的寫法：⟦圖⟧（《古文四聲韻·馬韻》引《古孝經》）、⟦圖⟧（郭店《語叢一》簡21），我們不難發現上揭傳抄古文兩個"圖"字其實都是上"者"下"心"，與楚簡"煮"毫無二致。據此將"煮"釋讀為"圖"，應是相當的可靠了。……"圖"由"圖謀"義引申而有"謀取"、"謀求"、"追求"等義。《詩·大雅·烝民》："人亦有言：德輶如毛，民鮮克舉之，我儀圖之。"《漢書·武五子傳·齊懷王劉閎》："人之好德，克明顯光；義之不圖，俾君子怠。"……這些"圖"字，舊注多籠統地說"謀也"，其實準確的理解應該是謀求、追求。……"信不圖"結構正與"義之不圖"和"功不圖"等相同。……簡文"信不圖則言不樂"意思是：統治者如果不追求誠信，則其言不為民所悅樂。

【十四種2009】信不煮（圖）則言不樂。民不從上之命，不信其言，而能念（含）惪（德）者，未之

【莊利果2010】含：藏在裏面；包含。……這裏似謂，不聽從君上的命令，不

信其言語，而能心裡惦記君主恩惠的，是沒有的事。

【馬楠2011】《盤庚》曰："非予自荒茲德，惟汝含德，不惕予一人。"……《盤庚》"含德"與"念德"義略同，念、含當讀為懷，"念德"即《周書》、《詩經》之"懷德"。……《成之聞之》中"念德"亦當讀爲"懷德"，義同《洛誥》"王伻殷乃承敘，萬年其永觀朕子懷德。"……"念德"讀爲"懷德"之佐證，就是鰥寡之"鰥"，今文《尚書》往往"鰥""矜"互用。……矜、念從今聲，鰥、懷從眔聲，通假的道理也應當一致。

【按】：整理者釋爲"念"讀"含"，劉釗2003從之；裘按讀"念"；張桂光2001釋爲"恂"；陳偉2002D、陳靖欣2005引《語叢二》簡13之"（念）"爲證，亦讀"念"；馬楠2011讀"念"爲"懷"。按，"勻"和"今"的形體區別，陳靖欣2005有很好的說明，不過在楚文字中，尤其是在《尊德義》、《成之聞之》、《六德》、《性自命出》這四篇的抄寫體系中，"勻"和"今"的字形有訛混現象，如《成之聞之》簡7"黔"作，這是"勻"形規範的寫法；但《尊德義》簡34之"坸"作，所從則與"今"形訛混了；另，《性自命出》簡52："未賞而民勸，富者也。"從字形看，確實從"今"，但從文義看，"含富"不知所謂，亦似應從"勻"而讀爲"均"。此字亦似從"勻"得聲，可通"循"，在典籍中"恂"、"循"有可通之例。① 不過"含德"或"懷德"文義亦通，存疑。◇恵：整理者讀爲"著"；陳斯鵬2006讀爲"圖"。按，讀"著"文義順當，著，顯著也。

簡3

說明：從圖片看，本簡應爲完簡。

拼合編聯：簡3與簡24編聯，從郭沂1998說，他說："其一，此處的'其所在內矣，民孰弗從'與下文的'其睟也固矣，民孰弗信'正相對應；其二，上文的'古之用民者，求之於己爲恒'與下文的'是以上之恒務在信於衆'亦相呼應。"陳偉2000並補充說："可以補充的是，成01、02說：'行不信則命不從，信不著則言不樂。民不從上之命，不信其言，而能含德者，未之有也。'所云'行'、'信'、'民不從上之命，不信其言'適與成24的'民孰弗從'和'民孰弗信'前後緊扣。"

釋文：又(有)也。古(故)君子之立(涖)民也，身備(服)善以先之，敬訢(慎)以寸

---

① 參看高亨、董治安：《古字通假會典》，濟南：齊魯書社，1997年，第80頁。

(守)之，亓(其)所才(存)者內(入)悇(矣)，

集釋：

【郭店-成之聞之】又(有)也。古(故)君子之立民也，身備(服)善以先之，敬訢(慎)以🔲之，其所才(在)者內悇(矣)。

◊立：裘按："立"似當讀為"莅"。

【郭沂1998】有也。故君子之立民也，身服善以先之，敬慎以導之，其所在內矣。

◊本章的"其所在內矣"……改接以"民孰弗從"開頭的二十四簡，理由有二。其一，此處的"其所在內矣，民孰弗從"與下文的"其晬也固矣，民孰弗信"正相對應；其二，上文的"古之用民者，求之於己為恒"與下文的"是以上之恒務在信於衆"亦相呼應。 ◊"導"，簡文作"🔲"，……"導"曾伯簠作"🔲"，上部很複雜，下部從"又"。簡文"導"字乃將其上部簡化為這部分左下角的"🔲"並巧妙地置之於"🔲"的下部。……而敬慎導民之說，又見於十五至十六簡："是以民可敬導也"。

【袁國華1998】郭店楚簡有兩個已被釋出的"守"字，一見《老子》甲"侯王能守之"句，一見《唐虞之道》"禮畏守樂孫民教也"句，字形分別作：🔲、🔲，🔲字與《唐虞之道》"守"字所從🔲，字形極近。戰國文字省減形符者屢見，如"官"字，先秦璽印作🔲，亦可省作🔲；又如"安"字，曾侯乙墓簡，簡50作🔲，簡146即省作🔲可證。又由以上省減形符"宀"的例子，可見將"🔲"視作"守"字之省體，是有例可尋的。……簡文"敬慎以守之"句，可與《禮記·郊特牲》："知其義而敬守之"……等句相照。

【顏世鉉1999A】🔲：此字疑當從手從人，包山楚簡一七五"邸昜君之人"的"人"字作🔲，即與"付"所從的"人"相同。……包山楚簡付字作🔲(簡九一)，……付通拊，《詩經·小雅·蓼莪》："父兮生我，母兮鞠我，拊我畜我，長我育我。"《後漢書·梁竦傳》引此詩之"拊"字作"撫"。簡文"付"字象人以手撫人，即愛撫、存恤之意。

【李零1999】有也。故君子之莅民也，身服善以先之，敬慎以守之，其所在者入矣。

◊"守"，原不釋。

【周鳳五1999B】簡文以寸為"守"，但寸字所從的一點作墨釘形，以致奇詭難識，……守，古音書紐幽部；寸，清紐文部，二字可通。侯馬盟書"守"字所從

第四章 《成之聞之》集釋

的一點也作墨釘形，與簡文此字可以參看。《詩・大雅・抑》："敬慎威儀，維民之則。"……《管子・內業》："敬守勿失，是謂成德。"

【李天虹2000A】該字在侯馬盟書、古璽印以及戰國金文中都有發現，均用於偏旁，……關於金文"鈘"，前人均隸定作"釪"，通常解釋為從金肘省聲。肘、壽古音相通，故釪可讀作鑄。但是古文字寸一般作"❀"形，與"❀"形雖然相近，差別也是一目了然；……筆者認為該字很可能是肘。古音肘屬端母幽部，導屬定母幽部，鑄屬章母幽部，守屬書母幽部，肘與導、鑄、守音皆相近，可以通轉。……據上下文義，此處的肘應以讀"導"為佳。簡文"身服善以先之，敬慎以肘之"的"之"，當代指"民"，"導之"就是"導民"。"導民"之說見於簡文，《成之聞之》(簡一四至一五)本身就有"是以民可敬道(導)也，而不可弇(弇)也；可馭(御)也，而不可堅也"的話。……又《禮記・學記》謂："故君子之教喻也，道而弗牽，強而弗抑，開而弗達。"《大戴禮記・子張問入官》中有一段文字，大意與《成之聞之》篇的這段話相近："故君子蒞民……欲政之速行也者，莫若以身先之也；欲民之速服也者，莫若以道御之也……四者，治民之統也。"

【劉釗2000A】"❀"即"守"字省寫。守字本從"肘"聲，故"守"可省去義符"宀"而只保留聲符。"❀"字也可直接釋為"肘"，即假借為"守"。戰國文字中"守"字作下列之形：❀侯馬盟書《古璽彙編》3307 ❀《古璽彙編》0341如果省去"❀"形的"宀"傍，其形體與簡文"❀"字如出一轍，應為一字無疑。所以簡文"敬慎以之"即"敬慎以守之"。古代典籍中常見"敬守"一詞，如《禮記・郊特牲》："知其義而敬守之，天子之所以治天下也。"《管子・內業》："敬守勿失，是謂成德。"

【崔永東2000】❀：此字蓋為"右"字之訛。……❀與❀易因形近而訛。右通佑，輔助的意思。……所謂"古(故)君子之立民也，身備(服)善以先之，敬訢(慎)以❀之"是說君主治民(此"君子"指君主，"立"通"蒞"，立民即治民)，當先踐行善德，並輔以敬慎的態度。

【劉桓2001】❀疑當釋作斧，❀字從當是父字稍訛，❀似為"斤"字。……斧從父聲，……此文則當讀為輔。

【何琳儀2001】❀，"肘"之初文。本簡讀"守"。參上文《老子甲》13。(辰按，指："'守'標準形體作❀，從'肘'之初文得聲。詳拙著《戰國文字聲系》190。")

【張桂光2001】以郭店楚簡"安"字之有宀的✦（《五行》第30簡）與無宀的✦（《尊德義》第31簡）並見、……的情形分析，✦極有可能是✦（侯馬盟書"守"字）的省文，釋✦為"守"……是文從字順的。

【廖名春2001D】入當訓爲合，契合。《淮南子·主術》："譬猶方員之不相蓋，而曲直之不相入。"

【陳偉2002D】有也。故君子之蒞民也，身服善以先之，敬慎以主之，其所在者入矣。

肘，從李天虹博士釋。……鑒於從此形、從"金"的字可以讀爲"鑄"，疑在簡書中或可讀爲"主"。

【陳秉新2003】楚簡訢從言，斤（紉）聲，或又加心旁作慦，均是訢之繁文，……《成之聞之》3……19……38……27……以上各訢字，均當讀爲慎。

【劉釗2003】又（有）也。古（故）君子之立（蒞）民也，身備（服）善以先之，敬訢（慎）以寸（守）之，丌（其）所才（存）者內（入）俟（矣），

"才"疑用為"存"，《說文》："在，存也。"

【劉桓2005】類似的說法，如《孔子家語·入官》："欲政之速行也，莫善乎以身先之；欲民之速服也，莫善乎以道御之。"

【十四種2009】又（有）也。古（故）君子之立（蒞）民也，身備（服）善以先之，敬訢（慎）以肘（守）之，其所才（在）者內俟（矣），

【按】◇立：整理者如字讀；裘按讀爲"蒞（蒞）"。按，裘按是。 ◇✦：郭沂1998釋爲"導"；袁國華1998、張桂光2001釋爲"守"之省體；顏世鉉1999釋爲"付"讀"拊"；周鳳五1999B釋"寸"讀"守"；李天虹2000A釋"肘"讀"導"；劉釗2000A亦釋爲"守"之省寫，或釋"肘"讀"守"；崔永東2000釋爲"右"；劉桓2001釋爲"斧"讀"輔"；何琳儀2001釋"肘"讀"守"；陳偉2002D釋"肘"讀"主"。按，釋"守"是，"敬守"一詞典籍多見。關於此字的來源，視爲"守"之省體或"肘"字似皆可。又，李天虹2000A已言，"守"從"肘"得聲，來源於甲骨文中的"✦"（《合》33407），其言是正確的，從《合》2301"✦"及新出的《村中南》356"✦"看，"宀"下所從正是"肘"的指示寫法。 ◇才：整理者讀爲"在"；劉釗2003讀爲"存"。按，讀"在"、"存"皆可，今依後世用字習慣讀爲"存"。 ◇內：整理者如字讀；李零1999釋爲"入"；廖名春2001D訓"入"爲契合。按，古文字"內"、"入"不分，參簡15，依文義，釋"入"好，指進入。

第四章 《成之聞之》集釋

簡24

說明：從圖片看，本簡應爲完簡。

拼合編聯：把簡24與簡25編排在一起，是整理者的意見，今依郭沂1998把它們直接編聯。

釋文：民箮(孰)弗從？型(形)於宔(中)，燮(發)於色，亓(其)霋(淫)也固悑(矣)，民箮(孰)弗信？是以上之丕〈丞〉

集釋：

【郭店–成之聞之】民箮弗從。型(形)於中，燮(發)於色，其錫也固悑(矣)，民箮(篤)弗信。是以上之亙(恆)

◊箮：裘按："箮"疑當讀爲"孰"，猶言"誰"。下"箮"字同。

【郭沂1998】民孰弗從？形於中，發於色，其晬也固矣，民孰弗信？是以上之恒

◊"晬"，簡文作"䍃"，……"晬"之右旁與簡文左旁形似，左旁之"目"乃簡文右旁之省。……"形於中，發於色，其晬也固矣"同《孟子·盡心上》的下段文字非常相似："君子所性，仁義禮智根於心，其生色也晬然，見於面，盎於背，施於四體，四體不言而喻。"觀其文義，《孟子》之"晬"字與本章之"晬"字相應。

【李零1999】民孰弗從？形於中，發於色，其誠也固矣，民孰弗信？是以上之恒

◊"錫"，待考，從文義看，似是誠實的意思。

【周鳳五1999B】䍃：此字左旁從入從米，右旁所從與《古文四聲韻》卷二侵部引古《老子》"淫"字右旁相同，可以分析爲從入從米，淫聲，即"淫"字的異構。《說文解字》："淫，浸淫隨理也。一曰久雨曰淫。"……其本義爲浸漬、滲透，而浸漬、滲透歷時必久，故引申有久意。此字從入從米，蓋取義於漬米。……淫字形構如此，於六書屬會意，與通行的形聲字不同。

【廖名春2001D】錪，此字右邊爲"金"旁，左邊疑爲"炅"之別體，上部似從目。"炅"從火從日，爲"晉"之異體。《說文》以"晉"爲"慎"之古文。而《玉篇·目部》："晉，古文慎。"……是"炅"亦可從目。簡文"錪"自然可以讀爲"慎"。《爾雅·釋詁》："慎，誠也。"……固，當訓爲專一。……"固"與"獨"義同。"其錪(慎)也固矣"即"慎獨"，是說其真誠是很專一的。"形於色，發於中，(辰按，此兩句廖從周鳳五說改)其慎也固矣"，與《禮記·大

學》"此謂誠於中，形於外，故君子必慎其獨也"說顯然有密切的關係。

【李零2002A】"鍚"，疑以音近讀爲"誠"。……簡文似乎是個從易得聲的字，與屬於耕部的"誠"字是韻尾相同的旁轉字，這裏疑讀爲"誠"。

【趙彤2002】▨左旁即"宷（審）"字，右旁同於《尊德義》簡16"民▨悗遠禮亡親仁"中▨之所從。……▨所從的聲旁也當是"尋"字（李零先生在《郭店楚簡校讀記》中已將此字釋爲"潯"，但在增訂本中又持懷疑態度），則▨實爲"宷（審）"字加注聲符的異體，因此當隸定爲"䨸"，簡文中是真實的意思。《玉篇·釆部》："審，信也。"

【陳偉2002D】民孰弗從。型於中，發於色，其□也固矣，民孰弗信。"是以上之亟

【李天虹2003】▨，……今按此字左旁從宀、從米，可能是《說文》的宷，字在文中或即讀作"審"。《說文》以宷爲字頭，其下別出篆文審，則宷既可能是古文，也可能是籀文。就現有資料看，《說文》以"宷"爲古文的可能性較大。

【徐在國2003B】▨：左旁上部所以從當是宀。……▨……似應視作是"釆"。古文字中"審"字或作：▨五祀衛鼎《金文編》54頁、▨、▨《戰國文字編》58頁，諸審字所從的"釆"作"▨"、"▨"、"▨"均與"▨"所從的"▨"形近。如此，"▨"似應釋爲"宷"。……"宷"爲"審"字異體。……再來分析一下此字右旁"▨"。……以周鳳五先生的意見最值得重視。《郭店楚墓竹簡·尊德義》16簡有字作"▨"。李家浩……釋爲"淫"。"淫"字右旁與"▨"的寫法非常相近，可爲周先生的釋讀提供一個有力的佐證。如二說不誤，"▨"應釋爲"㸒"。（原注：或說《尊德義》簡16簡"淫"及《古老子》中的"淫"均應釋爲"潯"，簡文及傳抄古文均假"潯"爲"淫"。若此，我們討論的此字右旁當是"尋"。"尋"上古音亦爲侵部字。不影響我們對此字的釋讀。）總之，此字應隸作"䨸"。所從"審"、"㸒"均爲聲符，因爲上古音"審"、"㸒"均爲侵部字。頗疑此字在簡文中應讀爲"審"。《玉篇》："審，信也。"簡文"形於中，發於色，其審也固矣，民孰弗信？"之"固"……我們從廖名春先生之說，簡文"固"義爲一，……意思是：形成於中心，表現於顏面，其確實表裏如一，民衆誰還不信任他呢？

【周鳳五2003】帛書《五行》："刑於內"，……"刑"字先秦典籍往往指模型、器範，……此字在郭店《五行》正作"型於內"。……《五行》簡文是說：

第四章 《成之聞之》集釋

仁、義、禮、智、聖五種道德意識在人心中產生如模型、器範的規範作用，……簡文"型於中，發於色"與《五行》"玉色"、"玉音"以及《禮記·大學》"誠於中，形於外"的論述相同，……關於簡文"淫"字，……此字右旁似"易"，實爲"尋"字之訛。尋，古音邪紐侵部；淫，余紐侵部，《古文四聲韻》的古《老子》"淫"字以尋爲聲，乃音近通假。

【劉釗2003】民誓（孰）弗從？型（形）於宋（中），發於色，兀（其）愓（蕩）也固悁（矣），民誓（孰）弗訐（信）？是以上之亙（恆）

"愓"字不識，疑從"易"聲，讀爲"蕩"，指心受到的震動。古有"心蕩"一辭，即指心之動蕩。

【陳靖欣2005】因和"𦠏"右旁形近，所以此字右旁似可釋"㸒"。"㸒"、"尤"二字皆是餘針切，古音在餘紐侵部。二字古音相同，可以相通。此字可讀"忱"，"忱"，典籍多訓作"誠"。

【十四種2009】民誓（孰）弗從？型（形）於中，癹（發）於色，其愓也固悁（矣），民誓（孰）弗信？是以上之亙（亟）

【賴怡璇2012】簡1與24—25"恆"字所表達的便是在上位者凡事持之以恆，以爲人民之典範。

【按】◇誓：整理者第一字未釋，第二字讀爲"篤"；裘按皆讀爲"孰"。按，裘按可信。 ◇型：整理者讀爲"形"；周鳳五2003讀"刑"訓模型、器範。按，讀"形"可信，"形於中"猶言於內心形成。 ◇𦠏：整理者隸爲"愓"；李零1999隸爲"愓"；郭沂1998釋爲"晬"；周鳳五1999B認爲從入從米從㸒，讀爲"淫"；廖名春2001D釋"鍒"讀"慎"；李零2002A認爲從"易"得聲，讀"誠"；趙彤2002隸定爲"𥹄"讀"審"；李天虹2003認爲左旁從"采（審）"；徐在國2003B隸作"𥹄"讀"審"；劉釗2003隸爲"愓"讀"蕩"；陳靖欣2005認爲右旁從"㸒"，讀"忱"。按，趙彤隸定"𥹄"可信，"審"書紐侵部，"尋"邪紐侵部，故"𥹄"是一個雙聲字，此字應如周鳳五讀爲"淫"，浸淫也。 ◇亟：整理者釋爲"亙（恆）"，賴怡璇2012從之，且有補充；陳偉2002D釋爲"亟"。按，陳偉說是，"亟"在《成之聞之》中凡三見：簡29、簡1、簡24，皆應釋"亟"。

簡25

說明：從圖片看，本簡應爲完簡。

拼合編聯：簡25與簡26編聯，從整理者說。

釋文：炙（務）才（在）信於眾。《詔命》曰："允帀（師）淒（濟）惪（德）。"此言也，言信於眾之可以

集釋：

【郭店-成之聞之】炙才信於眾。《⿱命》曰："允帀（師）淒惪（德）。"此言也，言信於眾之可以

◇炙：裘按："炙"，讀為"務"。此字亦見一三號簡，參看注一五。"才"讀爲"在"。此簡與上簡及再上一簡的文字很可能是相連的。 ◇淒：裘按："淒"似當讀為"濟"。濟，成也。下"淒"字同。下文"信於眾"是對此文"允師"二字的解釋。

【郭沂1998】務在信於眾。《詔命》曰："允師濟德。"此言也，言信於眾之可以

【張光裕等1999】⿱：疑此字從"言"從"召"，應隸爲"詔"。

【廖名春1998A】李學勤先生說《詔命》即古文《尚書》的《冏命》、……（廖名春認爲）《詔命》之"詔"從字形上看也可作"詔"，作"冏"恐怕有問題。

【周鳳五1999A】淒，古音清母脂部；濟，精母脂部，可通。《禮記·樂記》："分夾而進，事蚤濟也。"《注》："濟，成也。"

【李零1999】務，在信於眾。《詔命》曰"允師濟德"【何】？此言也，言信於眾之可以

◇"《詔命》"，待考，上字不一定從呂。此篇可能是逸書。

【周鳳五1999B】此即《冏命》，爲先秦古文《尚書》之一篇。……此字右旁從陵省聲，可以讀作"冏"。陵，古音來母蒸部；冏，見母耕部，二字韻尾相同，主要元音相近，可以通假。《包山楚簡》所記楚國封君有"㪟君"，字從艸，陵聲，見第一五三簡，又第一五四簡，後者右旁同爲似呂非呂之形，唯作墨釘而非匡廓。……齊德，簡文原作"淒德"。按，字從水，妻聲，當讀作齊德。妻有齊義。

【廖名春1999】從簡文的說解可知，"允"訓為信；"帀"訓為眾，……裘錫圭認為似當讀為"濟"，訓成，其說是。……"允師濟德"，即"信於眾之可以濟德"，強調取信於民才能成就德行，簡文的說解是準確的。

【何琳儀2001】"詔"亦見配兒鉤鑃，本簡似應讀"旅"，參高亨《古字通假會典》884。《旅命》疑《旅巢命》之簡稱，乃僞古文《尚書》篇名，今佚，見

第四章 《成之聞之》集釋

《書序》。……《詩·周頌·酌》"……實維爾公，允師。"其中"允師"二字為句，殊為不諧。疑句後脫"濟德"二字。如果以上推測不誤，則《酌》入韻字為"晦"、"矣"、"之"、"嗣"、"德"等，均屬上古之部。

【陳偉2002D】務在信於衆。《囗命》曰："允師淒德。"此言也，言信於衆之可以

亟務，原讀爲"恒務"。

【劉釗2003】亟(務)，才(在)訐(信)於衆。《詔命》曰"允帀(師)淒(濟)惪(德)"〔害(何)〕？此言也，言訐(信)於衆之可以

【李學勤2008】（上博五《競建內之》中的"傅鳶"）上博編者已指出"傅鳶"就是傅說。……"傅鳶"為什麼是傅說，是有古音的道理的。"說"古音在喻母月部，"鳶"則為喻母元部，韻部對轉，自然可相通假。由此我們得到一個重要的啟示，傅說之名"說"在古文字裏可能寫成元部字，……看《郭店楚墓竹簡》釋文摹寫的這個字，右半上部似為月牙形，看原簡照片則其左還有一豎筆，只是寫得纖細一些。承荊州博物館彭浩先生賜示更清晰的照片放大複印件，該筆更為清楚，所以字右半上部其實作⊗，乃是"日"，可參見其他楚文字，如《楚文字編》第417頁"時"第一字，418頁"睹"第一字，……所從的"日"中央都作斜豎。再看這個字右半的下部，對照同字左半"言"下部的"口"，這無疑是不一樣的，是一個倒的三角形。"日"下加一三角形，戰國文字習見，乃是"旦"字，只不過"旦"下三角形多作填實，這個字右半是勾勒的罷了。同樣三角形不填實的"旦"字，見於楚璽。因此我們認識到，這一字乃從"言""旦"聲，實際上便是"誕"字。"旦"端母元部，"誕"定母元部，通用是自然的。"誕"從"延"得聲，"延"是喻母元部，與"鳶"同音。於是可知，《成之聞之》的《詛(誕)命》以音轉即讀為《說命》，其所引是《說命》佚文。

【十四種2009】亟(務)才(在)信於衆。《📷命》曰："允帀(師)淒(濟)惪(德)。"此言也，言信於衆之可以

【按】📷：張光裕等1999隸爲"詔"；廖名春1998A認爲是"詔"或"韶"；廖名春1998A引李學勤說認爲是"咠"；李零1999隸爲"詒"；周鳳五1999B認爲右旁從陵省聲，讀作"咠"；何琳儀2001亦隸爲"詒"，讀作"旅"；李學勤2008認爲從"言"從"旦"，即"誕"，讀"說"。按，從字形看，字右上似爲"刀"之訛寫，似應從張光裕等之說釋爲"詔"。 ◇允帀(師)淒惪(德)：按，"允"訓信，

"師"訓眾，"濟"訓成，本句應如廖名春解釋為"信於眾之可以濟德"。

簡26

說明：從圖片看，本簡應為完簡。

拼合編聯：簡26與簡27編聯，從整理者說。

釋文：淒(濟)惪(德)德也。聖人之眚(性)與中人之眚(性)，丌(其)生而未又(有)非之，節(即)於而(爾)也，

集釋：

【郭店-成之聞之】淒惪(德)也。聖人之眚(性)與中人之眚(性)，其生而未又(有)非之節於而也，

◊於而：裘按："於"下"而"字疑是誤字。

【郭沂1998】濟德也。聖人之性與中人之性，其生而未有非之節於而也。

【陳寧1998】"節於而"的"而"，……這個字很可能是"天"字之誤，因為二字篆書的字形接近而易混。此說有內證佐之。《郭店楚墓竹簡》其他地方有不少"而"與"天"相互抄錯的例子。《老子甲》三處將"而"錯寫為天；《五行》則三處將"天"錯寫為"而"。

【周鳳五1999A】聖人之性與中人之性，其生而未有非也，即於而也，則猶是也

簡文"非"讀作"分"，《周禮·地官·廩人》："掌九穀之數，以待國之匪頒。"《注》："匪，讀為分。"按，匪從非聲，非，古音幫母微部；分，並母文部，二字對轉可通。分，分別，區別；節，指時命。《荀子·天論》："楚王後車千乘，非智也；君子啜菽飲水，非愚也；是節然也。"楊倞《注》："節，所遇之時命也。"而，讀為"爾"，此也。簡文全句謂聖人之性與中人之性生而無別，偶然如此，即如此也，至於後來之成聖成賢，全視個人自我努力而定。

【李零1999】濟德也。聖人之性與中人之性，其生而未有非志。次於而也，

◊"志"原作"之"，"次"原作"節"，整理者將中間兩句作一句讀，裘案以為第二句的"而"字可能有誤。案"而"似應作"此"，原文是說，聖人與中材之人在人性上是相似的，他們生下來都沒有什麼壞心眼，中材以下的人，情況也是一樣的。

【李學勤2000B】聖人之眚與忠人之眚，其生而未又非之。節於而也，

第四章 《成之聞之》集釋

告,性。忠人,中人。非,簡文作㠯,疑爲"八"字之訛。八,"別"之古文,作"分別"解。未又(有)非之,即"未有別之"。節,通"即"。而,通"儒"(儒從而聲),作"師儒"解。

【李學勤2000C】聖人之性與中人之性,其生而未有非之。節於而也;

"其生而未有非之","非"應係"八"字之訛。"八"是"別"字古文,見《汗簡》及《古文四聲韻》(云出《古孝經》),其形與"非"字相似。"節"讀爲"即"。"而"疑讀爲"儒",《周禮‧大司徒》"聯師儒",鄭玄注:"師儒,鄉里教以道藝者。"……即於儒,指入學受六藝之教。

【劉信芳2000A】"而"字讀如"儒",聖人與中人,生性沒有不同。那麼儒生與中人,其生性就更不會有差別。

【廖名春2000C】疑"而"爲"天"字之訛,節讀作"即",即,就也。"即於天也",即《荀子‧正名》"天之就也"。這是說,聖人之性與中人之性在出生時並沒有分別,天所成就賦予的,也就是如此。但從語氣上,不如李學勤先生流暢,當以李學勤先生說爲是。

【郭沂2000】聖人之性與中人之性,其生而未有別之。即於儒也,

【丁原植2000】"節",指節制。"節於而也"之"而",猶"此"也(裴學海:《古書虛字集釋》頁539)。"節於此"似指對"聖人之性"、"中人之性"之"性"的制約。

【涂宗流、劉祖信2001】聖人之性與中人之性,其生而未有非之節於而也,

"生而未有"之"而",語氣助詞,……"節於而","節",控制,限制。……"而",音能。才能。

【陳偉2002D】淒德也。聖人之性與中人之性,其生而未有非之。即於能也,

即,字本作"節"。能,字本作"而"。簡文大體是說:就是在才能方面,也是如此,即"未有非之"。

【劉釗2003】淒(濟)悳(德)也。聖人之告(性)與中人之告(性),丌(其)生而未又(有)非之。節(即)於而(儒)也,

"非"意爲"違","違"即"不同"。"節"讀爲"即","即",就也。"而"讀爲"儒"。古音"而"在日紐之部,"儒"在日紐侯部,聲爲一系,韻部主要元音相同,可以通轉。

【劉祖信、龍永芳2005】聖人之性與中人之性,其生而未有,非之節於而也,

【陳靖欣2005】即，就也，見《儀禮・士冠禮》："即席坐"注。"聖人之性與中人之性，其生而未有非之，即於天也，則猶是也"是說：聖人與常人的天性，生下來時並無不同，都是得自上天的啊，所以大家都是一樣。

【顧史考2006】聖人之眚(性)與中人之眚(性)，其生而未又(有)非之。節於而〈天〉也，

於"非之"後斷句，意蓋為以其本性而言則無所不同。然"節於而也，則猶是也"句，今以"而"為"天"之誤(郭店簡中此二字相混之例甚多，今不多舉)，亦即其天然本性之義。

【李銳2006A】聖人之性與中人之性，其生而未有非(分)之；節(即)於儒也。

【廣瀨熏雄2008】◇此段大概的意思是這樣的：聖人的性和普通人的性之間本來沒什麼區別，生下來的時候人都是一樣的。……這是"聖人之性與中人之性，其生而未有非之節"的解釋。"未有非之節"之"非"，讀爲分。參看周鳳五：《郭店楚簡識字札記》……。"節"意爲等級。 ◇就你而言，也是這樣。……這是"於而也，則猶是也"的解釋。而，讀爲爾。而和爾的通假例，見高亨纂著：《古字通假會典》第397頁。

【十四種2009】湊(濟)悳(德)也。聖人之眚(性)與中人之眚(性)，其生而未又(有)非之。節於而也，

【莊利果2010】節：節制。……應斷句為"其生而未有非之，節於而也"。

【按】◇非：整理者如字讀；周鳳五1999A讀作"分"；李學勤2000C釋爲"八"讀"別"；劉釗2003訓"非"爲違。 ◇之：整理者如字讀；李零1999讀作"志"。 ◇節：整理者如字讀；周鳳五1999A讀如字訓時命；李零1999讀作"次"；李學勤2000C讀"即"；涂宗流、劉祖信2001讀如字訓控制；廣瀨熏雄2008讀如字訓等級；莊利果2010讀如字訓節制。 ◇第二個"而"：裘按疑"而"是誤字；陳寧1998、顧史考2006認爲是"天"之誤；周鳳五1999A讀"爾"訓此；丁原植2000直接訓此；李零1999認爲是"此"之誤；李學勤2000C、劉信芳2000A把"而"讀爲"儒"；涂宗流、劉祖信2001、陳偉2002D讀爲"能"；廣瀨熏雄2008讀爲"爾"訓你。 ◇其生而未有非之，節(即)於而(爾)也，：整理者句逗爲：其生而未又(有)非之節於而也，；周鳳五1999A句逗爲：其生而未有非也，即於而也，則猶是也；李零1999句逗爲：其生而未有非志。次於而也，；李學勤2000C句逗爲：其生而未又非之。節於而也，；涂宗流、劉祖信2001句逗爲：其生而未有非之節於而也，；陳

第四章 《成之聞之》集釋

偉2002D句逗爲：其生而未有非之。即於能也；劉祖信、龍永芳2005句逗爲：其生而未有，非之節於而也；顧史考2006句逗爲：其生而未有非之。節於而〈天〉也。按，應句逗爲"其生而未又(有)非(分)之，節(即)於而(爾)也，""分"、"爾"從周鳳五讀，"而"與"爾"通假之例見《古字通假會典》第397頁"而與爾"條，爾猶此也，指道德或善道(見簡27)。這句話是說：他們生下來並沒有分別，即使在道德方面，(加上簡27"則猶是也")也是如此。又，"非"不破讀爲"分"亦可，"非"也有"不同"的意思。

簡27

說明：從圖片看，本簡應爲完簡。
拼合編聯：簡27與簡28編聯，從整理者說。
釋文：則猷(猶)是也。唯(雖)丌(其)於善道也，亦非又(有)譯(澤)叜(藪)以多也。及丌(其)專(博)長而乇(厚)

集釋：

【郭店−成之聞之】則猷(猶)是也。唯(雖)其於善道也，亦非又(有)譯叜以多也。及其專長而乇(厚)

【郭沂1998】則猶是也。雖其於善道也，亦非有譯叜以多也。及其專長而厚

【陳寧1998】"譯"可讀為"繹"；繹有"續"之義。"叜"有"斂"義。放入句中則為"也未有續斂而增加"。但是，"譯叜"連用而解做"續斂"沒有先例證之，故不敢草率言之。或許"譯叜"實為一詞，但……沒有合適可用者。我們姑且不管"譯叜"的字義，將全句的大意理解為"(人性)即使對於道德的實踐，也並非有……而多"。這似乎暗示，人在道德實踐方面所獲得的先天條件無高下之差。

【周鳳五1999A】亦非有譯叜以多也：譯叜，……當讀作"澤藪"。譯，古音餘母鐸部；澤，定母鐸部，二字可以通假。叜，古音來母侯部；藪，心母侯部，二字亦可通。《周禮・夏官・職方氏》："其澤藪曰具區"《注》："大澤曰藪"。……簡文此句謂聖人之成就，非依賴外在有利之環境如澤藪之孕育萬卉群生，而在不斷的自我要求，自我提升，以"信於衆乃可成德"自勵，終爲成德之君子。

【李零1999】則猶是也。雖其於善道也亦非有懌，數以多也。及其博長而厚
◇"懌"原作"譯"，"數"原作"叜"。

【陳偉1999】譯，似當讀爲"澤"，指恩澤。……婁，讀爲"數"，計量。以，連詞，相當於"而"。《禮記·表記》云："仁之爲器也重，其爲道遠，舉者莫能勝也，行者莫能致也。取數多者，仁也。"……可與簡文參證。

【李學勤2000B】則猶是也。唯其於善道也，亦非又譯婁以多也。及其專（辰按，疑"專"之誤植）長而厚

猶是，仍然如此。譯，通"擇"，作"選擇"講。婁，可作"婁曳"解，牽也。多，通"移"，改變，如《論語》"上知與下愚不移"。

【李學勤2000C】則猶是也。唯其於善道也，亦非又譯婁以多也。及其博長而厚

"譯"讀爲"擇"，意思是取。"婁"據《詩·山有樞》箋，意爲掌曳。"多"讀爲"移"。"博長"讀爲"博張"，與"厚大"一樣，都有"大"的意思。

【郭沂2000】則猶是也。唯其於善道也亦別。有懌，婁以移也。及其博長而厚

"亦別"原作"亦非"，屬下讀。裴學海《古書虛字集釋》曰："'亦'猶'乃'也"，"'亦'猶'則'也。""非"，竊以爲亦"別"字之誤，情況與"未有別之"的"別"相同。……這種思想又見於當出於同一作者的《有性》，其文云："四海之內，其性一也。其用心各異，教使然也。"（第二篇第四章）……"聖人之性與中人之性，其生而未有別之"，也就是"四海之內，其性一也"；"其於善道也亦別"，亦即"其用心各異，教使然也。"何謂"教"，子思曰："修道之謂教。"由是觀之，《有性》的"教"，也就是本章的"善道"；《有性》的"用心"，也就是本章的"其於善道"。據此，本章的"其於善道"，似可理解爲"其用心於善道"。

【涂宗流、劉祖信2001】則猶是也。雖其於善道也，亦非有譯婁以多也。及其專長而厚

"猶是"，化誘如此。"猶"，音誘。通誘。……"譯"，解釋，闡述。……"婁"，音屢，古屢字，多次。"多"，活用爲動詞，義爲"增多"。"專"，音夫，散佈。

【陳偉2002D】則猶是也。雖其於善道也，亦非有擇數以多也。及其溥長而厚

◊擇：疑當讀爲"擇"，也是區別之義。數，……疑當讀爲"數"，疾切之義。多，過分。簡文似是說，在善行上，聖人也沒有了不起的區別。 ◊溥，廣大義。《詩·大雅·公劉》："既溥既長"，亦以"溥"、"長"並言。獸，……疑當讀爲"守"，保守、持有之義。簡文大致是說等到聖人的品質變得很大時就達到聖的

境界，而一般的人(中人)則無從擁有這種品質。

【劉釗2003】則獣(猶)是也。唯(雖)丌(其)於善道也亦非又(有)譯(擇)婁(數)以多也，及丌(其)尃(博)長而乇(厚)

"譯"讀為"擇"，意為"選擇"。"擇數多"意為選擇之數多。《禮記·表記》："仁有數，義有長短小大。"又"取數多者，仁也。"比照可知簡文的"善道"也應該有"數"和"長短小大"。"擇數多"即"取數多者"。

【顧史考2006】則獣(猶)是也。唯其於善道也，亦非又(有)譯(捨/釋)，婁(屢)以多也。及其尃(薄)，長而乇(厚)

◇"唯其於善道也，亦非又譯婁以多也"，筆者以為該於"譯"字後斷句，且讀"譯"為"釋"或"捨"，謂聖人之於善道乃"無有所捨棄之時"。"譯"(余紐鐸部)與"釋"(書紐鐸部)同聲符，固可通假，而"舍/捨"乃書紐魚部，聲紐均為舌音(與"釋"則雙聲)，而韻部則對轉。讀"釋"或"捨"於意義無別，且"釋"、"舍(捨)"二字經常通假，例不勝舉。"婁"或讀為"屢"(或"數")，"屢以多"似為"以頻繁次數而積累"之謂。然則全句之意即是，就其天然而言，聖人雖與中人相同，不過其對於善道的追求則沒有捨棄的時候，因而其所以能達到聖人之境，乃是以頻繁不斷的追求之累積而成的。◇接著此後的一句，乃是就此道理的進一步說明。按，學者就此均以"及……則……"為結構，即是說等到聖人如何如何，則中人之於聖人乃如何如何也。筆者則以"則"以後為下一句，而以"及"至"大也"視為獨立一句話。關鍵在於以"尃"讀為"薄"，而將之視為"厚大"之相反詞。"及"字除了有"逮"、"至"等義以外，亦有如"乘時"、"趁早"之義，然則此句意思或是說，祇要乘其聖性尚且薄弱微小時即便開始修養善道而日夜不休，則等其成熟之時乃將已變得雄厚而浩大，此即其趁早而不捨的結果。

【李銳2006A】則猶是也；雖其於善道也，亦非又譯(擇)婁(足)以多也。及其尃(博)長而厚

"譯"，今讀為"擇"，"擇"有區別之意，……《呂氏春秋·情欲》："……與死無擇。"高誘注："擇，別也。""婁"，疑讀為"足"，二字古通。(原注：《漢字通用聲素研究》，第303頁。)"多"，段玉裁《說文解字注》："多者勝少者，故引申為勝之偁。"

【廣瀨熏雄2008】◇即使在善道上，也不因為聖人有很好的底子才能做得多。……這是"雖其於善道也，亦非有譯婁以多也"的解釋。周鳳五先生讀"譯婁"為"澤

藪"，……似近是。但"澤藪"指的可能不是環境，而是人內在的才能。此句的意思是，人本來擁有的才能是一樣的，但聖人通過自己的努力才能有很大的成就。

【十四種2009】則猷（猶）是也。唯（雖）其於善道也，亦非又（有）譯婁以多也。及其專（博）長而厚

【莊利果2010】此句似應斷句爲"唯其於善道也，亦非；有譯婁以多也"。

【按】◊猷：整理者讀"猶"；涂宗流、劉祖信2001讀"誘"。按，涂、劉說誤。　◊非：整理者如字讀；郭沂2000以爲"別"字之訛。按，如字讀即可。　◊譯婁：整理者如字讀；陳寧1998讀第一字爲"繹"，解第二字爲斂；周鳳五1999A讀爲"澤藪"；李零1999讀第一字爲"懌"，讀第二字爲"數"；陳偉1999讀第一字爲"澤"訓恩澤，讀第二字爲"數"訓計量；李學勤2000C讀第一字爲"擇"，第二字如字訓爲掌曳；涂宗流、劉祖信2001解第一字"譯"爲解釋；讀第二字爲"屢"；陳偉2002D讀第一字爲"擇"訓區別，讀第二字爲"數"訓疾切；劉釗2003釋第一字爲"擇"訓選擇；讀第二字爲"數"；顧史考2006讀第一字爲"捨"或"釋"，讀第二字爲"屢"或"數"；李銳2006A讀爲"擇足"。按，周鳳五說確切無疑。　◊多：整理者如字讀；李學勤2000 C 讀"移"；涂宗流、劉祖信2001訓爲動詞增多；李銳2006A訓爲勝。按，如字讀即可，指數量之多。　◊專長：李零1999讀爲"博長"；陳偉1999讀第一字爲"溥"（見簡28）；李學勤2000 C 讀"博張"；涂宗流、劉祖信2001訓第一字爲散佈；顧史考2006讀第一字爲"薄"。按，讀爲"博長"或"溥長"皆可。　◊亦非有譯（澤）婁（藪）以多也：整理者句逗爲：亦非又（有）譯婁以多也；周鳳五1999A句逗爲：亦非有譯婁以多也；李零1999把相關字句逗爲：雖其於善道也亦非有懌，數以多也；李學勤2000C句逗爲：亦非又譯婁以多也；郭沂2000把相關字句逗爲：唯其於善道也亦別。有懌，婁以移也；顧史考2006句逗爲：亦非又（有）譯（捨/釋），婁（屢）以多也；莊利果2010把相關字句逗爲：唯其於善道也，亦非；有譯婁以多也。按，應如周鳳五句逗及解釋。　◊及其博長而厚大也（"大也"二字見簡28）：整理者句逗爲：及其專長而㤒（厚）大也；李零1999句逗爲：及其博長而厚大也；顧史考2006句逗爲：及其專（薄），長而㤒（厚）大也。按，李零句逗可信。◊按，"雖其於善道也，亦非有澤藪以多也。"是說聖人在善道這方面，（比起中人來，）並非象澤藪（所蘊含萬物）那樣數量衆多。周鳳五的釋讀、廣瀨熏雄的解釋基本可信。

第四章 《成之聞之》集釋

簡28

說明：從圖片看，本簡應爲完簡。

拼合編聯：簡28與簡31編聯，從高正2000說。按，簡28是一個大文義段落的結束，而簡31是另一個大文義段落的起始，二者在文義上並沒有內在的聯繫，我們對全篇的編聯做整體考慮之後，認爲把二者編在一起，對其他簡的編聯及簡背數字的排列有利。

釋文：大也，則聖人不可由與埅之。此以民皆又(有)眚(性)而聖人不可莫(侔)也。

集釋：

【郭店-成之聞之】大也，則聖人不可由與埅之。此以民皆又(有)眚(性)而聖人不可莫也。

◊埅：裘按："之"上一字疑當釋"埅"，但不知應讀爲何字。 ◊莫：裘按：疑"莫"或可讀爲"慕"。

【郭沂1998】大也，則聖人不可由與埅之。此以民皆有性，而聖人不可慕也。

◊《說文》云："慕，習也。" ◊"此以民皆有性而聖人不可慕也"……今改接以"君子之於教也"開頭的四簡，主要是考慮到上章言"性"論"道"，自然可過渡到本章談"教"，符合《中庸》"率性之謂道，修道之謂教"之旨趣次第。

【陳寧1998】◊"由與"作為一個詞可讀為"猶豫"，但意思與"埅之"(專有之)不配。若讀為"有以"，則與"埅之"文從義順，即聖人不可有以專有之，但沒有找到"由"字做"有"的例證，故此解也不合適。另一可能的解釋是，"甶"在甲文中可讀為"吉"，……"吉"有善義，善有喜義。若此處讀為"吉"，則全句為"聖人不可喜與專有之。"但這也是推測，遠非定論。 ◊如果此字確為"埅"，則可以讀為"擅"。《荀子·正論篇》言："堯舜擅讓"。楊注："擅與禪同，埅亦同義。謂除地為埅，告天而傳位也。後因謂之禪位。""埅"讀為"擅"，即"專有"之義。

【白奚1999】指出這種普遍的人性對於為政者來說是十分重要的，不可漠然視之："民皆有性，而聖人不可莫(漠)也。"

【顏世鉉1999B】"由"，《詩·大雅·假樂》："不愆不忘，率由舊章。" 埅讀爲"單"，訓爲"盡"，《成之聞之》簡二二引《君奭》曰："唯鳥(冒)丕冒稱德"，"單"今本作"單"也，《傳》訓爲"盡"。……"由與單之"猶"由與盡之"，即遵從而極盡之。

189

【李零1999】大也，則聖人不可由與墠之。此以民皆有性而聖人不可慕也。
◇"墠"，有除的意思。

【陳偉1999】及其專(溥)長而厚大也則聖，人不可由與墠(單)之

專，讀爲"溥"，廣大的意思。《詩·大雅·公劉》"既溥既長"，亦以"溥"、"長"並言。墠，讀爲"單"。《說文》："單，大也。"……簡文大致是說等到聖人的品質變得很大時就達到聖的境界，而一般的人(中人)不可能也使自己的這種品質跟着增強。

【渡邊大1999】"莫"は"模"の省字でぁろぅ。

【劉釗2000A】古文字中"單"、"單"二字乃由一個字形分化而成，……"單"在簡文中疑應讀作"憚"，意爲"畏怕"或"慢易"。"由與"即"猶豫"。《呂氏春秋·下賢》"就就乎其不肯自是"高注："就就讀如由與之與。"畢沅曰："注'由與'即'猶豫'。"……乃"猶豫不決"之意。

【李學勤2000B】大也，則聖人不可由與墨之。此以發(辰按，應"民"之誤植)皆有性而聖人不可莫也。

由：作"遵循"解。《尚書》有"亦不可由聖"之說。墨，從"獸"，省聲，讀為"效"，仿效。莫，通慕，意為勉。(《成之聞之》第26、27、28三支簡)章句大意："聖人之性與一般中等人之性，當其與生俱來時不易加以識別，(但實際上仍有不同。對於一般中等人來說，)到入學，就師儒而學習，仍然如此；即使對於善道，也不能通過外在的牽引而改變其中人之性。至於那些聖人之性是由於其固有的博大與深厚，並非一般中等之人所能輕易遵循與仿效。這就是所謂民都有性而唯獨聖人之性不可慕習。

【李學勤2000C】大也，則聖人不可由與墨之。此以民皆有性而聖人不可莫也。

"聖人不可由與墨之"，"由"訓為從。此句可參看《緇衣》"既見聖，亦不克由聖"。"墨"字從"曾"省聲，"曾(畜)"為曉母幽部字，在此讀為匣母幽部的"斆(效)"。"此以民皆有性"，"以"字上當脫一"所"字。"莫"讀為"慎"或"慕"，意思是勉。"聖人不可慕也"，是說聖人非勉強可得。《成之聞之》此章的大意是說：聖人之性和中人之性，在初生時無法分別，就學時也還是一樣。就連善道，也不是有什麼特別吸引的力量，使之有所改變。只是到了性發揮博大的時候，聖人便不是中人能夠追隨效仿的了。這是人都有性，而聖人的境界不是勉強能到的緣故。

第四章 《成之聞之》集釋

【丁四新2000】"埅"似讀"禪"爲是，"禪"，《說文》本義爲"祭天"，但其引申有傳讓之意。……"由"，有遵循、依照、跟從之義。"則聖人不可由與埅之"，強調了聖人與常人的差別，聖人所達到的人格境界是一般人無法跟從而達到的，亦是不可傳遞而讓度的。

【郭沂2000】大也，則聖人不可由與效之。此以民皆有性，而聖人不可慕也。

"與"，裴學海《古書虛字集釋》曰："猶'而'也。"……"此以"，是以，因此。"慕"，《說文》："習也。"……（《成之聞之》第26、27、28三支簡）釋義：聖人的本性和普通人的本性，天生並沒有什麽區別。當接觸、跟隨師儒學習的時候，聖人和普通人仍然沒有區別。只是從對於善道的態度，聖人和普通人就有區別了。聖人喜愛善道，受善道牽引，並爲善道所潛移默化。等到其善道博長而厚大的程度，聖人就不可追隨並仿效了。因此，民和聖人雖然同樣都有性，但聖人之善道博長而厚大，這是普通人所學不來的。

【涂宗流、劉祖信2001】大也，則聖人不可由與埅之。此以民皆有性而聖人不可慕也。

"長"，音掌。滋長。……"厚大"，又厚又大。"埅"，通繟。《集韻》："埅，寬也。"……"由"，遵從。……"與"，音遇。參與。……"慕"，仿效。《說文》："慕，習也。"……所謂聖人之性與中人之性的區別，其生而未有，也不受限制於先天的才能，而是後天教化所致。即使在善道認識上，亦非因闡述多次而增多的現象。到了善道因向外散佈滋長而發生變化時，聖人也不可參與而使之有所改變。因此，普通人都有普通人之性，聖人只可尊重而不可仿效。

【陳偉2002D】大也則聖，人不可由與守之。此以民皆有性而聖人不可莫也。

◇獸，……疑當讀爲"守"，保守、持有之義。簡文大致是說等到聖人的品質變得很大時就達到聖的境界，而一般的人（中人）則無從擁有這種品質。原釋文從"也"字後斷句，使得"溥長而厚大"與聖人無關，而隨後"則聖人"云云也變得費解。 ◇莫，李學勤先生讀爲"模"或"慕"，意思是勉。抑或讀爲"募"，《說文》："廣求也。"還有可能讀爲"侔"，等齊的意思。

【劉釗2003】大也，則聖人不可由（猶）與（豫）埅（憚）之。此以民皆又（有）眚（性）而聖人不可莫（慕）也。

簡文說聖人和常人之天性，生下來時並無不同。就學接受儒師之教，還是如此。雖然其於善道選擇數度不會多，但等到選擇善道的數度廣博長大厚重以後，則聖人不應該遲疑驚駭。這是因為民眾也都有天性，但是聖人是不可以仿效的。

【顧史考2006】大也。則聖人不可由(須)與(臾)罿(獸〔捨/休〕)之。此以民皆又(有)眚(性)而聖人不可莫(無)也。

◊至於"則聖人不可由(須)與(臾)罿(獸〔捨/休〕)之"一句，"則"字用法在此或猶"故"、"然則"，而"由與罿"則讀為"須臾捨"或"須臾休"。……此處"由與"實藉為"須臾"一詞。"由"余紐幽部，"須"是心紐侯部，余、心為鄰紐，幽、侯旁轉，可通；而"與"是余紐魚部，"臾"是余紐侯部，乃雙聲旁轉，亦通。然則"須臾"亦即《禮記‧中庸》所謂"道也者，不可須臾離也"之"須臾"，在《成之聞之》此句中即是說，欲成為聖人的，片刻也不能休息，片刻也不能停止或捨棄其對"善道"的修養。……至於"罿"字，……讀為"捨"或"休"。按，以"嗇"為聲之"獸"字是書紐幽部，"捨"則是書紐魚部，二字雙聲旁轉可通。……唯上面既已言"譯"或藉為"捨"，若同段中又藉"嗇"為之，無乃不可乎？其實此種"上下文異字同義"現象，《郭店楚簡》中屢見不鮮，不足怪。然而既已有之，則或不如看成是"嗇"藉為"休"才對。"休"是曉紐幽部，聲母與"嗇"字之書紐雖是較疏的牙音與舌音關係，但曉、書二紐確有同聲系中通假之例(如"曉"、"燒"是也)，而二字韻母則疊韻，通假的可能性仍是不小。此"休"則即"日夜不休"之"休"，與"捨"意無甚別。 ◊疑此"莫"讀若"無"，不但二字本義相近，二聲系亦經常通假，所言乃聖人之所以"不可須臾捨/休"其對善道的自我修養，即因為其本性與中人仍然無別，何以獨能無此本性？此乃重申本段開頭一句所言。

【李銳2006A】大也，則聖人不可由與墠(殫)之，此以民皆有性而聖人不可莫(慕)也。

顏世鉉釋解"與"為"而"，讀"墠"為"單"訓為"盡"可從，今"單"訓"盡"者多作"殫"。"雖"，意為即使。"此以"，古書習見。……"莫"，今讀為"慕"，《說文》："慕，習也"，意為類比、仿效。簡文大意，……聖人之性和中人之性，初生時沒有什麼分別；就學時也是一樣；即使是對於善道而言，也沒有什麼差別能夠區分之。當各自的性充分發展之後，中人和聖人就有了差別，中人想像聖人那樣盡其性就辦不到了。所以說民性皆有定數，聖人不是仿效而成的。

【廣瀨熏雄2008】及其博長而厚大也，則聖人不可由與墠之。此以民皆有性而聖人不可模也：但當長大的時候，聖人和普通人有了天壤之別，聖人成為普通人不能模仿的存在。

第四章 《成之聞之》集釋

【崔海鷹2008】此以：李學勤先生曰："'以'字上當脫一'所'字。"按："此以"亦通，《禮記·大學》："君子賢其賢而親其親，小人樂其樂而利其利，此以沒世不忘也。"即是其例。此以，意同"是以"。

【十四種2009】大也，則聖人不可由與壿之。此以民皆又(有)眚(性)而聖人不可莫(慕)也。

【劉信芳2011】莫，讀爲"模"，規模也。

【竹書2011】《孟子·公孫丑上》載有若曰："豈惟民哉？麒麟之於走獸，鳳凰之於飛鳥，泰山之於丘垤，河海之於行潦，類也。聖人之於民，亦類也。出於其類，拔乎其萃，自生民以來，未有盛於孔子也。"本段文字可與之互參。

【按】◇由與：陳寧1998釋第一字爲"吉"；顏世鉉1999B訓第一字爲遵從，訓第二字爲而，郭沂2000解第二字同；劉釗2000A讀爲"猶豫"；李學勤2000 C亦解第一字爲從，解第二字爲連詞"與"；涂宗流、劉祖信2001 訓第二字"與"爲參與；顧史考2006讀爲"須臾"。按，似可暫從顧史考說讀爲"須臾"。"與"余紐魚部，"臾"余紐侯部，可通；然"由"余紐幽部，"須"心紐侯部，聲韻皆有一定距離。待考。 ◇𡊢：整理者隸爲"壿"；裘按釋"壿"；陳寧1998讀爲"擅"；顏世鉉1999B讀"單"訓盡；李零1999讀"壿"訓除；陳偉1999讀"單"訓大；劉釗2000A讀爲"憚"；李學勤2000 C讀"敦(效)"訓仿效；丁四新2000讀"禪"；涂宗流、劉祖信2001訓"壿"爲寬；陳偉2002D讀爲"守"；顧史考2006讀爲"捨"或"休"。按，此字與本篇簡22之"單"作𡊢、《六德》簡16"單"作𡊢之字形有所不同，它也有可能從"商"從"土"，參上博二《民之父母》簡8 𡊢、上博八《子道餓》簡2 𡊢、簡3 𡊢，不知可否讀"上(尚)"，在……之上的意思。 ◇莫：整理者如字讀；裘按讀作"慕"；郭沂1998讀"慕"訓習；白奚1999讀爲"漠"；渡邊大1999、劉信芳2011讀作"模"；李學勤2000 C讀"慎"或"慕"訓勉；陳偉2002D讀"募"或"侔"；顧史考2006讀作"無"。按，從文義看，以陳偉讀"侔"較好，侔，等齊也。侔，明母幽部，莫，明母鐸部。然幽、鐸二韻有一定距離，待考。 ◇此以：整理者如字讀；李學勤2000C認爲"以"上脫一"所"字；崔海鷹2008 "此以"亦通，按，崔海鷹說是。 ◇"及其博長而厚【27】大也，則聖人不可由與壿之。此以民皆有性而聖人不可莫(侔)也"的意思大概是說：等到聖人道德博長厚大的時侯，則聖人的道德不可被須臾趕上。所以民衆都有心性而不能與聖人等齊啊。另外，"由與"的釋讀還有一種考慮，根據銀雀山漢簡《晏子春秋》之"由臾"讀爲"道諛"或"諂諛"的情況，① "由與"是不是也可以讀爲"道諛"或"諂諛"呢？"由與"與"道(諂)諛"古音較近，但文義不如則"須臾"。此兩字倒底如何釋讀，還需進一步考慮。

簡31

說明：從圖片看，本簡應爲完簡。

拼合編聯：簡31與32編聯，從整理者說。

釋文：天夆(降)大棠(常)，以里(理)人侖(倫)。折(制)爲君臣之義，悊(著)爲父子之新(親)，分

集釋：

【郭店–成之聞之】天夆大棠(常)，以里(理)人侖(倫)。折(制)為君臣之義，悊(著)為父子之新(親)，分

【郭沂1998】天降大常，以理人倫。制爲君臣之義，作爲父子之親，分

◇本章前半部分隱含《中庸》篇首"天命之謂性，率性之謂道，修道之謂教"之旨。……"父子之親"等三者乃後世之三綱。董仲舒云："王道之三綱，可求於天"（《春秋繁露·基義》），或本於此。◇釋作"降"爲妥。"降"，中山王鼎作 ，……簡文作 ，上從夂和一短筆，下從止。此乃"降"字右旁之省形，而其上部之短筆或爲重文號。

【陳偉1998】《古文四聲韻》卷一引《義雲章》"降"字正做此形，故當釋爲"降"。古書常見"天降"某某的說法。

【張光裕等1999】天夆(證)大棠(常)，

【李零1999】天降大常，以理人倫。制爲君臣之義，作爲父子之親，分

◇"降"，原作"夆"，疑讀"降"。◇"作"，原從心從者，整理者讀"著"。案上文作"制"，這裏似應讀"作"（"作"是精母鐸部字，"著"是端母魚部字，讀音相近）。

【渡邊大1999】《荀子》天論篇："……若夫君臣之義、父子之親、夫婦之別、則日切瑳而不舍也。"……《淮南子》泰族篇には"……制君臣之義、父子之親、夫婦之辨、長幼之序、朋友之際、此之謂五。"

---

① 魏宜輝：《銀雀山漢簡〈晏子春秋〉篇"由"字新釋》，《簡帛語言文字研究》第五輯，成都：巴蜀書社，2010年，第99—106頁。

第四章 《成之聞之》集釋

【李學勤2000C】⬚：學者多讀爲"降"，恐不可從。此字系"徵"字省體，可參看李守奎《楚文字編》（吉林大學博士學位論文）2586及其歸字說明。《廣雅·釋詁》"徵，明也"，"天徵大常"即天明大常。

【劉信芳2000D】⬚：以"升"爲聲符，應該是沒有問題的。……所謂"大常"，本指日月極天象經行有常，因而古代繪有日月圖案的旗幟亦名之曰"大常"。《周禮·天官·巾車》："建大常，十有二斿，以祀。"……日月星辰升之於天，此"天升大常"之謂。王車建大常，有如天之升日月。日月星辰周而復始，經行有度，成爲人間倫理的觀照，好比王車建大常，以大常作爲軍隊馳駐進退之號令也。"大常"又讀爲"太常"，《書·君牙》："厥有成績，紀于太常。"

【丁原植2000】"折"、"著"似均可讀如本字，……"折"指裁斷。"著"有標出、顯示之義。

【白於藍2001A】此字並非降字。郭店簡有標準寫法的降字，作"⬚"（《五行》簡一二）、"⬚"（《性自命出》簡三），均與此字字形有別。此字"止"旁上部所從實是"夊"字，……《玉篇·夊部》："夊，行遲兒。《詩》云'雄狐夊夊。'今作綏。"……綏、隋、垂三字音近可通，……"夌"，據其文義當讀爲"垂"或"墮"。《易·繫辭傳》："天垂象，見吉凶，……"《淮南子·主術訓》："法者，非天墮，非地生。"此垂和墮字的用法均與上"夌"字相同。

【張桂光2001】考⬚字與《古文四聲韻》卷1"降"字之作⬚者形頗相近，疑爲一字。

【韓星2002】楚簡《成之聞之》……中的"大常"，疑爲天常之筆誤。……"天常"就是天（自然界）的法則、規律之類的。……天常與天德是有密切聯繫的，自天道的恒常而言謂之天常，自人（聖人）得自天道而言謂之天德。

【李零2002A】"登"，原作"⬚"，疑釋"夌"，讀爲"登"。……字形與《性自命出》簡60的"⬚"字同形，舊作讀"降"，今改讀爲"登"。當然這裏簡文"⬚"也有可能是"降"字的誤寫。

【金春峰2002】⬚……我以爲隸爲"建"似乎更好。郭店簡《老子》"建"與此相近。不過這裏邊旁置於聿下。

【陳偉2002B】天格大常，以理人倫。制爲君臣之義，圖爲父子之親，分

◊《性自命出》60號簡中的這個字(辰按，指⬚)，我們曾懷疑應從"各"，讀爲"客"或"路"，……上海博物館藏簡《性情》30號簡記此言作："凡於道路，毋

畏，毋獨言。"證實了這一猜測。在古文字中作為形旁，從"止"與從"辵"往往無別。因而我們所討論的這個字也應該釋為"路"。在簡書中，此字似應讀為"格"。"格"有至、匡正、法式諸義，用在簡書中似皆可通。 ◊圖，從者從心，……郭店簡本與上海博物館藏簡本《緇衣》均有此字，孟蓬生、陳斯鵬先生釋為"圖"，當是。在本篇亦當釋為"圖"，"圖"有畫、謀、度諸義，於此似皆可通。

【李銳2003B】《樂記》中子夏對魏文侯之語："夫古者天地順而四時當，民有德而五穀昌，疾疢不作而無妖祥，此之謂大當。然後聖人作為父子君臣，以為紀綱。紀綱既正，天下大定。"……"當"與"常"古為通假字，《樂記》之"大當"就是《成之聞之》的"大常"；《樂記》的"作為父子君臣"，《成之聞之》作"制為君臣之義，作為父子之親，分為夫婦之辨"，基本相同。《成之聞之》也提到了依靠"君臣、父子、夫婦"來"治人倫"、定天下。

【劉釗2003】天夅(降)大裳(常)，以里(理)人侖(倫)。折(制)為君臣之義，悥(著)為父子之新(親)，分

【陳斯鵬2006】圖為父子之親："圖"，竊以為可以作"敷演、演繹"解。"圖"就其造字取象看，為畫制地圖之意，引申為凡描畫圖像之稱，《廣雅·釋詁四》云"圖，畫也"，……此義又可引申出描述、敷演的意思。《史記·司馬相如列傳》："眾物居之，不可勝圖。"裴駰《集解》引郭璞曰："圖，畫也。"這裏若生硬地作"畫圖"解，則恐失之於泥。《漢書·司馬相如傳》此文，顏師古注曰："不可盡舉而圖寫之，言其多也。"所謂"圖寫"，其實就是詳細、具體地描述、敷演之意。類似地，象簡文這樣表示從抽象本一的恆理敷演、演繹成具體的某種(些)人倫制度也可以用"圖"。

【楊華2006】該篇簡文中兩處"大常"，都是指天子的大常之旗而言，引申為天子的權威：簡三一中的"天降大常，以理人倫"，是指天子上承天命，總理人倫，即是政治領袖，又是道德領袖。

【李銳2009】"夅"，陳(偉)說可從，此疑讀為"諭"。《老子》第32章"以降甘露"，"降"字馬王堆漢墓帛書甲、乙本作"俞"，為通假字。"諭"從"俞"聲，《廣雅·釋言》："諭，曉也。"

【十四種2009】天夅大裳(常)，以里(理)人侖(倫)。折(制)為君臣之義，悥(圖)為父子之新(親)，分

"侖"和從"侖"之字，郭店、上博簡習見，簡文往往寫作"侖"或從

第四章 《成之聞之》集釋

"龠"。推測楚簡用爲▨用爲"龠"是因形近混用。

【按】◇▨：郭沂1998讀爲"降"；陳偉1998、張桂光2001引《古文四聲韻》▨字爲證；張光裕等1999隸爲"垈"讀爲"證"；李學勤2000C釋爲"徵"字省體；劉信芳2000D釋爲"升"；金春峰2001釋爲"建"；李零2002A隸爲"垈"讀爲"登"，又認爲也可能是"降"的誤寫；白於藍2001A隸爲"坐"讀爲"垂"或"墮"；陳偉2002B引《性自命出》簡60的▨(路)字爲證，讀爲"格"；李銳2009讀爲"諭"。按，當時楚簡中"升"和"降"兩字出現的次數不多，以至於在郭店發現之初難以分別，現在看，楚文字的"升(陞)"的標準寫法爲▨(包山簡128)、▨(包山簡2)、▨(包山簡3)。爻上有▨，是"升"的最顯著特徵，但也時常寫作▨(包山簡41)、▨(包山簡76)、▨(包山簡32)、▨(包山簡55)、▨(上博二《容成氏》簡31)形，▨形省去；"降"的標準寫法爲▨(郭店《五行》簡12)、▨(上博二《容成氏》簡40)，字形從二爻，爻上皆無▨，但又有省去下爻者，如上博二《容成氏》簡48之"降"作"▨"。①省去▨形的"升"則與省去下爻"降"訛混，只有靠文義和書手書寫習慣區分。郭店的▨從文義看，無疑是讀爲"降"的。又，郭店《性自命出》簡60的▨與上博一《性情論》對比，無疑是"路"字，此字形省"口"符則又和"升"、"降"兩形有所訛混。 ◇大祟：整理者讀爲"大常"；劉信芳2000D、楊華2006訓爲大常之旗；韓星2002疑爲"天常"之誤。按，此"大常"應理解爲大常之道，《管子·五行》："得大常而察於地利"，《莊子·田子方》："行小變而不失其大常也"。 ◇折：整理者讀"制"；丁原植2000如字讀"折"。按，整理者說確。 ◇意：整理者讀爲"著"；李零1999讀爲"作"；陳斯鵬2006釋爲"圖"。按，讀爲"著"較直接。

簡32

說明：從圖片看，本簡應爲完簡。

拼合編聯：簡32與33編聯，從整理者說。

---

① 參看滕壬生：《楚系簡帛文字編(增訂本)》，武漢：湖北教育出版社，2008年，其中"陞"字收入第1194—1195頁(但仍混有"降"字)，"降"字收入第1191—1192頁；李守奎、曲冰、孫偉龍：《上海博物館藏戰國楚竹書(一—五)文字編》，北京：作家出版社，2007年，其中"陞"字收入第626頁、"降"字收入第70—71頁。參看單育辰：《〈容成氏〉文本集釋及相關問題研究》，吉林大學 2008年"985工程"研究生創新基金資助項目，完成日期：2009年2月20日，第140—145、173—174頁。

釋文：爲夫婦之攴(辨)。是古(故)小人燮(亂)天棠(常)以逆大道，君子訇(治)人侖(倫)以川(順)。

集釋：

【郭店–成之聞之】為夫婦之攴(辨)。是古(故)小人燮(亂)天棠(常)以逆大道，君子訇(治)人侖(倫)以川(順)

【郭店–老子甲】(《老子甲》簡1"絕知棄卞(辯)")裘按："棄"下一字當是"鞭"的古文，請看《望山楚簡》一一六頁注一六。"鞭""辯"音近，故可通用。後面《老子》丙第八號簡也有此字，讀爲"偏"。本書《成之聞之》三二號簡、《尊德義》一四號簡也都有此字，分別讀為"辨"和"辯"。《五行》三四號簡又有以此字爲聲旁的从"言"之字，馬王堆帛書本《五行》與之相當之字為"辯"。

【郭沂1998】為夫婦之辨。是故小人亂天常以逆大道，君子治人倫以順

【季旭昇1998】我們懷疑"卞"字其實就是由"夆"字分化出來的。甲骨文"夆"字從"又"持"鞭"，因此去掉"又"形的部分本來也就是"鞭"的象形文。

【廖名春1998A】簡文"天降大常，以理人倫。制為君臣之義，著為父子之親，分為夫婦之辨。"云云與《孟子·離婁下》(辰按，應爲《孟子·滕文公上》)"聖人猶憂之，使契爲司徒，教以人倫：父子有親，君臣有義，夫婦有別，長幼有敘，朋友有信"說近。

【李零1999】為夫婦之辨。是故小人亂天常以逆大道，君子治人倫以順

【陳偉2002B】為夫婦之辨。是故小人亂天常以逆大道，君子治人倫以順

【劉釗2003】為夫婦之攴(辨)。是古(故)小人燮(亂)天棠(常)以逆大道，君子訇(治)人侖(倫)以川(順)

【十四種2009】爲夫婦之攴(辨)。是古(故)小人亂天棠(常)以逆大道，君子訇(治)人侖(倫)以川(順)

【按】◊攴：裘按以爲"鞭"古文，讀"辨"；季旭昇1998有所補充。 ◊"小人"二字爲合文。

簡33

說明：從圖片看，本簡應爲完簡。

拼合編聯：簡33與37編聯，從王博2000A、李學勤2000C說。

釋文：天惪(德)。《大墅(禹)》曰："余才(茲)宅(度)天心"，害(蓋)此言也，言

第四章 《成之聞之》集釋

余之此而尼(宅–度)於天心也。是古(故)

集釋：

【郭店-成之聞之】天悳(德)。《大禹(禹)》曰"余才尼(宅)天心"害(曷)？此言也，言余之此而尼(宅)於天心也。是古(故)

【郭沂1998】天德。《大禹》曰："余才宅天心"曷？此言也，言余之此而宅於天心也。

【李學勤1999】《大禹》無疑是佚《書》《大禹謨》。……《大禹謨》這條佚文不見於今傳《大禹謨》，證明今傳本確實是有問題的。……我們看《康誥》、《立政》都有"宅心"，可見"宅心"是古語，但沒有"天心"。"天心"只見於今傳偽古文的《咸有一德》，這很需要吟味。

【李零1999】天德。大禹曰"余茲宅天心"何？此言也，言余之此而宅於天心也。是故

【廖名春1999】"才"與"在"通，簡文解為"之此"，從上文看，當指"治人倫"，即在人倫上下功夫。……"宅"可訓順應、歸順。"天心"即簡上文所謂"天德"。"宅天心"與《書·康誥》"亦惟助王宅天命"之"宅天命"義同。《尚書》有《大禹謨》篇，"大禹謨"可稱大禹曰。因此，簡文的"大禹曰"當屬先秦《尚書·大禹謨》篇，是簡文引《尚書·大禹謨》篇之文。今傳《古文尚書》……有爭議只有屬於所謂"晚書"的《大禹謨》。而且也只有《大禹謨》稱"大禹曰"。因此，簡文所引出於《大禹謨》的可能很大。認定這一點，對於討論"晚書"很有啟發。除此篇外，郭店楚簡引"晚書"較多的還有《緇衣》篇。其引"晚書"有《尹誥》、《君牙》、《君陳》。其中《君陳》還兩見。《緇衣》篇所引都見於"晚書"，而此處所引則不見於"晚書"。這說明"晚書"確實是後人的輯佚本，它將傳世文獻中的佚《書》都盡可能地搜集起來，利用原有的篇名，而加工編成。楚簡《緇衣》篇所引都見於《禮記·緇衣》，所以也都見於"晚書"。但輯佚者沒有見到此篇楚簡，所以此篇楚簡的佚文在"晚書"裏則找不到。因此，楚簡所引的這一佚《書》，當是"晚書"晚出的又一鐵證。

【李學勤2000C】"《大禹》"是《尚書》的《大禹謨》篇。據孔穎達《堯典》疏引鄭玄注《書序》，西漢孔壁所出古文《尚書》有《大禹謨》。《孔叢子·論書》即稱《大禹謨》為《大禹》。……從文法不難看出，"余"被釋為動詞，應讀為"舍"；"才"被讀為"茲"，被訓為"此"。《詩》《書》屢言"宅心"。如《康誥》"汝丕遠惟商耈成人，宅心知訓"，《立政》"文王惟克厥宅心"，後者漢石經

作"度心",《皇矣》"帝度其心"。"舍之此",近,"宅於天心",遠,即章文所說:"唯君子道可近求而可遠遣也。""遣"字有省筆,讀爲"措",意思是置。

【陳偉2002B】天德。《大禹》曰"余才宅天心"。蓋此言也,言余之此而宅於天心也。是故

◊宅,疑讀爲"托",依托義。

【劉釗2003】天惪(德)。《大盉(禹)》曰:"余才(茲)厇(度)天心"害(何)?此言也,言余(舍)之此而厇(度)於天心也。是古(故)

【劉釗2004】按以上諸家讀"厇"為"宅"義有未安,訓"厇"為"存"、為"居",都不能講通文意。譯"所厇不遠矣"為"所居處離天心不遠了",徒增一"離"字,也有增字解經之嫌。訓"宅"為"順應、歸順",倒是能講通文意,但是古書中的"宅"字從不見此種用法,也缺乏訓詁學上的證據。讀"宅"為"托"雖然能夠使文句通順,但是綜合考慮文意,這似乎也不是最好的讀法。我們認為"厇"應該讀為"度"。"厇"從"乇"聲,古音"乇"在端紐鐸部,"度"在定紐鐸部,聲為一系,韻部相同,例可相通。……傳世典籍中"宅"與"度"經常可以通假,如……《書・堯典》:"宅西曰昧谷",《周禮・天官・縫人》鄭注引宅作"度"。度字有揣度、估量的意思,……《詩・小雅・巧言》說:"他人有心,予忖度之。"就是以"心"作為"度"之賓語,這同簡文"厇(度)天心"的用法相同。《書・康誥》的"宅心知訓"、"亦惟助王宅天命"中的"宅"字有多種注釋著作都訓為"度",這是正確的。這些"宅"字也都是讀為"度",用為揣度、估量之義。所以簡文"度天心"就是揣度天之心的意思。"天心"在古代漢語中既可指人的"天性",又可指"聖上之意",而最主要的用法還是指"天之想法"。……"天心"有時不可知,所以要"度",要"考",要"稽",要"察"。……綜上所論,可以知道郭店楚簡簡文是說:"《大禹》謂'居於此而揣度天之心'說的是什麼哪?這句話說的是居於此而揣度天之意。"

【陳劍2007】《大禹》曰:"余(舍)才(茲)宅天心。"蓋此言也,言余(舍)之此而宅於天心也。

【崔海鷹2008】"舍茲度天心"應為《尚書・大禹謨》佚文,句意似為:"安置人倫秩序而揣度天意。"

【十四種2009】天惪(德)。《大盉(禹)》曰"余才(茲)厇(度)天心",害(蓋)此言也,言余之此而厇(宅)於天心也。是古(故)

【按】◇大畧：李學勤1999A以爲是《尚書》佚篇《大禹謨》。 ◇才：整理者如字讀；李零1999、李學勤2000C讀爲"茲"；廖名春1999讀爲"在"。按釋"茲"可從。 ◇余：整理者如字讀；李學勤2000C 讀爲"舍"。按，"余"是。 ◇乇(宅)：整理者如字讀；廖名春1999 訓順應、歸順；陳偉2002B讀爲"托"；劉釗2004讀爲"度"，訓揣度。按，典籍"宅天心"、"度天心"均多見，如《康誥》"汝丕遠惟商耇成人，宅心知訓"、《立政》"文王惟克厥宅心"，劉釗說應可從，參簡34按語。"余才(茲)乇(度)天心"《成之聞之》是說我於此而揣度天心的意思。

簡37

說明：從圖片看，本簡應爲完簡。

拼合編聯：簡37與38編聯，從整理者說。

釋文：唯君子道可近求而可遠迵(向)也。昔者君子有言曰："聖人天惪(德)"，害(蓋)

集釋：

【郭店–成之聞之】唯君子道可近求而可遠遉(？)也。昔者君子有言曰"聖人天惪(德)"害(曷)？

【郭沂1998】唯君子道可近求而可遠遉(？)也。昔者君子有言曰"聖人天德"曷？

【白於藍1999B】◇：此字辵旁上部所從乃"向"字。郭店簡中"向"字作如下諸形：《老子》乙圖版一七行 《魯穆公問子思》圖版三行 《尊德義》圖版二七行(辰按，應爲二八行)字形均與此字所從之""形近，唯""字下部似從"日"，恐是譌變。向字古有趨向之義。……古文字中凡具有動態意向的字往往可追加"彳"、"止"、"辵"旁以爲義符。……向字引伸之則又有景仰、崇尚之義。……簡文……其意與《呂氏春秋》之"鄉方"、《孟子》之"鄉道"、《史記》之"向儒術"中之"向(或鄉)"是相同的。

【李零1999】唯君子，道可近求，而【不】可遠借也。昔者君子有言曰"聖人天德"何？

◇"唯君子，道可近求，而【不】可遠借也"，原作一句讀，"而"下脫"不"字，"借"，原從辵從昔。

【劉釗2000A】字隸作"遉"沒有問題，字在簡文中應讀作"措"。"措"即"舉措"之"措"，乃"安置"或"運用"之意。《禮記·樂記》："故曰：'致禮樂之道，舉而措之天下無難矣。"

【郭沂2001】"趙"，原作"道"，……《廣雅·釋訓》："趙趙，行也。""唯君子道可近求而可遠趙也"，謂君子之道可近求於己，並流行於遙遠。

【呂浩2001】古音昔與且可通，昔在鐸部心紐，且在魚部精紐，韻對轉，聲爲鄰紐。……疑簡文"道"字讀爲"徂"，……"徂"有及、至義。……下文言："言慎求之於己，而可以至順天常矣。""求於己"與"近求"義近，"至順天常"與"遠道(徂)"義近。

【陳偉2002D】唯君子道可近求而可遠向也。昔者君子有言曰"聖人天德"。蓋在郭店簡中，"向"字的上部或像二人相背，或像羊角狀；下部或作"口"，或作"甘"。(上博簡《紂衣》簡12作"向"作"🗲")這個"向"字的寫法與我們所討論之字"辵"旁以外的部分近似。……因而，此字應是從"向"從"辵"，當可釋爲"向"。

【劉釗2003】唯君子道可近求，而可遠道(措)也。昔者君子有言曰："聖人天惪(德)"害(何)?

【鄭少剛2004】◊🗲：此字從辵、從羊、從口(與羊之末一橫借筆)，當亦是"達"字異體。……此"達"與《孟子·盡心》："窮則獨善其身，達則兼濟天下"及"窮達以時，德行一也"義同，作顯達解。

【高佑仁2009】"🗲"字的省形例證可從"貓"字得到應證，……

| 🗲 | 🗲 | 🗲 | 🗲 |

……字表中第1—3形所從之"昔"聲，與楚系"昔"字的一般寫法無別，而第4形作"🗲"右旁寫法僅是下從偏旁有作"田"與作"日"之別而已，"昔"字本從"日"作🗲(天.策)，但是楚簡常見"日"訛作"田"者，……如此一來"🗲"釋作"道"已無疑義矣。

【十四種2009】唯君子道可近求而可遠🗲也。昔者君子有言曰"聖人天惪(德)"，害(蓋)

【按】◊🗲：整理者疑爲"道"，高佑仁2009對字形有補充論證；白於藍1999B釋"迵(向)"，且引🗲(《老子》乙簡17)、🗲(《魯穆公問子思》簡3)、🗲(《尊德義》簡27)爲證；陳偉2002D從之，且引上博一《紂衣》簡12🗲爲證；劉釗2000A釋

第四章 《成之聞之》集釋

"逍"讀"措";郭沂2001釋"逍"讀"趙";呂浩20011釋"逍"讀"徂";鄭少剛2004釋"達"。按,從字形和文義看,白於藍、陳偉釋"逈"讀"向"是最合理的,向,崇嚮也。同簡"昔"字作"🀆",與此"向"形不同。

簡38

說明： 從圖片看,本簡應爲完簡。

拼合編聯： 簡38與39編聯,從整理者說。

釋文： 言斳(慎)求之於㠯(己),而可以至川(順)天棠(常)恢(矣)。《康寻(誥)》曰："不還(率)大暊(夏),文王复(作)罰,

集釋：

【郭店–成之聞之】言斳(慎)求之於㠯(己),而可以至川(順)天棠(常)恢(矣)。《康寻(誥)》曰"不還大暊,文王复(作)罰,

【郭沂1998】言慎求之於己,而可以至順天常矣。《康誥》曰"不還大暊,文王作罰,

【李零1999】言慎求之於己,而可以至順天常矣。《康誥》曰"不還大夏,文王作罰,

【劉信芳2000A】"暊"字從頁從甘,是個會義字,即"臣"字異構。"臣"字篆文作"頤",……意為面部之兩頰。"暊"(臣)、"夏"一音之轉,"夏"者,常也。

【廖名春1999】◊"還",今本作"率"。《爾雅·釋言》："還、復,返也。"《釋詁》："率,循也。"兩字義近,故可通用。從簡文以"霏"為釋來看,"率"當為本字。◊"暊",今本作"夏"。疑"暊"當為"夏"字。"夏"通"雅"。《墨子·天志下》"于先王之書,《大夏》之道亦然：'帝謂文王：予懷明德,毋大聲以色,毋長夏以革,不識不知,順帝之則。'"俞樾曰："《大夏》即《大雅》也,雅、夏古字通。……下文所引'帝謂文王'六句,正《大雅·皇矣》文。"而"雅"可訓為"正"。《論語·述而》："子所雅言,《詩》、《書》、執禮,皆雅言也。"何晏引孔安國曰："雅言,正言也"。……孔安國傳："夏,常也。凡民不循大常之教,猶刑之無赦。""夏"通"雅"訓"正"與"夏"之"常"義近,故能通用。

【涂宗流、劉祖信2001】《康誥》曰"不還大焑，文王作罰，"
"焑"，音許，明。《玉篇·日部》："焑，明。""大焑"即"大明"，指政治修明。

【郭沂2001】"還"蓋爲"達"字之誤，形近而訛，今本《尚書·康誥》正作"率"。……"率，循也。"

【何琳儀2001】"還"、"鍰"、"銞"、"率"展轉相通，皆一音之轉，參高亨《古字通假會典》170、562。……"大夏"應讀"大雅"。……本簡意謂"不循《大雅》所載先王之法，文王則製定刑法，懲罰他們而不赦。"今本"夏"譌作"戛"，疏引《爾雅·釋詁》訓"常"，已非《書》之原意。

【陳偉2002D】言慎求之於己，而可以至順天常矣。《康誥》曰："不還大頂，文王作罰，"

【劉釗2003】言訢(慎)求之於弖(己)，而可以川(順)天棠(常)悇(矣)。《康亯(誥)》曰："不還大頂(戛)，文王复(作)罰，"

【張玉金2006】"率"和"還"義近。"率"，《爾雅·釋話》訓為："循也。""還"與"環"、"旋"同源，都有環繞之義。環繞和遵循意義相通。……"戛"可訓為"常"。"不率大戛"是說不遵循大的常道；"不還大戛"，是說不環繞大的常道。

【崔海鷹2008】簡文意為："《尚書·康誥》說：'不尊大常'，'以文王制定之刑罰，嚴懲不赦'。"大戛，即大常。

【十四種2009】言訢(慎)求之於弖(己)，而可以川(順)天棠(常)悇(矣)。《康亯(誥)》曰"不還大頂，文王作罰，"

【按】◊頂：整理者如字讀；李零1999讀"戛"；劉信芳2000A釋"臣"讀"戛"；廖名春1999釋"夏"讀"雅"，訓正；李學勤2000C認爲係"戛"字之訛(見簡39，下同)；涂宗流、劉祖信2001釋"焑"訓明；何琳儀2001亦讀"雅"，訓爲《大雅》所載先王之法。 ◊還：廖名春1999、張玉金2006認爲與"率"義近；李學勤2000C疑"還"爲"率(術)"訛；郭沂2001認爲"還"爲"達"字之誤；何琳儀2001認爲"還"、"率"一音之轉。 ◊按，"不還大頂，文王作罰，型(刑)茲亡惡(赦)"(後四字見簡39)，今《尚書·康誥》作："乃其速由文王作罰，刑茲無赦。不率大戛，矧惟外庶子、訓人？"句序與郭店簡不同。"還"、"率"音近可通，"大頂(夏)"讀如今本"大戛"，訓大常固無不可，不過筆者以爲也有可能即讀爲"大夏"，是中國的代稱。

簡39

說明：從圖片看，本簡應爲完簡。
拼合編聯：簡39與40編聯，從整理者說。
釋文：型(刑)丝(茲)亡(無)懇(赦)"，害(蓋)此言也，言不霏(奉)大棠(常)者，文王之型(刑)莫至(重)安(焉)。是

集釋：

【郭店-成之聞之】型(刑)丝(茲)亡懇(赦)"害(曷)？此言也，言不霏大棠(常)者，文王之型(刑)莫厚安(焉)。是

◇裘按：今本《尚書·康誥》作："……曰乃其速(辰按，"速"之誤植)由文王作罰，刑茲無赦，不率大戛。"簡文引《康誥》文，首句與"不率大戛"相當，但句序不同，且有異文，待考。

【郭沂1998】刑茲亡懇"曷？此言也，言不霏大常者，文王之刑莫厚焉。是

【廖名春1998A】（簡文與今本《尚書》）"還"與"率"、"夏"與"戛"、"與"與"赦"俱可通，但句序不同。比較之下，當以簡文合理。"文王作罰，刑茲無赦"的是"不率大戛"，有"不率大戛"之事，方有"文王作罰，刑茲無赦"之爲，所以"不率大戛"當居前。

【黃德寬、徐在國1998】老甲25脆字作▨，從雨從毛。……疑是"膿"字或體。……字所從"▨"絕不是"丰"，乃是"毛"，此字從"雨""肕"聲，應釋爲"膿(脆)"。

【李零1999】刑茲亡赦"何？此言也，言不逆大常者，文王之刑莫厚焉。是

◇"逆"，原從雨從朔(下半左右反置)，疑讀"逆"。

【廖名春1999】◇"懇"，今本作"赦"。"懇"爲魚部喻母，"赦"爲鐸部書母，聲韻皆近，故可通用。◇在一般本子裏，"乃其速由"皆與"文王作罰"連讀。如孔安國傳："言當速用文王所作違教之罰，刑此亂五常者無得赦。"孔穎達疏遵之，蔡沈、曾運乾、楊筠如、周秉鈞同。而孫星衍《尚書今古文注疏》卻以"乃其速由"爲句，說："乃其自召罪訛……《酒誥》曰：'惟民自速辜。'《多方》云：'乃惟爾自速辜。'語意長同。……《後漢書·王符傳》云：……《書》曰：'文王作罰，刑茲無赦。'《風俗通·皇霸篇》、《潛夫論·述赦篇》引同

《後漢書》，則知'乃其速由'不相屬也。"孫說是。從楚簡看，"乃其速由"與下連讀，則成"乃其速由不率大戛"，顯然不通。因此，當作"乃其速由。不率大戛，文王作罰，刑茲無赦"。孔安國、孔穎達、蔡沈、曾運乾、楊筠如、周秉鈞等的斷句和訓釋都是錯誤的。《康誥》篇下文"汝乃其速由茲義率殺"亦當作如是觀。◇疑"霏"為"霸"之異體，與"伯"通，而"伯"與"率"義同，"率"可訓為循、遵。……就是說《康誥》"不率大戛，文王作罰，刑茲無赦"的意思是說不遵太常而行，文王的刑法就不會為世人所重視。而孔安國傳："戛，常也。凡民不循大常之教，猶刑之無赦。"其"大常"之訓與簡文同。這說明孔安國傳也是有來源的，對認識孔傳真面目也是有益的。

【李學勤2000C】簡上的"還"字疑爲"率"字訛(楚文字"率"多做"衝")，"顝(夏)"字係"戛"字之訛，均以形近致誤。"悆"字喻紐魚部，和書紐魚部的"赦"則是音近通假。傳世本《康誥》"乃其速由文王作罰"為一句，意思是：你趕快施用文王創立的法律。語義完整，很難設想沒有"乃其速由"四字。同時，"不率大戛"連下"矧惟外庶子訓人"等，與上文"元惡大憝"對稱，似乎也不會移到前面。揣想《成之聞之》的作者只是要突出"不率大戛"，把《康誥》作了一些更動，其標點應作："《康誥》曰：'不率大戛'，'文王作罰，刑茲亡赦'"。為什麼突出"不率大戛"呢？原來"戛"訓爲常，《爾雅·釋詁》便說："戛，常也。""大戛"就是《成之聞之》的"大常"。簡文"霏"下部從"脽"聲，其"隹"旁借"月"旁豎筆，此字當讀爲"敦"。《釋詁》："敦，勉也。"章文解釋《康誥》說，不勉力于大常者，按文王的法律要科以重刑(《戰國策·秦策》注："厚，重也。")。簡上以"大常"解釋《康誥》，證明所寫"大顝"確爲"大戛"之誤。

【涂宗流、劉祖信2001】◇"悆"，音與。《說文》："悆，趣步悆悆也。"悆悆，行步安詳貌。(刑茲亡悆)刑此而民不安(老百姓再無過去的趣步悆悆的安詳姿態了。) ◇"胖"，音榜。古荊楚方言語詞，言人所為達到極至。黃侃《蘄春語》："今四川狀物之臭曰胖臭底。"……"胖大常"，意爲循大常之極也。

【郭沂2001】"奉"，原從雨從月丰聲，今讀"奉"。"丰""奉"皆並母東部字。

【白於藍2001A】郭店簡中"邦"字習見，作"𨛛"(《老子》甲簡二九)、

第四章 《成之聞之》集釋

"☒"(《老子》甲簡三〇)……等,所從之"丰"均與"☒"字右下所從相同。……此字當分析爲從雨胀聲,胀字則從肉丰聲,於簡文中當讀爲"奉"。……霖、奉俱從丰聲,自可相通。《論衡·感虛》:"武王不奉天令,求索己過。"又《論衡·恢國》:"直奉天命,推自然。"此兩處之"奉"字之用法與簡文之"霖(奉)"完全相同。

【崔永東2000】霖:蓋爲"霖"之訛。……"霖"作動詞用當有沐浴的含義,在上述引文的語境中又有接受、服從的意思。

【陳偉2002D】刑茲亡懋。"蓋此言也,言不溯大常者,文王之刑莫重焉。是"言不"後一字,李零先生釋爲"朔"。在此疑當讀爲"溯",朝向的意思。重,……字從"主"聲,當即"重"字。

【劉釗2003】型(刑)丝(茲)亡懋(赦)"害(何)?此言也,言不霖(逆)大棠(常)者,文王之型(刑)莫至(重)安(焉)。是"霖"字從"屰"得聲,故可讀為"逆"。

【鄭玉姍2005】懋:應讀為"舉",……今本"不率大夏"之"夏"有可能為郭店簡文"不遷大昣"之"昣(夏)"字之訛。簡文"型茲亡懋"若讀為"刑茲無舉(舉;糾舉)",則似與今本"刑茲無赦"完全相反;今本《尚書》為東晉梅賾所造,與郭店簡時代相去甚遠,不能以今本《尚書》為標準本來糾正郭店簡,因此此處闕疑,以待更多出土文獻資料。

【李銳2005】言不敦大常者,

【楊華2006】該篇簡文中兩處"大常",都是指天子的大常之旗而言,引申爲天子的權威:……簡三八至三九兩句,是說商人如果不奉行周人之政統權威,則文王之法從嚴懲處。

【孟蓬生2009】霖當即霸字,此假爲"愙(恪)"。《性自命出》9、10:"迮(逢?)性者,悅也。"……李零先生釋此字爲"逆",甚是。霖之從屰聲,猶霸之或借屰為之也。《集韻·陌韻》:"霸,月始生。古作屰。"……屰聲字古音在鐸部,與各聲相通。……"不霖(愙)大棠"猶言"不敬太常"。

【十四種2009】型(刑)茲亡懋(赦)",害(蓋)此言也,言不☒大棠(常)者,文王之型(刑)莫至(重)安(焉)。是

【按】◊☒:黃德寬、徐在國1998認爲"雨"從"肬",釋"朧(脆)";李零1999認爲從雨從朔(下半左右反置),讀"逆";廖名春1999釋"霸",讀"伯"訓率;李學勤2000C認爲下部從"脽",讀爲"敦"訓勉;涂宗流、劉祖信2001釋"胀"訓極至;郭沂2001認爲從雨從月從丰,讀"奉";白於藍2001A認爲從雨從

· 207 ·

肉從丰，亦讀爲"奉"；崔永東2000釋爲"霖"；陳偉2002D讀爲"溯"訓朝向；劉釗2003釋"霖"讀"逆"。按，白於藍已言此字右下所從與郭店䍩(《老子》甲簡29)、䍩(《老子》甲簡30)等所從之"丰"相同，故暫從郭沂、白於藍釋爲"奉"。
◇懇：廖名春1999、李學勤2000C認爲"懇"、"赦"音近可通；涂宗流、劉祖信2001訓"懇懇"，行步安詳貌；鄭玉姍2005釋爲"舉"；孟蓬生2009隸爲"霖"釋"霸"讀"悆(恪)"。按，"懇"從"與"，"與"余紐魚部，"赦"書紐鐸部，音近可通。如上博三《中弓》簡7："先有司，舉賢才，惑(宥)過懇罪"之"懇"亦讀爲"赦"。◇"㞷(重)"字的釋讀參見簡18按語。

簡40

說明：此簡末有結束符"⌇"，爲最末一簡。
拼合編聯：從圖片看，本簡應爲完簡。
釋文：古(故)君子斵(慎)六立(位)以巳(祀)天裳(常)。⌇
集釋：

【郭店-成之聞之】古(故)君子斵(慎)六立以巳(祀)天裳(常)。

◇六立：裘按："六立"當讀為"六位"，即指上文提到的君、臣、父、子、夫婦，參看《六德》篇。

【郭沂1998】故君子慎六位以祀天常。

【李零1999】故君子慎六位，以祀天常。⌇

【陳偉1999】楚簡文字中已、巳同形，在此似應釋爲"已"。已有成、畢的意思。

【顏世鉉2000B】"巳"當讀作"翼"，巳為邪紐之部，翼為余紐職部，陰入對轉。……簡文"巳"讀作"翼"，《爾雅·釋詁》："翼，敬也。"……簡文"君子慎六位以巳(翼)天常"，即是說：君子慎守六位而以恭敬之心來事奉天之常道。《呂氏春秋·古樂》……："五曰敬天常。"

【李學勤2000C】"以巳天常"的"巳"，疑讀為"似"，《說文》："象也。"君子慎六位，處好君臣、父子、夫婦的關係，使天常獲得體現，這也就是以象天常。

【崔永東2000】"巳"即"已"，"已"通"以"，"以"者，"用"也。"已天常"即用天常，也就是適用天常的意思。

【丁原植2000】"巳"，承繼延續也。《玉篇·巳部》："巳，嗣也。"

【郭沂2001】"祀"，敬祭神明之意。

【陳偉2002B】故君子慎六位以巳天常。

楚簡中"巳"、"已"同形。在此疑當釋爲"已"，通"以"。"以"有用、依諸義。簡文大概是說施行或依憑天常。

【劉釗2003】古(故)君子訢(慎)六立(位)，以巳(祀)天棠(常)。

【李銳2005】故君子慎六位以竢天常。

【孟蓬生2009】"巳"讀爲"翼"，亦訓爲"敬"。

【十四種2009】古(故)君子訢(慎)六立(位)以巳(祀)天棠(常)。

【按】◇六立：裘按讀爲"六位"，指上文提到的君、臣、父、子、夫婦，參看《六德》篇。 ◇巳：整理者讀"祀"；陳偉1999釋爲"已"訓成；顏世鉉2000B、孟蓬生2009讀作"翼"訓敬；李學勤2000C讀爲"似"訓象；崔永東2000、陳偉2002B讀"以"訓用；丁原植2000如字讀，訓嗣；李銳2005讀爲"竢"。按，姑讀爲"祀"，如郭沂言敬祭天常，但此讀不一定準確。

第五章

《六德》集釋

篇名 作者

集釋：

【姜廣輝1998】《六德》篇也爲子思所作。

【廖名春1998A】簡文當成於子思《中庸》之前，如果不是出自孔子，也當出於其弟子之手。簡文《成之聞之》有"天降大常，以理人倫。制爲君臣之義，著爲父子之親，分爲夫婦之辨"之說，又云"君子慎六位以祀天常"，"人倫"即"立身大法"，"六位"即"君臣、父子、夫婦"，"君臣之義"、"父子之親"、"制爲君臣之義，著爲父子之親，分爲夫婦之辨"即"男女辨生言，父子親生言，君臣義生言"。兩相比較，如出一轍。因此，簡文《六德》當與《成之聞之》同出一人，也很可能是孔子弟子縣成之作。

【李零1999】現在的篇題是取簡1的"六德"爲名。但從文義看，簡文所述雖有"六德"，但"六德"是派生於"六職"，"六職"是派生於"六位"，簡文所述實以"六位"爲主。此"六位"亦見於《成之聞之》，似與該篇相承。我們考慮，此篇如改題爲"六位"也許更爲合適。

【李學勤2000A】有些學者已談及《六德》所說"六位"見於同出簡《成之聞之》，而所謂《成之聞之》體例頗似子思作的《緇衣》。《五行》的經文部分，據《荀子·非十二子》亦出於子思。因此，郭店簡裏這些篇很可能是子思一派著作，即《子思子》。漢初的賈誼應該讀到過這種著作，如果考慮到賈誼曾居於楚地長沙，更使我們相信他一定見過在楚國傳流過的這些儒書。

【廖名春2001A】簡文的篇首是簡6，從先秦文獻命名的慣例看，篇名還是據篇首之

第五章 《六德》集釋

文而定為佳。簡6的首句是"君子如欲求人道",以之為篇名,不是不可,但略嫌過長。可省之為"求人道"。以"求人道"為篇名,不但合乎先秦文獻命名的慣例,而且也將簡文的主旨囊括無遺。因此,將《六德》篇改題為《求人道》,應是較好的選擇。

簡6

說明:"本組簡存四九枚。竹簡兩端修削成梯形,簡長三二·五釐米。編綫兩道,編綫間距為一七·五釐米。原無篇題,今據簡文擬加。"[①]本簡上端完好,下部殘損約13字。從圖片看,本簡在第4字"人"字之下有明顯斷痕。

拼合編聯:把簡6與簡7編排在一起,是整理者的意見,李零1999也如此編排,認為簡6下缺半支簡,簡7上缺半支簡,但簡6、簡7可編聯,今依李零說。

釋文:

　　君子女(如)谷(欲)求人衍(道),▨ ▭

集釋:

【郭店–六德】君子女(如)谷(欲)求人衍(道)……

【李學勤1998】甲骨文的"衍",包括其不同寫法,都是"行"字,不能釋作"道"。……郭店簡以"衍"為"道",乃是一種晚起的現象。……讀為"道"的"衍"是上述第六體(辰按,指《汗簡》及《古文四聲韻》中"從行從頁"的"道"字)省去聲符"首"而形成的。它和讀為"行"的"衍"是人步於衢道之間的會意字,來源本不一樣。

【李零1999】君子如欲求人,道□〔□□□□□□□□□□□□〕

【李若暉2001】"衍"這一字形,已有學者指出又見於石鼓文,……細繹諸說,以釋"永"為長。劉釗先生文對"永"之字形演變作了詳盡考察,此不贅述。由劉說可知"衍"之形當為筆勢,甲骨文作"仉"者方為筆意,即"永"之初文。……"永"正有"恆常"義。又,《說文》:"永,水長也。象水巠理之長永。"是"永"亦有巠理義,後起區別字即"脈"。而道路通達天下,有似於經脈,因此"永"與"道"在某種程度上有近義關係。……從現有材料來看,與"道"混同的"永"字,均作"衍"形。因此,在"永"字內部應發生過一次字形分化。即由於"永"字字形承載意義過多,

---

[①] 荆門市博物館:《六德釋文注釋》、《郭店楚墓竹簡》,北京:文物出版社,1998年,第187頁。

不利於正常表義，因此作"衍"形者從"永"字中分化出來。當"衍"字獲得獨立後，它就被用來專指"道"的意義。而在讀音上便也徑直訓讀為"道"。

【陳偉2002B】君子如欲求人道……

【詹群慧2003A】君子如欲求人道，□□□□□□□□□□□□□6(可補入："必慎六位，分六職，以裕六德，以祀天常，)

【林素清2003】君子如欲求人道，□□□□□□□□□□

【劉釗2003】君子女(如)谷(欲)求人衍(道)……

【沈培2004】此處有一殘字，只剩頭部，似"目"，疑此字乃"則"字之殘。此篇"則"字所從"目"有兩種寫法，一種象簡22上的"則"，一種象簡25、48上的"則"（辰按，指■、■）。此殘字所存部分類似後一種"則"字上部的"目"。又，此"目"位置偏右，但同簡其他字如"求""人"等字也偏右，似可類比。

【十四種2009】君子女(如)谷(欲)求人衍(道)□☑

【按】◇衍(道)：李學勤1998、李若暉2001探討"衍(道)"字的來源。按，李若暉說不可信。 ◇■：沈培2004疑此字乃"則"字之殘。按，此字"目"旁偏右，似非"則"字。

簡7

說明：本簡上部殘損約9字，下端完好。

拼合編聯：把簡7與簡8編排在一起，是整理者的意見，李零1999也如此編排，認為簡8上缺半支簡，但簡7、簡8可編聯，今依李零說。

釋文：

☐☐☐☐不繇(由)丌(其)衍(道)，唯(雖)桄(堯)求之弗尋(得)也。生民

集釋：

【郭店–六德】……繇(由)其衍(道)，唯(雖)堯求之弗得也。生民

◇繇(由)：裘按："由"上原當有"不"字，已殘去。

【李零1999】〔□□□□□□□。苟不〕由其道，雖堯求之弗得也。生民

【陳來2000A】按《尊德義》云："不由其道，不行。"故疑《六德》第七簡本當為《尊德義》的部分。

【陳偉2000】六07"由"字之前，顯然殘一"不"或"弗"字。

【廖名春2000B】據文義"不"前可補"之治民修身求之可得也"10字。

【陳偉2002A】疑"堯"不是古帝之名，而應讀爲"僥"。……僥又借作"徼"或邀，也是求取之義。簡書中，"堯(僥)"、"求"組成複音詞。

【陳偉2002B】……【不】由其道，雖堯求之弗得也。生民

【詹群慧2003A】□□□□□□□（"此。人倫，天常也，不）由其道，雖堯求之弗得也。生民

【林素清2003】【凡治民必由其道，苟不】由其道，雖堯求之弗得也。生民

【劉釗2003】……〔句(苟)不〕繇(由)丌(其)衍(道)，唯(雖)垚(堯)求之弗旲(得)也。生民

【沈培2004】陳(偉)說似不可信。古代"堯"和"舜"以善求賢而出名，這裏當是強調即便如堯那樣求賢若渴的人，求之也不可得。《戰國策》卷二十三魏策二"秦召魏相信陵君"："大王垂拱之割地以為利重，堯、舜之所求而不能得也。"也是以堯、舜為"求"之重。如果是"僥""求"同義複詞連用，則起不到這種強調作用。

【十四種2009】☑繇(由)其衍(道)，唯(雖)堯求之弗得也。生民

【按】◇"繇"前從裘按補"不"字。 ◇垚(堯)：整理者如字讀"堯"；陳偉2002A讀"僥"。按，陳偉說不可信，參沈培2004。

簡8

說明：本簡上部殘損約9字，下端完好。

拼合編聯：簡8與簡9編聯，從整理者說。

釋文：

□□□夫婦、父子、君臣，此六立(位)也。又(有)銜(率)人者，又(有)從人者；

集釋：

【郭店–六德】……六立(位)也。又(有)銜(率)人者，又(有)從人者；

◇裘按：疑七號、八號簡本相次。本篇下文有"生民斯必有夫婦、父子、君臣"之語，疑此處"生民……六立(位)也"一句本作"生民斯必有夫婦、父子、君臣，此六位也。"

【李零1999】〔斯必有夫婦、父子、君臣，此〕六位也。有率人者，有從人者；

【徐少華2000】關於"六位"，文獻中亦有線索可尋。《莊子·盜跖》說："五紀六位，將何以為別乎？"清人郭慶藩《疏》："六位：君、臣、父、子、夫、婦也，亦言父、母、兄、弟、夫、妻。"《呂氏春秋·處方》(卷25)載："凡為治必先定分，君、臣、父、子、夫、婦，六者當位，則下不踰節而上不苟為矣，少不悍辟而長不簡慢矣。"所言與《郭店楚簡·六德》的記載基本一致。又《白虎通·三綱六紀》曰："三綱者，何謂也？謂君臣、父子、夫婦也。……君臣、父子、夫婦，六人也。"實為"六位"說的變體。……證之《論語·顏淵》所載："齊景公問政於孔子，孔子對曰：'君君，臣臣，父父，子子。'公曰：'善哉！信如君不君，臣不臣，父不父，子不子，雖有粟，吾不得而食諸？'"《六德》、《呂氏春秋》、《白虎通》所論均是上承於《論語》而加以系統發揮的，而《六德》的中間作用十分清楚。

【陳偉2002B】……六位也。有率人者，有從人者；

【林素清2003】【斯必有夫婦、父子、君臣；此】六位也。有率人者，有從人者；

【劉釗2003】〔斯必又(有)夫婦、父子、君臣，此〕六立(位)也。又(有)銜(率)人者，又(有)從人者；

【十四種2009】☒六立(位)也。又(有)率人者，又(有)從人者；

簡9

說明：本簡為兩支殘簡遙拼而成，中部殘損約2字。從圖片看，本簡在第2字"叓"字之下有明顯斷痕。

拼合編聯：簡9與簡10編聯，從整理者說。

釋文：

又(有)叓(使)人者，又(有)事人者；有敎(教)者，又(有)學者，此六戠(職)也。既又(有)

集釋：

【郭店–六德】又(有)叓(使)人者，又(有)事人□；□□者，又(有)□者；此六戠(職)也。既又(有)

◇裘按："事人"下殘去一"者"字，"□者"上殘去一"又(有)"字。 ◇裘按：此處所言之職，依次為夫婦之職、君臣之職、父子之職，參看下文自明。言父

第五章 《六德》集釋

子之職的文字中，關鍵的二字尚不能確識，待考。

【陳偉1998】講子職的字，大致輪廓很象是簡書中多次出現的"學"字，只是上部右側有所簡省。……講父職的字，所存部分的左側爲"子"，右側似爲"攴"的下半，《語叢一》四三的"教"字及六一的"教學"合文下部與此相同，因而很可能是"教"字。……古書中也存有父教子學的說法。

【張光裕等1999】✦：字之上半殘泐。……該字與"受"對文，細審當爲"教"字殘文。

【李零1999】有使人者，有事人〔者；有〕教者，有受者。此六職也。既有
◊"有教者，有受者"，"教"、"受"兩字原不釋。

【丁四新2000】"學"與"孝"字形近，"孝"字可包含"學"字義，……此處"學"字疑是"孝"字之訛。（原注：徐少華亦有此見。）

【涂宗流、劉祖信2001】有教者，有孝者：如果從"父"與"子"的關係位置來看"父"與"子"之職任，恐怕以"孝"爲是。"教"是"父"對"子"的職任，"孝"是"子"對"父"的職任。

【何琳儀2001】"受"原篆作✦，與《成之聞之》"受"作✦(34)同形。此段指"六職"之一的"父子之職"。

【呂浩2001】"✦"，我們懷疑當釋作"學"。……《郭簡》學字主要有以下幾種寫法：✦(《性自命出》簡八) ✦(《老子·丙》簡一三) ✦(《尊德義》簡五)由"斅"到"學"，再到《郭簡·尊德義》中的"學"字字形，其省簡軌跡清晰可辨。與《尊德義》中的學字字形相比較，《六德》簡九此字爲"學"字無疑。……✦與"學"字相對，而且有該字的下部相參照，故疑當爲"教"字。《郭簡》中的"教"字主要有以下幾種寫法：……✦(《語叢一》簡四三) ✦(《語叢三》簡一二)可以推測，《語叢一》簡四三和《語叢三》簡一二之"教"字字形都有可能殘成《六德》簡九所殘存之"教"字形。……父教子學，還有文獻依據。下文講"父德"時言："既生畜之，或從而教誨之，謂之聖。"此處"教誨"分明是"父職"之一。

【陳偉2002B】有使人者，有事人【者；有教】者，有學者；此六職也。既有

【林素清2003】有使人者，有事人【者；有教】者，有【學】者；此六職也。既有

【劉釗2003】又(有)叀(使)人者，又(有)事人〔者；又〕敫(教)者，又(有)受者。此六戠(職)也。既又(有)

215

【十四種2009】又(有)史(使)人者，又(有)事人【者；又(有)教】者，又(有)學者；此六戠(職)也。既又(有)

【按】◊"者"、"有"二字從裘按補。 ◊⬚：陳偉1998、張光裕等1999、李零1999、呂浩2001釋"教"。按，釋"教"是。 ◊⬚：陳偉1998、呂浩2001釋"學"；張光裕等1999、李零1999、何琳儀2001釋"受"；丁四新2000、涂宗流、劉祖信2001釋"孝"。按，釋"學"是。

簡10

說明：本簡爲兩支殘簡遙拼而成，中部殘損約2字。

拼合編聯：簡10與簡11編排在一起，是整理者的意見，今又依陳偉2000把簡10與殘24+簡11編排。今暫定殘24+簡11上部殘缺了半支簡，再編聯于簡10後。

釋文：

夫六立(位)也，以貢(任)此六職也。六戠(職)既分，以裕六惪(德)。六惪(德)者

集釋：

【郭店–六德】夫六立(位)也，以貢(任)此□□也，六戠(職)既分，以⬚六惪(德)。六惪(德)者

◊此：裘按："此"下所缺二字當是"六職"。

【袁國華1998】此乃從"衣""八"聲，就是省略聲符的"裕"字。《郭店楚簡》"欲"字多從"心""谷"聲作"慾"，亦屢見省減聲符"谷"之"口"旁作"忩"者，故"裕"字按道理亦可省聲作"袣"。……因"八"與"夂"共用"八"部分筆畫，故乍看似從"衣"從"八"，……此"裕"字的意義與《國語·周語》中"叔父若能光裕大德"句中"裕"相當，皆爲"擴大"之義。

【張光裕等1999】⬚：疑此即"依"字，……"依"讀爲"裕"亦可通，今暫仍隸作"依"。

【李零1999】夫六位也，以任此〔六職〕也。六職既分，以卒六德。六德者

◊"卒"，原作"⬚"，不釋，疑是"卒"字。

【李學勤2000A】《新書》的《六術》篇云："德有六理。何謂六理？道、德、性、神、明、命，此六者德之理也。六理無不生也，已生而六理存乎所生之內；是以陰陽、天地、人盡以六理為內度，內度成業，故謂之六法；六法藏內，變

第五章 《六德》集釋

流而外遂，外遂六術，故謂之六行，是以陰陽各有六月之節，而天地有六合之事，人有仁、義、禮、智、聖之行，行和則樂，與樂則六，此之謂六行。"……上面引用的《新書·六術》一段，已可看出"六德"的痕跡。原書《六術》下面的《道德說》，對六理說有所申論："德有六理。何謂六理？曰道、德、性、神、明、命，此六者德之理也。諸生者皆生於德之所生，而能象人德者獨玉也。象德體六理盡見於玉也，各有狀，是故以玉效德之六理：澤者鑒也，謂之道；脃如竊膏，謂之德；湛而潤厚而膠，謂之性；康若濼流，謂之神；光輝，謂之明；礜乎堅哉，謂之命，此之謂六理。鑒生空竅，而通之以道；德生理，通之以六德之畢離狀。六德者，德之有六理，理，畢離狀也。"賈誼以玉比喻，解釋了他所論德有六理，也就是六德之說。這種六德之說是引據見於郭店簡的《六德》，卻也不是簡單的移用。

【李天虹2000A】傳抄古文別字或作：㐱《汗簡》卷上之一八部引《裴光遠集綴》㐱《古文四聲韻》卷五薛韻引《古孝經》從字形結構來看，"㐱"字很可能是從衣從㐱。"㐱"旁下面的"八"與衣旁下端的"㐅"共用筆劃，"㐅"實際是"㐅"形的省寫。如果這個推測不誤，簡文"㐱"字就應當隸定為袦，讀作別。別與前文"分"字為對文。

【徐少華2000】"六德"之說，文獻中有數例可資比較：《論語·陽貨》載孔子有"六言六蔽"之說，"六言"指仁、知(智)、信、直、勇、剛六種品行，今人楊伯峻先生注釋說："這個'言'字……實指'德'"，"六言"即為"六德"。……《周禮·地官·大司徒》說："以鄉三物教萬民，而賓興之，一曰六德：知(智)、仁、聖、義、忠、和。"所論"六德"與簡文有五項一致，與《論語》所載有三項相合。賈誼《新書·道德說》載："德生理，通之以六德之華離狀。六德者，德之有六理。"其對"六德"未能具體說明，"六理"，即"道、德、性、神、明、命，此六者德之理也"。又同書《六術》說："人有仁、義、禮、智、信之行，行和則樂興，樂興則六，此之謂六行。"……賈誼此所言之"六行"也就是"六德"，即六種倫理德行。近世發現的敦煌文書中，有一件《孝經注》殘片，其于"卿大夫章第四"之"非先王之德行不敢行"句下注："古者六德之行：仁、義、禮、智、忠、信，是為六德。好生惡死曰仁；臨財不欲，有難相濟曰義；尊卑慎序曰禮；智深識遠曰智；平直不移曰忠；信義可復曰信。"與《周禮》和《新書》之說相近。關於這篇《孝經注》的年代，目前難以確知，估計不晚於唐與五代，其有關"六德"之說的淵源，應是上承先秦兩漢而來。現將各家之說排列如下，以作比較：

《論語》　　"六言(德)"：仁　知(智)　信　直　勇　剛
《周禮》　　"六德"：　　仁　知(智)　聖　義　和　忠
《新書》　　"六行(德)"：仁　智　　信　義　禮　樂
《孝經注》　"六德"：　　仁　智　　信　義　禮　忠
《郭店楚簡》"六德"：　　仁　智　　信　義　聖　忠

由此可見，"六德"是先秦以降至唐五代儒家學說中一種較爲常見的提法，……比較而言，《郭店楚簡》"六德"與《周禮》和《孝經注》所言更爲接近，而與《論語》之說有一些出入。

【馮勝君2000】此字應釋爲"裕"。在郭店簡中，"谷"字有兩種寫法，一種寫作 (《老子》甲第10號簡)，爲標準寫法；另一種寫法省去所從之"口"，寫作 。後一種寫法只出現在偏旁之中，如《語叢二》第10、13、15、17、19等號簡中的"欲"均從谷從心作 ，所從之谷省作 。…… 字從衣，中間所從 (谷)借用"衣"旁下半的上部筆畫，……簡文中的"以裕六德"與《國語·周語》："叔父若能光裕大德"中的"光裕大德"相類。

【涂宗流、劉祖信2001】 ：此字上部與包山248簡"大"字形體同，下部與包山181簡"羊"近似，似從大從羊，疑爲"美"字。

【呂浩2001】 ：該字上部爲穴，……下部是"衣"字形之省減，……疑釋爲"袞"，讀爲衣。《尚書·康誥》："……紹聞衣德言。"僞孔傳："……繼其所聞，服行其德言。"孔疏："……被服而施行德言。"簡文"衣六德"與此處"衣德言"文例雷同，意謂"被服而施行"六德。

【劉桓2001】 即卒字，中多"八"兩筆。……此處卒字中間多了"八"，亦屬"羨劃"，……卒，此爲成意。

【何琳儀2001】"扒"原篆作 ，從"衣"，"八"聲。《韻會》"扒，同襻。"……本簡"扒"應讀"攀"。《廣雅·釋詁》一"攀，引也。"

【黃文傑2002】 ：此字釋"扒"與字形相合。疑"扒"可讀作"別"。"扒"從"八"聲，"八"幫母質部字，"別"，幫母月部字，聲同韻近。……"別"與前一句的"分"字意義正好相同。

【陳偉2002B】夫六位也，以任此【六職】也。六職既分，以□六德。六德者：

【林素清2003】夫六位也，以任此【六職】也。六職既分，以主六德。六德者，

【劉釗2003】夫六立(位)也，以貢(任)此〔六哉(職)〕也。六哉(職)既分，以

第五章 《六德》集釋

衮(裕)六惪(德)。六惪(德)者

此段簡文後有缺簡。

【林素清2005】衮：《古文四聲韻》下平"麻"韻收《古老子》"奓"字與此近似，疑簡文即"奓"，在本篇讀爲"主"。奓，書紐魚部；主，章紐侯部；二字聲紐同屬舌音，韻部魚、侯旁轉，可通。……《廣雅·釋詁三》："主，守也。"

【十四種2009】夫六立(位)也，以貢(任)此【六職】也。六哉(職)既分，以衮六惪(德)。六惪(德)者

【廖名春2013】"衮"字从衣从八，疑讀為"匹"。……《詩·大雅·文王有聲》："築城伊淢，作豐伊匹。"毛傳："匹，配也。"

【按】◊衮：袁國華1998、馮勝君2000釋爲"裕"字之省；張光裕等1999釋"依"；李零1999、劉桓2001釋"卒"；李天虹2000A釋"衪"讀"別"；涂宗流、劉祖信2001釋"美"；呂浩2001釋"衮"讀"衣"；何琳儀2001釋"衪"讀"攀"；黃文傑2002釋"衪"讀"別"；林素清2005釋"奓"讀"主"；廖名春2013釋爲"匹"。按，袁國華、馮勝君說是，此字從衣從谷，"谷"省去"口"，且與衣旁共用筆劃。《國語·周語》："叔父若能光裕大德"。 ◊按，"六惪(德)"二字重文。

殘24

說明：本簡上、下皆殘，僅存三字。

拼合編聯：殘24與簡11拼合，從陳偉2000說。他說："殘簡24與六11竹簡寬度相當，字體與字距相同，而賞慶自當是上對下的行為。故試為綴合。"按，殘24與簡11拼合後應無缺字，但從照片看，二者不能密合。

釋文：

☐ 而上又(有)

集釋：

【李零1999】可能屬於第四種(辰按，指《性自命出》、《成之聞之》、《六德》、《尊德義》)字體的殘片。

【廖名春2000B】據文義當補"依六德也人有依六德者"10字。

【陳偉2002B】……而上有

【林素清2003】□□□□□□□□而上有□□□□□□□□

【李松儒2006】第24簡上的內容為："……而上又……"，這個"而"字寫作：雖然殘去一半，但是還是可以認出，是因為這個特殊的寫法只在第五類字跡中出現過，應該是《性自命出》、《六德》、《尊德義》中的一片。

簡11

說明：本簡上部殘損約9字，下端完好。

拼合編聯：簡11與簡47編聯，是筆者的意見，但簡47上部殘損。

釋文：賞慶安(焉)，智(知)兀(其)以又(有)所逗(歸)也。材

集釋：

【郭店–六德】……賞慶安(焉)，智(知)其以又(有)所逗(歸)也，材

【李零1999】〔□□□□□□□□〕賞慶焉，知其以有所歸也。材

【陳偉2000】六11簡末的"材"字，似應讀為"裁"，指取捨裁定。

【陳偉2002B】賞慶焉，知其以有所歸也。材(裁)

【林素清2003】□□□□□□，【因而】賞慶焉，知其以有所歸也。材

【劉釗2003】……賞慶安(焉)，智(知)兀(其)以又(有)所逗(歸)也，材(裁)

【董娟2007】簡十一闕文綴補：通過上文先貴賤後親疏表達順序和動詞"知"的分析，在簡文"'上'廣泛選人材再給予賞慶"表達基礎上，我們綴補闕文為"〖無偏貴賤，無恤親疏，而上有〗"。需說明的是綴補闕文參照了《荀子‧王霸》"人主胡不廣焉無恤親疏，無偏貴賤，唯誠能之求？"

【十四種2009】☑賞慶安(焉)，智(知)其以又(有)所逗(歸)也，材

【按】◊材：整理者如字讀；陳偉2000讀爲"裁"。按整理者讀是。

簡47

說明：本簡上部殘損約8字，下端完好。本簡在第3字"少"字之下有明顯斷痕。

拼合編聯：簡47與簡48編聯，從整理者說。

釋文：

☐人民；少(小)者，以攸(修)兀(其)身。為衍(道)者必繇(由)

集釋：

【郭店–六德】……人民少者，以攸(修)其身。為衍(道)者必繇(由)

第五章 《六德》集釋

【李零1999】〔□□□□□□□□〕人民少者，以修其身，為道者必由

【陳偉2000】……人民，小者以修其身。為道者必由

◊六47判讀恐誤，應改從今讀。"人民"之前殘缺文字大概是"大者以治"。

【廖名春2001C】陳（偉）說是。"少"當讀為"小"。"小者以修其身"與"大者以治人民"相對。

【顏世鉉2001】原簡文也可補釋爲"大者，以安人民；小者，以修其身。"

【陳偉2002B】……人民，小者以修其身。為道者必由

【林素清2003】□□【也。大者以治其】人民，小者以修其身。為道者必由

【劉釗2003】……人民少(小)者以攸(修)丌(其)身。為術(道)者必繇(由)

【沈培2004】《左傳》僖公三三年："敬，德之聚也。能敬必有德。德以治民，君請用之！"因此，簡文可能是說："六德，大者治人民，小者修身"的意思。

【十四種2009】☑人民，少(小)者以攸(修)其身。為術(道)者必繇(由)

【竹書2011】《管子·禁藏》有"大者以失其國，小者以危其身"，與簡文對比，是從反面立說。

【按】◊少：整理者如字讀；陳偉2000讀爲"小"，句讀有改動。按，陳偉說是，"人民"前應有"大者，以治"之類的話。

簡48

說明：從圖片看，本簡應爲完簡。

拼合編聯：簡48與簡12編聯，從陳偉2000說。

釋文：

　　此。新(親)𢧤(戚)徝(遠)近，唯丌(其)人所才(在)。㝵(得)丌(其)人旲(則)塁(舉)安(焉)，不㝵(得)丌(其)人旲(則)止也。

集釋：

【郭店–六德】此。新(親)𢧤(戚)遠近，唯其人所才(在)。得其人則塁(舉)安(焉)，不得其人則止也。

【李零1999】此。親戚遠近，唯其人所在。得其人則舉焉，不得其人則止也。

◊簡尾有黑圓點，疑是分章符號。

【陳偉2000】"裁(辰按，見簡11)此新就遠近，唯其人所在"，是說在廣泛的

範圍內考察人選，而無論其關係的新舊遠近(就，疑讀為"舊")。

【顏世鉉2001】◊"新豪"亦可能讀爲"親讎"，指親近者與仇怨者而言。◊才，讀爲"裁"，……《國語・晉語四》……"官師之所裁也"句，韋注："裁，古材字。"

【陳偉2002B】此新就遠近，唯其人所在。得其人則舉焉，不得其人則止也。

【林素清2003】此。親戚遠近，唯其人所在。得其人則舉焉，不得其人則止也。

【劉釗2003】此新(親)遼(戚)遠近，唯丌(其)人所才(在)。㝵(得)丌(其)人杲(則)𢼸(舉)安(焉)，不㝵(得)丌(其)人杲(則)止也。

【沈培2004】◊這種"遠"字跟《郭簡》中一般的"遠"寫法不同，跟《古文四聲韻》卷四二十頁所引《古老子》的"遠"字寫法完全一樣，跟以《說文》古文爲代表的那種寫法也很近。◊此句跟《左傳・昭公二十八年》下面一段話相似："夫舉無他，唯善所在，親疏一也。"因此"才"讀爲"在"較好。

【十四種2009】此。新遼(舊)遠近，唯其人所才(在)。得其人則𢼸(舉)安(焉)，不得其人則止也。

【廖名春2013】"才"字，當讀為"載"，訓為"行"或"為"。《小爾雅・廣言》："載，行也。"……簡文"新舊遠近，唯其人所載"，是說不論"新舊遠近"，只看他們的所作所為，只看他們的"所行之事"。此兩"得"字，疑皆當讀為"德"。"德其人"，以其人有德。"不德其人"，以其人無德。"舉"，推薦，選用。……"止"，廢。

【按】◊新遼：整理者讀"親戚"；陳偉2000讀"新舊"；顏世鉉2001讀"親讎"。按，讀"親戚"是，與下"遠近"對文。 ◊遼(徙)：此字與"遠"字通常寫法不一樣，沈培2004已指出此字和《說文》卷二"遠"字古文遼及《古文四聲韻》卷四第20頁引《古老子》的"遠"字作遼寫法一樣。 ◊才：整理者讀"在"；顏世鉉2001讀"裁"；廖名春2013讀"載"。按，讀"在"是，參沈培2004說。 ◊㝵：整理者讀"得"；廖名春2013讀"德"。按，讀"得"是。 ◊簡尾有"▇"號，李零言或分章符號，按，此與簡26、簡33之分章符號作▇、▇不同，疑是文句停頓符，本篇還有一種文句停頓符，作▇(簡33)。

簡12

說明：本簡上端完好，下部殘損約13字。

第五章 《六德》集釋

拼合編聯： 把簡12與簡1編排在一起，從李零1999說。今暫把它們直接編聯，但簡12下部殘損。

釋文：

　　唯(雖)才(在)屮(草)茻(茅)之审(中)，句(苟)臤(賢)▭▭▭

集釋：

　　【郭店–六德】唯(雖)才(在)山岳(？)之审(中)，句(苟)臤(賢)……

　　【陳偉1998】楚文字中的"山"或"山"旁，在豎筆與弧筆相交處都有著意添描，近乎三角形。……簡文第三字及第四字的下部並非如此，其實是"屮"字。……簡文這二字可釋為"艸(草)"和"茻"。"茻"通"茅"。故簡文可讀為"草茅"。

　　【李零1999】雖在山岳之中，苟賢〔□□□□□□□□□□〕

　　【馮勝君2000】郭店簡中"山"字凡5見：……"山"字寫法豎筆與彎筆交接處均塗黑填實，……實即"屮"字。《緇衣》第9號簡"芒"字寫作： ……所從"屮"旁形體均與《六德》簡中的 字全同。……是"艸"字之省。 上部從"卯"，……此字應分析為從卯從艸省，釋為"茻"，……艸茻，應讀為"艸茅"。茻、茅音近相通。《周禮·天官·醢人》……鄭注："鄭大夫讀'茻'為'茅'。"……"艸(草)茅"一詞，典籍習見，……如《唐虞之道》第16號簡："舜佢於茅＝(艸茅)之中而不憂。"……類似的記載又見於《戰國策·趙策》："昔者堯見舜於草茅之中，"……《漢書·爰盎晁錯傳》："臣錯屮茅臣，亡識知。"

　　【涂宗流、劉祖信2001】材(辰按，此字在簡11)雖在山嶽之中，敬賢能用之也。

　　"能用之也"，簡文殘去，根據文義補出。

　　【陳偉2002B】雖在草茅之中，苟賢，【必任諸】

　　◇草茅：第一字及第二字下部……其實是"屮"字。試拿楚文字中的"屮"或"艸"的字相比較，即可瞭然。《說文》：屮，"古文或以為艸字。"因而，簡文這二字可釋為"艸(草)"和"茻"。"茻"通"茅"。

　　【林素清2003】雖在草茅之中，苟賢□□□□□□□□□

　　【劉釗2003】唯(雖)才(在)屮(草)茅(茻)之审(中)，句(苟)臤(賢)……

　　【林素清2005】戰國迄西漢簡帛文字，從"艸"之字或省從"屮"，如郭店竹簡《緇衣》簡九與《語叢四》簡六"芒"字，其上端即作"屮"。此處"艸"字遜省作"屮"，乍看與"山"相似，易滋誤解。

【董娟2007】結合文意和如上考慮，編補出簡十二闕文為"〖而上必舉之。賢者舉，天下治，莫不於〗"，並與簡四十八合為一段為"雖在草茅之中，苟賢而上必舉之。賢者舉，天下治，莫不於此。親戚遠近，唯其人所在。得其人則舉焉，不得其人則止也。"

【十四種2009】唯（雖）才（在）中（草）茆（茅）之中，句（苟）臤（賢）☐

【按】◇中茆：整理者釋"山岳"；涂宗流、劉祖信2001釋"山嶽"；陳偉1998、馮勝君2000釋"草茅"。按，"草茅"是。

簡1

說明：從圖片看，本簡在第14字"也"字中部有斷痕。

拼合編聯：簡1與簡2編聯，從整理者說。

釋文：

此。可（何）胃（謂）六惪（德）？聖、智也，㥯（仁）、宜（義）也，忠、信也。聖与（與）智豪（就）壴（矣），

集釋：

【郭店－六德】此。可（何）胃（謂）六惪（德）？聖、智也，㥯（仁）、宜（義）也，忠、信也。聖與智豪（戚）壴（矣），

◇豪壴：裘按："豪"疑當讀為"就"。"壴"當讀為"矣"，參看《性自命出》篇三六。下二句同。

【李零1999】此。何謂六德？聖、智也，仁、義也，忠、信也。聖與智就矣，

【顧史考1999】聖與智，就（讎）矣："就"字可讀如"讎"是裘錫圭向筆者提示的，意思大概是"為一對的"。

【陳偉2000】此可謂六德：聖、智也，仁、宜（義）也，忠、信也。

原釋文篇首使用省略號，而本簡開頭數字讀作"此。何謂六德？"疑當依今讀，本句實即一篇開端之語。

【丁原植2000】"就"也有完成之義，《爾雅·釋詁下》："就，成也。"……簡文"就"字似表示"聖－智"、"仁－義"、"忠－信"三組的六德，各自相輔互補，以完成其組群之德的作用。

【顏世鉉2001】◇豪：簡文可讀爲"戚"，《廣雅·釋詁》："俶，近也。"……訓

第五章 《六德》集釋

爲"近",指兩者關係密切。……也可能讀爲"儔",《爾雅·釋詁上》:"儔,匹也。"指兩兩成對之意。

【陳偉2002B】此可謂六德:聖、智也,仁、義也,忠、信也。聖與智就矣,

【林素清2003】此。何謂六德?聖、智也,仁、義也,忠、信也。聖與智通矣,

毫:九六年周(鳳五)先生在台灣大學中文系爲研究生講授《鄂君啓節》時已經指出,銘文此字在地名前,當讀爲"就",如"就松陽"、"就爰陵"等,……但我們注意簡四五、簡四六說:"三者通,言行皆通。三者不通,非言行也。三者皆通,然後是也。"這裏所謂"三者",指"聖智"、"仁義"、"忠信"三組行爲標準與道德規範,……這樣看來,此字讀爲"通"可能比較切合簡文的語言情境。……此字上從墉,下從京,其實就是西周金文常見的"申就乃命"的"就"字。楚文字改京從"庚",墉、京皆聲,……此字既從"庚"聲,則《鄂君啓節》可以讀爲"通松陽"、"通爰陵",指持節通關。……以上是周先生有關楚簡與楚金文"戚"、"就"、"通"、"儔"等字的意見。

【劉釗2003】此。可(何)胃(謂)六惪(德)?聖智也,忌(仁)宜(義)也,忎(忠)訐(信)也。聖牙(與)智毫(就)壴(矣),

此段簡文前有殘缺。"毫"即就字古文,"就"古有接近之意。"壴"讀爲"矣"。"壴"即"喜"之省,古音"喜"在曉紐之部,"矣"在匣紐之部,聲爲一系,韻部相同,可以相通。

【十四種2009】此。可(何)胃(謂)六惪(德)?聖、智也,忌(仁)、宜(義)也,忠、信也。聖与智毫(就)壴(矣),

【按】◇毫:整理者讀"戚";裘按讀"就";顧史考1999引裘錫圭說讀"儔";顏世鉉2001亦讀"戚",或讀"儔";林素清2003引周鳳五說讀"通"。按,釋"就"是,其義爲"相就"之義。"就"的釋讀參看筆者《楚地戰國簡帛與傳世文獻對讀之研究》(中華書局,2014年)第83—85頁。 ◇壴:裘按讀"矣",劉釗2003有補充。下同。

簡2

說明:從圖片看,本簡應爲完簡。

拼合編聯:簡2與簡3編聯,從整理者說。

釋文：

怎(仁)与(與)宜(義)豪(就)壴(矣)，忐(忠)与(與)信豪(就)[矣]。乍(作)豊(禮)樂，折(制)坓(刑)瀍，孚(教)此民尒叓(使)

集釋：

【郭店-六德】怎(仁)與宜(義)豪(戚)壴(矣)，忠與信豪(戚)。乍(作)豊(禮)樂，折(制)坓(刑)瀍(法)，孚(教)此民尒(？)叓(使)

◊忠與信豪：依上文，此處"豪"後脫"壴"字。

【李零1999】仁與義就矣，忠與信就【矣】。作禮樂，制刑法，教此民尒，使

◊兩"尒"字，原括問號。案釋"尒"不誤。

【陳偉1999】教此民尒(黎) 六德02 足此民尒(黎)生死之用 六德04—05 尒，原無說，疑讀"黎"。在上古音中，尒爲支部日紐，黎爲脂部來紐，……或可通假。……民黎即民衆。

【廖名春2001C】陳(偉)疑"尒"讀為"黎"，說是。"尒"之上古音，古音學家有的歸支部，有的歸脂部。唐作藩《上古音手冊》"尒"歸支部，段玉裁《古十七部諧聲表》，……郭錫良《漢字古音手冊》，李珍華、周長楫《漢字古今音表》皆歸脂部。歸支部者據《廣韻》，而《詩·大雅·行葦》"葦"、"履"、"體"、"泥"、"弟"、"爾"、"幾"葉韻，"爾"當歸脂部無疑。因此，"尒"、"黎"古音聲近韻同，自可通假。其疑"民黎"為"黎民"倒言。說是。《後漢書·延篤傳》："其政用寬仁，憂恤民黎。"

【顔世鉉2001】"爾"，陳偉先生讀爲"黎"，……此說可從。黎爲來紐脂部，爾爲日紐脂部，來日同爲舌音，準旁紐，疊韻。……簡文"民爾"也可直接訓爲"民衆"，……從"爾"之字有"多"、"大"之意者，……《詩·齊風·載驅》："垂轡瀰瀰。"毛傳："瀰，衆也。"《古文四聲韻》卷三"侈"字引崔希裕《纂古》：作䬠、䬦，此可見"爾"、"多"有相通的關係。

【沈培2002】本篇下文簡39—40"是故先王之教民也，始於教弟"，簡40—41"是故先王之教民也，不使此民也憂其身"，都說到"教民"，但都不言"民黎"而只言"民"。尤其是簡40—41的句子跟"教此民尒使之有向也"句式很相似，沒有說"民尒"，而說成"民也"。況且，郭店楚簡中別無"民黎"的說法，……對照相關的句子來看，"尒"顯然相當於"也"，應當是虛詞。《六德》篇中另有幾個"尒"字，也是作為虛詞使用的，……如簡36"言信言尒"、"言煬言尒"。可

見把"尔"看作虛詞,全篇的"尔"的用法則頗爲一致。……通過以上討論,可見郭店楚簡《六德》、《忠信之道》等篇中的"尔"都有與"也"相似的用法,都是用於表示停頓的語氣的,它們可以用在句末,也可以用在句中。

【陳偉2002B】仁與義就矣,忠與信就〔矣〕。作禮樂,制刑法,教此民尔(黎),使

【林素清2003】仁與義通矣,忠與信通【矣】。作禮樂,制刑法,教此民黎使

【劉釗2003】息(仁)牙(與)宜(義)臺(就)壴(矣),忠(忠)牙(與)訫(信)臺(就)〔壴(矣)〕。乍(作)豊(禮)樂,折(制)荎(刑)瀘,孝(教)此民尔(爾),叟(使)

"尔"同"爾",在此用爲虛辭。

【沈培2004】◊郭店簡中句末語氣詞"也"也有這種情況,即在並列的幾個句式相同的句子中,有的句末有"也",有的句末無"也"。似乎不必看成是抄寫者漏抄。◊"瀘"字原字形做從去、從鹿。

【十四種2009】息(仁)与宜(義)臺(就)壴(矣),忠与信臺(就)【壴(矣)】。乍(作)豊(禮)樂,折(制)荎(刑)瀘,孝(教)此民尔史(使)

【按】◊第二個"矣"暫從裘按補;沈培2004認爲也可不補。◊尔:陳偉1999讀"黎",廖名春2001C從之,顏世鉉2001亦從,但認爲或可訓"尔(爾)"爲衆;沈培2002看作虛詞,劉釗2003從之。按,應如沈培說作虛詞,相當於"也",起在句中停頓的作用。下同。

簡3

說明:從圖片看,本簡在第14字"父"字之下有明顯斷痕。

拼合編聯:簡3與簡4編聯,從整理者說。

釋文:

之又(有)向也,非聖智者莫之能也。新(親)父子,和大臣,帰(寢)四叟(鄰)

集釋:

【郭店-六德】之又(有)向也,非聖智者莫之能也。新(親)父子,和大臣,帰(歸)四叟(鄰)

◊帰:裘按:疑"帰"即"寢"之省寫。

【李零1999】之有向也,非聖智者莫之能也。親父子,和大臣,寢四鄰

【陳偉2002B】之有向也，非聖智者莫之能也。親父子，和大臣，寢四鄰

【林素清2003】之有向也，非聖智者莫之能也。親父子，和大臣，寢四鄰

【劉釗2003】之又(有)向也，非聖智者莫之能也。新(親)父子，和大臣，帰(歸)四叟(鄰)

【十四種2009】之又(有)向也，非聖智者莫之能也。新(親)父子，和大臣，帰(歸)四叟(鄰)

【按】◊帰：裘按釋"寢"；袁國華1998釋"歸"(見簡4)。按，釋"寢"是。

簡4

說明：從圖片看，本簡在第3字"非"字之下有明顯斷痕；在第15字"貢"字之下有明顯斷痕。

拼合編聯：簡4與簡5編聯，從整理者說。

釋文：

之央(殃)虐(虐)，非恳(仁)宜(義)者莫之能也。聚人民，貢(任)土墐(地)，足此民尔

集釋：

【郭店–六德】之▇虐，非恳(仁)宜(義)者莫之能也。聚人民，貢(任)墐(地)＝，足此民尔(？)

◊墐(地)＝：裘按："墐"下所加疑非一般重文號，而是表示此字當讀作"土地"二字的。此文當讀為"任土地"。

【袁國華1998】"▇"應即"帝"字，有簡本《緇衣》、《五行》、《唐虞之道》等篇"帝"字字形，可資證明：▇(見《緇衣》簡3及簡37)▇(見《五行》簡48)▇▇(見《唐虞之道》簡8及簡9)……《六德》"帝"字與"敵"通假。由今楷書從"商"偏旁諸字，《說文》小篆皆從"帝"從"口"，而"帝"乃字音之所從看來，"帝"、"敵"可通假，應無疑問。……簡云："親父子，和大臣，歸四鄰之帝(敵)乎，非仁義者莫之能也"，意謂"使父子相親，使臣僚相和，使四鄰之仇敵來歸，非仁義者莫能成就也。"

【張光裕等1999】應即"帝"字，書中"帝"凡五見，分別作▇、▇(3.7、3.37)；……而《六德》簡12.4所見，實乃"帝"字訛體，字當叚為"敵"。《仲師父鼎》："用享用考(孝)于皇祖帝(嫡)考。""帝"讀為"嫡"可作旁證。《六

第五章 《六德》集釋

德》簡12.3；12.4云："親父子，和大臣，歸四鄰之帝(敵)唇(乎)，非仁義者莫之能也。"文義與"仁人無敵於天下"（《孟子·盡心下》）、"王者無敵"（《公羊成公元年傳》）等儒家學說相脗合。

【李零1999】之抵牾，非仁義者莫之能也。聚人民，任土地，足此民尔，

◇"抵牾"，上字原不釋，疑是"帝"字的省體，下字從虎從口，與簡文常見的"乎"字相同。疑讀"抵牾"（"抵"是端母脂部字，"帝"是端母錫部字；"牾"是疑母魚部字，"乎"是匣母魚部字，讀音相近）。

【陳斯鵬1999】按"帝"字，《緇衣》簡7作 ■，簡37作 ■，……本簡未釋字正是後二形省去上端二橫而成，當是"帝"字之省作，即可徑釋爲"帝"。"唇"字當讀爲"所"。……《詩·小雅·伐木》："伐木許許。"《說文》引許作所。……從虎聲字也得與戶聲字相通。……"帝所"指天帝或帝王之所。……簡文當於"叟"字下點斷，讀爲："親父子，和大臣，寑四鄰，之帝所，非仁義者莫之能也"四句，文例一律。

【陳偉1999】帝，……在此似當讀爲"抵"。抵、帝並在端紐，韻部則脂、錫通轉，讀音相近。……虎(從口)，簡書中多讀爲"乎"，乎魚部匣紐，吾魚部疑紐，爲疊韻旁紐。虎(從口)在此恐當讀爲"牾"。……"抵牾"，爲抵觸、不協之意。

【劉信芳2000A】◇帰(寑)四叟(鄰)之■唇(乎)：字與《緇衣》7、37，《唐虞之道》8"帝"（■）之下部同形，應是"束"之異構，此讀如"敵"。"寑四鄰之敵"即止息四鄰之敵。

【廖名春2000B】◇彭林按，"抵牾"爲前後抵觸之意，"歸四鄰之抵牾"，語不可通。◇任當訓爲使用、利用。《廣雅·釋詁一》："任，使也。"

【涂宗流、劉祖信2001】◇■：疑此字爲"冎"之異構，同"淵"。唇：此字簡文從口虎聲，疑借爲"滸"。"虎"、"滸"古音同爲曉紐魚部，可通假。……淵滸，深潭之崖(岸)。"寑四鄰之淵滸"，猶言寑兵於四方鄰國的險要之地，意爲與四方鄰國和睦相處。

【呂浩2001】（■）與……包山簡二〇一之"央"字和天星觀一號墓卜筮中之"央"字字形相近，祇上部多一筆，而使該字上部似"羊"字形。這可能是因聲符化而產生的訛變現象。……當釋爲"央"，簡文讀爲"殃"。《廣雅·釋言》："殃，禍也。"……唇，我們認爲也可能釋作"虐"。《說文》虐字古文作

· 229 ·

"虘"，……包山簡一六三"虘"字作"▨"，皆從虎從口。又《郭簡‧緇衣》簡二七有"▨"字，釋作"瘧"，讀爲"虐"，而今本《緇衣》正作"虐"。……然而郭簡從虎從口之字又常讀爲"乎"，……這可能是同形而異字的現象。……《廣雅‧釋詁》："虘，惡也。"……《六德》"央(殃)虘"爲近義連文。

【顏世鉉2001】當讀爲"歸四鄰之敵虜"。……"歸"字可視爲"致動用法"、"使動用法"即指使之歸去之意。"虘"從"虎"爲聲，可讀爲"虜"，"敵虜"指降服者。……或有另解，即是使四方敵國之民來歸順之意。

【白於藍2001C】該字當釋爲"朿"。楚簡中有"朿"及從"朿"聲的"策"、"責"、"䂻"(積)等字，分別作：▨(郭店簡《老子》甲9) ▨(郭店簡《老子》甲9) ▨(包山簡260)……"▨"實即上引"朿"字之簡省寫法。類似簡省的情況在楚文字當中是十分常見的，……郭店簡之"寢四鄰之朿虘"當讀爲"寢四鄰之策慮"。……意即止息四方敵國之陰謀。

【沈培2002】"足此民尔生死之用"……此句是雙賓語句，直接賓語是"生死之用"，……"民"是間接賓語。"足此民尔生死之用"等於說"以生死之用足此民"。此句的特殊在於間接賓語和直接賓語之間用虛詞"尔"隔開了。古書中也可以看到雙賓語句中兩個賓語中間用"也"隔開的例子，例如《左傳‧昭公二十八年》有這樣一句："吾與戊也縣，人其以我爲黨乎？"此句"與"是動詞，"戊"是間接賓語，"縣"是直接賓語。

【陳偉2002B】之帝虎(抵牾)，非仁義者莫之能也。聚人民，任土地，足此民尔(黎)

【林素清2003】之寇虐，非仁義者莫之能也。聚人民，任土地，足此民黎

【劉釗2003】之央(殃)虘(禍)，非息(仁)宜(義)者莫之能也。聚人民，貢(任)土陞(地)，足此民尔(爾)

"央"讀爲"殃"。"虘"讀爲"禍"，古音"虘"在曉紐魚部，"禍"在匣紐歌部，聲爲一系，韻部主要元部相同，可以通轉。

【李銳2004B】(上博三《周易》)"啻"字下實從"曰"形。今本《周易》讀作"惕號"，"啻"古音屬審紐錫部，"惕"古音屬透紐錫部，舌音叠韻；"虘"從虎聲，古音屬曉紐魚部，"號"古音屬匣紐宵部，牙音旁轉，可以相通。……從簡文來看，郭店簡"▨"字當爲"帝"字，"▨虘"當讀爲"惕號"，王弼注解爲"惕懼號呼"。"惕號"一詞，先秦其他文獻罕見，當是由《周易》而來。如果此

釋不誤，則郭店簡《六德》襲用了《周易》中的成詞。

【沈培2004】根據《上海博物館藏戰國楚竹書（三）·周易》，當讀爲"啼呼"。

【劉祖信、龍永芳2005】聚人民，任土地，足此民爾。生死之用，非忠信者莫之能也。

【林素清2005】▉虐：上字釋"央"是也；……下字……對照郭店《緇衣》簡二七："爲五虐之形"及《汗簡》、《古文四聲韻》所收"虐"字，可以確認爲"虐"無疑。簡文"央虐"讀爲"寇虐"。央，影紐陽部；寇，溪紐侯部；聲紐同屬喉音，韻母旁對轉，可通。《詩·大雅·民勞》："式遏寇虐"。

【廖名春2008B】李銳……是正確的，……所謂"寑四鄰之帝號"，"帝號"當讀爲"啼號"。這是古時的成詞，文獻習見。《荀子·禮論》："歌謠謸笑哭泣諦號，是吉凶憂愉之情發於聲音者也。"楊倞注："諦，音啼。《管子》曰：'豕人立而啼。'古字通用。號，胡刀反。"……簡文"寑四鄰之帝號"，"寑"，止、息。"四鄰"，四周、四邊、周邊，引申爲天下，非指周邊之敵國。"帝號"，即"啼號"。"寑四鄰之帝號"，即息天下百姓之啼號。

【十四種2009】之▉（帝？）虐，非悤（仁）宜（義）者莫之能也。聚人民，貢（任）土地，足此民尔

【按】◊▉虐：袁國華1998、張光裕等1999、劉信芳2000A釋"帝（敵）乎"；李零1999釋"抵牾"，陳偉1999亦釋"抵梧"；陳斯鵬1999釋"帝所"，並與上"之"爲一句讀；涂宗流、劉祖信2001釋"淵渚"；呂浩2001釋"央（殃）虐"；顏世鉉2001釋"敵虜"；白於藍2001C釋"策慮"；林素清2003釋"寇虐"；劉釗2003釋"央（殃）唐（禍）"；李銳2004B釋"惕號"；沈培2004釋"啼呼"；廖名春2008A釋"啼號"。按，呂浩2001釋"央（殃）虐"是。第一字"央"字可參包山簡201、上博二《子羔》簡11"央"作▉、▉。"央"在楚文字中與"束"、"帝"形體有訛混現象，參《成之聞之》簡24按語。第二字"虐"可參上博二《容成氏》之"虐"作▉；郭店《緇衣》簡27、上博六《競公瘧》簡1之"瘧"作▉、▉；《說文》"虐"古文作"▉"，皆"唐"釋"虐"之證。◊按，"土坒（地）"二字合文。

簡5

說明：從圖片看，本簡在第16字"卞"字之下有斷痕。

拼合編聯：簡5與簡13編聯，從詹群慧2003B說，但簡13上部殘損。
釋文：

　　生死之甩(用)，非㤼(忠)信者莫之能也。君子不卞(偏)女(如)衍(道)。衍(道)，人之

集釋：

　　【郭店–六德】生死之甩(用)，非忠信者莫之能也。君子不卡女(如)衍(道)。衍(道)，人之……

　　◇卡："卡"，並非見於《字彙補》之"卡"字，或疑即一般認為"弁"字異體之"卞"字之所從出，在此疑讀為"變"。下文"夫婦卡生言""男女不卡"之"卡"則疑當讀為"辨"。

　　【李零1999】生死之用，非忠信者莫之能也。君子不別，如道導人之

　　◇"別"，原作"卡"，整理者以為"卞"字，讀為"辨"。案此字亦見於下文簡34和簡39，作"男女卡生言"，"男女不卡"，疑皆讀為"別"。

　　【陳偉1999】卞，……恐應讀爲"偏"。卞(弁)元部並紐，偏真部滂紐，屬旁轉旁紐。簡本《老子》丙8—9簡"卞將軍居左"，傳世本及帛書乙本作"偏將軍"，爲二字通假佳證。……《書·洪範》："無偏無黨，王道蕩蕩；無黨無偏，王道平平；……"

　　【袁國華1999】"卡"字字形……與"金"字上部所從作 ![] 、 ![] 等形，分別在於前者多一豎筆羨筆。"卡"既爲"金"之分化，則云"卡"與"卞"同字異形，理應可信。更何況，簡文內容與《郭店楚墓竹簡》其他篇章以及文獻所載相互參證，亦可證明"卡"即"卞"字無疑。

　　【丁原植2000】"如"字，疑訓作"隨"，指依從。《說文·女部》："如，從隨也。"

　　【廖名春2000B】◇如訓"偏"，"如"當訓爲于。 ◇從文義看，"衍"當讀爲"導"，並與下文"人之"連讀。

　　【顔世鉉2001】"女"猶"此"也。或"女"也讀作"爾"，猶"此"也。（原注：裴學海，《古書虛字集釋》）

　　【李零2002A】此字的字形似由"上"、"下"二字構成，……案包山楚簡簡121有與此寫法相近的字(下半似略有不同)，辭例作"……小人信~下蔡□里人雇女反……僉殺徐翠……相~棄之于大路"，含義似是相隨相伴之義，疑應讀爲

第五章 《六德》集釋

"伴"。"辨"、"伴"、"別"讀音相近（前兩字是並母元部字，後一字是並母歌部字），但古書講類似內容，多用"別"字。如《禮記》講"別貴賤"、……"別男女"……這裏讀爲"別"。

【陳偉2002B】生死之用，非忠信者莫之能也。君子不偏如道。道，人之

【林素清2003】生死之用，非忠信者莫之能也。君子不卞(偏)如道。道人之

【劉釗2003】生死之用，非忠(忠)訐(信)者莫之能也。君子不卞(偏)女(如)衍(道)。衍(導)人之……

【沈培2004】"衍"下有合文符號，一般讀爲"道，道……"，這裏改讀爲"人道"，以求跟上文"如欲求人道"相應。

【董娟2007】我們可依據《荀子·儒效》："道者，非天之道，非地之道，人之所以道也，君子之所道也。"補簡五的闕文爲"道，人之……"爲"道，人之所道也。""道，人之"之後或可補充"之所以道也，君子之所道也"之類。其意謂"道是君子所應遵循的原則"。

【十四種2009】生死之甬(用)，非忠信者莫之能也。君子不卞女(如)衍(道)。衍(道)，人之

【按】◇卡：整理者釋"卡"，或釋"卞"讀"變"；李零1999讀"別"；陳偉1999、廖名春2000B讀"偏"；李零2002A釋"伴"讀"別"。按，此即"卞"較特殊的寫法，讀"偏"。李零所言之包山簡121字形作"■"、"■"，周鳳五已釋之爲"牙(与)"的變體，①與"■"不是一字。 ◇女(如)：廖名春2000B訓于；丁原植2000訓隨；顏世鉉2001訓此。按，"如"訓象，"君子不偏如道"是說君子象大道一樣筆直不偏。 ◇衍：整理者讀"道"；廖名春2000B讀"導"並與下連讀。按，讀"道"是。 ◇"衍(道)"下有重文或合文符，沈培2004釋爲"人衍(道)"合文。按，本文釋爲重文。

簡13

說明： 本簡上部殘損約11字，下端完好。

拼合編聯： 簡13與簡14編聯，從整理者說。

---

① 周鳳五：《〈昏罪命案文書〉箋釋——包山楚簡司法文書研究之一》，《文史哲學報》第四十一期，1994年，第10頁。

釋文：
　　　　□任者(諸)父兄，貢(任)者(諸)子弟，大材埶(設)者(諸)

集釋：

【郭店–六德】……□父兄貢(任)者，子弟大材埶(藝)者

【李零1999】〔□□□□□□□□〕□父兄任者，子弟大材藝者

【陳偉1999】恐當在"兄"後斷讀。"父"上一字殘留下端，似是"者"。如然，本句大概原爲"任者(諸)父兄，任者(諸)子弟"。

【廖名春2000B】"任"當訓爲委任、任用。

【涂宗流、劉祖信2001】"父"字上殘留有"曰"字的大部分，下文有"故曰"，此處疑殘去"故曰"。

【廖名春2001C】缺文陳偉《零釋》補"必任諸"3字。案：疑"必"當作"可"。意爲如果賢能，就是親如父兄也可任用。一般是"內舉避親"，這裏以賢能為最高標準，故說親如父兄也可任用。補"必"體現不出這種語氣。

【顏世鉉2001】可能爲"謀諸父兄，任諸子弟"之意。

【張桂光2001】考原簡"父"字之上，尚殘留一"曰"形部件，當爲"者"字殘文，其在句中之位置，當與下文"者"字相應。……實當斷作："……〔諸〕父兄，任諸子弟，大材藝者大官，小材藝諸小官，因而施祿焉。"方始順暢。

【陳偉2002B】父兄，任諸子弟。大材藝者

【林素清2003】【藝】□□□□□□□□【官諸】父兄，任諸子弟，大材藝者

【劉釗2003】……〔貢(任)〕者(諸)父兄，貢(任)者(諸)子弟。大材埶(藝)者

【郭永秉2006】首先，"埶"在楚簡中確實可以讀作"藝"，但古書只有"多材多藝"（《尚書·金縢》）、"多材藝"（《漢書·元帝紀贊》）或"有材藝"（《漢書·成帝紀》），從不見"大材藝"和"小材藝"的說法，也從不用"大藝"、"小藝"表示人的材藝大小。所以所謂"大材藝"、"小材藝"的讀法很值得懷疑。……。"埶"無疑應該讀爲"設"。裘錫圭先生在《古文獻中讀爲"設"的"埶"及其與"埶"互訛之例》中指出："知道古人往往以'埶'爲'設'，對校讀古書很有用處。'設'有'置'、'立'等義，古書中說到置立官職爵位或任人以職等事時，往往用'設'字。"……根據裘先生揭示的古書中的文例，我認爲《六德》的這兩句話應當讀爲："大材埶(設)者(諸)大官，少(小)材埶(設)者(諸)少(小)官。"……我認爲《六德》的"大官"、"小官"當是指重要的職位官位和不重要的職位官位

而言的。……這兩個"者"字跟上一句的"任者子弟"的"者"一樣，也當讀爲"諸"。"諸"一般認爲就是"之於"或"之乎"的合音詞，"設之於大官"、"設之於小官"的"之"指代的就是"大材"和"小材"，是"設"的賓語。其結構跟《墨子·耕柱》"設之於卿""設我於卿"接近，而與《法言·問神》"勢（設）諸名卿"完全相同。

【董娟2007】簡十三闕文綴補：依據文獻《荀子·君道》："能論官此三材者而無失其次，是謂人主之道也。……人主不能論此三材者，不知道此道，安値將卑執出勞。"（"材"訓爲"人才"，不同於陳偉、廖名春的"取捨裁定"說；"論"據《荀子·王霸》："論一相"楊倞注"擇也"，訓爲"選擇"），我們綴補了"〖論大小，親疏皆有所用，可任諸〗"。……總之，在徵引文獻及文意邏輯的分析中，我們敲定了簡序，綴補了闕文，形成了這樣一段文字："雖在草茅之中，苟賢而上必舉之。賢者舉，天下治，莫不於此。親戚遠近，唯其人所在。得其人則舉焉，不得其人則止也。無偏貴賤，無恤親疏，而上有賞慶焉，知其以有所歸也。材論大小，親疏皆有所用，可任諸父兄，任諸子弟。大材設諸"（辰按，指簡12+48+11+13）。

【十四種2009】☐【者(諸)】父兄，貢(任)者(諸)子弟。大材執(設)者(諸)

【按】◇按，"任者(諸)"從陳偉1999補釋及句逗。涂宗流、劉祖信2001補釋"故曰"，不確。 ◇執：整理者讀"藝"；郭永秉2006讀"設"。按，從郭永秉讀，下同。

簡14

說明：從圖片看，本簡應爲完簡。

拼合編聯：簡14與簡15編聯，從整理者說。

釋文：

大官，少(小)材執(設)者(諸)少(小)官，因而它(施)彔(祿)安(焉)，夏(使)之足以生，足以死，胃(謂)

集釋：

【郭店–六德】大官，少(小)材執(藝)者少(小)官，因而它(施)𠂔(祿)安(焉)，夏(使)之足以生，足以死，胃(謂)

【李零1999】大官，小材藝者小官，因而施祿焉，使之足以生，足以死，謂

【廖名春2000B】《韓非子·八姦》："……賢材者處厚祿任大官，功大者有尊爵受重賞。官賢者量其能，賦祿者稱其功。"

【張桂光2001】▇：考《汗簡》"施"字古文作▇，與此簡文正同，其字雖從▇（它字古文）來，但較一般"它"字卻因增加了兩、三短劃而判斷有別，當屬於省吾先生所稱之"附畫因聲指事字"一類，……加了彡符的▇，也不再是▇（它），而應該徑釋爲"施"了。

【陳偉2002B】大官，小材藝者小官，因而它（施）祿焉，使之足以生，足以死，謂

【林素清2003】大官，小材藝者小官，因而施祿焉，使之足以生，足以死，謂

【劉釗2003】大官，少（小）材埶（藝）者少（小）官，因而它（施）录（祿）安（焉），叀（使）之足以生，足以死，胃（謂）

"足以生"和"足以死"猶上文言"足此民尔死生之用"，也就是《孟子·梁惠王上》所說："是使民養生喪死無憾也。"

【十四種2009】大官，少（小）材埶（設）者（諸）少（小）官，因而它（施）录（祿）安（焉），史（使）之足以生，足以死，胃（謂）

【按】◇▇：整理者釋"它"讀"施"；張桂光2001引《汗簡》卷四第48頁"施"字古文作▇，徑釋爲"施"。按，《忠信之道》簡7"它（施）"字亦作▇。這裏暫隸爲"它"，讀"施"。

簡15

說明： 從圖片看，本簡應爲完簡。

拼合編聯： 簡15與簡16編聯，從整理者說。

釋文：

之君，以宜（義）叀（使）人多（者）。宜（義）者，君惪（德）也。非我血既（氣）之新（親），畜我女（如）丌（其）

集釋：

【郭店–六德】之君，以宜（義）叀（使）人多。宜（義）者，君惪（德）也。非我血燹（氣）之新（親），畜我女（如）其

【李零1999】之君，以義使人多。義者，君德也。非我血氣之親，畜我如其

【廖名春2000B】◇多，當訓爲賢、美、好。《呂氏春秋·謹聽》："聽者自多

第五章 《六德》集釋

而不得。"高誘注:"自多,自賢也。" ◇血氣,指血肉。《左傳·昭公十年》:"凡有血氣,皆有爭心。"《荀子·禮論》:"凡生天地之間者,有血氣之屬必有知。"

【丁原植2000】◇"多"指重視,看重。◇"血氣",似指血源的因素。

【顏世鉉2001】"多"字又見下文言"臣德"、"夫德"、"婦德"等段。"多"通"祇",《詩·小雅·何人斯》:"壹者之來,俾我祇也。"鄭箋:"祇,安也。"……"祇"之訓"安",乃是"禔"字之假借,……簡文之意爲:君主以義德來役使臣下,而得以安適其位。(原注:本文初稿,將簡文"多"讀爲"宜",《說文》:"宜,所安也。……多省聲。")

【李零2002A】"血氣之親"是指血緣之親。參看《語叢一》第五章(簡68、45—48):"……凡有血氣者,皆有喜有怒,有慎有莊。"

【沈培2002】我們懷疑這裏的"多"當爲"何",其中原因跟同義換讀有關。(原注,另外,有人認為上古音中喉牙音跟舌齒音有通轉的現象,那麼,可以考慮"多"直接讀為"何",但此說尚待深入研究,暫不取。)大家知道,楚方言中"多"與"夥"有密切關係。……《老子》的不同本子有"多"、"可"異文的例子。……《老子》……帛書甲本作:"罪莫大於可欲"……《韓詩外傳》卷九引作:"罪莫大於多欲"……在楚方言中"多"與"夥"、"多"與"可"都有同義換讀的可能,也就是說,有時候"多"很可能有"夥"或"可"的讀音。"夥"、"可"讀為"何"應當沒有問題,既然如此,"多"就有可能讀爲"何"。……根據以上討論,我們把上引《六德》重新讀爲:"……謂之君,以義使人,何?義者,君德也。……謂之[臣],以忠事人,何?忠者,臣德也。……謂之夫,以智率人,何?智也者,夫德也。……謂之婦,以信從人,何也?信也者,婦德也。……謂之聖。聖也者,父德也。……觀諸《詩》、《書》則亦在矣,觀諸《禮》、《樂》則亦在矣,觀諸《易》、《春秋》則亦在矣。親此,多也?敘此,多[也]?美此,多也?道宎止。"

【陳偉2002B】之君,以義使人多。義者,君德也。非我血氣之親,畜我如其

【林素清2003】之君,以義使人也。義者,君德也。非我血氣之親,畜我如其

【劉釗2003】之君,以宜(義)叀(使)人多。宜(義)者,君惪(德)也。非我血臤(氣)之新(親),畜我女(如)丌(其)

【沈培2006】"水由地中行,江、淮、河、漢是也。"《孟子·滕文公》一般認爲這種"是"是代詞,作謂語。我們認爲,《六德》中的"是"(辰按,應爲

"多")就應當讀爲這種"是"。……上古音中"多"爲端母歌部字,"是"爲禪母支部字。……無論從語音發展的規律還是從具體的用例來看,都可以說明"多"、"是"二字相通絕無問題。從語言發展規律上看,端母和禪母關係密切。……就韻部來說,古今人論述歌支二部相通的論作很多。……《古文四聲韻》卷三"紙"韻所收"是"字有下面幾種寫法,皆當從"多"得聲:⟨⟩古老子 ⟨⟩碧落文。……劉樂賢先生寄來的大作,也認爲《六德》前四個"多"當讀爲"是"。但是,他認爲這種"是"跟上博簡《孔子詩論》所引《鳲鳩》"其儀一氏,心如結也"的"氏"……相同,都是表示語氣的。

【顧史考2006】"多"字不過是"者也"的合音。按,粗略看上舉的幾句也不難看出,"者也"若放在"多"字所居的位置乃再合理不過,全段的基本意義便容易瞭解。若再看《大戴禮記·本命》及《禮記·郊特牲》對夫德與婦德的相當文句,則前者爲"謂之知,所以正夫德者"及"謂之信也,所以正婦德也",後者則是"夫也者,以知帥人者也"及"婦人,從人者也",與本段有關句子形式極近。以聲音求之,"者"字爲章紐魚部,"也"字爲余紐歌部,則二字的合音該是章紐歌部。"多"則恰好爲端紐歌部,與"也"字疊韻,與"者"字聲紐則幾乎一樣(準雙聲關係),可見其藉爲"者也"二字之合音的可能性頗大。然則爲何上列末句"信從人多"後還另加"也"字呢,……公認常藉爲"之乎"二字合音的"諸"字,亦往往有後面多加一個"乎"字的現象,如"有諸乎"?此道理與"多也"之道理相同,並不足怪。

【十四種2009】之君,以宜(義)史(使)人多。宜(義)者,君惪(德)也。非我血既(氣)之新(親),畜我女(如)其

【單育辰2010】《六德》14+15、17、21、23:胃(謂)【14】之君,曰(以)宜(義)史(使)人多(者),宜(義)者,君惪(德)也。【15】……胃(謂)之臣,曰(以)忠(忠)史(事)人多(者),忠(忠)也者,臣惪(德)也。【17】……胃(謂)之聖,聖也者,父惪(德)也。【21】……謂之息(仁),息(仁)者,子惪(德)也。【23】

【按】◇血氣:廖名春2000B訓血肉;丁原植2000、李零2002A訓血緣之親。按,後說是。 ◇多:整理者如字讀;廖名春2000B訓賢、美、好;李天虹2000C認爲是語氣詞(說見簡19);丁原植2000訓"多"爲重視;顏世鉉2001讀"祇"(初稿讀"宜");沈培2002釋"何",並重新句讀;沈培2006又讀爲"是",解爲代詞,下同,又引劉樂賢說讀"是",解爲語氣詞;顧史考2006認爲是"者也"合

音；單育辰2010讀"者"。按，從單育辰說，參看本篇簡33按語。下同。

簡16

說明：從圖片看，本簡應爲完簡。

拼合編聯：簡16與簡17編聯，從整理者說。

釋文：

　　子弟，古(故)曰：句(苟)淒(濟)夫人之善它(也)，懐(勞)丌(其)朋(股)忧〈肱〉之力弗敢罯(憚)也，

集釋：

【郭店–六德】子弟，古(故)曰：句(苟)淒(濟)夫人之善㇏懐(勞)其㇏之力弗敢單(憚)也，

【袁國華1998】若將此字以順時針方向稍爲移動，字形便會變作㇏，將之與楚簡常見的"它"字作一對比，便不難發現㇏字，無疑也是"它"字了。《郭店楚簡》"它"字作：▨(見《忠信之道》簡7)……▨(見《老子》甲簡33)它與施通假。簡本……《六德》第14簡"因而它(施)祿焉"……可以爲證。……簡文云："苟濟夫人之善㇏(它/施)，勞其㇏㇏(？)之力弗敢憚也，……"此即簡本《忠信之道》"君子其它(施)也忠"等觀念的一種擴充說法。

【張光裕等1999】句(苟)淒夫人之善它(施)懐(勞)其䏽(？)㇏(？)之力弗敢單(憚)也，

【黄德寛、徐在國1999】應是"葬"字異體。左字偏旁雖稍殘，依筆勢可知爲▨(爿)，右旁偏旁作▨，乃"歺"。中山王兆域圖："其▨(葬)眂(視)㇏(哀)后"之"葬"作▨，與此形同。……楚文字"歺"或寫作▨、▨，如……▨、▨……（《簡帛編》336—337頁）。

【李零1999】子弟，故曰：苟濟夫人之善也，勞其藏腑之力弗敢憚也，

　　◇"也"，寫法與"它"相像，原不釋，從文義看，似是語尾助詞，這裏暫讀爲"也"。 ◇"藏腑"，原不釋。案從字形看，上字爲"葬"，下字從心旁，暫讀爲"藏腑"。

【顏世鉉2000A】淒可讀作濟，《成之聞之》簡25"允師淒德"，裘錫圭先生讀爲濟；……《爾雅·釋言》："濟，成也。"濟有成就、幫助之意。"它"，……當

讀為"也"。(它為透紐歌部，也為余紐歌部，準旁紐疊韻。通假之例參高亨、董治安：《古字通假會典》。)"死節"二字原釋文未釋，……此字當為"死"字異構，從"疒"（"歺"和"疒"作為偏旁，有互相混用的情形，參滕壬生《楚系簡帛文字編》，622—631頁。)從"歺"，"歺"為"死"字之省，是個會意字。"節"，簡文作 ，《古文四聲韻》卷五"節"字引《古孝經》作 ，引《汗簡》作 ，與簡文所從之形近。《淮南子·主術》："夫臣主之相與也，非有父子之厚，骨肉之親也，而竭力殊死不辭其驅者，何也？勢有使之然也。……君臣之施者，相報之勢也。是故臣盡力死節以與君，君計功垂爵以與臣。是故君不能賞無功之臣，臣亦不能死無德之君。"此段與《六德》簡所言臣德內容密切相關。

【涂宗流、劉祖信2001】◇"淒"同"萋"，盛貌。◇ ：從簡文字形看，疑此字似應讀爲"匹"。"善匹"猶"善類"，善良的人。◇ ：簡文此字與帛書老子甲一一三"寵"形體相近，疑讀爲"寵"。◇ ：簡文此字似從心從儿，儿亦聲，疑讀爲"悅"。……依恃。"寵悅之力"，指身居寵位所恃之力。

【廖名春2001C】"濟"當訓為益。《爾雅·釋言》："濟，益也。"《左傳·桓公十一年》："盍請濟師於王？"杜預注："濟，益也。"又《成之聞之》25簡有"允帀淒悬"。是"淒"讀為"濟"之證。"它"字……張光裕讀為"施"。案：疑當"善施"連讀。"勞其股肱之力"與"危其死"結構當同。《說苑·建本》："賢臣之事君也，受官之日，以主為父，以國為家，以士人為兄弟；故苟有可以安國家，利人民者，不避其難，不憚其勞，以成其義；故其君亦有助之以遂其德。"

【顏世鉉2001】"它"當以讀爲"施"爲是。……簡文"濟夫人之善施"，指安定人民的恩惠能夠施行。

【何琳儀2001】"忧"原篆" "，參信陽簡1.039"忧"作 ，《璽匯》2145"忧"作 等。《說文》"忧，不動也。"

【吳良寶2001】 ：該字從心、從尤，即見於《說文·心部》的"忧"字。楚簡與燕齊陶文中均有從尤之字，形體與此極近。……原書讀"句"為"苟"，可訓為"誠也"（《廣雅·釋詁一》）。"淒"可通"萋"，……《詩·有客》："有萋有且"，《傳》云："萋，且敬慎貌。""單"可讀作"憚"，《左傳·襄公二十八年》："其何勞之敢憚？"《說文》："憚，忌難也。"簡文中因有個別字尚不識，只能知其大意，說的是為臣之道要不憚於勤心勞力，不貪生以避危。

【李零2002A】這裏也有一種可能，就是原文其實是在"善"下斷讀，而把這個字(辰按，指▨)放在下句之首，含義類似於表示條件的"雖"字。

【陳偉2002A】其中第一字，黃德寬、徐在國先生釋爲"葬"，……其說應可憑信。聯繫後一字的考釋，在此似當讀爲"股"。股、葬在上古音中分別屬魚部和陽部，元音相同，或可對轉。第二字左從心，右旁與甲骨文中的"厷"字近似。疑當釋爲"忶"，讀爲"厷"，通作"肱"。"股肱"一詞古書習見。股指大腿，肱指上臂。……古書中也有"股肱之力"的表述。……《商君書·賞刑》說："……竭其股肱之力，出死而爲上用也。"可參看。

【陳斯鵬2002】▨……當從卢爿聲。……宜讀爲"髒"。牀(葬)從爿聲，髒(臟)亦以爿爲基本聲符，二者具備通假條件。▨字下部從心，上部……細審實爲"又"字變體。知者，郭店簡"友"字或作▨、▨(六德.30)，所從二"又"皆加衍筆。……所以此字可隸定爲"忍"。我懷疑這是一個從心從付省聲的字。"付"字在古文中通常是從人從又，後來才演化爲從寸，考慮到這種情況，最好將此字隸作"芯"，即"怤"字之省。……"怤"字在此假爲"腑"。

【陳偉2002B】子弟，故曰苟淒夫人之善施，勞其葬(股)忶(肱)之力弗敢憚也，

【林素清2003】子弟，故曰：苟濟夫人之善也，勞其謀猷之力，弗敢憚也；

【劉釗2003】子弟，古(故)曰：句(苟)淒(濟)夫人之善也，慈(勞)其牀(葬)▨(腑?)之力弗敢冒(憚)也，

【鄭剛2004D】▨：字實從"心"從"巴"，……參見《古文四聲韻》："▨"(肥)其中間一橫就是篆書中間一橫的來源▨……象蛇吐舌信之形甚明。但《說文》、《山海經》以巴爲吞象之蛇，或者其中間的不是舌信而是會蛇吞物之意。"巴"字上古音爲幫母魚部，與幫母侯部的"腑"音近，從"府"得聲的字古常與魚部字如"輔傅甫"等通。

【侯乃峰2006】《上海博物館藏戰國楚竹書(三)·周易》中的一個類似字形，為我們分析▨(辰按，指望山1·55)字構形提供了可能。此字形如下：▨楚竹書《周易》9 見於楚竹書《周易》第九簡，即《比》卦初六爻辭"又(有)孚▨缶"。馬王堆漢墓帛書和今本均作"有孚盈缶"。……我們若將"汸"字所從的"及"視為▨字所從，則▨為"羖"。此字毫無疑問是從"羊"，"及"聲之字。《說文》："及，秦以市買多得為及，……詩曰：我及酌彼金罍。"《說文》中所引的詩句，今本《毛詩·周南·卷耳》作"我姑酌彼金罍"。又《玉篇·夊部》："及，公覬、公乎二切。且也。《說文》曰：'秦以市買多得為及。'《論語》

曰：'求善價而及諸。'今作沽。"則"及"和"姑"、"沽"互為異文，且"及"與"古"同音。如此，劉信芳師依據辭例比勘以為"羖"應是"粘"之異體無疑是正確的，在構形上也有理可循。……現在由於認出望山簡的"殳"字，則字形就可以隸定為"羖"，從"殳"，"及"聲。由上述"羖－粘－殳"各字同音，又《續一切經音義》以"股"、"殳"為異文，……則"羖"毫無疑問可以讀為"股"。此字左從"殳"作，或以為從"殳"得聲，實則不然。黃侃先生《字正初編》收有"羝 正 羝借 羝別"條，其中"羝"作為"羝"的借字，亦從"殳"作，但仍以"氐"作為聲符，構形與類同。構形頗為詭異，右部所從字形之筆勢雖與甲骨文和金文中的"左"字形相似，但與楚簡中"左"字形有一定距離，此存疑，暫隸定為"忪"，依文義讀為"肱"。從字形分析如此，辭例"股肱之力"驗之於典籍更是若合符節。如《左傳·僖公九年》……"稽首而對曰：'臣竭其股肱之力，加之以忠貞。……'"又如《國語·齊語》："有拳勇股肱之力。"

【趙平安2007】郭店簡《六德》16的，2000年初在清華簡帛研讀班上，我曾試讀為股肱。此說當時幸得多位學者贊同，廖名春先生更率先在文中惠予引用。……上博簡《周易》9的，馬王堆帛書《周易》與之相對的字作盈，季旭升先生引石鼓文以及秦漢簡帛文字加以分析，以為字從水從及，當釋為"水盈"之"盈"，與今本作"盈"同字。……甲骨文的（《甲骨文合集》21871）、以及（《合集》28825）所從和石鼓文盈所從及相似，應是及的最早源頭。……是在股所在的部位劃個圈，表示股是腿上的某一段，不分前後。這是一個造得很高妙的指事字。……這樣看來，所謂及其實就是股的本字。股本為指事字，后來字形演變，表意意圖不明顯，便在旁邊加形符月(肉)。再后來就用形聲字來取代它。

【蘇建洲2008A】筆者以為""、""（上博三《周易》簡51）均應隸作為從"尤"，楚簡從"尤"之字如下：（《信陽》1.039"忧"）……（《新蔡》甲三143"蚘"）……（《新蔡》零472"忧"）……看得出來""、""顯然從"尤"，可讀作"肱"。"尤"，匣紐之部；"肱"，見紐蒸部。聲紐見匣古同為喉音，關係密切，如"咸"，匣紐；從咸聲的"緘"，見紐。"骨"，見紐；從骨聲的"滑"，匣紐。而韻部之蒸陰陽對轉，所以聲韻關係絕無問題。其中""應該是變形音化的現象，即將意符"厷"的"又"旁改為形近的聲符"尤"。

【十四種2009】子弟。古(故)曰：句(苟)凄(濟)夫人之善，慾(勞)其羖(股)忪(肱)之力弗敢憎(憚)也，

第五章 《六德》集釋

【袁瑩2010】甲骨文中有🔲(《合集》7075)、🔲(《合集》21803)、🔲(《花東》336)、🔲(《花東》487)等字，……我們認為將指事符號標在大腿部位的🔲(《合集》7075)、🔲(《合集》21803)釋為"股"，將指事符號標在小腿部位的🔲(《花東》336)、🔲(《花東》487)釋為"脛"更好一些。……既然"股"和"脛"最初都是指事字，那麼它們在指事字階段就很容易出現訛混現象，因為"股"與"脛"的部位實在相距不遠，它們的意義又很相近，那麼，處在文字混同現象頗為嚴重的戰國時代，指事字"股"就極有可能與指事字"脛"訛混了。……說指事字"脛"是"乃"字的一個來源可以解決"盈"、🔲為什麼從"乃"的問題。"乃(脛)"後世變為"脛"，從"巠"聲，而從巠之字與從井之字多有相通，從井之字與盈可通，所以"乃(脛)"可以作"盈"字的聲旁。

【劉信芳2011】"爿"，讀為"臧"，奴隸。"忧"，讀為"訧"，罪也。

【按】◇淒：整理者讀"濟"，顏世鉉2000A訓成；廖名春2001C訓益；涂宗流、劉祖信2001讀"萋"訓盛貌；吳良寶2001讀"萋"訓敬慎貌。按，整理者說是，如顏世鉉所說為成義。楚簡"淒"多用作"濟"，如《成之聞之》簡25"允師淒(濟)德"。◇🔲：袁國華1998釋"它"讀"施"；李零1999、顏世鉉2000A釋"它"讀"也"；涂宗流、劉祖信2001釋"匹"；李零2002A又疑類似於"雖"，在下句首。按，此字應是"它"的一種變體，這裏讀為"也"，起停頓作用。◇🔲🔲：袁國華1998釋第二字為"恣"；張光裕等1999釋爿恣；黃德寬、徐在國1999釋第一字為"葬"；李零1999釋"藏腑"；顏世鉉2000A釋"死節"；涂宗流、劉祖信2001釋"寵悅"；廖名春2001C釋"股肱"(按，此為引趙平安說，參趙平安2007)；何琳儀2001、吳良寶2001釋第二字為"忧"；陳偉2002A釋"葬忧"讀"股肱"；陳斯鵬2002釋"爿芯"讀"髒腑"；鄭剛2004D認為第二字從"心"從"巴"，讀"腑"；侯乃峰2006釋"爿忧"讀"股肱"；蘇建洲2008A認為第二字從"尤"，可讀作"肱"；劉信芳2011釋"爿忧"讀"臧訧"。按，趙平安釋"股肱"甚確，第一字當如侯乃峰所說從"乃"得聲(趙平安、袁瑩對字形來源有說明，但袁瑩說尚有疑問)；第二字從"尤"從"心"，與楚簡常見之"厷"形有別(如包山簡44🔲(拡)所從、上博二《民之父母》簡9🔲)。但上博三《周易》簡51之"拡(肱)"作🔲，亦從"尤"。蘇建洲認為"尤"、"厷"二字音近可通，不過也有"尤"、"厷"二字在楚簡中存在訛混的可能。

簡17

說明： 從圖片看，本簡在倒數第6字"者"字中部有斷痕。

拼合編聯： 簡17與簡18編聯，從整理者說。

釋文：

厃(危)丌(其)死弗敢死(愛)也，胃(謂)之[臣]，以忠(忠)貞(史–事)人多(者)。忠(忠)者，臣悳(德)也。智(知)可

集釋：

【郭店–六德】危其死弗敢死(愛)也，胃(謂)之以忠貞(事)人多。忠者，臣悳(德)也。智(知)可

◇以忠：裘按：依上下文例，此句"謂之"下本應有"臣"字，當為書手所抄脫。

【李零1999】危其死弗敢愛也，謂之【臣】，以忠事人多。忠者，臣德也。知可

【顏世鉉2000A】"以忠事人多"的"多"讀為"爾"，是語氣詞；多為端紐歌部，爾為日紐脂部，准旁紐旁轉，《古文四聲韻》卷三"侈"字引崔希裕《纂古》作𠂹𦣞。

【陳偉2002A】"危"……懷疑應該讀為"委"。上古音中危、委為微部疊韻，或可通假。《詩·大雅·民勞》"無縱詭隨"，朱駿聲即認為：詭隨"猶委隨也"。委有委托、交付的意思。"委其死弗敢愛也"，大致是說托付其性命而不敢吝惜。簡文還可能與委質之禮相關。

【陳偉2002B】危(委)其死弗敢愛也，謂之【臣】，以忠事人多。忠者，臣德也。知可

【林素清2003】危其死，弗敢愛也，謂之以忠事人也。忠者，臣德也。知可

【劉釗2003】厃(危)丌(其)死弗敢死(愛)也，胃(謂)之〔臣〕。以忠(忠)事人多。忠(忠)者，臣悳(德)也。智(知)可

【沈培2004】這裏的"貞"當表示"事"之義，可以看作"事"誤寫成了"貞"，也可以看作借"貞"表"事"。《郭簡》一般"貞"與"事"分用，但此處混淆。

【十四種2009】厃(危)其死弗敢死(愛)也，胃(謂)之【臣】，以忠史(事)人多。忠者，臣悳(德)也。智(知)可

【單育辰2010】《六德》17+18+19+20：𥸤(智)可【17】為者，𥸤(知)不可為者；𥸤(知)行者，𥸤(知)不行者，胃(謂)之夫，㠯(以)𥸤(智)衒(率)人多(者)。

第五章 《六德》集釋

【18】眢(智)也者,夫惪(德)也。能(壹)与與之齊,冬(終)身弗改之壴(矣)。是故(故)夫死又(有)宔(主),冬(終)【19】身不霥(嫁),胃(謂)之婦,吕(以)信從人多(者)也。信也者,婦惪(德)也。

【按】◊产(危):整理者如字讀;陳偉2002A讀"委"。按,整理者是,"危"義爲使之危險。 ◊按,"臣"字從裘按補。 ◊叟(叟):簡文中"叟"形一般用爲"史(使)",但這裏用爲"事"。按,《尊德義》、《成之聞之》、《六德》、《性自命出》爲同一抄手所抄,在他的書寫體系中,"史"作 ;"事"作 (如本篇簡9),區別甚明,但此處混淆,參沈培2004。 ◊多:顏世鉉2000A讀"爾"。按,應讀"者",參簡15、簡33按語。

簡18

說明:從圖片看,本簡應爲完簡。
拼合編聯:簡18與簡19編聯,從整理者說。
釋文:

爲者,智(知)不可爲者;智(知)行者,智(知)不行者,胃(謂)之夫,以智衒(率)人多(者)。

集釋:

【郭店–六德】為者,智(知)不可為者,智(知)行者,智(知)不行者,胃(謂)之夫,以智衒(率)人多。

【李零1999】爲者,知不可爲者;知行者,知不行者,謂之夫,以智率人多。

【陳偉2002B】為者,知不可為者,知行者,知不可行者,謂之夫,以智率人多。

【林素清2003】為者,知不可為者,知行者,知不行者,謂之夫,以智率人也。

【劉釗2003】為者,智(知)不可為者;智(知)行者,智(知)不行者,胃(謂)之夫。以智衒(率)人多。

【十四種2009】爲者,智(知)不可爲者;智(知)行者,智(知)不行者,胃(謂)之夫。以智率人多。

【按】◊兩"行"字前李天虹2000C認爲漏抄"可"字(說見簡19)。按,此說不必。

簡19

說明：從圖片看，本簡在第9字"之"字之下有明顯斷痕。

拼合編聯：簡19與簡20編聯，從整理者說。

釋文：

　　智也者，夫惪（德）也。能（壹）与（與）之齊，冬（終）身弗改之叴（矣），是古（故）夫死又（有）宔（主），冬（終）

集釋：

【郭店–六德】智也者，夫惪（德）也。能與之齊，終身弗改之叴（矣）。是古（故）夫死又（有）宔（主），終

　　◇叴：裘按："叴"讀為"矣"，參看注一。下文"叴"字同。

【陳偉1998】《禮記·郊特牲》一段話與簡書略同。其云："信，事人也；信，婦德也。壹與之齊，終身不改。故夫死不嫁。"楚文字中的"能（從羽）"字，由於同傳世古書的對讀，可以確知讀作"一"。簡文"能"字與《郊特牲》"壹"字相當，如果不是脫寫上部"羽"形的話，就應當是"能（從羽）"字的假借。

【李零1999】智也者，夫德也。能與之齊，終身弗改之矣。是故夫死有主，終

【徐少華2000】《大戴禮記·本命》："知可為者，知不可為者；知可言者，知不可言者；知可行者，知不可行者。是故審倫而明其別，謂之知（智）。所以正夫德者。……婦人，伏於人也。是故無專制之義，有三從之道，在家從父，適人從夫，夫死從子……謂之信也。"所以正婦德也。《禮記·郊特牲》：……二戴《禮記》與簡文《六德》所載基本一致，……另《白虎通·嫁娶》亦有類似之說，更為雜蕪。

【龐樸2000B】主，死後所立之靈牌。

【廖名春2000B】"能"當爲"罷"之省文，"罷"以芇爲聲，"芇"與"一"韻同聲近。《說文·女部》"妻，婦與夫齊者。"

【李天虹2000C】在《大戴禮記·本命》篇中，亦貫穿有"婦德信，夫德智"的思想，而其敍說較簡文和《禮記》為詳，……"男者任也，子者孳也。男子者，言任天地之道，如長萬物之義也。故謂之丈夫。丈者長也，夫者扶也，言長萬物也。知可為者，知不可為者；知可言者，知不可言者；知可行者，知不可行者。是故審倫而明其別，謂之知。所以正夫德者。女者如也，子者孳也。女子者，言如男

第五章 《六德》集釋

子之教，而長其義理者也。故謂之婦人。婦人，伏於人也。是故無專制之義，有三從之道，在家從父，適人從夫，夫死從子，無所敢自遂也。教令不出閨門，事在饋食之間而已矣。是故女及日乎閨門之內，不百里而奔喪。事無獨為，行無獨成之道。參知而後動，可驗而後言。宵夜行燭，宮事必量，六畜蕃于宮中，謂之信也。所以正婦德也。"對比來看，簡文"知行者，知不行者"的兩個"行"字前，可能分別抄漏了一個"可"字。由《郊特牲》之"從人者也"、"以知帥人者也"來看，簡文之"以信從人多也"、"以智率人多"中的"多"字，應當用作語氣詞，其相當於何字待考。

【丁原植2000】"齊"也可通"齌"。《廣雅》："齌，好也。"……"一與之齊"，似指：一旦與夫君按照禮節舉行婚禮而和好之後，終身即不再改變心意。

【顏世鉉2001】"齊"字，鄭注《禮記》云："齊謂共牢而食，同尊卑也。齊或作醮。"王引之《經義述聞》卷十五云："齊，當讀為醮，聲近而假借也。古聲脂幽二部相出入，醮之為齊，猶九侯之為鬼侯，……《列女傳‧賢明傳》：'宋鮑女宗曰：婦人一醮不改，夫死不嫁。'《貞順傳》：'蔡人之妻曰：壹與之醮。終身不改。'……"故"齊"當為"醮"，指《士昏禮》中婦與夫之卒爵之禮。

【劉桓2001】《說文》"妻，婦與己齊者也。"說明這種觀念漢代還在流傳。

【劉樂賢2002】關於《禮記‧郊特牲》"壹與之齊"中"齊"字的解釋，一直存有爭議。鄭玄注《禮記》時說："齊，謂共牢而食，同尊卑也。齊或作醮。"顯然，鄭玄將"齊"訓為齊同，同時他又提到了作"醮"的或說。清代學者多採用或說，如王引之認為，古音脂、幽二部相通，"齊"應讀為"醮"，並說："《列女傳‧賢明傳》："宋鮑女宗曰：婦人一醮不改，夫死不嫁。《貞順傳》：蔡人之妻曰：適人之道，壹與之醮。終身不改。息君夫人曰：終不以身更貳醮。義皆本此。是古本正作醮。"……今從《六德》"一與之齊"的簡文看，今本《禮記》作"一與之齊"是有來歷的。鄭玄作注取"齊"，可謂有見。清代學者僅據後世類書和《列女傳》等材料，就斷定"古本正作醮"……，恐怕不一定可靠。……《說文解字》："妻，婦與己齊者也。"《白虎通‧嫁娶》："妻妾者，何謂也？妻者，齊也，與夫齊體。自天子下至庶人，其義一也。"據此，"一與之齊"之"齊"作本字解可通，鄭注訓為同尊卑即齊等，是有道理的。當然，清人王引之等讀"齊"為"醮"，也是一種值得考慮的意見。

【陳偉2002B】智也者，夫德也。能(一)與之齊，終身弗改之矣。是故夫死有

主，終

　　【林素清2003】智也者，夫德也。一與之齊，終身弗改之矣。是故夫死有主，終

　　【劉釗2003】智也者，夫惪(德)也。能(一)牙(與)之齊，終身弗改之壴(矣)。是古(故)夫死有宔(主)，終

　　"能"即"罷"字之省，楚簡中"罷"字用爲"一"。

　　【十四種2009】智也者，夫惪(德)也。能(一)与之齊，終身弗改之壴(矣)。是古(故)夫死有宔(主)，終

　　【按】◇能：整理者如字讀；陳偉1998認爲與《禮記·郊特牲》的"壹"字相當；廖名春2000B亦認爲是"罷"之省文。按，簡文與《禮記·郊特牲》"信，婦德也。壹與之齊，終身不改。故夫死不嫁"對讀，讀"壹(一)"似較好。◇齊：丁原植2000讀"齌"；顏世鉉2001認爲當爲"醮"；劉樂賢2002則認爲"齊"作本字解即可通。按，劉樂賢說是，《說文》卷十二："妻，婦與夫齊者也。"

簡20

說明：從圖片看，本簡應爲完簡。
拼合編聯：簡20與簡21編聯，從整理者說。
釋文：

　　身不霥(嫁)，胃(謂)之婦，以信從人多(者)也。信也者，婦惪(德)也。既生畜之，

集釋：

　　【郭店-六德】身不戀(變)，胃(謂)之婦，以信從人多也。信也者，婦惪(德)也。既生畜之，

　　◇戀：裘按："不"下之字與《說文》"戀"字古文形近。"變"從"戀"聲，故釋此字為"戀"，讀為"變"。

　　【陳偉1998】此字與楚文字中常見的"家"字近似，也許是"家"的變體。簡書這句話……亦與上引《禮記·郊特牲》的記述相關。故應讀為"嫁"。上引《禮記·郊特牲》後面還說："婦人，從人者也；幼從父兄，嫁從夫，夫死從子。"似即"夫死有主"所指。

　　【劉國勝1999】郭店簡"家"寫作"豕"不乏其例。此字從爪從"豩"，即家，從兩豕與從一豕無別，……讀爲"嫁"。

【李零1999】身不變，謂之婦，以信從人多也。信也者，婦德也。既生畜之，

【丁原植2000】"䜌"恐仍讀本字，指心志的紛亂。

【陳偉2002B】身不嫁，謂之婦，以信從人多也。信也者，婦德也。既生畜之，

【林素清2003】身不嫁，謂之婦，以信從人也'也'。信也者，婦德也。既生畜之，

【劉釗2003】身不䜌(嫁)，胃(謂)之婦，以訐(信)從人多也。訐(信)也者，婦悳(德)也。既生畜之，

【十四種2009】身不䜌(嫁)。胃(謂)之婦，以信從人多也。信也者，婦悳(德)也。既生畜之，

【按】◇䜌：整理者釋"䜌"讀"變"；陳偉1998釋"家"讀"嫁"；丁原植2000釋"亂"。按，陳偉說是。

簡21

說明：簡21與簡22編聯，從整理者說。

拼合編聯：從圖片看，本簡應爲完簡。

釋文：

或(又)從而孝(教)誨(誨)之，胃(謂)之聖。聖也者，父悳(德)也。子也者，會(合)塼(匯)長材

集釋：

【郭店–六德】或從而孝(教)誨(誨)之，胃(謂)之聖。聖也者，父悳(德)也。子也者，會塼長材

【張光裕等1999】會塼長材

【李零1999】又從而教誨之，謂之聖。聖也者，父德也。子也者，會塼長材
◇"又"原作"或"。◇"會塼"，下字同"準"(見《周禮·天官·司裘》)。

【涂宗流、劉祖信2001】塼：此字簡文從土，亯聲。亯，古享字。此字疑讀爲"享"。……"會"，盟會。……"享"，祭祀。

【劉信芳2000A】"會塼"讀爲"合塼"。楚簡"會"、"合"不甚別，……《荀子·非十二子》："古之所謂士仕者，厚敦者也，合羣者也。"注："合謂和合羣衆也。"……郭店《成之聞之》4……裘錫圭謂"渟"即"淳"字，是也。可知"塼"

即"埻"字,字讀為"敦",依《荀子》解之,"合淳"即爲人合群(不孤僻)而敦厚。《禮記·樂記》"樂者敦和","敦和"即"惇和","合埻"亦可以讀為"和惇"。

【丁原植2000】"會",指會合。……"埻",指箭靶,《說文·土部》:"埻,射臬也。"……"埻"字,也可指準則,……"會埻",似有匯聚依據之義。

【廖名春2001C】《說文·土部》:"埻,射臬也。讀若準。"《廣雅·釋詁一》:"埻,灋也。"《潛夫論·交際》:"得則譽之,怨則謗之,平議無埻的,譏譽無效驗。""會埻"即學習、看齊。"長材",即優秀人才。此句是說兒子應該向先進看齊以侍奉長上。

【顏世鉉2001】"長"讀爲"養",……簡文"養材"即培養其天生的質性。……簡文之意爲:爲人子者,要以平和敦厚之心修養自己,使自己能以此種平和敦厚之心來事奉父母,這就是義的表現。

【呂浩2001】似應釋作"忞"字,讀爲"怒",……因爲簡文中的"母"字一般寫作"&"(《窮達以時》簡一四)……還有一種可能是讀爲"恕"字。……然而我們還沒有發現《郭店》中有讀爲"恕"的用例。……《廣雅·釋詁》:"怒,責也。"

【陳偉2002B】又從而教誨之,謂之聖。聖也者,父德也。子也者,會墉長材

【林素清2003】或從而教誨之,謂之聖。聖也者,父德也。子也者,會最長材

【劉釗2003】或(又)從而孝(教)忞(誨)之,胃(謂)之聖。聖也者,父悳(德)也。子也者,會埻(最)長材

"埻"即"埻"字,讀為"敦",敦古通"屯",有聚集之義。"埻"讀"最"亦通,"會最"即"會萃",皆會聚之意。

【林素清2005】埻:簡文從土,郭聲,讀爲"最"。郭,見紐鐸部;最,精紐月部,可以通假。會,合也;最,聚也,"會最"爲同義複詞。

【十四種2009】或(又)從而教惪(誨)之,胃(謂)之聖。聖也者,父悳(德)也。子也者,會埻長材

【單育辰2011】此字作 ,從字形上看是"埻",但楚文字中"𦎧"、"𦎫"形體經常訛混,須由文意來定其釋讀,從文義上,此字應隸爲"埻","埻"即"埻",此可讀"匯";從"𦎧"之"敦",端紐文部,匯,匣紐微部,二字音近。且在典籍中,"𦎧"與"隹"往往可通,如"敦與雕"、"鶉與隼"、"埻與準"、"焞與推"、"綧與准"等,此即"埻"、"匯"相通之明證。上一字"會"可如字讀,亦可讀"合","合"、"會"相通至常見。"合匯"猶合聚、

匯合。"合匯長材以事上",合聚子孫的材幹來事奉父君。

【鄧少平2011B】我們認爲"材"當讀爲"財",《周禮·天官·冢宰》"其足用、長財、善物者,賞之",《鹽鐵論·本議》"蕃貨長財,以佐助邊費",簡文"長財"意同。又《文選》卷四十四《陳孔璋檄吳將校部曲文一首》:"夫天道助順,人道助信,事上之謂義,親親之謂仁。"以"事上"爲"義",同於簡文。

【按】◇慇:整理者讀"誨";呂浩2001讀"怒"。按,呂說誤。 ◇或:整理者如字讀;李零1999讀"又"。按,讀"又"是。 ◇按,"聖"字重文。 ◇會塼:整理者如此釋,在此基礎上,李零1999釋"會塼"讀第二字爲"準";涂宗流、劉祖信2001讀"會享";劉信芳2000A釋"合塼",讀"和惇";丁原植2000讀"會塼"訓匯聚依據;廖名春2001C讀"會塼"訓學習、看齊;劉釗2003、林素清2005讀"會最";張光裕等1999隸作"會塼",陳偉2002B讀"會墉";單育辰2011讀"合匯"。按,從單讀。 ◇長:整理者如字讀;顏世鉉2001讀爲"養"。 ◇材:整理者如字讀;鄧少平2011B讀"財"。按,如字讀是,"長材"猶言所擅長之材幹,若讀"長財"則成動詞性詞組,且於簡文文義亦不合。

簡22

說明: 從圖片看,本簡應爲完簡。
拼合編聯: 簡22與簡23編聯,從整理者說。
釋文:

　　以事上,胃(謂)之宜(義),上共下之宜(義),以奉社稷,胃(謂)之孝,古(故)人㬰(則)爲

集釋:

【郭店-六德】以事上,胃(謂)之宜(義),上共下之宜(義),以弅𡎸=,胃(謂)之孝,古(故)人則爲

【李零1999】以事上,謂之義,上共下之義,以🗆🗆🗆,謂之孝,故人則爲
　　◇"以🗆🗆🗆",待考。

【陳偉1999】社稷,二字合文,原缺釋。其左上部似"田"而多一橫畫,右上部爲"示",下爲"土"。其中之一大概是"社"字。另一字疑是"稷"。……簡書中的這個合文左上部恐是"稷"字所從"田"形的變體,並且同時省去"女"

251

形。"以"下一字，……下從"廾"，上部所從似是"丰"的變體。試將其與《老子》乙17號簡中"奉"及《語叢一》103號簡中的"奉（從宀）"字主體比較，可見除"丰"之下端有所變異之外，彼此相同。恐亦當釋爲"奉"。

【丁原植2000】◇（"謂之義"、"謂之孝"、"謂之仁"）"謂之"二字的作用，與前數句界定"君"、"臣"、"夫"、"婦"之"謂之"恐有差別，而應理解爲"爲之"，指"表現出"。 ◇"共"，似可讀作"恭"，"宜"，訓可作"義"，……"上恭"，似指"其事上也敬"，"下義"，或指"其使民也義"，"之"字，恐爲誤衍。

【涂宗流、劉祖信2001】《說文》"弄，兩手盛也。"桂馥義證："弄，或通作掬。"（■）字簡文形體與"野"近似，疑爲"野"之異構。……"掬野野"，掬奉於村舍。在村舍雙手捧物以敬奉父母。

【廖名春2001C】"共"可讀為"恭"。"之"當訓"向"。此句當斷為"上恭，下之義"。

【顏世鉉2001】"睦"字原作■，此即《說文》的弄，篆文作弄，從廾、先聲。……《說文》："睦，……敬和也。""里社"爲合文，（原注：也可能是"社里"兩字合文）右旁從"示"，左旁"里"、"土"合書。里、社爲古代地方基層行政單位，……簡文"睦里社"指在地方上能與人合睦相處。

【何琳儀2001】"弄"，見《說文》"𢇃，兩手盛也。从廾，先聲。""禋"原篆作■，釋文不識。本簡"弄禋"應讀"睦姻"。《說文》"煙"或作"烟"，可資佐證。"睦姻"，典籍又作"睦婣"。《周禮‧地官‧大司徒》"二曰六行，教友睦婣任恤。"……"弄"字右下有重文符號，如是全句應釋"上恭下之義以睦姻，睦姻謂之孝。"

【李零2002A】"睦"，簡文原作"■"，……案"■"與"睦"皆從先得聲，這裏疑讀爲"睦"。

【陳偉2002B】以事上，謂之義，上□下之義；以睦里社，謂之孝。故人則為

【林素清2003】以事上，謂之義，上恭下之義，以睦里社，謂之孝。故人則為

【劉釗2003】以事上，胃（謂）之宜（義），上共（恭）下之宜（義），以奉社稷，胃（謂）之孝。古（故）人䢅（則）為

【沈培2004】◇上共下之宜（義）：陳劍指出此字（辰按，指■）上從心下從廾，正確。可能寫成"心"是誤寫。 ◇胃（謂）之孝古（父）："孝父"之讀，是裘（錫圭）老

師的意見。

【林素清2005】按"以奉社稷"乃天子之事,簡文云"會最長才以事上,謂之義",又云"上恭下義",則所論必非天子之事,當讀"以睦里社"爲是。

【陳偉2006】《上海博物館藏戰國楚竹書(五)·姑成家父》3號簡有"社稷"二字,見左圖。

李朝遠先生考釋說:"'社'字為左土右示;'目(從示)'字左為目,右從示,疑是'禝'字的省體。《集韻·職部》:'禝,通作稷。'戰國金文的'禝'字……從示從田、女。'目(從示)'字之'目'疑為'田'字之別寫。"相關簡文寫作:"幸則晉邦之社稷可得而事也,不幸則取免而出,諸侯畜我,誰不以厚?"李先生出於謹慎,用了一個"疑"字。其實,揆之上下文,殆無疑義。這使我們聯想起郭店竹書《六德》21~23號簡中的一段話。……"奉社稷"三字見右圖,"社稷"二字合文。……現在讀到《姑成家父》的資料,我們可以很清楚地看出,《六德》的這個合文,顯然就是前者"社禝"的合書,進而也有把握將此三字釋為"奉社禝(稷)"。

【蘇建洲2006】(上博五《姑成家父》)旁可能是"則"字。"則",本從"鼎",但在楚文字中常見訛從"貝"形,如（《上博(一)·緇衣12》)。或是底下加上省簡符號作（《信陽》1.1)、（《郭店·成之聞之》7),還可以進一步省作（《郭店·老子乙》2)、（《郭店·緇衣》31)。而本簡則是再進一步省掉其下的"="。……古籍中"矢與側"、"矢與稷"、"稷與則""稷與側"均有互相通假的例證。所以可以分析為從"則"聲,讀作"稷"。另外,《郭店·六德》22"社稷"合文作,陳偉先生認為這個合文左上部恐是'稷'字所從'田'形的變體。筆者則是懷疑左下的"二"可能不只是"土"旁的筆劃,可能還兼有表示"則"字底下""省簡符號的作用。換言之,還是可以分析為從示"則"聲,讀作"稷"。

【黃錦前2008】壽縣朱家集銅器銘文中冶師名"陳异"之异,舊釋"共",其原篆作：……🙵……🙶……我們以為前者上部所從亦當為"心"，字可隸定為"𢦏"，……郭店《六德》22簡有字作🙷，……此字當如陳劍分析，可隸定作𢦏，會雙手捧心之義，亦可分析為從心廾聲，這樣，它很可能就是一個會意兼形聲的字。《說文》："𢙿，肅也。從心、共聲。"如此，此字與恭當有聯係。……將"𢦏"釋作恭，在形體上似乎也沒有大礙，"𢦏"即從心共省聲。

【蘇建洲2008C】🙷應該分析為從廾，"老"省聲。試比對下列二字：🙸（"耆"，《上博一·緇衣》06）、🙹可見"🙷"上部分析為從"老"是可以的，且按照一般從"廾"旁的字，"老"旁顯然是聲符。"🙷"應該讀為守"，書紐幽部；"老"，來紐幽部，疊韻，聲紐則同為舌音，是準旁紐。……"守"本從"又"作，如🙺（《子羔》簡6），而"🙷"下亦從"廾"，可能不是偶然。文獻常見"守社稷"的說法，如：……《左傳·僖公二十八年》："不有居者，誰守社稷？"……《禮記·祭統》："子孫之守宗廟社稷者，其先祖無美而稱之，是誣也。"【附"yihai"2008-6-8評論】此所論之字的上半，跟《上博(六)·用曰》簡19"眛"字(原作上下結構)的上半也極其接近，會不會就應分析爲"从廾未聲"？"未"旁在上下結構的字中處於上半時，出現如此變化，也不難理解。就好比"柰"之變作"奈"，又"寮"之最上部分偏旁的變化，皆因位置局促而使得"木"形的中竪收縮，其下端不出頭，或者說中竪的下半省略不寫。"从廾未聲"之字似可考慮讀爲"衛"。"以衛社稷"的說法古書多見。"未"是明母物部字，"衛"是匣母月部字，兩字中古音都是開口三等，其相通從音理上看不算太困難。【附"東山鐸"2008-6-8評論】如果按照一般的分析(如耆耄耋等字)，此字上從"老省"，那麼下部分的大多數是聲符，看作從"廾"聲，讀為"共(供)"在文句上也能找到類似說法……《逸周書·月令解》第五十三"以供皇天上帝社稷之享"、"凡在天下九州之民者，無不咸獻其力，以供皇天上帝社稷寢廟山林名川之祀。"【附"jiaguwen1899"2008-6-8 評論】"廾"上所從可能是"壽"字之省(可參看葛陵簡甲二6、30、15"壽"字)，如此此字就有可能是"擣"的異體。"壽"、"守"韻同幽部，聲則前者屬禪，後者屬書，都是照母三等。"壽"聲、"寸"("肘"字初文，非尺寸之"寸")聲相通之例並不罕見。傳世文獻如《小弁》"怒焉如擣"，韓詩作從"疒"、"寸"聲之字；出土文獻如鑄造之"鑄"古文字多作從"金"、"寸"聲。所以從"廾"、"壽"省聲之字可以讀為"守"。【附"東山鐸"2008-6-9評論】如果從辭例角度説"以守社稷"是相當固定的説法的話……包括讀爲"以禱社稷"也通。 【附"佑仁"2009-2-6評論】我認爲蘇建洲教授"守社稷"的讀法很可信,釋字方面jiaguwen1899先生釋作從"壽"省之意見最佳,另外,金文中"壽"字中已經不少從"廾"或從"又",甚至還有聲化作"肘"聲者,從這個角度看,"壽"字實從"肘"聲,在結構中"㠯(疇)"、"肘"都是其聲旁,可見是個二聲字,"肘"聲到了秦漢篆隸中變成了"寸"。

【張宇衛2009】此字即是"庚"字的訛混省形的結果,……《六德》此字……▨對比包山、九店楚簡的"庚"字,如下:▨(包山220)……庚字的上部,明顯與《六德》此字極爲相近。……可將包山簡220……字進行分解,……可以發現上半部的▨的筆畫與下半部的部件是可以分開的。如此就與《六德》▨字的上半部幾乎一樣了。《六德》下半部"廾",筆者以爲是訛化的結果,從庚字下半▨少去▨,就成了▨。……而▨可能與"廾"產生訛混,……而庚又同於賡字,《爾雅·釋詁》:"賡、揚,續也",故《六德》"以庚社稷"即"以承續社稷"之意。

【十四種2009】以事上,胃(謂)之宜(義),上共下之宜(義),以奉社稷,胃(謂)之孝,古(故)人則爲

【按】◇胃(謂)之:丁原植2000訓爲之,誤,仍應同"謂之君"等"謂之",爲系詞是的意思。 ◇▨:整形者釋"共";丁原植2000讀"恭",且認爲其後的"之"字衍;廖名春2001C讀"恭",且句讀有改動;沈培2004釋"共",但引陳劍說認爲從"心"從"廾";偃桐2008隸爲"异",認爲即"恭"。按,此字又見朱家集銅器銘文,作▨、▨,是否是"恭"尚待研究,但簡文裏應讀爲"共","上共下之義"言上下同秉持"義"。 ◇▨:整理者隸爲"弃";陳偉1999釋"奉";涂宗流、劉祖信2001釋"弃(掬)";顏世鉉2001、何琳儀2001、李零2002A釋"睦";蘇建洲2008C認爲上從"老"省,讀"守";yihai認爲上從"未",讀"衛";東山鐸認爲下從"廾"聲,讀"共(供)";jiaguwen1899、佑仁認爲上從"壽"省,讀"守",東山鐸又讀"禱";張宇衛2009釋"庚"。按,陳偉已言《老子》乙簡17、《語叢一》簡103"奉"作▨、▨,與此形甚近,並且"奉社稷"文義亦可通,此說無疑是最直截了當的。而其他諸說皆迂曲往復,按奧卡姆剃刀的原則,應不可信。 ◇▨:此字爲合文;陳偉1999釋"社稷",陳偉2006引上博五《姑成家父》再釋"社稷",蘇建洲2006從之,但認爲"稷"從"則"得聲;涂宗流、劉祖信2001釋"野野";顏世鉉2001釋"里社";何琳儀2001釋"姻",且認

爲"睦姻"重文。按，從上博五《姑成家父》簡3"社"、"稷"作⬚、⬚看，陳偉釋無誤。蘇建洲認爲"禝"從"則"得聲不確，《姑成家父》"禝"所從的"⬚"應爲"田"之變體。◇古：整理者讀"故"；沈培2004引裘錫圭說讀"父"，且與上"孝"連言。按，裘說不可從。

簡23

說明：本簡上部殘損約4字，下端完好。從圖片看，本簡在第7字"夫"字中部有斷痕。

拼合編聯：簡23與簡24編聯，從整理者說。

釋文：

  ⬚人也，謂之⬚悳(仁)。悳(仁)者，子惪(德)也。古(故)夫夫、婦婦、父父、子子、君君、臣臣，六者客(各)

集釋：

  【郭店–六德】□□□□悳(仁)。悳(仁)者，子惪(德)也。古(故)夫夫，婦婦，父父，子子，君君，臣臣，六者客(各)

  【廖名春1998A】《論語・顏淵》："齊景公問政於孔子，孔子對曰：'君君，臣臣，父父，子子。'公曰：'善哉！信如君不君，臣不臣，父不父，子不子，雖有粟，吾得而食諸？'"……而簡文說到："夫夫、婦婦、父父、子子、君君、臣臣"，似有發展。《中庸》："天下之達道五……曰：君臣也，父子也，夫婦也，昆弟也，朋友之交也。"較簡文多出"昆弟"、"朋友"。《荀子・王制》："君臣、父子、兄弟、夫婦，始則終，終則始，與天地同理，與萬世同久，夫是之謂大本。……君君、臣臣、父父、子子、兄兄、弟弟一也。"較簡文也多出"兄弟"。《新書》卷六《禮》："君仁臣忠父慈子孝兄愛弟敬夫和妻柔姑慈婦聽，禮之至也。君仁則不厲，臣忠則不貳，父慈則教子，子孝則協，兄愛則友，弟敬則順，夫和則義，妻柔則正，姑慈則從，婦聽則婉，禮之質也。"

  【李零1999】〔人也，謂之〕仁。仁者，子德也。故夫夫，婦婦，父父，子子，君君，臣臣，六者各

  ◇"故人則爲"下缺文是據文義補字。

  【劉樂賢2000A】有些考釋郭店簡的學者，已經在二戴《禮記》中找到了"夫

第五章 《六德》集釋

德"與"婦德"……其餘四德雖不見於二戴《禮記》,卻見於《說苑·建本》:"天之所生,地之所養,莫貴乎人。人之道莫大乎父子之親,君臣之義。父道聖,子道仁,君道義,臣道忠。賢父之于子也,慈惠以生之,教誨以成之,養其誼,藏其偽,時其節,慎其施。子年七歲以上,父為之擇明師,選良友,勿使見惡,少漸之以善,使之早化。故賢子之事親,發言陳辭,應對不悖乎耳,趨走進退,容貌不悖乎目,卑體賤身,不悖乎心。君子之事親,以積德。子者,親之本也,無所推而不從命;推而不從命者,惟害親者也。故親之所安,子皆供之。賢臣之事君也,受官之日,以主為父,以國為家,以士人為兄弟。故苟有可以安國家,利民人者,不避其難,不憚其勞,以成其義。故其君亦有助之,以遂其德。夫君臣之與百姓,轉相為本,如迴圈無端。夫子亦云:'人之行莫大於孝。'孝行成於內,而嘉號布於外,是謂建之於本,而榮華自茂矣。君以臣為本,臣以君為本,父以子為本,子以父為本,棄其本者,榮華槁矣。"《建本》所說"父道"等四道,實即《六德》之四德:

《建本》　父道聖　子道仁　君道義　臣道忠
《六德》　父德聖　子德仁　君德義　臣德忠

【龐樸2000B】以上三段(辰按,指14+15+16+17+18+19+20+21+22+23)所述之義(君德)、忠(臣德)、智(夫德)、信(婦德)、聖(父德)、仁(子德)六德,與開篇所謂的"聖智也""仁義也""忠信也"六德,名目雖同,卻不屬於同一層次。開篇的六德,是社會關係上的典範;此處的六德,乃是血緣關係上的守則。前者可稱社會道德,後者是為人倫道德。

【廖名春2000B】"仁"為子德,錢遜覺得不好理解。其實"仁"在此是報恩之意。文獻中"仁"、"恩"互見。報恩是孝,也是義。

【涂宗流、劉祖信2001】故人則爲內者必以仁:"內者必以"四字,簡文殘缺,據上下文補出。

【廖名春2001C】所缺4字……從文義看,當補"宜也冐之"。"宜"讀為"義"。"則"(辰按,在簡22中)即上文"會墫"。這是說人以"義"為準則就是"仁"。"孝"是報父母之恩,也屬"義"。

【顏世鉉2001】也可能補爲"故人則(能)爲人子謂之仁"。"則"猶"能"也。

【陳偉2002B】□□【謂之】仁。仁者,子德也。故夫夫、婦婦、父父、子子、君君、臣臣,六者各

【林素清2003】□□□□仁。仁者，子德也。故夫夫，婦婦，父父，子子，君君，臣臣，六者各

【劉釗2003】〔人也，胃（謂）之〕悬（仁）。悬（仁）者，子惪（德）也。古（故）夫夫、婦婦、父父、子子、君君、臣臣，六者客（各）

【十四種2009】□□□□悬（仁）。悬（仁）者，子惪（德）也。古（故）夫夫，婦婦，父父，子子，君君，臣臣，六者客（各）

【按】◊"人也，謂之"四字姑從李零1999補。 ◊"悬（仁）"、"夫"、"婦"、"父"、"子"、"君"、"臣"諸字重文。

簡24

說明：從圖片看，本簡在第11字"蓳"字中部有斷痕。

拼合編聯：簡24與簡25編聯，從整理者說。

釋文：

行亓（其）戠（職），而杏（獄）❏（訟）亡（無）繇（由）迮（作）也。蓳（觀）者（諸）《時（詩）》、《箸（書）》昃（則）亦才（在）豆（矣），蓳（觀）者（諸）

集釋：

【郭店–六德】行其戠（職），而狱會亡繇（由）迮（作）也。蓳（觀）者（諸）時（詩）、箸（書）則亦才（在）豆（矣），蓳（觀）者（諸）

【李零1999】行其職，而讒詒亡由作也。觀諸詩、書則亦在矣，觀諸

◊"讒詒"，亦見於下文簡36，上字從犬從山，下字從言從彥省，似可讀為"讒詒"（"讒"是崇母談部字，"山"是生母元部字；"詒"是透母談部字，"彥"是疑母元部字，讀音相近）。這兩個字，上字並見於下文簡42—44，讀法相同。

【陳偉1998】此六者各行其職而獄（獄）言（從大）莐由亡〈作〉也《六德》簡三五、三六；可以斷獄（獄）《六德》四二；然後可以斷獄（獄）《六德》四三；是以其斷獄（獄）速《六德》四四上舉"獄"字，皆從"犬"從"山"，疑是"獄"字別體，借作"獄"。如然，一、二兩句可初步解釋爲六者各行其職則訟獄就沒有發生的基礎。而在三、四、五句中，此字接在"斷"字之後，釋爲"獄"，讀爲"獄"至順。

【黃德寬、徐在國1998】❏字，此字從"大"從"言"。《古文四聲韻·麻韻》引崔希裕纂古"誇"字或作❏，……與❏字同。如此，奁應釋爲"誇"，……

第五章　《六德》集釋

《廣韻·麻韻》："誇，大言也。"……狲……應是從"犬""山"聲的形聲字。古音山屬山紐元部，誕屬定紐元部，疑"狲"應讀爲"誕"。……"誕"字有說大話，欺詐等義，與"誇"同義。

【顏世鉉1999A】狲，讀作訕，《說文》："訕，謗也。"……夻字作 ■、■，《古文四聲韻》有誇字作 ■，與後一字形相近，《說文》："誇，譀也。""譀，誕也。"簡文"訕夻"即是誇大不實的誹謗言論。劉信芳先生則認爲簡二四"夻"字上當從"文"而不從"大"，……他並引曾侯乙編鐘C.53.9上之字爲證。按，此說有待商榷。曾侯乙編鐘銘文作 ■，與簡二四之"夻"字在字形上並不相近；其次簡三六"夻"字，上部即從"大"，簡文僅止兩字，很難說此字爲錯字。

【劉信芳2000A】"夻"……字其上從"文"，而非從"大"。按"夻"又見於曾侯乙編鐘C.53.9上，字即《說文》"諺"，"傳言也"。由此可知"狲"應讀爲"訕"，"謗也"。"狲諺"即誹謗性傳言。《六德》36……"夻"乃"夻"之誤書。

【廖名春2000A】"狲"應讀爲訕。《說文·言部》："訕，謗也。""夻"即誇之古文。《玉篇·言部》："誇，逞也。夻，古文。"

【王子今2000】"狲"，應即訕，意爲誹謗、毀謗。一般指以下犯上的攻擊性言論。在政治生活中表現爲下層對上層的持極端否定的態度的言論。……"夻"，即誇。見於《玉篇·言部》："誇，逞也。夻，古文。"……"誇"作爲行爲特徵，可能有狂逆過激的傾向。……《史記·秦始皇本紀》……"誇主以爲名，異取以爲高，率群下以造謗。"

【丁原植2000】"職"，常也，《爾雅·釋詁上》："職，常也。"簡文似指在六位者各本諸其本質而運作。

【廖名春2001C】"狲夻"疑讀爲"憸逆"。《漢書·諸侯王表》："姍笑三代。"顏師古注："姍，古訕字也。"……《書·盤庚上》："相時憸民。"《說文·心部》引憸作思。《書·立政》："國則罔有立政，用憸人。"陸德明《經典釋文》："憸，本又作思。"……"訕"通"姍"，"憸"可寫作"思"，"狲"當可讀爲"憸"。……《書·立政》："國則罔有立政，用憸人。"……陸德明《經典釋文》引馬融曰："憸利，佞人也。""憸人"即"佞人"，則"憸"有奸佞、奸邪之義。"夻"即"誇"字古文。《玉篇·言部》："誇，逞也。夻，古文。"夏竦《古文四聲韻》載崔希裕《纂古》"誇"字正作"夻"，寫法與簡36"夻"同。疑"夻"當讀爲"逆"。"夻"古音爲溪聲魚韻，"逆"爲疑聲鐸韻。聲母同

·259·

屬牙音，韻母可對轉，自可通用。《列子·黃帝》："遻物而不慴。"陸德明《經典釋文》"遻"作"遌"，云："一本作迕。""遻"可作"遌"，"誇"亦可作"逆"。……《孔子家語·始誅第二》作："一曰心逆而險。"……"險"應讀為"憸"。皆是"憸"、"逆"連言。這是說只要做到了"夫夫婦婦父父子子君君臣臣"，夫、婦、父、子、君、臣各盡其職，奸邪和犯上就無從發生。從下文簡42、43、44看，"剬狁"即"斷憸"，指除去奸邪。

【顔世鉉2001】"獄誊"，……從簡文文意來看，似當如陳偉先生所言，與"獄訟"一詞相關。……簡文"獄訟"，指紛爭。

【陳偉2002A】(▨)恐當讀爲"犴"。諺、犴都是元部疑紐，爲雙聲疊韻。……《史記·趙世家》中的"屠岸賈"，在《漢書·古今人表》中記作"屠顏賈"。這都表明存在"諺""犴"通假的可能。犴與獄屬於近義詞，故常常同時提到。《詩·小雅·小宛》"哀我填寡，宜岸宜獄。"毛傳："岸，訟也。"……《荀子·宥坐》："獄犴不治，不可刑也。"

【陳偉2002B】行其職而獄諺(犴)亡由作也。觀諸《詩》、《書》則亦在矣，觀諸

在，存在。接連三個"在"字，也可能讀爲"載"，指記載。

【梁立勇2003】郭店簡《六德》篇有二字▨▨。▨凡5見。……簡文▨當釋爲"獄"字，在此讀爲"獄"，……▨蓋從山，獄省聲。▨字上部的犬，是獄字之省。……古文字中的形聲字如果聲旁比較複雜，在書寫的時候爲了簡化字形有時可以以其一部分代替整個聲符。……▨字的情況也是如此，"獄"字字形較繁，簡文遂以"犬"代替。▨字所從山旁在下部，是"獄"字的異構，……42、43、44三簡"斷獄"連言，文通義順。"斷獄"之案言在傳世文獻中頗爲常見，如：《淮南子·主術訓》："然爲魯司寇，聽獄必爲斷。"……我們現在既然知道▨當釋"獄"，讀爲"獄"，▨字也就附帶認出了。▨字即是"訟"字。《說文·言部》"訟"字古文作▨。通過對比，不難發現▨(辰按，如簡36的"▨")字上部無疑就是《說文》"訟"字所從之▨，簡文▨字上半寫訛，第一個▨字尤甚，已經變成了"文"字。▨字兩見而一從"文"、一從"大"，這也可以證明▨字是寫訛。▨下部從言是沒有疑問的。抄手將本來在字左邊的"言"置於下部，可能是爲了簡化該字，"言"字既充當"訟"的"言"旁，又充當"公"的"口"旁。"言"、"口"義類相

第五章 《六德》集釋

屬，在古文字中作爲形旁常常可以替換。……另外，我們也可以將▆看作是借筆字。即借"言"字的"口"旁同時作爲"公"字的"口"旁。……"獄"、"訟"連言，在文獻中經常可以見到。如：《孟子·萬章上》："訟獄者，不之堯之子而之舜。"

【林素清2003】行其職，而獄訟亡由作也。觀諸《詩》、《書》則亦在矣，觀諸

【劉釗2003】行亓(其)戠(職)，而岙(訕)訡(誇)亡繇(由)迮(作)也。蒦(觀)者(諸)時(《詩》)、箸(《書》)，昊(則)亦才(在)壴(矣)，蒦(觀)者(諸)

【范麗梅2006】"狦"，從犬，山聲，古音在疏紐元部，"獄"，……從二犬，言聲，古音在疑紐元部，因此"狦"、"獄"二字可通。"訡"，整理者隸寫確實有誤，應作從言，文聲，古音在明紐文部，讀作"讞"，古音在疑紐元部，旁轉可通。……"獄讞"指刑獄議罪之事，詞例見《韓詩外傳·卷三》："……獄讞不治，不可刑也。"

【十四種2009】行其戠(職)，而岙訡亡繇(由)迮(作)也。蒦(觀)者(諸)時(詩)、箸(書)則亦才(在)壴(矣)，蒦(觀)者(諸)

【濮茅左2011】"訡"字，從文、言，疑"言"之或體，從"文"指"身之文"，《左傳·僖公二十四年》："言，身之文也"。……該字形亦見《郭店楚墓竹簡·六德》：……《郭店楚墓竹簡·六德》釋文隸作"訡"，從"大"、"言"，其實也是從"文"、"言"字。"狦訡"讀爲"訕言"，即謗毀之言，亦正合《六德》簡文之義。……從"文"、"言"字與"諺"字形也有別，"諺"字"言"旁另有筆劃。如：▆(隨縣石磬)▆(隨縣石磬)(上博八《子道餓》)"訡遊"，即"言游"。

【按】◊戠(職)：丁原植2000訓常，誤，"職"指職責。◊▆▆：整理者釋"岙訡"；李零1999認爲上字從"犬"從"山"，下字從"言"從"彥"省，釋"讒諂"；陳偉1998釋上字爲"獄"讀"獄"；黃德寬、徐在國1998認爲上字從"犬"從"山"，下字從"大"從"言"，釋"誕誇"；顏世鉉1999、廖名春2000A、王子今2000釋"訕誇"；劉信芳2000A認爲下字乃"訡"之誤書，釋"訕諺"；廖名春2001C釋"憸逆"；顏世鉉2001認爲與"獄訟"有關；陳偉2002A釋下字爲"諺"讀"犴"；梁立勇2003認爲上字從"山"從"獄"省，下字爲"訟"之訛，釋"獄訟"；范麗梅2006認爲下字從"言"從"文"，釋"獄讞"；十四種2009隸作"岙訡"；濮茅左2011與上博八《子道餓》"訡(言)遊(游)"之"訡"對

照而釋爲"狍詥",讀"訕言"。按,應如梁立勇釋,參看筆者《楚地戰國簡帛與傳世文獻對讀之研究》(中華書局,2014年)第104—106頁。又,上博八《子道餓》"詥(言)遊(游)"之"詥"作▨(簡3)、▨(簡4)、▨(簡5),與本簡的"▨"形近,但與簡36的▨形相去又較遠,《六德》的▨、▨上所從其實就是"公"形的訛變,所以寫的既像"文"又像"大",並不是"詥(言)遊(游)"之"詥"。又,上博九《史蒥問於夫子》簡7"与獄訟昜"之"訟"作"▨",亦是訛變寫法。◇才:整理者讀"在";陳偉2002B讀"載"。按,讀"在"即可。

簡25

說明:從圖片看,本簡應爲完簡。

拼合編聯:簡25與簡26編聯,從整理者說。

釋文:

豊(禮)、樂昊(則)亦才(在)豆(矣),蒦(觀)者(諸)《易》、《旾(春)秋》昊(則)亦才(在)豆(矣)。新(親)此多(者)也,審(密)此多(者)也。

集釋:

【郭店-六德】豊(禮)、樂則亦才(在)豆(矣),蒦(觀)者(諸)易、春秋則亦才(在)豆(矣)。新此多也,會此多,

◇會此多:裘按:此句"多"下脫"也"字。"此"上一字從"日"從"金",亦見殘簡一一號。

【李學勤1999】在傳世文獻中,六經之說只能上溯到《莊子·天運篇》。篇中記載:"孔子謂老聃曰:丘治《詩》、《書》、《禮》、《樂》、《易》、《春秋》六經,自以為久矣,孰(熟)知其故矣。"……郭店簡《六德》,與《五行》一樣,曾爲漢初賈誼《新書》所引據。《五行》出自子思,《六德》也可能屬於《子思子》。……這裏儘管沒有提到"六經"一詞,但經的次序與《天運》完全一致。看來戰國中期儒家確實已有這種說法。

【顏世鉉1999B】《古璽彙編》1615有▨字,吳振武先生釋作"余",何琳儀先生說這是在原有文字基礎上增加"八"複筆的裝飾符號,簡文畲字上半正與之同形。畲讀作敘,……"敘,述也。"……簡文"微"亦訓爲"精盡"之意。"此"字爲承接連詞,與"則"字用法同。"多"可訓爲"廣"、"大"之意。

【李零1999】禮、樂則亦在矣,觀諸易、春秋則亦在矣。親此多也,欽此多

262

第五章 《六德》集釋

◊"欽",原從金從曰,不釋。

【李學勤2000A】(《新書》)《道德說》則云:"六理、六美,德之所以生陰陽、天地、人與萬物也,固為所生者法也,故曰:道此之謂道,德此之謂德,行此之謂行。所謂行此者,德也,是故著此竹帛謂之《書》。《書》者,此之著者也;《詩》者,此之志者也;《易》者,此之占者也;《春秋》者,此之紀者也;《禮》者,此之體者也;《樂》者,此之樂者也。"同樣是講經為德的體現。這也就是《六術》所說:"先王為天下設教,因人所有,以之為訓;道人之情,以之為真(慎),是故內本六法,外體六行,以與(舉)《詩》《書》《易》《春秋》《禮》《樂》六者之術,以為大義,謂之六藝,令人緣之以自修,修成則得六行矣。"

【丁原植2000】"多"指重視或看重。

【涂宗流、劉祖信2001】舍:此字簡文從曰,余聲,余、餘古音同為餘紐魚部,借為"餘"。……"新",新出現的。"餘",豐足。

【顏世鉉2001】"多",通"祇",訓為"安",詳簡一五"以義使人多"所釋。……"舍",……《古璽彙編》1651有余字,吳振武先生釋作"余",……簡文"舍"字從"余"從"曰",讀作"舒"或"敘",《爾雅·釋詁》:"舒、順,序也。"……有順次、依循之意。……"此"猶"則"也。

【李零2002A】"欽",原從金從曰,同樣寫法的字也見於竹簡殘片簡11。

【陳偉2002B】《禮》、《樂》則亦在矣,觀諸《易》、《春秋》則亦在矣。新此多也,余此多〔也〕,

【林素清2003】《禮》、《樂》則亦在矣,觀諸《易》、《春秋》則亦在矣。親此著也,疏此著;

簡二五"親此著也"……的考釋,承蒙周(鳳五)先生出示手稿,惠賜卓見。

【劉釗2003】豊(《禮》)、《樂》,昊(則)亦才(在)亞(矣)。藿(觀)者(諸)《易》、《春秋》昊(則)亦才(在)亞(矣)。斳(親)此多也,舍此多〔也〕,

"舍"字從"米"聲,讀為"密",密,親近也。

【徐在國2003A】《容成氏》第四十六簡"密須是(氏)"。"密"字簡文作:此字作者讀為"密"是正確的,但字形未加分析。我們認為應分析為從宀、甘、米聲,釋為"蜜"。上古音米屬明紐、脂部;蜜屬明紐、質部。二字聲紐相同,韻部脂、質對轉。"蜜"字可以"米"為聲符。楚文字"蜜"字多從甘作,如《包山

263

楚簡》255、257簡中的"蜜"字就是從宀、甘，必聲。包山簡中的"蜜"字與🔣是一字異體，二字關係屬於聲符互換。簡文"蜜須是"當從作者讀作"密須氏"。此字的釋出，可以解決郭店簡中一個被誤釋的字。該字見於《郭店楚墓竹簡·六德》25簡，字作：🔣舊多隸定作從"金"從"日"，認爲🔣與《郭店楚墓竹簡》殘11簡中從"金"從"甘"的字是一字，不確。或釋為"欽"，亦誤。🔣的形體與🔣相同，應是一字，當釋為"蜜"。……簡文"蜜"似亦讀為"密"。與"親"為同義詞。《集韻·質韻》："密，近也。"唐慧琳《一切經音義》卷四十六引《蒼頡篇》："親，近也。"

【沈培2004】此三句應當是分承上面提到的《詩》《書》、《禮》《樂》和《易》《春秋》而言的，即《詩》《書》"新此"，《禮》《樂》"欽此"，《易》《春秋》"美此"。"此"當指六者各行其職。如此，可以認爲有人把"新此"讀爲"親此"大概是對的。

【顧史考2006】此段中"親此多也"三句不易理解，然如將其中"多"字讀為"者也"的合音，則意思或者即是：六德之道既已寓於《詩》、《書》、禮、樂、《易》、《春秋》等六藝之教當中，那麼，此六藝之教是何種經典、何種傳統呢？自然就是"親近、敍述及美化此六德之道者也"。

【沈培2006】◇親(親)，此多(是)也；審(密)，此多(是)；頨(美)，此多(是)也。 這裏的"此"當指簡文前面所說的"夫夫，婦婦，父父，子子，君君，臣臣，六者客(各)行其哉(職)"之事。 ◇《新書·道德說》："德有六美，何謂六美？有道、有仁、有義、有忠、有信、有密。此六者，德之美也。……密者，德之高也。"

【十四種2009】豊(禮)、樂則亦才(在)壴(矣)，蓳(觀)者(諸)易、春秋則亦才(在)壴(矣)。新(親)此多也，蜜(密)此多【也】，

【按】◇新(新)：整理者讀"新"；李零1999讀"親"。按，李零說是。 ◇🔣：整理者隸作"舍"；顏世鉉1999B隸"舍"讀"敘"；李零1999釋"欽"；周鳳五2000讀"疏"（見簡26）；涂宗流、劉祖信2001認爲從曰從余，釋"餘"；顏世鉉2001隸"舍"讀"舒"或"敘"；陳偉2002B釋"余"；劉釗2003隸"舍"，認爲從"米"聲，讀"密"；徐在國2003A引上博二《容成氏》簡46之"🔣"，認爲它們從"宀"從"甘"，"米"聲，釋為"蜜"讀"密"。按，以《容成氏》"密須氏"之"密"作"🔣"觀之，讀"密"是，"密"訓密邇訓近，與"親"義近。郭店殘

簡11有字作"🔲"，應該也是此字，但字形有變化。沈培已引《新書·道德說》："有道、有仁、有義、有忠、有信、有密。此六者，德之美也。……密者，德之高也。"其中用"密"形容"德"，與簡文相類。《古璽彙編》1651錄一方晉璽"左🔲子"，"🔲"雖像楚系的"宓"，從文例看似爲"余"的變體。 ◊多：整理者如字讀；顏世鉉1999B訓廣、大；丁原植2000訓重視；顏世鉉2001釋"祇"；林素清2003引周鳳五說讀"著"；顧史考2006釋爲"者也"合音；沈培2006讀"是"，並重新句讀。按，應讀爲"者"，參簡15、簡17、簡33按語。 ◊"此"顏世鉉1999B訓爲承接連詞；按，應如沈培2004言爲代詞，指"夫夫、婦婦、父父、子子、君君、臣臣"六者各行其職，但並非如其言是"《詩》、《書》新此，禮、樂密此，《易》、《春秋》美此"，而是觀諸"《詩》、《書》、禮、樂、《易》、《春秋》"皆有"夫夫、婦婦、父父、子子、君君、臣臣"六者各行其職之事之存在。◊按，"也"從裘按補。

簡26

說明：從圖片看，本簡應爲完簡。在第7字"止"字之下有一章節符"▬"。

拼合編聯：簡26與簡27編聯，從整理者說。

釋文：

頪(美)此多(者)也。人衟(道)宊止。愳(仁)，内也。宜(義)，外也。豊(禮)樂，共也。内立(位)，父、子、

集釋：

【郭店-六德】頪此多也。衟(道)宊止。愳(仁)，内也。宜(義)，外也。豊(禮)樂，共也。内立父、子、

◊衟宊：裘按：疑"道宊"即以上一篇的篇名，"止"即此篇至此完了之意。"宊"也有可能當釋"柞"或"枼"，待考。

【白奚1999】"仁，内也；義，外也。"見於《孟子·告子上》："告子曰：'仁，内也，非外也；義，外也，非内也。'"

【李零1999】【也】，美此多也。道御止。▬仁，内也。義，外也。禮樂，共也。内立父、子、

◊"御"，原從木從亡。案此字亦見於《緇衣》簡6，讀爲"御"。

【陳來2000A】《語叢一》又云："仁生於人，義生於道，或生於內，或生於外。"（簡二三）這應是與《六德》的"仁，內也；義，外也；禮樂，共也。"相對應的。

【周鳳五2000】◊《六德》出現兩個墨塊，第一個在第二六簡"道亡(從木)止"之下，裘錫圭懷疑"止"上二字是篇題。對照先秦文獻如《禮記·樂記》、《管子·牧民》、《鬼谷子·符言》的章節小題，則此二字是章名而非篇題，墨塊當是分章符號。第二個見於第三三簡"是以梗也"之後，也是篇內的分章符號。換句話說，《六德》全篇由三章組成，第二六簡上端以前為第一章，以下至第三三簡下端為第二章，此後至篇末為第三章。◊簡文此處也可以讀作"親此多也，疏(簡文從日，余聲，疑讀作疏)此多；微此多也，道亡(從木)止"。以末三字與上文連讀，句式似亦整齊，不必視之為章名，則墨塊仍只是分章的符號。

【徐少華2000】仁內義外之說亦見於《郭店楚簡·語叢一》，其簡22—23曰："仁生於人，義生於道。或生於內，或生於外。"兩者當出於同一思想資源。據《孟子·告子上》引告子曰："仁，內也，非外也；義，外也，非內也。"又《管子·戒篇》說："仁從中出，義從外作……是故身在草茅之中而無懾意，南面聽天下而無驕色。"所論與簡文一致。……又《墨子·經說下》曰："仁，愛也；義，利也。愛利，此也；所愛所利，彼也。愛利不相為內外，所愛利亦不相為內外。其為'仁內也，義外也'，舉愛與所利也，是狂舉也。"

【彭林2000B】句中"立"字不可解，文獻雖有立君、立嗣子之事，而絕無立父、立夫、立臣、立婦之事。王志平先生以"立"為"位"字，至確。簡文此處"立"字與"六位"之"位"字全同，均作"立"，故當依王說均定為"位"字，簡文當讀作"內位父、子、夫也，外位君、臣、婦也"。如此，則文意犁然貫通，渙然冰釋。所謂"六位"，乃"內三位"與"外三位"之合稱。內三位為父、子、夫，外三位為君、臣、婦。簡文"六位"之順序乃由此而得。

【龐樸2000B】禮樂，共也：謂禮樂通行於六位，無內外之別。

【廖名春2000B】◊"共"似不能讀為"恭"。這是說禮樂是共同的，無論是"內立父、子、夫也"，還是"外立君、臣、婦也。"◊"立"疑當讀為"位"。"內立父、子、夫也，外立君、臣、婦也"是從內、外兩個不同的角度區分"六位"。

【丁原植2000】"止"，或為"之"字之通假。……簡文此數句，似謂：……一切由"道"來統御之。

第五章　《六德》集釋

【涂宗流、劉祖信2001】◊此字簡文疑爲"頑"字。……頑即翫字。……《說文》："翫，習猒也。"　◊道世止：(世)字簡文從木，世聲，應隸定爲"枼"。"枼"通"世"。……"世"，通"大"。……《易·乾·文言》："善世而不伐，德博而化。"俞樾《群經平議·周易二》："世，當作大……古者'世'之與'大'義通也。"……止，語末助詞。(相關簡文句意爲：)由於能各行其職，還出現許多新的、豐足的使人習之而至於猒足的內容。道的確博大！

【廖名春2001C】疑"宋"讀爲"亡"。"道宋止"即"道無止"，六經之道(六德即夫夫婦婦父父子子君君臣臣)意義是不能窮盡的，是永恆的，故上文說"親此多也，欽此多[也]，美此多也"。

【顔世鉉2001】◊"微"，《荀子·議兵》："諸侯有能微妙之以節。"楊注："微妙，精盡也。"簡文"微"……即窮盡《六經》中的微隱之意。　◊簡文"道亡止"當指《六經》所含六德之道無所窮止之意。簡文之意爲：能親近《六經》典籍，循序以明《六經》之理，精盡《六經》隱微之意，則人倫關係就能安適得當；能做到如此，六德之道也就能流行不止。

【徐在國2001】頨：此字從"頁""敳"省聲，乃"美"字或體。

【呂浩2001】仔細審察原簡圖版，"衍"字下有一小短劃。該短劃似不應視爲編繩留下的痕迹，而應爲重文符號或合文符號。……釋讀……"衍行"。……疑"宋"讀爲"罔"——二者古音皆在陽部明紐，且文獻中亦不乏"亡"或從亡之字與"罔"字換用的例子，……《字彙·網部》："罔，誣也。"……此處言人道行則誣罔止，……要之，此處簡文宜釋作"衍(道)行罔止。"

【陳偉2002B】美此多也。導困止。■仁，內也。義，外也。禮樂，共也。內位父、子、

◊困：其上所從，也有可能是"止"。然則此字就應是《說文》"困"字古文與《古文四聲韻》卷四所錄《古尚書》中的"困"字。此形帶"水"旁的寫法，亦見於郭店簡書《緇衣》6號簡，似應釋爲"涃"，讀爲"困"。……"困"有阻礙義，與"御"訓阻止的義項相通，故可換用。在這個意義上，本篇"困"前的"道"字，恐當讀爲"導"。二字正反爲文，大概也是《緇衣》"章好以示民俗，慎惡以御民之淫"一類意思。……簡書自起首至此，主要是從正面講六德，屬於"導"範疇。而對"小人亂天常以逆大道"的批評，以及諸多正面宣導所隱含的負面情形，則屬於"困"的對象。以"導困"作篇名，似確有可能。(原注：在本篇中，

塊狀分隔標識一共有兩處，將簡書分作三部分。在這三部分中，有一些重複的文句或表述。如屬於第一部分的23、24號簡說："故夫夫，婦婦，父父，子子，君君，臣臣，六者各行其職而獄犴亡由作也。"屬於第三部分的35、36號簡也說："故夫夫，婦婦，父父，子子，君君，臣臣。此六者各行其職而獄犴蔑由作也。"……這些情形不禁讓我們懷疑，第一部分是較早存在的文本，第二，第三部分則是對它的發揮或疏解。在這種場合，第一部分有篇名而餘下部分沒有，似可得到解釋。）

【廖名春2003】𢓊：簡文的第二字與《窮達以時》簡二、《語叢四》簡三、《尊德義》簡二十五的五個"殊"字的右旁同，也與郭店《緇衣》簡六的"𢓊"字上部同，得隸定為"朱"，而不應隸作"𡗕"或"枼"。李零依《緇衣》的異文將其讀為"御"，可從。疑"止"當讀為"之"。兩字音同形近，文獻通假屢見。"衕—朱止"可讀為"行道御之"。"衕—"可視為"行衕"的合文。"行"可訓為言或說。《爾雅·釋詁下》："行，言也。"……。"衕朱止"即"以道御之"。《大戴禮記·子張問入官》："欲民之速服也者，莫若以道御之也……不以道御之，雖服必強矣。"……皆"道御"連言。……補記：二零零三年一月……館方……調出了《六德》篇第二十六簡的原件，發現確如呂浩所言，"衕"字下有一短劃。李家浩先生主張讀為"人衕"；李銳認為也可讀為"衕行"或"行衕"，私下與我交談，以為"行道御之"即"以道御之"；陳偉主張讀為"道導"。

【林素清2003】美此著也。道御之。□仁，內也。義，外也。禮樂，共也。內位，父、子、

【劉釗2003】頪（美）此多也。衕（道）朱（無）止。㤅（仁），內也。宜（義），外也。豊（禮）樂，共也。內立（位）父子

"衕（道）朱（無）止"三字中之"道無"可能是本篇之篇名。或謂"道無止"為正文內容，即"道無休止"之意。

【沈培2004】"道朱止"應當是回答前面的疑問的。有人讀為"道亡（無）止"可以參考。

【十四種2009】頪（美）此多也。人衕（道）朱止。㤅（仁），內也。宜（義），外也。豊（禮）、樂，共也。內立（位）父、子、

【按】◊頪：整理者未釋；李零1999、徐在國2001讀"美"；周鳳五2000讀"微"；涂宗流、劉祖信2001釋"頑"；顏世鉉2001亦讀"微"。按，讀"美"是，楚簡"頪"多用為"美"。 ◊衕：整理者讀"道"；陳偉2002B讀"導"；呂

第五章 《六德》集釋

浩2001認爲下有合文符，釋爲"衍(道)行"；廖名春2003引李家浩說讀"人衍"，引李銳說讀"衍行"或"行衍"，引陳偉說讀"道導"；十四種2009亦讀"人衍(道)"。按，"衍"下有符號作▨（《楚地出土戰國簡冊合集（一）——郭店楚墓竹書》圖版爲▨，更清晰一些），與本篇諸合文(重文)符比(如簡23)，確是合文(重文)符，這裏暫如李家浩說讀爲"人衍(道)"。 ◇▨：裘按認爲或可釋爲"柞"或"枼"；李零1999釋"御"，丁原植2000從之，並讀"止"爲"之"；涂宗流、劉祖信2001釋"枼"讀"世"；廖名春2001C、顏世鉉2001讀"亡"；呂浩2001讀"罔"；陳偉2002B釋"困"；廖名春2003隸"朱"讀"御"。按，《說文》卷六"困"(溪紐文部)古文作▨，《古文四聲韻》卷四"困"作▨，與▨形並不相同，▨從止從木，而▨從亡從木(參此簡之"止"作▨)；《古文四聲韻》卷四"會"作▨、"澮"作▨，李春桃認爲傳抄古文用爲"會"的字以"▨"爲正，下從木者(如《汗簡》卷五"繪"作▨形)是訛字，①所以▨與▨字形也不相同；《緇衣》簡6有▨字，今本作"御"，▨和▨上部無疑是一致的，今隸爲"宷"，應該也是"御"(疑紐魚部)一類的音。又，▨形又與"枼"、"桀"、"朱"形相近，但與這三形還是不一樣的，至於"枼"、"桀"、"朱"三形的區分，可參看馮勝君文。②◇本簡及簡27的兩個"立"：整理者如字讀；彭林2000B引王志平說、廖名春2000B讀"位"。按，讀"位"是。

簡27

說明：從圖片看，本簡應爲完簡。
拼合編聯：簡27與簡28編聯，從整理者說。
釋文：

　　夫也；外立(位)，君、臣、婦也。紖(疏)斬布，實(絰)，丈(杖)，爲父也，爲

---

① 參李春桃：《傳抄古文綜合研究》，吉林大學博士學位論文，指導教師：吳振武，2012年4月，第228—232頁，並且他認爲▨或是"▨"(斾)"或是"▨"(綏)"的訛變。又，孫飛燕引劉洪濤說認爲"澮"見母月部字，"桀"羣母月部字，▨形是借"桀"爲"澮"。參看孫飛燕：《〈容成氏〉文本整理及研究》，清華大學博士學位論文，指導教師：廖名春，2010年，第51頁。
② 馮勝君：《郭店〈緇衣〉"渫"字補釋——兼談戰國楚文字"枼"、"桀"、"朱"之間的形體區別》，臺北："中國簡帛學國際論壇2007"會議論文，2007年11月。馮勝君：《郭店〈緇衣〉"渫"字補釋——兼談戰國楚文字"枼"、"桀"、"朱"之間的形體區別》，《2007中國簡帛學國際論壇論文集》，臺北：臺灣大學中國文學系，2011年，第337—347頁。

君亦肰(然)。絏(疏)衰

集釋：

【**郭店–六德**】夫也，外立君、臣、婦也。絏(疏)斬布實丈，為父也，為君亦肰(然)。絏(疏)衰

◇布實丈：裘按："布實丈"當讀為"布絰、杖"。"實""絰"古音相近。《禮記·檀弓上》："絰也者，實也。"據《儀禮·喪服》，服君之喪，"斬衰裳，苴絰、杖……"。簡文作"布絰"，與《喪服》不同。

【**李零1999**】夫也，外立君、臣、婦也。疏斬布絰杖，爲父也，爲君亦然。疏衰

【**李學勤2000A**】簡文云："疏斬布，絰，杖"，這講的是斬衰。《喪服》經云："斬衰裳，苴絰、杖、絞帶，冠繩纓，菅屨者，父，……君"，故《六德》說："疏斬布、絰、杖，為父也，為君亦然。""疏"，《喪服》鄭玄注："麤(即粗字)也"。斬衰之服，《喪服》記云："衰三升，三升半"，是很粗的麻布，所以簡文稱"疏"。"斬"，《服傳》經不緝邊。斬衰之服，上衰下裳都是最粗的麻布，只裁割而不緝邊，即簡文說的"疏斬布"。斬衰服有用苴麻做的孝帶，在冠上的為首絰，在腰部的為腰絰。絞帶則是腰間的繩帶，也用苴做。苴杖實是竹杖。簡文略去絞帶及冠繩纓、菅屨等，總的說與《喪服》一致。

【**彭林2000A**】《六德》云"疏斬布實丈"，猶《左傳》襄公十七年云："齊晏桓子卒，晏嬰粗衰斬，苴絰，帶、杖"。……布，疑爲"苴"字之誤。故"疏斬布實丈"猶"疏斬、苴絰、杖"。

【**彭林2000B**】先秦文獻於五等喪服之表述，似不甚嚴密，如《喪服》斬衰服作"斬衰裳，苴絰、杖……"，齊衰服作"疏衰裳，齊，牡麻絰……"，"斬衰裳"與"疏衰裳，齊"在文字上並不對稱，江筠以為"疏"與"斬"對，胡培翬《儀禮正義》(卷二十一)已斥其非。胡培翬云："'斬'與'齊'對，不與'疏'對，以斬亦用麤布也，《左傳》言'晏子麤斬衰'可證矣。"胡氏所說甚是。"疏"即"麤"，《喪服》經文略去"斬衰裳"前的"疏"字，當屬互文見意，斬衰重于齊衰，齊衰用麤布，則斬衰必用麤布可知。……郭店簡作"疏斬布實丈"，未及疏斬之"衰"與"裳"，因下文有"疏衰齊戊麻實"語，自可互文見意。簡文"疏斬布"，似可逗作"疏斬布、實、丈"，"疏斬布"或係"疏布斬"之倒文，謂斬用粗布，猶言"疏衰裳齊"。上古無木棉，因而無後世之棉布，上古之"布"，概指麻布。中國之麻，雌雄異株，雌麻稱"苴"，或稱牝麻；雄麻稱

第五章 《六德》集釋

"枲",或稱牡麻。苴麻結子,外形粗惡,故用於斬衰首絰。枲麻開花而不結子,外形較苴麻略細,故用於齊衰以下首絰。《說文》:"布,枲織也。""麻,枲也。"以枲麻訓布。段玉裁于"麻"字下注云:"麻與枲互訓,皆兼苴麻、牡麻言之。"可見"布"字枲、苴兼指。

【陳偉2002B】夫也,外位君、臣、婦也。疏斬布實(絰)杖,為父也,為君亦然。疏衰

【林素清2003】夫也;外位,君、臣、婦也。疏斬布、絰杖,為父也,為君亦然。疏衰

【劉釗2003】夫也,外立(位)君臣婦也。綻(疏)斬爺(布),實(絰)、丈(杖),為父也,為君亦肰(然)。綻(疏)衰

【李銳2005】疏斬,布(苴)實(絰),杖:"布"古音屬幫紐魚部,"苴"屬精紐魚部,聲紐較遠。不過《史記·張儀列傳》記:"苴、蜀相攻擊,各來告急於秦。"……司馬貞《索隱》:"苴,音巴。"……巴古音屬幫紐魚部,疑"苴"字古代有方言之別,此處"布"可讀為"苴"。

【十四種2009】夫也,外立(位)君、臣、婦也。綻(疏)斬布實(絰)丈(杖),爲父也,爲君亦肰(然)。綻(疏)衰

【按】◇按,"綻(疏)斬布,實(絰),丈(杖)"從裘按;彭林2000A、李銳2005皆疑"布"爲"苴",不必。"疏"猶"麤"也。此句義,李學勤2000A、彭林2000A、彭林2000B皆有所解釋。

簡28

說明:從圖片看,本簡在第5字"爲"字之下有斷痕;在第7字"弟"字之下有斷痕。

拼合編聯:簡28與簡29編聯,從整理者說。

釋文:

齊,戊(牡)枺(麻)實(絰),爲昆弟也,爲妻亦肰(然)。袒免,爲宗族也,爲堋(朋)舀(友)

集釋:

【郭店–六德】齊戊枺實,為□弟也,為妟(妻)亦肰(然)。袒字為宗族也,為𡉙(朋)舀(友)

◇衰,簡文同《說文》"衰"字古文。裘按:"戊枺實"當讀為"牡麻絰"。

"弟"上一字不識(《尊德義》篇有以之為聲旁的从"心"之字),但可知其在此必當讀為"昆弟"之"昆"。此字尚見於下文,不再注。據《儀禮·喪服》,服昆弟之喪,"疏衰裳齊,牡麻絰……",與簡文合。◊妻,妻。簡文與《說文》古文"妻"字形近。裘按:據《儀禮·喪服》,妻與昆弟之服皆有"疏衰裳齊,牡麻絰"。◊裘按:《禮記·大傳》:"四世而緦,服之窮也。五世祖免,殺同姓也。"《儀禮·喪服》:"朋友皆在他邦,袒免,歸則已。"或疑簡文"袒字"之"字"為"免"之誤寫。

【張光裕等1999】 ▨:裘說甚的,該字實類昆蟲之象形,應系目前所見"昆"字最早之構形。

【李家浩1999】在講到昆弟之喪時,把昆弟之"昆"寫作似"革"非"革"之形:▨《郭店》二八 ▨《郭店》二九 ▨同上……其實從字形來看,這個字就是古文"昆"。《汗簡》和《古文四聲韻》所引古文"昆"、"混"二字或作如下之形:▨《汗簡》卷中之一日部引《碧落文》"昆" ▨《古文四聲韻》卷一魂韻引《碧落文》"昆" ▨《古文四聲韻》卷三混韻引《古老子》"混" ▨同上……上揭《六德》那個似"革"非"革"之字,與此古文"昆"十分相似,唯簡文中間頭部寫作實筆而已。不過這個字在楚國文字中,也有中間頭部不寫作實筆的,如望山二號楚墓竹簡中的一個所從的偏旁:▨《望山楚簡》五二·六 此字偏旁的寫法,跟《古文四聲韻》所引《碧落碑》的"昆"更爲相似。據此,上揭《六德》那個字當是古文"昆"。

【黃德寬、徐在國1999】"▨"字應徑釋爲"昆"。《汗簡·日部》引《碧落文》"昆"字作▨,《古文四聲韻·魂韻》引《碧落文》"昆"字作▨,《古文四聲韻·混韻》"混"字引《古老子》作▨、▨,均爲其證。上引傳抄古文"昆"字的形體雖略有變化,但其源頭應是楚簡中的"▨"字。關於"▨"字的構形,似乎可以分析爲從臼從云聲。包山楚簡"邔"字或作▨、▨、▨(《簡帛編》542—543頁),……所從"云"均與"▨"字所從"▨"形近。古音昆屬見紐文部,云屬匣紐文部,二字聲紐同屬喉音,韻部相同,故"昆"字可以"云"爲聲符。

【李零1999】齊牡麻絰,爲昆弟也,爲妻亦然。袒免,爲宗族也,為朋友

【李學勤2000A】◊簡云:"疏衰,齊,牡麻絰",講的是齊衰。《喪服》經:"疏衰裳,齊,牡麻絰,冠布纓,削杖,布帶,疏屨,期者,……妻",又云:"不杖,麻屨者,……昆弟",前者為齊衰杖期,後者為齊衰不杖期。《六德》

將兩者視爲一類，故省去削杖等，只講"疏衰，齊，牡麻絰，爲昆弟也，爲妻亦然"。《服傳》："齊者何？緝也。牡麻者，枲麻也。"齊衰的衰裳緝邊，是與斬衰的明顯區別之一。 ◊簡云："袒免，爲宗族也，爲朋友亦然"，《郭店楚墓竹簡》注釋已引《喪服》："朋友， 皆在他邦，袒免，歸則已。"按這段話在《喪服》的記的部分，原文又說："朋友，麻。" 朋友不是親屬，只服緦麻的経帶，但如朋友都在他邦，爲死者主喪，就要袒免。袒是袒左臂，免是布製的冠類物，寬一寸，見《喪服》鄭玄注。袒免，並非正服。"宗族"是指五服以外的親屬。《禮記·大傳》："四世而緦，服之窮也。五世袒免，殺同姓也。六世親屬竭矣。"

【彭林2000B】◊"袒免"爲喪制之一，"袒"即袒去衣袖，裸露左臂。"免"則有異說，一說免讀如字，意爲解除吉冠；一說免讀問，爲寬一寸之布，從項向前交於額，再向後繞於紒，不成其爲冠。《禮記·問喪》有"禿者不免"之說，禿者無髮，無紒可繞，故云。《問喪》云："冠者不肉袒，何也？曰：冠，至尊也，不居肉袒之體也，故爲之免以代之也。"今從後說。

【廖名春2001C】據《儀禮·喪服》夫爲妻"齊衰杖期"，爲昆弟是"齊衰不杖期"，妻較昆弟爲重，與簡文相反。

【顔世鉉2001】"免"字古文均從"冖"從"人"，簡文則從"冖"從"子"，這也可能是意義相近的形旁的通用，"子"和"人"在意義上可互通，簡文此字仍當釋爲"免"。

【趙平安2001】 ⿰，……我們認爲應爲孚的異體字。……最近，李家浩先生循此線索，從訓詁角度對孚及從孚諸字進行集中釋讀，結果證明李零先生說可信。……文中談到包山楚墓遣冊二五九的"轚"和信陽楚簡遣冊二~〇二八的"幹"是一對異體字，甚確。它們右邊分別作 ⿰、⿰，可以證明《六德》簡中的 ⿰ 也就是孚。係娩的古字，簡文用爲免。……甲骨卜辭有一個作 ⿰ ⿰（《甲骨文編》附錄上二九）等形的字，經常和妙字連用，……夏淥先生……把它直接釋爲"娩"的象形表意字。……我們認爲夏先生的說法是可取的，它實際就是楚文字中孚的初形。

【李零2002A】簡文"免"有兩種寫法，一種是借"冠冕"之"冕"的初文爲之，即後世"免"字（見《唐虞之道》簡7、《性自命出》簡25）；一種是借"分娩"之"娩"的初文爲之（見《緇衣》簡24、《成之聞之》簡23），後世失傳。這裏的"免"字是屬於後一種，嚴格講，還不能說是錯字。

【陳偉2002B】齊戉(牡)麻實(絰)，爲昆弟也，爲妻亦然。袒免，爲宗族也，爲

朋友

【陳秉新2003】❐："弟"前一字爲昆弟之昆，甚是，……從臼，從❐，即雲雨之云。

【林素清2003】齊、牡麻絰，爲昆弟也，爲妻亦然。袒字，爲宗族也，爲朋友

【劉釗2003】齊，戊(牡)枲(麻)實(絰)，爲昆弟也，爲妻亦肰(然)。辰(袒)字爲宗族也，爲佣(朋)㕒(友)

【十四種2009】齊戊(牡)枲(麻)實(絰)，爲昆弟也，爲妻亦肰(然)。袒娩(免)，爲宗族也，爲弸(朋)友

【按】◇"綎(疏)衰齊，戊(牡)枲(麻)實(絰)"從裘按；李學勤2000A、彭林2000B(又見簡27)、廖名春2001C皆有所解釋。 ◇昆：從裘按釋；張光裕等1999、李家浩1999、黃德寬、徐在國1999皆有補充。 ◇❐：裘按釋"字"認爲是"免"之誤寫；顏世鉉2001認爲仍是"免"；趙平安2001亦認爲是"免"字異體，且在字形來源上有補充。按，釋"免"是，參看筆者《楚地戰國簡帛與傳世文獻對讀之研究》(中華書局，2014年)第57—60頁。

簡29

說明： 從圖片看，本簡應爲完簡。
拼合編聯： 簡29與簡30編聯，從整理者說。
釋文：

　　亦肰(然)。爲父❐(絕)君，不爲君❐(絕)父。爲昆弟❐(絕)妻，不爲妻❐(絕)昆弟。爲

集釋：

【郭店–六德】亦肰(然)。為父丝(絕)君，不為君丝(絕)父。為❐弟丝(絕)㚤(妻)，不為㚤(妻)丝(絕)❐弟。為

◇丝，即《說文》古文"絕"字❐之異體。

【李零1999】亦然。爲父絕君，不爲君絕父。爲昆弟絕妻，不爲妻絕昆弟。爲

【劉樂賢2000A】很顯然，這段話的前、後文都與喪服的禮制有關；夾在中間的這幾句，所說仍與服喪之事相連。句中的"絕"、"殺"都是喪服用詞，是減殺之意。因此，從簡文本意講，這幾句話以頭一句爲例，是說：當服父喪與服君喪衝突時，可以將君服做減省，而不是爲服君喪而減省父喪。引申而言，當然可以說以血緣關係爲重，也就是說父子關係重于君臣關係。

第五章　《六德》集釋

【彭林2000B】◊為朋友之義服，可加服至於五世之宗親。但兩者仍有內外之別。內外相將時，仍以內為重，即以宗族之喪服為重，而減殺為朋友服喪之等差。◊《儀禮·喪服》云："傳曰：君，至尊也。""傳曰：君謂有地者也。"……敖繼公不從鄭、賈之說，認為士也得稱君："諸侯及卿大夫士有臣者皆曰君"。以文獻觀之，士多有臣，如《士喪禮》之"主人之史"，《特牲記》之"私臣"，皆為士之家臣。敖說甚是。足見"君"為有地有臣者之統稱，非特指國君。……簡文為父與為君之喪服等級相同。若父喪與君喪同時發生，兩者喪服之規格與時間相同，則服父之喪而不服君之喪，即所謂"為父絕君，不為君絕父"。

【廖名春2000B】絕，當訓為舍棄。《左傳·哀公十五年》："絕世于良。"杜預注："絕世，猶言棄世。"……當父喪與君喪沖突時，當服父喪而棄君喪。

【彭林2000C】◊《六德》此"絕"字，當與禮書之"絕服"相當，……"絕"字本義為"斷絲"，已見上引《說文》。引申之，凡事與物之斷，皆得稱"絕"。禮書每每以"絕"字稱親屬關係之斷裂，並進而論喪服變化。《禮記·大傳》云："絕族無移服，親者屬也。"……《中庸》的"期之喪，達乎大夫"，……鄭注云"天子、諸侯絕之，不為服"，是對"為父絕君"之"絕"字的最好注腳。……"為父絕君，不為君絕父"，意即當父喪與君喪同時發生時，應服父喪而絕君之喪服，不得服君喪而絕父之喪服。這可以看作是作者處理"親親"與"尊尊"關係時一種立場。郭店簡《語叢一》云："有親有尊，……尊而不親。""長弟，親道也。友、君、臣，無親也。" ◊《六德》云："疏衰齊，牡麻絰，為昆弟也，為妻亦然"。是為妻與為朋友之喪等相同。而《喪服》為妻服齊衰期，為昆弟服齊衰不杖期，則兩者有等差。……《喪服》關於宗親、外親、妻親之喪服的規定，似有前後不能一貫之處：宗親之喪，都在大功以上；屬於母黨的外親，以外祖父母為最高，但僅為小功之服；屬於妻党的妻親，僅為岳父母服喪，而且是緦麻之服。據此則《喪服》對宗親、外親、妻親的親疏，分別甚嚴。但是，《喪服》為妻是杖期，為昆弟是不杖期，妻之喪服又高於昆弟，與上述宗親、外親、妻親的喪服明顯不相稱。因此，我們認為，《六德》"為昆弟絕妻"提出了一種比《喪服》更為合於邏輯的服敘。此外，不能排斥這樣一種可能，即在《六德》作成的時代，齊衰期作為一種喪等，並不區分杖期與不杖期。理由是，《六德》僅僅說到"疏衰齊，牡麻絰"，而沒有提及"杖"。嚴格說來，先秦喪禮中的"杖"不屬於喪服。

【涂宗流、劉祖信2001】"絕"，拋棄。"殺"，減殺。……此處引伸為"疏遠",彼此之間減少來往。

【魏啟鵬2001】文中"絕"字,宜釋為"繼"。同墓竹簡"絕"字,見《老子》甲簡1,作󰀀,凡三例,又見《老子》乙,作󰀀,凡四例,皆與《六德》作󰀀有差別。……"絕"、"繼"簡文字形甚相似,易混淆,……或以"絕"代"繼",亦非鮮見,如包山2.249簡,上引《六德》第四例󰀀(繼)字亦誤書為󰀀(絕)。……繼,可訓為次。《廣雅·釋詁下》:"承,繼也。"《玉篇》:"承,次也。"……據《喪服傳》文例,此句"為父"指子為父服喪,"為君子"指為國君服喪。句中"繼"乃動詞之使動用法,意為"使……次之"、"使……居其後"。二句言"為父服喪時,逢君之喪,應該使為君甍所著喪服減降在為父之後;為君服喪時,逢父之喪,則不能讓為父憂所著喪服減降在為君之後。"簡言之,父、君之喪並見,應使為君亞次於為父,不能使為父亞次於為君。顯然是以父喪重于君喪。

【李零2002A】從簡文內容看,作者明顯強調的是,"親親"重於"尊尊",而不是服制規格。特別是對比《語叢三》的第一章(簡1—5+8+6、7),我們可以知道,早期儒家認為,父子是親情,君臣是義務,前者不可選擇,而後者可以選擇。國君不好,可去可拒,而父親不可以。這是兩者的基本區別。

【李存山2002】"為父絕君"的"絕"不是指"絕服",而只是一般意義的絕舍或絕離(《禮記·雜記下》有"踴不絕地"和"踴絕於地","絕"即是離),"為父絕君,不為君絕父"即是為父可以離君,不可為君而離父,這只是強調了"親親"重於"尊尊",或者說"父子關係高於君臣關係"。

【陳偉2002B】亦然。為父繼君,不為君繼父。為昆弟繼妻,不為妻繼昆弟。為繼:劉淇《助字辨略》卷四"繼"字條云:"繼者,相次之辭,猶云比也。"……簡書"為父繼君,不為君繼父",是針對上文"疏斬布絰杖,為父也,為君亦然"而言的;"為昆弟繼妻,不為妻繼昆弟"是針對"疏衰齊牡麻絰,為昆弟也,為妻亦然"而言的。其含義可能很簡單,是說"疏斬布絰杖"是為父而設,用於君乃是比附而致;"疏衰齊牡麻絰"是為昆弟而設,用於妻是比附而致。

【林素清2003】亦然。為父絕君,不為君絕父;為昆弟絕妻,不為妻絕昆弟;為

【劉釗2003】亦肰(然)。為父䌛(絕)君,不為君䌛(絕)父。為昆弟䌛(絕)妻,不為妻䌛(絕)昆弟。為

"絕"是停止的意思。《呂氏春秋·權勳》:"子反之為人也,嗜酒,甘而不能絕於口,以醉。"高誘注:"絕,止也。"

第五章 《六德》集釋

【薛元澤2009】麗，繫也；繼，亦繫也。如何繫？當然是用心繫，也就是掛念之意。……應作如下之解釋：當父喪與君喪同時發生時，應服父喪而心繫君之喪，不服君喪而心繫父之喪。當昆弟喪與妻喪同時發生時，應服昆弟喪而心繫妻之喪，不服妻喪而心繫昆弟之喪。當宗親喪與朋友喪同時發生時，應服宗親喪而心繫朋友之喪，不服朋友喪而心繫宗親之喪。

【十四種2009】亦肰（然）。爲父䜌（絕）君，不爲君䜌（絕）父。爲昆弟䜌（絕）妻，不爲妻䜌（絕）昆弟。爲

【按】◇䜌：裘按釋"絕"；在此基礎上，劉樂賢2000A訓減殺；廖名春2000B訓舍棄；李存山2002亦訓絕舍；彭林2000C訓如"絕服"之"絕"；魏啟鵬2001釋爲"繼"訓次；陳偉2002B釋"繼"訓比附；劉釗2003訓停止；薛元澤2009釋"繼"訓心繫。按，此簡共有四例"䜌"字，前三例 、 、 ，後一例作 ，參《老子》乙簡4 、上博三《彭祖》簡8 、上博五《三德》16 ，象以刀斷絲之形，可知 爲正體，前三例爲省形。此字釋"絕"沒有疑問。金文中"繼"作" "形，①楚簡中"繼"尚未見，《說文》卷十三上"絕"字古文作 ，與 只有正反之別；《說文》卷十三上"繼"下一曰"反䜌爲繼"，在楚文字的領域看，不可信。筆者以往以爲"絕"似如彭林訓如"絕服"之"絕"，參筆者《楚地戰國簡帛與傳世文獻對讀之研究》（中華書局，2014年）第234—236頁。但現在考慮，更有可能訓爲"絕棄"之"絕"，參簡30按語。

簡30

說明：從圖片看，本簡應爲完簡。

拼合編聯：簡30與簡31編聯，從整理者說。

釋文：

宗族𠂤（離）𦀚（朋）䎽（友），不爲𦀚（朋）䎽（友）𠂤（離）宗族。人又（有）六惠（德），品（三）新（親）不刱（斷）。門內

集釋：

【郭店-六德】宗族𠂤（殺）𦀚（朋）䎽（友），不為𦀚（朋）䎽（友）𠂤（殺）宗族。人又

---

① 參看朱鳳瀚：《叙器與魯國早期歷史》，《新出金文與西周歷史》，上海：上海古籍出版社，2011年，第15頁。董珊：《新見魯叔四器銘文考釋》，復旦大學出土文獻與古文字研究中心網，2011年8月3日，http://www.gwz.fudan.edu.cn/SrcShow.asp?Src_ID=1611。

(有)六惪(德)，參(三)新(親)不劦(斷)。門內

◊裘按：𠂔，似當與《性自命出》篇二四號簡"盔(琴)𠂔(瑟)"之𠂔為一字，在此疑當讀為"殺"，"瑟""殺"皆山母字，韻亦相近。殺，省減。下句亦有此字。

【張光裕等1999】此當爲"𠂔(瑟)"字(見簡11.24)異構。另曾侯乙墓E56號衣箱漆文有"銃(琴)𠂔(瑟)"二字，……諸"瑟"字形皆可取作參考。"瑟"於此叚爲"失"，簡云："爲宗族瑟(失)朋友，不爲朋友瑟(失)宗族。"當時對宗族觀念重視之程度，於此可見。

【顏世鉉1999B】𠂔：此字當釋爲"麗"字，《汗簡》作 丽、丽，……前一字即《說文》麗字古文，後一字與簡文同形。麗讀作離，離爲來紐歌部，麗爲來紐支部，雙聲通轉，音近可通。……簡文"麗"，讀爲離，訓爲"斷絕"之意，正與"爲父絕君"、"爲昆弟絕妻"之"絕"字同義。

【劉國勝1999】◊𠂔：應釋爲"𢆉"，讀爲"叛"。𢆉、叛古音均屬並母元部字，音同通假。

【李零1999】宗族疾朋友，不爲朋友疾宗族。人有六德，三親不斷。門內

◊"疾"，原作"𠂔"，裘案指出此即《性自命出》簡24用爲"瑟"的同一字，並把它讀爲"殺"。案此字似可讀"疾"（"疾"是從母質部字，與"瑟"讀音相近）。又此字也爲"麗"字所從，"麗"雖爲來母支部字，但從麗之字多在山母支部(如"曬"、"灑")，與"瑟"古音相近("瑟"是生母質部字)。

【劉信芳2000C】《詩·衛風·淇奧》："瑟兮僩兮，赫兮喧兮。"毛《傳》："瑟，矜莊貌。"……"瑟"用如動詞，蓋謂容貌嚴肅，……《六德》主張仁內義外，故寧可爲宗族而在朋友面前作嚴肅狀，也不可爲朋友而使宗族覺得面目可憎。

【廖名春2000B】◊𠂔：從上文"絕"字看，當讀爲"失"。此是說當出五服的宗人之喪與朋友之喪相沖突時，當服宗人之喪而棄朋友喪。◊"三親"當指父、昆弟、宗族。

【彭林2000C】筆者在《六德柬釋》中從舊說，將"殺"字解釋為"減殺"。但是，祖免是五等喪服之外唯一的喪飾，是喪飾的邊界，祖免之外，已無可供減殺的喪飾。因此，將此處之"殺"理解為減殺，有礙難之處，當另求它說。……所界切之"殺"字，另有一義，可以訓為"斷"、"止"。《荀子·大略》云："霜降逆女，冰泮殺止。"《孔子家語·本命》云："霜降而婦功成，嫁娶者行焉。冰泮

第五章 《六德》集釋

而農桑起，昏禮而殺於此。"是"殺"訓"止"、"斷"之證。……《大傳》"四世而緦，服之窮也。五世祖免，殺同姓也。六世親屬竭矣。"《正義》云"五世祖免，殺同姓也"者，"減殺同姓也"。鄙見，此處之"殺"，亦當訓為"斷"、"止"。《大傳》此語之"窮"、"殺"、"竭"三字，字義相類，皆有"斷"、"止"之義。……《六德》之"殺朋友"與《大傳》之"殺同姓"句式相類，意義相同。《六德》"為宗族殺朋友，不為朋友殺宗族"句兩"殺"字，亦均應訓"殺止"，字義的指向在喪服之邊界。

【丁原植2000】"三親"……指當本篇所稱"六位"的"夫-婦"，"父-子"，"君-臣"的親近關係。

【張桂光2001】◊"瑟"之讀"殺"似不如讀"失"來得妥貼。從聲韻方面講，"瑟"與"殺"均山部字，"瑟"在質部，"殺"在月部，聲同韻近，自可通假；而"瑟"、"失"同在質部，"瑟"屬山母，"失"屬書母，齒舌鄰紐，韻同聲近，通假的理由自不比"瑟"之通"殺"弱。◊▨：從字形上分析，此字與第42、43簡釋作"斷"字之▨相較，其異同與《汗簡》"斷"字所錄之▨與▨二形頗為相類，彼為一字，此亦當為一字，似宜並當釋為"斷"。

【呂浩2001】"爪"字疑當釋作"麗"。《汗簡》卷六正有"麗"字作此形者。……此處疑讀爲"離"。《易·離》："離王公也。"《釋文》："鄭作麗。""為宗族離朋友"之"離"與上句"為君絕父"之"絕"意近。絕即抛棄，離即叛離。

【李零2002A】◊爪："疾"，有非難之義。這裏祇是一種嘗試性的讀法。從讀音考慮，此字也可讀爲"失"（書母質部字）。

【陳偉2002B】宗族麗朋友，不為朋友麗宗族。人有六德，三親不斷。門內
麗："麗"有附著義。……與上文對"繼"的訓釋近似。"為宗族麗朋友，不為朋友麗宗族"，是針對"祖免，為宗族也，為朋友亦然"而言的，是說"祖免"本爲宗族而設，用於"朋友"乃附麗、比照而致。

【詹群慧2003A】(為)宗族離朋友，不為朋友離宗族。

【林素清2003】宗族殺朋友，不為朋友殺宗族。人有六德，三親不斷。門內

【劉釗2003】宗族爪(殺)俚(朋)󰀀(友)，不為俚(朋)󰀀(友)爪(殺)宗族。人又(有)六悳(德)，晶(三)新(親)不劃(斷)。門內

"三親"指"夫婦、父子、兄弟"。顏之推《顏氏家訓》："夫有人民而後有

夫婦，有夫婦而後有父子，有父子而後兄弟：一家之新，此三而已矣。自茲以往，皆本於三親焉。"

【蘇建洲2008A】☒（《六德》30）☒（《六德》30）☒（《天子建州》甲本10）☒（《天子建州》乙本10）這種寫法亦見於《上博六·天子建州》甲本10及乙本10。此二字一般隸定上作"友"（從二"又"），以為是"又"加上贅筆。但是這些字形顯然不從"又"，……這些寫法應從"尤"，上部所從即上引《新蔡》零472的"尤"（文例：不為尤（憂）），所以《六德》等字應該隸定作"替"，讀作"友"，"尤"、"友"同為匣紐之部。

【十四種2009】宗族጑（瑟）逞（朋）友，不爲逞（朋）友጑（瑟）宗族。人又（有）六惪（德），厽（三）新（親）不剬（斷）。門内

【劉信芳2011】጑，同"瑟"，讀為"嗇"，吝嗇也。《白虎通》："瑟者，嗇也。"

【按】◇጑裘按認爲與开（瑟）爲一字，讀"殺"訓省減；在此基礎上，張光裕等1999、廖名春2000B、張桂光2001讀"失"；李零1999讀"疾"；劉信芳2000C訓"瑟"爲矜莊貌；彭林2000C讀"殺"訓斷、止；劉信芳2011讀"嗇"。劉國勝1999釋"𢁁"，讀"叛"。顏世鉉1999B、呂浩2001釋"麗"讀"離"；陳偉2002B釋"麗"訓附著。按，此字從裘按釋"瑟"讀"殺"，訓斷、止者較多，參筆者《楚地戰國簡帛與傳世文獻對讀之研究》（中華書局，2014年）第234—236頁。不過如果我們不認爲"爲父絕君，不爲君絕父。爲昆弟絕妻，不爲妻絕昆弟。爲宗族጑朋友，不爲朋友጑宗族"這段話是與喪服之制有關的話，則"絕"自可訓"絕棄"，而"጑"則可釋為"麗"之省形而讀爲"離"，"離"亦離棄義。[①] 這樣考慮，反而簡潔不迂曲。

☒：整理者隸定爲"習"，讀"友"；蘇建洲2008A隸定作"替"，讀"友"。按，從二"尤"是。 ◇品（三）新（親）：廖名春2000B認爲指父、昆弟、宗族；丁原植2000認爲指夫–婦、父–子、君–臣；劉釗2003認爲指夫婦、父子、兄弟。按，劉釗說可從。

---

① 《璽彙》0279"童兯京鈢"，"童兯"可讀爲"鐘麗（離）"；葛陵簡甲三79、乙三21的"驪"字作"☒"、"☒"，所從亦爲"጑"，此是"጑"可釋"麗（離）"之證。參看筆者《楚地戰國簡帛與傳世文獻對讀之研究》(中華書局，2014年)第117—119頁。又，呂浩所引《汗簡》卷六第82頁"麗"作"☒"，不知是否與"጑"有關。

第五章 《六德》集釋

簡31

說明：從圖片看，本簡應爲完簡。

拼合編聯：簡31與簡32編聯，從整理者說。

釋文：

之絧(治)刃(恩)弇(弇-掩)宜(義)，門外之絧(治)宜(義)斬刃(恩)。愳(仁)頪(類)▨(柔)而速，宜(義)頪(類)▨(剛？)

集釋：

【郭店-六德】之絧刃弇(弇)宜(義)，門外之絧宜(義)斬刃。愳(仁)頪(類)蕚而速，宜(義)頪(類)芇

◊弇：即弇，與《說文》古文"弇"字作▨者同。裘按：疑"絧"當讀為"治"，"刃"當讀為"仁"，下句同。參看《性自命出》篇注四七。

【龐樸1998】門內之絧刃弇宜，門外之絧宜斬刃：這段話，也與一段文獻相同；……那是在《禮記·喪服四制》上：門內之治，恩掩義；門外之治，義斷恩。這本來是談喪服異制之理的一段話，門內指宗族，門外謂朝廷；恩和義的關係，就是親和尊的關係。恩字寫為刃，音近使然也。

【陳偉1998】二"恩"字，原並作"刃"。……《禮記·喪服四制》云："內門之治恩掩義，門外之治義斷恩。"與簡書基本相同。在上古音中，"刃"屬文部，"恩"屬真部，彼此爲旁轉關係，故可通假。

【李零1999】之治恩掩義，門外之治義斬恩。仁類蕚而速，義類芇

◊"門內之治恩掩義，門外之治義斬恩"，《大戴禮·本命》、《禮記·喪服四制》作"門內之治恩掩義，門外之治義斷恩"。"斷"，原作"剑"，疑同"剌"(即《說文》"斷"字的古文)。兩"恩"字，原從糸從刃。 ◊"蕚"，上半是"茂"字所從，並不從刀，釋文的隸定似不夠準確。 ◊"芇"，待考。

【劉信芳2000A】《禮記·喪服四制》："內門之治，恩掩義，門外之治，義斷恩。"知原簡"刃"字應讀為"恩"。

【劉信芳2000B】◊"刃"之本義爲"繩"，下文既有"仁類蒙而束"，知簡文"刃"用其比喻義。……簡文"刃"應指親族之間的血緣紐帶關係，……"門內之治，刃掩義"者，謂家族之治，血緣關係不受義的規定。……"門外之治，義斬刃"者，謂家族之外，義的規定斬斷了人與人之間的血緣紐帶關係。 ◊"蒙"原

簡字從"曹"省聲，疑讀爲"蒙"。"曹"古音在蒸部明紐，"蒙"古音在東部明紐，東蒸二部旁轉可通。《說文》："蒙，王女也。"即女蘿，又名菟絲。……女蘿是一種攀援植物，繞樹而長，好比束在樹幹上，……簡文"仁類蒙而速"，"速"讀爲"束"，女蘿之繞樹，猶衣帶束之於腰，仁作爲"親親"之情，好比維繫親族關係的紐帶。

【彭林2000B】《喪服四制》……賈疏云，"門內之治恩掩義"者，以門內之親，恩情既多，掩藏公義，言得行私恩，不行公義。若《公羊傳》云："有三年之喪，君不呼其門"是也。"門外之治義斷恩"者，門外謂朝廷之間，既仕公朝，當以公義斷私恩。若《曾子問》"父母之喪，既卒哭，金革之事無辟"是也。《喪服四制》所言，為古代恩、理（義）、節、權四種處理喪服之原則。"門內之治恩掩義，門外之治義斷恩"所言，即其中之恩、義二服關係。據賈疏，門內以恩服為重，朝廷以義服為重。

【龐樸2000B】仁類蔜而速，義類玨

【廖名春2000B】"蔜"字從曹省聲，從艸。即"萌芽"之"萌"字。……疑"蔜"爲"夢"之異體，而"萌"爲"夢"之異體，只不過聲符有"明"、"夢"之異而已。……"仁類萌而速"是說作爲報恩思想的子德"仁"一類的親情一萌芽就會快速擴散。

【廖名春2000D】"蔜"字從曹省聲，當讀為曹。《說文·目部》："曹，目不明也。"……引申為昏暗不明。……《周禮·春官·眡祲》："……六曰曹。"鄭玄注："曹，日月曹曹無光也。""速"，疑訓為親近、關心。《廣韻·屋韻》："速，戚也。"《集韻·錫韻》："戚，近也。"《書·金縢》："未可以戚我先王。"孔傳："戚，近也。"引申而有憂戚、關心義。"仁類曹而速"是說講"仁"就類似不明"義"而重視親情。

【丁原植2000】◊ "宜"，原釋文讀作"義"，疑仍讀爲本字，……"宜"，是"義"的素樸意含。……合宜秩序。 ◊ "玨"字的意含，似有"以之爲準則而約制"之義。

【涂宗流、劉祖信2001】◊ ：此字從艸，罽聲，《正字通·網部》："罽，同剁"。蕆，疑借爲"急"。蕆以罽得聲，罽古音見紐月部；急，古音見紐緝部。同爲見紐，月、緝旁轉，故可通假。 ◊ ：此字似應隸定爲"弁"，同"弄"，借爲"攏"。"攏"、"弄"古音同爲來紐東部，可通假。……"攏"，聚集，集中。

第五章 《六德》集釋

【顔世鉉2001】◊🗚：上半爲"蔑"字所從，下半爲"制"，馬王堆帛書"制"字有作🗚（《老子》甲後三六六），上半部所從與簡文所從相同。"蔑"讀爲"懱"，《廣雅·釋詁一》："懱、惜，愛也。"……"速"，讀爲"屬"，《釋名·釋親屬》："屬，續也，恩相連續也。"

【曹建敦2001】《成之聞之》中的"刃"和《六德》中的"魝"……均應讀爲"昵"。《說文·黍部》：……《春秋傳》曰："不義不黏"。"黏、黏或從刃。"段注謂："刃，聲也。"……"不義不黏"見於《左傳·隱公元年》，今本作"不義不暱"。暱昵乃一字之異體。……所以我們有理由把《六德》中的"魝"讀爲"昵"。"昵"在先秦典籍中多訓爲"親"、"近"之義。

【徐在國2001】此字上部所從的🗚即"首"，與🗚字上部所從同。下部所從🗚、🗚，是用"刀"斷"🗚"（木），應是"制"字。關於"制"字，裘錫圭先生說："常見於秦代權量上的二世詔文中有'制'字。不少權量上的'制'字作🗚、🗚等形，左旁斷成三截。這是值得注意的現象。在古文字裏，'折'字的寫法跟'制'字的上舉寫法有相似之處。……古字的'折'像以斤砍斷樹木。🗚所像的應該是以刀截割木材……"。其說甚確。"🗚"與"🗚"同爲用刀截割木材，當是"制"字較早的寫法。如此，"🗚"字當隸作"𣂪"。……古音"首""未""蔑"同爲明紐月部字，"制"爲章紐月部字。"𣂪"字在簡文中是讀爲"蔑"還是讀作"制"，待考。附帶說一下郭店竹簡殘片5有🗚字，此字所從的"🗚"與金文"🗚"（蔑字，《金文編》216頁）字所從的"壟"形近，即🗚，則此字當隸作"壟"。由於簡文是殘簡，上下文義不清晰，"壟"之義待考。

【陳偉2002A】仁類替（從艸，懞）而速（娎），宜（義）類寺（等）而絕

（🗚）從艸，替省聲，似當釋爲夢（從廿）。……替、夢與蒙字聲母爲明紐雙聲，韻部爲蒸、東旁轉，讀音相近，或可通假。……簡書此字似當讀爲"懞"。……《集韻·東韻》："懞，慤厚皃。"相應地，"速"當讀爲"娎"。《說文》："娎，謹也。"謹慎的意思。寺，疑當讀爲"等"。等有區別等次的意思。如《禮記·樂記》說："禮義立，則貴賤等矣。"……絕，有遠的意思。……簡文是指因等級森嚴而難以接近。

【陳偉2002B】之治魝（昵）弇義，門外之治義斬魝（昵）。仁類替而速（娎），義類志類，品類。"仁類"、"義類"，與《五行》"仁之方"、"義之方"類似。"仁類"後一字，上部與36號簡中的"蔑"字所從相同，疑當釋爲"替"或

"夢"，昏暗不明的意思。速，疑借爲"數"，繁數、瑣碎的意思。"義類"後一字，從之從廾，疑當釋爲"志"。"志"通"識"，有認知、判識之義。

【林素清2003】之治恩撐義，門外之治義斬恩。仁類箋而束，義類齒

簡三一至簡三三"仁類蔑而束"一節……的考釋，承蒙周(鳳五)先生出示手稿，惠賜卓見。

【詹群慧2003A】之治恩掩義，門外之治義斬恩。仁類□而速，義類持

【劉釗2003】之䘱(治)紉(恩)穿(掩)宜(義)，門外之䘱(治)宜(義)斬紉(恩)。㤅(仁)頪(類)蓱而遴，宜(義)頪(類)䎚

"蓱"、"䎚"二字不識，但應是借以比喻"柔"和"剛"的二物。"遴"讀為"束"，指纏繞、約束。"絕"，意為"斷絕"、"折斷"。"䎚""蓱而遴"與"䎚而鑾(絕)"文意與《性自命出》簡中的"剛之柱也，剛取之也；柔之約，柔取之也。"和《荀子·勸學》"彊(剛)自取柱，柔自取束"相同。

【沈培2004】󰀀：字形上部不從"止"。

【李銳2005】"弇"與"掩"古通，《方言》卷十二："掩，止也。"

【鄭剛2004C】󰀀字即"熱"字，"熱"字與從"日"得聲的字相通，又與從"刃"得聲的字相通，例如《說文》貃又作䝟。……從整體上看，"門內之治紉弇義"的"紉"應訓親近，"小而熱多也"的"熱"應訓"昵"(與"小"排比)。◇在《古文四聲韻》中有一個寫法完全相同的字󰀀字是"寐"字。……楚簡的"未"只保留了上一半󰀀，而古文的"未"類化爲"禾"。……在"仁類寐而速"中"寐"是用作本字，意義爲寐(《說文》)、靜(《釋名》)，……對親人的門內之治，"仁"，是平靜的。

【范麗梅2006】◇"蓱"字，上部確從首，是其聲符，與"蔑"所從聲符相同，……下部所從以刀斷草(或木)之形，取意與"制"、"折"相當，是此字會意的部分。在簡文中，此字應讀作"蔑"，其義見於《方言·卷二》："木細枝謂之杪，江淮陳楚之內謂之蔑。"……具體而言，簡文"蓱"字就是指小木散材之意。"速"，應讀作"束"，指結札成束之意，……簡文"仁類蔑而束"，正比喻"仁"之親親猶如薪木，可析爲小木散材，好比家庭親戚開枝散葉一般，……子子孫孫的繁衍就如樹幹與枝椏的關係。然而雖然是小木散材，卻又能捆綁束縛起來，好比家庭分支，但依然是同宗同族，團結一致而綿延不絕。

【張崇禮2008】◇"蓱"字上部所從為"首"，在"蓱"中應是聲旁。《說文》

第五章 《六德》集釋

茻部："荧，火不明也。从茻，从火，冂亦聲。《周書》曰：'布重荧席。'織蒻席也。讀與蔑同。"……"荧席"也就是"蒻席"。"蒻席"是用細嫩的蒲草編織的席子。……"蒻"字本義，當指這種蒲草席子。從字形上看，"蒻"字下部從艸從刀，為"刈草"之義，應是"蒻"字的義旁，"蒻席"乃是割蒲草編織而成。從讀音上看，"蒻"與"荧"同從"冂"聲。……"仁類蒻而遫"，"遫"即"速"字，劉信芳、劉釗兩位先生都讀為"束"，指纏繞、約束，可從。……"蒻"宜讀為"篾"，指薄竹片，是劈成條狀的竹皮。竹篾性柔，可以編織為竹席、斗笠、繩索等器物，日常生活習見。"蒻"、"篾"可以相通，也有文獻上的根據：許慎在解說"荧"字時所引的《周書》，指《尚書·顧命》。其中的"布重荧席"，今本作"敷重篾席"。……鄭玄注云："篾，析竹之次青者。"即以"竹篾"為釋。 ◊從語音上看，同樣從"止"得聲的"竚"讀為"等"，應該沒有問題。"等"，《說文》訓為"齊簡也"，傳統上一般都理解為動詞，……但"等"字見於包山簡，義為訴訟之簡冊，用為名詞。"竚"的用法，應與包山簡大致相同。……把"竚"釋為"等"，訓為竹簡，可以和上文相呼應。"仁類篾而束，義類等而絕。""仁"和"義"是類同而又有區別的概念，"篾"和"等"也是類同而又有區別的物品。雖然同為竹片，"篾"因為更薄更細而可以纏束，"等"因為稍大稍厚而容易折斷。

【陳劍2008】◊徐在國先生分析"蒻"字字形為從"冂"從"㓹"，……"㓹"雖不見於其他古文字和後世字書，但保存在《周禮·考工記》中的"㓹"字和《墨子·雜守》中的"䒑"字，皆即其訛體；"㓹"和"䒑"都用為"𡿧(腦)"字，當是出於假借；同時"𡿧"字本身，也是由"㓹"形進一步訛變而來的。"㓹"字象"以刀斷艸"之形，就是古書多見的"芻蕘"之"蕘"的表意初文。"蕘"、"柔"、"𡿧"古音並相近。"柔"是日母幽部字，"蕘"是日母宵部字，兩字中古音都是開口三等；"𡿧"是泥母宵部字，與蕘同從"堯"聲的撓、橈、鐃和譊等字也是泥母字。其相通之例證如《周易·說卦》："坎為矯輮。"《釋文》："輮，荀作橈。""蒻"字以"㓹(蕘)"為聲符，故簡文中可因讀音相近而用為"柔"。"蕘"字古多訓為"草薪"，用為名詞。亦多用作動詞，意為"刈取草薪"。……"芻蕘"古多連用，意義相近。從字形看，"𠂇(芻)"字象以手斷取艸，"㓹"象以刀斷取艸，也正可類比。……需要補充說明的是，在以上將"蒻"釋讀為"柔"的討論中，我們始終只涉及"蒻"形的下半"㓹"，有意回避了其上半所從的

285

"旹"。"萉"字以"旹"為意符，其造字意圖還難以解釋。"萉"到底相當於什麼字，也還難以說清。裘錫圭先生在看過本文初稿後提示我，郭店簡的殘簡第5號有如下一字：C、![字]其辭例為"剛C皆□☒"，"C"字很可能也應該就釋讀為"柔"。此字也包含"旹"形，它跟"萉"在整體上顯然也有不可忽略的明顯聯繫，二者應該結合起來考慮。……（補記：也許此字和"萉"本來都跟"夒"字有關）。

【十四種2009】之綢(治)紉(恩)弇(掩)宜(義)，門外之綢(治)宜(義)斬紉(恩)。㤅(仁)穎(類)萉(柔)而遯(束)，宜(義)穎(類)卉

卉：或可讀為"直"。

【單育辰2010】《六德》簡31+32+33：㤅(仁)穎(類)萉(柔)而速，宜(義)穎(類)卉(直)【31】而㡀(絕)。㤅(仁)萉(柔)而㪿，宜(義)䍒(強)而柬(簡)。㪿之為言也，猶㪿㪿也，少(小)而【32】㞢(者)也。

【李家浩2011】㤅(仁)穎(類)蘉(柔)而速(束)，義穎(類)卉〈弄(剛)〉

◇按郭店竹書殘簡5號有如下一個字：A₃![字] 原文說："強(剛)、A₃皆□☒"A₃與"強(剛)"對言，跟《六德》A₂與"強(剛)"對言相同，裘錫圭先生說它們是同一個字，是非常正確的。殘簡文字要比《六德》工整，要正確辨認A是什麼字，當以殘簡的字形為准。跟戰國文字"夢"比較：![字]長沙楚帛書 ![字]上博《恒先》2號張光裕、袁國華、徐在國把殘簡A₃隸定作"蘉"，甚是。我們認為《六德》A₁、A₂(辰按，A₁指![字] A₂指![字])，當是殘簡"蘉"的訛體。可以從兩個方面來說。……第一，從"止"旁來說。"止"是"趾"的初文。由於文字發展演變、書寫習慣等因素，"止"在較晚的古文字中有不同寫法，其中或寫作"出"字形，……戰國竹簡文字往往把一豎作上下兩筆書寫，……如果把此種"止"所從的一豎也寫作上下兩筆，就成為上下二"中"。……第二，從"苗"旁所從的"⌐"來說。……因"人"旁與"刀"旁形近，所以"人"、"刀"二字往往相混。郭店竹書的"人"字有兩種寫法，其中一種即寫作"刀"字形。……簡文A應該像上引徐在國的意見隸定作"蘉"，從"止""苗"聲。在古文字中，"止"、"足"二字作為偏旁可以通用。頗疑"蘉"即"蘉"字的異體。……陳劍指出，簡文"蘉"記錄的是"柔"這個詞，甚是。上古音"蘉"、"柔"二字音近可通。從聲母來說，"蘉"屬明母，"柔"屬日母，古代明、日二母的關係密切。例如"柔"字所從聲旁"矛"即屬明母。……從韻部來說，"蘉"屬蒸部，"柔"屬幽部，古代蒸、幽二部的字音有關。例如《禮記·檀弓下》"……瞀瞀然來……"《呂氏春秋·

第五章 《六德》集釋

介立》"喀喀然遂伏地而死"高誘注襲用此文,"貿貿然來"作"瞢瞢而來"。"貿"屬幽部。 ◇"弄"與"薑(柔)"對言,但在下句"仁,薑(柔)而皵;宜(義),強(剛)而柬(簡)"裏,跟"薑(柔)"對言的卻是"強(剛)","弄"顯然是"剛"這個詞的另一種寫法。《說文》說"剛"從"岡"聲,"岡"從"网"聲,"网"字異體"罔"從"亡"聲。戰國文字"亡"或作"止"字形,如下文"害亡不以也"之"亡", 與"止"字字形十分相似。頗疑簡文"弄"所從聲旁"止"是"亡"之誤,在此讀爲"剛"。不過需要指出的是,"弄"字是從整理者的釋寫,原文所從"止"右上方向左下方的斜畫並不清楚,很可就是像"ᅶ"樣寫法的"亡"。若此,此字本應該釋寫作"卉",從"亡"聲,並非從"止"。……《六德》的"絕"當是決斷的意思。

【按】◇䋆:裘按讀"仁";陳偉1998讀"恩";劉信芳2000B讀"䋆"訓繩;曹建敦2001讀"昵";鄭剛2004C訓親近。按,與《禮記・喪服四制》:"內門之治恩掩義,門外之治義斷恩"相比較,"䋆"無疑讀爲"恩"。 ◇䒳(又見簡32䒳):整理者隸爲"萳";李零1999隸爲"蕾";劉信芳2000B釋"蒙";廖名春2000B隸"蕾"釋"萌";廖名春2000D釋"瞢";涂宗流、劉祖信2001釋"蕳"讀"急";顏世鉉2001認爲從"茂"從"制",釋"茂"讀"懸";徐在國2001亦隸作"萳";陳偉2002A釋"夢"讀"懞";陳偉2002B釋"瞢"或"夢";鄭剛2004C釋"寐";范麗梅2006釋"茂"訓小木散材;張崇禮2008釋"篾",訓薄竹片(簡32的"䒳"訓細小);陳劍2008釋下部爲"荿"讀"柔",又以爲或和"夒"字有關;李家浩2011釋爲"壺"的訛體,釋"薑"讀"柔"。按,殘簡5亦有此字,作䒳,辭例爲"圼(剛)䒳皆囗",從文義上看,陳劍2008把"䒳"釋爲"柔"是非常好的,但字形上還難以說清楚。 ◇速:整理者如字讀;劉信芳2000B讀"束";廖名春2000D訓親近、關心;顏世鉉2001讀"屬";陳偉2002A釋"娕";陳偉2002B讀"數";范麗梅2006釋"束"訓結札成束;張崇禮2008讀"束"。按,讀"速",指迅速。 ◇䒳:整理者隸爲"弄";劉信芳2000B隸"歧"讀"機"(見簡32);廖名春2000D隸"弄"讀"止"(見簡32);丁原植2000解作以之爲準則而約制;涂宗流、劉祖信2001隸"弄",釋"弄"讀"攏";顏世鉉2001隸"弄"讀"持"(見簡32);陳偉2002A釋"等";陳偉2002B認爲從之從廾,釋"志";林素清2003釋"齒";詹群慧2003A釋"持";沈培2004認爲字形上部不從"止";鄭剛2004C釋"開"(見簡32);范麗梅2006釋"矯"(見簡32);張崇禮2008認爲從"止"

287

讀 "等"; 十四種2009釋 "屰" 讀 "直"; 李家浩2011認為 "井" 上所從為 "亡" 之誤, 或像 "止" 樣寫法的 "亡", 在此讀爲 "剛"。按, 此簡 "▨" 與 "▨(柔)" 對文, 在簡32中 "仁▨(柔)而敀, 義弜(剛)而柬(簡)" 裏, 跟 "▨(柔)" 對言的是 "弜(剛)"。從文義看, 此字讀爲 "剛" 是很合適的, 但字形如何解釋, 尚待研究, 又, ▨字上所從非 "止" 或 "之", 反而有點象 "出"。

簡32

說明: 從圖片看, 本簡應爲完簡。

拼合編聯: 簡32與簡33編聯, 從整理者說。

釋文:

　　而丝(絶)。仁▨(柔)而▨(敀—暱), 宜(義)弜(剛)而柬(簡)。▨(敀—暱)之爲言也, 猷(猶)▨(敀—暱)▨(敀—暱)也, 少(小)而

集釋:

　　【郭店‧六德】而丝(絶), 息(仁)蒚而敀, 宜(義)强而柬。敀之為言也, 猷(猶)敀敀也, 少而

　　◇敀: 疑即《說文》作"夏"的"更"字。

　　【李零1999】而絕。仁蒚而放, 義強而簡。放之為言也, 猶放放也, 少而

　　◇"放", 原從丙從攴, 古從丙之字與從方之字往往通假。下面幾個 "放" 字寫法同此。 ◇"義強而簡", "簡" 原作 "柬", 參看《五行》簡40、41 "簡, 義之方也"、"強, 義之方"。 ◇"放放", 讀法待考。

　　【龐樸2000B】而絕。仁蒚〈柔〉而敀〈匿〉, 義強〈剛〉而柬。敀〈匿〉之為言也, 猶敀敀〈匿匿〉也, 少而……

　　"柔""匿""剛", 據《五行》篇校改; "少而" 後疑有缺簡。

　　【劉信芳2000B】◇"𣥂" 字從 "止" 聲, 讀爲 "橶", 弋也, 也就是木樁。"絕" 讀爲 "莁", ……"莁" 本指神位, 是位次的標志, ……《說文》:"朝會束茅表位曰莁。"……"義類橶而莁" 者, "義" 與用作表識的木柱相類而具有行爲取舍規範的意義。 ◇"敀"……字從 "凷" 聲, ……劉國勝據此釋 "敀" 爲 "訥", (原注: 劉國勝《郭店楚簡釋字七則》, 稿本)……"敀之為言也, 猶敀敀也, 小而景多也" 與郭店《五行》簡40:"匿之為言也, 猶匿匿也, 少而訪(軫)者

第五章 《六德》集釋

也。"二句適可對照，由此可知"敳"讀爲"匿"，……有如"縮肭"（《說文》）又作"側匿"（《廣雅·釋詁》），……按"匿匿"作爲連綿詞，不能分拆作釋。"匿"者，隱也。"敳敳"、"匿匿"猶"側隱"也。 ◇"柬"字又作"簡"，郭店《五行》簡39"柬之爲言猶練也，大而晏者也。……柬，義之方也。"帛書《五行》"簡之爲言猶賀，大而罕者。……簡，義之方也。"帛書《五行·說》："間（簡）爲言，猶衡也。"……"練"其實就是"簡"，可以解釋爲一種明白無誤的認識，一種對事物本質的把握與取捨。……"晏"者，明也，"大而晏者"是指將思考對象放在更大的範圍內以明確其內涵，……從邏輯上說，近似於屬加種差的定義方法。帛書《五行》……"賀"讀爲"何"，《方言》卷七："賀，儋也。"……人以肩何物形如天平以衡稱物，此所以《五行·說》解云："間（簡）爲言，猶衡也。"所謂"大而罕者"，"罕"讀爲"衎"，《方言》卷十三："衎，定也。"以衡稱物，去掉了物的外形，顏色等特徵，僅只剩下了作爲重量的平衡規定，好比認識事物，去掉現象而把握其本質。可見帛本《五行》以"衡"釋"簡"，與簡本《五行》以"練"釋"柬"具有異曲同工之妙。

【廖名春2000B】◇疑"悬蕾而敳"義與"悬頰蕾而速"近，"敳"應讀爲"光"。"更"與"光"古音同，皆爲陽部溪紐，"光"應訓大。與"速"義近。此是說仁的思想萌發了就會影響很廣。 ◇疑"宜弞而柬"與"宜頰弅而丝"近，此是說義強制而簡嚴，不講親情，故下文說"晃晃"，說"少而折多"。 ◇敳，疑讀爲"晃晃"。"晃"與"光"音同。《釋名·釋天》："光，晃也。晃晃然也。"……"晃晃"是晃動不穩之義。這是說光之稱爲光，有晃動不穩的意思。

【廖名春2000D】疑"弅"當讀爲"止"。《廣雅·釋詁四》："止，滅也。""絕"，斷。此是說講"義"就要類似於斷絕超越君臣關係的親情。

【張富海2000】《六德》簡中的"義強而柬"一句，李零先生指出跟簡本《五行》"柬，義之方也"、"強，義之方"有關，這是很正確的。裘（錫圭）先生認爲，"強，義之方"當依原釋文讀爲"剛，義之方"，這樣才跟下文"柔，仁之方也"相對，也與所引《詩》"不剛不柔"相應。馬王堆帛書《五行》正作"剛，義之方"。據此，《六德》"義強而柬"一句中的"強"字應該讀爲"剛"。《說文》"剛"字的古文從字形上看應是"強"字，從郭店簡的用法來看，《說文》是有根據的。反過來，《說文》也可以作爲《六德》"義強而柬"一句中的"強"字應該讀爲"剛"的證明。

【丁原植2000】"柬",似指揀選。

【涂宗流、劉祖信2001】◊▨:此字從口,更聲,"更"字簡文形體與睡虎地簡一〇·一二"更"字形體相同,應隸定爲"哽"。……"哽",哽咽。"哽哽",悲痛而聲氣堵塞貌。 ◊仁類急而速,義類攏而絕。仁柔而哽,義強而柬:仁類之親情迫切而迅疾,義類之整理集中而不容有兩可,新情迫切而有可能不暢達,事理有力而有可能失之簡略。

【顏世鉉2001】◊"卙",讀爲"持",《荀子·正名》:"以正道而辨姦,猶引繩墨以持曲直。"楊注:"持,制也。""持"通"制",爲"裁斷"之意。簡文"絕"字,訓爲"斷"義。簡文之意爲:仁的德行表現在強調血親之間存在的親愛之情,此種親情紐帶緊緊的把彼此連繫在一起,以種關係難以斷絕;義的德行表現在強調有一個客觀的裁量標準,以此標準來裁量事理,注重果斷明確的特性。◊▨:簡文從"肉"從"攴",讀爲"納"或"內",……"納"有隱藏之意。簡本《五行》三七……"匿",訓爲隱藏之意。 ◊"強"讀爲"剛",訓爲"剛斷"之義,……"簡"即"衡"也,也就是秤桿,……就是一個公正客觀的標準。簡文之意爲:仁的德行表現在強調親愛之情,能含容原諒人小的過失,且對人的小過失不加以張揚;義的德行表現在強調以剛斷的態度來裁斷事理,而使裁斷能做到公正客觀。

【陳偉2002B】而絕。仁薔而容,義強而柬。容之為言也猶容容也,少而

◊絕,斷,簡書中似引申爲決斷。 ◊在《語叢一》109號簡與《語叢二》24號簡中,有兩個釋爲"容"的字(辰按,指"▨""▨"),與此字左旁在大多數場合的寫法相近。如果《語叢一》、《語叢二》中的這個字原釋不誤,本篇此字也應可釋爲"容"(辰按,如簡32"▨"、"▨"、"▨"、簡33"▨")。"容"爲容納、盛受之義。簡書《五行》37—42號簡……所云"匿,仁之方也","柔,仁之方也",與本篇"仁類薔而速"、"仁薔而容"相關。"匿之爲言也猶匿匿也,少而軫者也",與本篇"容之為言也猶容容也,少而炅多也"相當,"匿"有隱藏義,正與"容"的含意相近。

【詹群慧2003A】而絕,仁口而訥,義強而簡。訥之為言也,猶訥訥也,少而

【林素清2003】而絕;仁蔑而勉,義強而翦。勉之為言也,猶俛勉也,少而

【劉釗2003】而▨(絕)。悳(仁)薔而酘(綿),宜(義)弜(剛)而柬(簡)。酘(綿)之為言也,猷(猶)酘(綿)酘(綿)也,少(小)而

第五章 《六德》集釋

"酓"疑讀為"綿",與"簡"相對。古音"丙"在幫紐陽部,"綿"在明紐元部,聲爲一系,韻部主要元音相同,可以通轉。"剛而簡"即"剛簡","剛簡"意為剛強率略。"藹而酓(綿)"意為"仁柔而細小繁多。"

【鄭剛2004C】◊▨字寫法不正規,是殘字或不正的字,可能從止、刀、口,但強=▨,意義一定是強。暫釋爲"開",它可能是:"▨"、"▨"(《古文四聲韻》)的省寫。意義假定爲"張"(《說文》)、"達"(《廣雅》)。……"義"廣達、強,但決絕、簡。◊"仁寐而▨"中,"寐"似乎應該爲"昧",不明、昏暗,與形容"義"的"強"對立。……不管▨隸定爲什麼,都訓盛,與"簡"對立。字隸定爲"滂"、"旁"都可以。

【范麗梅2006】◊"酓"字,簡文四見如下:▨▨▨▨……此字若從"卤"聲,其聲符應是"內"。"內"與"丙"一般在楚簡文字的寫法有明顯區別,……其重要的區別在上部,"內"字寫若"宀"部,從中間起筆,開口在正上方且上無一短橫。"丙"字則多有一短橫,"冂"形先寫一豎筆,再寫另一筆,開口在左上方。就上舉四例"酓"的寫法而言,……與"丙"字形接近,……上博《周易》簡十七詞例作:"從乃曮之",對照今本作"從乃維之",……"曮"實又以"卤"爲聲符,……物部之"卤"與微部之"維"爲對轉關係,……"卤"實又以"內"爲聲符,……"酓"字所從聲符應爲"內"。然而在作爲聲符使用時,易與"丙"字相混,……簡文"仁藹而酓"之"酓"應讀作"暱","酓",泥紐物部,"暱"泥紐質部,聲紐相同,韻部旁轉可通。"暱"有親近的意思,……簡文"仁藹而酓"則指仁之親親,類似小木散材捆綁成束,而親近的聚在一起,就好比上至天子,下至庶人,皆有與其親近而相互輔佐之人。◊"卉"……細看此字,上部並不從"止",而是二條彎曲的橫畫,下部則是雙手高舉的樣子。如此則像雙手高舉著枸木,又有雙手矯正枸木的意思,正是"矯"字的會意。……"丝",即"絕"字,意爲"斷",……簡文"義類卉而絕",正比喻"義"之合宜合理,猶如枸木之矯直,若施力不當,就容易折斷,就好比人之事,欲合乎正義公理,就必需據理直言或坦言,……然而如此就容易獲罪於人,而使人際關係斷絕。◊"柬",讀作"簡",……"簡"有"大"的意含,……《尚書·皋陶謨》:"簡而廉。"孔《疏》:"簡者,寬大率略之名。"……"強"也可讀作"剛",例如《五行》簡41"剛,義之方。柔,仁之方也。"與"不剛不柔",其中與"柔"相對的"剛"便寫作"強"。……"義強而簡"之"強",實有剛強堅定之意。……"義強而簡"，指的是一種強大堅定而無所畏懼的行爲。◊"敜敜"應讀作"繩繩"，"敜"，泥紐物部，"繩"，神紐蒸部，韻部對轉可通。……"繩繩"意指衆多而綿延不絕的樣子。

【張崇禮2008】◊"仁篾而敜"應讀爲"仁篾而更"。"篾"當訓爲"細小"，"敜"就是"更"字，應訓爲"續"。《方言》："木細枝謂之杪，江、淮、陳、蔡之間謂之篾。"郭璞注云："篾，小貌也。"……竹篾本身也即是細小之物。"敜"，……楚文字"丙"字作"㯺"，"更"字從攴丙聲，所以"敜"是"更"字無疑。《國語·晉語四》："姓利相更，成而不遷。"韋昭注："更，續也。"◊"更之爲言也，猶更更也。""更更"讀爲"庚庚"，意思是把衆多小的東西聚集在一起。"更"的這種意義應是由它的"續"義引申而來。"更之爲言也，猶更更也。"很明顯是在用聲訓的方法解釋"更"字的含義。……《史記·孝文本紀》："卜之龜，卦兆得大横。占曰：'大横庚庚，余爲天王，夏啟以光。'"裴駰集解引服虔曰："庚庚，横貌也。"……"横"有充滿義，……這裏的"庚庚"，也是取其把衆多小的東西聚集在一起的意義。

【陳劍2008】【附"ee"2008-1-24評論】從丙從口從攴的那個字或許可讀爲"猛"。

【十四種2009】而鑾（絕），悬（仁）蒭（柔）而敜，宜（義）㓷（剛）而柬（簡）。敜之爲言也，獸敜敜也，少而

【李家浩2011】而鑾（絕）。悬（仁），蒭（柔）而敃（暱）；宜（義），強（剛）而柬（簡）。敃（暱）之爲言也獸（猶）敃（暱）敃（暱）也，小而

◊從表面上看，B的左半似乎是從"口"的"丙"。（辰按，B_1指敜B_2指敃）但是這裏有一個問題，在楚國文字中，從"口"的"丙"只有B_2所從之形，沒有B_1所從之形。滕壬生所編的《楚系簡帛文字編》收錄"丙"字三十五個，無一例外都作B_2所從之形，可以證明這一點。劉國勝根據包山楚簡107、117號"驫"字所從"㽞"的寫法，把B隸定作"敃"，無疑是正確的。……"敃"不見字書，根據漢字結構一般規律，"敃"應該分析爲從"攴""㽞"聲。……上古音"㽞"屬泥母物部，"匿"屬泥母職部，二字聲母相同，韻部卻不相同。值得注意的是，從"匿"聲的"暱"屬質部，古代物、質二部字音有關。例如宋玉《高唐賦》："久而不去，足盡汗出。悠悠忽忽，怊悵自失。"以物部的"出"與質部的"失"押韻。……我們認爲《六德》的"敃"和《五行》的"匿"，都應該讀爲"暱"。

第五章 《六德》集釋

《左傳》隱公元年"不義不暱，厚將崩"，……陸德明《釋文》："暱，親也。"
◇"柬"……當從帛書《五行》"經"讀爲"簡"。《書·皋陶謨》"簡而廉"，僞孔傳："性簡大而有廉隅。"孔穎達疏："簡，謂寬大率略之名。" ◇"啟(暱)之爲言也猷(猶)啟啟也"之二"啟"字，《五行》也作"匿"。上面說過，這種"某之爲言也猶某也"的句式是聲訓。在聲訓中，有疊本字爲訓之例，如《禮記·鄉飲酒義》"愁之以時察"鄭玄注："察，猶察察，嚴殺之貌也。"據此，"啟啟"、"匿匿"都應該讀爲"暱暱"。"暱暱"，當是形容親暱的樣子。

【按】◇鰲(絕)：整理者如字讀；劉信芳2000B讀爲"蕝"。按，讀"絕"是。
◇▨、▨、▨(又見簡33 ▨)：整理者隸作"啟"釋"更"；李零1999釋"放"；龐樸2000B釋"匿"；劉信芳2000B釋"啟"讀"匿"；廖名春2000B釋"光"；涂宗流、劉祖信2001釋"哽"；顏世鉉2001認爲從"肉"從"攴"，讀爲"納"或"內"；陳偉2002B釋"容"；劉信芳2000B引劉國勝說隸"啟"讀"訥"，詹群慧2003A亦釋"訥"；林素清2003釋"勉"；范麗梅2006認爲從"舀"，讀"暱"；張崇禮2008釋"更"；ee釋"猛"；李家浩2011隸"啟"讀"暱"。按，參下。 ◇弜：整理者釋"強"；張富海2000引裘錫圭說、顏世鉉2001、范麗梅2006、李家浩2011讀"剛"。按，從馬王堆帛書《五行》對讀看，應讀爲"剛"。 ◇柬：整理者如字讀；李零1999讀"簡"；丁原植2000解"柬"爲揀選；林素清2003釋"翦"；劉釗2003釋"綿"；鄭剛2004C釋"滂"、"旁"。按，馬王堆帛書《五行》對讀看，應讀"簡"，簡大之義。 ◇"▨"下有重文(合文)符：整理者釋爲"啟啟"；李零1999釋"放放"；龐樸2000B釋"匿匿"；劉信芳2000B釋"匿匿"訓"側隱"；廖名春2000B釋"晃晃"；涂宗流、劉祖信2001釋"哽哽"；陳偉2002B釋"容容"；詹群慧2003A釋"訥訥"；林素清2003釋"俛勉"；劉釗2003釋"綿綿"；范麗梅2006讀"繩繩"；張崇禮2008釋"庚庚"；李家浩2011隸"啟啟"讀"暱暱"。按，參下。 ◇按，此可以與郭店《五行》簡39+40+41："柬(簡)之爲言，獸(猶)練【39】也，大而晏者。匿之為言也，獸(猶)匿匿也，少(小)而訪者也。柬(簡)，義之方也。匿，【40】息(仁)之方也。弜(剛)，義之方。矛(柔)，息(仁)之方也"及馬王堆帛書《五行》："簡之爲言也，猶賀，大而罕者。匿之為言也，猶匿匿，小而軫者。簡，義之方也。匿，仁之方也。剛，義之方殹。柔，仁之方也"對讀。從對讀看，釋"▨"、"▨"爲"暱"；釋"▨▨"爲"暱暱"是很可能的。此字多認爲從"丙",但"▨"、"▨"二字所從則與"丙"形相去較遠,劉國勝、劉信芳、顏世鉉、詹群慧、范麗梅都認爲從"內"得聲,李家浩認爲從"囪"聲,可能是正確的,這裏從范麗梅、李家浩讀爲"暱",下面的重文"暱暱"即對"暱"的疊字爲訓,也可以解釋爲"親暱所親暱之人"。

簡33

說明: 簡33與簡34編聯,從整理者說。

拼合編聯: 從圖片看,本簡應爲完簡。在第19字"也"字之下有一章節符"■"。

釋文:

　　歬(𤺄)多(者)也。豫(予)兀(其)志,求羖(養)斩(親)之志,害(蓋)亡(無)不以也,是以▨(𢿘–暱)也。男女

集釋:

【郭店-六德】尞(?)多也。𦊇其志,求羖(養)新志,害亡不以也。是以𢿘也。■男女

　　◇志:裘按:此句似當讀爲"求養親之志"。"志"從"之"聲。其下有表示重文或合文之符號,故可讀爲"之志"。

　　【黃德寬、徐在國1998】包山楚簡豫字或作▨(《簡帛編》750頁),頗疑"▨"字乃"▨"字之省形,應釋爲"豫"。《爾雅·釋詁上》:"豫,樂也。"……"豫其志"即逸樂其志。

　　【顏世鉉1999A】𩫸字作▨,……此字左偏旁下部所從當是"▽",可能是《說文》之"合"字,古文作舟;右邊偏旁疑是"冄"字,包山楚簡二七三有"▨牛之鞾",首字所從與簡文同,李家浩先生釋作"鞘"。從"合"及從"冄"之字古音皆在元部。此字可能讀作"弇",弇是影紐談部,談元旁轉。

　　【李零1999】歬多也。逸其志,求養親之志,害無不已也。是以放也。■男女

　　◇"少而歬多也",第三字是古"熱"字(同楚帛書"熱氣寒氣"的"熱"字),這裏疑讀爲"折"("折"是章母月部字,"熱"是日母月部字,讀音相近)。◇"逸",原不釋。◇"害無不已也","已"原作"以"。

　　【劉國勝1999】◇▨:應釋爲"逸"。此字從去從象。"去"旁與《六德》二號簡"法"字所從"去"形近。"象"旁與《老子》乙一二號簡"象"字形同。古文

第五章 《六德》集釋

象、兔二字形近易混。……"逸"當爲隱匿的意思。

【劉信芳2000B】◇楚帛書《甲》3"炅"即"熱",……據此"㬎"應讀爲"涅"。帛書《前道》:"合之而涅於美。"《方言》卷三:"涅,化也。"謂孵化也,"少而涅多"者,猶雞產卵孵化,由少化而爲多也。 ◇該字字形與《古文四聲韻》所錄《古老子》、《雲台碑》"舍"(字從手)之古文同,疑此二書借"豫"爲"舍"。簡文"舍"、"求"相對爲文,"求"謂取也,一舍一取,詞義自明。……"舍其志"者,舍其殺伐征戰之志也。 ◇"害亡不以也"的"害"讀爲"盍",《孟子·盡心下》……朱熹《集注》:"盍,何不也。"亡不以也,無不如是也。

【顏世鉉2000C】簡文"豫"當讀爲"舍",王念孫《經義述聞·春秋左傳中》卷十八之"旅有施舍"條云:"古聲舍予相近,施舍之言賜予也。"……文獻中"豫"、"舒"相通之例,如《大戴禮·五帝德》:"貴而不豫。"《史記·五帝本紀》"豫"作"舒"。……簡文"以"通"已",指完了、停止之意。簡文之意爲:舍去其故志,以求培養新志,如此則禍害沒有不停止的。……陳立先生發表《郭店竹書〈六德〉文字零拾》一文,其中談到"豫"字,他說:"周鳳五師以爲從辭例觀察,應可將之釋爲'欲'字。陳立先生又說:"'欲'字具有'欲望'或'想要'的意義。"……筆者……認爲此字若釋爲"欲"字,可訓爲"婉順"之意。《禮記·祭義》:"其薦之也敬以欲。"鄭注云:"欲,婉順貌。"……簡文字形,或仍可釋爲"豫"字,而讀爲"欲",古音"豫"爲余紐魚部,"欲"爲余紐屋部,雙聲旁對轉。

【廖名春2000B】◇李零……讀爲"折"。……案,據上文,此是說年少而多有波折。故下文說要如何如何,才能無害,才能光大。 ◇㬎,李零釋爲"逸"。……"逸"與"弇"義同,"逸其志"指壓抑自己的私心。

【廖名春2000D】"㬎"字上從"中",下爲"炅"。"中"爲"艸"之省,"炅"即"熱"。《素問·舉痛論》:"得炅則痛立止。"王冰注:"炅,熱也。"……而"炅"與"晏"通。《楚辭·九辯》:"被荷裯之晏晏。"《考異》:"《藝文類聚》作'被荷裯之炅炅'。""晏"與"偃"、"隱"音近相通。"多",帛書《五行》作"軫",義近通用。楚簡《五行》作"訪"。……"訪"亦可讀爲旁,訓爲廣大。"少而㬎多也"當讀作"小而偃,多也",即"有小罪而赦之",寬宥、掩蓋之,跟隨的人就會多。

【丁原植2000】"折"(裁斷)。……又,"㬎"字,或讀作"遼",《說文·

295

辵部》："遼，遠也。"

【涂宗流、劉祖信2001】◊"尞"，同燎。《說文》："燎，放火也。" ◊哽之為言也，猶哽哽也，少而寮多也：哽咽著說話，像悲痛而聲氣堵塞一樣，本來只需幾句卻說了更多(話像除去旁草的禾苗一樣)。 ◊㾓：此字從𡗕，青聲。𡗕，同"立"，《字彙外·大部》："𡗕，立本字。"此字似應隸定爲"靖"。……"靖其志"，安其神志。 ◊"以"，通"已"，完結，停止。

【顏世鉉2001】簡文"㾓"與"炅"當爲同一字之異體，是從火日聲的形聲字，它可和從"真"之字相通。簡文"炅"也可讀爲"畛"，……《六德》簡"小而畛多也"，即小而眾多之意，猶簡帛《五行》的"小而軫"或"小而旁"之意。……簡文之意爲：能婉順自己的心志，做到順從親意之養，推而行之，也就能含容並原諒他人之過失；如此，也就不會與人有所爭執，災禍也就無從發生。

【李天虹2002】 、 (辰按，出自上博一《孔子詩論》簡4)顯然應是同一個字，……古文字兔、象本來都是象形字，楚文字兔的下半與象字完全相同，作肉形，系由象形字的軀體及足尾演變而來；兔的上半作 或 ，象的上半作 或 或 ，系首部的象形，其形雖然接近，但也存在一定程度的差異。根據馬、李二位先生的釋讀(辰按，指馬承源、李學勤對上博一《孔子詩論》簡24、簡25的"兔"的釋讀)，通過字形比較，可以確定上舉《六德》、《詩論》之字的右旁確是兔字。……該字左旁是谷，右旁是兔，李學勤先生對字形的隸定是正確的。……我認爲該字形體可能與三體石經"逸"字古文有關。石經古文逸作 ，……其右旁上半爲兔，下半爲谷，與《六德》、《詩論》中的"谻"應當是同一個字。如果這個推測成立，"谻"就可以釋爲"逸"。……古逸與佚通，既有隱匿之義，還有閑適、安樂之義。……《六德》中的逸，訓爲第一義或第二義似乎都可以講通；比較而言，第二義可能更貼過文義。

【沈培2002】《六德》簡32~33中的"多也"也當讀爲"何也"，其文下面說"是以……"，正是對"何也"的回答。

【陳偉2002B】炅(畛)多也。□其志，求養親之志。蓋亡不以也，是以容也。男女，

　　◊養親之志，奉養父母能順從其意志。 ◊亡不以，無所不用的意思。《呂氏春秋·求人》云"先王之索賢人無不以也"，可參讀。

【詹群慧2003A】尞多也。□其志，求養親之志害？亡不以也。是以訥也。

第五章 《六德》集釋

【林素清2003】蓺多也。"捐其志，求養親志。"害？亡不以也，是以勉也。囗男女，

【劉釗2003】𥹆(實)多也。𢓜(抒)丌(其)志，求羕(養)釿(親)之志，害(蓋)亡(無)不以也。是以酈(綿)也。男女

"酈之為言也，猶酈酈也，小而實多也。"與《五行》："匿之為言也，猶匿匿也，少而軫者也。"說的是一回事，"匿"亦有"小"意。"𥹆"從"炅"（"慎"字古文），疑讀為"實"，古音"炅"在禪紐真部，"實"在船紐質部，聲為一系，韻為對轉。此"小而𥹆(實)多也"與馬王堆漢墓帛書《五行》"匿者，言人行小而軫者也。小而實大，大之者也。"中的"小而實大"相同。"𢓜"即"豫"字異體，疑讀為"抒"。"豫"、"抒"皆從"予"聲，故得相通。"抒其志"即"抒發志向"之意。"害"疑讀為"蓋"。簡文說仁類似"蕠"而纏卷，義類似"𠂤"而剛折。仁柔弱而綿小，義剛強而粗率。"酈"用言語來表達，就是細小繁多也，小但是很多。抒發志向，追求養眷親長的志愿，大概沒有不可以的，所以說是細小繁多也。

【曹錦炎2004】上海博物館藏楚竹書《孔子詩論》簡中，……兔字構形作■，楚文字這種寫法的"兔"字，……舊多釋為"象"，只有先師于思泊先生釋為"兔"，……于先生的釋讀並沒有錯。……郭店簡……的"豫"字，有上下文義可尋：……將上述"豫"字讀為"豫"，確實文從義明。因此，我們有理由相信，楚簡文字的"豫"字其實即"豫"字，只是在楚簡文字中，"豫"字寫成從兔，予，並不從"象"。……郭店楚簡《老子》……有今本對應，我們不能說■是"兔"非"象"。象寫作■，粗看確實與"兔"作■、■構形相似無別，但仔細分析，象首構形的最後一筆往右下延伸較長，……而"兔"字構形中兔首的最後一筆往往上翹，有明顯區別。

【劉祖信、龍永芳2005】頌其志，求養親志，害亡不以也。

【顧史考2006】多：語法上以句末之"多"讀為"者也"之合音則相當語順。

【范麗梅2006】◇"寮"……與《說文》"熾"字古文同形。……簡文"少而熾多也"，乃以"識"之燃燒蔓延而猛烈盛大引伸為子孫後代繁衍昌盛之意。……《六德》解釋仁之"暱"是"猶繩繩也，少而熾多也"，亦即就仁作為一種親暱的關係，就好比散材以繩索捆綁一般綿連不絕，這樣的一種綿延無盡，就好比猛火之燃燒蔓延，由少而多一般。

· 297 ·

【蘇建洲2008B】大家知道將"炅"分析為從"日"得聲，釋為"熱"，已是學界普遍認同的。……由字形來看，"❍"字中間作"❍"，與"日"形作封閉形有所不同。《楚帛書》甲篇2.9"女❍"，陳斯鵬先生贊同李零先生釋為"填"；《上博(三)·周易·頤》簡24與今本"顛頤"之"顛"相當之字作❍，以及《曾侯》61"真"字作❍，筆者曾根據以上三項證據懷疑"❍"字就是"真"。但是一來裘錫圭先生指出❍字實在無法釋出，只能依其上部形體有"出"形，暫且讀為出。而且"女❍"未必要讀為女媧。其次，上引《新蔡》零213、212的字(辰按，指❍)偏旁與"炅"形近，其"日"旁亦作❍形。所以"❍"釋為"炅"或"慎"字形上應該比較合理。……"佚書屢以'大而炭(罕)'與'小而聄'對舉，大與小反義詞，罕與聄亦當為反義詞，罕者稀少也，由此亦證聄者多也。"此為字義的證據。其次，聲音的證據：劉樂賢先生指出《說文》古文"慎"作❍，與秦漢文字中用為"熱"的"炅"為一字，是一個從"日"得聲的形聲字，以音近假借為慎。又如秦公簋中有一從"金"從"炅"聲的字應讀為"鎮"。而"聄"(章紐文部)，與"真"(章紐真部)的關係是雙聲，韻部真文旁轉關係非常密切，……而且典籍常見"真"、"㐱"二聲互通的例證，所以"日"、"㐱"聲旁相通自無問題。

【張崇禮2008】◇"尞"字不見於楚文字，但是以"尞"為偏旁的"戮"見於包山簡139，作❍；"鄝"見於包山簡179，作❍。通過比較，我們認為整理者釋為"尞"是沒有問題的。……我們知道，"尞"字也應該是盛多湊集義，或者說是"把眾多小的東西聚集在一起"的意思。"尞"可讀為"轑"。包山簡的"戮"字，何琳儀先生讀為"轑"，並引《說文》"轑，一曰，輻也"為訓。輻三十湊於轂，亦有湊集義。如果不考慮為了與(郭店《五行》相應簡文)"聄"相近而讀為"轑"，"尞"也可讀為"繚"。《詩·魏風·葛屨》："糾糾葛屨，可以履霜。"毛傳："糾糾，猶繚繚也。"因為"繚"的常見義是"纏繞"，所以一般把"繚繚"訓為"纏繞貌"。葛屨指用葛草編的鞋，用"糾糾"、"繚繚"來形容它，是說草鞋編織得非常細密，與盛多湊集義或"把眾多小的東西聚集在一起"，也是相通的。此外，"尞"還通作"僚"，如《隸釋·漢山陽太守祝睦後碑》："尞屬欽熙，孰不咨賢。"所謂"僚屬"、"群僚"，其中的"僚"也包含有上述意思。◇"豫"字不必改讀，應訓為"樂"。"志"，訓為情志。◇對於《六德》三十一至三十三簡的這一段文字，重新釋讀如下："仁類篾而束，義類等而絕。仁篾而更，義強而簡。更之為言也，猶庚庚也，小而尞多也。豫其志，求養親之志，蓋無不以也，是

第五章 《六德》集釋

以更也。"仁類似竹筬而纏束，義類似竹簡而剛折。仁細小而盛多，義剛強而率略。"更"的意思，和"庚庚"一樣，是細小而盛多。愉悅自己的情志，追求頤養親人的志願，都可以通過仁來得到，所以說仁是細小而盛多。

【陳劍2008】◇簡單談談前引簡文"小而䎽多也"的"多"字。此句跟《五行》"小而軫者也"對應，已有不少研究者指出，"䎽"跟"軫"是音近相通的關係，……那麼，"多"字的用法，也應該跟"者"字相對應。由此回過頭去看《六德》第31～33號簡中另外幾個用法比較怪的"多"字……如果將這些"多"字都換成"者"字來讀，可以說是再通順不過了。我現在傾向於認為，《六德》篇中這幾個"多"字，都可以就直接解釋為指示代詞，意為"……的(人或東西)"，跟"者"字的部分用法相類。但問題在於，這類用法的"多"字古書中似乎找不到；它跟同類用法的"者"字到底是什麼關係，也難以解釋清楚。亦只能志此存疑以待後考。(原注：曾經想到的一種猜測是："多"有沒有可能是來源於"者也"合音呢？"多"跟"也"都是歌部字。"者也"合為"多"，又或可說"多也"("……謂之婦，以信從人多也")，猶如"之乎"合為"諸"，古書中又常可說"……諸乎"。)【附"雲誰之思"2008-1-26評論】《說文》"奢"字籀文作"奓"。黃天樹先生認爲是"同為形聲字而聲旁不同"，(《黃天樹古文字論集》316頁)按此說法，奢從的者和奓從的多讀音上應該是有關係的。

【鵬宇、汪冰冰2008】新蔡簡甲三342-2，有一字作䝤，……包山簡卜筮祭禱記錄216，有一字作䝤，……包山簡文書記錄139另一字作䝤，……從字形上看，以上諸字之左當皆為"寮"字無疑。

【十四種2009】䖏多也。㕢(逸)其志，求羖(養)新(親)之志，害亡不以(已)也。是以戠也。男女

【李家浩2011】睿(軫)多(者)也。豫(舍)其志，求羖(養)新(親)之志，害亡(無)不目(已)也，是目(以)皵(曏)也。

◇"小而睿多也"之"睿"，在《五行》"小而軫者也"句中作"軫"。顏世鉉說"睿"可以讀爲"軫"，甚是。前面說過，"睿"是古文"慎"。"慎"、"軫"古音相近，可以通用。"慎"從"真"聲，"軫"從"㐱"聲。◇上古音"者"屬章母魚部，"多"屬端母歌部。古代章、端二母和魚、歌二部都很相近。如《說文》正篆"奢"從"者"聲，籀文作"奓"，從"多"聲，就是很好的例子。……"奓"字見於《詛楚文》："今楚王熊相，康回無道，淫失(佚)甚

299

（沈）亂，宣麥（奢）競從（縱）……"桂馥、王筠等人指出，"宣麥"即《說文》大部"查"字說解所說連語"奢查"的倒文；《說文》作"查"，乃用本字，《詛楚文》作"宣"，乃用假借字。……據此，單育辰把簡文"多"讀爲"者"，應該是可信的。從戰國竹書用字情況看，在同一篇中的同一個詞，可以使用不同的字表示。就拿《六德》這段文字來說，表示"剛"這個詞的字，既作"幷"又作"強"；表示"義"這個詞的字，既作"義"又作"宜"。又如上海博物館竹書《競公瘧》8號："今薪蒸思（使）虞守之，澤梁史（使）漁守之，山林史（使）衡守之。"文中表示"使"這個詞的字，上一句用"思"，下兩句用"史"。《六德》表示"者"這個詞的字，既寫作"者"，又寫作"多"，一點也不奇怪。 ◇"小而軫者也"之"小"與"軫"對言。……帛書《五行》"說"對"不匿，不辯於道"的解釋，爲我們提供了解決這個問題的線索："匿者，言人行小而軫者也。小而實大，大之囗者也。世子曰：'知軫之爲軫也，斯公然得矣。'軫者，多矣。公然者，心道也。不周〔於匿〕者，不辯於道也。"第一，據"匿者，言人行小而軫者也"之語，"小"是指"行"之小。第二，據"軫者，多矣"之語，"軫"是多的意思，正好與"小"相對爲文。據上引《五行》"不直不肆"云云，"行"屬於"義"，那麼與之相對的"軫"當屬於"仁"。據上引《五行》"不變不悅"云云，屬於"仁"而與"行"對應的是"愛"。"小而軫者也"的意思是說，"曜"指"行"少"愛"多。上引《五行》比《六德》多出"簡之爲言猶練也，大而罕者也"一句。"大而罕"與"小而軫"對舉，"罕"當少講。"大而罕者也"的意思是說，"簡"指"行"多"愛"少。 ◇"舍其志"，大概是說捨棄其私欲的意思。《禮記·少儀》"義與，志與"鄭玄注和《大戴禮記·哀公問五義》"不害不志"王聘珍注，皆云："志，私意也。" ◇求養親之志：《論語·爲政》"子夏問孝。子曰色難"，皇侃《義疏》："夫氣色和，則情志通；善養親之志者，必先和其色，故曰難也。"可以參考。 ◇根據以上所說，《六德》"仁類柔而束"一段文字的大意是說："仁"的道德準則是"柔"和"束"，"義"的道德準則是"剛"和"絕"；"仁"的道德表現是"柔"和"曜"，"義"的道德表現是"剛"和"簡"。"曜"說的等於形容親密樣子的"曜曜"之"曜"，是"簡"少"愛"多的表現。捨棄自己的私欲，尋求孝養親人的心志，那麼有害的東西無不消除，因此稱爲"曜"。

【李春桃2012】《汗簡》、《四聲韻》中都有"熾"字古文，具體出處均為

第五章 《六德》集釋

《說文》：▨汗5·68說▨四4·8說……不難看出《說文》中的▨形可能就是▨形訛誤。……"殖"字古文作：▨汗4·55說▨四5·26說……鄭珍認為《說文》中"燰"字古文▨形"音旁不完，當以此(▨)正之。"包山簡中"戠"字或作：▨包山243▨包山248……"殖"字古文▨的左上部與▨的左上部接近，可隸定成"燰"，是"燰"字異體，借為"殖"。▨也有可能原來寫作▨形，後在傳抄過程中遺失了部分筆畫。總之，▨作為"燰"字古文屬於訛體，那麼據此釋▨為"燰"就明顯不可信了。……學者指出《六德》簡文"猶暱暱也，少而斬者也"與帛書"匿者，言人行小而斬者也"正好相對，是"岃"與"斬"互為異文，這是讀"岃"為"斬"的重要證據。……由《六德》、楚帛書中"岃"(旁)的釋讀可知，學者認為"岃"從旻得聲是可信的。……"震"字在石經中有古文作：▨石 關於石經中的形體，人們多以闕疑處理。此形上部從雨比較明顯，……"▨"是"日"形訛誤，《集篆古文韻海》中"震"字古文：▨4·23 該形中間正從日，尚不誤，又《篆隸萬象名義·雨部》"震"字下收古文作"霮"，該形下部所從也寫作"日"，均可作為我們推測的證據。……"震"從雨辰聲，按照這一規律分析，▨應分析成從雨戜聲，戜從岃聲，"岃"是"慎"字古文。古"慎"和"辰"字可通，……"震"從戜作屬於聲符替換。"震"字古文"霮"的釋出明確了傳抄古文系統中"戜"亦從岃得聲，這是另一定點。

【按】◊▨：整理者釋"尞"；李零1999隸"岃"釋"熱"讀"折"；劉信芳2000B隸"烹"釋"涅"；廖名春2000D認為從"中"從"岃"，讀"偃"，且句讀有更動；丁原植2000從李零說釋"折"訓裁斷，又釋為"遼"；涂宗流、劉祖信2001釋"尞"讀"燎"；顏世鉉2001隸"岃"讀"斬"；陳偉2002B亦釋"岃"讀"斬"；林素清2003釋"蓺"；劉釗2003隸"岃"釋"實"；范麗梅2006釋"燰"；蘇建洲2008B釋"岃"或"慎"讀"斬"；張崇禮2008釋"尞"讀"轑"或"繚"；李家浩2011隸"峕"讀"斬"。按《說文》卷十上"燰"古文作▨，李春桃2012言此篆形有訛誤，可能是▨之類形體的訛變，與古文字的▨形並不相干。《說文》卷十下"慎"古文作▨，《楚帛書》甲篇之"熱"作▨，皆與▨形近。《六德》此句可與馬王堆帛書《五行》對讀，則▨只能釋為"斬"；又三體石經"震"古文作▨[①]，可見▨應取"▨(慎)"音，慎，禪紐真部；斬，章紐真部；震，章紐文部，三字古

[①] 字形見施謝捷：《魏石經古文彙編·上編》，未刊稿，第157頁。

音相近，且典籍多有通假之例。又，▢與《楚帛書》讀"熱"之字形極近，"熱"一般認爲是日紐月部，與"軫"音也有語音通假關係。又，包山簡139有▢字、包山簡179有▢字，亦應讀爲"慎"之類的音。 ◇多：沈培2002認爲相當於"何"；顧史考2006認爲是"者也"合音；陳劍2008認爲"多"字的用法應該跟"者"字相對應，又認爲可能是"者也"合音；單育辰2010、李家浩2011讀"者"。按，即應讀"者"，如李家浩言，"多"、"者"二字古有通用之例。◇▢：整理者隸爲"䏎"；黃德寬、徐在國1998釋爲"豫"；顏世鉉1999釋"䏎"讀"舁"；李零1999釋"逸"；劉國勝1999認爲從"去"從"象"，釋爲"逸"；劉信芳2000B、顏世鉉2000C釋"豫"讀"舍"訓舍去；顏世鉉2000C又引周鳳五說釋"欲"；涂宗流、劉祖信2001釋"靖"；李天虹2002隸"䏎"釋"逸"；林素清2003釋"捐"；劉釗2003隸"豫"釋"豫"讀"抒"；曹錦炎2004隸"挽"讀"豫"；劉祖信、龍永芳2005釋"頌"；張崇禮2008釋"豫"訓"樂"。按，釋"豫"是，[①]此字左從爲"予"之訛變，右從"象"，"象"與"兔"在楚簡中常訛混不分，不能強行區別。此字似應讀"予"（或"舍"），給予義。 ◇"志"下有合文（重文）符，整理者釋"志"；裘按釋"之志"二字合文。按，應以裘按爲是。 ◇害：整理者如字讀；劉信芳2000B讀"盍"；劉釗2003讀"蓋"。按，讀"蓋"是，參《成之聞之》簡22按語。 ◇以：整理者如字讀；李零1999、顏世鉉2000C、涂宗流、劉祖信2001讀"已"；陳偉2002B訓"以"爲用；劉釗2003訓可以。按，似應訓用。 ◇按："仁▢（柔）而▢（敓－曙），……小而【32】叚（軫）多（者）也"是說"仁"柔弱而親曙，……"仁"的行爲看起來小（不如"義"的行爲看起來大），而人們卻可以多次施行（仁道）。 ◇按："予其志，求養親之志，蓋亡不以也"似是說用求得奉養親人的志向來給予民衆，那麼民衆無所不可用了。這裏"求養親之志"是狀語，修飾"予其志"。

簡34

說明：從圖片看，本簡應爲完簡。

拼合編聯：簡34與簡35編聯，從整理者說。

釋文：

卞（辨）生言（焉），父子新（親）生言（焉），君臣宜（義）生言（焉）。父聖，子惥

[①] 參看單育辰：《談晉系用爲"舍"之字》，《簡帛》第四輯，上海：上海古籍出版社，2009年，第161—168頁對"豫"字的研究。

第五章 《六德》集釋

（仁），夫智，婦信，君宜（義），

集釋：

【郭店–六德】卞生言，父子新（親）生言，君臣宜（義）生言。父聖，子息（仁），夫智，婦信，君宜（義），

【廖名春1998A】簡文的"君子所以立身大法三"："男女辨生言，父子親生言，君臣義生言"，《禮記·哀公問》有較爲接近的記載："……孔子對曰：'夫婦別，父子親，君臣嚴。三者正則庶物從之矣。'"《大戴禮記·哀公問於孔子》篇同。而《孟子·滕文公上》則說："聖人有憂之，教以人倫：父子有親，君臣有義，夫婦有別，長幼有敘，朋友有信。"

【李零1999】別生言，父子親生言，君臣義生言。父聖子仁，夫智婦信，君義，◇兩"別"字，原作"卞"。

【袁國華1999】《郭店楚墓竹簡·成之聞之》簡32及簡33。簡文云："制為君臣之義，著為父子之親，分為夫婦之支（辨）。"比而觀之，……"卞"與"支"同義，至爲明顯。"卞"、"辨"二字古簡相同，同屬"並"母"元"部，故音同通假。"男女不卞"一語，《禮記·樂記》與《墨子·非命》皆作"男女無辨"，……亦即"男女無別"，"男女無別"一語，文獻數見。……《禮記·昏義》……"敬慎重正，而後親之，禮之大體。而所以成男女之別，而立夫婦之義也，男女有別，而後夫婦有義，而後父子有親，而後君臣有正，故曰：禮者，禮之本也。"

【徐少華2000】◇如《易·說卦》載："有天地，然後有萬物，有萬物，然後有男女，有男女，然後有夫婦，有夫婦，然後有父子，有父子，然後有君臣，有君臣，然後有上下，有上下，然後禮義有所措。"二戴《禮記·哀公問》並載："孔子對曰：'夫婦別，父子親，君臣嚴，三者正則庶民從之矣。'"又《禮記·郊特牲》曰："男女有別，然後父子親；父子親，然後義生；義生，然後禮作；禮作，然後萬物安。"同書《昏義》說："禮之大體而所以成男女之別，而立夫婦之義也。男女有別，而後夫婦有義；婦夫有義，而後父子有親；父子有親，而後君臣有正。"《孟子·滕文公上》曰："教以人倫。父子有親，君臣有義，夫婦有別，長幼有敘，朋友有信。"《荀子·天論》："若夫君臣之義，父子之親，夫婦之別，則日切磋而不舍也。"《韓詩外傳》卷五第十四章載："若夫君臣之義，父子之親，夫婦之別，朋友之序，此儒者之所謹守，日切磋而不舍也。"◇簡文將"男女辨，父子親，君臣義"歸結為"君子所以立身大法三"，其間關係是"聖生

仁，智率信，義使忠，"當上承孔門之"三者正"而開漢"三綱六紀"之先河，董仲舒《春秋繁露·基義》曰："君臣、父子、夫婦之義，皆取諸陰陽之道，……天為君而覆露之，地為臣而持載之；陽為夫而生之，陰為婦而助之；春為父而生之，夏為子而養之；……王道之三綱，可求於天。"班固《白虎通·三綱六紀》說："三綱者，何謂也？謂君臣、父子、夫婦也。……故《含文嘉》曰：'君為臣綱，父為子綱，夫為妻綱。'……綱者，張也，……若羅網之有紀綱而萬目張也。"

【彭林2000B】儒家以婚姻為百禮之首、王化之基，故最為慎重。《禮記·昏義》："男女有別，而後夫婦有義。"孔疏："婚姻得所，則受氣純和，生子必孝，事君必忠。孝則父子親，忠則朝廷正。"孫希旦《集解》："物之苟合者，親也不可以久，故男女有別，而後夫婦有義。"是"別"為謹慎之意。

【廖名春2000B】"言"當爲語氣詞。《周易·師》："六五，田有禽，利執言。"朱熹《本義》："言，辭也。"

【丁原植2000】"言"，当指人文的教化。

【涂宗流、劉祖信2001】"言"，讀爲"焉"。"言"古音疑紐元部；"焉"古音影紐元部。疑、影同爲喉音，韻部相同，可通假。《詩·豳風·七月》："……言私其豵，獻豜於公。"高亨今注："言，讀爲焉。"

【顔世鉉2001】"言"，《禮記·玉藻》："二爵而言言斯。"鄭注："言言，和敬貌。"……簡文之意爲：能男女辨、父子親、君臣義，則能相處和敬，生活和樂。

【陳偉2002B】辨生言(焉)；父子，親生言(焉)；君臣，義生言(焉)。父聖，子仁；夫智，婦信；君義，

言：疑當讀爲"焉"。在上古音中，"言"屬元部疑紐，"焉"屬元部影紐，二字爲鄰紐雙聲。《詩·小雅·大東》"睠言顧之"，《荀子·宥坐》、《韓詩外傳》卷三引"言"作"焉"。是二字通假之例。

【林素清2003】別生焉。父子，親生焉。君臣，義生焉。父聖，子仁，夫智，婦信，君義，

【劉釗2003】卞(別)生言(焉)，父子新(親)生言(焉)，君臣宜(義)生言(焉)。父聖，子悬(仁)，夫智，婦訏(信)，君宜(義)，

"言"字讀爲"焉"。古音"言"在疑紐元部，"焉"在影紐元部，於音可通。"蔑"字典籍訓爲"無"，又可讀爲"靡"。"男女別生焉，父子親生焉，君

臣義生焉"與《藝文類聚》卷四十禮部下"婚"條謂："男女別，然後父子親。父子親，然後義生。"所言相同。

【范麗梅2006】"言"字的釋讀，可以參見《禮記·曲禮上》："男女不雜坐……外言不入於梱，內言不出於梱。"鄭《注》："外言、內言，男女之職也。"……"言"字在此，乃由言語之言擴大含蓋的範圍，而包括言出所行的"職"。

【十四種2009】卞(辨)生言，父子新(親)生言，君臣宜(義)生言。父聖，子悤(仁)，夫智，婦信，君宜(義)，

【按】◊卞：整理者讀爲"辨"（參簡5）；李零1999讀"別"。按，在"別"這個意義上，古書寫作"辨"，亦寫作"別"，故"辨"、"別"皆可。下同。"卞"字的釋讀參簡5。 ◊言：整理者如字讀；廖名春2000B釋爲語氣詞；丁原植2000訓人文的教化；涂宗流、劉祖信2001、陳偉2002B、劉釗2003讀"焉"；顏世鉉2001解爲"和敬貌"；范麗梅2006解爲言語、職責。按，讀"焉"是。

簡35

說明：從圖片看，本簡在第3字"聖"字中部有斷痕；本簡在第5字"悤"字之下有斷痕。

拼合編聯：簡35與簡36編聯，從整理者說。

釋文：

臣宜〈忠〉。聖生悤(仁)，智銜(率)信，宜(義)叓(使)忠。故夫夫、婦婦、父父、子子、君君、臣臣，此六者客(各)

集釋：

【郭店-六德】臣宜〈忠〉。聖生悤(仁)，智銜(率)信，宜(義)叓(使)忠。古(故)夫夫，婦婦，父父，子子，君君，臣臣，此六者客(各)

【廖名春1998A】簡文將夫婦有辨、父子有親、君臣有義稱爲"君子所以立身大法三"，將"智信聖仁義忠""六德"視爲這三大法的解釋，將"夫夫、婦婦，父父、子子，君君、臣臣"視爲這三大法的具體體現。後世有"君爲臣綱、父爲子綱、夫爲婦綱"的所謂"三綱"之說，簡文的"聖生仁，智率信，義使忠"說，就是其源頭。後世的所謂"五常"，各家理解雖有小異，但從簡文"六德"化出的痕迹也很大。

【李零1999】臣忠。聖生仁，智率信，義使忠。故夫夫、婦婦、父父、子子、君君、臣臣，此六者各

【陳偉2002B】臣宜〈忠〉。聖生仁，智率信，義使忠。故夫夫，婦婦，父父，子子，君君，臣臣。此六者各

父聖，子仁；夫智，婦信；君義，臣宜〈忠〉：這裏歷數的六德，疑非並列關係，而是說父聖則子仁，父智則婦信，君義則臣忠。故斷讀如上。

【林素清2003】臣忠。聖生仁，智率信，義使忠。故夫夫，婦婦，父父，子子，君君，臣臣，此六者各

【劉釗2003】臣宜〈忠〉。聖生㤓(仁)，智衒(率)訐(信)，宜(義)叓(使)忞(忠)。古(故)夫夫、婦婦、父父、子子、君君、臣臣，此六者各

【十四種2009】臣宜〈忠〉。聖生㤓(仁)，智率信，宜(義)史(使)忠。古(故)夫夫，婦婦，父父，子子，君君，臣臣，此六者客(各)

【按】◊按，"宜"應爲"忠"之誤。 ◊按，"夫"、"婦"、"父"、"子"、"君"、"臣"六字重文。

簡36

說明：從圖片看，本簡應爲完簡。
拼合編聯：簡36與簡37編聯，從整理者說。
釋文：

行丌(其)戠(職)，而狱䜋(訟)蔑繇(由)亡〈乍－作〉也。君子言，信言尔言，煬(扬?)言尔敔(語)，外

集釋：

【郭店–六德】行其戠(職)而狱夲蔑繇(由)亡〈乍〉也。君子言信言尔，言煬言尔，設外

【李零1999】行其職，而讒詔蔑由作也。君子言信言尔，言煬言尔，設外
◊"設"，原從言從攴。

【丁原植2000】"煬"字，可訓爲"融鑠"，《廣韻·陽韻》："煬，釋金"。

【顏世鉉2001】◊"蔑"，無也。 ◊君子言信言爾，言煬(揚)言爾：言，語助詞，……"信"，讀作"伸"，即伸明之意；"煬"讀作"揚"，即彰顯之意。

第五章 《六德》集釋

"爾",爲指事之詞,指"父聖、子仁、夫智、婦信、君義、臣忠"六德。

【徐在國2001】此字從"首"從"火"從"戈",當隸作"戮",讀爲"蔑"。……《小爾雅·廣言》:"蔑,無也。"

【涂宗流、劉祖信2001】君子言信言爾,言煬言爾,敞外內皆得也。

◊"煬",溫和。 ![字]:此字,從攴,音聲,應隸定爲"敞"。……"敞",展開。《集韻》:"敞,展也。" ◊"爾",……《經傳釋詞》卷七:"爾,猶'如此'也。" ◊"言……言",語氣助詞,用在句首或句中,起補足音節的作用,沒有實在意義。 ◊句意爲:君子誠實不欺如此,抱德煬和如此,展開於外和內皆得也。

【廖名春2001C】◊"言尒","言"即"乃"、"就"。《詩·豳風·七月》:"二之日其同,載纘武功,言私其豵,獻豜於公。"高亨今注:"言,讀爲焉,乃也。"……"煬"可讀爲"養"。《淮南子·精神》:"抱德煬和。"高誘注:"煬讀供養之養。"但本篇33簡"養"作"攲"。從文義看,"煬"還是讀爲"祥"較好。《忠信之道》簡8:"其言爾信。"簡6:"君子弗言爾。" ◊設,外內皆得也。"設"疑讀爲"合"。《尚書·盤庚中》:"各設中於乃心。"……"合"指符合"夫夫,婦婦,父父,子子,君君,臣臣",即"六者各行其職"。"外內"指"內位父子夫,外位君臣婦"。"外內皆得"即"父聖,子仁,夫智,婦信,君義,臣忠"六德皆能實現。"合"與下文"其反"相對,故應斷句。

【呂浩2001】《六德》簡三六……"煬"字義爲遮蔽、壅蔽。《韓非子·內儲說上》:"今或者一人,有煬君者乎?"……"攲"字疑可釋作"設"。簡帛文字從攴與從殳每通用。……《廣雅·釋詁》:"設,合也。""設外內皆得也"猶言:合內外,皆得也。內外指"門內之治義弇恩,門外之治義斬恩"。內外皆得,是說仁與義皆得也,此之謂君子。

【李零2002A】"誠",原作"煬",與《成之聞之》篇簡24"其誠也固矣"句我們讀爲"誠"的字聲旁相同,用法也相近,……這裏讀爲"誠"。案簡文於道德術語爲詳,"仁"、"義"、"忠"、"信"、"聖"、"智"之屬多見,而獨無"誠"。這兩句話,下句"煬"與上句"信"相對,讀爲"誠"是比較合適的。

【陳偉2002A】君子言,信言尔言,煬(陽)言尔設,外內皆得也

信言,誠實無欺的言辭。《老子》第八十一章"信言不美",河上公注:"信言者,如其實也。……"尔,同"也",這裏用在句中表示停頓。沈培先生曾對

郭店簡中的"尔"的這種詞例作過分析。……煬，讀爲"陽"，有虛飾、假裝的意思，字亦作"佯"。《老子》第八十一章接着說："美言不信"，河上公注："美言者，滋美之華辭。……""陽（佯）言"似與《老子》所說的"美言略同"。設，從李零先生說，指施設。這裏"信言"是對仁而言，指由人的本性出發的質實之語；"陽言"對義而言，指爲了維系社會倫理而設計的措辭。所以簡書隨即說"外內皆得也"。

【陳偉2002B】行其職而獄諺（犴）蔑由亡〈乍〉也。君子言，信言尔言，煬（陽）言（焉）尔設，外

【周鳳五2003】關於簡文"淫"字（辰按，指《成之聞之》簡24），……此字右旁似"易"，實爲"尋"字之訛。尋，古音邪紐侵部；淫，余紐侵部，《古文四聲韻》的古《老子》"淫"字以尋爲聲，乃音近通假。……"君子言韌焉尔"讀爲"韌"，以上各例也都屬音近通假。（原注：忍、韌皆日紐文部，與尋字可以通假。"衽席"，典籍習見，不煩舉例。）

【林素清2003】行其職，而獄訟蔑由作也。君子，言信焉尔，言訒焉尔，庶外

簡三六"訒焉尔，庶外內皆得"……的考釋，承蒙周（鳳五）先生出示手稿，惠賜卓見。

【劉釗2003】行丌（其）戠（職），而岙（訕）誉（誇）爔（蔑）繇（由）乍（作）也。君子言訐（信）言（焉）尔（爾），言煬言（焉）尔（爾），敨外

"言"讀為"焉"，"尔"讀為"爾"。"焉爾"為典籍中常見之語氣詞，意爲"于是"、"而已"。《禮記·玉藻》："父沒而不能讀父之書，手澤存焉爾。"

【沈培2004】◊蔑：原釋文徑釋"蔑"。今隸定如此。裘（錫圭）老師認爲"蔑"即《說文》的"蠠"。 ◊"君子言信言尔"，與《忠信之道》簡8"其言尔信"意思相近。 ◊敨：裘錫圭認爲此字乃"故"之誤字（2000.11討論會上提出）。

【十四種2009】行其戠（職），而岙誉蔑繇（由）亡〈乍（作）〉也。君子言信言尔，言煬言尔，敨（設）外

【劉信芳2011】◊敨，疑讀爲赴。 ◊而狃（訕）誉（嬾）爔繇乍（作）也：誉，與"訑"乃一字之異，讀為"嬾"。《說文》："嬾，懈也。"

【單育辰2011】◊ 此字右旁作 ，上從"目"，而"易"一般作 、 （包山簡

184、《緇衣》簡5"湯"所從），與此不同。此字而與▨（《尊德義》簡16"潯"）、▨（《成之聞之》簡24"煬"）所從則相同，故它亦可能從"尋"，可如周鳳五說隸爲"煬"。"煬"或讀爲"訦(忱)"，"煬"邪紐侵部，"訦"禪紐侵部，二字音近，"訦"，信也。不過，此字也確有從"易"的可能，如《尊德義》簡6之"湯"作▨，其上亦從"目"而非"日"。◇▨：諸家於字形辨認有誤。此字書法本較清晰，做▨，"言"上分明從"五"，可參鄰簡34▨（信），其所從之"言"旁，字形與之全然不同。《成之聞之》簡36"語"作"▨"，"五"旁也寫的很小，與此相類（《成之聞之》與《六德》是同一書手）。此字應隸定爲"謼"，從"五"得聲，應即讀爲"語"。此字另從之"訐"，我們懷疑即是"許"的省變體（"許"字參上博二《民之父母》簡9▨、清華一《祭公》簡16▨），"許"、"語"二字古音甚近，故此字是一個從"五"、從"訐(許)"兩聲字。此句的"謼(語)"與前句的"言"正好相互爲文。

【鄧少平2011B】單（育辰）先生指出整理者隸定爲"訐"的那個字，應隸定爲"謼"，從"五"得聲，確爲有見。……我們覺得，這個字也有可能以音近讀爲"故"。上古音"五"屬疑母魚部，"故"屬見母魚部。兩者韻部相同，見母和疑母又都屬牙音，當可相通。《詩·小雅·小弁》："假寐永歎。"《淮南子·說山》高注、《後漢書·質帝紀》李注並引"假"作"瘕"。而"瘕"是疑母魚部字，"假"是見母魚部字，正可類比。

【廖名春2013】"君子言信言尔言煬言尔▨外内皆得"當讀作："君子焉，信焉尔言，誠焉尔語，外内皆得。"前一"言"字，當讀為"焉"，是語氣助詞。第二個"言"字，也當讀為"焉"，介詞，相當於"乎"、"於"。"尔"，同"爾"，此。……王引之《經傳釋詞》卷七："爾，猶此也"……此"爾言"，指"夫夫、婦婦、父父、子子，君君、臣臣"之言。"信言尔言"當讀為"信焉爾言"，也就是"信乎此言"，即信守"夫夫、婦婦，父父、子子，君君、臣臣"之言。……此"語"與"信言尔言"後一"言"字，其義相近。"煬言尔語"當讀為"誠焉爾語"，即"誠乎此語"，指心志專一於"夫夫、婦婦，父父、子子，君君、臣臣"之訓。

【按】◇▨：李零1999讀"讒諂"；陳偉1998釋"獄諺(犴)"；林素清2003釋"獄訟"；劉釗2003釋"岙(訕)奢(誇)"；十四種2009釋"岙奢"；劉信芳2011釋"狁(訕)奢(訧-嬾)"。按，釋"獄訟"是，參簡24。◇▨：整理者釋"蔑"；徐在國2001隸"戜"讀"蔑"；劉釗2003隸"熪"讀"靡"；沈培2004隸"蔑"引裘錫圭說認爲即《說文》的"莧"。按，此字大家都承是"蔑"，不過和"蔑"一般的寫法❏（上博一《孔子詩論》簡9）相較，有從"火"從"人"之異而已，此"火"形應該就是"人"形的訛變。按，甲骨文中"蔑"作❏（《合》14801）、❏（《合》14806），金文中"蔑"作❏（《集成》9455）、❏（《集成》10175），此即❏形的早期來源。值得注意的是，在甲骨文中有首字，作❏（《合》190）❏（《合》14755）等形，朱芳圃、連劭名、張政烺認爲即《說文》卷四上之"首"，釋爲"蔑"，應確。①此字或單用，或連言爲"勿首"、"不首"，或作時稱"首日"，②此字也可能與❏、❏左上有關。 ◇按，"亡"爲"乍(作)"之訛。 ◇信：整理者如字讀；顏世鉉2001讀"伸"。按，整理者讀是。 ◇煬：整理者釋"煬"；丁原植2000釋"煬"訓"融鑠"；顏世鉉2001釋"煬"讀"揚"；涂宗流、劉祖信2001釋"煬"訓溫和；廖名春2001C釋"煬"讀"養"或"祥"；呂浩2001釋"煬"訓遮蔽；李零2002A釋"煬"讀"誠"；陳偉2002A釋"煬"讀"陽"或"佯"；周鳳五2003認爲右從"尋"讀"韌"；單育辰2011隸爲"煂"讀"忱(忱)"。按，從單說隸爲"煂"，讀"忱(忱)"。 ◇❏：整理者隸定爲"訹"；李零1999釋"設"；顏世鉉2001釋"設"訓施用（見簡37）；涂宗流、劉祖信2001釋"敆"；廖名春2001C釋"設"讀"合"；呂浩2001釋"設"訓"合"；沈培2004引裘錫圭說認爲是"故"之誤字；劉信芳2011讀"赴"；單育辰2011隸定爲"敔"讀"語"；鄧少平2011B從單育辰隸定，讀爲"故"。按，此字書法本較清晰，做❏（大圖見下），"言"上分明從"五"，從單說隸定爲"敔"讀"語"。 ◇"尔"前的兩個"言"：顏世鉉2001、涂宗流、劉祖信2001解爲語氣助詞；廖名春2001C認爲"言"即乃、就之義；林素清2003、劉釗2003讀爲"焉"。按，讀爲"言語"之"言"是。 ◇兩個"尔"：

---

① 朱芳圃：《殷周文字釋叢》，北京：中華書局，1962年，第116—117頁；連劭名：《甲骨文"首"、"丫"及相關的問題》，《北京大學學報》1981年第6期，第56—59頁；張政烺：《殷契首字說》，《古文字研究》第十輯，北京：中華書局，1983年，第15—22頁；又，張政烺：《殷契"首"字說》，《張政烺文史論集》，北京：中華書局，2004年，第657—663頁。又可參看于省吾主編：《甲骨文字詁林》，北京：中華書局，1999年，第583—603頁。

② 參看姚孝遂、肖丁主編：《殷墟甲骨刻辭類纂》，北京：中華書局，1989年，第217—219頁。按，單用"首"者即表否定詞"蔑"；連言爲"勿首"、"不首"者，"勿"（"不"）、"首（蔑）"爲同義連用，仍表否定。在甲骨文中兩個或兩個以上的近義詞連用是很常見的，如"若侃"（《花東》288）、"若直（德）"（《合》21727）、"吉徝（德）"（《合》22109）、"❏虐"（《合》14315）、"由(憂)虎"（《合》23690）、"咸既"（《合》33440=《甲》553）、"征(誕)迺"（《合補》9037）、"㱿用"（《合補》13322，"㱿"可讀"御"，詳另文)等；作時稱"首日"可讀"昧日"。

陳偉2002A從沈培說認爲同"也"；涂宗流、劉祖信2001認爲是"如此"的意思；廖名春2013認爲是"此"義。按，應從沈培說。◊按，整理者句讀爲"君子言信言尔，言煬言尔，鼔外【37】內皆得也"；陳偉2002A句讀爲"君子言，信言尔言，煬（陽）言尔設，外內皆得也"。按，陳偉句逗可從，"君子言，信言尔言，煬（說）言尔鼔（語），外【37】內皆得也"是說君子出言，所言必信，所語必說，故外內皆能成就。

書法本　　精裝本

簡37

說明： 從圖片看，本簡應爲完簡。

拼合編聯： 簡37與簡38編聯，從整理者說。

釋文：

內皆导（得）也。丌（其）返（反），夫不夫，婦不婦，父不父，子不子，君不君，

集釋：

【郭店–六德】內皆得也。其返（反），夫不夫，婦不婦，父不父，子不子，君不君，

【李零1999】內皆得也。其反，夫不夫，婦不婦，父不父，子不子，君不君，

【顏世鉉2001】"設外內"，即指"施用於外內"。"得"即指適合、適當，引申有親悅、融洽之意。

【陳偉2002B】內皆得也。其反，夫不夫，婦不婦，父不父，子不子，君不君，

【林素清2003】內皆得也。其反，夫不夫，婦不婦，父不父，子不子，君不君，

【劉釗2003】內皆导（得）也。丌（其）返（反），夫不夫，婦不婦，父不父，子不子，君不君，

【十四種2009】內皆得也。其返（反），夫不夫，婦不婦，父不父，子不子，君不君，

簡38

說明： 從圖片看，本簡應爲完簡。

拼合編聯： 簡38與簡39編聯，從整理者說。

釋文：

　　臣不臣，緍（昏）所由繇（由）𨑒（作）也。君子不帝（諦）明虐（乎）民敚（微）而已（已），或（又）以智（知）

集釋：

　　【郭店–六德】臣不臣，緍（昏）所繇（由）连（作）也。君子不帝（諦）明虐（乎）民敚（微）而已，或以智（知）

　　【李零1999】臣不臣，昏所由作也。君子不諦明乎民微而已，又以知

　　【陳偉1999】帝，……恐應讀爲"諦"，指詳細審察。民，似應讀爲"萌"，指發端，故與"微"連言。……簡文是說君子並非洞悉一切，只是把握住基礎性環節而已。

　　【丁原植2000】"民微"，指民之隱微。……"民微"似指涉及人民個別事物的細節。

　　【涂宗流、劉祖信2001】◇"微"，隱蔽、藏匿。"民微"，猶"民隱"。指老百姓的痛苦。 ◇"或"，《廣雅·釋詁一》："或，有也。""以"，副詞，表示範圍，相當於"只"。（相關句意爲：）有這一點只不過懂得其中之一。

　　【廖名春2001C】◇疑"帝"當讀為"諦"。《說文·言部》："諦，罰也。從言，啻聲。"邵英《群經正字》："今經典作謫。"……《國語·周語下》："其君在會，步言視聽，必皆無諦，則可以知德矣。"韋昭注："諦，譴也。""民微"指民情的細小處。此指孝悌。《禮記·禮運》："是故禮者君之大柄也. 所以別嫌明微。"◇或，……當讀為"有"。"一"與下文"一偏"、"一曲"同。"有以知其一"即下文"君子於此一偏者無所廢"、"能守一曲"。

　　【陳偉2002B】臣不臣，昏所由作也。君子不諦，明乎民（萌）微而已，有以知

　　昏，訓爲亂。《國語·齊語》記管子說："爲君不君，爲臣不臣，亂之本也。"可參看。

　　【林素清2003】臣不臣，昏所由作也。君子不諦明乎民美而已，或以知

　　簡三八"君子不諦明乎民美而已"……的考釋，承蒙周（鳳五）先生出示手稿，

第五章 《六德》集釋

惠賜卓見。

【劉釗2003】臣不臣，緍(昏)所繇(由)怎(作)也。君子不帝(啻)明虐(乎)民敚(微)而已(已)，或(又)以智(知)

"民微"即"民隱"，"民隱"意為"民衆之痛苦"。

【十四種2009】臣不臣，緍(昏)所繇(由)怎(作)也。君子不帝(啻)明虐(乎)民敚(微)而已，或(又)以智(知)

【按】◇按，"君子"二字合文。 ◇帝：整理者讀"啻"；陳偉1999讀"諦"；廖名春2001C讀"諦"。按，讀"啻"是，"不啻"為習語。 ◇民敚：整理者讀"民微"；陳偉1999讀為"萌微"；丁原植2000訓民之隱微；涂宗流、劉祖信2001、劉釗2003訓"民微"為老百姓的痛苦；林素清2003讀"民美"。按，"民微"應如丁原植所言為民衆之隱微，即簡42所言之"生民斯必有夫婦、父子、君臣"。 ◇或：整理者如字讀；李零1999讀"又"；涂宗流、劉祖信2001、廖名春2001C讀"有"。按，讀"又"是。

簡39

說明：從圖片看，本簡在第9字"子"字之下有斷痕。
拼合編聯：簡39與簡40編聯，從整理者說。
釋文：

其弌(一)壴(矣)。男女不卞(辨)，父子不新(親)。父子不新(親)，君臣亡(無)宜(義)。是古(故)先王之

集釋：

【郭店‒六德】其弌(一)壴(矣)。男女不卞，父子不新(親)。父子不新(親)，君臣亡宜(義)。是古(故)先王之

【廖名春1998A】簡文說："男女不辨，父子不親；父子不親，君臣無義。"而《禮記‧郊特牲》："男女有別，然後父子親，父子親，然後義生，義生，然後禮作。"《周易‧序卦》則作："有天地然後有萬物，有萬物然後有男女，有男女然後有夫婦，有夫婦然後有父子，有父子然後有君臣，有君臣然後有上下，有上下然後禮義有所錯。"簡文是反說，《禮記‧郊特牲》和《周易‧序卦》是正說。

【李零1999】其一矣。男女不別，父子不親。父子不親，君臣無義。是故先王之

◇"又以知其一矣","又"原作"或"。

【劉信芳2000D】"弌"讀爲"弋",此以弋射喻事物發展之方向、民心之價值取向。

【陳偉2002B】其一矣。男女不辨,父子不親。父子不親,君臣亡義。是故先王之

【林素清2003】其弍矣。男女不別,父子不親。父子不親,君臣亡義。是故先王之

簡三九"其弍"的考釋,承蒙周(鳳五)先生出示手稿,惠賜卓見。

【劉釗2003】丌(其)弌(一)壴(矣)。男女不卞(別),父子不斳(親);父子不斳(親),君臣亡(無)宜(義)。是古(故)先王之

"一"指"一偏",即一個方面。

【十四種2009】其弌(一)壴(矣)。男女不卞(辨),父子不親。父子不親,君臣亡宜(義)。是古(故)先王之

【按】◇弌:整理者讀"一";劉信芳2000D讀"弋";林素清2003引周鳳五說讀"弍";劉釗2003認爲"一"指一偏。按,劉釗說可從,"一偏"指簡40所言之"始於孝弟"。 ◇按,"父子不斳(親)"四字重文。

簡40

說明:簡40與簡41編聯,從整理者說。

拼合編聯:從圖片看,本簡在第8字"君"字之下有斷痕。

釋文:

㗊(教)民也,訇(始)於孝弟。君子於此弌(一)歞(偏)者亡(無)所鸁(廢)。是古(故)先

集釋:

【郭店-六德】㗊(教)民也,司(始)於孝弟。君子於此弌(一)歞者亡所鸁(法)。是古(故)先

【張光裕等1999】君子於此弌(一)歞者亡所鸁(法)。

【李零1999】教民也,始於孝弟。君子於此一體者亡所廢。是故先

◇兩"體"字,左半與《性自命出》簡54"有入禮者也"句中的"禮"字同,右

第五章 《六德》集釋

半從攴。◊"廢"，原作"法"，從文義看，似應讀"廢"。

【陳偉1999】君子於此一編(偏)者亡所法(廢) 六德40 失其編(偏) 六德41 40號簡"一"下及41號簡"其"下一字，右從攴，左半所從自上而下爲冊曰冊，劉國勝君以爲即"冊"字異構，蓋是；其從攴，疑應釋爲編，指編連竹簡、栅欄一類物品。在此似讀爲"偏"。《荀子·天論》："萬物爲道一偏，一物爲萬物一偏，愚者爲一物一偏"，"一偏"指一小局部，猶如43號簡的"一曲"。簡書中具體指"孝悌"。法，讀爲"廢"。40號簡一句是說君子對孝悌這一細小的方面不可廢棄。

【廖名春2000B】《大戴禮記·衛將軍文子》："孔子曰：'孝，德之始也；弟，德之序也。'"

【劉信芳2000D】⿰：："獻"……與"戲"相關字形見於望山簡1—37"胸臘疾"，……簡文"戲"……上下乃毛髮有所扎束之形，因下毛髮似無扎束之理，此乃書寫者求其對稱，故有所羡畫。……"弋獻"，……應讀爲"弋獵"。……該句謂君子弋獵(追求)於先王之道，孝弟之義，應無所偏廢。

【丁原植2000】"一體"可訓作"一偏"，指整體的一部份，如《孟子·公孫丑上》云："昔者竊聞之：子夏、子游、子張皆有聖人之一體。"

【涂宗流、劉祖信2001】⿰：此字從攴從晋，晋亦聲，疑讀爲"冊"。《說文》："晋，告也。"……"冊"，冊書。(相關句意爲：)君子對這一爲冊書所記載的沒有廢棄。

【陳偉2002B】教民也，始於孝悌。君子於此一偏者亡所廢。是故先

【林素清2003】教民也，始於孝弟。君子於此一編者亡所廢。是故先

【劉釗2003】䕓(教)民也，司(始)於孝弟。君子於此弋(一)獻者亡(無)所瀘(廢)。是古(故)先

【沈培2004】所謂"偏"、"遍"的讀法都有問題，前兩處(辰按，指簡40、簡41的"獻")當讀為"業"，此處(辰按，指簡43的"徧")當爲"蹛"，詳另文。

【十四種2009】教民也，訇(始)於孝弟。君子於此弋(一)⿰者亡所瀘(廢)。是古(故)先

【按】◊⿰：整理者隸作"獻"；李零1999釋"體"，丁原植2000從之，訓偏；陳偉1999釋"編"讀"偏"；劉信芳2000D隸"獻"讀"獵"；涂宗流、劉祖信2001認爲從攴從晋，讀爲"冊"；林素清2003釋"編"；沈培2004釋"業"。按，

陳偉說是，此字左旁應即"編"之原形，簡41之■同。其字兩"冊"間的"曰"形大概就是原始字形中編繩形的演變。又《性自命出》簡54有字作■，此字多釋爲"豊"讀"禮"①，按郭店簡中"豊"作■(《性自命出》簡16)、■(《性自命出》簡66)、■(《六德》簡2)，與此不同，此字與■左旁沒有什麽區別，應釋"扁"讀"偏"，辭例作"獨處而樂，有內偏者也"，"內偏"內心有所偏好，上博一《性情論》簡23作相應的字作■，可惜模糊不清。　◊瀘：整理者讀"法"；李零1999、陳偉1999讀"廢"。

簡41

說明：從圖片看，本簡在第7字"叀"字之下有斷痕；在第11字"惪"字之下有斷痕。
拼合編聯：簡41與簡42編聯，從整理者說。
釋文：

　　王之孝(教)民也，不叀(使)此民也惪(憂)其身，遴(失)兀(其)龖(偏)。孝，杳(本)也。下攸(修)忎(其)

集釋：

　　【郭店–六德】王之孝(教)民也，不叀(使)此民也惪(憂)其身，遴(失)其龖。孝，杳(本)也。下攸(修)恁(其)

　　【李家浩1999】現在據郭店楚簡《老子》、《緇衣》等得知，■讀爲"失"，這爲我們正確認識此字提供了重要線索。……現在就把古文字中的"失"……揭示如下：■《甲骨文編》八一四頁 ■《金文總集》一·五一一·一一四四 ■《郭沫若全集·考古編九》一七八頁……■《漢印文字徵》七·十……把上揭■所從的偏旁■與"失"字初文■比較，不難發現前者是後者的訛變。……於此可見，■實際上應該釋爲"迭"。《說文》說"迭"從"失"聲，故楚文字的"迭"可以讀爲"失"。

　　【廖名春1998B】"■"字的構件"夶"實從"大"來。"大"古音屬月部，"夶"爲元部，其主要元音同，陽入對轉，故可通用。因此"達"就可寫作"遴"。《說文·辵部》："……达，達或從大。或曰迭。""迭，……一曰達。"……可見"達"本作"达"。而作爲構件的"大"與"失"、"矢"在古文字中常混。……

---

① 參看馮勝君：《郭店簡與上博簡對比研究》，北京：綫裝書局，2008年，第243頁。

所以《說文》就……記下了"达"、"迭"相混的現象，……"遊"從"𨒌"來，"𨒌"本作"达"，而"达"實爲"迭"的形訛。……"迭"乃"失"字之借。

【李零1999】王之教民也，不使此民也憂其身，失其體。孝，本也。下修其

【陳偉1999】41號簡一句是說不讓民衆失去孝悌這一基本倫常。

【劉信芳2000D】"遊其𤢾"應理解爲"失其獵"。……田獵先後有序，取舍有度。所謂"……不使此民也憂其身，失其獵"，……如是民衆不會擔憂自己弄錯了身份位置，也不致失卻先後之序，取舍之度。可知"遊其𤢾"之"獵"，亦用"獵"之比喻義。

【丁原植2000】"體"指宗族的一體。

【陳偉2002B】王之教民也，不使此民也憂其身，失其偏。孝，本也。下修其

【林素清2003】王之教民也，不使此民也憂其身，失其壐。孝，本也。下修其

【劉釗2003】王之孝(教)民也，不叟(使)此民也惡(憂)丌(其)身，遊(失)丌(其)𤢾。孝，杏(本)也。下攸(修)忎(其)

【林素清2005】扁：此字又讀爲"亹"，……扁，幫紐真部，亹，明紐文部。二字聲紐同屬脣音，韻母真、文旁轉，可通。亹，亹亹，勉也，努力也。《禮記·禮器》："君子達亹亹焉。"注："亹亹，勸樂之貌也。"簡文謂君子治民，不使人民憂心物質匱乏，亦不使人民失去努力的道德目標。

【十四種2009】王之教民也，不史(使)此民也憂其身，遊(失)其█。孝，本也。下攸(修)忎(其)

【按】◇按，"遶(失)"的研究參看筆者《楚地戰國簡帛與傳世文獻對讀之研究》(中華書局，2014年)第55—57頁。 ◇█：劉信芳2000D隸"𤢾"讀"獵"；林素清2003讀"壐"；林素清2005讀"亹"。按，其說皆誤，仍應讀"偏"，參簡40。

簡42

說明：從圖片看，本簡在第7字"民"字中部有斷痕。

拼合編聯：簡42與簡43編聯，從整理者說。

釋文：

杏(本)，可以䄂(斷)𡰱(獄)。生民斯必又(有)夫婦、父子、君臣。君子明虖(乎)此

集釋：

【郭店–六德】杏(本)，可以䄂㺉。生民斯必又(有)夫婦、父子、君臣。君子明

虖(乎)此

◇靭：裘按："靭"字下文屢見，疑即《說文》"斷"字古文"𠜛"。

【李零1999】本，可以斷讒。生民斯必有夫婦、父子、君臣。君子明乎此

◇"斷讒"，凡三見，即斷"讒諂"之義。

【王子今2000】靭狱："靭"，……《戰國策·秦策五》："陛下嘗靭車於趙矣。"……"靭狱"語義一如"止謗"。

【陳偉2002B】本，可以斷獄。生民斯必有夫婦、父子、君臣。君子明乎此

【林素清2003】本，可以斷獄。生民斯必有夫婦、父子、君臣。君子明乎此

【劉釗2003】杏(本)，可以靭(斷)㫃(狱)。生民所(斯)必又(有)夫婦、父子、君臣。君子明虖(乎)此

【十四種2009】本，可以靭(斷)㫃。生民斯必又(有)夫婦、父子、君臣。君子明虖(乎)此

【按】◇靭：裘按釋"斷"；王子今2000釋"靭"。按，釋"斷"是。◇㫃：整理者隸爲"狱"；李零1999釋"讒"；陳偉2002B、林素清2003釋"獄"；劉釗2003隸"㫃"釋"狱"。按，釋"獄"是，下同，參看簡24按語。◇按，"君子"二字合文。

簡43

說明：從圖片看，本簡應爲完簡。

拼合編聯：簡43與簡44編聯，從整理者說。

釋文：

六者，肰(然)句(後)可以靭(斷)㫃(獄)。衍(道)不可徧(偏)也，能獸(守)弌(一)凸(曲)安(焉)，可以緯(違)

集釋：

【郭店–六德】六者，肰(然)句(後)可以靭狱。衍(道)不可徧也，能獸(守)弌(一)曲安(焉)，可以緯

【顏世鉉1999B】■：此字當是緯之省；包山楚簡簡五有"圍"字作■，中間所從即"韋"之省。簡文"緯"讀作"違"，……《荀子·臣道》："則崇其美，揚其善，違其惡，隱其敗。"……"違"，有遠離之意。

【李零1999】六者，然後可以斷讒。道不可體也，能守一曲焉，可以諱

第五章 《六德》集釋

◊"體",左半從彳,右半與《性自命出》簡54"有入禮者也"句中的"禮"字同,待考。

【陳偉1999】道不可遍也,能守一曲,焉可以緯(違)其惡,是以其斷獄速

遍,劉國勝君……釋爲徧,……當是,唯疑右半從編省聲。……"焉",……應屬下讀,是表示承接上文的副詞。違,訓遠、避。"違其惡"是遠避惡行的意思。《荀子·臣道》也有"違其惡"的說法。

【劉國勝1999】◊▨:應釋爲"徧"。此字右旁系"冊"繁寫,從二冊從曰。……古文扁是一個從冊的字。……此字可隸作"𠕋",釋爲"徧"。……即周遍、周全之意。簡文云:"道不可徧也,能守一曲焉。"意思是說:道不可明其全體,能知其一也就行了。

【劉信芳2000D】"道不可獮也",……"獮"應是《說文》"獮"之異構,此仍讀爲"田獵"之"獵"。田獵之取物,得兔則得兔之全體,而道超乎物之上,故人之求道,不可如獵之取物,蓋不可得"道"之全體也。

【丁原植2000】◊"體",指區分。……《周禮·天官·冢宰》云:"體國經野。"鄭玄注:"體猶分也。" ◊"緯"有繫束之義。……似可引申作"整飭"解。

【涂宗流、劉祖信2001】◊▨:此字從彳從昌,昌亦聲,疑讀爲"晉"。……《說文》:"晉,告也。" ◊▨:此字從系,韋省聲,疑讀爲"緯"。"緯",音偉。整飭,治理。

【何琳儀2001】"緯"原篆作▨,其"韋"旁省"口"形,參拙著《戰國文字聲系》1176。本簡"緯"應讀"諱"。《廣雅·釋詁》三"諱,避也。"

【陳偉2002B】六者,然後可以斷獄。道不可遍也,能守一曲,焉可以緯(違)

【林素清2003】六者,然後可以斷獄。道不可偏也,能守一曲,焉可以違

【劉釗2003】六者,肰(然)句(後)可以䩺(斷)㽱(訕)。衍(道)不可禰(遍)也,能獸(守)弌(一)凸(曲)安(焉),可以緯(諱)

"凸"乃"曲"字古文,"一曲"同"一偏"意近,指某一點,一個局部。《淮南子·繆稱》:"察一曲者,不可與言化。""緯"讀為"諱","諱其惡"即"諱惡",意為"隱其不善"。

【沈培2004】◊所謂"偏"、"遍"的讀法都有問題,前兩處(辰按,指簡40、簡41的"𣪠")當讀為"業",此處(辰按,指簡43的"禰")當爲"蹴",詳另文。◊"緯"讀爲"違",……詳細情況參考王念孫《讀書雜志》P693"違其惡"條。

【范麗梅2006】◇▨：劉信芳以爲是《說文》"邋"字之異構，應讀作田獵之"獵"，……事實上此字從"彳""鼠"聲，古音在來紐葉部。……可以讀作"察"。 ◇曲：有委曲不直、曲隱夾藏以及從順之意。 ◇"諱其惡"當解作"隱諱其惡"。簡文"焉可以諱其惡"，"焉可以"，指"於是可以"。……簡文意指人道雖不能盡察，但是若能固守其中的曲隱，就可以隱諱其不善，如此就足以"斷獄"了。

【十四種2009】六者，肰(然)句(後)可以刺(斷)㺊。衍(道)不可▨也，能獸(守)弋(一)曲安(焉)，可以緯(諱)

【莊利果2010】曲，周遍；詳盡。

【劉信芳2011】可目(以)絳(降)丌(其)亞(惡)，……絳，讀爲"降"，降服也。

【按】◇▨：整理者隸爲"徣"；李零1999釋"體"，丁原植2000從之，訓分；劉國勝1999隸"徧"釋"偏"；陳偉1999認爲右半從"編"省，釋"遍"；劉信芳2000D隸"獵"釋"獵"；涂宗流、劉祖信2001認爲從"彳"從"晋"，釋"晋"；沈培2004釋"蹋"；范麗梅2006釋"邋"讀"察"。按，劉國勝、陳偉釋"徧(遍)"確。參簡40按語。 ◇凵(曲)：劉釗2003認爲"一曲"同"一偏"義近；莊利果2010釋"曲"爲周遍。按，此"一曲"應即指"夫婦、父子、君臣"這六者的某一個方面。 ◇安(焉)：整理者屬上讀；陳偉1999屬下讀。按，本文仍屬上讀。 ◇▨：整理者隸爲"絳"；李零1999、何琳儀2001、范麗梅2006讀"諱"；顏世鉉1999B、陳偉1999、沈培2004讀"違"；丁原植2000、涂宗流、劉祖信2001讀"緯"；劉信芳2011釋"絳"讀"降"。按，讀"違"是，《荀子·臣道》："則崇其美，揚其善，違其惡，隱其敗。"

簡44

說明：從圖片看，本簡應爲完簡。

拼合編聯：簡44與簡45編聯，從整理者說。

釋文：

丌(其)亞(惡)，是以丌(其)刺(斷)㺊(獄)速。凡君子所以立身大灋(法)品(三)，丌(其)睪(繹)之也

集釋：

【郭店-六德】其亞(惡)，是以其刺狱速。凡君子所以立身大灋(法)参(三)，其

睪(擇)之也。

【李零1999】其惡，是以斷讒速。凡君子所以立身大法三，其繹之也

【丁原植2000】"睪"，疑讀作"繹"。"繹"字有接續以陳列之義。

【陳偉2002B】其惡，是以其斷獄速。凡君子所以立身大法三，其釋之也

【林素清2003】其惡，是以其斷獄速。凡君子所以立身大法三，其繹之也

【劉釗2003】丌(其)亞(惡)，是以丌(其)剬(斷)杏(訕)遬(速)。凡君子所以立身大灋(法)晶(三)，丌(其)睪(繹)之也

【十四種2009】其亞(惡)，是以其剬(斷)杏速。凡君子所以立身大灋(法)厽(三)，其睪(繹)之也

【按】◇睪：整理者讀"擇"；裘按讀"繹"或"釋"(見簡45)；李零1999讀"繹"；陳偉1999、顏世鉉2001讀"釋"(見簡45)。按，讀"繹"是，"繹"，演繹。

簡45

說明：從圖片看，本簡應爲完簡。

拼合編聯：簡45與簡46編聯，從整理者說。

釋文：

六，丌(其)䉈(演)十又二。晶(三)者迵(通)，言行皆迵(通)。晶(三)者不迵(通)，非言行也。

集釋：

【郭店–六德】六，其䉈十又二。參(三)者迵(同)，言行皆迵(同)。參(三)者不迵(同)，非言行也。

◇裘按：疑"其睪之也六"當作一句讀，"睪"當讀為"繹"或"釋"。 ◇裘按：疑"迵"當讀爲"通"，下同。

【李零1999】六，其衍十又二。三者通，言行皆通。三者不通，非言行也。

◇"衍"，原從竹從雙見，疑讀"衍"。

【陳偉1999】其睪(釋、繹)之也六，其覞(從竹)十又二

◇睪，似以讀"釋"爲長。覞(從竹)，疑即《說文》訓作"並視"的"覞"字。並視，蓋指合並觀之。……"君子所以立身大灋三"是指男女辨、父子親、君臣義。"其釋之也六"，是說把三者分開來看，則有君義、臣忠、夫智、婦信、父

聖、子仁六個方面。"其覜十又二"，大概是說君義、臣忠等六個方面均是兩兩相輔相存，從相互角度看構成十二個因素。

【龐樸2000A】至於"男女辨""父子親""君臣義"，……給了它們一個更實際的名字，叫做"君子所以立身大法"，……《六德》篇……主張演繹開去，說這三個立身大法"其繹之也六"，"其衍十又二"。所謂"繹之也六"，那應該就是"父聖、子仁、夫智、婦信、君義、臣忠"，以及"聖生仁，智率信，義使忠"了。至於"其衍十又二"，則當是"夫夫、婦婦、父父、子子、君君、臣臣，此六者各行其職"之謂，也就是孔子所說的那個"正名"，即夫應行夫之職，實夫之位；如此等等。……所謂"三者通"，大概是說，對於人倫道德，不能只理解為聖仁智信義忠那六種天降的大常，也不能只局限為辨、親、義那三種立身的大法，或者是六對十二個名實的兩兩相應；而應該打通了來理解，即既見其為天常，又奉之作大法，也實其所當實。只有這樣，才不致流為空泛，或拘於瑣細，而且既便於言，又利於行，達到所謂的"言行皆通"。

【廖名春2000B】◊簡文將夫婦有辨、父子有親、君臣有義稱為"君子所以立身大法三"，將"智信聖仁義忠""六德"視為這三大法的解釋，將"夫夫、婦婦、父父、子子、君君、臣臣"視為這三大法的具體體現。◊"非"與下文"是"對。"非言行"即言行為非。

【涂宗流、劉祖信2001】◊競：此字從竹從二見，見亦聲，疑讀為"見"。……"見"，顯露。◊"通"，平正，順暢。◊"非"，錯誤，邪惡。

【顏世鉉2001】◊《說文》："䀠，左又視也。"……故"覜"之義猶"䀠"，即"左右視"之意，亦有正反相違之意。簡文"競"字可讀作"覜"，其意指從正反兩個相對角度來看。以父、子二者之關係為例，就子而言，則有"子子"與"子不子"兩種情形。……"競"亦可能讀作"散"，……簡文"其散十又二"，指分開來說，又可分為十二種情形。前文說："其釋之也六"，《說文》："釋，解也。……"簡文"釋"、"散"均指分開而言之意。◊《禮記·禮運》……鄭注："同，猶和也，平也。"簡文"迵"讀為"同"，有齊一、和諧、同心之意。……《裘按》將"迵"讀為"通"，其於文意亦可通；"通"也有通達、和諧之意。◊"非，違也。""非言行也"猶"言行違也"，指所言所行處處乖舛違逆。……"是"可訓"正"，有標準、法則之意。

【何琳儀2001】"競"應讀"覜"。《說文》"覜，竝視也。從二見。"簡文

第五章 《六德》集釋

意謂"六德，其相對有十二德。"

【李零2002A】"立身大法三"，疑指夫、父、君，即所謂"三綱"（夫爲婦綱，父爲子綱，君爲臣綱）。"其繹之也六"，疑指夫、婦、父、子、君、臣"六位"。"其衍十又二"，疑指"六德"（聖、智、仁、義、忠、信）配"六位"，即夫智、婦信、父聖、子仁、君義、臣忠。

【陳偉2002B】六，其覼十有二。三者用，言行皆用。三者不用，非言行也。

【林素清2003】六，其散十又二。三者通，言行皆通。三者不通，非言行也。

【劉釗2003】六，丌（其）覞（貫）十又（有）二。晶（三）者迵（通），言行皆迵（通）；晶（三）者不迵（通），非言行也。

"睪"讀為"繹"，意為解析。"覞"疑即"筧"字繁體，讀為"貫"。古音"貫"和"見"皆在見紐元部。"貫"意為"貫通"。

【沈培2004】裘（錫圭）老師指出：《集韻》卷十"昔"韻收"釋"與"覞"在同一小韻，可注意。似可說明"覞"有"釋"音。

【鄭剛2004C】六是"六德"、"六位"、"六職"的"六"，"十二"應該是"六位"加"六職"，即"有率人者，有從人者；有使人者，有事人【者；有】教者，有受者"加"夫婦、父子、君臣"，爲十二種社會對象，"六德"是所以任其職的要求。

【十四種2009】六，其覞（衍）十又二。厽（三）者迵（通），言行皆迵（通）。厽（三）者不迵（通），非言行也。

【按】◇覞：李零1999讀"衍"；陳偉1999釋"覞"訓合並觀之，何琳儀2001同；涂宗流、劉祖信2001讀"見"；顏世鉉2001釋"覞"訓從正反兩個相對角度看，又讀爲"散"；劉釗2003釋"筧"讀"貫"；沈培2004引裘錫圭說認爲"覞"有"釋"音。按，"覞"若從"見"得聲，還可以讀爲"演"，"演"，余紐元部；見，見紐元部，二字音近可通。◇迵：整理者讀"同"；裘按讀"通"；陳偉2002B讀"用"。按，讀"通"是，沈培引《荀子·大略》："君子處仁以義，然後仁也；行義以禮，然後義也；制禮反本成末，然後禮也。三者皆通，然後道也。"亦用"通"字（見簡46）。下同。◇按，"凡君子所以立身大灋三，其繹之也【44】六，其覞（演）十又二。"陳偉1999、龐樸2000A、廖名春2000B、鄭剛2004C皆有解釋。從文義看，"三"指"男女辨、父子親、君臣義"，"六"指"夫婦、父子、君臣"，"十又二"指"夫夫、婦婦、父父、子子、君君、臣臣"。

簡46

說明：從圖片看，本簡應爲完簡。
拼合編聯：本簡或爲最末一簡，但簡末沒有任何符號提示結束。
釋文：

  品(三)者皆週(通)，肰(然)句(後)是也。品(三)者，君子所生与(與)之立，死与(與)之邈(敝)也。

集釋：

  【郭店–六德】參(三)者皆週(同)，肰(然)句(後)是也。參(三)者，君子所生與之立，死與之邈(敝)也。

  ◊與之敝，猶言與之同歸於盡。

  【李零1999】三者皆通，然後是也。三者，君子所生與之立，死與之敝也。

  【陳偉1999】(邈)疑當讀爲"斃"，爲仆倒之意，適與"立"字相對。

  【顏世鉉2001】"敝"當訓爲"終"，其義與"盡"相近。《左傳·襄公三十年》："國之禍難，誰知所敝。"王引之《經義述聞·春秋左傳中》："敝，猶終也，言不知禍難所終也。《歸妹》象傳曰：'君子以永終知敝。'《緇衣》曰：'故言必慮其所終，而行必稽其所敝。'是敝與終同義。"

  【陳偉2002B】三者皆用，然後是也。三者，君子所生與之立，死與之幣也。

  ◊週：疑當讀爲"用"。同、用音近，二字及所從之字或可通假。……非，訓爲"無"。簡文大意是說：三者得到采用，言行就都可適用。否則，就將無以言行。三者都采用，才是正確的。

  【林素清2003】三者皆通，然後是也。三者，君子所生與之立，死與之敝也。

  【劉釗2003】晶(三)者皆週(通)，肰(然)句(後)是也。晶(三)者，君子所生牙(與)之立，死牙(與)之邈(敝)也。

  "邈"……讀為"敝"，指"敝敗"、"衰敗"。

  【沈培2004】◊《荀子·大略》："君子處仁以義，然後仁也；行義以禮，然後義也；制禮反本成末，然後禮也。三者皆通，然後道也。"與之相似。◊《戰國策·燕策一》："義不與生俱立"可對照。 ◊"敝"就是"終"的意思。《緇衣》："言必慮其所終，行必稽其所敝。""終"與"敝"相對，意思相同。

【十四種2009】厽(三)者皆迵(通)，肰(然)句(後)是也。厽(三)者，君子所生与之立，死与之逃(敝)也。

【按】◊迵：整理者讀爲"同"；李零1999讀爲"通"。按，從沈培2004引《荀子·大略》："三者皆通，然後道也"來看，"迵"無疑應讀爲"通"。 ◊敝：整理者訓同歸於盡；陳偉1999訓仆倒；顔世鉉2001、沈培2004訓終；劉釗2003訓敝敗。按，顔世鉉說是，《禮記·緇衣》："言必慮其所終，行必稽其所敝。"又沈培《說"壽敝金石"和"壽敝天地"》對此字有詳細的研究。[①]

---

① 沈培：《說"壽敝金石"和"壽敝天地"》，簡帛網，2007年2月10日，http://www.bsm.org.cn/show_article.php?id=520。又，沈培：《〈"壽敝金石"和"壽敝天地"〉補記》，簡帛網，2007年2月22日，http://www.bsm.org.cn/show_article.php?id=526。又，沈培：《"壽敝金石"和"壽敝天地"》，《中國文字研究》2007年第1輯，鄭州：大象出版社，2007年，第50—59頁。

第六章

《尊德義》、《成之聞之》、《六德》諸家竹簡排序一覽

第一節

《尊德義》諸家竹簡排序一覽

【郭店–尊德義】整理者把全篇分爲十一個編聯組：

(1) 1；

(2) 2+3+4+5+6+7+8+9+10+11；

(3) 12+13+14+15+16；

(4) 17+18+19+20；

(5) 21+22+23；

(6) 24+25；

(7) 26+27；

(8) 28+29；

(9) 30；

(10) 31+32+33+34+35+36+37+38；

(11) 39

【李零1999】

1+2+3+4+5+6+7+8+9+10+11+28+29+31+32+33+34+35+36+37+38+17+18+19+20+21+22+23+24+25+26+27+12+13+14+15+16+30+39

第六章 《尊德義》、《成之聞之》、《六德》諸家竹簡排序一覽

【周鳳五、林素清1999】
1+2+3+4+5+6+7+8+9+10+11+30+31+32+33+34+35+36+37+38+21+22+23+28+29+39+17+18+19+20+24+25+26+27+12+13+14+15+16

【王博2000A】對原編聯有三處調整意見：
一、29+31；
二、27+12；
三、16+21

【陳偉2000】
改篇名爲《賞刑》
2+3+4+5+6+7+8+9+10+11+26+27+12+13+14+15+16+28+29+30+24+25+31+32+33+34+35+36+37+38+39+17+18+19+20+21+22+23+六49

1、尊2至尊11原為一組，尊11為該組末簡，最後數字讀作"善取人乃從之，上也"，語義不明。與此同時，尊26、尊27為一組，起首說"不以嗜欲害其義"，語氣突兀，又缺少主語。合併觀之，顯然應將尊26、尊27接於尊11之後，而"上也"當改屬下讀。簡文中"上"為主語，"也"是所謂句中表示提示的助詞。《論語·公冶長》："賜也何敢望回。回也聞一以知十，賜也聞一以知二。"簡文"也"字用法與此相同。

2、尊12至尊16原為一組。尊12"善者民必眾"云云與尊27"善者民必福"云云是很規範的排比句，尊12至尊13的"是以為政者教道之取先"則是對此二句的總括。故當以尊12徑直在尊27之後。

3、懷疑尊16的"安"當按本字讀，尊28的"為"讀為"化"。二簡連讀，"安化"指安於教化，與"進善"義近，故可連言。……又尊13至16談到教以禮、樂、辯說、藝、技、言、事、權謀的片面性，從而提出"先之以德"，尊28說"故率民向方者，唯德可"，正應是對尊13至16諸簡所云的總結。由此亦可見這種安排的合理性。

4、尊30原單獨為一組。位於尊28、29一組之後。《禮記·樂記》云："樂由中出，禮自外作。"依此，簡文"或由中出，或藝之外"當分別是指樂、禮而言。進而可知尊30當徑直接於尊29之後。

5、尊24、25原為一組。由"非禮"、"非倫"二句看，這二簡的連接當無問題。但因尊24開頭一句有二字暫難辨認，故在篇中的位置不易判定。從語氣和內容

推測，此句有可能接在尊30之下。故姑列于此。

6、尊31至38原作為一組。尊31起首數字讀作"安(焉)。治樂和哀，民不可惑也"。在這種情形下，尊31恐當逕直接在尊30之下。但其也可能讀作"安治樂和，哀民不可惑也"。……在這種情形下，尊31單獨起句，在篇中位置具在多種可能性。姑列于此。

7、尊39原單獨置於《尊德義》篇末，很成問題。尊39"言此章也"與尊17"行此度也"句式相同，言與行、章(章程)與度(法度)的意義也兩兩相關，當連讀。古書中屢見有類似說法。如《詩·小雅·都人士》："出言有章，行歸於周，萬民所望。"《大戴禮記·曾子 制言中》："言為文章，行為表綴於天下。"《荀子·儒效》："夫是之謂君子言有壇宇，行有防表也。"《淮南子·主術》："言為文章，行為信表。"亦可佐證。

8、尊17至20原為一組。其上應接尊39，已如前述。從語氣和內容推測，其下有可能逕直與尊21相接。

9、尊21至23原為一組，……疑尊23 實與六49相接，相連文句應改從今讀。"體"有體恤、親近之意。如《禮記·學記》："就賢體遠，足以動眾，未足以化民。"鄭注："體猶親也。""體民"即體恤民眾。"害"從裘錫圭先生讀。"除害"於古書多見。《國語·楚語上》"明除害以導之武"，韋注："除害，去暴亂也。""知生"亦有所見。如《莊子·盜跖》云："古者民不知衣服，夏多積薪，冬則煬之，故命之曰'知生之民'。"又《呂氏春秋·節喪》云："審知生，聖人之要也。……知生也者，不以害生，養生之謂也。"簡文似是說體察民眾的生計。依此，諸句內容通貫，而隨後"故曰民之父母"則是其呼應和總結。

【顧史考2000】

26+27+12

【丁原植2000】

1+2+3+4+5+6+7+8+9+10+11+30+31+32+33+34+35+36+37+38+39+17+18+19+20+21+22+23+24+25+26+27+12+13+14+15+16+28+29

【涂宗流、劉祖信2001】

1+12+13+14+15+16+2+3+4+5+6+7+8+9+10+11+17+18+19+20+21+22+23+24+25+26+27+28+29+30+31+32+33+34+35+36+37+38+39

第六章　《尊德義》、《成之聞之》、《六德》諸家竹簡排序一覽

【陳偉2001】

1+2+3+4+5+6+7+8+9+10+11+26+27+12+13+14+15+16+28+29+24+25+30+31+32+33+34+35+36+37+38+39+17+18+19+20+21+22+23+六49

【詹群慧2002】

1+2+3+4+5+6+7+8+9+10+11+21+22+23+24+25+30+26+27+12+13+14+15+16+28+29+31+32+33+34+35+36+37+38+17+18+19+20+39

【陳偉2003】改篇名爲《賞刑》

2+3+4+5+6+7+8+9+10+11+26+27+12+13+14+15+16+28+29+30+24+25+31+32+33+34+35+36+37+38+39+17+18+19+20+21+22+23+六49

31號簡……姑且將其接在25號簡之下，這是考慮到31—38號簡主要是談治民，而25號簡最後一句說："治民非還生而已也。"作爲對31—38號簡內容的過渡語，較爲恰當。

【梁濤2003】

1+2+3+4+5+6+7+8+9+10+11+17+18+19+20+21+22+23+24+25+26+27+12+13+14+15+16+30+39+28+29+31+32+33+34+35+36+37+38

【顧史考2003】

1+2+3+4+5+6+7+8+9+10+11+30+39+17+18+19+20+21+22+23+24+25+26+27+12+13+14+15+16+28+29+31+32+33+34+35+36+37+38

【劉釗2003】

1+2+3+4+5+6+7+8+9+10+11+28+29+31+32+33+34+35+36+37+38+17+18+19+20+21+22+23+24+25+26+27+12+13+14+15+16+30+39

辰按，此編聯意見同【李零1999】。

【陳劍2007】

一、1；

二、2+3+4+5+6+7+8+9+10+11；

三、39+17+18+19+20+21+22+23；

四、24+25+26+27+12+13+14+15+16+28+29+30+31+32+33+34+35+36+37+38

李零、王博提出原第29號簡下接原第31號簡。……王博云："'德者，且莫大乎禮樂安(焉)'作爲一個完整的句子，從語氣上來看是非常順暢的。前後的內容也相呼應，前面一段講德與禮樂，後面則分別談樂與禮。"此說的問題在於，將原第

30號簡抽出之後，後文第31號簡"反之，此枉矣"的"之"，其所指代者似乎就不清楚了。而按照第29號、30號、31號三簡連讀之說，"反之"的"之"應是指代第30號簡的"故爲政者，或論之，或羕之……論列其類焉"，文義更爲清楚連貫。

……

觀察5支背面記數簡在上列調整後的全篇中的相對位置跟其數字序列的關係，首先可以得到如下幾點明確的認識。

第一，在幾個數字序列中，最引人注目的是《尊德義》第12號簡背記"百四"，15號簡背記"百一"。簡12～16原就編聯爲一組，研究者亦皆無異議。如果從15號簡"百一"倒數上去至12號簡，正好是"百四"，是完全相合的。由此確實可以合理地認爲，這些數字跟原來的簡序之間應該是存在對應關係的。

第二，"百一"跟"百四"的順序，跟竹簡抄寫的先後順序是相反的。由此可以推知，這些數字既不會是先後相次的"簡號"或"相當於我們今日書籍的頁碼編次"，也不會是"書手抄寫時的編碼"。最有可能的，應該是在有關竹簡已經抄寫好之後，出於某種目的從後往前清點數目，並隨手將竹簡提起倒過來翻面後記下的數目字。而且，這個清點記數的過程最可能是在還未編成冊的散簡狀態下進行的。

第三，按照"百四"跟"百一"的順序關係，《尊德義》簡16的數目字應該是"百"，而實際上"百"字是在簡28的背面。分別標"百一"和"百"的第15號簡跟第28號簡，是無論如何也不能連讀的。可見如果將數字序列跟簡序對應，既有完全相合的，又有肯定不能相合的，情況比較複雜。同時又可以看到，前引《尊德義》的第四個編聯組中，按陳偉提出的簡16與簡28連讀的方案，則記"百"的第28簡正好位於記"百一"的第15簡之後，中間僅隔了第16號一簡。這恐怕也很難視爲巧合。我們前面說這些數字記的是從後往前清點竹簡的數目，可以設想，在從某個起點開始計數數到一百左右時，容易出現一兩號的差錯，這是完全可以理解的。"百"跟"百一"和"百四"兩組，當非同一次清點所記，但計數的起點應該是相同的。由以上情況也可以反過來認爲，根據簡背記數字"百"和"百一"跟簡序的對應關係，陳偉提出的《尊德義》簡16與簡28連讀的方案可以說在一定程度上得到了印證。

總之，《尊德義》的"百四"、"百一"和"百"三個數字應該看作一組，確實跟簡序相對應，祇是略有出入。但按照同樣的思路接著考察"百八"和"七十二"這兩個數字，卻總是存在難以調和的矛盾，不能得到令人完全滿意的結果。

第六章 《尊德義》、《成之聞之》、《六德》諸家竹簡排序一覽

首先考慮的，是先不管簡文內容方面的證據，而儘量想辦法將數字湊攏。假如將《尊德義》的第二組與第四組連讀，則從位於第四組中的數字"百一"和"百四"倒數上去，接第二組末的簡11，所得數字是"百九"，較簡11背面實際所記的"百八"祇只多出一號。考慮到原"百"跟"百一"之間也相差一號，這個出入還是可以接受的。

下面再將《君子之於教》（辰按，指《成之聞之》）的數字"七十二"結合進來考慮。整理者說"背面有數文的5支簡，其書寫風格相同，極有可能是同一位抄手所爲。"從另一個角度來看，位於同一篇的"百八"、"百四"、"百一"和"百"幾個數字相差不大，而差得比較多的"七十二"正好位於另一篇，也增大了它們應該有關聯的可能性。因此我們可以試將"七十二"這個數字納入"百"等中作爲一個序列來安排。反覆試驗所得到唯一的數字比較接近的方案是，在上文所說《尊德義》的第二組與第四組連讀、將數字"百八"跟"百四"湊攏的基礎上，再將抽出來的第三組改爲接在第四組之後放在全篇之尾(即全篇簡序調整爲第一組+第二組+第四組+第三組)，後面再接《君子之於教》第一組。這樣安排之後，則從位於《君子之於教》第一組中的背面記"七十二"的簡13，倒數至篇首簡4數字爲"八十一"，再接已調整到《尊德義》篇尾的第三組共8簡，數字爲"八十九"，再接第四組經簡38倒數至簡28共11支簡，所得到的數字為"百"，正好跟簡28背面的數字"百"相合。

但是，表面上將數字湊攏之後再進一步推敲，以上方案存在的問題也是很嚴重的。首先，《尊德義》第三組末簡亦即位於篇末的第23號簡"君民者，治民復禮，民除害智"，顯然話還沒有完，其後肯定還有其他簡。這樣一來，從"七十二"倒數上去跟"百"數字相合這一點就又要打折扣了。而且，《尊德義》第二組與第四組連讀處的簡11+簡24簡文爲"善取，人能從之，上也崴勞之旬也"，也很難講通。如果其間還有缺簡，則從"百四"數至"百八"就至少相差了兩號，其能勉強銜接的可能性就更小了。由此看來，上述"《尊德義》第一組+第二組+第四組+第三組+《君子之於教》第一組"這樣的編排方案，從簡文內容本身來看既很勉強，雖儘量遷就幾個數字序列而將有關竹簡的先後順序納入其中安排，但數字序列也作不到完全相合，因而是難以使人相信的。

下面再立足於簡文內容本身來考慮其他可能性。李零、黃德寬和徐在國、何琳儀、劉釗、陳偉武等研究者都主張將《尊德義》第三組的末簡即23號與第四組的首簡即24號連讀，值得重視。連讀處的相關簡文爲：

君民者，治民復禮，民除害，智(知)【23】恖勞之匋也。爲邦而不以禮，猶氒(御)之無迪(策)也。非禮而民悅【24】志(戴)，此小人矣。非倫而民服磔(懾?)，此亂矣。治民非還生而已也，【25】不以嗜欲害其義匋(軌?)。……【26】

其前後文意的緊密呼應確實是很難否定的。簡23提出"治民復禮"，簡24"爲邦而不以禮"、"非禮而民悅戴"云云是通過反面論述來強調對"禮"的重視，簡25"治民非還生而已也"則正是對簡23"治民"的進一步申說。問題的關鍵還得看簡23和24相連處的文句能否順利講通。……由此看來，《尊德義》篇的簡序，從簡文內容本身來看，就應該是第一組+第二組+第三組+第四組，或者第一組+第三組+第四組+第二組，總之第三、四兩組應該合併爲一組。同時，這樣編聯還有一個好處，即每組簡末尾的話都是完整的，全篇就不存在缺簡了。

但這樣一來，簡11的數字"百八"，就跟"百四"等幾個數字完全合不上了。同時，前面設想的從《君子之於教》的"七十二"往前數到《尊德義》篇尾再往前數，也就跟"百"等一組數字和"百八"無論如何也合不上了。(原注：假如先不管"百八"，而祇考慮"七十二"與"百"兼容的問題，則數字最接近的辦法是將《尊德義》的第二組放到篇末，即簡序排爲"《尊德義》第一組+第三組+第四組+第二組+《君子之於教》第一組"。但就算這樣，從"七十二"數到"百"其間仍然多出兩簡。)

由於"百四"、"百一"和"百"三個數字應該看作一組問題不大，我們可以猜想，會不會"百八"跟"七十二"是另外自成一組的呢？假設當時對竹簡的清點計數不止一次，其起點也可以不同，是有可能形成兩組無關的數字序列的。依這樣的設想，則數字最接近的辦法，是按照上述"《尊德義》第一組+第二組+第三組+第四組+《君子之於教》第一組"的順序排列，由"七十二"倒數上去，至"百八"數字所在的《尊德義》簡11，所得實際數字爲"百十"，多出兩簡，也不能完全相合。(原注：假設"七十二"與"百八"兩個數字本係自成一組的話，就不能完全排除其爲按竹簡先後順序計數而非逆序計數的可能性。但依這樣的設想排列簡文，則無論《君子之於教》的第一和第二組的先後關係如何，《尊德義》的第三組+第四組跟第一、第二組的先後關係如何，計算下來數字出入都很大，沒有進一步討論的價值。)同時可注意的是，這樣排列後算下來雖然"七十二"的起算點仍然不明，但"百"的起算點問題似乎就比較清楚了。《尊德義》自"百"數到篇末數目是"九十"，後接《君子之於教》共40簡，如果後面再接出自同一抄手的《六德》共49

第六章 《尊德義》、《成之聞之》、《六德》諸家竹簡排序一覽

簡，則數目正好相合。換言之，"百"這個數字可能是從《六德》篇的末簡倒數過去得到的。不過，《六德》全篇的實際總簡數是否正好爲49還存在疑問。因爲其篇中既存在有缺簡的問題，同時又存在有個別竹簡可能可以拼合的問題，情況比較複雜。反過來說，如果以上推測並非出於巧合或祇是沒有多大意義的數字遊戲，似可進一步深入考慮根據《六德》篇實際總簡數爲49這一點對其全篇的復原有所幫助。

我們在最初著手將《尊德義》和《君子之於教》兩篇的簡背所記數字，跟其簡序結合起來考察時，曾希望能夠對個別竹簡的編聯起到某種決定性的作用。但考察的結果是頗爲令人失望的。總結本文所論，這兩篇簡背所記數字序列，通過跟研究者將其竹簡重新編聯的可靠結果的比較可以看出，跟簡序既有完全相合的，也有雖不合但祇是略有出入的，還有相差很遠無法排入同一組之中的。這些數字的性質，最可能是出於某種目的對有關竹簡從後往前清點計數，隨手記在簡背的數目字，因此某些簡背數字跟竹簡的先後順序是存在對應關係的。但由於資料太少，其計數的起點不明，還可能存在計數起點不同、計數起點相同的也因計數不止一次而略有出入等多種複雜情況，因此它們對於有關竹簡的編聯和全篇簡序的排定雖不無參考作用，但難以完全依賴。在關鍵的編聯之處，最重要的還是要看文意是否通順無礙。因此，我們考察的結果最終還是傾向於將《尊德義》全篇的簡序編爲第一組+第二組+第三組+第四組。

【廣瀨熏雄2008】

（Ⅰ）2+3+4+5+6+7+8+9+10+11+26+27+12+13+14+15+16+28+29

（Ⅱ）1+30+31+32+33+34+35+36+37+38

（Ⅲ）39+17+18+19+20+21+22+23+24+25

在此將《尊德義》分爲三個編聯組。筆者認爲（Ⅰ）、（Ⅱ）、（Ⅲ）都連接不是不可能，甚至其可能性很大。

陳偉先生早已指出，11號簡和26號簡可以連讀。……經過這一調整，相關部分的釋文如下：

……善取，人能從之。上也11不以嗜欲害其儀軌。民愛則子也，弗愛則讎也。民五之方格，26十之方爭，百之而後服。善者民必富，富未必和，不和不安，不安不樂。27善者民必眾，眾未必治，不治不順，不順不平。是以爲政者教道之12取先。……

考慮此處的前後關係，這一調整有充分的說服力。

第一，8號簡有"是以君子人道之取先"一句。此句與12、13號簡的"是以爲政

者教道之取先"相對應。因此12、13號簡應該位於離8號簡不遠的地方。而陳劍先生將8號簡歸於第二組,將12、13號簡歸於第四組,這種排列方案恐怕不可取。

第二,參考8號簡"是以君子人道之取先"和12、13號簡"是以爲政者教道之取先",11號簡"善取,人能從之"的"取"當是"取先"之"取",而且其主語是"君子"或"爲政者"。所以陳偉先生對"上也"之"上"的解釋也非常合理。郭店楚簡中"上"意爲"爲政者"的例子不勝枚舉,如《尊德義》36—37號簡云"下之事上也,不從其所命,而從其所行。上好是物也,下必有甚焉者"。

第三,這是最關鍵的,若採用這一調整,簡背數字和簡序有了明確的對應關係。我們來看看相關部分的釋文。【百八】、【百四】、【百一】、【百】是簡背數字。

> 知禮而不知樂者,亡知樂而不知禮者。善取,人能從之。上也11【百八】
> 不以嗜欲害其儀軌。民愛則子也,弗愛則讎也。民五之方格,26
> 十之方爭,百之而後服。善者民必富,富未必和,不和不安,不安不樂。27
> 善者民必衆,衆未必治,不治不順,不順不平。是以爲政者教道12【百四】
> 之取先。教以禮,則民果以輕。教以樂,則民弗(?)德清將。教13
> 以辯說,則民褻慢長貴以忘。教以勢,則民野以爭。教以技,14
> 則民小以吝。教以言,則民訏以寡信。教以事,則民力嗇以徇利。15【百一】
> 教以權謀,則民淫惛遠禮亡親仁。先之以德,則民進善安16
> 化。故率民向方者,唯德可。德之流,速乎置郵而傳28【百】
> 命。其載也亡重焉,交矣而弗知也。明德者,且莫大乎禮樂。29

這樣一來,如果從28號簡【百】數起的話,到11號簡正好是【百八】。

很奇怪的是,如果從【百】數起的話,祇有【百八】是對的,【百一】、【百四】都對不上。相反,如果從【百一】數起的話,祇有【百四】是對的,【百】、【百八】就對不上了。陳劍先生說"可以設想,在從某個起點開始計數數到一百左右時,容易出現一兩號的差錯,這是完全可以理解的"。據此筆者進一步推測,當時清點的人很有可能好幾次從頭計數。比如說,第一次計數的時候,他數到28號簡,以爲這是第一百枚,記下了"百";第二次計數的時候,他數到15號簡,以爲這是第一百零一枚,結果出了一枚簡的差錯,但祇好記下"百一";他後來又計數,這次12號簡是第一百零四枚,正好與第二次計數的結果符合;到後來再

第六章 《尊德義》、《成之聞之》、《六德》諸家竹簡排序一覽

次計數,這次11號簡是第一百零八枚,又與第一次計數的結果符合。

雖然簡背數字和簡序不能完全對上,但其對應關係還是很清楚的。正如陳劍先生所說,簡背數字是從後往前清點的數目。根據這些簡背數字,《尊德義》11—26—27—12—13—14—15—16—28的編連可以說是鐵案了。

與陳劍先生的方案相比,其不同點是以下五點。

(1)連讀11—26—27—12。此點上節已經詳述。

(2)隔開29號簡和30號簡。29號簡末句是"明德者,且莫大乎禮樂",這作爲一個段落的結束句非常合適。

(3)將1號簡放在第二組開頭。1號簡開頭是"尊德義,明乎民倫,可以爲君",這作爲一個段落的首句非常合適(所以整理者也拿它作爲篇名)。那麼剩下的問題祇有1號簡是哪一段落的開頭而已。看(Ⅰ),其開頭是"賞與刑,禍福之基也,或前之者矣",這顯然是一個段落的開頭。(Ⅲ)的開頭是"凡動民必順民心,民心有恆,求其養",這作爲一個段落的開頭也很不錯。而1號簡作爲(Ⅱ)的開頭正好很合適。……"尊德義,明乎民倫,可以爲君。淮忿戾,已忌勝,爲人上者之務也。故爲政者,或論之,或養之,或由中出,或設之外"是開宗明義。接著說"論列其類",列舉具體的統治原理。看其具體內容,都可看作與"尊德義"、"明乎民倫"、"淮忿戾"、"已忌勝"有關的記述。例如35號簡"慧不足以知倫"顯然是承"明乎民倫"說的。

(4)連讀23—24。但這其實是陳劍先生的意見。祇是陳劍先生爲慎重起見在釋文中將此二枚隔開而已。

(5)將陳劍先生的第三組移動到《尊德義》最後一段,將25號簡末句"治民非還生而已也"看作一個段落的結束句。這是由於重新調整第二組和第四組的必然措施。

【曹峰2009】

1+2+3+4+5+6+7+8+9+10+11+26+27+12+13+14+15+16+28+29+30+31+32+33+34+35+36+37+38+39+17+18+19+20+21+22+23+24+25

【張崇禮2009】對本篇七支簡文的編聯做了探討,他的方案如下:

28+29+30+21+22+30+31

【十四種2009】

1+2+3+4+5+6+7+8+9+10+11+28+29+31+32+33+34+35+36+37+38+17+18+19+20+21+22+23+24+25+26+27+12+13+14+15+16+30+39

辰按，此編聯意見同【李零1999】。

【李松儒2010】

《六德》簡49的歸屬還有一些爭論。該簡釋文如下："生。故曰：民之父母親民易，使民相親也難。⌐"此簡末尾還有一處勾識，該勾識符號應該是表示篇章的結束。因《性自命出》可與上博簡的《性情論》內容相互參照，《成之聞之》中也有表示文章完結的勾識符號，所以《六德》簡49不能歸入以上兩篇。這樣，該簡的歸屬就只能是《尊德義》、《六德》其中一篇。……《尊德義》、《六德》、《成之聞之》、《性自命出》雖爲同一抄手抄寫，不過因抄寫行爲歷時的不同或所抄底本的不同，字跡也會發生一些變化。通過對文字筆畫的書寫形態比較，我們認爲《尊德義》應爲書寫時間最早的一篇，在《尊德義》前五支簡中文字書寫風格與其後幾十支簡是有明顯區別的，其筆畫短小，重筆快出；其後幾十支簡筆畫也更加彎拽，裝飾性意味更強。如簡1—5中的"也"字均作"乚"形，在其後的幾十支簡中"也"字多作"彡"形。"也"字寫作"彡"形不僅書寫形態較"乚"形複雜，筆畫也更加彎拽，裝飾性意味更強。這是書寫者在抄寫一段時間後不斷地熟練書寫的過程，這也是符合書寫規律的。……對由同一抄手書寫在相同形制竹簡上文章的分篇，首先要依據字跡特徵進行分類，如《成之聞之》中"而"字寫作"天"形；"則"字作"𢦏"形的特殊寫法也成爲其分篇的最合理依據。《尊德義》與《六德》除在"則"字的書寫上存在着字跡差異外，"也"字也是可以成爲對兩篇字跡分類的特徵字之一。"也"字在《尊德義》中的裝飾性寫法與其他篇同樣是有所些差異的。其"口"畫寫作"ᗄ"或"ᐯ"形。前者"口"畫豎畫起筆順勢呈弧線而下，作"乚"形；後者"口"畫豎畫起筆處彎曲程度較大，幾乎呈折筆之勢，作"ᑫ"形。也正是因爲這樣的折筆使得該字的裝飾性表現得更加強烈。

在《尊德義》中，"口"畫寫作"ᗄ"形的"也"字有如下幾例：

乚6、乚7、彡11、彡25、彡31、彡36、彡37、彡19、彡19、彡23

在《尊德義》中，"口"畫寫作"ᐯ"形的"也"字有如下幾例：

乚7、乚7、彡24、彡24、彡26、彡26、彡29、彡29、彡32、彡36、乚39、彡17、彡17、彡18、彡18、彡19、彡20、彡20、彡21、彡22、彡22、彡23、彡23

再看"也"字在《六德》中的寫法：

彡7、彡8、彡19、彡9、彡10、彡11、彡48、彡1、彡1、乚1、彡3、彡3、彡4、

第六章 《尊德義》、《成之聞之》、《六德》諸家竹簡排序一覽

〔也〕5、〔也〕15、〔也〕16、〔也〕17、〔也〕19、〔也〕20、〔也〕20、〔也〕21、〔也〕21、〔也〕21、〔也〕23、〔也〕24、〔也〕25、〔也〕26、〔也〕26、〔也〕26、〔也〕26、〔也〕27、〔也〕27、〔也〕27、〔也〕28、〔也〕28、〔也〕32、〔也〕32、〔也〕33、〔也〕33、〔也〕33、〔也〕37、〔也〕36、〔也〕38、〔也〕41、〔也〕41、〔也〕41、〔也〕43、〔也〕44、〔也〕45、〔也〕46、〔也〕46

《六德》簡49中"也"字的寫法作：〔也〕

上舉《六德》數十例"也"字的"口"畫均寫作"〔口〕"形。唯獨《六德》簡49中"也"字"口"畫左端豎筆彎曲程度較大，作"〔也〕"。這與《尊德義》中"也"字書寫方式相同。通過對《六德》簡49中"也"字的字跡特徵觀察，我們認爲《六德》簡49與《尊德義》字跡特徵相符。依照陳偉先生的意見，《六德》簡49可綴於《尊德義》簡23後，……從文意上看，《六德》簡49歸於《尊德義》一篇也是很合理的。

另外，從照片上觀察，《六德》簡49與《尊德義》簡21、22、23字跡顏色均深淺不一，這種情況與第一節所述相同，可能是圖版色彩、亮度等方面處理不一致所造成的。

【顧史考2010】

一、第20a簡與第23a簡互換

《尊德義》有一種突出的情況，儘管整理者該篇序言並未提及，但從照片上較明顯的痕跡及黑白深度對比來看卻一目瞭然，即是有好幾枝簡看起來是由兩甚至三枚簡片綴合而成的，其間多數剛好皆是斷於第一編繩契口的位置(亦即於頭五字左右之下)。然而因為這幾枝簡似乎本斷得很乾淨，綴得密合而痕跡不特別顯眼，且綴合後大部份簡文義連貫而似無大誤，所以此種情況並未引起學者矚目，沒有放進簡序調整的考慮範圍之內。

然而仔細考之，確實有綴合錯誤者在內。據筆者之見，至少兩個例子可言，牽涉到四枝簡的簡頭，同樣都是斷於第一編繩契口的位置。

先看第20與第23兩枝原來綴合的竹簡簡頭段文的原釋文(簡斷痕跡以「｜」表示)：

……可學也而不可矣(疑)也，(19)可孝(教)也而不可｜迪其民，而民不可止(止)也……(20)

桀不胃(謂)其民必亂，而民又(有)(22)為亂矣。爰(?)不｜若也，可從也而不可及也……(23)

按，第20簡"可教也而不可迪其民"，表面上似乎可連讀，然而語意難通，且"不可迪其民"比起前句的"不可矣(疑)也"少了一個"也"而多了一個實語，並不太對稱，因而其綴合本有可疑之處。至於第23簡的"爰(？)不若也，可從也而不可及也"，至今仍屬費解，且其與桀民作亂的關係實無法解釋。

然而第20a簡與第23a簡互換之後，則茅塞頓開，結果如下：

……可學也而不可矣(擬)也，(19)可季(教)也而不可(20a)│若也，可從也而不可及也……(23b)

桀不胃(謂)其民必亂，而民又(有)(22)為亂矣。受(紂)不(23a)│迪其民，而民不可止(止)也……(20b)

按，第19、20a、23b三枚簡段的三句完全相對，皆以"可A也而不可B也"為式，且"擬"、"若"、"及"皆為對文互換的同意詞(皆有"比得上"之義)，此處編聯調整實無可復疑。至於第22、23a、20b三枚簡段，其實整理者原疑讀"爰"之字(✦)，李零早已疑其實乃"受"字而讀為"紂"("受"字《成之》第34簡作"✦"，寫法與此相近)，只是因為"紂不若也，可從也而不可及也"無法講通，所以學者難以從其說。今改拼之後，"桀不"奈"其民"如何"而民"如何，正與"紂不"奈"其民"如何"而民"如何兩句緊緊相扣，足以證成李氏之說。

二、第18a簡與第32a簡互換

第18與第32兩枝原來綴合的竹簡頭段，原釋文分別如下：

……因亙(恆)則古(固)，戠㦣則亡避。不黨(黨)則亡(17)息(怨)，思則□│□。夫生而又(有)戠(職)事者也，非季(教)所及也……(18)

……坓(刑)不隸(逮)於君子，豊(禮)不(31)隸(逮)於小人。攻□│往者復，依(哀)惠則民材(財)足……(32)

按，第17簡斷處下的一字，筆跡磨損不清，故整理者以"□"代之，而其斷處的上一字，其實並無任何痕跡可見，似是純以"則"字與下一字的痕跡距離過長而補的。然而今疑此處(即"│"前之處)並無字可補，說見下。當然，原釋文這樣補過兩個框之後，正可擬補"亡某"一類之詞而與上兩句的"亡避"、"亡怨"相對，不過下一句"夫生而有職事者，非教所及也"，與此前幾句看不出任何必然的關係，所以此處之似乎剛好可以"□□"終句，很可能只是巧合，並不足以證成兩段之相拼為是。至於第32簡，"攻"下一字亦磨損不清("攻"字本身亦不甚清)，然要補"則"字似與筆跡不符(接下的幾句皆是"某某則某某"或"某某則亡(/不)

第六章　《尊德義》、《成之聞之》、《六德》諸家竹簡排序一覽

某某"之式），而即使能補為"則"，若依他句的節奏則其前提該是兩個字而不光是個"攻"字才是。

然而若將18a與32a互換，則形成另外一種可能：

……因亙(恆)則古(固)：戠(察)叿(慝/匿)則亡避，不黨(黨)則亡(17)息(怨)。止(上)思(畏〔威〕)則(18a)｜往者復，依(哀)惠則民材(財)足……(32b)

……坓(刑)不隶(逮)於君子，豊(禮)不(31)隶(逮)於小人。攻<政>(？)□(32a)｜□。夫生而又(有)戠(職)事者也，非羕(教)所及也……(18b)

因為第32b簡"往"字緊靠該簡片上端，因而改拼後第18a簡的"則"字與"往"字距離並非過長，實無補字於其間的必要，可以直接連讀。那麼如此一接，"往者復"前剛好是"某某則"一類的詞，"上威則往者復"恰好與下句的"哀惠則民財足"相稱，且簡17—18a與32b(乃至簡33—34)的句型亦皆是一致的，即"A則B，C則D"等等。……"因恆則固"或可視為本段開頭綜括性之語，然後"察匿則亡避，不黨則亡怨"先言何以避免臣下之隱匿朋黨之害，而"上威則往者復，哀惠則民財足"再反過來言君主尊德義而行仁政的正面效果，除了首句"因恆則固"外，四句兩兩對稱，讀起來比較通順。至於第32a與18b兩簡之重新綴合，因為"小人"一合文下的三個字皆嚴重磨損而無法認清（"攻"字之釋或不足據，不知是否可能為"政"字之訛），所以文義難以認定。然而第18b簡的"生而有職事者"，似或即第32a簡的"小人"之謂，而前者的"非教所及"，似亦正可視作後者"禮不逮於"的另一種說法，所以兩枚簡片的相拼仍算是文從字順。值得注意的是，如適才說的第32a簡的末兩三字及第18b簡的頭兩字剛好皆磨損不清，尤其是其斷處的上下兩個字，極可能是其同時受磨所致，足見此處相拼的合理性。……

此外，其他斷於第一道編繩契口位置的竹簡，整理者的綴合似乎皆是比較可靠的，大概只有第21與31兩枝簡有簡頭互換的可能，然筆者並未見其有何應該互換的特別理由，今姑仍其舊。至於同斷於其他位置的綴合簡，更未見其可以動者，整理者之相拼蓋皆無誤。

三、第24簡上承第11簡

最後試論兩枝整簡的改拼新案。《尊德義》第24簡，整理者原置為一個小編連組(簡24—25)的開頭，此後學者或接於簡30之下，或置於簡20之後，或直接放於簡23之下，後者雖已成為主流意見，然至今仍無一定的讀法，應該尚有討論的餘地。

第24簡頭句的原釋文如下：

  悫袋(勞)之旬也……

  其中"悫"、"旬"二字較為費解。……

  在此更關鍵的則是"旬"字。此字作"■"，字共二見，另見於第26簡：……按，諸說之所同者，皆以此字下部為"皀"，甚確。如郭店《老子丙》第1簡諸"即"字作"■"，左旁與之一模一樣，是其例。……"■"所從是否即是"匎"所從者，似仍待進一步的證據方能成為定論。……或者可以引發"即"字之何以(可能)寫成"■"形的一種思路。

  假若"■"字確為"即"字異體，則可以……讀為"次"，而如此便可以將《尊德義》第24簡直接接於本無所接的第11簡之後，即：

  ……善取，人能從之，上也(11)；悫(劬)袋(勞)之，旬(即〔次〕)也。為邦而不以豊(禮)……(24)

  蓋"善取"之意即選取治民之正道，採取德教而施行禮樂，亦即第8簡"是以君子人道之取先"之謂。若果能採取順乎民心的"人道"，治之以禮樂而不以刑罰強之，人民自然就"能從之"，這當然便是治國上等的辦法。反過來，假如只以刑罰的威嚇等"劬勞之"，不以德教而強迫之從軍服役等，自然也便是次等的治法，甚至與治民之正道相背而馳，此即第22簡所謂"民可道(導)也，而不可弩(強)也"。再說，接下的"為邦而不以豊(禮)"云云，亦正是為了申說此"劬勞之"之為次道而發的。那麼如此相拼，整段堪稱文從字順，因而筆者認為"■"之釋為"即"確是一個可以進一步考慮的可能。……

  四、筆者對此篇的簡序尚有一些初步的想法，比如其第1簡，即"尊德義，明乎民倫，可以為君"等，雖然很可能就是全篇的首簡，然而又疑第39簡，即"凡動民，必順民心"等或亦能當之，而第1簡或乃可以迻至第20b簡之後，即在"尊仁親忠，敬莊歸禮"幾句之下。然而像此種想法目前並不太成熟，未得足夠的證據。

  五、對竹簡圖版上吾所謂斷簡的痕跡，筆者曾有兩種疑問，其一是整理者對此何以沒有任何交代？其二是竹簡怎麼有可能斷得如此乾淨，照片是否經過特別處理？……陳劍先生……指出《郭店楚墓竹簡》原書所附"竹簡整理號與出土號對照表"中，《尊德義》全篇各簡只有一個出土號，宛若並無一枝竹簡是斷過的。那麼如果確是本有斷過的竹簡，除非是整理者失錄，唯一的可能就是其中有誤，比如"各為兩支整簡，清理時分別皆斷開、馬上再重新拼回去並當時只給一個編號時，

第六章 《尊德義》、《成之聞之》、《六德》諸家竹簡排序一覽

被弄錯位了。"然而陳先生又指出,這種情況雖然確實可能會發生(如本文第一則所示),不太可能於同篇內會發生兩次(所以本文第二則就比較難以成立)。

再來是筆者所謂竹簡許多斷處之所以看起來那麼地整齊,可能是因為這些痕跡其實是由其圖版的拍照方式所致,而並不一定是因為竹簡本身是斷過的。據陳先生所得悉,郭店簡拍照時,由於設備條件及部分竹簡的扭曲等因素,有不少簡是一段一段分別拍的,然後再合成一枝整簡的(此也能說明各段曝光度的不同)。這樣的話,儘管仍有可能原簡恰好於此分段處確實也是斷過的,不過此種情況實在無法光據圖版來斷定。問題是,為什麼只有部分簡是這樣處理的,"是不是正說明那些經過照片拼接的簡,雖然拼合痕跡並非竹簡殘斷原貌,但正反映出其原為兩段呢?恐怕也難以斷定。"

【顧史考2011】

又把兩支簡——簡31和簡21拆開,並相互拼合,變成31a+21b、21a+31b,在整篇竹簡編聯上也有相應的調整。

1+30+2+3+4+5+6+7+8+9+10+11+24+25+26+27+12+13+14+15+16+39+17+18a+32b+33+34+35+36+37+38+28+29+31a+21b+22+23a+20b+21a+31b+32a+18b+19+20a+23b+六德49

辰按,顧史考與其他學者最大不同之處是把原本被整理者視為整簡的三支簡每支拆分為兩段,並與其他簡互拼,但經過我們反覆研究,發現他的意見都是不可信的。第一,他把簡20a與簡23a互換,即重新拼合為20a+23b、23a+20b,從武漢大學簡帛研究中心、荊門市博物館編著《楚地出土戰國簡冊合集(一)——郭店楚墓竹書》一書新公佈的圖版來看,《尊德義》簡23"不"與"若"之間的斷痕細節極為明顯,呈▇狀,磋口本來就密合,若如顧說與20上下兩段相拼,磋口反而不對。第二,他把簡18a與簡32a互換,即重新拼合為18a+32b、32a+18b,正如陳劍所指出的,《尊德義》簡32第5字後圖版上顯示有平直的斷痕,但那是用照片拼接所致,並非原簡就是斷的;並且《尊德義》簡18第4字"則"字之下、照片拼接所造成的墨線之上從精裝本看似有斷痕,但從合集本看,則祇是編繩痕跡,簡18應為完簡,所以這個拼合也是沒有道理的。第三,他又把簡31和簡21拆開,並相互拼合為31a+21b、21a+31b,但簡21"噁"字後有平直的斷痕亦為用照片拼接所致,並非原簡就是斷的;簡31為"态"字後有斷痕,依整理者所拼,磋口密合,契口亦相應,實無拆分

的必要，所以這個拼合也是錯誤的。

【本書的編聯】

1+2+3+4+5+6+7+8+9+10+11+24+25+26+27+12+13+14+15+16+28+29+30+31+32+33+34+35+36+37+38+39+17+18+19+20+21+22+23+《六德》49

第二節

《成之聞之》諸家竹簡排序一覽

【郭店–成之聞之】整理者把全篇分爲十個編聯組：

(1) 1+2+3；

(2) 4+5+6；

(3) 7+8+9+10+11+12+13+14+15+16+17+18+19+20；

(4) 21+22+23；

(5) 24；

(6) 25+26+27+28；

(7) 29+30；

(8) 31+32+33；

(9) 34+35+36；

(10) 37+38+39+40

【姜廣輝1998】

此篇實爲兩篇：前二十簡爲一篇，後二十簡爲一篇。前者可名爲"求己"篇，後者可名爲"天常"篇。在《求己》篇中第四、五、六簡應置於第一簡之前。

【郭沂1998】

31+32+33+34+35+36+29+30+1+2+3+24+25+26+27+28+4+5+6+7+8+9+10+11+12+13+14+15+16+17+18+19+20+21+22+23+37+38+39+40

【李零1999】

4+5+6+1+2+3+7+8+9+10+11+12+13+14+15+16+17+18+19+20+21+22+23+24+25+26+27+28+29+30+31+32+33+34+35+36+37+38+39+40

【周鳳五、林素清1999】

第六章 《尊德義》、《成之聞之》、《六德》諸家竹簡排序一覽

31+32+33+34+35+36+29+30+1+2+3+24+25+26+27+28+22+23+21+4+5+6+7+8+9+10+11+12+13+14+15+16+17+18+19+20+37+38+39+40

【王博2000A】對原編聯有四處調整意見：

一、21+29+30+1+2+3；

二、(21+29+30+1+2+3)+(7+8+9+10+11+12+13+14+15+16+17+18+19+20)+(34+35+36)+(25+26+27+28)；

三、(21+22+23)+(4+5+6)；

四、(31+32+33)+(37+38+39+40)

【陳偉2000】改篇名爲《德義》

尊1+29+30+1+2+3+24+25+26+27+28+22+23+21+37+38+39+19+20+34+35+36+4+5+6+7+8+9+10+11+12+13+14+15+16+17+18

1、尊01原自爲一組，列於《尊德義》篇首。然而本簡是談人君的修養，與原《尊德義》的主體部分是論述如何治民有別。故移於此。

2、成29、30與01至03原各作一組，郭沂先生改以成30與成01連讀，並在標點上作了重要的改變。……還應提到的是，簡書對《君奭》引文的標點是依照鄭玄注作出的。而按孫星衍《尚書今古文注疏》，"襄我"應斷讀，"襄"準《左傳》杜預注，意爲"成"。如然，更可見成01應接在成30之後，而"成之"應與"是以君子貴"連讀。

3、原釋文以成24為一組，成25至28為一組。郭沂先生則將成24、25、26、27、28五簡依次接于簡03之下。……可以補充的是，成01、02說："行不信則命不從，信不著則言不樂。民不從上之命，不信其言，而能含德者，未之有也。"所云"行"、"信"、"民不從上之命，不信其言"適與成24的"民孰弗從"和"民孰弗信"前後緊扣。

4、成21至23原為一組。周鳳五先生改其順序為22、23、21，並以之接于成28之下。成26"聖人之性"以下至成28，大致是說聖人之性與中人之性無異，聖人通過自身努力而達致超凡的境界。成22、23、21是說行之愈疾，而效果愈著。彼此顯然相通。如將成21保留在成22之前，文意似亦順。但"此以"（成28）、"是以"（成21）連續出現，語氣上似有些問題。故不如將成21置後。

5、成37至40原為一組。雖然成40與成38都講到"天常"（成39亦有"大常"），但前者坐實於"六位"，後者坐實於"求己"，彼此有異。成40改為《六德》一

篇的結尾，更為適宜。故成39之後的接續對象必須另覓。在另一方面，成07至成20原為一組，18、19相連處讀作"反此道也，民必因此厚也以復之，可不慎乎"。將成19起首的"以復之"與成18末尾的"民必因此厚也"連讀，語氣不順。況且"復之"的"復"是"反"的意思，"復之"即"反求諸己"或"求諸己"，是針對君子而言的，也不能接在以"民"為主語的句子後。改以現在的方案，"是以"連讀，成38"慎求之於己"與成19"復之可不慎乎"呼應，顯然更為合適。

6、成34至36原為一組。其實可接于成20之下。"君子口席之上"數語是談在不同場合的謙讓，正應是對成20所述"欲人之愛己也，則必先愛人；欲人之敬己也，則必先敬人"的具體闡釋。

7、原釋文以成04至06為一組，成07至20為一組。郭沂、周鳳五二位均將前者與以成07為首的諸簡連讀。從語氣和內容看，應可憑信。至於成19、20應改接于成39之下，已見前述。在調整之後的編組中，成37至成36與成04至成18相對獨立，其順序也可能是成04成18居中，而成37至36居後。考慮到成36最後一句為"君子曰"云云，似不致作為全篇收尾，故作如今安排。

【高正2000】

4+5+6+7+8+9+10+11+12+13+14+15+16+17+18+19+20+34+35+36+21+22+23+29+30+1+2+3+24+25+26+27+28+31+32+33+37+38+39+40

【廖名春2000C】

4+5+6+7+8+9+10+11+12+13+14+15+16+17+18+19+20+34+35+36+29+30+1+2+3+24+25+26+27+28+22+23+21+31+32+33+37+38+39+40

【丁原植2000】

4+5+6+7+8+9+10+11+12+13+14+15+16+17+18+19+20+34+35+36+21+22+23+24+25+26+27+28+29+30+1+2+3+31+32+33+37+38+39+40

【李學勤2000C】

31+32+33+37+38+39+40

【顧史考2000】

20+34+35+36

至於四篇之間較大幅度調整的可能性，則筆者……基本上仍保持著謹慎的態度，因為四篇竹簡的字體與書寫風格畢竟有所不同，不容相混（而如裘錫圭先生所說，《性》、《六》二篇的字體最相似，《尊》與《成》則各有其特點）。尤其是

第六章 《尊德義》、《成之聞之》、《六德》諸家竹簡排序一覽

《成之》一篇，從其中某一些常用字的獨特寫法來看，其與其他篇的區別是一目了然的。例如"者"字，其他篇一般寫如"□"，此篇則多寫如"□"；"而"字，他篇一般寫成"□"，此篇則都寫成"□"；"則"字，《性》與《六》都寫做"□"，《尊》都寫作"□"，此篇則一概寫做"□"等等；除了"者"字的一、兩處，基本上都沒有一個例外。因此，這些特點毫無疑問的是很有助於將《成之》與其他三篇的竹簡區別開來。例如《成》簡三一至三二，即"天降大常"那段，從內容上看所講的"君臣、父子、夫婦"即是《六德》篇中的"六位"，那麼此二簡是否即該屬於《六德》呢？雖然似有可能，然而此二簡亦與同樣是講"天常"、"六位"的簡三七至四十又好像是屬於同一篇，而從該三枚中以特殊寫法出現的"而"（簡三七、三八）、"者"（簡三九）二字來看，該篇似當為《成之》無疑。這種情況表明，既不能光靠字體，亦不可能徒依內容，而必須二者兼顧方能就竹簡分篇的問題得到最合理的結論。

【涂宗流、劉祖信2001】

4+5+6+7+8+9+10+11+12+13+14+15+16+17+18+19+20+21+22+23+24+25+26+27+28+29+30+1+2+3+31+32+33+34+35+36+37+38+39+40

【廖名春2001B】

4+5+6+7+8+9+10+11+12+13+14+15+16+17+18+19+20+34+35+36+29+30+1+2+3+24+25+26+27+28+22+23+21+31+32+33+37+38+39+40

一、筆者不同意將《成之聞之》的31至33號簡以及40號簡歸入《六德》篇。從內容上看，《成之聞之》的31至33號簡以及40號簡與37至39號簡有密切的聯繫，所謂"天降大常"，當為"天弅大常"。……簡31的"天弅（徵）大常"、簡40的"巳（似）天常"與簡38的"順天常"、簡39的"霏（敦）大常"，前後相承，是不能分開的。從形制上看，《六德》篇與《成之聞之》篇表面上無異，實質還是有差別的。比如《成之聞之》篇的字體較粗，而《六德》篇的字體較細，將《成之聞之》的31至33號簡以及40號簡放到《六德》篇中，對比非常明顯。而且《成之聞之》的31至33號簡"也"字、"之"的寫法與《成之聞之》其他各簡是相同的，與《六德》篇"也"字、"之"的寫法卻相當不同。如《成之聞之》簡33的"也"字作"□"，其下面一筆幾成直角，與《成之聞之》其他各簡相同；而《六德》篇各簡"也"字皆寫作"□"，其下面一筆為一短撇，成弧形。《成之聞之》簡31、33的3個"之"

字都寫作"▨"形，《成之聞之》其他各簡多同；而《六德》篇"之"字卻多寫作"▨"形，其區別是明顯的。所以，從字體和字的寫法上考察，將《成之聞之》的31至33號簡以及40號簡編入《六德》篇，是完全不能成立的。陳偉又將《尊德義》篇的簡1加諸《成之聞之》（他稱為《德義》）篇首，而下接以簡29、30，認為《尊德義》篇簡1"是談人君的修養，與原《尊德義》的主體部分是論述如何治民有別。故移於此"。案：這一調整也是不可信的。如《尊德義》篇簡1的"可"字上有飾筆，而《成之聞之》篇30"可"字上則無。《成之聞之》篇"可"字14見，除簡16一例外（這一例飾筆短而小，與《尊德義》長而粗還是不同），其他13例都沒有飾筆。而《尊德義》篇"可"字21見，除簡3一例無飾筆外，其他20例皆有飾筆。又如"也"字，《尊德義》篇簡1的寫法與《尊德義》其他簡同，與《成之聞之》篇29、簡30乃至其他各簡，明顯有別。因此，單從字的寫法上，將《尊德義》篇的簡1歸入《成之聞之》篇就通不過。由此可知，無論是將《成之聞之》篇的簡31至簡33以及簡40編入《六德》篇，或是將《尊德義》篇的簡1歸入《成之聞之》篇，都是缺乏理據的。《郭店楚墓竹簡》釋文將《成之聞之》篇的40支簡定為一篇是經得起考驗的。

二、《郭店楚墓竹簡》一書實際將《成之聞之》篇的40支簡分成了10組：簡1至簡3為第一組，簡4至簡6為第二組，簡7至簡20為第三組，簡21至簡23為第四組，簡24為第五組，簡25至簡28為第六組，簡29至簡30為第七組，簡31至簡33為第八組，簡34至簡36為第九組，簡37至簡40為第10組。……周鳳五認為第四組簡的簡21、22、23之序應改為簡22、23、21之序，這是很有眼力的。簡23的"敓之術也，彊之工也；楕之弇也，治之功也"是兩個比喻，如果以此收尾，由此得出的結語尚未點出；而接以簡21"是以知而求之不疾，其去人弗遠矣"云云，則涵義凸現。再則在簡21後接簡22，"是以"後又是"是故"，顯得重複囉嗦。所以，周鳳五的意見是正確的，第四組簡應以簡22、23、21為序。陳偉對十組簡中的三組的分合做了一定程度的調整。他在第七組簡前加上了《尊德義》篇的簡1；又將第十組簡一分為二，將其中的簡40歸入了《六德》；又將第三組簡一分為二，將其中的簡7至簡18上接第二組，簡19、簡20則上接第十組的簡37至簡39，下接第九組即簡34至36。前兩種分合上文已討論過了，這裏只討論他對第三組簡的處理。陳偉將第三組簡一分為二，非常精巧。以簡18斷後，無後顧之憂；以簡39下接簡19，則成："是以復之，可不慎乎？"這樣，既使簡39的"是"字有了著落，又使簡19的"可不慎乎"與簡38的

第六章　《尊德義》、《成之聞之》、《六德》諸家竹簡排序一覽

"言慎求之於己"相應。更重要的是，按照這種編排，解說《尚書》的部分居前，非解說《尚書》的部分居後，澈然不混。但是，從文意上看，簡37至39等是說人倫與天道有一致性，求人倫可順於天道；而簡19、20講的卻是講"復"的問題，即己之所為決定人之待己，別人如何對待自己關鍵在自己如何對待別人，這與簡17、18的"反"，特別是"智而比次，則民欲其智之遂；富而分賤，則民欲其富之大也；貴而能讓，則民欲其貴之上也"的邏輯完全是一致的。因此，將第三組簡一分為二，實為不妥。

三、第二組簡文……討論的主要是身教，說"君子之于教也……亡乎其身而存乎其治，雖厚其命，民弗從之矣。是故威服刑罰之屢行也，由上之弗身也"，而第三組說"上苟身服之，則民必有甚焉者。君袀冕而立於阼，一宮之人不勝其敬；君衰絰而處位，一宮之人不勝[其哀；君甲冑而立桴鼓之間]，一軍之人不勝其勇。上苟倡之，則民鮮不從矣。雖然，其存也不厚，其重也弗多矣。是故君子之求諸己也深。不求諸其本而攻諸其末，弗得矣"。所謂"上苟身服之，則民必有甚焉者"、"上苟倡之，則民鮮不從矣"，顯然是緊接"由上之弗身也"來說的。第一組雖然也說"故君子之蒞民也，身服善以先之"，但銜接顯然不如第三組緊密。特別是簡6與簡1銜接是"昔者君子有言曰：戰與刑人，君子之墜德也。是故成之。聞之曰：古之用民者，求之於己為亟"，而簡30與簡1銜接是"是以君子成之。聞之曰：古之用民者，求之於己為亟"，兩相對照，簡30與簡1銜接是非常貼切的。因此，第二組是不能接第一組的。以第二組接第八、十組，一是主題不對：第二組講身教，第八、十組討論的卻是"人倫"、"六位"合乎天道；二是第八、十組是解說《尚書》的，而第二組則無。因此，第二組只能接第三組，任何別的方案都是錯誤的。

四、第三組下接的方案也有多種。……陳偉說："君子□席之上"數語是談在不同場合的謙讓，正應是對成20所述"欲人之愛己也，則必先愛人；欲人之敬己也，則必先敬人"的具體闡釋。這是正確的。又如第三組簡18說："貴而能讓，則民欲其貴之上也"，而第九組簡34說："君子簟席之上讓而援幼，朝廷之位讓而處賤，所宅不遠矣"。它們討論的都是共同的話題，將其編排在一起，應該是合適的。如果接以第四組，話題就從"讓"轉到了"疾"，從討論禮轉到了解說《尚書》，顯然不通。周鳳五則下接第十組，是看到第三組簡19"君子所覆之不多，所求之不陵，察反諸己而可以知人"與第十組簡37"唯君子道可近求，而可遠措也"、簡38"言慎求之於己"相近。但問題是第十組還是解說《尚

書》，體例不同。所以，在第三組下接的種種方案中，還是下接第九組的方案最為合理。

五、第九組下接的方案也有幾種。……郭沂、周鳳五下接的是第七組即簡29、30，……郭沂……改接第七組的理由，則沒有講到點子上。這裏的關鍵是簡36"君子曰：從允釋過，則先者舒，來者伸"與簡29"君奭曰'襄我二人，毋有合哉言'曷？道不悅之詞也"的聯繫。所謂"從允釋過，則先者舒，來者伸"，顏世鉉認為"從允"即"從信"，指趨就誠信原則；"釋過"猶"赦過"，即原諒人民無心的小過失。周鳳五說：余讀為"舒"，信讀為"伸"。這幾句話是說，君子待人遵循誠信的原則而不計較他人的過失，所以無論既往或未來，人人都能不受壓抑而伸展自如。其說可從。所謂"襄我二人，毋有合哉言"，是周公指責君奭不能與更多的人合作，所以下文解釋說"道不說(悅)之司(詞)也"。"不悅之詞"即"勿有合在言"，是周公對君奭的批評。由此可知，簡36"君子曰：從允釋過，則先者舒，來者伸"是正面立論，講寬以待人、團結人的重要，而簡29"君奭曰'襄我二人，毋有合哉言'曷？道不悅之詞也"則是引證《尚書》批評不團結之語，來支持上述論點，兩者是互相聯繫的。陳偉以第二組接第九組，以講身教的一段接簡36講寬以待人、團結人的重要的一段，意義難以通暢，不能信從。王博以第六組即簡25至簡28接，"君子曰：從允釋過，則先者舒，來者伸"以下就是"務在信於眾"，語氣不能貫通，其誤顯然。所以，在以上的四種選擇中，郭沂、周鳳五以第九組下接第七組的意見是最好的。

六、郭沂、王博、陳偉將第七組與第一組相接是正確的，但其理由應當修正。"是以君子貴成之"與《中庸》"君子誠之為貴"並沒有什麼關係。《中庸》"君子誠之為貴"之"誠"是實的意思，依朱熹說："故人之心一有不實，則雖有所為亦如無有，而君子必以誠為貴也。"陳偉引孫星衍說以支持郭，也是有問題的。如上所述，所謂"襄我二人，毋有合哉言"，是周公指責君奭不能與更多的人合作，依孫星衍說，簡文"道不說(悅)之司(詞)也"則不好解釋。因此，簡29"君奭曰'襄我二人，毋有合哉言'曷？道不悅之詞也"則是引證《尚書》批評不團結之語，來支持簡36的"從允釋過"說，與下文的"是以君子貴成之"並沒有直接的關係。與"成之"有直接聯繫的應是簡30的"終之"，正因為"終之為難"，所以下文才說"是以君子貴成之"。郭沂其實也也注意到了這一點，故說："成"，成就、完成、實現。"成之"同上文"終之"義近。既然如此，又何必扯上《中庸》

第六章　《尊德義》、《成之聞之》、《六德》諸家竹簡排序一覽

"君子誠之為貴"呢？所謂"恆"，當釋為"亟"。簡29、30"君子曰"說"唯有其亟而可"，簡1說"古之用民者，求之於己為亟"，都是強調在上者的身體力行為急務。所以它們相接是言之成理的。

七、郭沂、周鳳五、陳偉改以第五、六組即簡24至28相接，……郭、陳的理由非常充足，以第五、六組接第一組應無問題。《釋文》以第二組接，雖然也是說君上當重身教，但第一組所說的"古之用民者，求之於己為亟"，意思顯然進了一層。這種"亟"，簡24、25稱之為"亟務"，是第一組所沒有的。以第二組接第一組，意義不是深化，而是倒退了。所以，《釋文》的編排不足取。王博改以第三組相接，將解說《尚書》的簡文截斷，一置篇首，一置篇尾，顯然不妥。李零的編排，雖然避免了這一問題，但語氣的銜接，明顯不如郭、陳。所以，將第五、六組拼合，並以之銜接第一組，實在是一大貢獻。

八、第五、六組下接的方案也有多種。……周鳳五、陳偉下接的是第四組即簡22、23、21，……陳說是。對於簡26至簡28論性一段，……"聖人不可由與效之"，"民皆有性而聖人不可慕"，原因是什麼？就在聖人疾于善道，而民不疾。由此，簡22得出結論："是故凡物在疾之。"下面進一步引《尚書·君奭》語闡發疾行才能深入的道理。而以第七組接第五、六組，雖說"唯有其亟"之說，但論性一段的寓意尚未點明。特別是簡29"君奭曰'襄我二人，毋有合哉言'曷？道不悅之詞也"則是引證《尚書》批評不團結之語，來支持簡36的"從允釋過"說的，以與簡26至簡28論性一段相接，頗為不類。釋文、李零的方案顯然不如周、陳。郭沂以第二、三組接第五、六組，文意不能貫通，從論聖人與民之性一下跳到論君子的身教，過於突然。從形式上看，將解說《尚書》的簡文斷開，殊不足取。因此，周鳳五、陳偉以第四組接第五、六組，是正確的選擇。

九、第四組簡文，《郭店楚墓竹簡》釋文、李零以第五、六組接，周鳳五、王博以第二組接，郭沂以第十組接，陳偉以第十組的簡37至39接，都是錯誤的。……第四組不能接第五、六組，是因為第四組是論疾行的普遍性之理，而第五、六組的簡24、25是論君上當身體力行以取信於眾，語氣接不上。但郭沂的調整也有問題。以第十組即簡37至40接第四組，沒有"天徵大常，以理人倫"之說，"近求"、"遠措"的涵義欠清楚，中間還是隔了一層。以第二組接第四組同樣不行。因為第二組即簡4至簡6討論的是君子的身教問題，由論疾行倒退回身教，邏輯有問題，屬也不妥。因此，只有以第八組即簡31至33接第四組，才能理清下文。《郭店楚墓

竹簡》釋文、郭沂、周鳳五、李零皆以第九組接第八組，王博、李學勤則以第十組接。這是《成之聞之》篇編序上一大貢獻。對此，上文已做過詳細的分析，在此就不贅述了。

【李零2002A】

4+5+6+7+8+9+10+11+12+13+14+15+16+17+18+19+20+31+32+33+34+35+36+29+30+1+2+3+24+25+26+27+28+22+23+21+37+38+39+40

簡文(2)(3)是內容相關的兩組(是講"教民以道"，簡文不引《書》，與後面引《書》的簡文有別)，(8)(9)是內容相關的兩組(是講"教民以道"的"道"本身，即"天常"和"人倫"，注意：簡文三個"宅"字是前後連讀的線索)，不能拆開；……我認為，廖先生把(4)排在(7)(1)(5)(6)之後是正確的((4)引《君奭》，形式同於簡文後半部分；內容講"疾"，放在講"恆"的(7)(1)(5)(6)之後也很合適)，但他把(8)(9)分開，則可商榷(注意：簡文的三個"宅"字是連讀線索)。

辰按：(2)指4+5+6；(3)指7+8+9+10+11+12+13+14+15+16+17+18+19+20；(8)指31+32+33；(9)指34+35+36；(4)指22+23+21；(7)指29+30；(1)指1+2+3；(5)指24；(6)指25+26+27+28。

【陳偉2003】改篇名為《德義》

尊1+37+38+39+19+20+34+35+36+24+25+26+27+28+22+23+21+29+30+1+2+3+4+5+6+7+8+9+10+11+12+13+14+15+16+17+18

原《尊德義》1號簡……說："沮忿戾，已忌勝，為人上者之務也。"這與本篇所說的"讓"、"先愛人"、"先敬人"、"從悛釋過"等等，都是屬於同類的話題。"為人上者之務"，與《尊德義》24、25號簡所書"上之亟務"用語相近，也顯示這枚簡移入的可能性。……

36號簡之後的接續，……王博先生主張接以24號簡，在我們先前提出的方案中，則接以4號簡。現在看來，王博先生的方案似較合理。36號簡的下半段寫道："君子曰：'從允懌過，則先者余，來者信'。"29號簡上端寫道："《君奭》曰'襄我二人，毋有合在音。'"如果以此承接36號簡，"君子曰"云云之後緊連《君奭》文，而沒有評述性文句。這與同篇其他地方在引述君子語或《尚書》文之後通常作有評議的情形不合。況且上述分書於二簡的內容也看不出有多少聯繫，恐怕相連的可能性不大。……將24號簡續於36號簡之後，相關文句讀作："從允懌過，則先者余，來者信。民孰弗從。型於中，發於色，其□也固矣，民

第六章　《尊德義》、《成之聞之》、《六德》諸家竹簡排序一覽

孰弗信。"這兩句話內容相關,言辭都比較簡短,句式也大致對應,前後銜接應該問題不大。將這兩句話都看作"君子曰"的內容,而隨後的"是以上之亟務在信於衆"則是相應的評述,也符合先前說到的文例。作爲24號簡之前的先行文字,郭沂等先生選擇的是1—3號簡。……這種安排也有一定的問題。比如,3號簡說:"故君子之涖民也,身服善以先之,敬慎以主之,其所在者内矣",這裏語句都比較長,與24間自"民孰弗從"至"民孰弗信"文句簡短的風格有些不一致。又如,後文將要論及,1—3號簡與4—6號簡以及7號以後數簡文意連貫,不便從中間拆開。還有,如果取這種方案,則在有限的編連組中,很難爲36號簡找到合適的後續對象。……

24號簡與25—28號簡的連接,論者都是同意的。24號簡最後三字與25號簡首字,連讀爲"上之亟務"。這與《尊德義》1號簡所書"爲人上者之務也"略同。24號簡說"民孰弗信",25號簡兩說"信於衆"。這些似足以證明其關聯。

……4—6號簡與7—18號簡相連的依據比較充分。在具體接續上,6號簡最後二字"是故"與7號簡頭端所書的"上苟身服之,民必有甚焉者",正好構成完整的文句。而在内容上,4—6號簡談論"君子之於教",強調"導民",批評"亡乎其身而存乎其辭"的作派。而在6—8號簡中,從正面闡說"上苟身服之,則民必有甚焉者",並列舉君上在幾種場合率先垂範的效果,前後連貫,一氣呵成。

再從更大的範圍看,29—30與1—3號簡合成的一組,同4—6與7—18號簡合成的一組也可直接相連。3號簡說:"故君子之涖民也,身服善以先之,敬慎以主之,其所在者入矣。"4號簡說:"君子之於教也,其導民也不寢,則其淳也弗深矣。""君子之涖民也"與"君子之於教也",句式略同,很像是前後相次的話。二者隨後的話語,雖然一則從正面講,一則從反面講,意思卻是相同的。大致從1號簡的"聞之曰"以後,直到18號簡,反覆談論的都是一個主題,即由"聞之曰"引出的那句話:"古之用民者,求之於己爲亟。"即如何爲民表率,以身垂範。在38號以及隨後諸簡中,也在講"慎求之於己"、"復之"、"反諸己"等等,但那裏談論的重點,在於以己度人,禮敬謙讓,與此有所不同。因而,以3號簡與4相連,將1號簡至18號簡的文字視爲一個完整的意群,合乎情理。如果要將其割裂,勢必出現這樣那樣不好解釋的問題。

在將《成之聞之》40號簡移出之後,本篇已沒有具備終篇特徵的竹簡。18號簡的最後一句說:"反此道也,民必因此重也。"將其看作終篇之語,似無不可。這

句話書於竹簡下端，最後的"也"字已寫在末稍，即使在此終篇，已無施加終篇標記的餘地，自然亦無空白可留。

【詹群慧2003B】

4+5+6+7+8+9+10+11+12+13+14+15+16+17+18+19+20+29+30+1+2+3+24+25+26+27+28+21+23+22+31+32+33+34+35+36+37+38+39+40

【劉釗2003】

4+5+6+7+8+9+10+11+12+13+14+15+16+17+18+19+20+31+32+33+34+35+36+29+30+1+2+3+24+25+26+27+28+22+23+21+37+38+39+40

辰按，此編聯意見同【李零1999】。

【陳劍2004A】

4+5+6+7+8+9+10+11+12+13+14+15+16+17+18+19+20+34+35+36+29+30+1+2+3+24+25+26+27+28+22+23+21+31+32+33+37+38+39+40

【李銳2005】

31+32+33+37+38+39+4+5+6+7+8+9+10+11+12+13+14+15+16+17+18+19+20+29+23+21+22+30+1+2+3+24+25+26+27+28+34+35+36+40

【陳靖欣2005】

4+5+6+7+8+9+10+11+12+13+14+15+16+17+18+19+20+31+32+33+34+35+36+29+30+1+2+3+24+25+26+27+28+22+23+21+37+38+39+40

辰按，此編聯意見同【李零1999】。

【顧史考2006】

一、36+29+23+22+30+1

（簡22+30：君子曰：疾之【22】可能，終之為難。）

假若按照筆者所調過的簡序排列，則語法變得順暢許多，且於意義層面亦未有絲毫損失，反而邏輯結構顯得更加清晰。按，陳氏所引《禮記·祭義》該段全文是："教曰孝，其行曰養。養可能也，敬為難；敬可能也，安為難；安可能也，卒為難。父母既沒慎行其身，不遺父母惡名，可謂能終矣。"此段論行孝之道，從易行者到難行者遞增累進，而以"A可能也，B為難"的句式來表示這個過程。《成之聞之》似亦以同樣的遞增累進過程為文：先以"君子曰"及《君奭》的引文來泛泛地表示"恆治"的概念，再進以"君子曰"的口吻發難曰"唯(/雖)有其恆，而行之不疾，未有能深之者也"，而既以又通過《君奭》引文來闡發"疾之"的概念，則

第六章 《尊德義》、《成之聞之》、《六德》諸家竹簡排序一覽

又進而以"君子曰"之口再次發難曰"疾之可能，終之為難"，以便突顯出其"君子貴成之"之理。換句話說，乃是以一種"恒之可能，疾之為難；疾之可能，終之為難"的句法為其整段的邏輯結構。"疾之可能，終之為難"既較"雖有其恒而可能，終之為難"更貼近《祭義》的句式，"雖有其恒，而行之不疾，未有能深之者也"又比"疾之。行之不疾，未有能深之者也"順暢，則於各句的語法上亦顯得更接近於古人的語言習慣。

二、26+27+28+21

【李銳2006A】

一、31+32+33+37+38+39+4+5+6+7+8+9+10+11+12+13+14；34+35+36+40

（簡39+4）"是君子之於教"云云似較少見，但《古書虛字集釋》指出："'是'猶'故'也。申事之詞也。"且《成之聞之》簡11有"是君子之於言也"，而簡13、14又有"是故君子之於言也"，可見"是"與"是故"義近，而此處"是君子之於教也"與"是故君子之於言也"對應。

【陳劍2007】

4+5+6+7+8+9+10+11+12+13+14+15+16+17+18+19+20+34+35+36+29+23+22+30+1+2+3+24+25+26+27+28+21+31+32+33+37+38+39+40

【廣瀨熏雄2008】

（Ⅰ）4+5+6+7+8+9+10+11+12+13+14+15+16+17+18+19+20+34+35+36

（Ⅱ）22+23+21+29+30+1+2+3+24+25+26+27+28

（Ⅲ）31+32+33+37+38+39+40

與陳劍先生的方案相比，其不同點祇有一處，即22—23—21—29—30。陳劍先生從顧史考先生的意見將第二組的開頭排列為29—23—22—30，並將21號簡接於28號簡之後。此說可商。

21號簡開頭云"是以智而求之不疾"，而22、23號簡都討論"疾"、"不疾"的問題。可見21號簡和22、23號簡有密切的關係。若可以承認21、22、23號簡密切相關，那麼這三枚應該都連讀。其理論上的可能性有六種（21—22—23、21—23—22、22—21—23、22—23—21、23—21—22、23—22—21），其中文意最通順的是22—23—21。至於29號簡，應該接於21號簡之後。……將21號簡移到第二組開頭之後，28號簡成為此組的結尾。……

根據以上的排列，再來考察《成之聞之》13號簡的簡背數字【七十二】。如果

將《成之聞之》放在《尊德義》後的話，其簡背數字和簡序果然有對應關係。

《尊德義》11【百八】	26	27	12【百四】	13
14	15【百一】	16	28【百】	29
1	30	31	32	33
34	35	36	37	38
39	17	18	19	20
21	22	23	24	25
《成之聞之》4	5	6	7	8
9	10	11	12	13【七十二】

如果從13號簡【七十二】數起的話，28號簡【百】是【百三】，15號簡【百一】是【百五】，12號簡【百四】是【百八】，11號簡【百八】是【百十一】。其誤差都在三～四內。此誤差不小，但也不大。可見這些簡背數字都是從同一起點開始計數的。……根據簡背數字，我們有充分的理由說，《尊德義》和《成之聞之》原來寫在同一冊書上（但是否同一篇還有討論的餘地），而且《尊德義》在前，《成之聞之》在後。

……如果從【七十二】數起的話，《成之聞之》40號簡的簡背數字爲【四十一】。那麼其後面應該原來還有四十枚左右的簡。在郭店楚簡中，與《尊德義》、《成之聞之》竹簡的形制、編繩的位置相同的還有《性自命出》、《六德》兩篇。按整理者的分篇，《性自命出》、《六德》都有四十九枚簡。

由於上博簡《性情論》的發現，《性自命出》的排列順序基本上可以確定，也可以確認其中沒有屬於其他篇的簡。與此相比，《六德》篇的排列頗有爭論。那麼，如果《性自命出》、《六德》中的一篇原來在《成之聞之》之後的話，唯一的可能性是《六德》的大部分在《成之聞之》之後，而《六德》的一部分在《尊德義》之前。

【崔海鷹2008】

4+5+6+7+8+9+10+11+12+13+14+15+16+17+18+19+20+34+35+36+22+23+21+29+30+1+2+3+24+25+26+27+28+31+32+33+37+38+39+40

【十四種2009】

4+5+6+7+8+9+10+11+12+13+14+15+16+17+18+19+20+31+32+33+34+35+36+29+30+1+2+3+24+25+26+27+28+22+23+21+37+38+39+40

第六章 《尊德義》、《成之聞之》、《六德》諸家竹簡排序一覽

辰按，此編聯意見同【李零1999】。

【鄧少平2009A】

（簡21）"勇而行之，不果其疑也弗往矣"這句，當是承接簡36君子所云"從允釋過"而來，是說君子所行應當誠信不疑，如此才能使"先者豫，來者信"，取信於民。如此看來，簡21最有可能接在簡36後連讀。陳劍認為簡36很有可能當與簡29連讀，但苦於缺乏確證。我認為，如果將簡21插入其中，這個問題便可得到解決。為方便討論，我們將這樣編連之後的相關簡文抄錄於下："君子曰：從允釋過，則先者豫，來者信。是以知而求之，不疾其去人弗遠矣；勇而行之，不果其疑也弗往矣。《君奭》曰：'襄我二人，毋有合才音'，蓋道不悅之詞也。"簡21承上的關係已如前述，現在必須指出的是它和簡29的關係了。簡29引《君奭》"襄我二人，毋有合才音"，雖然其確切含義仍不清楚，但大抵應是說周公、召公不能互相信任，共佐成王，所以後文緊接著說"蓋道不悅之詞也"。這和簡36"從允釋過"、簡21"不果其疑也弗往矣"，確乎有著意義上的關聯。只不過簡36和簡21是從正面立論，而簡29引周公的"不悅之詞"則是從反面強調。從文章結構來看，簡文先引君子曰，再用"是以"闡述君子所言的含義、然後引《書》為證，最後發揮引《書》之意。這和簡文其下部分的結構也相當符合。所以，無論從文意還是文章結構來看，簡21接于簡36之後、簡29之前連讀，都是非常合適的。

【鄧少平2010】

我發現，只要把《成之聞之》中李學勤先生稱為"天常"的那一章放在篇首，問題便迎刃而解。我們來看看這一排列的結果：

《尊德義》10	11【百八】	26	27	12【百四】
13	14	15【百一】	16	28【百】
29	30	31	32	33
34	35	36	37	38
《成之聞之》31	32	33	37	38
39	40	4	5	6
7	8	9	10	11
12	13【七十二】			

這樣一來，從《成之聞之》簡13往前數，到《尊德義》簡15正好是一百零一。更不可思議的是，這樣調整後，我們如果從《六德》的末簡往前數，到《成之聞

之》簡13是七十三，與簡背數字只相差1，而陳劍已指出，《尊德義》簡28背"百"這個數字可能是從《六德》篇的末簡倒數過去得到的，這應該不是偶然吧。

經過我的調整，可以確定的事實有如下幾點：

一、簡背這五個數字，是在兩次清點時所寫，七十二、百一、百四是一組，百、百八是另一組。但這兩組究竟哪個是先寫的？我認為，百、百八應該是先寫的，也就是第一次清點所寫。按照一般的邏輯，人們往往願意在整數的地方做一個標記，所以，當這個人數到一百的時候記下了這個數字。反過來說，如果七十二、百一、百四是第一次清點時的記錄，那麼這個人為什麼不在《尊德義》16號簡背記上個百字呢？所以，最可能的原因是，28號簡原先已經記了一個百字，如果再在相鄰的16號簡上記一個百字，那很容易產生混淆。因此，這個人選擇在15號簡上記下百一，以示區別。如果考慮到《六德》最末一簡(簡49)無法與其上簡文拼聯這一事實，那麼，這兩組數字之間存在1簡的差別將有可能得到合理解釋。也就是說，百、百八這兩個第一次所寫的數字正如陳劍所說是由《六德》末簡倒數過去得到的，而七十二、百一、百四這一組數字則是除去這枚簡而倒數過去得到的。

二、這再次證明，李學勤將簡《成之聞之》簡31—33、37—40連讀為一章，是非常正確的。但是這一章的位置不是在篇末，而當在篇首。……過去人們之所以將其放在最後，最大的原因估計是其末簡有章號，實際在內容上，與《成之聞之》前面部分說不上有何承接關係。現在，得到簡背數字的支持，我們完全有理由將其獨立出來，單獨成篇。如此，《成之聞之》原來可能包括兩種文獻，第一種是《天常》，第二種是緊接其後的《君子之於教》。

三、郭店楚簡《性自命出》、《成之聞之》、《尊德義》、《六德》形制相同，李零據此認為它們"原來可能是抄寫于同一卷"，現在由於有了簡背數字的支持，此說已部分得到證實。不僅如此，我們還可以依據簡背數字將它們的編連順序排列出來，即按從右到左的順序(因為古書都是從右往左讀的)依次為：《性自命出》——《尊德義》——《天常》——《君子之於教》——《六德》。

【本書的編聯】

4+5+6+7+8+9+10+11+12+13+14+15+16+17+18+19+20+34+35+36+21+22+23+29+30+1+2+3+24+25+26+27+28+31+32+33+37+38+39+40

按，我們的編聯與高正2000的編聯全同。

第三節

《六德》諸家竹簡排序一覽

【郭店–六德】整理者把全篇分爲九個編聯組：

(1) 1+2+3+4+5；

(2) 6；

(3) 7；

(4) 8+9+10；

(5) 11；

(6) 12；

(7) 13+14+15+16+17+18+19+20+21+22+23+24+25+26+27+28+29+30+31+32+33+34+35+36+37+38+39+40+41+42+43+44+45+46；

(8) 47+48；

(9) 49

【廖名春1998A】

應將第一至第六簡調至第十簡後。裘錫圭認爲第二十六簡的"道世止"處爲一篇的結束，從上下文的聯繫來看，恐不可能。因爲下文討論的問題與上文密不可分。

【李零1999】

(1) 6+7+8+9+10；

(2) 11；

(3) 12；

(4) 1+2+3+4+5；

(5) 47+48；

(6) 13+14+15+16+17+18+19+20+21+22+23+24+25+26+27+28+29+30+31+32+33+34+35+36+37+38+39+40+41+42+43+44+45+46；

(7) 49

【周鳳五、林素清1999】

6+8+9+10+47+1+2+3+4+5+7+12+48+11+13+14+15+16+17+18+19+20+21+22+23+

24+25+26+27+28+29+30+31+32+33+34+35+36+37+38+39+40+41+42+43+44+45+46

除了第三節(辰按，指簡26—33)文意完整明確，此外都因竹簡殘損而無法完全復原，尤其位居篇尾的第四九簡……，經過細心比對仍然不能與任何一簡繫聯，只能付之闕疑了。(原注，如果不嫌牽強，任何下端殘損的竹簡都不妨編在本簡之前，或者將本簡改編入其他四篇也未嘗不可。不過，前者缺乏邏輯意義，後者雖經仔細編連，仍無著落。)

【陳偉1999】

13號簡殘上段，12號簡殘下段，從文意及竹簡寬度推測，二者原似屬一體。簡文或可復原為"雖在草茅之中，苟賢，[必任諸]父兄，任諸子弟。……"

【陳偉2000】

(一)把1+2+3+4+5歸入《性自命出》，居於全篇之首，下接性37，仍名為《六德》。

1、六01原為《六德》篇首簡。但原釋文篇首使用省略號，而本簡開頭數字讀作"此。何謂六德？"疑當依今讀，本句實即一篇開端之語。與《五行》篇首書"五行"二字，然後歷述五種德行類似。

2、原釋文於六05之後使用省略號。疑性37應緊接其下。因為第一，前面說一些事體"非聖智者莫之能也"、"非仁義者莫之能也"、"非忠信者莫之能也"，本句說"雖能其事，不能其心，不貴"，可以看作是文意的深入；第二，六05"人之"與性37的"人之"為類似的語言結構；第三，原《六德》與原《性自命出》篇均借"壴"為"矣"，在這個特殊用字上彼此相同。

3、原釋文於六05之後為原《六德》一篇的其他群組。這些簡書雖然也多次說到義忠智信聖仁六德，但分別是君臣夫婦父子擁有的品格，而六01至05所說的六德則僅僅針對統治者而言，彼此名同而實異，不當繫聯。現改以原《性自命出》諸簡銜接其後。這些簡文講述心性之學，與性37表達的轉折之意相關。在相關諸簡中，沒有更合適的接續對象，也是這種處理的一個原因。

(二)改篇名為《大常》

成31+成32+成33+6+47+7+8+9+10+殘24+11+48+12+13+14+15+16+17+18+19+20+21+22+23+24+25+26+27+28+29+30+31+32+33+34+35+36+37+38+39+40+41+42+43+44+45+46+成40

1、郭沂……只在原《成之聞之》篇中調整簡序，而考慮到成31至成33所說的

第六章 《尊德義》、《成之聞之》、《六德》諸家竹簡排序一覽

"君臣之義"、"父子之親"和"夫婦之辨",實與原《六德》篇主體部分所述"六位"、"六職"、"六德"對應,故改以原《六德》篇的主體部分接於其後。而在原《六德》篇方面,六01至六05已移入今《六德》篇,六06因而位於原《六德》之首。以"君子如欲求人道"接在"是故"之後,從文理講,是可以成立的。而在意義上,"人道"與"人倫"亦有關聯。故以六06接之。只是該簡中段、下段已殘,對判斷如此處理是否合適,是有影響的。

2、六47……應改從今讀。"人民"之前殘缺文字大概是"大者以治"。用以"治人民"、"修其身"者,應當是成31至成33所說的天常人倫。又後文說"為道者必由"。六07"由"字之前,顯然殘一"不"或"弗"字。此句大致是接著六47"為道者必由……"而言的。從這兩方面推測,六47恐應放在六06與六07之間。至於六48,另有接續,詳下文。

3、六07與六08的連接,參看裘錫圭先生按語。

4、殘簡24與六11竹簡寬度相當,字體與字距相同,而賞慶自當是上對下的行為。故試為綴合。六48原接於六47之下,六47另有安排,已如前述。六11簡末的"材"字,似應讀為"裁",指取捨裁定。"裁此新就遠近,唯其人所在",是說在廣泛的範圍內考察人選,而無論其關係的新舊遠近。如然,以六48插於六11、六12之間應該是適宜的。

5、六22所述似非子德。又簡書所述六德篇幅,君臣最長,夫婦次之,父德最短,至子德似不會反而又變長。因未覓得較好安排,姑從其舊。

6、成40有勾狀標識。原列于《成之聞之》一篇之末。郭沂先生在對該篇作有重大變動之後,仍以本簡終篇。實則"六位"在原《成之聞之》篇中並未出現,在將成31至成33移出之後,本簡與原《成之聞之》的內容更無關涉。今放在本篇之末,既與文意密合,又同篇首呼應,渾然一體,似更為合理。

【龐樸2000A】

現在發表的《郭店楚墓竹簡》,在編連方面或有可斟酌處;其與本文關係最大者,約有兩條。其一為現在納入《六德》篇之1—5簡,……這裏所謂的六德,在名目上與作為人倫道德的六德完全一樣,但對象與內涵卻大不相同。這裏的六德,明顯是對治國者而言,與人倫的夫婦、父子等所應遵之六德無關;似乎應屬另外篇章。倒是現在被編入《成之聞之》篇的31—32簡,或可挪來作為《六德》的開篇,其文曰:"天降大常,以理人倫。制為君臣之義,著為父子之親,分為夫婦之辨。

是故小人亂天常以逆大道，君子治人倫以順天德。"這裏明白提到人倫大常，提到君臣父子夫婦，與《六德》篇的口徑一致，而且帶有開宗明義的味道，如果放在《六德》篇的開頭，可能比原來的安置更為合適。當然那樣一來，《六德》篇的篇名，便要改換了。

【龐樸2000B】

此段三簡（原編號《六德》47、48、49）語義與《六德》不類，當屬其他篇章。

【廖名春2000B】

疑簡10與簡1之間缺一簡，試補"覜之十有二夫婦之道在此父子之道在此君臣之道在"22字。

【丁原植2000】

6+……+47+……+7+8+9+10+……+1+2+3+4+5+……+12+11+48+13+14+15+16+17+18+19+20+21+22+23+24+25+26+27+28+29+30+31+32+33+34+35+36+37+38+39+40+41+42+43+44+45+46+……+49

【顧史考2000】

一、6，7+8+9+10+47+1+2+3+4+5

二、48+12+11

【廖名春2001A】

6+47+7+8+9+10+　　　　+1+2+3+4+5+殘24+11+48+12+13+14+15+16+17+18+19+20+21+22+23+24+25+26+27+28+29+30+31+32+33+34+35+36+37+38+39+40+41+42+43+44+45+46

一、幾種方案中，應該說以簡6為篇首的方案是正確的。簡1至簡5不可能為篇首，因為簡1主要是回答"何謂六德"的問題。而所謂"六德"，從簡10"六職既分，以裕六德"說可知，是從"六職"推出的；而所謂"六職"，從簡8、簡9可知，又是從"六位"推出的。所以，從簡文的內在理路看，"六職"應在"六德"前，而"六位"又應在"六職"前。……同時，簡7也不可能成為篇首。簡7為殘簡，"由其道，雖堯求之弗得也。生民"前殘損了10來字。……"[不]由其道，雖堯求之弗得也"，這是一個反命題。一般來說，一篇文章應以正命題而不應以反命題開頭。而簡7殘損的部分字數又不夠引出正命題。所以，簡7前至少還應有一簡。以《成之聞之》篇的簡31至簡33為篇首也不可信。從形制上看，《六德》篇與《成

第六章 《尊德義》、《成之聞之》、《六德》諸家竹簡排序一覽

之聞之》篇表面上無異，實質還是有差別的。比如《成之聞之》篇的字體較粗，而《六德》篇的字體較細，對比非常明顯。而且《成之聞之》的31至33號簡"也"字、"之"的寫法與《成之聞之》其他各簡是相同的，與《六德》篇"也"字、"之"的寫法卻相當不同。如《成之聞之》簡33的"也"字作"?"，其下面一筆幾成直角，與《成之聞之》其他各簡相同；而《六德》篇各簡"也"字皆寫作"?"，其下面一筆為一短撇，成弧形。《成之聞之》簡31、33的3個"之"字都寫作"?"形，《成之聞之》其他各簡多同；而《六德》篇"之"字卻多寫作"?"形，其區別是明顯的。從內容上看，《成之聞之》篇簡31的"天坌（徵）大常"與簡38的"順天常"、簡39的"霹（敦）大常"，前後相承，是不能分開的。簡6"君子如欲求人道"以後儘管有殘損，但從其語氣可以推知，其必定是一個正命題；其"人道"，與簡8至簡10的"六位"、"六職"、"六德"有着邏輯聯繫。所謂"君子如欲求"與簡7的"雖堯求之弗得也"也相互呼應。"堯"是"君子"之極致，"[不]由其道"，哪怕是作為"君子"之極的"堯"，也不能"得"，可見正命題的重要。所以，以簡6作篇首，既滿足了以正命題開篇的需要，又可呼應簡7至簡10，確實是優選。

二、以簡7接簡6，從"君子如欲求人道"到"[不]由其道，雖堯求之弗得也"的簡文字數太少，難以銜接。以簡8接，不但"六位"的內容展示不出來，正命題更沒有容身之地。而簡47接，不但化解了這些難題，更妙的是是語氣上直接銜接起來了。……陳偉認為簡7"[不]由其道"是"接著"簡47"'為道者必由……'而言的"，是非常正確的。應該說，簡47的"為道者必由"云云是正說，而"[不]由其道，雖堯求之弗得也"是反說，以簡7接簡47是理所必然。陳偉補出了簡47"人民"之前的殘缺文字"大者以治"，並作了新的斷句，……"大者，以治人民；小者，以修其身"的是什麼呢？當是《六德》開篇提出的正命題，由簡9至簡10的"既有夫六位也，以任此[六職]也。六職既分，以裕六德"說，我們可以把它歸納為"有六位，任六職，裕六德"。這樣，將缺文補出，簡6和簡47的簡文就當是："君子如欲求人道，[必有六位，以任六職，以裕六德。有六位，任六職，裕六德，大者，以治]人民；小者，以修其身。為道者必由"。這裏的"君子如欲求人道，必有六位，以任六職，以裕六德"是《六德》篇的論點，"夫有六位，任六職，裕六德，大者，以治人民；小者，以修其身"，是對論點正面闡述。其間的邏輯聯繫是非常密切的。懂得這一點，下接簡7的缺文也可補出了。既然簡47以"為道者必由"結尾，

那麼緊接的簡7的第一字必然是"之"字。從缺文的字數看,在"之"字和"[不]由其道,雖堯求之弗得也"中還當有8字左右。據簡47"[大者,以治]人民;小者,以修其身"和下文"雖堯求之弗得也",可以補"治民修身,求之可得也"9字。這樣,聯繫上文,就是"為道者必由之,[治民修身,求之可得也]",這是對開篇提出的論點"君子如欲求人道,必有六位,以任六職,以裕六德"的進一步闡述。下文"[不]由其道,雖堯求之弗得也"接著從反面進行闡述。所以,簡6、47、7之間是一氣貫通,不可分割的。李零將簡8的缺文補為"斯必有夫婦、父子、君臣,此",可以信從。簡47、48說:"生民斯必有夫婦、父子、君臣。君子明乎此六者,然後可以斷愡。"簡9說:"有使人者,有事人[者;有]教者,有學者:此六職也。"從簡47、48可補出"斯必有夫婦、父子、君臣",從簡9可補出"此"字,殆無疑義。

三、簡8接簡9、10,各家都沒有意見。但簡10下接哪一簡,分歧就相當大了。……筆者認為,這些方案皆不可從。簡47當接在簡6與簡7之間,上文已作討論。以簡11接簡10,意義跳躍太大,原釋文和李零的《校讀記》都看到了這一點,所以沒有把它們直接繫聯。就是拼上了竹簡殘片之24,中間隔得也還是太遠。由簡7、簡8對"六位"、"六職"的論述可知,簡10以下當是對"六德"意義和內容的展示。在各簡中,展示"六德"內涵的當是簡1。因此,從簡文的意義上看,與簡10相距最近的當是簡1。但是簡1的文字與簡10無法直接銜接,而且在現有的各簡中,也沒有哪一簡能將簡10與簡1銜接起來。由此可推知,簡10與簡1之間當缺失了一支簡。缺失的這支簡,接在簡10末尾"六德者"之後,肯定是對"六德"意義的強調。但具體如何?不得而知。今姑且根據簡6和簡1,杜撰為:"人道之要也,夫婦之道在此,父子之道在此,君臣之道在"。這樣,再接上簡1至簡5,文義就能一氣貫通了。

四、接簡1至簡5的方案也有多種。……以簡6接簡1至簡5,雖然兩簡都有"君子"一詞,但"君子不偏如道,導人之"和"君子如欲求人道"銜接不上。以簡47、48組接,不但簡47與簡48連接不上,簡47與簡5連接更成問題。以簡7接簡1至簡5,雖然兩簡都有"道"字,但比較之下,簡7還是接簡47好,上文已作過討論。特別是簡7與簡12接,成"生民雖在草茅之中",顯然不通順。陳偉以《性自命出》篇的簡37、50至59等接,從上海博物館從香港所購得之楚簡《性自命出》篇來看,肯定是錯誤的。因為在上海簡本裏,"雖能其事,不能其心,不貴。隸其心又為也,弗得之矣。人之不能以愚也"接的是"凡學者隸其心為難,從其所為,近得之矣,

第六章 《尊德義》、《成之聞之》、《六德》諸家竹簡排序一覽

不如以樂之速也"，根本就沒有《六德》篇簡1至簡5的蹤影。筆者認為，接簡1至簡5當以簡11為佳。陳偉說："殘簡24與六11竹簡寬度相當，字體與字距相同，而賞慶自當是上對下的行為，故試為綴合。"如此，則得"而上有賞慶焉，知其有歸也，材"，可謂慧眼獨具。循此，殘文可試補為："裕六德也。人有裕六德者"。這樣，就可與簡5銜接，成為："君子不偏如道，導人之[裕六德也。人有裕六德者]，而上有賞慶焉，知其有歸也"，文意庶幾可通。簡11……陳偉則以簡48接，……陳偉的拼接是正確的，"材"讀為"裁"，"就"讀為"舊"的意見可從。"裁此親舊遠近，唯其人所在。得其人則舉焉，不得其人則止也"，文從字順，決無可疑。

五、簡48……陳偉以簡12與簡13拼合以接。這幾種方案中，陳偉的方案是最優的。……陳偉的拼接、斷句是非常正確的。所補"必任諸"3字也大致可從。只是疑"必"當作"可"。意為如果賢能，就是親如父兄也可任用。一般是"內舉避親"，這裏以賢能為最高標準，故說親如父兄也可任用。用"必"體現不出這種語氣。這樣，簡48和簡12、13相連，由"得"到"任"，都是闡述任賢舉能的道理，顯然是渾然一體了。

六、從簡13至簡46的編連，皆無疑義。……以簡47、48排在簡46後，是對《六德》的邏輯思路缺乏瞭解所致。簡44至簡46將夫婦有辨、父子有親、君臣有義稱為"君子所以立身大法三"，將"智信聖仁義忠""六德"視為這三大法的解釋，將"夫夫、婦婦，父父、子子，君君、臣臣"視為這三大法的具體體現，認為夫婦有辨、父子有親、君臣有義與父聖子仁夫智婦信君義臣忠以及夫夫、婦婦，父父、子子，君君、臣臣三者是一致的，具有"君子所生與之立，死與之斃也"的重要意義。至此，已將道理發揮到極致，再退回去講"[大者，以治]人民；小者，以修其身。為道者必由之"，顯屬多餘。更何況簡48講"此親舊遠近，唯其人所在。得其人則舉焉，不得其人則止也"，簡直是風牛馬不相及。以《成之聞之》篇簡40接簡46也不可從。從字體和字的寫法上考察，《成之聞之》篇簡40與《成之聞之》篇其他簡同，而與《六德》篇簡迥然有別；從意義上看，《成之聞之》篇簡40的"巳(似)天常"與《成之聞之》篇簡31的"天坴(徵)大常"、簡38的"順天常"、簡39的"霹(敦)大常"一脈相承，決不可分割。而且"君子慎六位以巳(似)天常"說，表面上與《六德》篇簡44至簡46之語相合，實質上還是有問題。"慎六位"就是慎守夫婦、父子、君臣之位，而《六德》篇簡44至簡46則已將"六位"、"六職"、"六德"說發展到了"三者，君子所生與之立，死與之斃也"的高度。再退回去，只稱"六位"而

不言其他，是很不夠的。而簡49排在簡46之後，實際是認可簡49屬於《六德》篇。其實，簡49屬不屬於《六德》篇，還是一個問題。……我們應當把簡49從《六德》篇中刪去，而歸入《尊德義》篇。這樣，《六德》篇無疑就應以簡46收尾了。

【涂宗流、劉祖信2001】

7+8+9+10、1+2+3+4+5+6、47+48+49、11+12+13+14+15+16+17+18+19+20+21+22+23+24+25+26+27+28+29+30+31+32+33+34+35+36+37+38+39+40+41+42+43+44+45+46

【顏世鉉2001】

6、7+8+9+10、47+1+2+3+4+5、12、48、11、13+14+15+16+17+18+19+20+21+22+23+24+25+26+27+28+29+30+31+32+33+34+35+36+37+38+39+40+41+42+43+44+45+46

【李零2002A】

(1) 6；

(2) 11；

(3) 12；

(4) 7+8+9+10；

(5) 1+2+3+4+5；

(6) 47+48；

(7) 13+14+15+16+17+18+19+20+21+22+23+24+25+26+27+28+29+30+31+32+33+34+35+36+37+38+39+40+41+42+43+44+45+46；

(8) 49

【陳偉2002B】

在本篇中，塊狀分隔標識一共有兩處，將簡書分作三部分。在這三部分中，有一些重複的文句或表述。……這些情形不禁讓我們懷疑，第一部分是較早存在的文本，第二、第三部分則是對它的發揮或疏解。在這種場合，第一部分有篇名而餘下部分沒有，似乎可得到解釋。

【詹群慧2003B】

(1) 6、47+7+8+9+10、1+2+3+4+5+13+14+15+16+17+18+19+20+21+22+23+24+25+26+27+28+29+30+31+32+33+34+35+36+37+38+39+40+41+42+43+44+45+46

(2) 11、12、48；

(3) 49

第六章 《尊德義》、《成之聞之》、《六德》諸家竹簡排序一覽

第一部分是論述君子求人道，必須明人倫，慎其位，別內外，並以六德來配六位建構出一個社會倫理體系。這一部分基本完整，排序為(2)(辰按，此指郭店整理者編聯組號，下同)，簡47；(3)(4)(1)(7)；第二部分遺失，只有(5)(6)兩支殘簡和尾簡48，從簡文推測這一部分很可能是對第一部分"門外之理義斬恩"(31簡)的發揮，也即論述君子治理國家的原則不是"親親"而是"尊賢"以及如何尊賢；而第三部分只餘一枚尾簡，簡49，但根據其中的資訊，可以推測這一部分是論述君子如何"使民相親"。也就是說，第一部分的重點在於論述何謂人倫秩序以及它們推導出的原則，第二第三部分重點在於敍述在人倫秩序的原則下君子如何舉賢親民。

【陳偉2003】

改篇名爲《大常》

成31+成32+成33+1+2+3+4+5+6+47+7+8+9+10+殘24+11+48+12+13+14+15+16+17+18+19+20+21+22+23+24+25+26+27+28+29+30+31+32+33+34+35+36+37+38+39+40+41+42+43+44+45+46+成40

所說的用字問題，應該作具體考察。其情形約有三種。其一，顧史考先生之于"者"字，廖名春先生之于"之"字、"可"字。所云都具有彈性。即坦言所示寫法上的差異，只是就大多數場合而言，並非沒有例外。實際上，《成之聞之》37號簡上的"者"字，就與A1(辰按，指)類似，……A2(辰按，指)一類寫法的"者"字，……雖然此型多出於《成之聞之》，但也有2例出自《尊德義》的8號簡與10號簡。在"之"字方面，E1(辰按，指)一類寫法《文字編》(辰按，指《郭店楚簡研究·文字編》)歸爲2型，E2(辰按，指)一類寫法則歸爲1型。同時歸爲1型的還有出自《成之聞之》中22枚簡的33例，而同時歸爲2型的也有出自《尊德義》的4號簡與11號簡的2例。廖先生對"可"字的觀察很細緻。在《文字編》中，上面無飾筆的歸爲1型，有飾筆的歸爲2型。……出於《成之聞之》16號簡的"可"字，其飾筆確實"短而小"。不過《尊德義》篇所見"可"字的飾筆也有類似的寫法。比如出自19號簡、23號簡以及31號簡中的3例，即是如此。……而在1型中，也有出自《尊德義》3號簡的一例。既然在不同篇的內部，"者"、"之"、"可"三字不同型的寫法或多或少地存在，顯然不能將其作爲分篇的標準。其二，廖先生所舉出的兩種"也"字，寫法上的差別其實並不大。……例如，出自《成之聞之》21號簡、23號簡、26號簡、28號簡中的"也"字，就都類似D2(辰按，指)，……而見於《尊德義》6號簡、7號簡以及《六德》3號簡、20號簡(該簡有3個"也"字，這裏

是指最下一例)4例，就都類似D1(辰按，指▇)，……可見，希望用"也"字的這兩種寫法作爲分篇的標志，恐怕不大現實。其三，顧史考先生所揭"而"字、"則"字的情形，確實是存在的。不過，如上所述，"者"、"之"、"可"、"也"等不同形式的寫法在同一篇中往往可見，既然如此，就可能性而言，"而"、"則"的不同寫法，也許會出現在同一篇中。退一步說，即使將這一可能性絕對排除，在實施調整時，只要不觸犯這些"禁忌"，不將帶有"而"、"則"不同寫法的簡文置於一篇，就應該沒有問題。……廖名春先生還指出：《成之聞之》的字體較粗，《六德》篇的字體較細，對比非常明顯。就大體情形而言，廖先生的概括是很正確的。不過，例外的情形也可以看到，如《成之聞之》16號簡的上段與中段、27號簡字體較細，與《六德》中的大多數簡類似；而在《六德》中，17、18、19、23、24號諸簡字體較粗，幾乎與《成之聞之》中的大多數簡無別。從版圖所示的情形推測，這些簡字體或粗或細，大概是與所用簡身的寬窄相應。即簡身較寬時，字就寫得粗壯一些；反之，則寫得瘦弱一些。《成之聞之》17號簡較粗與較細的字體共存，似尤可爲證。

《成之聞之》31—33號簡……所說的"人倫"也就是"君臣之義"、"父子之親"和"夫婦之辨"，實與原《六德》篇論述"六位"、"六職"、"六德"大致對應，故改以原《六德》篇諸簡接於其後。而在原《六德》篇方面，1號簡開頭就說："此可謂六德：聖、智也，仁、義也，忠、信也。"語氣殊爲突兀。其前加以原《成之聞之》篇31—33號簡，文章起首較爲自然，原《成之聞之》33號簡最後一字"是故"與原《六德》1號簡頭端"此可謂六德"數字連讀，文句也更爲完整。

《六德》12、13號簡各殘去下、上半段，從竹簡寬度和文意推測，二者似原屬一體，中間殘約3字。13號簡原釋文作："父兄任者，子弟大材藝者"。……恐當在"兄"後斷讀。"父"上一字殘留下端，似亦是"者"。如然，本句原文大概是"任者(諸)父兄，任者(諸)子弟"。聯繫12號簡，相關文句似可復原爲："雖在草茅之中，苟賢，【必任諸】父兄，任諸子弟。"

【林素清2003】

7+8+9+10+47+1+2+3+4+5+殘24+12+48+11+13+14+15+16+17+18+19+20+21+22+23+24+25+26+27+28+29+30+31+32+33+34+35+36+37+38+39+40+41+42+43+44+45+46+6+49

【劉釗2003】

第六章　《尊德義》、《成之聞之》、《六德》諸家竹簡排序一覽

6+47+7+8+9+10+……+1+2+3+4+5+12+11+48+13+14+15+16+17+18+19+20+21+22+23+24+25+26+27+28+29+30+31+32+33+34+35+36+37+38+39+40+41+42+43+44+45+46+……+49

【沈培2004】

6+7+8+9+10+47+1+2+3+4+5、48+12+11+13+14+15+16+17+18+19+20+21+22+23+24+25+26+27+28+29+30+31+32+33+34+35+36+37+38+39+40+41+42+43+44+45+46、49

（陳偉將）《成之聞之》40號簡放在《六德》最後不妥。字體跟《六德》全篇不類。此簡不當入《六德》，則第一組的幾支簡（辰按，指《成之聞之》簡31-33）也不當入《六德》。因爲這兩組文字字體相同，內容也相應。"祀天常"與"各大常"相對。……陳偉將48號簡接11號簡，大概也不正確，如果按這樣編聯，讀爲"材此新就遠近，唯其人所在。得其人則舉焉，不得其人則止也。"句中"材"很難理解，陳偉解釋爲"裁"，不好。13、14號簡說到"大材"、"小材"，疑這裏的"材"也是此義，不能讀爲動詞。

【十四種2009】

6+7+8+9+10、1+2+3+4+5、47+48、11+12+13+14+15+16+17+18+19+20+21+22+23+24+25+26+27+28+29+30+31+32+33+34+35+36+37+38+39+40+41+42+43+44+45+46、49

【本書的編聯】

6+_____+_____+7+8+9+10+_____+殘24+11+_____+47+48+12+_____+1+2+3+4+5+_____+13+14+15+16+17+18+19+20+21+22+23+24+25+26+27+28+29+30+31+32+33+34+35+36+37+38+39+40+41+42+43+44+45+46

第七章

《尊德義》、《成之聞之》、《六德》相關問題研究

在本章中,我們將對《尊德義》、《成之聞之》、《六德》這三篇竹簡的一些問題加以綜合與研討,以方便大家深入的瞭解《尊德義》、《成之聞之》、《六德》。因爲《性自命出》與《尊德義》、《成之聞之》、《六德》竹簡形制及字跡全同,這四篇應該是密不可分的整體,所以在有些情況下,也連《性自命出》一並討論。

第一節
《性自命出》、《尊德義》、《成之聞之》、《六德》四篇的性質

首先要說明的是,郭店簡中與《尊德義》、《成之聞之》、《六德》這三篇竹簡形制及字跡完全相同的還有《性自命出》一篇,併且從簡背所記的數字看,在郭店簡中,《性自命出》、《尊德義》、《成之聞之》、《六德》很可能是合編在一起的(按《六德》、《成之聞之》、《尊德義》、《性自命出》的順序編排)。既使這四篇不是合編的,它們也應該是一個密不可分整體。所以,本節我們把《性自命出》、《尊德義》、《成之聞之》、《六德》一併討論。

要談《性自命出》、《尊德義》、《成之聞之》、《六德》四篇的學派性質,得先談一下郭店儒簡中其他篇的學派問題,然後才能談及《性自命出》、《尊德義》、《成之聞之》、《六德》這四篇。

一、郭店簡《緇衣》的學派

《隋書·音樂志》引梁沈約說:"《中庸》、《表記》、《坊記》、《緇衣》皆取《子思子》。"此是典籍明言《緇衣》取自《子思子》。

《子思子》,《漢書·藝文志》云"《子思》二十三篇",自注:"名伋,

第七章 《尊德義》、《成之聞之》、《六德》相關問題研究

孔子孫,爲魯繆公師。"《隋志》著錄"《子思子》七卷",在晁公武《郡齋讀書志》亦有其目,云:"《子思子》七卷。右魯孔伋子思撰。載孟軻問牧民之道何先,子思曰先利之"等語(按,晁公武所引此段亦見《孔叢子·雜訓》),故學者多認爲此書北宋時尚存,但今已佚。又,《史記·孔子世家》:"伯魚生伋,字子思,年六十二。嘗困於宋。子思作《中庸》。"孔穎達《禮記正義》卷五二"案鄭《目錄》云:'名曰《中庸》者,以其記中和之為用也。庸,用也。孔子之孫子思伋作之,以昭明聖祖之德。此於《別錄》屬《通論》。'"在典籍中還散見着許多《子思子》殘句,清人黃以周有《子思子》輯本,可以參看。①

從《史記》及《隋書》引沈約說來看,《中庸》、《表記》、《坊記》、《緇衣》在古代都在《子思子》中。這在文獻中也有很多旁證,如馬總《意林》引《子思子》十餘條,其中"君子不以所能者病人,不以人之所不能者愧人。"此條見於今本《禮記·表記》;又"子曰:'小人溺於水,君子溺於口也。'"此條見《禮記·緇衣》;《史記·平津侯列傳》:"臣聞天下之通道五,所以行之者三。"索隱云:"此語出《子思子》,今見《禮記·中庸》篇";《後漢書·朱穆傳》李賢注:"子思曰:'天命之謂性,率性之謂道,修道之謂教'也。"今在《禮記·中庸》;《詩經·周頌·維天之命》孔穎達正義:"《譜》云:'子思論詩"於穆不已"'",今在《禮記·中庸》;《文選·王子淵四子講德論》李善注:"《子思子》曰:'民以君爲心,君以民爲體。心正則體修,心肅則身敬也。'"此句見於《禮記·緇衣》;《文選·張茂先答何劭二首》李善注:"《子思子》:詩云:'昔吾有先正,其言明且清。國家以寧,都邑以成。'"此句亦見於《禮記·緇衣》;《太平御覽》卷四〇三引《子思子》:"天下有道,則行有枝葉;天下無道,則言有枝葉。"今在《禮記·表記》。

再如在《禮記》中,《坊記》、《中庸》、《表記》、《緇衣》這四篇篇序相連,這也證明它們有屬一類文獻的可能(可參《大戴禮記》中《曾子》八篇文獻篇序相連)。

由此可見,沈約所言《緇衣》應歸入《子思子》,應該是可信的。

二、郭店簡《五行》的學派

馬王堆帛書出土,其中《老子》甲本卷後古佚書有《五行》一篇,經過學者考證,

---

① (清)黃以周輯:《子思子》,收入《續修四庫全書》第九三二冊,上海:上海古籍出版社,1996—2003年。

此書正是《荀子・非十二子》"案往舊造說，謂之五行，甚僻違而無類，幽隱而無說，閉約而無解。案飾其辭而祇敬之曰：此真先君子之言也。子思唱之，孟軻和之"所說的思孟造作的《五行》，[①] 並且郭店《五行》與《緇衣》的竹簡形制與字跡特徵全同，二者所抄應出於同一類文獻，這也是郭店《五行》可歸入《子思子》之證。

三、郭店簡《魯穆公問子思》的學派

《魯穆公問子思》篇幅不是很長，我們下面把它具引如下：

《魯穆公問子思》簡1+2+3+4+5+6+7+8：魯穆公問於子思曰："何如而可謂忠臣？"子思曰："恒稱【1】其君之惡者，可謂忠臣矣。"公不悅，揖而退之。成孫弋見，【2】公曰："嚮者吾問忠臣於子思，子思曰：'恒稱其君之惡者，可謂忠【3】臣矣。'寡人惑焉，而未之得也。"成孫弋曰："噫！善哉，言乎！【4】夫爲其君之故殺其身者，嘗有之矣。恒稱其君之惡者，【5】未之有也。夫爲其君之故殺其身者，交(邀)祿爵者也。恒【6】稱其君之惡者，遠祿爵也。□義而遠祿爵，非【7】子思，吾惡聞之矣。"

從中可以看出，這是一篇講子思事迹的文章。余嘉錫曾說在先秦古書中，常常會存在"編書之人記其平生行事附入本書"的情況，[②] 這在典籍中一個顯著的例子就是今存的《公孫龍子》六篇中，除了講述名學的《白馬論》、《指物論》、《通變論》、《堅白論》、《名實論》五篇之外，還有一篇講公孫龍子事迹的《迹府》。如上所述，郭店簡中有《緇衣》、《五行》出自《子思子》（下面還要談到會有更多的篇章可能歸入《子思子》），郭店《魯穆公問子思》一文就應該是流傳者特意把記載子思生平事迹的文章和子思子之書彙集到一起。

四、郭店簡《窮達以時》的學派

很早就有學者指出，在《淮南子・繆稱》中還保留著大段的《子思子》佚文，這些學者發現《子思子》或《子思子・累德》的佚文正可以與《淮南子・繆稱》

---

① 參看龐樸：《馬王堆帛書解開了思孟五行說古迷——帛書〈老子〉甲本卷後古佚書之一的初步研究》，《文物》1977年第10期，第63—69頁。龐樸：《思孟五行新考》，《文史》第七輯，北京：中華書局，1979年，第165—171頁。

② 余嘉錫：《古書通例》，收入余嘉錫：《余嘉錫說文獻學》，上海：上海古籍出版社，2001年，第260—263頁。

第七章 《尊德義》、《成之聞之》、《六德》相關問題研究

一大段相對照，且達十餘條之多，故《淮南子‧繆稱》此段應取自《子思子‧累德》。① 非常巧合的是《淮南子‧繆稱》另有幾處文字雖不見於今存《子思子‧累德》佚文，但卻與《窮達以時》中的語句十分相合。

《窮達以時》簡1+2："有其人，亡其【1】世，雖賢弗行矣。"《窮達以時》簡1+2："有天有人，天人有分，察天人之分，而知所行矣。有其人，無其【1】世，雖賢弗行矣。"《窮達以時》簡11："遇不遇，天也。"《窮達以時》簡14："善否，己也，窮達以時。"這些話可與《淮南子‧繆稱》的幾段話相對比："功名遂成，天也；循理受順，人也。太公望、周公旦，天非為武王造之也；崇侯、惡來，天非為紂生之也；有其世，有其人也。""人無能作也，有能為也；有能為也，而無能成也。人之為，天成之。終身為善，非天不行；終身為不善，非天不亡。故善否，我也；禍福，非我也。故君子順其在己者而已矣。性者，所受於天也；命者，所遭於時也。有其材，不遇其世，天也。太公何力，比干何罪，循性而行指，或害或利。求之有道，得之在命，故君子能為善，而不能必其得福；不忍為非，而未能必免其禍。"且《窮達以時》亦引"呂望"之事迹作為遇不遇的例子。

另外，《窮達以時》簡15："故君子惇於反己"，與《禮記‧中庸》："子曰：'射有似乎君子；失諸正鵠，反求諸其身。'"以及與子思有密切關係的《孟子‧公孫丑上》："發而不中，不怨勝己者，反求諸己而已矣。"《孟子‧離婁上》："行有不得者皆反求諸己，其身正而天下歸之。"這些話中的"反己"思想也很相合。

並且，《窮達以時》與《魯穆公問子思》竹簡形制及字跡特徵全同，肯定是同類文獻；《窮達以時》、《魯穆公問子思》與《緇衣》及《五行》又為同一抄手所抄，這四者也存在為同一類文獻的可能。所以，《窮達以時》也有歸入《子思子》的可能。

五、郭店簡《性自命出》、《尊德義》、《成之聞之》、《六德》的學派

前面已經提到了郭店儒簡的一部分可以歸入《子思子》，這不由的提醒我們，

---

① 參看楊樹達：《淮南子證聞》，《淮南子證聞‧鹽鐵論要釋》，上海：上海古籍出版社，2006年，第92—102頁。劉樂賢：《〈性自命出〉與〈淮南子‧繆稱〉論情》，《中國哲學史》2000年第4期，第22—27頁。郭沂：《子思書再探討——兼論大學作於子思》，《中國哲學史》2003年第4期，第27—33頁。郭沂：《〈淮南子‧繆稱訓〉所見子思〈累德篇〉考》，《孔子研究》2003年第6期，第30—42頁。

同爲郭店儒簡的《性自命出》、《尊德義》、《成之聞之》、《六德》是否有歸入《子思子》的可能。可惜的是，我們至今沒有找到直接證據，但間接的證據還是有不少，比如《性自命出》、《尊德義》、《成之聞之》、《六德》四篇常常與現今仍存的《子思子》語句雷同：

《性自命出》簡2+3：“性自命出，命【2】自天降。”對比《禮記·中庸》："天命之謂性，率性之謂道。"《性自命出》簡52+53："未賞而民勸，含〈均〉富者也。未刑而民畏，有【52】心畏者也。"對比《禮記·中庸》："是故君子不賞而民勸，不怒而民威於鈇鉞。"又，《性自命出》簡50："苟以其情，雖過不惡；不以其情，雖難不貴。"又與有大段《子思子》佚文的《淮南子·繆稱》有相合之處："凡行戴情，雖過無怨；不戴其情，雖忠來惡。"

《尊德義》簡36+37："下之事上也，不從其所命，而從其所行。上好是物也，【36】下必有甚焉者。"郭店《成之聞之》簡6+7："是故【6】上苟身服之，則民必有甚焉者。"對比《禮記·緇衣》："上好是物，則下必有甚者矣。"

《成之聞之》簡8："君衰経而處位，一宮之人不勝其□，□□□□□□□，【8】一軍之人不勝其勇。"對比《禮記·表記》："是故君子衰経則有哀色；端冕則有敬色；甲冑則有不可辱之色。"《成之聞之》簡34："君子衽席之上讓而授幼，朝廷之位讓而處賤。"對比《禮記·坊記》："子云：'觴酒豆肉，讓而受惡，民猶犯齒；衽席之上，讓而坐下，民猶犯貴；朝廷之位，讓而就賤，民猶犯君。'"

《六德》簡23+24："故夫夫、婦婦、父父、子子、君君、臣臣，六者各【23】行其職，而獄訟亡由作也。"對比《禮記·中庸》："天下之達道五，所以行之者三，曰：君臣也，父子也，夫婦也，昆弟也，朋友之交也。五者天下之達道也。"《六德》簡30+31："門內【30】之治恩掩義，門外之治義斬恩。"對比《性自命出》簡58+59："門內之治，欲其【58】掩也，門外之治，欲其制也。"《六德》簡31+32+33："仁類柔而速，義類剛【31】而絕。仁柔而敞，義剛而簡。敞之為言也，猶敞敞也，小而【32】臭者也。"對比郭店《五行》簡39+40+41："簡之爲言，猶練【39】也，大而晏者。匿之為言也，猶匿匿也，小而訪者也。簡，義之方也。匿，【40】仁之方也。強，義之方。柔，仁之方也。"

又如子思子與孟子被稱爲思孟學派，二者淵源很深，而《尊德義》、《成之聞之》、《六德》又常有和《孟子》文句相類者。如《尊德義》簡28+29："德之流，速乎置郵而傳【28】命。"對比《孟子·公孫丑上》："孔子曰：'德之流行，速

第七章 《尊德義》、《成之聞之》、《六德》相關問題研究

於置郵而傳命。'"《尊德義》簡36+37："下之事上也，不從其所命，而從其所行。上好是物也，【36】下必有甚焉者。"《成之聞之》簡6+7："是故【6】上苟身服之，則民必有甚焉者。"對比《孟子·滕文公上》："上有好者，下必有甚焉矣。"《成之聞之》簡31+32："天降大常，以理人倫：制爲君臣之義，著爲父子之親，分【31】爲夫婦之辨。"對比《孟子·滕文公上》："聖人有憂之，使契爲司徒，教以人倫：父子有親，君臣有義，夫婦有別，長幼有敘，朋友有信。"《六德》簡26："仁，內也。義，外也。"對比《孟子·告子上》："告子曰：'食、色，性也。仁，內也，非外也。義，外也，非內也。'"

並且，《成之聞之》一篇頻繁引用《尚書》之文（凡五見，見簡22、簡25、簡29、簡33、簡38），這與《坊記》、《中庸》、《表記》、《緇衣》頻繁引用《詩》、《書》是一樣的寫作風格。

《性自命出》、《尊德義》、《成之聞之》、《六德》常常稱引孔子之語，如《性自命出》簡59+60："凡悅人勿隱也，身必從之，言及則【59】明舉之而毋偽。"參《論語·季氏》："孔子曰：'……言及之而不言，謂之隱。'"《尊德義》簡21+22："民可使道【21】之，而不可使知之。民可道也，而不可強也。"參《論語·泰伯》："子曰：'民可使由之，不可使知之。'"《尊德義》簡28+29："德之流，速乎置郵而傳【28】命。"參《孟子·公孫丑上》："孔子曰：'德之流行，速於置郵而傳命。'"《成之聞之》17+18："富而分賤，則民欲其【17】富之大也。貴而一讓，則民欲其貴之上也。"參《說苑·雜言》："孔子曰：'夫富而能富人者，欲貧而不可得也；貴而能貴人者，欲賤而不可得也；達而能達人者，欲窮而不可得也。'"《成之聞之》簡34："君子衽席之上讓而授幼，朝廷之位讓而處賤。"參《禮記·坊記》："子云：'觴酒豆肉，讓而受惡，民猶犯齒；衽席之上，讓而坐下，民猶犯貴；朝廷之位，讓而就賤，民猶犯君。'"《六德》簡23+24："故夫夫、婦婦、父父、子子、君君、臣臣，六者各【23】行其職，而獄訟亡由作也。"參《論語·顏淵》："齊景公問政於孔子，孔子對曰：'君君，臣臣，父父，子子。'"《六德》簡33+34："男女【33】別生焉，父子親生焉，君臣義生焉。"《六德》簡39："男女不別，父子不親；父子不親，君臣亡義。"參《禮記·哀公問》："孔子對曰：'夫婦別，父子親，君臣嚴，三者正則庶物從之矣。'"又如《性自命出》簡61："苟無大害，小枉入之可也。"可參《論語·子張》："子夏曰：'大德不逾閑，小德出入可也。'"子夏與子思關係亦很密切。

而傳世文獻上亦說子思常徵引孔子之語，如《荀子·非十二子》謂子思子："案飾其辭而祗敬之曰：此真先君子之言也"，"先君子"即指孔子。又《孔叢子·公儀篇》說："穆公謂子思曰：'子之書所記夫子之言，或者以謂子之辭也。'子思曰：'臣所記臣祖之言，或親聞之者，有聞之於人者，雖非其正辭，然猶不失其意焉。'"《子思子》中的《坊記》、《中庸》、《表記》、《緇衣》正是大段大段的引用孔子之語。並且，如果我們細品《性自命出》、《尊德義》、《成之聞之》、《六德》這四篇文風的話，確與《坊記》、《中庸》、《表記》、《緇衣》風格很近。

所以，《性自命出》、《尊德義》、《成之聞之》、《六德》是有歸為《子思子》的可能的。

不過，這裏還有一個問題要說明一下，陸德明《經典釋文》卷十四《緇衣》篇題下說：《緇衣》，"劉瓛云'公孫尼子所作也。'"且題為鄭樵撰的《六經奧論》引《公孫尼子》"古者長民，衣服不貳，從容有常，以齊其民"一句正在《緇衣》中。而郭店《性自命出》和舊認為是公孫尼子作的《樂記》（《隋書·音樂志》引沈約說"《樂記》取《公孫尼子》"）也有着非常密切的關係。[1] 又如《性自命出》大談性情，而《論衡·本性篇》亦云："周人世碩以為人性有善有惡，舉人之善性，養而致之則善長；性惡，養而致之則惡長。如此，則情性各有陰陽，善惡在所養焉。故世子作《養書》一篇。宓子賤、漆雕開、公孫尼子之徒，亦論情性，與世子相出入，皆言性有善有惡。"則公孫尼子亦有性情之論。[2] 看來，《公孫尼子》與《緇衣》、《性自命出》的關係又成了一個棘手的難題。在這種情況下，我們只能猜測，《子思子》中的一些篇章，被《公孫尼子》這部書又重複收入了。[3]

---

[1] 《禮記·樂記》與郭店《性自命出》的比較可參看李學勤：《郭店簡與〈樂記〉》，《重寫學術史》，石家莊：河北教育出版社，2002年，第260—266頁。鄒華：《郭店楚簡與〈樂記〉》，《西北師大學報（社會科學版）》2004年第6期，第37—42頁。孫星群：《〈樂記〉成書于戰國中期的力證——以湖北郭店楚墓竹簡為據》，《天津音樂學院學報（天籟）》2005年第3期，第3—10頁。

[2] 參看陳來：《郭店楚簡之〈性自命出〉篇初探》，《孔子研究》1998年第3期，第52—60頁；又，陳來：《荊門竹簡之〈性自命出〉篇初探》，《郭店楚簡研究》（《中國哲學》第二十輯），瀋陽：遼寧教育出版社，1999年，第293—314頁。

[3] 參看陳來：《郭店楚簡之〈性自命出〉篇初探》，《孔子研究》1998年第3期，第52—60頁；又，陳來：《荊門竹簡之〈性自命出〉篇初探》，《郭店楚簡研究》（《中國哲學》第二十輯），瀋陽：遼寧教育出版社，1999年，第293—314頁。李零：《郭店楚簡校讀記（增訂本）》，北京：北京大學出版社，2002年，第70—71頁。廖名春：《〈緇衣〉作者問題新論》，《儒家思孟學派論集》，濟南：齊魯書社，2008年，第158—170頁。

第七章 《尊德義》、《成之聞之》、《六德》相關問題研究

在郭店發表後不久,李學勤先生即發表文章,談及郭店儒書和《子思子》的關係,他提到,《緇衣》、《五行》大家已經知道古時入《子思子》,而其中的《魯穆公問子思》正是述及子思子言行的;並且,賈誼《新書·六術》曾引據《五行》,而《新書·六術》及與其相接的《新書·道德說》又引據了《六德》,《五行》、《六德》有可能同出一源;《性自命出》"性自命出,命自天降",同《禮記·中庸》"天命之謂性,率性之謂道"一致;而《成之聞之》多引《尚書》與《緇衣》相同,《尊德義》體例亦與《中庸》相近。① 所以,他認為《緇衣》、《五行》、《成之聞之》、《尊德義》、《性自命出》、《六德》這六篇皆屬《子思子》。

其後,又有不少學者對郭店簡中存在《子思子》的現象進行了進一步申論,如姜廣輝、② 廖名春、③ 楊儒賓、④ 李景林、⑤ 郭沂、⑥ 王葆玹、⑦ 詹群慧、⑧ 李存

---

① 李學勤:《荊門郭店楚簡中的〈子思子〉》,《文物天地》1998年第2期,第28—30頁;又載《郭店楚簡研究》(《中國哲學》第二十輯),瀋陽:遼寧教育出版社,1999年,第75—80頁;又載《重寫學術史》,石家莊:河北教育出版社,2002年,第7—11頁。李學勤:《先秦儒家著作的重大發現》,《人民政協報》1998年6月8日第三版;又載《郭店楚簡研究》(《中國哲學》第二十輯),瀋陽:遼寧教育出版社,1999年,第13—17頁;又載《重寫學術史》,石家莊:河北教育出版社,2002年,第104—107頁。

② 姜廣輝:《郭店楚簡與〈子思子〉——兼談郭店楚簡的思想史意義》,《哲學研究》1998年第7期,第56—61頁;又載《郭店楚簡研究》(《中國哲學》第二十輯),瀋陽:遼寧教育出版社,1999年,第81—92頁。

③ 廖名春:《荊門郭店楚簡與先秦儒學》,《郭店楚簡研究》(《中國哲學》第二十輯),瀋陽:遼寧教育出版社,1999年,第36—74頁。

④ 楊儒賓:《子思學派試探》,《郭店楚簡國際學術研討會論文集》,武漢:湖北人民出版社,2000年,第606—624頁。

⑤ 李景林:《從郭店簡看思孟學派的性與天道論——兼談郭店簡儒家類著作的學派歸屬問題》,《郭店楚簡國際學術研討會論文集》,武漢:湖北人民出版社,2000年,第626—635頁。

⑥ 郭沂:《〈中庸〉·〈子思〉·〈子思子〉——子思書源流考》,簡帛研究網,2001年3月9日,http://www.jianbo.org/Wssf/Guoyi5.htm。

⑦ 王葆玹:《郭店楚簡的時代及其與子思學派的關係》,《郭店楚簡國際學術研討會論文集》,武漢:湖北人民出版社,2000年,第646—649頁。

⑧ 詹群慧:《郭店楚簡中子思著述考(上)》,簡帛研究網,2003年5月19日,http://www.jianbo.org/Wssf/2003/zhanqunhui02-1.htm。詹群慧:《郭店楚簡中子思著述考(中)》,簡帛研究網,2003年5月21日,http://www.jianbo.org/Wssf/2003/zhanqunhui02-2.htm。詹群慧:《郭店楚簡中子思著述考(下)》,簡帛研究網,2003年5月24日,http://www.jianbo.org/Wssf/2003/zhanqunhui02-3.htm。

山、①梁濤等學者。②本文所列的證據，很多都已爲時賢指出，本節中，我們就是再擷取諸家之說，對郭店儒簡中的一些篇章的性質加以綜合說明。在我們看來，郭店《緇衣》、《五行》、《魯穆公問子思》、《窮達以時》、《性自命出》、《尊德義》、《成之聞之》、《六德》都有可能歸入《子思子》。至於郭店儒簡的其他篇章，如《唐虞之道》、《忠信之道》、《語叢》一~三這幾篇有沒有歸入《子思子》的可能，因爲不在小書的論述範圍之內，就不再加以考察了。

第二節

《性自命出》、《尊德義》、《成之聞之》、《六德》四篇的書體

在東漢魏晉時，常有"蝌蚪文"（又寫作"科斗文"）的記載，但蝌蚪文到底是什麼樣的，古人說的也不是很明白。在近古以後，科斗文之稱更被人濫用，似乎比較奇怪的文字都可以稱爲蝌蚪文。這裏我們先討論一下東漢魏晉人眼中的"蝌蚪文"。

近代學者王國維著有《科斗文字說》，對蝌蚪文有比較詳細的考證，原文不長，今具引於此，不過，王氏所言也有些問題，我們將在後文指出：

科斗文字之名，先漢無有也，惟漢末盧植上書，有"古文科斗，近於爲實"（辰按，出自《後漢書》卷六四）之語，而其下所言，乃《毛詩》、《左傳》、《周官》，不及壁中書。鄭康成《書贊》云："書初出屋壁，皆周時象形文字，今所謂科斗書"（辰按，出孔穎達《尚書正義》卷一），始以古文《尚書》為科斗書，然盧、鄭以前未嘗有此名也。衛恆《四體書勢》始云："魯恭王壞孔子宅，得《尚書》、《春秋》、《論語》、《孝經》，時人已不復知有古文，謂之科斗書。漢世祕藏，希得見之。"（辰按，出《晉書》卷三十六，下文衛恆所云亦出此）偽孔安國《尚書序》亦云："魯恭王壞孔子舊宅，於其壁中得先人所藏古文虞夏商周之書，皆科斗文字"，始以科斗之名為先漢所已有，然實則此語盛行於魏晉以後。杜預《春秋經傳集解後序》云："汲郡汲縣有發其界內舊冢者，大得古書，皆簡編科斗文字。"王隱《晉書·束晳傳》亦云："太康元年，汲郡民盜發魏襄王冢，得竹

---

① 李存山：《"郭店竹簡與思孟學派"復議》，簡帛研究網，2006年12月1日，http://www.jianbo.org/admin3/2006/licunshan001.htm。

② 梁濤：《郭店竹簡與思孟學派》，北京：中國人民大學出版社，2008年，第8—33頁。

第七章 《尊德義》、《成之聞之》、《六德》相關問題研究

書,桼字科斗之文。科斗文者,周時古文也,其頭麤尾細,似科斗之蟲,故俗名之焉。"(《春秋正義》引,辰按,出杜預《春秋經傳集解後序》孔穎達正義)今《晉書·束皙傳》亦云:汲冢書皆科斗書。是科斗書之名起於後漢,而大行於魏晉以後,且不獨古文謂之科斗書,且篆書亦蒙此名。《束皙傳》又云:"有人於嵩高山下得竹簡一枚,上兩行科斗書。司空張華以問皙,皙曰:'此漢明帝顯節陵中策文也。'檢驗果然。"夫漢代策文,皆用篆,不用古文(見《獨斷》及《通典》),而謂之科斗書,則魏晉間凡異於通行隸書者,皆謂之科斗書,其意義又一變矣。

又,漢末所以始名古文為科斗文字者,果目驗古文體勢而名之乎?抑當時傳古文者所書或如是乎?是不可知。然魏三體石經中古文,衛恆所謂因科斗之名,遂效其形者。今殘石存字皆豐中銳末,與科斗之頭粗尾細者略近,而恆謂轉失淳法,則邯鄲淳所傳之古文,體勢不如是矣。邯鄲淳所傳古文不如是,則淳所祖之孔壁古文體勢,亦必不如是矣。衛恆謂:"汲縣人盜發魏襄王冢,得策書十餘萬言。案敬侯所書,猶有髣髴。"敬侯者,恆之祖衛覬,其書法出於邯鄲淳,則汲冢書體亦當與邯鄲淳所傳古文書法同,必不作科斗形矣。然則魏晉之間所謂科斗文,猶漢人所謂古文,若泥其名以求之,斯失之矣。[①]

典籍所涉及"蝌蚪文"的重要意見王氏基本都引到了,不過也偶有未引者,如北宋朱長文《墨池編》卷一引宋僧夢英《十八體書》:"蝌蚪篆者,其流出于《古文尚書序》,費氏註云:'書有二十法,蝌蚪書是其一法,以其小尾伏頭似蝦蟆子,故謂之蝌蚪。昔魯恭王壞孔子宅以廣宮室,得蝌蚪《尚書》。又《禮記》、《論語》足數十篇,皆蝌蚪文字。'"費氏疑即南朝梁費甝,曾撰《尚書義疏》。典籍所言"蝌蚪文"以《晉書》卷三十六引衛恆《四體書勢》所云最為重要,王國維《科斗文字說》已引用不少,不過是撮要舉例的,為方便起見,今再徵引如次:

及秦用篆書,焚燒先典,而古文絕矣。漢武時,魯恭王壞孔子宅,得《尚書》、《春秋》、《論語》、《孝經》。時人以不復知有古文,謂之科斗書。漢世祕藏,希得見之。魏初傳古文者,出於邯鄲淳。恆祖敬侯寫淳《尚書》,後以示淳,而淳不別。至正始中,立三字石經,轉失淳法,因科斗之名,遂效其形。太康元年,汲縣人盜發魏襄王塚,得策書十余萬言。案敬侯所書,猶有仿佛。古書亦有數種,其一卷論楚事者最為工妙。恆竊悅之,故竭愚思,以贊其美,愧不足廁前賢

[①] 王國維:《科斗文字說》,《觀堂集林》卷七,北京:中華書局,1994年,第337—339頁。

之作，冀以存古人之象焉。

可見，魏晉人所稱的"蝌蚪文"，其實就是魏正始年間所立的三體石經中的古文，《太平御覽》卷五八九引《西征記》："國子堂前有列碑，南北行三十五枚。刻之表裏，書《春秋經》、《尚書》二部，大篆、隸、科斗三種字，碑長八尺。今有十八枚存，餘皆崩。"其中"大篆、隸、科斗"，亦今所稱的"篆書、隸書、古文"，亦可爲衛恆說佐證。衛恆已明言，三體石經中古文的來源即爲西漢時所發現的孔壁中書。雖然經過四百年臨仿，三體石經中古文與孔壁中書古文相較，已有失真，但大致模樣還在。①

孔壁中書是戰國時期文字寫本，其文字爲齊系，至今已無疑問。②但應注意的是，現今一般把戰國文字分爲五大系：楚系、齊系、晉系、秦系、燕系（亦有加上吳越文字而成六系者）。以往認爲各系文字內部文字特點相當一致，現在看來，這種看法是不正確的。以齊系來說，它並不單指齊國，而是包括以齊國爲主，加上一些附近小國之總稱。所謂的齊系文字，既有齊國文字，也有魯國文字、滕國文字等。這些小國的文字風格，可能與齊國文字大有不同（從出土陶文看，即使齊國內部不同地區，文字差異也有較大的情況）。③再以楚系文字爲例，很多學者把宋國文字歸入楚系，但它與楚國文字很不一樣，不能簡單的把它與楚國文字字形特徵等同（它與齊國文字及其他各大系文字也甚不一樣）。④但相比較起來，楚系文字中曾國（即隨國）與楚國的文字就比較接近。⑤這種各大系內部國家或地區之間的文字差別，以往並未獲得

---

① 王國維所說："今殘石存字皆豐中銳末，與科斗之頭粗尾細者略近，而恆謂轉失淳法，則邯鄲淳所傳之古文，體勢不如是矣。邯鄲淳所傳古文不如是，則淳所祖之孔壁古文體勢，亦必不如是矣。"即其所言孔壁古文與三體石經古文書體已大有不同，這是我們不能同意的。又參看啓功：《古代字體論稿》，北京：文物出版社，1964年，第18—22頁。

② 參看馮勝君：《郭店簡與上博簡對比研究》，北京：綫裝書局，2008年，第315—320、332—462頁。

③ 參看張振謙：《齊魯文字編》，北京：學苑出版社，2014年。

④ 舊時多未識出宋國文字，李家浩對其辨別做出較大貢獻，參看李家浩：《忻距末銘文研究》，《古文字與古代史》第二輯，臺北"中央研究院"歷史語言研究所，2009年，第189—212頁。

⑤ 楚國文字與曾國文字也有一定差異，參看王子楊：《曾國文字研究》，北京師範大學碩士學位論文，指導教師：趙平安，2008年。同書又言："隨著戰國文字研究的深入，以往按'五系'分別揭示各系文字特徵的做法已經不能滿足研究需要，戰國文字本體研究必須進行到以國爲單位研究的層面，也就是分國研究層面。"（第31頁）在先秦諸國文字材料的發現可能會愈來愈多的將來，這種分國研究文字的可行性也將變得越來越高。

第七章 《尊德義》、《成之聞之》、《六德》相關問題研究

多少關注,隨着出土材料的增多,對它們的區分與辨識的工作可能會得到較快發展。

與比較典型的齊國文字相比較,三體石經古文的書風是大爲不同的。我們不禁想到,孔壁中書出於曲阜,而曲阜戰國時正爲魯國都城,那麼,孔壁中書的文字會不會是魯文字呢?十分幸運的是,我們在剛公佈不久的清華一《保訓》這篇竹簡裹,又發現的與三體石經古文的文字風格幾乎完全一樣的字體,可明證明三體石經古文字體確實淵源有自,不是後人面壁虛造的。三體石經古文與清華一《保訓》的字體,學者多定義爲具有齊系文字特徵的抄本。① 我們認爲這種定義雖大致可從,但也稱不上準確,從面貌上看,它們與典型的齊國文字有較大的差別。尤其是書寫風格上"懸點"的存在,是我們在齊國文字裹未曾發現過的。所以,我們還應在齊系文字的基礎上細分,把三體石經古文與清華一《保訓》假設爲具有魯國文字抄寫特徵的抄本。特別需要說明的是,由於魯國文字標本過少,我們目前尚無法把三體石經古文、《保訓》與已確知的魯國文字在字形上加以一一對應。但在現有研究的基礎上,我們還是可以發現,在齊系文字範圍內,《保訓》的字體更多的是與魯國文字相近,而與齊國文字常有不合(參文後表一、表二)。當然此假設還要靠將來魯國文字的大量發現進行驗證,不過這種說法卻能解釋衆多學者把三體石經古文、《保訓》字體籠統的歸入齊系文字,但又與典型齊系文字(齊國文字)多有不同這樣令人迷惑的現實。②

《保訓》字體也保留有很多早先時期字體的因素,這一方面可能是《保訓》成書時代較早,而清華簡中的《保訓》篇是按早期本子臨摹的(學者多已指出,從用字和文獻用語角度看,《保訓》成篇較早,並且從文字看,確實非常古拙);還有一種可能就是魯國的文字形體在戰國時期不如其他國家變化那麼大,還保留著許多更早時期的寫法。不過即使時代早的話,似乎也並不能脫離與魯國文字的干係。

---

① 參看馮勝君:《郭店簡與上博簡對比研究》,北京:綫裝書局,2008年,第315—320、332—462頁。雨無正(網名):《論清華簡〈保訓〉可能是具有齊系文字特點的抄本》,復旦大學出土文獻與古文字研究中心論壇貼子,2009年7月11日,http://www.gwz.fudan.edu.cn/ShowPost.asp?ThreadID=1708。馮勝君:《試論清華簡〈保訓〉篇書法風格與三體石經的關係》,《〈清華大學藏戰國竹簡(壹)〉國際學術研討會會議論文集》,清華大學出土文獻研究與保護中心,2011年6月,第52—56頁;又載《清華簡研究》第一輯,上海:中西書局,2012年,第92—98頁。

② 比如有學者指出清華一《保訓》中的文字還有很多晉系的文字特徵,參看盛聰:《清華簡〈保訓〉集釋》,復旦大學哲學系國學班本科第三學年學年論文,2010年5月,第22—34頁,但又如盛聰所指出的那樣,《保訓》中又有很多齊系文字及三體石經古文的特徵字。我們認爲,如果一篇簡文文字既不全同於齊國文字又不全同於晉系文字,這就提示我們,它是不是可以往別的國家的文字方面考慮。

后来於汲塚發現魏國竹簡，晉人把這些簡上的文字比附爲"蝌蚪文"。但汲塚竹書是晉系的魏國竹簡，與孔壁中書、三體石經古文、清華一《保訓》書風又大爲不同，王國維說："汲冢書體亦當與邯鄲淳所傳古文書法同。"此點我們不能同意，三晉的墨書資料(溫縣盟書、侯馬盟書)以及手寫體的金文(如三晉銅戈上的文字)現在還是發現不少，① 從中可見晉系文字不會與孔壁中書書風一致。所以，汲塚竹書上的文字，晉人只是因爲它與孔壁古文、三體石經古文同爲戰國文字，便籠統的把它比附爲"蝌蚪文"，但其實它與孔壁古文、三體石經古文之間的書體差異還是很大的。衛恆即謂"敬侯所書"與汲塚竹書相比，"猶有仿佛"，也就是兩者之間也就是仿佛相似而已。

李松儒曾發現，如果真的按"蝌蚪"的形象來定義文字風格的話，郭店《性自命出》、《尊德義》、《成之聞之》、《六德》這四篇也很象"蝌蚪文"："所謂的'蝌蚪文'應該是指這些文字的横畫、豎畫都如在水中運動的蝌蚪一樣，起筆粗，行筆曲折，末筆細，具有自然界中蝌蚪的形體特徵，故以之得名。"②

我們看一看郭店《性自命出》、《尊德義》、《成之聞之》、《六德》四篇的書體，從寫法上看爲典型的楚文字，雖然它們在書寫上和我們目前所見的楚文字有一些特異之處，但這些差別是在楚文字限度內的差別，並不構成非楚文字的特徵。這四篇的書風用墨濃重，側鋒起筆，並有頓筆，收鋒時不做任何處理，隨文字筆畫的方向而有意出鋒，使全篇字跡看起來頭粗尾細，富於動感。③ 造成這種風格上差

---

① 近來公佈的清華三《良臣》、《祝辭》應是具有鄭國(或鄭地)特徵的抄本，與典型的晉系(指春秋時期晉國或戰國時期韓趙魏三國)文字似並不完全一樣，但其書風與典型晉系文字還是很接近的。可參看劉剛：《清華叁〈良臣〉爲具有晉系文字風格的抄本補證》，"復旦大學出土文獻與古文字研究中心"網，2012年1月17日，http://www.gwz.fudan.edu.cn/SrcShow.asp?Src_ID=2002，又，《中國文字學報》第五輯，北京：商務印書館，2014年7月，第99—107頁。不過我們不同意劉剛所言《良臣》、《祝辭》爲楚人用晉系底本抄寫的觀點，二篇書風是習慣於楚文字的書手難於摹仿，也是沒有必要摹仿的，而其中有與楚文字相同或大致相同的字形是各系文字相互統一、相互影響的例子(各系文字出於一源，一定是同大於異的)。我們認爲《良臣》、《祝辭》應即爲晉系文字的抄手所書，包含兩種情況：一是有可能是從晉地(或鄭地)流傳過來的書籍，二是有可能是居在楚地的晉人(或鄭人)所書。同理，我們認爲郭店《唐虞之道》、《忠信之道》、《語叢》一、二、三篇即齊系(可定爲齊國)書手所抄；《保訓》應即魯國書手所抄，它們並非楚人憑借齊系(或魯國)底本而轉抄的抄本，詳另文。

② 李松儒：《郭店楚墓竹簡字跡研究》，吉林大學碩士學位論文，2006年4月，第70—71頁。

③ 此處對書風的描述引自李松儒：《郭店楚墓竹簡字跡研究》，吉林大學碩士學位論文，2006年4月，第75頁。此句下的描述亦蒙李松儒指示。

第七章 《尊德義》、《成之聞之》、《六德》相關問題研究

異的主要原因是這四篇竹書的運筆方式，它們均是起筆重落，收筆輕提，運筆彎轉，使文字筆畫看起來較多變。

汲塚竹書未發現前，在古人眼裏，孔壁中書、三體石經古文(上文已說，可定爲魯國文字)這樣的書體叫"蝌蚪文"，但在汲塚竹書發現後，"蝌蚪文"所涵蓋的範圍擴大了，魏國文字也包含在了"蝌蚪文"裏。我們還可注意衛恆所說的一句話："古書亦有數種，其一卷論楚事者最爲工妙，恆竊悅之。"其中"一卷論楚事"即《晉書》卷五一說汲塚竹書中"又雜書十九篇：《周食田法》、《周書》、《論楚事》、《周穆王美人盛姬死事》"中的《論楚事》。從現今發現的竹簡我們可以看出，一般講述諸國的事迹，最早多用本國文字書寫，那麼魏王墓葬裏出土的《論楚事》會不會也具有楚系文字特徵呢？

我們也可以更直截地說，古人所謂的"蝌蚪文"本來未嘗與哪系(或哪國)的文字直接聯繫起來，只是因其與秦漢篆隸有異而按照"其頭麤尾細，似科斗之蟲"歸納的字體形態。所以，我們如單單按"蝌蚪文"的形象，在現今發現的竹書範圍之內，把郭店《性自命出》、《尊德義》、《成之聞之》、《六德》這四篇的書風視爲"蝌蚪文"，似乎也稱得上合適。

表一：《保訓》字體與魯國文字相合而與齊國文字不合例[①]

字例	保訓	魯國文字	齊國文字	典型齊系竹簡文字
"心"旁	簡2 簡4	《陶錄》3.119.4 《陶錄》3.170.3	《陶錄》2.61.3 《陶錄》2.69.1	郭店《語叢三》簡50 上博一《紂衣》簡2
"疒"旁	簡1 簡2	《陶錄》3.362.4	《陶錄》2.336.1 《璽彙》1433	郭店《語叢一》簡110

---

① 表一"魯國文字"、"齊國文字"兩欄據張振謙《齊魯文字字形差異表》編製。參看張振謙：《齊魯文字編》，北京：學苑出版社，2014年，第2079—2153頁。

表二：《保訓》、三體石經字體與齊國文字不合例①

字例	保訓	三體石經	齊國文字	典型齊系竹簡文字
"隹"旁	簡11 簡4	康誥	《陶錄》2.423.4	上博一《紂衣》簡3

第三節

《尊德義》、《成之聞之》、《六德》三篇精裝本與書法本圖版對比

　　荊門市博物館編的《郭店楚墓竹簡》所用的竹簡照片為郝建勤拍攝(以下簡稱精裝本)，經我們查驗，荊門市博物館《簡帛書法選》編輯組所編的《郭店楚墓竹簡·尊德義》、《郭店楚墓竹簡·成之聞之》、《郭店楚墓竹簡·六德》(以下簡稱書法本)所用竹簡照片與之不同。書法本竹簡比精裝本放大幾倍，其字形普遍比精裝本清晰。下面我們分《尊德義》、《成之聞之》、《六德》這三篇來分述一下精裝本與書法本在圖版上的差異。

　　(1)兩種《尊德義》圖版的差異

　　書法本《尊德義》簡2"福"、簡2"枲"、簡10"忞"、簡11"樂"、簡15"利"、簡33"慢"(此字參集釋)、簡38"敆"、簡39"凡"諸字形都比精裝本清楚。又，書法本《尊德義》簡17"黨則亡"缺左半，在精裝本中已拼上；書法本簡19"行"下與"學"下的雙契口清晰可見，但在精裝本中因圖版亮度較高而不能看出；精裝本簡23"為"字上精裝本壓一道雜線，書法本中無；書法本簡23"不"下斷裂線甚清晰，但在精裝本中也因圖版亮度較高而不能看出，又書法本簡23"不"字下還有一暈圈，不知是照片底版的水暈還是竹節，精裝本則無此暈圈(書法本《六德》簡49簡末亦有暈圈)；書法本簡21"嘿"字下竹簡有錯位，精裝本不錯位，不知是竹簡原來如此，還是精裝本有意排正。又，書法本常把兩支竹簡拼合後的殘斷線用圖像處理軟件抹去，如此諸處甚多，如書法本簡10"不"與"智"

---

① 表二"保訓"、"三體石經"兩欄據上引馮勝君、雨無正(網名)文編製。

第七章 《尊德義》、《成之聞之》、《六德》相關問題研究

之間的斷殘線不見，精裝本則可見。如果使用書法本，這點需要注意。

(2) 兩種《成之聞之》圖版的差異

書法本《成之聞之》簡11"貴"、簡21"悚"、簡25"詔"、簡28"也"、簡33第一個"天"、簡37"唯"都比精裝本清晰。又，精裝本簡3"善"所從"口"作" "，書法本作" "，從本簡的"敬"所從"口"作" "，"口"上一橫亦很粗壯看，精裝本圖版有誤。精裝本簡8末的殘文" "在書法本中被裁去；簡17"福"的最上部一橫在書法本中被裁去；簡18第一個"此"中間有一道雜線，在書法本中無；簡20第二個"人"在精裝本中正處於兩簡拼合處，"人"字上部略微錯開，但在書法本中看不出有拼合痕跡，且"人"字上部沒有錯開。

(3) 兩種《六德》圖版的差異

書法本《六德》簡10"六惪"下的重文符、簡20"𥻘"、簡26"衕"下的合文（或重文）符、簡36第一個"言"、簡36"敼"（此字參集釋）、簡38第一個"臣"（精裝本從中間裂開，書法本不裂）、簡46第一個"品"、簡49"父"都要比精裝本精晰。又，精裝本簡16"𡰥"之左旁略有殘損，書法本完整；精裝本簡24第一個"蓳"相應處做" "，書法本完整（或有塗抹）。精裝本簡6末是一殘字" "，而在書法本中變成" "，此是在圖像處理時誤置簡7的" （唯）"的上部於簡6末尾所致。簡9在精裝本中本來是兩支簡遙綴，中間有殘缺，在書法本中被拼到一起，簡10情況同此。簡28精裝本"弟兄"二字處有一斜斷裂線，但在書法本中祇在"兄"處有此線而"弟"處無，這是書法本對圖版有過塗抹的最顯著例子。精裝本簡31" "上部的一小斜畫在書法本中無蹤跡可尋，似被誤抹去。又書法本最後三支簡順序有錯亂，不能與精裝本順序對應。

另外，武漢大學簡帛研究中心、荊門市博物館《楚地出土戰國簡冊合集（一）——郭店楚墓竹書》一書（以下簡稱合集本）也是本書的重要圖版來源，此書所利用的照片與荊門市博物館編的《郭店楚墓竹簡》爲同一種，但應是利用照片製版，而非簡單的複製《郭店楚墓竹簡》中圖像，合集本很多圖像要比《郭店楚墓竹簡》清晰，比如《尊德義》簡3"新"、簡10"忢"、簡27"樂"，《成之聞之》簡15第一個"不"、簡28"也"，合集本都更好辨認。當然也偶見精裝本更清楚的情況，如《成之聞之》簡21"悚"精裝本就要清晰一點。並且，精裝本的圖像亮度過高，很多字墨跡較淡，而合集本則墨跡深沈易識。尤其是在兩支斷簡相拼後所顯現的斷痕中，兩本的優劣可以看的更爲明顯，精裝本裏有些磋口相接處因亮度過高而

難以看到拼合的細節，但在合集本則甚是清楚。並且合集本對斷痕的處理也與精裝本有細微的差別，如《尊德義》簡10"不"與"智"之間的精裝本磋口縫隙稍大，而合集本拼合的更爲緊密。《六德》簡1倒數第6字"也"字中的斷痕、簡5"卞"與"女"之間的斷痕、簡17倒數第6字"者"字中的斷痕、簡35"悬"與"智"之間的斷痕、簡40"君"與"子"之間的斷痕，兩本也有細微的差異。《尊德義》簡23"不"與"若"之間的斷痕細節精裝本全然沒有顯現，而合集本則極爲明顯，呈▌狀，可知若如顧史考把20a+23b、23a+20b兩截拼合，磋口不能密合，其拼合是不能成立的。也有相反的情況，如《尊德義》簡18第4字"則"字下從精裝本看，似有斷痕，但從合集本看，則似是編繩痕跡；《成之聞之》簡15"弪"與"之"之間似有斷痕（或照片拼接痕），而在合集本中則全不可見；《尊德義》簡30"繇"與"忘"之間精裝本照片拼接略有錯位，而合集本未錯位。

還要注意的是，合集本對簡序的編排並非按流水號而來，而是依合集本所作釋文的先後順序編排而成，對於習慣用流水號查找竹簡的學者可能會稍有不便。

更重要的是，合集本首次公佈了《尊德義》簡11背、簡28背、簡12背、簡15背、《成之聞之》簡13背的照片，使我們終於看到了簡背數字的原貌。並且，我們還看到了簡背有衆多劃痕的存在，使我們不禁想望，以後可否能公佈郭店簡所有簡背照片，以便利用劃痕重新做一番編聯？①

第四節

《尊德義》、《成之聞之》、《六德》三篇與傳世文獻對讀類舉

本節，我們把《尊德義》、《成之聞之》、《六德》三篇與傳世文獻可對照之例竭澤而漁式地列舉出來，我們列舉的是《尊德義》、《成之聞之》、《六德》三篇中有句子與傳世文獻相合的例子，在特殊情況下，也列出一些短語與傳世文獻相合的例子。

我們所列舉的是以先秦兩漢典籍爲中心而可與《尊德義》、《成之聞之》、《六德》三篇對讀之例，特殊的情況下，也列舉了一些稍晚（南北朝之前）的文獻可與簡帛對讀的例子；同時，把出土文獻之間可自相對照的例子也列舉了出來。在楚地戰國簡帛與傳世文獻對讀的每條下，我們都加了注釋，注明這個對讀是由哪位學

---

① 關於簡背劃痕對竹簡編聯的作用參看孫沛陽：《簡冊背劃綫初探》，《出土文獻與古文字研究》第四輯，上海：上海古籍出版社，2011年，第449—462頁。

第七章 《尊德義》、《成之聞之》、《六德》相關問題研究

者最先發現的,以方便大家檢索。

關於楚地戰國簡帛與傳世文獻對讀之例,筆者《楚地戰國簡帛與傳世文獻對讀之研究》已經做了全面的收集①,大家可以參看。

(1)《尊德義》與傳世文獻對讀類舉

《尊德義》簡8+9+10+11:戠(察)者(諸)出所㠯(以)智(知)【8】㠯(己),智(知)㠯(己)所㠯(以)智(知)人,智(知)人所㠯(以)智(知)命,智(知)命而句(後)智(知)道,智(知)道而句(後)智(知)行。䌛(由)豊(禮)智(知)【9】樂,䌛(由)樂智(知)悥(哀)。又(有)智(知)㠯(己)而不智(知)命者,亡智(知)命而不智(知)㠯(己)者。又(有)【10】智(知)豊(禮)而不智(知)樂者,亡智(知)樂而不智(知)豊(禮)者。

《逸周書·度訓》:明王是以敬微而順分,分次以知和,知和以知樂,知樂以知哀,知哀以知慧,內外以知人。②

郭店《語叢一》簡26+27+29+30:智(知)忌(己)而句(後)智(知)人,智(知)人而句(後)【26】智(知)豊(禮),智(知)禮而句(後)智(知)行。【27】智(知)天所爲,智(知)人所爲,【29】虞(然)句(後)智(知)道。智(知)道虞(然)句(後)智(知)命。③

《尊德義》簡21+22:民可史(使)道【21】之,而不可史(使)智(知)之。民可道也,而不可勥(強)也。

《論語·泰伯》:子曰:民可使由之,不可使知之。④

《尊德義》簡26:民㤅(愛),則子也;弗㤅(愛),則戠(讎)也。

《呂氏春秋·離俗覽·適威》:《周書》曰:"民善之則畜也,不善則讎也。"

《說苑·政理》:夫通達之國皆人也,以道導之,則吾畜也;不以道導之,則

---

① 單育辰:《楚地戰國簡帛與傳世文獻對讀之研究》,北京:中華書局,2014年,第255—332頁。本節竹簡釋文即採用此書釋文,與本書古文字隸定略有不同。

② 劉釗:《讀郭店楚簡字詞劄記(四)》,簡帛研究網,2002年4月12日,http://www.jianbo.org/Wssf/2002/liuzhao03.htm;又載《古籍整理研究學刊》2002年第5期,第4—6頁。

③ 陳來:《郭店竹簡儒家記說續探》,《郭店簡與儒學研究》(《中國哲學》第二十一輯),瀋陽:遼寧教育出版社,2000年,第87頁。陳偉:《郭店簡書〈尊德義〉校釋》,《中國哲學史》2001年第3期,第108—120頁。李零:《郭店楚簡校讀記(增訂本)》,北京:北京大學出版社,2002年,第144頁。

④ 荊門市博物館:《尊德義釋文注釋》,《郭店楚墓竹簡》,北京:文物出版社,1998年,第175頁裘按。廖名春:《荊門郭店楚簡與先秦儒學》,《郭店楚簡研究》(《中國哲學》第二十輯),瀋陽:遼寧教育出版社,1999年,第56—57頁。龐樸:《"使由使知"解》,《文史知識》1999年第9期,第31—36頁。

吾讎也。

《說苑·政理》：天地之間，四海之內，善之則畜也，不善則讎也。①

《淮南子·道應》：尹佚曰："天地之間，四海之內，善之則吾畜也，不善則吾讎也。"②

《尊德義》簡28+29：悳（德）之漉（流），速虐（乎）橐（置）蚤（郵）而連（傳）【28】命。

《孟子·公孫丑上》：孔子曰："德之流行，速於置郵而傳命。"③

《尊德義》簡29+30：亡（明）德者，虐（且）莫大虐（乎）豊（禮）樂。【29】古（故）爲正（政）者，或侖（論）之，或羕（養）之，或繇（由）忠（中）出，或執（設）之外。

郭店《語叢一》簡18+19+20+21：人【18】之道也，或繇（由）中出，或【19】繇（由）外內（入）。【20】繇（由）中出者，息（仁）、忠、訐（信）；繇（由）☐④

《禮記·樂記》：樂由中出，禮自外作。

《禮記·樂記》：故樂也者，動於內者也；禮也者，動於外者也。

《禮記·文王世子》：凡三王教世子，必以禮樂。樂，所以脩內也；禮，所以脩外也。

《說苑·修文》：凡從外入者，莫深於聲音，變人最極。故聖人因而成之以德曰樂。……故君子以禮正外，以樂正內。⑤

《尊德義》簡31+32：䢃（刑）不隶（逮）於君子，豊（禮）不【31】隶（逮）於小人。

《禮記·曲禮上》：禮不下庶人，刑不上大夫。

---

① 李天虹：《郭店楚簡與傳世文獻互徵七則》，《江漢考古》2000年第3期，第82—85頁；又，李天虹：《郭店竹簡與傳世文獻互徵八則》，簡帛網，2005年11月24日，http://www.bsm.org.cn/show_article.php?id=112。

② 陳偉：《郭店簡書〈尊德義〉校釋》，《中國哲學史》2001年第3期，第108—120頁。陳偉：《〈賞刑〉校釋》，《郭店竹書別釋》，武漢：湖北教育出版社，2003年，第156頁。

③ 荆門市博物館：《尊德義釋文注釋》，《郭店楚墓竹簡》，北京：文物出版社，1998年，第175頁裘按。

④ 陳來：《郭店竹簡儒家記說續探》，《郭店簡與儒學研究》（《中國哲學》第二十一輯），瀋陽：遼寧教育出版社，2000年1月，第87—88頁。

⑤ 陳偉：《〈賞刑〉校釋》，《郭店竹書別釋》，武漢：湖北教育出版社，2003年，第161—162頁。

第七章 《尊德義》、《成之聞之》、《六德》相關問題研究

《新書·階級》：故古者禮不及庶人，刑不至君子。①

《尊德義》簡36+37：下之事上也，不從丌(其)所命，而從丌(其)所行。上好是勿(物)也，【36】下必又(有)甚安(焉)者。

《禮記·緇衣》：上好是物，則下必有甚者矣。

《孟子·滕文公上》：上有好者，下必有甚焉矣。②

郭店《成之聞之》簡6+7：是古(故)【6】丄(上)句(苟)身備(服)之，則民必有甚安(焉)者。③

(2)《成之聞之》與傳世文獻對讀類舉

《成之聞之》簡8：君衮(衰)絰(絰)而凥(處)立(位)，一宮之人不勅(勝)丌(其)□，□□□□□□□，【8】一甸(軍)之人不勅(勝)丌(其)戜(勇)。

《禮記·表記》：是故君子衰絰則有哀色；端冕則有敬色；甲冑則有不可辱之色。④

《說苑·修文》：《傳》曰："君子者，無所不宜也。是故韠冕厲戒，立于廟堂之上，有司執事無不敬者；斬衰裳，苴絰杖，立于喪次，賓客弔唁無不哀者；被甲纓冑，立于桴鼓之間，士卒莫不勇者。"⑤

《成之聞之》17+18：福(富)而貧(分)賤，則民谷(欲)丌(其)【17】福(富)之大也。貴而罷(一)毁(讓)，則民谷(欲)丌(其)貴之上也。

《說苑·雜言》：孔子曰："夫富而能富人者，欲貧而不可得也；貴而能貴人者，欲賤而不可得也；達而能達人者，欲窮而不可得也。"

---

① 廖名春：《郭店楚簡儒家著作考》，《孔子研究》1998年第3期，第69—82頁。廖名春：《荊門郭店楚簡與先秦儒學》，《郭店楚簡研究》(《中國哲學》第二十輯)，瀋陽：遼寧教育出版社，1999年，第55頁。白奚：《郭店儒簡與戰國黃老思想》，《道家文化研究("郭店楚簡"專號)》第十七輯，北京：生活·讀書·新知三聯書店，1999年，第442頁。

② 廖名春：《郭店楚簡儒家著作考》，《孔子研究》1998年第3期，第69—82頁。廖名春：《荊門郭店楚簡與先秦儒學》，《郭店楚簡研究》(《中國哲學》第二十輯)，瀋陽：遼寧教育出版社，1999年，第57頁。

③ 陳來：《郭店竹簡儒家記說續探》，《郭店簡與儒學研究》(《中國哲學》第二十一輯)，瀋陽：遼寧教育出版社，2000年，第69頁。

④ 荊門市博物館：《成之聞之釋文注釋》，《郭店楚墓竹簡》，北京：文物出版社，1998年，第169頁裘按。

⑤ 劉樂賢：《郭店楚簡雜考(五則)》，《古文字研究》第二十二輯，北京：中華書局，2000年，第206頁。

《韩诗外传》卷八：魏文侯問李克曰："人有惡乎？"李克曰："有。夫貴者則賤者惡之，富者則貧者惡之，智者則愚者惡之。"文侯曰："善。行此三者，使人勿惡，亦可乎？"李克曰："可。臣聞貴而下賤，則衆弗惡也。富而分貧，則窮士弗惡也。智而教愚，則童蒙者弗惡也。"

《孔子家語·六本》：孔子曰："與富貴而下人，何人不尊？以富貴而愛人，何人不親？發言不逆，可謂知言矣；言而眾嚮之，可謂知時矣。是故以富而能富人者，欲貧不可得也；以貴而能貴人者，欲賤不可得也；以達而能達人者，欲窮不可得也。"①

《说苑·善说》：衛將軍文子問子貢曰："季文子三窮而三通，何也？"子貢曰："其窮事賢，其通舉窮，其富分貧，其貴禮賤。窮而事賢則不悔；通而舉窮則忠於朋友，富而分貧則宗族親之；貴而禮賤則百姓戴之。其得之，固道也；失之，命也。"曰："失而不得者，何也？"曰："其窮不事賢，其通不舉窮，其富不分貧，其貴不禮賤，其得之，命也；其失之，固道也。"②

《成之聞之》簡20：是古(故)谷(欲)人之悉(愛)吕(己)也，則必先悉(愛)人；谷(欲)人之敬吕(己)也，則必先敬人。

《國語·晉語四》：《禮志》有之曰："將有請於人，必先有入焉。欲人之愛己也，必先愛人；欲人之從己也，必先從人。"③

《成之聞之》簡22：《君奭》曰：唯 (旄-冒)不(丕)霤(單)受(稱)悳(德)。

《尚書·君奭》：惟冒丕單稱德。④

《成之聞之》簡29：《君奭》曰："毆(襄)我二人，毋又(有)會(合)才(在)言。"

---

① 劉樂賢：《郭店楚簡雜考(五則)》，《古文字研究》第二十二輯，北京：中華書局，2000年，第207—209頁。

② 廖名春：《郭店簡〈六德〉、〈成之聞之〉新劄》，簡帛研究網，2000年11月28日，http://www.jianbo.org/Wssf/Liaominchun.htm。廖名春：《郭店簡〈成之聞之〉篇校釋劄記》，《古籍整理研究學刊》2001年第5期，第1—7頁。

③ 廖名春：《郭店楚簡儒家著作考》，《孔子研究》1998年第3期，第69—82頁。廖名春：《荊門郭店楚簡與先秦儒學》，《郭店楚簡研究》(《中國哲學》第二十輯)，瀋陽：遼寧教育出版社，1999年，第54頁。

④ 荊門市博物館：《成之聞之釋文注釋》，《郭店楚墓竹簡》，北京：文物出版社，1998年，第169頁。

第七章 《尊德義》、《成之聞之》、《六德》相關問題研究

《尚書·君奭》：襄我二人汝有合哉言。①

《成之聞之》簡31+32：天夅(降)大棠(常)，㠯(以)里(理)人侖(倫)：折(制)爲君臣之義，慗(著)爲父子之新(親)，分【31】爲夫婦之攴(辨)。

《孟子·滕文公上》：聖人有憂之，使契爲司徒，教以人倫：父子有親，君臣有義，夫婦有別，長幼有敘，朋友有信。②

《荀子·天論》：若夫君臣之義，父子之親，夫婦之別，則日切瑳而不舍也。

《淮南子·泰族》：制君臣之義，父子之親，夫婦之辨，長幼之序，朋友之際，此之謂五。③

《成之聞之》簡34：君子簐(袵)筶(席)之上䜩(讓)而受(授)學(幼)，朝廷之立(位)䜩(讓)而尻(處)戔(賤)。

《禮記·坊記》：子云："觴酒豆肉，讓而受惡，民猶犯齒；袵席之上，讓而坐下，民猶犯貴；朝廷之位，讓而就賤，民猶犯君。"④

《成之聞之》簡38：《康㝬(誥)》曰："不還(率)大頔，文王夋(作)罰。"

《尚書·康誥》：乃其速由文王作罰，刑茲無赦，不率大戛。⑤

(3)《六德》與傳世文獻對讀類舉

《六德》簡13+15：子弟大材埶(設)者(諸)【13】大官，少(小)材埶(設)者(諸)少

---

① 荊門市博物館：《成之聞之釋文注釋》，《郭店楚墓竹簡》，北京：文物出版社，1998年，第170頁。

② 廖名春：《荊門郭店楚簡與先秦儒學》，《郭店楚簡研究》(《中國哲學》第二十輯)，瀋陽：遼寧教育出版社，1999年，第54頁。

③ 渡邊大：《郭店楚墓竹簡〈成之聞之〉譯注》，《郭店楚簡の思想史的研究》第二卷，東京：東京大學郭店楚簡研究會，1999年12月。

④ 廖名春：《郭店楚簡儒家著作考》，《孔子研究》1998年第3期，第69—82頁引李家浩說。廖名春：《荊門郭店楚簡與先秦儒學》，《郭店楚簡研究》(《中國哲學》第二十輯)，瀋陽：遼寧教育出版社，1999年，第54頁引李家浩說。陳偉：《郭店楚簡別釋》，《江漢考古》1998年第4期，第67—72頁；又，簡帛網，2005年11月2日，http://www.bsm.org.cn/show_article.php?id=27。李家浩：《讀〈郭店楚墓竹簡〉瑣議》，《郭店楚簡研究》(《中國哲學》第二十輯)，瀋陽：遼寧教育出版社，1999年，第355頁。劉樂賢：《讀郭店楚簡劄記三則》，《郭店楚簡研究》(《中國哲學》第二十輯)，瀋陽：遼寧教育出版社，1999年，第361—362頁。李零：《郭店楚簡校讀記》，《道家文化研究》("郭店楚簡"專號)第十七輯，北京：生活·讀書·新知三聯書店，1999年，第515頁。

⑤ 荊門市博物館：《成之聞之釋文注釋》，《郭店楚墓竹簡》，北京：文物出版社，1998年，第170頁。

（小）官。

《春秋繁露·爵國》：大材者執大官位，小材者受小官位。①

《六德》17+18+19+20：暂(知)可【17】為者，暂(知)不可為者；暂(知)行者，暂(知)不行者，胃(謂)之夫，呂(以)暂(智)衒(率)人多(者)。【18】暂(智)也者，夫悳(德)也。能(壹)与(與)之齊，冬(終)身弗改之亘(矣)。是古(故)夫死又(有)宔(主)，冬(終)【19】身不霂(嫁)，胃(謂)之婦，呂(以)信從人多(者)也。信也者，婦悳(德)也。

《禮記·郊特牲》：信，事人也；信，婦德也。壹與之齊，終身不改。故夫死不嫁。……出乎大門而先，男帥女，女從男，夫婦之義由此始也。婦人，從人者也；幼從父兄，嫁從夫，夫死從子。夫也者，夫也；夫也者，以知帥人者也。②

《大戴禮記·本命》：男者任也，子者孳也，男子者，言任天地之道，如長萬物之義也，故謂之丈夫。丈者長也，夫者扶也，言長萬物也。知可為者，知不可為者；知可言者，知不可言者；知可行者，知不可行者。是故審倫而明其別，謂之知。所以正夫德者。女者如也，子者孳也，女子者，言如男子之教，而長其義理者也，故謂之婦人。婦人，伏於人也。是故無專制之義，有三從之道，在家從父，適人從夫，夫死從子，無所敢自遂也。教令不出閨門，事在饋食之間而已矣。是故女及日乎閨門之內，不百里而犇喪。事無獨為，行無獨成之道，參知而後動，可驗而後言，宵夜行燭，宮事必量，六畜蕃于宮中，謂之信也。所以正婦德也。③

《孔子家語·本命解》：男子者，任天道而長萬物者也。知可為，知不可為；知可言，知不可言；知可行，知不可行者。是故審其倫而明其別，謂之知，所以

---

① 郭永秉：《讀〈六德〉、〈子羔〉、〈容成氏〉劄記三則》，簡帛網，2006年5月26日，http://www.bsm.org.cn/show_article.php?id=353。

② 陳偉：《郭店楚簡別釋》，《江漢考古》1998年第4期，第67—72頁；又，簡帛網，2005年11月2日，http://www.bsm.org.cn/show_article.php?id=27。

③ 徐少華：《郭店楚簡〈六德〉篇思想源流探析》，《郭店楚簡國際學術研討會論文集》，武漢：湖北人民出版社，2000年，第375—383頁；又，簡帛網，2005年11月2日，http://www.bsm.org.cn/show_article.php?id=28#_ednref4。李天虹：《郭店楚簡與傳世文獻互徵七則》，《江漢考古》2000年第3期，第82—85頁；又，李天虹：《郭店竹簡與傳世文獻互徵八則》，簡帛網，2005年11月24日，http://www.bsm.org.cn/show_article.php?id=112。彭林：《〈六德〉柬釋》，簡帛研究網，2000年6月4日，http://www.jianbo.org/Wssf/Penglin.htm；又載《簡帛研究二〇〇一》，桂林：廣西師範大學出版社，2001年，第155—156頁。

第七章 《尊德義》、《成之聞之》、《六德》相關問題研究

效匹夫之聽也。女子者，順男子之教而長其理者也。是故無專制之義，而有三從之道；幼從父兄，既嫁從夫，夫死從子，言無再醮之端，教令不出于閨門，事在供酒食而已，無闚外之非儀也，不越境而奔喪，事無擅為，行無獨成，參知而後動，可驗而後言，晝不遊庭，夜行以火，所以效匹婦之德也。①

《六德》簡14+15、17、21、23：胃（謂）【14】之君，吕（以）宜（義）史（使）人多（者），宜（義）者，君悳（德）也。【15】……胃（謂）之臣，吕（以）忠（忠）史（事）人多（者），忠（忠）也者，臣悳（德）也。【17】……胃（謂）之聖，聖也者，父悳（德）也。【21】……謂之㤥（仁），㤥（仁）者，子悳（德）也。【23】

《說苑·建本》：人之道莫大乎父子之親，君臣之義。父道聖，子道仁，君道義，臣道忠。②

《六德》簡23+24：古（故）夫夫、婦婦、父父、子子、君君、臣臣，六者客（各）【23】行亓（其）戠（職），而杏（獄）奁（訟）亡（無）繇（由）迮（作）也。

《論語·顏淵》：齊景公問政於孔子，孔子對曰："君君，臣臣，父父，子子。"公曰："善哉！信如君不君，臣不臣，父不父，子不子，雖有粟，吾得而食諸？"

《禮記·中庸》：天下之達道五，所以行之者三，曰：君臣也，父子也，夫婦也，昆弟也，朋友之交也。五者天下之達道也。

《荀子·王制》：君臣、父子、兄弟、夫婦，始則終，終則始，與天地同理，與萬世同久，夫是之謂大本。故喪祭、朝聘、師旅一也，貴賤、殺生、與奪一也，君君、臣臣、父父、子子、兄兄、弟弟一也，農農、士士、工工、商商一也。③

《六德》簡26：㤥（仁），內也。宜（義），外也。

《孟子·告子上》：告子曰：食、色，性也。仁，內也，非外也。義，外也，

---

① 劉樂賢：《郭店楚簡〈六德〉初探》，《郭店楚簡國際學術研討會論文集》，武漢：湖北人民出版社，2000年，第385—386頁。劉樂賢：《讀郭店簡儒家文獻札記》，《新出土文獻與古代文明研究》，上海：上海大學出版社，2004年，第261—262頁。

② 劉樂賢：《郭店楚簡〈六德〉初探》，《郭店楚簡國際學術研討會論文集》，武漢：湖北人民出版社，2000年，第385—386頁。劉樂賢：《讀郭店簡儒家文獻札記》，《新出土文獻與古代文明研究》，上海：上海大學出版社，2004年，第261—262頁。

③ 廖名春：《郭店楚簡儒家著作考》，《孔子研究》1998年第3期，第69—82頁。廖名春：《荊門郭店楚簡與先秦儒學》，《郭店楚簡研究》（《中國哲學》第二十輯），瀋陽：遼寧教育出版社，1999年，第63—64頁。

非内也。①

《管子·戒》：仁從中出，義從外作。

郭店《語叢一》簡22+23：息(仁)生於人，我(義)生於道。【22】或生於内，或生於外。

《墨子·經說下》：其爲仁内也，義外也。②

《六德》簡27+28+29：級(疏)斬爺(布)，實(經)、丈(杖)，爲父也，爲君亦肰(然)。級(疏)蒃(衰)【27】齊，戌(牡)杕(麻)實(經)，爲昆弟也，爲妻亦肰(然)。袒免，爲宗族也，爲倗(朋)旮(友)【28】亦肰(然)。

《儀禮·喪服》：斬衰裳，苴經，杖，絞帶，冠繩纓，菅履者：父、諸侯爲天子、君；……疏衰裳齊，牡麻經，冠布纓，削杖，布帶，疏屨，期者：父在爲母、妻、……不杖，麻屨者：……昆弟；……朋友，皆在他邦，袒免，歸則已。朋友，麻。

《禮記·大傳》：四世而緦，服之窮也。五世袒免，殺同姓也。六世，親屬竭矣。③

《六德》簡30+31：門内【30】之綱(治)紉(恩)弇(掩)宜(義)，門外之綱(治)宜(義)斬紉(恩)。

《禮記·喪服四制》：門内之治恩揜義，門外之治義斷恩。④

郭店《性自命出》簡58+59：門内之綱(治)，谷(欲)丌(其)【58】鯀(掩)也，門外之綱(治)，谷(欲)丌(其)折(制)也。

---

① 廖名春：《荊門郭店楚簡與先秦儒學》，《郭店楚簡研究》(《中國哲學》第二十輯)，瀋陽：遼寧教育出版社，1999年，第66頁。白奚：《郭店儒簡與戰國黃老思想》，《道家文化研究("郭店楚簡"專號)》第十七輯，北京：生活·讀書·新知三聯書店，1999年，第442頁。

② 徐少華：《郭店楚簡〈六德〉篇思想源流探析》，《郭店楚簡國際學術研討會論文集》，武漢：湖北人民出版社，2000年，第375—383頁；又，徐少華：《郭店楚簡"六德"篇思想源流探析》，簡帛網，2005年11月2日，http://www.bsm.org.cn/show_article.php?id=28#_ednref4。

③ 荊門市博物館：《六德釋文注釋》，《郭店楚墓竹簡》，北京：文物出版社，1998年，第189—190頁裘按。李學勤：《郭店楚簡〈六德〉的文獻學意義》，《郭店楚簡國際學術研討會論文集》，武漢：湖北人民出版社，2000年，第17—20頁。

④ 龐樸：《初讀郭店楚簡》，《歷史研究》1998年第4期，第5—10頁。陳偉：《郭店楚簡別釋》，《江漢考古》1998年第4期，第67—72頁；又，簡帛網，2005年11月2日，http://www.bsm.org.cn/show_article.php?id=27。

第七章 《尊德義》、《成之聞之》、《六德》相關問題研究

《大戴礼记·本命》：門內之治恩掩義，門外之治義斷恩。①

《六德》簡31+32+33：息(仁)頪(類)▨(柔)而速，宜(義)頪(類)▨(剛？)【31】而𢆶(絕)。息(仁)繭(柔)而啟(暕)，宜(義)𢼄(剛)而柬(簡)。啟(暕)之為言也，猶啟(暕)啟(暕)也，少(小)而【32】尨(軫)多(者)也。

郭店《五行》簡39+40+41：柬(簡)之爲言也，猷(猶)練【39】也，大而晏者。匿之為言也，猷(猶)匿匿也，少(小)而訪者也。柬(簡)，義之方也。匿，【40】息(仁)之方也。𢼄(強)，義之方。矛(柔)，息(仁)之方也。

馬王堆帛書《五行》：簡之爲言也，猶賀，大而罕者。匿之為言也，猶匿匿，小而軫者。簡，義之方也。匿，仁之方也。剛，義之方殹。柔，仁之方也。②

《六德》簡33+34：男女【33】卞(別)生言(焉)，父子斳(親)生言(焉)，君臣宜(義)生言(焉)。

《六德》簡39：男女不卞(別)，父子不斳(親)；父子不斳(親)，君臣亡宜(義)。

《禮記·哀公問》：孔子對曰："夫婦別，父子親，君臣嚴，三者正則庶物從之矣。"

《大戴禮記·哀公問於孔子》：孔子對曰："夫婦別，父子親，君臣嚴，三者正則庶民從之矣。"

《禮記·郊特牲》：男女有別，然後父子親；父子親，然後義生；義生，然後禮作；禮作，然後萬物安。

《孟子·滕文公上》：聖人有憂之，使契爲司徒，教以人倫：父子有親，君臣有義，夫婦有別，長幼有敘，朋友有信。

《周易·序卦》：有天地然後有萬物，有萬物然後有男女，有男女然後有夫婦，有夫婦然後有父子，有父子然後有君臣，有君臣然後有上下，有上下然後禮義有所錯。③

---

① 陳來：《荊門竹簡之〈性自命出〉篇初探》，《郭店楚簡研究》（《中國哲學》第二十輯），瀋陽：遼寧教育出版社，1999年，第310頁。

② 李零：《郭店楚簡校讀記》，《道家文化研究（"郭店楚簡"專號）》第十七輯，北京：生活·讀書·新知三聯書店，1999年，第520頁。李零：《郭店楚簡校讀記(增訂本)》，北京：北京大學出版社，2002年，第133頁。

③ 廖名春：《郭店楚簡儒家著作考》，《孔子研究》1998年第3期，第69—82頁。廖名春：《荊門郭店楚簡與先秦儒學》，《郭店楚簡研究》（《中國哲學》第二十輯），瀋陽：遼寧教育出版社，1999年，第63—64頁。

《禮記·昏義》：禮之大體，而所以成男女之別，而立夫婦之義也。男女有別，而后夫婦有義；夫婦有義，而后父子有親；父子有親，而后君臣有正。①

　　《荀子·天論》：若夫君臣之義，父子之親，夫婦之別，則日切瑳而不舍也。

　　《韓詩外傳》卷五：若夫君臣之義，父子之親，夫婦之別，朋友之序，此儒者之所謹守，日切磋而不舍也。②

---

①　袁國華：《郭店竹簡"刀"（邵）、"其"、"卡"（卞）諸字考釋》，《中國文字》新廿五期，臺北：藝文印書館，1999年，第167—168頁。

②　徐少華：《郭店楚簡〈六德〉篇思想源流探析》，《郭店楚簡國際學術研討會論文集》，武漢：湖北人民出版社，2000年，第375—383頁；又，徐少華：《郭店楚簡"六德"篇思想源流探析》，簡帛網，2005年11月2日，http://www.bsm.org.cn/show_article.php?id=28#_ednref4。

參考論著（含相關論著）目錄

白奚：《郭店儒簡與戰國黃老思想》，《道家文化研究（"郭店楚簡"專號）》第十七輯，北京：生活·讀書·新知三聯書店，1999年8月，第440—454頁。簡稱【白奚1999】

白於藍：《〈郭店楚墓竹簡〉釋文正誤一例》，《吉林大學社會科學學報》1999年第2期，第90—92頁。簡稱【白於藍1999A】

白於藍：《〈郭店楚墓竹簡〉讀後記》，《中國古文字研究》第一輯，長春：吉林大學出版社，1999年6月，第110—116頁。簡稱【白於藍1999B】

白於藍：《郭店楚簡補釋》，《江漢考古》2001年第2期，第55—58轉54頁。簡稱【白於藍2001A】

白於藍：《郭店楚墓竹簡釋讀札記》，《古文字論集（二）》，《考古與文物》編輯部，2001年9月，第173—179頁。簡稱【白於藍2001B】

白於藍：《包山楚簡補釋》，《中國文字》新廿七期，台北：藝文印書館股份有限公司，2001年12月，第157—160頁。簡稱【白於藍2001C】

白於藍：《讀郭店簡瑣記(三篇)》，《古文字研究》第二十六輯，北京：中華書局，2006年11月，第308—313頁。簡稱【白於藍2006】

白於藍：《簡牘帛書通假字字典》，福州：福建人民出版社，2008年1月。簡稱【白於藍2008】。

白於藍：《利用郭店楚簡校讀古書二例》，《華南師範大學學報》（社會科學版）2010年第2期，第109—112頁。又，白於藍：《利用郭店楚簡校讀古書二例》，《紀念徐中舒先生誕辰110週年國際學術研討會論文集》，成都：巴蜀書社，2010年12月，第238—243頁。

白於藍：《睡虎地秦簡〈為吏之道〉校讀劄記》，《江漢考古》2010年第3期，第125—131頁。簡稱【白於藍2010】。

白於藍：《戰國秦漢簡帛古書通假字彙纂》，福州：福建人民出版社，2012年5月。簡稱【白於藍2012】。

曹峰：《〈尊德義〉分章考釋》，《中國文字》新三十四期，台北：藝文印書館股份有限公司，2009年2月，第51—73頁。又，曹峰：《〈尊德義〉分章考釋》，"山東大學文史哲研究院"網，2009年5月4日，http://www.wszyjy.sdu.edu.cn/showarticle.php?articleid=803。簡稱【曹峰2009】

曹建敦：《郭店楚簡中的"刃"和"刅"》，《平頂山師專學報》2001年8月第16卷增刊，第28—29頁。簡稱【曹建敦2001】

曹錦炎：《楚簡文字中的"兔"及相關諸字》，《新出土文獻與古代文明研究》，上海：上海大學出版社，2004年4月，第112—115頁。簡稱【曹錦炎2004】

陳秉新：《楚系文字釋叢》，《楚文化研究論集》第五集，合肥：黃山書社，2003年6月，第354—360頁。簡稱【陳秉新2003】

陳鳳：《〈郭店楚簡文字編〉校訂》，安徽大學碩士學位論文，指導教師：徐在國，2010年5月。

陳劍：《郭店楚簡：尊德義》，華東師範大學教育部重點研究基地重大項目"戰國楚簡集釋長編"，2004年3月。

陳劍：《郭店楚簡：成之聞之》，華東師範大學教育部重點研究基地重大項目"戰國楚簡集釋長編"，2004年3月。簡稱【陳劍2004A】

陳劍：《甲骨金文舊釋"尤"之字及相關諸字新釋》，《北京大學中國古文獻研究中心集刊》第四輯，北京：北京大學出版社，2004年10月，第74—94頁。又，陳劍：《甲骨金文舊釋"尤"之字及相關諸字新釋》，《甲骨金文考釋論集》，北京：綫裝書局，2007年7月，第59—80頁。簡稱【陳劍2004B】

陳劍：《郭店簡〈尊德義〉和〈成之聞之〉的簡背數字與其簡序關係的考察》，《簡帛》第二輯，上海：上海古籍出版社，2007年11月，第209—225頁。簡稱【陳劍2007】

陳劍：《郭店簡〈六德〉用為"柔"之字考釋》，"復旦大學出土文獻與古文字研究中心"網，2008年1月24日，http://www.guwenzi.com/SrcShow.asp?Src_ID=323。又，陳劍：《郭店簡〈六德〉用為"柔"之字考釋》，《中國文字學報》第二輯，北京：商務印書館，2008年12月，第59—66頁。簡稱【陳劍2008】

陳靖欣：《〈郭店楚簡·教(成之聞之)〉文字研究》，台北：台灣師範大學碩士學位論文，指導教師：季旭昇，2005年。簡稱【陳靖欣2005】

陳來：《郭店竹簡儒家記說續探》，《郭店簡與儒學研究》(《中國哲學》第二十一輯)，瀋陽：遼寧教育出版社，2000年1月，第60—91頁。又，陳來：《郭店竹簡儒家記說續探：〈尊德義〉與〈成之聞之〉》，《竹帛〈五行〉與簡帛研究》，北京：生活·讀書·新知三聯書店，2009年4月，第40—75頁。簡稱【陳來2000A】

陳來：《儒家系譜之重建與史料困境之突破——郭店楚簡儒書與先秦儒學研究》，《郭店楚簡國際學術研討會論文集》，武漢：湖北人民出版社，2000年5月，第562—570頁。又，陳來：《儒家系譜之重建與史料困境之突破——郭店楚簡儒書與先秦儒學研究》，"簡帛研究"網，2004年2月15日，http://www.jianbo.org/ADMIN3/HTML/chenlai01.htm。又，陳來：《史料困境的突破與儒家系譜的重建——郭店楚簡與先秦儒學研究》，《竹帛〈五行〉與簡帛研究》，北京：生活·讀書·新知三聯書店，2009年4月，第1—17頁。簡稱【陳來2000B】

陳立：《郭店竹書〈六德〉文字零拾》，台北："中央研究院"歷史語言研究所"出土文獻研究室"：第一屆"出土文獻研討會"，2000年6月8日。

陳明：《民本政治的新論證——對〈尊德義〉的一種解讀》，《郭店楚簡國際學術研討會論文集》，武漢：湖北人民出版社，2000年5月，第301—309頁。又，陳明：《民本政治的新論證——對〈尊德義〉的一種解讀》，"簡帛研究"網，2003年5月31日，http://www.jianbo.org/Zzwk/2003/wuhanhui/chenming.htm。

陳寧：《〈郭店楚墓竹簡〉中的儒家人性言論初探》，《中國哲學史》1998年第4期，第39—

46頁。簡稱【陳寧1998】

陳斯鵬：《讀郭店楚墓竹簡札記（10則）》，《中山大學學報論叢》1999年第6期，第144—148頁。簡稱【陳斯鵬1999】

陳斯鵬：《郭店楚墓竹簡考釋補正》，《華學》第四輯，北京：紫禁城出版社，2000年8月，第79—84頁。簡稱【陳斯鵬2000】

陳斯鵬：《郭店楚簡研究綜述》，《華學》第五輯，廣州：中山大學出版社，2001年12月，第241—252頁。簡稱【陳斯鵬2001】

陳斯鵬：《郭店楚簡解讀四則》，《古文字研究》第二十四輯，北京：中華書局，2002年7月，第409—412頁。簡稱【陳斯鵬2002】

陳斯鵬：《楚簡"圖"字補證》，《康樂集——曾憲通教授七十壽慶論文集》，廣州：中山大學出版社，2006年1月，第195—199頁。簡稱【陳斯鵬2006】

陳偉：《郭店楚簡別釋》，《江漢考古》1998年第4期，第67—72頁。又，陳偉：《郭店楚簡別釋》，"簡帛"網，2005年11月2日，http://www.bsm.org.cn/show_article.php?id=27。又，陳偉：《郭店楚簡別釋》，《燕說集》，北京：商務印書館，2011年11月，第250—261頁。簡稱【陳偉1998】

陳偉：《文本復原是一項長期艱巨的工作》，《湖北大學學報》（哲學社會科學版）1999年第2期，第7—9頁。又，陳偉：《文本復原是一項長期艱巨的工作》，《郭店竹書別釋》，武漢：湖北教育出版社，2003年1月，第11—14頁。按，第二文比第一文詳細。

陳偉：《郭店楚簡〈六德〉諸篇零釋》，《武漢大學學報》（哲學社會科學版）1999年第5期，第29—33頁。簡稱【陳偉1999】

陳偉：《關於郭店楚簡〈六德〉諸篇編連的調整》，《江漢考古》2000年第1期，第47—55轉37頁。又，陳偉：《關於郭店楚簡〈六德〉諸篇編連的調整》，"簡帛研究"網，2000年4月30日，http://www.jianbo.org/Wssf/Chenwei1.htm，http://www.jianbo.org/Wssf/Chenwei2.htm。又，陳偉：《關於郭店楚簡〈六德〉諸篇編連的調整》，《郭店楚簡國際學術研討會論文集》，武漢：湖北人民出版社，2000年5月，第65—74頁。又，陳偉：《關於郭店楚簡〈六德〉諸篇編連的調整》，《古墓新知》，台北：台灣古籍出版有限公司，2002年5月，第231—248頁。又，陳偉：《關於郭店楚簡〈六德〉諸篇編連的調整》，"簡帛研究"網，2003年5月31日，http://www.jianbo.org/Zzwk/2003/wuhanhui/Chenwei-01.htm，http://www.jianbo.org/Zzwk/2003/wuhanhui/Chenwei-02.htm。簡稱【陳偉2000】

陳偉：《郭店簡書〈尊德義〉校釋》，《中國哲學史》2001年第3期，第108—120頁。簡稱【陳偉2001】

陳偉：《郭店〈六德〉校讀》，《古文字研究》第二十四輯，北京：中華書局，2002年7月，第395—399頁。又，陳偉：《郭店簡〈六德〉校讀》，《燕說集》，北京：商務印書館，2011年11月，第284—288頁。簡稱【陳偉2002A】

陳偉：《郭店簡書〈大常〉校釋》，《楚地出土簡帛文獻思想研究》（一），武漢：湖北教育出版社，2002年12月，第35—57頁。又，陳偉：《〈大常〉校釋》，《郭店竹書別釋》，武漢：湖北教育出版社，2003年1月，第109—134頁。簡稱【陳偉2002B】

陳偉：《郭店簡書〈賞刑〉校釋》，《楚地出土簡帛文獻思想研究》（一），武漢：湖北教育出版社，2002年12月，第58—76頁。又，陳偉：《〈賞刑〉校釋》，《郭店竹書別釋》，武漢：湖北教育出版社，2003年1月，第152—172頁。簡稱【陳偉2002C】

陳偉：《郭店簡書〈德義〉校釋》，《楚地出土簡帛文獻思想研究》（一），武漢：湖北教育出版社，2002年12月，第77—90頁。又，陳偉：《〈德義〉校釋》，《郭店竹書別釋》，武漢：湖北教育出版社，2003年1月，第135—151頁。簡稱【陳偉2002D】

陳偉：《〈大常〉、〈德義〉、〈賞刑〉三篇的編連問題》，《郭店竹書別釋》，武漢：湖北教育出版社，2003年1月，第83—108頁。又，陳偉：《郭店竹書原名〈成之聞之〉、〈尊德義〉、〈六德〉三篇的編連問題》，《國文學報》第三十四期，台北：台灣師範大學國文系，2003年12月，第31—53頁。簡稱【陳偉2003】

陳偉：《郭店竹書〈六德〉"以奉社稷"補說》，"簡帛"網，2006年2月26日，http://www.bsm.org.cn/show_article.php?id=241。又，陳偉：《楚簡文字識小——"朿"與"社稷"》，《楚地簡帛思想研究（三）——"新出楚簡國際學術研討會"論文集》，武漢：湖北教育出版社，2007年6月，第169—174頁。又，陳偉：《"朿"與"社稷"》，《新出楚簡研讀》，武漢：武漢大學出版社，2010年3月，第254—259頁。簡稱【陳偉2006】

陳偉等：《楚地出土戰國簡冊[十四種]》，北京：經濟科學出版社，2009年9月，第202—220、235—244頁。簡稱【十四種2009】

陳偉武：《郭店楚簡中〈漢語大字典〉所無之字》，《中國文字研究》第三輯，南寧：廣西教育出版社，2002年10月，第124—130頁。

陳偉武：《郭店楚簡識小錄》，《華學》第四輯，北京：紫禁城出版社，2000年8月，第76—78頁。簡稱【陳偉武2000】

陳偉武：《試論簡帛文獻中的格言資料》，《簡帛》第四輯，上海：上海古籍出版社，2009年10月，第269—286頁。

陳秀玉：《〈郭店·尊德性〉"津"字小札》，"簡帛研究"網，2008年2月28日，http://www.bamboosilk.org/admin3/2008/chenxiuyu001.htm。簡稱【陳秀玉2008】

陳耀森：《〈尊德義〉篇"尚思則無為"論》，"簡帛研究"網，2005年6月13日，http://www.jianbo.org/admin3/list.asp?id=1396。簡稱【陳耀森2005】

陳一綾：《郭店簡、上博簡引〈書〉研究》，台南：成功大學碩士學位論文，指導教師：沈寶春，2008年6月。

崔海鷹：《郭店儒簡〈成之聞之〉研究》，曲阜師範大學碩士學位論文，指導教師：楊朝明，2008年4月。簡稱【崔海鷹2008】

崔海鷹：《〈成之聞之〉注釋論說》，《新出簡帛文獻注釋論說》，台北：台灣書房出版有限公司，2008年5月，第73—100頁。

崔永東：《郭店楚簡中的犯罪預防思想初探》，《郭店楚簡國際學術研討會論文集》，武漢：湖北人民出版社，2000年5月，第423—428頁。又，崔永東：《郭店楚簡中的犯罪預防思想初探》，"簡帛研究"網，2003年5月31日，http://www.jianbo.org/Zzwk/2003/wuhanhui/cuiyongdong01.htm。

崔永東：《郭店楚簡〈成之聞之〉字義零釋》，《清華簡帛研究》第一輯，清華大學思想文化研究所，2000年8月，第182—183頁。又，崔永東：《讀郭店楚簡〈成之聞之〉與〈老子〉札記》，《簡帛研究二〇〇一》，桂林：廣西師範大學出版社，2001年9月，第69—74頁。簡稱【崔永東2000】

鄧球柏：《〈郭店楚墓竹簡·成之聞之〉通釋》，《〈郭店楚墓竹簡〉與先秦學術思想研究》，國家社科基金一般項目(項目號01BZX023)，2003年6月28日，第223—236頁。按，此文未見。

鄧球柏：《〈郭店楚墓竹簡·六德〉通釋》，《〈郭店楚墓竹簡〉與先秦學術思想研究》，國家社科基金一般項目(項目號01BZX023)，2003年6月28日，第268—280頁。按，此文未見。

鄧球柏：《〈郭店楚墓竹簡·尊德義〉通釋》，《〈郭店楚墓竹簡〉與先秦學術思想研究》，國家社科基金一般項目(項目號01BZX023)，2003年6月28日，第237—247頁。按，此文未見。

鄧少平：《郭店〈成之聞之〉21號簡新解新編》，"復旦大學出土文獻與古文字研究中心"網，2009年12月17日，http://www.guwenzi.com/SrcShow.asp?Src_ID=1017。簡稱【鄧少平2009A】

鄧少平：《郭店〈成之聞之〉23號簡試釋》，"復旦大學出土文獻與古文字研究中心"網，2009年12月18日，http://www.guwenzi.com/SrcShow.asp?Src_ID=1019。簡稱【鄧少平2009B】

鄧少平：《由簡背數字論郭店〈成之聞之〉"天常"章的位置》，"復旦大學出土文獻與古文字研究中心"網，2010年3月22日，http://www.guwenzi.com/SrcShow.asp?Src_ID=1113。簡稱【鄧少平2010】

鄧少平：《郭店楚簡〈成之聞之〉〈尊德義〉補釋》，《中國文字》新三十六期，2011年1月，台北：藝文印書館股份有限公司，第81—88頁。又，鄧少平：《郭店楚簡〈成之聞之〉〈尊德義〉補釋》，"出土文獻與中國古代文明研究中心"，2011年12月8日，http://www.tsinghua.edu.cn/publish/cetrp/6831/2011/20111208181933422789836/20111208181933422789836_.html。簡稱【鄧少平2011A】

鄧少平：《對單育辰先生〈佔畢隨錄之十四〉的一些意見》，"復旦大學出土文獻與古文字研究中心""學術討論"子論壇，2011年3月27日，http://www.gwz.fudan.edu.cn/ShowPost.asp?ThreadID=4401。簡稱【鄧少平2011B】附：徐伯鴻於2011年3月27日的跟貼，簡稱【徐伯鴻2011】

鄧少平：《郭店儒家簡字詞札記》，"出土文獻與中國古代文明研究中心"，2013年1月15日，http://www.tsinghua.edu.cn/publish/cetrp/6831/2013/ 20130115151631484823915/201301151

51631484823915_.html。簡稱【鄧少平2013】

丁四新：《郭店楚墓竹簡研究文獻目錄》，《郭店楚簡國際學術研討會論文集》，武漢：湖北人民出版社，2000年5月，第689—707頁。

丁四新：《郭店楚墓竹簡思想研究》，北京：東方出版社，2000年10月。簡稱【丁四新2000】

丁原植：《郭店楚簡儒家佚籍四種釋析》，台北：台灣古籍出版社，2000年12月第一版。按，此書未見。又，丁原植：《郭店楚簡儒家佚籍四種釋析》，台北：台灣古籍出版有限公司，2004年9月第二版。又，丁原植：《郭店竹簡儒家佚籍四種試析》，台北：五南書局，2004年9月。按，此書未見。簡稱【丁原植2000】

董娟：《〈六德〉釋文訂補四則》，"簡帛"網，2007年9月4日，http://www.bsm.org.cn/show_article.php?id=713。簡稱【董娟2007】

董娟：《關于〈六德〉簡的編聯及相關問題研究綜論》，《湖北經濟學院學報》（人文社會科學版）2008年第2期，第119—110頁。又，董娟：《關于〈六德〉簡的編聯及相關問題研究綜論》，"簡帛"網，2008年3月25日，http://www.bsm.org.cn/show_article.php?id=809。

渡邊大：《郭店楚墓竹簡〈成之聞之〉譯注》，《郭店楚簡の思想史的研究》第二卷，東京：東京大學郭店楚簡研究會，1999年12月，第52—81頁。簡稱【渡邊大1999】

渡邊大：《郭店楚簡〈成之聞之〉〈六德〉にみえる人倫說について》，《大久保隆郎教授退官記念論集 漢意とは何か》，東京：東方書店，2001年12月，第67—86頁。按，此文未見。

范常喜：《金文"蔑曆"補釋》，"復旦大學出土文獻與古文字研究中心"網，2011年1月9日，http://www.guwenzi.com/SrcShow.asp?Src_ID=1369#_ednref15。簡稱【范常喜2011】

范麗梅：《郭店楚簡〈六德〉"仁類萟而束"相關段落釋讀》，武漢：《新出楚簡國際學術研討會會議論文集(郭店·其他簡卷)》，2006年6月，第143—155頁。又，范麗梅：《郭店楚簡〈六德〉"仁類萟而束"相關段落釋讀》，《楚地簡帛思想研究(三)——"新出楚簡國際學術研討會"論文集》，武漢：湖北教育出版社，2007年6月，第448—465頁。簡稱【范麗梅2006】

范麗梅：《楚簡文字零釋》，《臺大中文學報》第二十六期，台北：台灣大學中國文學系，2007年6月，第67—88頁。又，范麗梅：《楚簡文字零釋》，"復旦大學出土文獻與古文字研究中心"網，2010年7月21日，http://www.guwenzi.com/SrcShow.asp?Src_ID=1221。簡稱【范麗梅2007】

范麗梅：《郭店〈成之聞之〉若干引〈書〉的詮釋問題》，香港："中、日、韓經學國際學術研討會"會議論文，2010年5月。按，此文未見。

馮浩菲：《孔子"愚民"辨》，《文史哲》2003年第3期，第87—90頁。

馮勝君：《讀〈郭店楚墓竹簡〉札記(四則)》，《古文字研究》第二十二輯，北京：中華書局，2000年7月，第210—213頁。簡稱【馮勝君2000】

馮勝君：《郭店〈緇衣〉"渫"字補釋——兼談戰國楚文字"葉"、"桀"、"枲"之間的形體區別》，台北："中國簡帛學國際論壇2007"會議論文，2007年11月。又，馮勝君：《郭店〈緇衣〉"渫"字補釋——兼談戰國楚文字"枼"、"桀"、"枈"之間的形體區別》，《2007中國簡帛學國際論壇論文集》，台北：台灣大學中國文學系，2011年12月，第337—347頁。

蓋莉：《關於"民可使由之不可使知之"的釋讀》，《孔子研究》2000年第3期，第113—115頁。簡稱【蓋莉2000】

高佑仁：《郭店〈成之聞之〉簡補釋四則》，《第二十屆中國文字學國際學術研討會會議論文集》，高雄：中山大學，2009年5月，第127—148頁。簡稱【高佑仁2009】

高正：《郭店竹書是稷下思孟學派教材》，"簡帛研究"網，2000年5月7日，http://www.bamboosilk.org/Wssf/Gaozheng2.htm。簡稱【高正2000】

弓海濤：《郭店楚簡"其"字用法考察》，《長春大學學報》2010年第7期，第40—42頁。

龔建平：《郭店簡與〈禮記〉二題》，《武漢大學學報》（哲學社會科學版），1999年第5期，第34—37頁。

古敬恒：《郭店楚簡字詞劄記》，《慶祝〈中國語文〉創刊50週年學術論文集》，北京：商務印書館，2004年12月，第303—307頁。簡稱【古敬恒2004】

顧史考：《郭店楚簡儒家逸書與其對臺灣儒學思孟傳統的意義》，《第二屆臺灣儒學國際學術研討會論文集》，台南：成功大學中國文學系，1999年12月，第169—211頁。按，此文未見。又，顧史考：《郭店楚簡儒家逸書及其對後世儒家思孟道統的意義》，《郭店楚簡先秦儒書宏微觀》，台北：台灣學生書局有限公司，2006年6月，第65—111頁。簡稱【顧史考1999】

顧史考：《郭店楚簡儒家逸書的排列調整芻議》，《中國典籍與文化論叢》第六輯，北京：中華書局，2000年10月，第206—218頁。又，顧史考：《郭店楚簡儒家逸書的排列調整芻議》，《郭店楚簡先秦儒書宏微觀》，台北：台灣學生書局有限公司，2006年6月，第155—168頁。簡稱【顧史考2000】

顧史考：《從楚國竹簡論戰國"民道"思想》，《新出土文獻與古代文明研究》，上海：上海大學出版社，2004年4月，第248—258頁。又，顧史考：《從楚國竹簡論戰國"民道"思想》，《郭店楚簡先秦儒書宏微觀》，台北：台灣學生書局有限公司，2006年6月，第39—64頁。

顧史考：《讀〈尊德義〉札記》，《第四屆國際中國古文字學研討會論文集——新世紀的古文字學與經典詮釋》，香港：香港中文大學中國語言及文學系，2003年10月，第319—329頁。又，顧史考：《讀〈尊德義〉札記(增訂篇)》，《楚文化研究論集》第六集，武漢：湖北教育出版社，2005年6月，第538—551頁。又，顧史考：《讀〈尊德義〉札記》，《郭店楚簡先秦儒書宏微觀》，台北：台灣學生書局有限公司，2006年6月，第169—184頁。簡稱【顧史考2003】

顧史考：《論郭店楚簡的研究方法及方向》，《新出簡帛研究——新出簡帛國際學術研討會文集》，北京：文物出版社，2004年12月，第218—220頁。

顧史考：《郭店楚簡〈成之〉等篇雜誌》，《清華大學學報》（哲學社會科學版）2006年第1期，第80—92頁。又，顧史考：《郭店楚簡〈成之〉等篇雜誌》，《郭店楚簡先秦儒書宏微觀》，台北：台灣學生書局有限公司，2006年6月，第185—217頁。又，顧史考：《郭店楚簡〈成之〉等篇雜誌》，《新出土文獻與先秦思想重構》，台北：台灣書房出版有限公司，2007年8月，第205—233頁。簡稱【顧史考2006】

顧史考：《郭店楚簡〈尊德義〉篇簡序調整三則》，"復旦大學出土文獻與古文字研究中心"網，2010年12月15日，http://www.gwz.fudan.edu.cn/SrcShow.asp?Src_ID=1328。簡稱【顧史考2010】

顧史考：《郭店楚簡〈尊德義〉篇簡序新案》，台北："出土文獻研究方法國際學術研討會"會議論文，2011年11月。簡稱【顧史考2011】

廣瀨薰雄、渡邊大：《〈成之聞之〉譯注》，《郭店楚簡儒教研究》，東京：汲古書院，2003年2月，第261—311頁。按，此文未見。

廣瀨薰雄：《郭店楚簡〈尊德義〉和〈成之聞之〉的簡背數字補論》，"簡帛"網，2008年2月19日，http://www.bsm.org.cn/show_article.php?id=793；又，廣瀨薰雄：《郭店楚簡〈尊德義〉和〈成之聞之〉的簡背數字補論》，"簡帛研究"網，2008年3月3日，http://www.bamboosilk.org/admin3/2008/guanglaixunxiong001.htm。簡稱【廣瀨薰雄2008】

郭沂：《郭店楚簡〈天降大常〉（〈成之聞之〉）篇疏證》，《孔子研究》1998年第3期，第62—68頁。又，郭沂：《〈成之聞之〉篇疏證》，《郭店楚簡研究》（《中國哲學》第二十輯），瀋陽：遼寧教育出版社，1999年1月，第278—292頁。按，第二文比第一文內容多出很多，集釋中以第二文爲準。簡稱【郭沂1998】

郭沂：《"聖人之性"章新釋》，"簡帛研究"網，2000年12月2日，http://www.bamboosilk.org/Wssf/Gaozheng2.htm。簡稱【郭沂2000】

郭沂：《〈大常〉（原題〈成之聞之〉）考釋》，《郭店竹簡與先秦學術思想》，上海：上海教育出版社，2001年2月，第208—229頁。簡稱【郭沂2001】

郭永秉：《讀〈六德〉、〈子羔〉、〈容成氏〉劄記三則》，"簡帛"網，2006年5月26日，http://www.bsm.org.cn/show_article.php?id=353。又，郭永秉：《戰國竹書剩義（三則）》，《古文字與古文獻論集》，上海：上海古籍出版社，2011年6月，第93—99頁。簡稱【郭永秉2006】

韓星：《郭店楚簡儒家天道觀述略》，"簡帛研究"網，2002年1月30日，http://www.jianbo.org/Wssf/2002/hanxing02.htm。簡稱【韓星2002】

何琳儀：《郭店楚簡選釋》，《文物研究》第十二輯，合肥：黃山書社，2000年1月第一版，196—204頁。又，何琳儀：《郭店竹簡選釋》，《簡帛研究二〇〇一》，桂林：廣西師範大學出版社，2001年9月，第159—167頁。又，何琳儀：《郭店竹簡選釋》，《新出楚簡文字考》，合肥：安徽大學出版社，2007年9月，第44—63頁。簡稱【何琳儀2001】

何琳儀：《滬簡二冊選釋》，"簡帛研究"網站，2003年1月14日，http://www.jianbo.org/

Wssf/2003/helinyi01.htm。又，何琳儀：《第二批滬簡選釋》，《學術界》，2003年第1期，第85—93頁。又，何琳儀：《第二批滬簡選釋》，《上博館藏戰國楚竹書研究續編》，上海：上海書店出版社，2004年7月，第444—455頁。又，何琳儀：《第二批滬簡選釋》，《新出楚簡文字考》，合肥：安徽大學出版社，2007年9月，第155—168頁。簡稱【何琳儀2003】

何有祖：《郭店楚簡補釋一則》，"簡帛"網，2006年4月26日，http://www.bsm.org.cn/show_article.php?id=332。又，何有祖：《楚簡劄記兩則》，《簡帛》第二輯，上海：上海古籍出版社，2007年11月，第349—351頁。簡稱【何有祖2006】

侯乃峰：《說楚簡"乃"字》，"簡帛"網，2006年11月29日，http://www.bsm.org.cn/show_article.php?id=470。簡稱【侯乃峰2006】

黃德寬、徐在國：《郭店楚簡文字考釋》，《吉林大學古籍整理研究所建所十五週年紀念文集》，長春：吉林大學出版社，1998年12月，第98—111頁。又，黃德寬、徐在國：《郭店楚簡文字考釋》，《新出楚簡文字考》，合肥：安徽大學出版社，2007年9月，第1—16頁。簡稱【黃德寬、徐在國1998】

黃德寬、徐在國：《郭店楚簡文字續考》，《江漢考古》1999年第2期，第75—77頁。又，黃德寬、徐在國：《郭店楚簡文字續考》，《新出楚簡文字考》，合肥：安徽大學出版社，2007年9月，第17—24頁。簡稱【黃德寬、徐在國1999】

黃德寬：《說遲》，《古文字研究》第二十四輯，北京：中華書局，2002年7月，272—276頁。又，黃德寬：《說遲》，《開啓中華文明的管鑰——漢字的釋讀與探索》，北京：北京師範大學出版社，2011年1月，第159—165頁。簡稱【黃德寬2002】

黃傑：《郭店〈成之聞之〉23號簡的斷句》，"簡帛"網，2012年3月26日，http://www.bsm.org.cn/show_article.php?id=1658。簡稱【黃傑2012】

黃君良：《"槁木三年，不必為邦旗"試釋》，《中國文化研究》2003年秋之卷，第133—137頁。簡稱【黃君良2003】

黃君良：《郭店儒簡〈六德〉成於楚人的推測》，《樹仁學報》第3期，2005年1月，第68—80頁。按，此文未見。

黃人二：《郭店竹簡小墨釘點之一作用(上)——兼論簡本〈老子〉甲之文本復原》，"簡帛研究"網，2002年3月12日，http://www.jianbo.org/Wssf/2002/huangrener06.htm。

黃文傑：《"谷"及相關諸字考辨》，《古文字研究》第二十四輯，北京：中華書局，2002年7月，417—421頁。簡稱【黃文傑2002】

黃錫全：《讀上博〈戰國楚竹書(三)〉劄記六則》，"簡帛研究"網，2004年4月29日，http://www.jianbo.org/admin3/html/huangxiquan01.htm。簡稱【黃錫全2004】

黃震雲、黃偉：《郭店楚簡引〈書〉考》，《南陽師範學院學報》(社會科學版)，2003年第2期，第80—81轉85頁。

吉林大學古籍研究所2011級碩士研究生：《〈郭店楚墓竹簡〉精裝本與書法本圖版對比的一些問題》，"復旦大學出土文獻與古文字研究中心"網，2012年9月28日，http://www.

gwz.fudan.edu.cn/SrcShow.asp?Src_ID=1936。

吉田篤志：《郭店楚簡の親親主義と尊尊主義をめぐつて》，《郭店楚簡の研究（三）》，東京：大東文化大學郭店楚簡研究班，2001年3月，第44—69頁。又，吉田篤志：《試論郭店楚簡形成的年代——通過"親親"與"尊尊"來考察》，《簡帛研究二〇〇六》，桂林：廣西師範大學出版社，2008年11月，第1—9頁。

冀小軍：《釋楚簡中的㣫字》，"簡帛研究"網，2002年7月21日，http://www.jianbo.org/Wssf/2002/jixiaojun01.htm。簡稱【冀小軍2002】

季旭昇：《讀郭店楚墓竹簡札記：下、絕為棄作、民復季子》，《中國文字》新廿四期，台北：藝文印書館，1998年12月，第129—131頁。簡稱【季旭昇1998】

季旭昇：《說文新證》，台北：藝文印書館股份有限公司，2004年10月。又，季旭昇：《說文新證》，福州：福建人民出版社，2010年12月。簡稱【季旭昇2004】

賈海生：《郭店竹簡〈六德〉所言喪服制度》，武漢："楚簡·楚文化與先秦歷史文化國際學術研討會"會議論文，2011年10月。又，賈海生：《郭店竹簡〈六德〉所言喪服制度》，《傳統中國研究集刊》九、十合輯，上海：上海人民出版社，2012年3月，第132—137頁。又，賈海生：《郭店竹簡〈六德〉所言喪服制度》，《楚簡楚文化與先秦歷史文化國際學術研討會論文集》，武漢：湖北教育出版社，2013年8月，第834—839頁。

菅本大二：《〈尊德義〉について》，大阪：戰国楚簡研究会第2回研究会，1999年10月。按，此文未見。

菅本大二：《続·中國古代における"禮"と強制力——郭店楚簡"尊德義"を契機として》，《梅花女子大学文学部紀要(日本語·日本文学編)》第33號，1999年，第49—64頁。按，此文未見。

菅本大二：《〈尊德義〉釈読》，東京：戰国楚簡研究会第7回研究会，2001年3月。按，此文未見。又，菅本大二：《〈尊德義〉釈読》，大阪：戰国楚簡研究会第10回研究会，2001年12月。按，此文未見。

菅本大二：《〈尊德義〉における理想的統治》，《古代思想史と郭店楚簡》，汲古書院，2005年11月。按，此文未見。

菅本大二：《郭店楚簡〈尊德義〉中的禮治思想——以荀子的禮治思想比較為中心》，台北："出土簡帛文獻與古代學術國際研討會"會議論文，2005年12月，第305—312頁。按，此文未見。

姜廣輝：《郭店楚簡與〈子思子〉——兼談郭店楚簡的思想史意義》，《哲學研究》1998年第7期，第56—61頁。又，姜廣輝：《郭店楚簡與〈子思子〉——兼談郭店楚簡的思想史意義》，《郭店楚簡研究》（《中國哲學》第二十輯），瀋陽：遼寧教育出版社，1999年1月，第81—92頁。又，姜廣輝：《郭店楚簡儒家文獻研究的參考座標》，"簡帛研究"網，2000年5月7日，http://www.jianbo.org/Wssf/Jiang3.htm。又，姜廣輝：《郭店儒簡研究的參考座標》，《郭店楚簡與早期儒學》，台北：台灣古籍出版有限公司，2002年5月，

第13—23頁。簡稱【姜廣輝1998】

蔣莉：《小議郭店楚簡中的標點符號》，《簡帛語言文字研究》第一輯，成都：巴蜀書社，2002年11月，第458—474頁。

蔣義斌：《郭店楚簡〈六德〉的仁與聖》，《簡帛研究彙刊》第一輯（《第一屆簡帛學術討論會論文集》），台北：樂學書局，2003年5月，第655—684頁。

金春峰：《論郭店簡〈六德〉、〈忠信之道〉、〈成之聞之〉之思想特徵與成書時代》，《人文論叢2001年卷》，武漢：武漢大學出版社，2002年10月，第66—77頁。又，金春峰：《郭店楚簡〈六德〉、〈忠信之道〉、〈成之聞之〉之思想特徵與成書時代》，《〈周易〉經傳梳理與郭店楚簡思想新釋》，台北：台灣古籍出版有限公司，2003年4月，第151—170頁。又，金春峰：《〈周易〉經傳梳理與郭店楚簡思想新釋》，台北：五南書局，2003年4月。按，此文未見。又，金春峰：《郭店楚簡〈六德〉、〈忠信之道〉、〈成之聞之〉之思想特徵與成書時代》，《〈周易〉經傳梳理與郭店楚簡思想新釋》，北京：中國言實出版社，2004年11月，第146—165頁。又，金春峰：《〈成之聞之〉凸顯了道家色彩》，《出土文獻與儒道關係》，桂林：灕江出版社，2012年1月，第385—386頁。按，此文爲上述諸文之一節。簡稱【金春峰2002】

荊門市博物館：《老子釋文注釋》，《郭店楚墓竹簡》，北京：文物出版社，1998年5月，第113頁。簡稱【郭店–老子】

荊門市博物館：《成之聞之釋文注釋》，《郭店楚墓竹簡》，北京：文物出版社，1998年5月，第167—170頁。簡稱【郭店–成之聞之】

荊門市博物館：《六德釋文注釋》，《郭店楚墓竹簡》，北京：文物出版社，1998年5月，第187—190頁。簡稱【郭店–六德】

荊門市博物館：《尊德義釋文注釋》，《郭店楚墓竹簡》，北京：文物出版社，1998年5月，第173—175頁。簡稱【郭店–尊德義】

荊門市博物館《簡帛書法選》編輯組：《郭店楚墓竹簡·尊德義》，北京：文物出版社，2002年12月。

荊門市博物館《簡帛書法選》編輯組：《郭店楚墓竹簡·成之聞之》，北京：文物出版社，2003年6月。

荊門市博物館《簡帛書法選》編輯組：《郭店楚墓竹簡·六德》，北京：文物出版社，2003年6月。

賴怡璇：《〈楚地出土戰國簡冊〔十四種〕〉校訂》，台中：中興大學碩士學位論文，指導教師：林清源，2011年。按，此文未見。又，賴怡璇：《〈楚地出土戰國簡冊〔十四種〕〉校訂》，新北：花木蘭文化出版社，2012年9月。簡稱【賴怡璇2012】

李春桃：《傳抄古文綜合研究》，吉林大學博士學位論文，指導教師：吳振武，2012年4月。簡稱【李春桃2012】

李存山：《"為父絕君"並非古代喪服之"通則"》，"簡帛研究"網，2002年8月3日，http://www.jianbo.org/Wssf/2002/lichunshan01.htm。又，李存山：《"為父絕君"並非古代喪服之"通則"》,《經學今詮四編》(《中國哲學》第二十五輯),瀋陽:遼寧教育出版社,2004年8月,第159—171頁。又,李存山:《再說"為父絕君"》,《江蘇社會科學》2005年第5期,第93—98頁。又,李存山:《再說"為父絕君"》,"簡帛研究"網,2005年10月16日,http://www.jianbo.org/admin3/list.asp?id=1433。集釋中以第一文爲準,簡稱【李存山2002】。

李存山:《三說"為父絕君"——兼論人倫之道"造端乎夫婦"》,《全球化時代的儒家倫理》,北京:清華大學出版社,2006年月,第159—176頁。按,此文未見。

李家浩:《讀〈郭店楚墓竹簡〉瑣議》,《郭店楚簡研究》(《中國哲學》第二十輯),瀋陽:遼寧教育出版社,1999年1月,第339—358頁。簡稱【李家浩1999】。

李家浩:《楚墓竹簡中的"昆"字及從"昆"之字》,《中國文字》新廿五期,台北:藝文印書館,1999年12月,第139—147頁。又,李家浩:《楚墓竹簡中的"昆"字及從"昆"之字》,《著名中年語言學家自選集·李家浩卷》,合肥:安徽教育出版社,2002年12月,第306—317頁。

李家浩:《關於郭店竹書〈六德〉"仁類蘁而速"一段文字的釋讀》,《出土文獻研究》第十輯,2011年7月,第42—55頁。簡稱【李家浩2011】。

李健勝:《〈子思子〉內容考釋》,《青海師範大學學報》(哲學社會科學版)2005年第2期,第78—81頁。

李景林:《從郭店簡看思孟學派的性與天道論——兼談郭店簡儒家類著作的學派歸屬問題》,《郭店楚簡國際學術研討會論文集》,武漢:湖北人民出版社,2000年5月,第625—635頁。又,李景林:《從郭店簡看思孟學派的性與天道論——兼談郭店簡儒家類著作的學派歸屬問題》,"簡帛研究"網,2004年6月30日,http://www.jianbo.org/admin3/html/lijinglin01.htm。

李零:《郭店楚簡校讀記》,《道家文化研究》第十七輯("郭店楚簡"專號),北京:生活·讀書·新知三聯書店,1999年8月,第511—525頁。簡稱【李零1999】。

李零:《郭店楚簡校讀記(增訂本)》,北京:北京大學出版社,2002年3月,第121—144頁。又,李零:《郭店楚簡校讀記【增訂本】》,北京:中國人民大學出版社,2007年8月,第157—188頁。簡稱【李零2002A】。

李零:《郭店楚簡中的"敏"字和"文"字》,《古文字研究》第二十四輯,北京:中華書局,2002年7月,第389—391頁。簡稱【李零2002B】。

李銳:《郭店楚墓竹簡補釋》,《華學》第六輯,北京:紫禁城出版社,2003年6月,第85—93頁。簡稱【李銳2003A】。

李銳:《從"六位"到"三綱"》,《學術界》2003年第4期,第163—170頁。又,李銳:《從"六位"到"三綱"》,《簡帛釋證與學術思想研究論集》,台北:台灣書房出版有限公司,2008年3月,第89—100頁。又,李銳:《從"六位"到"三綱"》,"Confucius2000"網,2008年6月30日,http://www.confucius2000.com/admin/list.asp?id=3676。又,李銳:《從"六位"到"三綱"》,"簡帛研究"網,2008年7月1

日，http://www.bamboosilk.org/admin3/2008/lirui003.htm。又，李銳：《從"六位"到"三綱"》，《新出簡帛的學術探索》，北京：北京師範大學出版社，2010年4月，第344—355頁。簡稱【李銳2003B】

李銳：《郭店楚墓竹簡補釋(二)》，《古墓新知——紀念郭店楚簡出土十週年論文專輯》，香港：香港國際炎黃文化出版社，2003年11月，第89—98頁。簡稱【李銳2003C】

李銳：《讀楚簡〈周易〉札記一則》，"Confucius2000"網，2004年4月24日，http://www.confucius2000.com/qhjb/dcjzyzj1ze.htm。簡稱【李銳2004A】

李銳：《讀竹書〈周易〉劄記》，"Confucius2000"網，2004年4月18日，http://www.confucius2000.com/qhjb/duzhshzhouyizj.htm。又，李銳：《讀上博館藏楚簡(三)札記》，《簡帛釋證與學術思想研究論集》，台北：台灣書房出版有限公司，2008年3月，第281—296頁。簡稱【李銳2004B】

李銳：《孔孟之間"性"論研究——以郭店、上博簡為基礎》，清華大學博士學位論文，指導教師：李學勤2005年4月。簡稱【李銳2005】

李銳：《郭店楚墓竹簡補釋》，《華學》第八輯，北京：紫禁城出版社，2006年8月，第171—183頁。簡稱【李銳2006A】

李銳：《"民可使由之不可使知之"再解》，《中國古代文明研究與學術史——李學勤教授伉儷七十壽慶紀念文集》，保定：河北大學出版社，2006年11月，第114—119頁。又，李銳：《"民可使由之不可使知之"新釋》，《齊魯學刊》2008年第1期，第11—15頁。又，李銳：《"民可使由之不可使知之"再解》，《簡帛釋證與學術思想研究論集》，台北：台灣書房出版有限公司，2008年3月，第101—111頁。又，李銳：《郭店〈尊德義〉與"民可使由之不可使知之"》，《新出簡帛的學術探索》，北京：北京師範大學出版社，2010年4月，第239—249頁。簡稱【李銳2006B】

李銳：《郭店楚墓竹簡續釋》，《中國文字》新三十四期，台北：藝文印書館股份有限公司，2009年2月，第75—89頁。簡稱【李銳2009】

李銳：《〈君奭〉"襄我二人汝有合哉言"解》，《史學史研究》2008年第3期，第119—120頁。又，李銳：《〈君奭〉"襄我二人汝有合哉言"解》，"簡帛研究"網，2009年4月2日，http://www.bamboosilk.org/admin3/2009/xuedeng10/lirui.htm。按，此是【李銳2006A】中的第二條的擴展。

李銳：《讀清華簡〈保訓〉札記(三則)》，《古文字研究》第二十九輯，北京：中華書局，2012年10月，第557—561頁。簡稱【李銳2012】

李若暉：《郭店楚簡"衍"字略考》，《中國哲學史》2001年第1期，第35—40頁。簡稱【李若暉2001】

李守奎：《楚簡文字四考》，《中國文字研究》第三輯，南寧：廣西教育出版社，2002年10月，第190—196頁。簡稱【李守奎2002】

李松儒：《郭店楚墓竹簡字跡研究》，吉林大學碩士學位論文，指導教師：吳振武，2006年6月，第76—79頁。簡稱【李松儒2006】

李松儒：《郭店簡字跡研究兩則》，"簡帛"網，2010年9月24日，http://www.bsm.org.cn/show_article.php?id=1307。簡稱【李松儒2010】

李松儒：《上博五〈君子爲禮〉考釋一則》，"復旦大學出土文獻與古文字研究中心"網，2011年12月10日，http://www.gwz.fudan.edu.cn/SrcShow.asp?Src_ID=1730。簡稱【李松儒2011】

李天虹：《郭店楚簡文字雜釋》，《郭店楚簡國際學術研討會論文集》，武漢：湖北人民出版社，2000年5月，第94—99頁。又，李天虹：《郭店楚簡文字雜釋》，《郭店竹簡〈性自命出〉研究》，武漢：湖北教育出版社，2003年1月，第227—235頁。又，李天虹：《郭店楚簡文字雜釋》，"簡帛研究"網，2003年5月31日，http://www.jianbo.org/Zzwk/2003/wuhanhui/Litianhong.htm。簡稱【李天虹2000A】

李天虹：《釋郭店楚簡〈成之聞之〉篇中的"肘"》，《古文字研究》第二十二輯，北京：中華書局，2000年7月，第262—266頁。又，李天虹：《釋郭店楚簡〈成之聞之〉篇中的"肘"》，《郭店竹簡〈性自命出〉研究》，武漢：湖北教育出版社，2003年1月，第236—245頁。按，此文是對【李天虹2000A】一文中第四則的更詳細論證。

李天虹：《釋楚簡文字"廈"》，《華學》第四輯，北京：紫禁城出版社，2000年8月，第85—88頁。又，李天虹：《釋"廈"》，《郭店竹簡〈性自命出〉研究》，武漢：湖北教育出版社，2003年1月，第14—22頁。簡稱【李天虹2000B】

李天虹：《郭店楚簡與傳世文獻互徵七則》，《江漢考古》2000年第3期，第82—85頁。又，李天虹：《郭店竹簡與傳世文獻互徵八則》，《郭店竹簡〈性自命出〉研究》，武漢：湖北教育出版社，2003年1月，第246—55頁。又，李天虹：《郭店竹簡與傳世文獻互徵八則》，"簡帛"網，2005年11月24日，http://www.bsm.org.cn/show_article.php?id=112。按，第二文略有修改，集釋中以第二文爲準，簡稱【李天虹2000C】

李天虹：《釋"𩺱"、"鮸"》，《古文字研究》第二十四輯，北京：中華書局，2002年7月，第400—403頁。又，李天虹：《釋"𩺱"、"鮸"》，《郭店竹簡〈性自命出〉研究》，武漢：湖北教育出版社，2003年1月，22—30頁。簡稱【李天虹2002】

李天虹：《上博館藏竹書（二）雜識》，"簡帛研究"網，2003年9月17日，http://www.bamboosilk.org/admin3/html/litianhong01.htm。又，李天虹：《〈上海博物館藏戰國楚竹書（二）〉雜識》，《武漢大學學報》（哲學社會科學版），2004年第4期，第500—502頁。簡稱【李天虹2003】。

李維武：《"六德"的哲學意蘊初探》，《中國哲學史》2001年第3期，第64—67頁。

李學勤：《說郭店簡"道"字》，《簡帛研究》第三輯，南寧：廣西教育出版社，1998年12月，第40—43頁。又，李學勤：《說郭店簡"道"字》，《重寫學術史》，石家莊：河北教育出版社，2002年1月，第138—143頁。簡稱【李學勤1998】

李學勤：《先秦儒家著作的重大發現》，《郭店楚簡研究》（《中國哲學》第二十輯），瀋陽：遼寧教育出版社，1999年1月，第13—17頁。又，李學勤：《先秦儒家著作的重大發現》，《重寫學術史》，石家莊：河北教育出版社，2002年1月，第104—107頁。

李學勤：《郭店楚簡與儒家經籍》，《郭店楚簡研究》(《中國哲學》第二十輯)，瀋陽：遼寧教育出版社，1999年1月，第16—21頁。又，李學勤：《郭店簡與儒家經籍》，《重寫學術史》，石家莊：河北教育出版社，2002年1月，第116—119頁。簡稱【李學勤1999A】

李學勤：《郭店楚簡儒家典籍的性質與年代》，《重寫學術史》，石家莊：河北教育出版社，2002年1月，第316—320頁。又，李學勤：《郭店楚簡儒家典籍的性質與年代》，《李學勤文集》，上海：上海辭書出版社，2005年5月，第425—429頁。

李學勤：《郭店楚簡〈六德〉的文獻學意義》，《郭店楚簡國際學術研討會論文集》，武漢：湖北人民出版社，2000年5月，第17—21頁。又，李學勤：《郭店楚簡〈六德〉的文獻學意義》，"簡帛研究"網，2003年5月31日，http://www.jianbo.org/Zzwk/2003/wuhanhui/Lixueqin.htm. 又，李學勤：《郭店楚簡〈六德〉的文獻學意義》，《清華簡帛研究》第一輯，清華大學思想文化研究所，2000年8月，第16—22頁。又，李學勤：《郭店楚簡〈六德〉的文獻學意義》，《中國古代文明研究》，上海：華東師範大學出版社，2005年4月，第213—218頁。簡稱【李學勤2000A】

李學勤：《聖人與中人——談〈成之聞之〉中一段文字》，"簡帛研究"網，2000年8月29日，http://www.jianbo.org/Wssf/Lixueqin.htm. 簡稱【李學勤2000B】

李學勤：《試說郭店簡〈成之聞之〉兩章》，《煙台大學學報》（哲學社會科學版），2000年第4期，第457—460頁。又，李學勤：《試說郭店簡〈成之聞之〉兩章》，《清華簡帛研究》第一輯，清華大學思想文化研究所，2000年8月，第23—27頁。又，李學勤：《試說郭店簡〈成之聞之〉兩章》，《中國古代文明研究》，上海：華東師範大學出版社，2005年4月，第219—222頁。簡稱【李學勤2000C】

李學勤：《續釋"尋"字》，《故宮博物院院刊》2000年第6期，第8—11頁。又，李學勤：《續釋"尋"字》，《中國古代文明研究》，上海：華東師範大學出版社，2005年4月，第176—179頁。簡稱【李學勤2000D】

李學勤：《試解郭店簡讀"文"之字》，《孔子·儒學研究文叢(一)》，濟南：齊魯書社，2001年6月，第117—120頁。按，此文未見。又，李學勤：《試解郭店簡讀"文"之字》，《中國古代文明研究》，上海：華東師範大學出版社，2005年4月，第229—230頁。簡稱【李學勤2001】

李學勤：《郭店簡"君子貴誠之"試解》，《中國歷史文物》2002年第1期，第30—32頁。又，李學勤：《郭店簡"君子貴誠之"試解》，《中國古代文明研究》，上海：華東師範大學出版社，2005年4月，第231—233頁。簡稱【李學勤2002】

李學勤：《試論楚簡中的〈說命〉佚文》，《煙台大學學報》(哲學社會科學版)2008年第2期，第89—90頁。又，李學勤：《試論楚簡中的〈說命〉佚文》，《文物中的古文明》，北京：商務印書館，2008年10月，第468—472頁。簡稱【李學勤2008】

李運富：《楚簡"䑇"字及相關諸字考釋評議》，"簡帛研究"網，2003年1月22日，http://www.jianbo.org/Wssf/2003/liyunfu01.htm.

李運富：《楚簡"諆"字及相關諸字考辨》，"簡帛研究"網，2003年1月24日，http://www.jianbo.org/Wssf/2003/liyunfu02.htm。又，李運富：《楚簡"諆"字及相關諸字考辨》，《中國出土資料研究》第七號，東京：中國出土資料學會，2003年3月，第37—56頁。簡稱【李運富2003】

連劭名：《郭店楚簡〈尊德義〉考述》，《人文論叢(2007年卷)》，北京：中國社會科學出版社，2008年5月，第321—340頁。簡稱【連劭名2008】

梁立勇：《郭店簡二三字試釋》，"簡帛研究"網，2003年1月17日，http://www.jianbo.org/Wssf/2003/liangliyong01.htm。簡稱【梁立勇2003】

梁立勇：《釋"啟"》，《上博館藏戰國楚竹書研究續編》，上海：上海書店出版社，2004年7月，第547—552頁。簡稱【梁立勇2004】

梁立勇：《"小人不經人於刃"解》，《古籍整理研究學刊》2007年第6期，第25—27頁。簡稱【梁立勇2007】

梁立勇：《釋〈成之聞之〉簡的"？"》，《中國文字研究》第十輯，南寧：廣西教育出版社，2008年6月，第10—13頁。簡稱【梁立勇2008】

梁濤：《郭店楚墓竹簡(釋文)》，"簡帛研究"網，2003年6月1日，http://www.jianbo.org/Mlhc/Lzsy/Zhujian/Chengwen.htm、http://www.jianbo.org/Mlhc/Lzsy/Zhujian/Deyi.htm、http://www.jianbo.org/Mlhc/Lzsy/Zhujian/Liude.htm。簡稱【梁濤2003】

梁濤：《郭店竹簡〈子思〉作品考》，《郭店竹簡與思孟學派》，北京：中國人民大學出版社，2008年5月，第10—33頁。

梁振傑：《走近原始儒家——戰國楚簡儒家思想研究》，河南大學博士學位論文，指導教師：李振宏，2007年4月。

廖名春：《從荊門楚簡論先秦儒家與〈周易〉的關係》，《國際易學研究》第四輯，北京：華夏出版社，1998年5月，第309—322頁。又，廖名春：《從郭店楚簡論先秦儒家與〈周易〉的關係》，《新出楚簡試論》，台北：台灣古籍出版社有限公司，2001年5月，第111—129頁。按，此文為上文的增補版，涉及《六德》有關內容，而上文未涉及。

廖名春：《郭店楚簡儒家著作考》，《孔子研究》1998年第3期，第69—83頁。又，廖名春：《荊門郭店楚簡與先秦儒學》，《郭店楚簡研究》(《中國哲學》第二十輯)，瀋陽：遼寧教育出版社，1999年1月，第36—74頁。又，廖名春：《郭店楚墓竹簡與先秦儒學》，《新出楚簡試論》，台北：台灣古籍出版社有限公司，2001年5月，第15—44頁。按，第二文、第三文比第一文內容多出很多，集釋中以第二文為準，簡稱【廖名春1998A】

廖名春：《楚文字考釋三則》，《吉林大學古籍整理研究所建所十五週年紀念文集》，長春：吉林大學出版社，1998年12月，第87—97頁。又，廖名春：《郭店簡文字叢釋》，《出土簡帛叢考》，武漢：湖北教育出版社，2004年2月，第136—151頁。簡稱【廖名春1998B】

廖名春：《郭店楚簡〈成之聞之〉、〈唐虞之道〉篇與〈尚書〉》，《中國史研究》1999年第3期，第33—38頁。簡稱【廖名春1999】

廖名春：《郭店楚簡引〈書〉論〈書〉考》，《郭店楚簡國際學術研討會論文集》，武漢：湖北人民出版社，2000年5月，第111—127頁。又，廖名春：《郭店楚簡引〈書〉論〈書〉考》，《新出楚簡試論》，台北：台灣古籍出版社有限公司，2001年5月，83—110頁。又，廖名春：《郭店楚簡引〈書〉論〈書〉考》，"簡帛研究"網，2003年5月31日，http://www.jianbo.org/Zzwk/2003/wuhanhui/Liaominchun5-01.htm。簡稱【廖名春2000A】

廖名春：《郭店楚簡〈六德〉篇校釋》，《清華簡帛研究》第一輯，清華大學思想文化研究所，2000年8月，第68—88頁。簡稱【廖名春2000B】

廖名春：《郭店楚簡〈成之聞之〉篇校釋》，《清華簡帛研究》第一輯，清華大學思想文化研究所，2000年8月，第89—111頁。簡稱【廖名春2000C】

廖名春：《郭店簡〈六德〉、〈成之聞之〉新札》，"簡帛研究"網，2000年11月28日，http://www.jianbo.org/Wssf/Liaominchun.htm。簡稱【廖名春2000D】

廖名春：《郭店簡〈六德〉篇的綴補編連和命名問題》，"簡帛研究"網，2001年1月15日，http://www.jianbo.org/Wssf/Liaominchun3-01.htm。又，廖名春：《郭店簡〈六德〉篇的綴補編連和命名問題》，《新出楚簡試論》，台北：台灣古籍出版社有限公司，2001年5月，第219—230頁。又，廖名春：《郭店簡〈六德〉篇的綴補編連和命名問題》，《古墓新知》，台北：台灣古籍出版有限公司，2002年5月，第249—262頁。簡稱【廖名春2001A】

廖名春：《郭店簡〈成之聞之〉的編連和命名問題》，"簡帛研究"網，2001年2月26日，http://www.jianbo.org/Wssf/Liaominchun4-01.htm。又，廖名春：《郭店簡〈成之聞之〉的編連和命名問題》，《新出楚簡試論》，台北：台灣古籍出版社有限公司，2001年5月，第231—247頁。又，廖名春：《郭店簡〈成之聞之〉的編連和命名問題》，《中國史研究》2001年第2期，第17—28頁。又，廖名春：《郭店簡〈成之聞之〉的編連和命名問題》，《古墓新知》，台北：台灣古籍出版有限公司，2002年5月，第83—100頁。簡稱【廖名春2001B】

廖名春：《從郭店楚簡和馬王堆帛書論"晚書"的真偽》，《北方論叢》2001年第1期，第119—123頁。又，廖名春：《從郭店楚簡和馬王堆帛書論"晚書"的真偽》，《出土簡帛叢考》，武漢：湖北教育出版社，2004年2月，第179—195頁。

廖名春：《郭店簡〈六德〉校釋劄記》，《新出楚簡試論》，台北：台灣古籍出版社有限公司，2001年5月，第171—180頁。又，廖名春：《郭店簡〈六德〉校釋劄記》，《金景芳教授百年誕辰紀念文集》，長春：吉林大學出版社，2002年10月，第102—112頁。簡稱【廖名春2001C】

廖名春：《郭店簡〈成之聞之〉篇校釋劄記》，《新出楚簡試論》，台北：台灣古籍出版社有限公司，2001年5月，第181—192頁。又，廖名春：《郭店簡〈成之聞之〉篇校釋札記》，《古籍整理研究學刊》2001年第5期，第1—7頁。簡稱【廖名春2001D】

廖名春：《郭店楚簡論著目錄(修訂版)》，"簡帛研究"網，2000年5月24日，http://www.

jianbo.org/Mlhc/Lzsy/Liaominchun5.htm，http://www.jianbo.org/Mlhc/Lzsy/Liaominchun6.htm，http://www.jianbo.org/Mlhc/Lzsy/Liaominchun7.htm。又，廖名春：《郭店楚墓竹簡論著目錄》，《清華簡帛研究》第一輯，清華大學思想文化研究所，2000年8月，第215—241頁。又，廖名春：《郭店楚墓竹簡論著目錄》，《新出楚簡試論》，台北：台灣古籍出版社有限公司，2001年5月，第325—369頁。

廖名春：《郭店簡從"朱"之字考釋》，"簡帛研究"網，2003年3月9日，http://www.jianbo.org/Wssf/2003/liaomingchun01.htm。又，廖名春：《郭店簡從"朱"之字考釋》，《華學》第六輯，北京：紫禁城出版社，2003年6月，第79—84頁。又，廖名春：《郭店簡從"朱"之字考釋》，《出土簡帛叢考》，武漢：湖北教育出版社，2004年2月，第124—135頁。簡稱【廖名春2003】

廖名春：《〈論語〉"民可使由之"章的再研究——以郭店楚簡〈尊德義〉篇爲參照》，《華學》第九、十輯，上海：上海古籍出版社，2008年8月，第171—175頁。又，廖名春：《從〈論語〉研究看古文獻學的重要性》，《清華大學學報》（哲學社會科學版）2009年第1期，第22—26頁。簡稱【廖名春2008A】

廖名春：《〈周易·夬〉卦九二爻辭新釋》，"Confucius2000"網，2008年11月28日，http://www.confucius2000.com/admin/list.asp?id=3826。簡稱【廖名春2008B】

廖名春：《郭店簡〈六德〉篇新讀(一)》，上海："中國古文字研究會第十九屆學術年會"會議論文，2012年10月。簡稱【廖名春2013】

林素清：《重編郭店楚簡〈六德〉》，《古墓新知——紀念郭店楚簡出土十週年論文專輯》，香港：香港國際炎黃文化出版社，2003年11月，第72—76頁。簡稱【林素清2003】

林素清：《郭店竹簡〈六德〉文字新考》，《語言文字學研究》，北京：中國社會科學出版社，2005年12月，第12—15頁。簡稱【林素清2005】

林素英：《郭店簡"為父絕君"在服制中的文化意義》，台北：《中國學術年刊》第二十三期，2002年6月，61—83頁。

林素英：《郭簡"為父絕君"的服喪意義》，《簡帛研究二○○二、二○○三》，桂林：廣西師範大學出版社，2005年6月，74—85頁。

劉傳斌：《郭店竹簡研究綜論(文本研究篇)》，吉林大學博士學位論文，指導教師：馮勝君，2010年12月。

劉國勝：《郭店竹簡釋字八則》，《武漢大學學報》（哲學社會科學版）1999年第5期，第42—44頁。簡稱【劉國勝1999】

劉洪濤：《上博竹簡〈容成氏〉"其德酋清"解》，"簡帛"網，2011年6月7日，http://www.bsm.org.cn/show_article.php?id=1490。簡稱【劉洪濤2011】

劉鴻雁：《郭店楚簡語音研究》，南京大學博士學位論文，指導教師：李開，2006年6月。

劉桓：《讀〈郭店楚墓竹簡〉札記》，《簡帛研究二○○一》，桂林：廣西師範大學出版社，2001年9月，第60—68頁。簡稱【劉桓2001】

劉桓：《郭店楚簡札記》，《簡帛研究二〇〇二、二〇〇三》，桂林：廣西師範大學出版社，2005年6月，第60—64頁。簡稱【劉桓2005】

劉樂賢：《讀郭店楚簡札記三則》，《郭店楚簡研究》（《中國哲學》第二十輯），瀋陽：遼寧教育出版社，1999年1月，第361—362頁。簡稱【劉樂賢1999】

劉樂賢：《郭店楚簡〈六德〉初探》，《郭店楚簡國際學術研討會論文集》，武漢：湖北人民出版社，2000年5月，第384—388頁。又，劉樂賢：《郭店楚簡〈六德〉初探》，"簡帛研究"網，2003年5月31日，http://www.jianbo.org/Zzwk/2003/wuhanhui/liulexian01.htm。又，劉樂賢：《郭店楚簡〈六德〉初探》，《戰國秦漢簡帛叢考》，北京：文物出版社，2010年11月，第36—42頁。簡稱【劉樂賢2000A】

劉樂賢：《郭店楚簡雜考(五則)》，《古文字研究》第二十二輯，北京：中華書局，2000年7月，第205—209頁。又，劉樂賢：《郭店楚簡雜考(五則)》，《戰國秦漢簡帛叢考》，北京：文物出版社，2010年11月，第2—6頁。簡稱【劉樂賢2000B】

劉樂賢：《讀郭店簡儒家文獻札記》，《新出楚簡與儒學思想國際學術研討會論文集》，北京：清華大學思想文化研究所，2002年3月，第166—169頁。又，劉樂賢：《讀郭店簡儒家文獻札記》，《古籍整理研究學刊》，2002年第5期，第7—9頁。又，劉樂賢：《讀郭店簡儒家文獻札記》，《新出土文獻與古代文明研究》上海：上海大學出版社，2004年4月，第259—262頁。又，劉樂賢：《讀郭店簡儒家文獻札記》，《戰國秦漢簡帛叢考》，上海：文物出版社，2010年11月，第7—11頁。簡稱【劉樂賢2002】

劉樂賢：《讀楚簡劄記二則》，"簡帛研究"網，2004年5月29日，http://www.jianbo.org/admin3/list.asp?id=1207。又，劉樂賢：《讀楚簡劄記(三則)》，《中國古代文明研究與學術史——李學勤教授伉儷七十壽慶紀念文集》，保定：河北大學出版社，2006年11月，第109—113頁。又，劉樂賢：《讀楚簡劄記(三則)》，《戰國秦漢簡帛叢考》，北京：文物出版社，2010年11月，第27—33頁。簡稱【劉樂賢2004】

劉信芳：《郭店竹簡文字考釋拾遺》，《江漢考古》2000年第1期，第42—46轉32頁。簡稱【劉信芳2000A】

劉信芳：《郭店楚簡〈六德〉解詁一則》，《古文字研究》第二十二輯，北京：中華書局，2000年7月，第214—218頁。又，劉信芳：《郭店簡〈六德〉解詁一則》，《簡帛五行解詁》，台北：藝文印書館股份有限公司，2000年12月，364—374頁。簡稱【劉信芳2000B】

劉信芳：《是"瑟朋友"還是"殺朋友"？——關於郭店簡"瑟"字》，《中國文物報》，2000年7月19日第三版。簡稱【劉信芳2000C】

劉信芳：《郭店簡文字例釋三則》，《"中央研究院"歷史語言研究所集刊》第七十一本第四分，2000年12月，第933—944頁。簡稱【劉信芳2000D】

劉信芳：《論"成"與"成之"——一個中國哲學中的認識論問題》，《簡帛五行解詁》，台北：藝文印書館股份有限公司，2000年12月，第339—352頁。

劉信芳：《郭店簡"廈"與古代且字制度》，《簡帛五行解詁》，台北：藝文印書館股份有

限公司，2000年12月，第375—392頁。簡稱【劉信芳2000E】

劉信芳：《釋"詳"》，《簡帛五行解詁》，台北：藝文印書館股份有限公司，2000年12月，第393—395頁。按，此文是【劉信芳2000D】的第二則。

劉信芳：《"民可使由之"的"之"是指代"民"還是指代"王"》，《學術界》2010年第8期，第111—115頁。又，劉信芳：《"民可使由之"的"之"是指代"民"還是指代"王"》，"簡帛"網，2010年9月24日，http://www.bsm.org.cn/show_article.php?id=1308。簡稱【劉信芳2010】

劉信芳：《楚簡帛通假彙釋》，北京：高等教育出版社，2011年2月。簡稱【劉信芳2011】。

劉義峰：《也談郭店楚簡引〈書〉問題》，《中國古代文明研究與學術史——李學勤教授伉儷七十壽慶紀念文集》，保定：河北大學出版社，2006年11月，第120—124頁。又，劉義峰：《也談郭店楚簡引〈書〉問題》，《儒家文獻研究》，濟南：齊魯書社，2004年12月，第510—519頁。

劉釗：《讀郭店楚簡字詞劄記》，《郭店楚簡國際學術研討會論文集》，武漢：湖北人民出版社，2000年5月，第75—93頁。又，劉釗：《讀郭店楚簡字詞劄記》，"簡帛研究"網，2003年5月31日，http://www.jianbo.org/Zzwk/2003/wuhanhui/Liuchao-02.htm。簡稱【劉釗2000A】

劉釗：《讀郭店楚簡字詞劄記(三)》，《古文字研究》第二十二輯，北京：中華書局，2000年7月，第237—242頁。又收入，劉釗：《讀郭店楚簡字詞劄記》，《郭店楚簡國際學術研討會論文集》，武漢：湖北人民出版社，2000年5月，第75—93頁。又，劉釗：《讀郭店楚簡字詞劄記》，"簡帛研究"網，2003年5月31日，http://www.jianbo.org/Zzwk/2003/wuhanhui/Liuchao-02.htm。簡稱【劉釗2000B】

劉釗：《讀郭店楚簡字詞劄記(四)》，"簡帛研究"網，2002年4月12日，http://www.jianbo.org/Wssf/2002/liuzhao03.htm。又，劉釗：《讀郭店楚簡字詞劄記(四)》，《古籍整理研究學刊》2002年第5期，第4—6頁。又，劉釗：《讀郭店楚簡字詞劄記(四)》，《古文字考釋叢稿》，長沙：嶽麓書社，2005年7月，第293—299頁。簡稱【劉釗2002】

劉釗：《郭店楚簡校釋》，福州：福建人民出版社，2003年12月，第107—147頁。簡稱【劉釗2003】

劉釗：《說"度天心"》，"簡帛研究"網，2004年9月10日，http://www.jianbo.org/admin3/html/liuzhao02.htm。又，劉釗：《說"度天心"》，《華學》第九、十輯，上海：上海古籍出版社，2008年8月，第112—113頁。簡稱【劉釗2004】

劉志基：《說楚簡文字中的𢆉及其相關字》，《中國文字研究》第十輯，南寧：廣西教育出版社，2008年6月，第5—8頁。

劉祖信、龍永芳：《郭店楚簡綜覽》，台北：萬卷樓圖書股份有限公司，2005年3月。簡稱【劉祖信、龍永芳2005】

劉祖信、鮑雲豐：《郭店楚簡背面記數文字考》，武漢：《新出楚簡國際學術研討會會議論文集(郭店·其他簡卷)》，2006年6月，第158—161頁。

呂浩：《〈郭店楚墓竹簡〉釋文訂補》，《中國文字研究》第二輯，南寧：廣西教育出版社，2001年10月，第278—288頁。又，呂浩：《〈郭店楚簡〉札記》，《古漢語研究》，2003年第1期，第64—65頁。簡稱【呂浩2001】

馬楠：《楚簡與〈尚書〉互證校釋四則》，《出土文獻》第二輯，上海：中西書局，2011年11月，第215—220頁。簡稱【馬楠2011】。

孟蓬生：《郭店簡詞語考釋》，《簡帛文獻語言研究》，北京：社會科學文獻出版社，2009年5月，第123—128頁。簡稱【孟蓬生2009】

暮四郎：《〈尊德義〉簡35"沫眾"解》，"簡帛"網"簡帛論壇"，2012年4月20日，http://www.bsm.org.cn/bbs/read.php?tid=2935。簡稱【暮四郎2012】

牛新房：《讀郭店楚簡〈成之聞之〉劄記一則》，"簡帛"網，2005年12月27日，http://www.bsm.org.cn/show_article.php?id=150。簡稱【牛新房2005】

牛新房：《說〈成之聞之〉中的"受次"及相關問題》，《戰國竹書研究方法探析》，華南師範大學博士學位論文，指導教師：白於藍，2010年5月，第95—98頁。又，牛新房：《說〈成之聞之〉中的"受次"及相關諸字》，《古文字研究》第二十九輯，北京：中華書局，2012年10月，第487—491頁。簡稱【牛新房2010】。

歐陽禎人：《〈六德〉與儒家的人學超越》，《哲學評論》2002年，第一卷。按，此文未見。又，歐陽禎人：《從〈六德〉說開去》，《郭店儒簡論略》，台北：台灣古籍出版有限公司，2003年4月，第134—146頁。又，歐陽禎人：《〈六德〉與儒家的人學超越》，"簡帛研究"網，2005年，http://www.bamboosilk.org/admin3/2005/ouyang/ouyang038.htm。又，歐陽禎人：《〈六德〉與儒家的人學超越》，"Confucius2000"網，2007年9月17日，http://www.confucius2000.com/admin/list.asp?id=3340。

歐陽禎人：《郭店儒簡的宗教性思考》，《郭店儒簡論略》，台北：台灣古籍出版有限公司，2003年4月，第1—12頁。

歐陽禎人：《"為己之學"與"反己之學"》，《郭店儒簡論略》，台北：台灣古籍出版有限公司，2003年4月，第86—93頁。

歐陽禎人：《〈性自命出〉、〈成之聞之〉、〈六德〉、〈尊德義〉合論》，《湖南省博物館館刊》第四輯，長沙：嶽麓書院，2007年12月，第195—202頁。又，歐陽禎人：《〈性自命出〉、〈成之聞之〉、〈六德〉、〈尊德義〉合論》，"簡帛"網，2008年6月17日，http://www.bsm.org.cn/show_article.php?id=841。又，歐陽禎人：《〈性自命出〉、〈成之聞之〉、〈六德〉、〈尊德義〉合論》，"Confucius2000"網，2008年8月17日，http://www.confucius2000.com/admin/list.asp?id=3708。

潘玉愛：《從〈六德〉看儒家的人倫意蘊》，"先秦思想暨出土文獻國際青年學者學術研討會"，2005年3月。按，此文未見。

龐樸：《初讀郭店楚簡》，《歷史研究》1998年第4期，第5—10頁。又，龐樸：《初讀郭店楚簡》，《龐樸文集‧第二卷‧古墓新知》，濟南：山東大學出版社，2005年1月，第1—9頁。簡稱【龐樸1998】

龐樸：《"使由使知"解》，《文史知識》1999年第9期，第31—36頁。又，龐樸：《"使由使知"解》，《龐樸文集·第二卷·古墓新知》，濟南：山東大學出版社，2005年1月，第54—60頁。

龐樸：《本來樣子的三綱——漫說郭店楚簡之五》，《尋根》1999年第5期，第9—10頁。又，龐樸：《本來樣子的三綱——漫說郭店楚簡之五》，《龐樸文集·第二卷·古墓新知》，濟南：山東大學出版社，2005年1月，第97—102頁。

龐樸：《郢燕書說——郭店楚簡及中山三器心旁文字試說》，《燕京學報》新七期，北京：北京大學出版社，1999年11月，第145—153頁。又，龐樸：《郢燕書說——郭店楚簡中山三器心旁文字試說》，《郭店楚簡國際學術研討會論文集》，武漢：湖北人民出版社，2000年5月，第37—42頁。又，龐樸：《郢燕書說——郭店楚簡中山三器心旁文字試說》，"簡帛研究"網，2003年5月31日，http://www.jianbo.org/Zzwk/2003/wuhanhui/Pangpu2.htm。又，龐樸：《郢燕書說——郭店楚簡及中山三器"心"旁文字試說》，《龐樸文集·第二卷·古墓新知》，濟南：山東大學出版社，2005年1月，第203—213頁。又，龐樸：《郢燕書說——郭店楚簡及中山三器心旁文字試說》，《竹帛〈五行〉篇校注及研究》，台北：萬卷樓圖書有限公司，2000年6月，第146—153頁。簡稱【龐樸1999】

龐樸：《三重道德論》，"簡帛研究"網，2000年2月27日，http://www.jianbo.org/Wssf/Pangpu.htm。又，龐樸：《三重道德論》，《歷史研究》2000年第5期，第3—11頁。又，龐樸：《三重道德論》，《竹帛〈五行〉篇校注及研究》，台北：萬卷樓圖書有限公司，2000年6月，第105—119頁。又，龐樸：《三重道德論》，《郭店楚簡與早期儒學》，台北：台灣古籍出版有限公司，2002年5月，第147—162頁。又，龐樸：《三重道德論》，《龐樸文集·第二卷·古墓新知》，濟南：山東大學出版社，2005年1月，第161—175頁。按，第二文比第一文多一"追記"，簡稱【龐樸2000A】

龐樸：《〈六德〉篇簡注》，《竹帛〈五行〉篇校注及研究》，台北：萬卷樓圖書有限公司，2000年6月，第183—190頁。簡稱【龐樸2000B】

彭林：《郭店楚簡與〈禮記〉的年代》，《郭店簡與儒學研究》（《中國哲學》第二十一輯），瀋陽：遼寧教育出版社，2000年1月，第41—59頁。簡稱【彭林2000A】

彭林：《論郭店楚簡中的禮容》，《郭店楚簡國際學術研討會論文集》，武漢：湖北人民出版社，2000年5月，第134—142頁。又，彭林：《論郭店楚簡中的禮容》，"簡帛研究"網，2003年5月31日，http://www.jianbo.org/Zzwk/2003/wuhanhui/penglin.htm。

彭林：《〈六德〉柬釋》，"簡帛研究"網，2000年6月4日，http://www.jianbo.org/Wssf/Penglin.htm。又，彭林：《〈六德〉柬釋》，《簡帛研究二〇〇一》，桂林：廣西師範大學出版社，2001年9月，第153—158頁。又，彭林：《〈六德〉柬釋》，《清華簡帛研究》第一輯，清華大學思想文化研究所，2000年8月，第126—133頁。又，彭林：《〈六德〉柬釋》，《古墓新知》，台北：台灣古籍出版有限公司，2002年5月，第263—272頁。簡稱【彭林2000B】

彭林：《再論郭店簡〈六德〉"為父絕君"及相關問題》，"簡帛研究"網，2000年11月23日，http://www.jianbo.org/Wssf/Penglin4-01.htm、http://www.jianbo.org/Wssf/Penglin4-02.htm。又，彭林：《再論郭店簡〈六德〉"為父絕君"及相關問題》，《中國哲學史》2001年第2期，第97—102頁。又，彭林：《再論郭店簡〈六德〉"為父絕君"及相關問題》，《古墓新知》，台北：臺灣古籍出版有限公司，2002年5月，第273—285頁。又，彭林：《再論郭店簡〈六德〉"為父絕君"及相關問題》，《新出簡帛研究——新出簡帛國際學術研討會文集》，北京：文物出版社，2004年12月，第310—312頁。簡稱【彭林2000C】

鵬宇、汪冰冰：《釋楚簡中"尞"字及其相關字》，"簡帛"網，2008年10月18日，http://www.bsm.org.cn/show_article.php?id=885。簡稱【鵬宇、汪冰冰2008】

彭裕商：《讀〈郭店楚墓竹簡〉札記》，《古文字研究》第二十四輯，北京：中華書局，2002年7月，第392—394頁。簡稱【彭裕商2002】

彭裕商：《讀楚簡隨記》，《考古與文物》2003年第6期，第84—86頁。簡稱【彭裕商2003】

彭忠德：《也說"民可使由之"章》，《光明日報》2000年5月16日第三版。按，此文未見。

濮茅左：《〈子道餓〉釋文考釋》，《上海博物館藏戰國楚竹書(八)》，上海：上海古籍出版社，2011年5月，第123—124頁。簡稱【濮茅左2011】

錢遜：《"使由使知"和"可道不可強"》，"簡帛研究"網，2000年5月24日，http://www.jianbo.org/Xszm/Qianxun.htm。又，錢遜：《"使由使知"和"可道不可強"》，《清華簡帛研究》第一輯，清華大學思想文化研究所，2000年8月，第142—146頁。簡稱【錢遜2000】

秦暉：《"楊近墨遠"與"為父絕君"：古儒的國—家觀及其演變》，《人文雜誌》2006年第5期，第37—45頁。

秦燕南：《〈子思子〉研究》，鄭州大學碩士學位論文，指導教師：羅家湘，2006年5月。

邱承輝：《〈六德〉篇成書年代的斷定——關於郭店竹簡的一個考證》，《文化中國》2001年9月號，第19—28頁。按，此文未見。

邱德修：《〈郭店簡·成之聞之〉"貴而罷纏"新證——兼論〈中山王器〉"舉賢使翾"一語》，高雄："第十六屆中國文字學全國學術研討會"會議論文，2005年4月，第281—293頁。簡稱【邱德修2005】

裘錫圭：《釋古文字中的有些"悤"字和从"悤"、从"兇"之字》，《出土文獻與古文字研究》第二輯，上海：復旦大學出版社，2008年8月，第1—12頁。又，裘錫圭：《釋古文字中的有些"悤"字和从"悤"、从"兇"之字》，《裘錫圭學術文集·金文及其他古文字卷》，上海：復旦大學出版社，2012年6月，第451—463頁。簡稱【裘錫圭2008】

裘錫圭：《"東皇太一"與"大龗伏羲"》，香港："'簡帛·經典·古史'國際論壇"會議論文，2011年11月。又，裘錫圭：《"東皇太一"與"大龗伏羲"》，《裘錫圭學術文集·簡牘帛書卷》，上海：復旦大學出版社，2012年6月，第546—561頁。簡稱【裘錫圭2011】

單育辰：《佔畢隨錄之十一》，"復旦大學出土文獻與古文字研究中心"網，2009年8月3日，http://www.guwenzi.com/SrcShow.asp?Src_ID=862#_ednref5。又，單育辰：《"睿"字的釋讀》，《楚地戰國簡帛與傳世文獻對讀之研究》，吉林大學博士學位論文，指導教師：吳振武，2010年6月，第107—109頁。又，單育辰：《由清華簡釋解古文字一例》，《史學集刊》2012年第3期，第96—98頁。簡稱【單育辰2009】

單育辰：《楚地戰國簡帛與傳世文獻對讀之研究》，吉林大學博士學位論文，指導教師：吳振武，2010年6月。又，單育辰：《楚地戰國簡帛與傳世文獻對讀之研究》，北京：中華書局，2014年5月。簡稱【單育辰2010】

單育辰：《佔畢隨錄之十四》，"簡帛"網，2011年3月25日，http://www.bsm.org.cn/show_article.php?id=1421。簡稱【單育辰2011】

單周堯：《說◯》，《華學》第七輯，廣州：中山大學出版社，2004年12月，第136—140頁。簡稱【單周堯2004】

沈培：《說郭店楚簡中的"肆"》，《語言》第二卷，北京：首都師範大學出版社，2001年12月，第302—319頁。簡稱【沈培2001】

沈培：《郭店楚簡札記四則》，《簡帛語言文字研究》第一輯，成都：巴蜀書社，2002年11月，第1—16頁。簡稱【沈培2002】

沈培：《郭店楚簡：六德》，華東師範大學教育部重點研究基地重大項目"戰國楚簡集釋長編"，2004年3月。簡稱【沈培2004】

沈培：《郭店簡〈六德〉"多"字舊說訂誤》，《21世紀的中國語言學（二）》，北京：商務印書館，2006年12月，第383—404頁。簡稱【沈培2006】

沈培：《〈上博（六）〉字詞淺釋（七則）》，"簡帛"網，2007年7月20日，http://www.bsm.org.cn/show_article.php?id=642。簡稱【沈培2007】

施謝捷：《郭店楚墓竹簡釋文》，電子版，2003年5月，未刊。

宋華強：《郭店簡拾遺（二則）》，"簡帛研究"網，2004年6月13日，http://www.jianbo.org/admin3/html/songhuaqiang02.htm。簡稱【宋華強2004】

宋華強：《郭店簡〈尊德義〉"淫昏"補釋》，《北京大學中國古文獻研究中心集刊》第五輯，北京：北京大學出版社，2005年5月，第312—315頁。按，此文為【宋華強2004】的擴展。

蘇建洲：《〈上博（五）·姑成家父〉簡3"褶"字考釋》，"簡帛"網，2006年3月30日，http://www.bsm.org.cn/show_article.php?id=305。又，蘇建洲：《〈上博楚簡（五）〉考釋五則》，《中國文字》新三十二期，台北：藝文印書館股份有限公司，2006年12月，第73—92頁。簡稱【蘇建洲2006】

蘇建洲：《釋楚竹書幾個從"尤"的字形》，"簡帛"網，2008年1月1日，http://www.bsm.org.cn/show_article.php?id=769。又，蘇建洲：《楚文字訛混現象舉例》，《〈上博楚竹書〉文字及相關問題研究》，台北：萬卷樓圖書股份有限公司，2008年1月，第194—198頁。簡稱【蘇建洲2008A】

蘇建洲：《楚文字"炅"字及從"炅"之字再議——兼論傳鈔古文一個值得注意的現象》，《〈上博楚竹書〉文字及相關問題研究》，台北：萬卷樓圖書股份有限公司，2008年1月，第155—172頁。又，蘇建洲：《楚文字"炅"字及從"炅"之字再議——兼論傳鈔古文一個值得注意的現象》，"簡帛"網，2008年11月8日，http://www.bsm.org.cn/show_article.php?id=894。簡稱【蘇建洲2008B】

蘇建洲：《釋〈郭店·六德〉簡22"以守社稷"》，"復旦大學出土文獻與古文字研究中心"網，2008年6月5日，http://www.guwenzi.com/SrcShow.asp?Src_ID=451。又，蘇建洲：《釋〈郭店·六德〉簡22"以守社稷"》，《中國文字研究》第十一輯，鄭州：大象出版社，2008年12月，第87—89頁。又，蘇建洲：《釋〈郭店·六德〉簡22"以守社稷"》，《楚文字論集》，台北：萬卷樓圖書股份有限公司，2011年12月，第57—65頁。簡稱【蘇建洲2008C】

蘇建洲：《〈上博（二）·容成氏〉補釋一則》，"簡帛研究"網站，2003年7月11日，http://www.jianbo.org/Wssf/2003/sujianzhou23.htm。又，蘇建洲：《〈上博（二）·容成氏〉補釋三則》，"簡帛研究"網站，2003年9月5日，http://www.bamboosilk.org/Wssf/2003/sujianzhou24.htm。又，蘇建洲：《〈郭店〉、〈上博（二）〉考釋五則》，《中國文字》新廿九期，2003年12月，台北：藝文印書館股份有限公司，第209—225頁。

孫飛燕：《讀〈尊德義〉劄記一則》，"簡帛"網，2007年11月27日，http://www.bsm.org.cn/show_article.php?id=753。簡稱【孫飛燕2007】

湯淺邦弘：《〈成之聞之〉釈読》，島根：戦国楚簡研究会第3回研究会，2000年3月。按，此文未見。

湯淺邦弘：《郭店楚簡〈六德〉の思想》，東京：中國出土資料學會2001年度第1回例會，2001年7月。按，此文未見。

湯淺邦弘：《郭店楚簡〈六德〉について——全體構造と著作意圖》，《中國出土資料研究》第六號，東京：中國出土資料學會，2002年3月，第39—53頁。又，湯淺邦弘：《〈六德〉の全体構造と著作意図》，《古代思想史と郭店楚簡》，汲古書院，2005年11月。按，此文未見。又，湯淺邦弘：《〈六德〉之全體結構及其著作目的》，《戰國楚簡與秦簡之思想史研究》，台北：萬卷樓圖書有限公司，2006年6月第，第53—74頁。

湯淺邦弘：《〈六德〉釈読》，島根：戦国楚簡研究会第4回研究会，2000年8月。按，此文未見。

湯餘惠、吳良寶：《郭店楚簡文字拾零(四篇)》，《簡帛研究二〇〇一》，桂林：廣西師範大學出版社，2001年9月，第199—202頁。簡稱【湯餘惠、吳良寶2001】

田有成：《"民可使由之，不可使知之"引得》，《榆林學院學報》2005年第1期，第88—90頁。

涂宗流、劉祖信：《郭店楚簡先秦儒家佚書校釋》，台北：萬卷樓圖書有限公司，2001年2月，第77—141、189—219頁。簡稱【涂宗流、劉祖信2001】

王葆玹：《郭店楚簡的時代及其與子思學派的關係》，《郭店楚簡國際學術研討會論文集》，武漢：湖北人民出版社，2000年5月，第644—649頁。又，王葆玹：《郭店楚簡的时代及其与子思学派的关系》，"简帛研究"网，2004年7月18日，http://www.jianbo.org/admin3/list.asp?id=1232。

王博：《关于郭店楚墓竹简分篇与连缀的几点想法》，《郭店简与儒学研究》（《中国哲学》第二十一辑），沈阳：辽宁教育出版社，2000年1月，第247—262页。简称【王博2000A】

王博：《释"槁木三年，不必为邦旗"——兼谈〈成之闻之〉的作者》，《郭店楚简国际学术研讨会论文集》，武汉：湖北人民出版社，2000年5月，第294—300页。又，王博：《释"槁木三年，不必为邦旗"——兼谈〈成之闻之〉的作者》，"简帛研究"网，2003年5月31日，http://www.jianbo.org/Zzwk/2003/wuhanhui/wangbo.htm。简称【王博2000B】

王辉：《郭店楚简零释三则》，《中国文字》新廿六期，2000年12月，台北：艺文印书馆股份有限公司，第155—160页。简称【王辉2000】

王君：《新出竹简与〈礼记〉研究》，山东师范大学硕士学位论文，指导教师：程奇立，2010年4月。

王连成：《也谈楚简中的"罷"字》，"简帛研究"网，2006年11月12日，http://www.jianbo.org/admin3/2006/wangliancheng001.htm。按，此文不合学术规范，不入集释。

王连成：《简文"其德酋清"和"尊德义"探微》，"简帛研究"网，2007年1月13日，http://www.jianbo.org/admin3/2007/wangliancheng001.htm。按，此文不合学术规范，不入集释。

王连成：《〈郭店简·六德〉第31—33简破译》，"简帛研究"网，2008年5月15日，http://www.bamboosilk.org/admin3/2008/wangliancheng008.htm。按，此文不合学术规范，不入集释。

王永平：《郭店楚简研究综述》，《社会科学战线》2005年第3期，第252—261页。

王志平：《"罷"字的读音及相关问题》，《古文字研究》第二十七辑，北京：中华书局，2008年9月，第394—399页。又，王志平：《"罷"字的读音及相关问题》，《简帛拾零——简帛文献语言研究丛稿》，台北：台湾古籍出版有限公司，2009年4月，第103—110页。简称【王志平2008】

王子今：《郭店简〈六德〉"犾訾""蚼狁"试解》，《清华简帛研究》第一辑，清华大学思想文化研究所，2000年8月，第207—211页。又，王子今：《郭店简〈六德〉"犾訾""蚼狁"试解》，《简牍学研究》第三辑，兰州：甘肃人民出版社，2002年4月，第34—37页。简称【王子今2000】

魏启鹏：《释〈六德〉"为父继君"——兼答彭林先生》，《中国哲学史》2001年第2期，第103—106页。又，魏启鹏：《释〈六德〉"为父继君"》，《新出简帛研究——新出简帛国际学术研讨会文集》，北京：文物出版社，2004年12月，第307—309页。简称【魏启鹏2001】

魏启鹏：《〈尸子〉与子思之学》，《郭店楚简国际学术研讨会论文集》，武汉：湖北人民出版社，2000年5月，第636—643页。又，魏启鹏：《〈尸子〉与子思之学》，"简帛研究"网，2004年7月7日，http://www.jianbo.org/admin3/list.asp?id=1228。

魏宜輝、周言：《讀〈郭店楚墓竹簡〉札記》，《古文字研究》第二十二輯，北京：中華書局，2000年7月，第232—235頁。簡稱【魏宜輝、周言2000】

吳昊：《由〈尊德義〉篇看"民可使由之章"》，《中國文字研究》第三輯，南寧：廣西教育出版社，2004年11月，第163—164頁。

吳禮明：《從〈五行〉、〈六德〉看前期儒家和諧社會的體制保障設計》，《福建論壇》（社科教育版）2011年第12期，第71—72轉211頁。

吳良寶：《讀郭店楚簡劄記(三則)》，《古籍整理研究學刊》2001年第5期，第8—9頁。簡稱【吳良寶2001】

吳丕：《重申儒家"使民"思想——關於"民可使由之"章的最新解釋》，《齊魯學刊》2001年第4期，第55—63頁。簡稱【吳丕2001】

武漢大學簡帛研究中心、荊門市博物館：《楚地出土戰國簡冊合集(一)——郭店楚墓竹書》，北京：文物出版社，2011年11月，第73—98、123—137頁。簡稱【竹書2011】

西林昭一：《簡牘名蹟選3——郭店楚簡‧包山楚簡‧望山楚簡》，東京：株式會社二玄社，2009年4月。按，此書收錄《尊德義》簡9、《成之聞之》簡1、簡2、《六德》簡25四支竹簡的彩照。

肖麗容：《從"民可使由之不可使知之"論孔子並不主張愚民》，《赤峰學院學報》（科學教育版）2011年第8期，第45—47頁。

謝佳惠：《郭店儒簡四篇政教觀——以〈性自命出〉、〈六德〉為主》，台北：台灣師範大學碩士學位論文，指導教師：陳麗桂，2004年。

謝君直：《郭店楚簡儒家哲學研究》，台北：萬卷樓圖書股份有限公司，2008年8月。

謝耀亭：《郭店簡〈六德〉篇探析》，《陝西師範大學學報》（社會科學版）2012年第1期，第60—64頁。又，謝耀亭：《郭店簡〈六德篇〉探析》，"Confucius2000"網，2012年3月5日，http://www.confucius2000.com/admin/list.asp?id=5227。

邢文：《郭店楚簡研究述評》，《民族藝術》1998年第3期，第8—13頁。

徐少華：《郭店楚簡〈六德〉篇思想源流探析》，《郭店楚簡國際學術研討會論文集》，武漢：湖北人民出版社，2000年5月，第375—383頁。又，徐少華：《郭店楚簡〈六德〉篇思想源流探析》，"簡帛研究"網，2003年5月31日，http://www.jianbo.org/Zzwk/2003/wuhanhui/xushaohua01.htm。又，徐少華：《郭店楚簡"六德"篇思想源流探析》，"簡帛"網，2005年11月2日，http://www.bsm.org.cn/show_article.php?id=28。簡稱【徐少華2000】

徐少華：《郭店楚簡〈六德〉篇及相關問題分析》，《江漢論壇》2001年第6期，第51—53頁。又，徐少華：《郭店楚簡〈六德〉篇及相關問題分析》，《新出簡帛研究——新出簡帛國際學術研討會文集》，北京：文物出版社，2004年12月，第313—315頁。

徐在國：《郭店楚簡文字三考》，《簡帛研究二〇〇一》，桂林：廣西師範大學出版社，2001年9月，第177—185頁。又，徐在國：《郭店楚簡文字三考》，《新出楚簡文字考》，合肥：安徽大學出版社，2007年9月，第25—43頁。簡稱【徐在國2001】

徐在國：《上博竹書(二)文字雜考》，"簡帛研究"網，2003年1月14日，http://www.jianbo.org/Wssf/2003/xuzaiguo02.htm。又，徐在國：《上博竹書(二)文字雜考》，《學術界》，2003年第1期，第98—103頁。又，徐在國：《上博竹書(二)文字雜考》，《新出楚簡文字考》，合肥：安徽大學出版社，2007年9月，第169—178頁。簡稱【徐在國2003A】

徐在國：《郭店文字補釋一則》，《古墓新知——紀念郭店楚簡出土十週年論文專輯》，香港：香港國際炎黃文化出版社，2003年11月，第54—57頁。又，徐在國：《郭店簡文字補釋一則》，《新出楚簡文字考》，合肥：安徽大學出版社，2007年9月，第79—84頁。簡稱【徐在國2003B】

許文獻：《"朱"字與从"朱"之字相關問題再釋》，台北：《中國學術年刊》第二十八期(春季號)，2006年3月，第213—235頁。簡稱【許文獻2006】

許學仁：《荊門郭店一號楚墓楚簡研究文獻要目》，"簡帛研究"網，2002年1月1日，http://www.jianbo.org/Mlhc/Lzsy/xuwueren1.htm，http://www.jianbo.org/Mlhc/Lzsy/xuwueren2.htm，http://www.jianbo.org/Mlhc/Lzsy/xuwueren3.htm。

禤健聰：《上博楚簡(五)零劄(二)》，"簡帛"網，2006年2月26日，http://www.bsm.org.cn/show_article.php?id=238。簡稱【禤健聰2006】

薛元澤：《郭店楚簡〈六德〉"為父繼君"解》，"簡帛研究"網，2009年7月25日，http://www.bambooslik.org/admin3/2009/xueyuanze006.htm。簡稱【薛元澤2009】

薛元澤：《郭店楚簡〈成之聞之〉"從允歙背"相關句解》，"簡帛研究"網，2010年2月17日，http://www.jianbo.org/admin3/2010/xueyuanze004.htm#_ednref8。按，此文不合學術規範，不入集釋。

顏世鉉：《郭店楚簡淺釋》，《張以仁先生七秩壽慶論文集》，台北：台灣學生書局，1999年1月，第379—396頁。簡稱【顏世鉉1999A】

顏世鉉：《郭店楚墓竹簡儒家典籍文字考釋》，《經學研究論叢》第六輯，台北：台灣學生書局，1999年6月，第171—187頁。簡稱【顏世鉉1999B】

顏世鉉：《郭店楚簡散論(二)》，《江漢考古》2000年第1期，第38—41頁。簡稱【顏世鉉2000A】

顏世鉉：《郭店楚簡散論(一)》，《郭店楚簡國際學術研討會論文集》，武漢：湖北人民出版社，2000年5月，第100—107頁。又，顏世鉉：《郭店楚簡散論(一)》，"簡帛研究"網，2003年5月31日，http://www.jianbo.org/Zzwk/2003/wuhanhui/Yanshixuan1.htm。簡稱【顏世鉉2000B】

顏世鉉：《郭店楚簡散論(三)》，《大陸雜志》第一〇一卷第二期，2000年8月，第74—85頁。簡稱【顏世鉉2000C】

顏世鉉：《郭店楚簡〈六德〉箋釋》，《"中央研究院"歷史語言研究所集刊》第七十二本第二分，2001年6月，第443—500頁。簡稱【顏世鉉2001】

顏世鉉：《郭店竹書校勘與考釋問題舉隅》，《"中央研究院"歷史語言研究所集刊》第七十四本第四分，2003年12月，619—671頁。

偎桐：《試說楚文字中恭字的異體(修訂稿)》，"復旦大學出土文獻與古文字研究中心"網，2008年5月27日，http://www.guwenzi.com/SrcShow.asp?Src_ID=444。又，黃錦前：《試說楚文字中恭字的異體》，《楚文化研究論集》第九集，上海：上海古籍出版社，2011年7月，第64—72頁。簡稱【黃錦前2008】

楊華：《"諒闇不言"與君權交替——關於"三年之喪"的一個新視角》，《中國社會歷史評論》第六卷·二〇〇五，天津：天津古籍出版社，2006年2月，第1—20頁。簡稱【楊華2006】

楊儒賓：《子思學派試探》，《郭店楚簡國際學術研討會論文集》，武漢：湖北人民出版社，2000年5月，606—624頁。又，楊儒賓：《子思學派試探(上)》，"簡帛研究"網，2004年5月23日，http://www.jianbo.org/admin3/list.asp?id=1200；楊儒賓：《子思學派試探(下)》，"簡帛研究"網，2004年5月23日，http://www.jianbo.org/admin3/list.asp?id=1201。簡稱【楊儒賓2000】

楊澤生：《郭店簡幾個字詞的考釋》，《中國文字》新廿七期，台北：藝文印書館股份有限公司，2001年12月，第163—169頁。簡稱【楊澤生2001】

楊澤生：《說〈上博六·競公瘧〉中的"欽"字》，"簡帛"網，2007年7月20日，http://www.bsm.org.cn/show_article.php?id=640。簡稱【楊澤生2007】

楊澤生：《〈成之聞之〉考釋(兩則)》，《戰國竹書研究》，廣州：中山大學出版社，2009年12月，第86—92頁。簡稱【楊澤生2009】

楊朝明：《治國與駕車——談郭店楚簡〈成之聞之〉中的一段文字》，"簡帛研究"網，2001年4月22日，http://www.jianbo.org/Wssf/Yangchaoming.htm。簡稱【楊朝明2001】

余瑾：《清華大學"簡帛講讀班"第七次研討會綜述》(2000年5月27日)，"簡帛研究"網，2000年5月24日，http://www.jianbo.org/Xyxw/Qinghua7.htm。又，余瑾：《清華大學簡帛講讀班第七次研討會綜述》，《清華簡帛研究》第一輯，清華大學思想文化研究所，2000年8月，第12—13頁。

余瑾：《清華大學簡帛講讀班第一至第八次研討會綜述》，《中國哲學史》2000年第3期，第127—129頁。

余瑾：《清華大學簡帛講讀班第九次研討會綜述》(2000年6月25日)，"簡帛研究"網，2000年8月7日，http://www.jianbo.org/Xyxw/Qinghua9.htm。又，余瑾：《清華大學簡帛講讀班第九次研討會綜述》，《清華簡帛研究》第一輯，清華大學思想文化研究所，2000年8月，第15頁。

余瑾：《清華大學簡帛講讀班第十三次研討會綜述》(2000年11月11日)，"簡帛研究"網，2001年12月23日，http://www.jianbo.org/Xyxw/yujin13.htm。

余瑾：《清華大學簡帛講讀班第十四次研討會綜述》(2000年11月25日)，"簡帛研究"網，2002年1月6日，http://www.jianbo.org/Xyxw/2002/yujin02.htm。

俞紹宏：《楚簡文字考釋(一則)》，《大連大學學報》2007年第2期，第55—57頁。簡稱【俞紹宏2007】

虞萬里：《郭店簡〈緇衣〉"人苟言之"之"人"旁點號解說——兼論古代塗抹符號之演變》，"復旦大學出土文獻與古文字研究中心"網，2009年12月5日，http://www.gwz.fudan.edu.cn/SrcShow.asp?Src_ID=1005。又，虞萬里：《郭店簡〈緇衣〉"人苟言之"之"人"旁點號解說——兼論古代塗抹符號之演變》，《出土文獻與傳世典籍的詮釋——紀念譚樸森先生逝世兩週年國際學術研討會論文集》，上海：上海古籍出版社，2010年10月，第213—224頁。簡稱【虞萬里2007】

袁國華：《郭店楚簡文字考釋十一則》，《中國文字》新廿四期，台北：藝文印書館，1998年12月，第135—146頁。簡稱【袁國華1998】

袁國華：《郭店竹簡"卬"（邵）、"其"、"卡"（卞）諸字考釋》，《中國文字》新廿五期，台北：藝文印書館，1999年12月，第161—169頁。簡稱【袁國華1999】

袁瑩：《說"及"字的兩個來源》，《簡帛語言文字研究》第五輯，成都：巴蜀書社，2010年6月，第120—132頁。簡稱【袁瑩2010】

翟信斌、鄭孝華主編、龍永芳執筆：《郭店楚簡簡明讀本（三）》（儒家學說：《性自命出》、《六德》、《尊德義》），武漢：湖北人民出版社，2007年10月。按，此書未見。

翟信斌、鄭孝華主編、龍永芳執筆：《郭店楚簡簡明讀本（四）》（儒家學說：《成之聞之》、《唐虞之道》、《忠信之道》、《魯穆公問子思》、《窮達以時》），武漢：湖北人民出版社，2007年10月。按，此書未見。

詹群慧：《簡本〈尊德義〉篇的編連與分章》，"簡帛研究"網，2002年11月8日，http://www.jianbo.org/Wssf/2002/zhanqunhui02.htm。又，詹群慧：《郭店楚簡中子思著述考（下）》，"簡帛研究"網，2003年5月24日，http://www.jianbo.org/Wssf/2003/zhanqunhui02-3.htm。簡稱【詹群慧2002】

詹群慧：《〈六德〉簡序的再探討》，"簡帛研究"網，2003年1月1日，http://www.jianbo.org/Wssf/2003/zhanqunhui01.htm。又，詹群慧：《郭店楚簡中子思著述考（下）》，"簡帛研究"網，2003年5月24日，http://www.jianbo.org/Wssf/2003/zhanqunhui02-3.htm。簡稱【詹群慧2003A】

詹群慧：《郭店楚簡中子思著述考（下）》，"簡帛研究"網，2003年5月24日，http://www.jianbo.org/Wssf/2003/zhanqunhui02-3.htm。簡稱【詹群慧2003B】

張崇禮：《郭店楚簡〈六德〉31-33簡考釋》，"簡帛研究"網，2008年1月16日，http://jianbo.sdu.edu.cn/admin3/2008/zhangchongli001.htm；又，張崇禮：郭店楚簡〈六德〉31-33簡考釋》，"復旦大學出土文獻與古文字研究中心"網，2008年1月17日，http://www.guwenzi.com/SrcShow.asp?Src_ID=313。簡稱【張崇禮2008】

張崇禮：《郭店簡〈尊德義〉簡序的一處調整》，"復旦大學出土文獻與古文字研究中心"網，2009年7月6日，http://www.guwenzi.com/SrcShow.asp?Src_ID=841。又，張崇禮：《郭店簡〈尊德義〉簡序的一處調整》，《古籍整理研究學刊》2012年第1期，第67—69頁。簡稱【張崇禮2009】

張富海：《北大中國古文獻研究中心"郭店楚簡研究"項目新動態》（2000年10月12日），

參考論著（含相關論著）目錄

"簡帛研究"網，2000年11月4日，http://www.jianbo.org/Xyxw/Beida.htm。簡稱【張富海2000】

張光裕主編：《郭店楚簡研究·第一卷·文字編》，台北：藝文印書館，1999年1月。簡稱【張光裕等1999】

張光裕：《從簡帛所見"然句"看"句"、"后"、"逡"諸字的關係》，《簡帛》第一輯，上海：上海古籍出版社，2006年10月，第223—228頁。

張光裕：《君子爲禮釋文考釋》，《上海博物館藏戰國楚竹書(五)》，上海：上海古籍出版社，2005年12月，第260頁。簡稱【張光裕2005】

張桂光：《〈郭店楚墓竹簡〉釋注續商榷》，《簡帛研究二〇〇一》，桂林：廣西師範大學出版社，2001年9月，第186—191頁。簡稱【張桂光2001】

張金良：《郭店楚簡試釋三則》，"復旦大學出土文獻與古文字研究中心"網，2008年12月1日，http://www.guwenzi.com/SrcShow.asp?Src_ID=558。簡稱【張金良2008】

張靜：《郭店楚簡文字釋遺》，《郭店楚簡文字研究》，安徽大學博士學位論文，指導教師：黄德寬，2002年5月，第174—178頁。簡稱【張靜2002】

張立文：《〈郭店楚墓竹簡〉的篇題》，《郭店楚簡研究》（《中國哲學》第二十輯），瀋陽：遼寧教育出版社，1999年1月，第331—334頁。簡稱【張立文1999A】

張立文：《略論郭店楚簡的"仁義"思想》，《孔子研究》1999年第1期，第56—69頁。又，張立文：《略論郭店楚簡的"仁義"思想》，"Confucius2000"網，2004年10月22日，http://www.confucius2000.com/admin/list.asp?id=1264。簡稱【張立文1999B】

張守中、張小滄、郝建文：《郭店楚簡文字編》，北京：文物出版社，2000年5月。

張新俊：《上博楚簡文字研究》，吉林大學博士學位論文，指導教師：吳振武，2005年4月。簡稱【張新俊2005】

張新俊：《據新出楚簡談談甲骨卜辭中的"梏"、"圉"等字》，武漢："楚簡·楚文化與先秦歷史文化國際學術研討會"會議論文，2011年10月。又，張新俊：《據新出楚簡談談甲骨卜辭中的"梏"、"圉"等字》，《楚簡楚文化與先秦歷史文化國際學術研討會論文集》，武漢：湖北教育出版社，2013年8月，第501—510頁。簡稱【張新俊2011】

張宇衛：《郭店楚簡〈六德〉"子也者"一段補釋》，台北："先秦文本與出土文獻國際學術研討會"會議論文，2008年12月。按，此文未見。

張宇衛：《郭店楚簡〈六德〉"以庚社稷"改釋》，"復旦大學出土文獻與古文字研究中心"網，2009年2月1日，http://www.guwenzi.com/SrcShow.asp?Src_ID=683。簡稱【張宇衛2009】

張鈺：《〈郭店楚墓竹簡〉虛詞研究》，首都師範大學碩士學位論文，指導教師：黃天樹，2004年5月。

張鈺：《郭店楚簡"斯""此""安"的連詞用法考察》，《河北師範大學學報》（哲學社會科學版）2008年第5期，第103—106頁。

張玉金：《字詞考釋四篇——〈尚書〉新證八則》，《中國語文》2006年第3期，第256—261頁。

簡稱【張玉金2006】

張昭煒：《"學"與郭店竹簡》，"簡帛研究"網，2005年12月30日，http://www.jianbo.org/admin3/2005/zhangzhaowei001.htm。

趙平安：《釋郭店簡〈成之聞之〉中的"逯"字》，《清華簡帛研究》第一輯，清華大學思想文化研究所，2000年8月，第204—206頁。又，趙平安：《釋郭店簡〈成之聞之〉中的"逯"字》，《簡帛研究二〇〇一》，桂林：廣西師範大學出版社，2001年9月，第55—59頁。又，趙平安：《釋郭店簡〈成之聞之〉中的"逯"字》，《新出簡帛與古文字古文獻研究》，北京：商務印書館，2009年12月，第350—353頁。簡稱【趙平安2000】

趙平安：《從楚簡"娩"的釋讀談到甲骨文的"娩妁"——附釋古文字中的"冥"》，《簡帛研究二〇〇一》，桂林：廣西師範大學出版社，2001年9月，第55—59頁。又，趙平安：《從楚簡"娩"的釋讀談到甲骨文的"娩妁"——附釋古文字中的"冥"》，《新出簡帛與古文字古文獻研究》，北京：商務印書館，2009年12月，第47—55頁。簡稱【趙平安2001】

趙平安：《郭店楚簡與商周古文字考釋》，《古籍整理研究學刊》2003年第1期，第1—3轉90頁。

趙平安：《釋"剢"及相關諸字》，《語言文字學研究》，北京：中國社會科學出版社，2005年12月，第32—35頁。又，趙平安：《釋"剢"及相關諸字》，《新出簡帛與古文字古文獻研究》，北京：商務印書館，2009年12月，第114—120頁。

趙平安：《關於及的形義來源》，"簡帛"網，2007年1月23日，http://www.bsm.org.cn/show_article.php?id=509。又，趙平安：《關於及的形義來源》，《中國文字學報》第二輯，北京：商務印書館，2008年12月，第17—22頁。又，趙平安：《關於及的形義來源》，《新出簡帛與古文字古文獻研究》，北京：商務印書館，2009年12月，第97—105頁。簡稱【趙平安2007】

趙騫、彭忠德：《完整理解〈尊德義〉後，再說"民可使由之"章》，《社會科學論壇》2009年11月（下），第83—87頁。

趙彤：《郭店、上博楚簡釋讀的幾個問題》，"簡帛研究"網，2002年10月2日，http://www.jianbo.org/Wssf/2002/zhaotong02.htm。簡稱【趙彤2002】

鄭剛：《楚文字中的"一"字》，《楚簡道家文獻辨證》，汕頭：汕頭大學出版社，2004年3月，第115—118頁。

鄭剛：《釋"戚"》，《楚簡孔子論詩辨證》，汕頭：汕頭大學出版社，2004年5月，第42—49頁。簡稱【鄭剛2004A】

鄭剛：《關於楚簡中"遁"字的猜想》，《楚簡孔子論詩辨證》，汕頭：汕頭大學出版社，2004年5月，第59—65頁。簡稱【鄭剛2004B】

鄭剛：《〈六德〉篇"仁內義外章"通解》，《楚簡孔子論詩辨證》，汕頭：汕頭大學出版社，2004年5月，第101—113頁。簡稱【鄭剛2004C】

鄭剛：《用古文識簡文例："臟腑"的"腑"》，《楚簡孔子論詩辨證》，汕頭：汕頭大學出版社，2004年5月，第135—136頁。簡稱【鄭剛2004D】

鄭剛：《〈尊德義〉中的禮與性》，《康樂集——曾憲通教授七十壽慶論文集》，廣州：中山大學出版社，2006年1月，第117—123頁。簡稱【鄭剛2006】

鄭少剛：《釋郭店楚簡中的"達"》，《出土文獻研究》第六輯，上海：上海古籍出版社，2004年12月，第43—46頁。簡稱【鄭少剛2004】

鄭偉：《釋🗌》，"簡帛研究"網，2006年2月25日，http://www.jianbo.org/admin3/2006/zhengwei001.htm。又，鄭偉：《古代楚方言"䍚"字的來源》，《中國語文》2007年第4期，第378—381頁。簡稱【鄭偉2006】

鄭玉姍：《由〈上博三·仲弓〉的"🗌"、"🗌"等字討論上博簡與郭店簡中從"與"、"罢"、"興"的字》，"簡帛研究"網，2005年2月20日，http://www.jianbo.org/admin3/2005/zhengyushan001.htm。簡稱【鄭玉姍2005】

中國法書全集編輯委員會：《中國法書全集·第1卷 先秦秦漢》，北京：文物出版社，2009年1月。按，此書收錄《尊德義》簡12、簡28，《成之聞之》簡13三支簡的彩照。

"中國古代の基礎史料"研究班：《読郭店楚墓竹簡札記(六)，第四組·その二：六德、尊德義》，《曰古》13，2009年4月，第1—34頁。按，此文未見，從【顧史考2011】引。簡稱【"中國古代の基礎史料"研究班2009】

周鳳五：《郭店楚簡識字札記》，《張以仁先生七秩壽慶論文集》，台北：台灣學生書局，1999年1月，第351—362頁。簡稱【周鳳五1999A】

周鳳五：《讀郭店竹簡〈成之聞之〉札記》，《古文字與古文獻》試刊號，台北：楚文化研究會籌備處，1999年10月，第42—54頁。簡稱【周鳳五1999B】

周鳳五、林素清：《郭店竹簡編序復原研究》，《古文字與古文獻》試刊號，台北：楚文化研究會籌備處，1999年10月，第55—58頁。簡稱【周鳳五、林素清1999】

周鳳五：《郭店竹簡的形式特徵及其分類意義》，《郭店楚簡國際學術研討會論文集》，武漢：湖北人民出版社，2000年5月，第53—63頁。又，周鳳五：《郭店竹簡的形式特徵及其分類意義》，"簡帛研究"網，2003年5月31日，http://www.jianbo.org/Zzwk/2003/wuhanhui/Zhoufengwu-01.htm、http://www.jianbo.org/Zzwk/2003/wuhanhui/Zhoufengwu-02.htm。簡稱【周鳳五2000】

周鳳五：《〈孔子詩論〉新釋文及注解》，《上博館藏戰國楚竹書研究》，上海：上海書店出版社，2002年3月，第156—157頁。簡稱【周鳳五2002】

周鳳五：《楚簡文字考釋》，民雄："第一屆簡牘學術研討會"會議論文，2003年7月。按，此文未見。

周鳳五：《郭店竹簡文字補釋》，《古墓新知——紀念郭店楚簡出土十週年論文專輯》，香港：香港國際炎黃文化出版社，2003年11月，第64—71頁。簡稱【周鳳五2003】

莊利果：《〈郭店楚簡〉儒家文獻注譯》，西南大學碩士學位論文，指導教師：張顯成，2010年6月。簡稱【莊利果2010】

鄒濬智：《〈郭店楚簡研究·第一卷·文字編〉校讀記》，《書目季刊》第40卷第4期，2007年3月，第25—34頁。

Annping Chin. Chengzhiwenzhi in light of the Shangshu，《郭店楚簡國際學術研討會論文集》，武漢：湖北人民出版社，2000年5月，第283—293頁。又，Annping Chin. *Chengzhiwenzhi in light of the Shangshu*，"簡帛研究"網，2003年5月31日，http://www.jianbo.org/Zzwk/2003/wuhanhui/Annping%20Chin.htm。